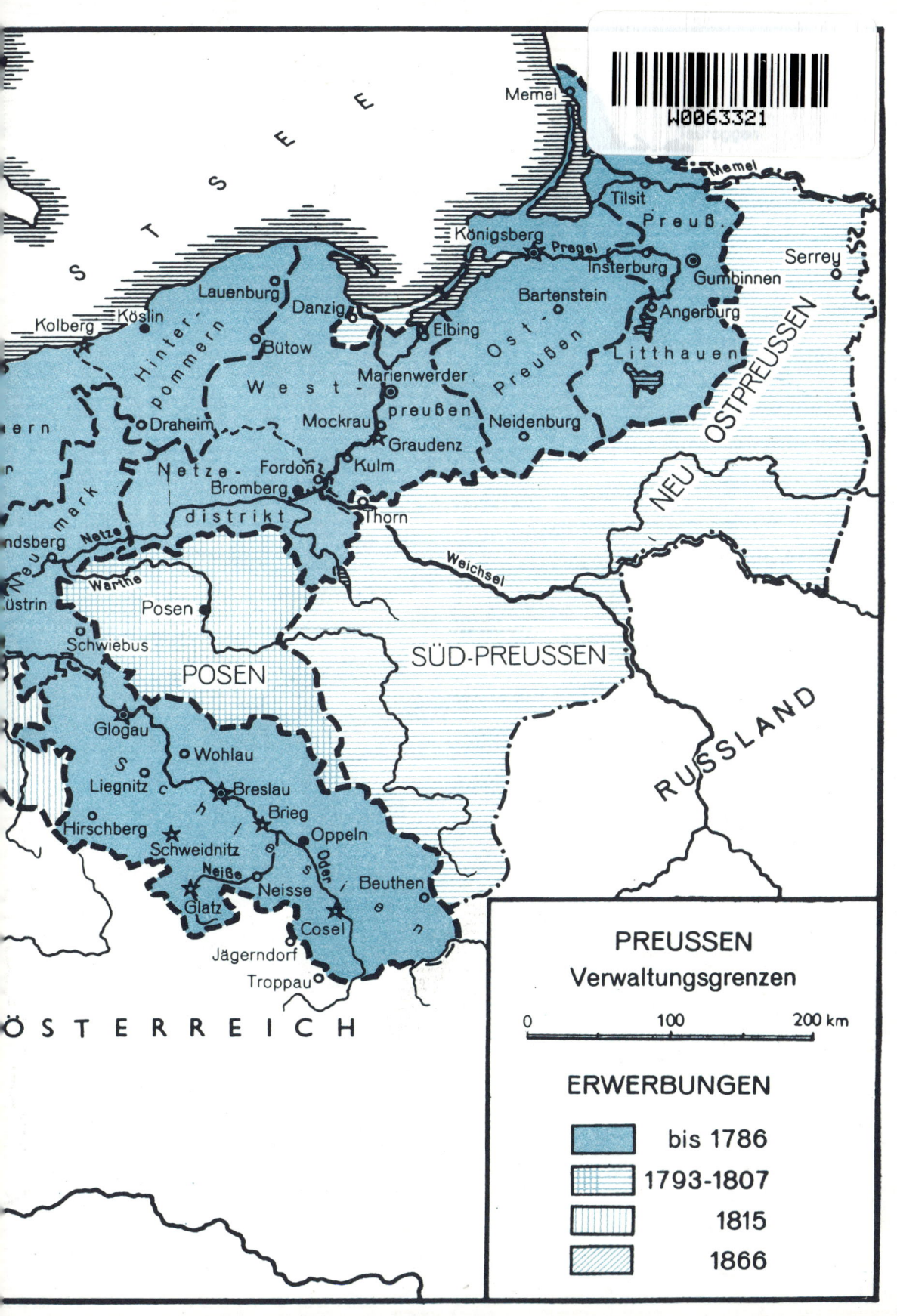

O S T S E E

Memel

Memel

Tilsit

Königsberg Pregel Preuß.

Insterburg

Gumbinnen Serrey

Bartenstein

Angerburg

Ost-

Preußen Litthauen

NEU OSTPREUSSEN

Lauenburg

Danzig

Kolberg Köslin Elbing

Hinter-

pommern West-

Bütow Marienwerder preußen

Draheim Mockrau Neidenburg

Netze- Graudenz

Fordon Kulm

Bromberg

distrikt Thorn

Netze Weichsel

Neumark Warthe

ndsberg

üstrin Posen

Schwiebus SÜD-PREUSSEN

POSEN

Glogau RUSSLAND

Wohlau

S

Liegnitz c

Hirschberg h

Breslau

Schweidnitz l Brieg

Neiße e Oppeln

Glatz Neisse s Beuthen

Cosel i

Jägerndorf e

Troppau n

Ö S T E R R E I C H

PREUSSEN
Verwaltungsgrenzen

0   100   200 km

ERWERBUNGEN

	bis 1786
	1793-1807
	1815
	1866

Hans Rall   Wilhelm II.

Hans Rall

Wilhelm II.

Eine Biographie

VERLAG STYRIA

Die Deutsche Bibliothek – CIP-Einheitsaufnahme

Rall, Hans:

Wilhelm II.: eine Biographie/Hans Rall. –
Graz; Wien; Köln: Verl. Styria, 1995
ISBN 3-222-12182-6

© 1995 Verlag Styria Graz Wien Köln
Alle Rechte vorbehalten
Umschlaggestaltung: Zembsch' Werkstatt, München
Bilder im Text: Archiv Verlag Styria
Printed in Germany
Gesamtherstellung:
Bercker Graphischer Betrieb GmbH, Kevelaer
ISBN 3-222-12182-6

Für
Marga
und unsere Töchter
Elisabeth und Amelie

Inhaltsverzeichnis

9

Vorwort

1895, also vor hundert Jahren, sagte der Soziologe und Wirtschaftshistoriker Max Weber in seiner Antrittsvorlesung in Freiburg: „Wir müssen begreifen, daß die Einigung Deutschlands ein Jugendstreich war, den die Nation auf ihre alten Tage beging und der Kostspieligkeit halber besser unterlassen hätte, wenn sie der Abschluß und nicht der Ausgangspunkt einer deutschen Weltpolitik sein sollte."

Wer Ende des 20. Jahrhunderts in der Bundesrepublik Deutschland lebt und an Deutschlands Vergangenheit interessiert ist, liest wohl mit unterschiedlichen Überlegungen diese Worte Webers. Denn die älteren Nationalstaaten in Europa, wie Frankreich, Rußland und England, sahen in dem 1871 gegründeten Deutschen Reich, das sehr schnell ihr wirtschaftlicher Konkurrent wurde, einen unerwünschten Machtfaktor. Frankreich war durch Ludwig XIV., das 1581 um Sibirien vergrößerte Rußland durch Peter den Großen, England durch seine Positionen in Hannover und seit 1757 in Indien zu seiner Machtstellung gekommen. Nach dem Untergang des durch Karl den Großen begründeten Reiches trieben seit 1806 die deutschen Staaten eine eigenständige Politik, Preußen in Anlehnung an Rußland, aber Bayern, Württemberg und Sachsen in Anlehnung an Napoleon. Von 1815 bis 1866 fanden sie sich unter Wahrung ihrer außenpolitischen Selbständigkeit im Deutschen Bund unter Österreich als Präsidialmacht zusammen. Preußen vernichtete ihn im Jahr 1866, als Bismarck seine Politik zu bestimmen begann. Als der König von Preußen 1871 Deutscher Kaiser wurde, behielten die deutschen Staaten eine relative Bewegungsfreiheit bei, auch nach außen hin. In diese politische Situation wurde 1859 der spätere Deutsche Kaiser Wilhelm II. hineingeboren.

Nach dem siegreichen Krieg der deutschen Staaten gegen Frankreich wurde das von Ludwig XIV. annektierte Elsaß-Lothringen dem 1871 gegründeten Deutschen Reich als Reichslande wieder eingegliedert. Durch die Niederlage der Franzosen steigerten sich die seit der Französischen Revolution von 1789 und Napoleon immer selbstbewußter werdenden nationalen Kräfte in einen Nationalismus hinein, dessen Hauptziel es nun war, Elsaß-Lothringen wieder für Frankreich zurückzugewinnen. Die französischen Regierungen erreichten dazu die Hilfe Rußlands und Englands. In Rußland knüpften sie an den seit 1858 entstandenen Panslawismus an, der alle Slawen vereinigen wollte; sie gewannen die dieses Ziel anstrebenden Kreise für ihre Wünsche und setzten sich damit in Gegensatz zum russischen Kaiser. Mit Englands Beistand konnte Frankreich freilich nur je nach dessen wechselnder Haltung gegenüber Deutschland rechnen, selbst nach der 1904 zwischen England und Frankreich geschlossenen Entente cordiale.

Ein weiteres Problem für die außenpolitische Existenz des noch jungen Deutschen Reiches entstand durch Bismarcks Verhalten auf dem Berliner Kongreß von 1878. Der russische Kaiser Alexander II. hatte aufgrund seines Sieges über die Türkei im Frieden von San Stefano einige Monate vorher den bis dahin türkisch gewesenen Gebieten Bulgarien, Rumänien, Montenegro und Serbien ihre Selbständigkeit zugesichert. Auf Betreiben Englands und Österreichs wurden diese Festlegungen auf dem Berliner Kongreß wesentlich verändert und zwar im Interesse der Türkei. Die Haltung Bismarcks, der auf diesem Kongreß deutlich zum Ausdruck brachte, daß er sich nicht von Österreichs Seite abdrängen lassen würde, verstimmte Alexander II.

Die rasch wechselnden Entscheidungen der Mächte je nach dem Gewicht ihrer jeweiligen Interessen führten in kurzer Zeit zu verschiedenen Verträgen und Abmachungen. So schlossen das Deutsche Reich und Österreich-Ungarn 1879 den Zweibund, ein geheimes Verteidigungsbündnis gegen Rußland, 1881 ein geheimes Neutralitätsabkommen mit Rußland, den sogenannten Dreikaiservertrag. 1881 folgte der geheime Dreibundvertrag zwischen dem Deutschen Reich, Österreich-Ungarn und Italien, 1887 der „Rückversicherungsvertrag" zwischen dem Deutschen Reich und Rußland, in dem beide Staaten Neutralität für drei Jahre vereinbarten und Rußlands Rechte auf dem Balkan, besonders sein Einfluß in Bulgarien, garantiert wurden. Deutschland versprach außerdem diplomatischen Beistand für Rußlands Zugang zum Schwarzen Meer. Zugleich machte sich Bismarck für den Abschluß des Orientdreibundes zwischen Österreich-Ungarn, Italien und England stark, durch den der Besitzstand der Türkei gegen den möglichen Aggressor Rußland gesichert werden wollte.

Wilhelm wurde am 15. Juni 1888 Deutscher Kaiser und mit diesen außenpolitischen Problemen konfrontiert, die er als Enkel der Königin Viktoria von England gelegentlich auch als persönlichen Konflikt erlebte.

Die im Deutschen Reich zusammengeschlossenen Staaten hatten verschiedene Verfassungen und wiesen unterschiedliche wirtschaftliche und soziale Verhältnisse auf. 1833/34 hatten sich die meisten von ihnen unter der Führung Preußens zum Deutschen Zollverein zusammengetan, unter dessen Dach sich die Industrie der Länder entwickelte. Die zunehmende Industrialisierung brachte, wie überall, zunehmende Probleme für die Bevölkerung mit sich. In der Zeit des Übergangs von Manufaktur und Heimgewerbe zu Technisierung und Mechanisierung der Arbeit entstand die größte Not. Die freigewordenen handwerklichen Arbeitskräfte wanderten nach und nach in die Fabriken der Städte ab und bildeten eine neue Schicht. Sie wurden zu Lohnarbeitern, und ihre Eingliederung in die Gesellschaft wurde zum Problem, zur „Sozialen Frage". Die Fabriken mit ihrem Angebot an Arbeitsplätzen wurden aber auch Stätten der Ausbeutung. Die Kinderarbeit z. B. und der Arbeitstag von 12 bis 14 Stunden waren Mißstände, denen sich eine verantwortungsbewußte Regierung gegen die Interessen der Unternehmer stellen mußte.

Für Wilhelm II. stellten sich die gleichen Probleme, vor allem in Preußen. Sein umsichtiges Eintreten für Arbeiter und Angestellte vor allem seit 1890 entstand nicht nur aus seinem Pflichtbewußtsein, das er mit seiner verfassungsmäßigen Stellung verband, sondern auch aus seiner persönlichen christlichen Überzeugung. Wilhelm II. führte zugunsten der Arbeiter und Angestellten von 1890 bis 1911 grundlegende Reformen durch. Um die deutschen Industrieunternehmungen nicht in Nachteil gegenüber ausländischen zu bringen, versuchte er, die anderen europäischen Staaten ebenfalls für die Durchführung solcher Reformen zu gewinnen. Das gelang ihm freilich nicht.

Manches Subjektive, Kritische und Unkritische ist über Kaiser Wilhelm II. geschrieben worden. In diesem Buch wird versucht, die erweisbare Wahrheit in systematischem Zusammenhang zu erfassen.

München, im Juli 1995   Hans Rall

Kaiser Wilhelm I. und seine Gemahlin Kaiserin Augusta, geb. Prinzessin von Sachsen-Weimar-Eisenach, die Großeltern Kaiser Wilhelms II.

Teil I:
Der Thronerbe zwischen sich widerstreitenden Kräften

Fritzis harte Kindheit – Großeltern in England – Konfirmand –
Gymnasiast in Kassel – Soldat – Student in Bonn

Wilhelms schwieriges Schicksal begann schon mit seiner Geburt. Dem Prinzen
Friedrich von Preußen, dem späteren, nur kurz regierenden Kaiser Friedrich
III.,[1] gebar seine Ehefrau Viktoria, die älteste Tochter der Königin Viktoria von
England und Schwester des englischen Thronfolgers Eduard, am 27. Januar 1859
im Kronprinzenpalais Unter den Linden in Berlin das erste Kind. Die Geburt[2]
des Hohenzollernprinzen war allerdings eine äußerst schwere gewesen, so daß
die Eingeweihten von einem Wunder sprachen, daß er überhaupt lebend zur
Welt gekommen war. Das Kind wurde in der Steißlage geboren. Zu jener Zeit
starben noch 98 Prozent solcher Kinder während der Geburt. Eine weitere Kom-
plikation war, daß beide Arme des Kindes über den Kopf emporgeschlagen
waren. Bei dem gewaltsamen Herunterziehen des linken Armes und dann bei der
Drehung des Kindes im Geburtskanal „mittels desselben" wurden die Nerven
des linken Armplexusbereiches am Halsmark abgerissen, so daß die ganze Mus-
kulatur von der Schulter bis hin zu den Fingerspitzen nicht mehr innerviert
werden konnte. Der linke Arm hing nutzlos von der Schulter und verkrampfte
sich im Lauf der Zeit in einer „Kontraktur". Es stellte sich auch bald eine
Torticollis (Schiefhals) ein; weitere körperliche Folgen der schweren Geburt
kamen erst Jahrzehnte später zum Vorschein.

Mitte des 19. Jahrhunderts hatte die medizinische Wissenschaft nur die vageste
Vorstellung von dem komplexen Nervengeflecht in der Hals-Schulter-Partie. Die
Leibärzte gingen davon aus, daß der linke Arm durch eine örtliche Quetschung
gelähmt war. Dementsprechend wurde der Arm mit Seewasser geduscht und
täglich mit verschiedenen Stromarten elektrisiert; er wurde mit Hilfe einer „Arm-
streckmaschine" geradegezogen; der gesunde rechte Arm wurde dem Knaben in
der Hoffnung festgebunden, ihn dadurch zum Gebrauch des gelähmten Arms
anzuregen; frischgetötete wilde Tiere wurden aufgeschlitzt und ihm an den Arm
gebunden in der Wahnvorstellung, die vitale Kraft könnte das tote Glied animie-
ren. Jahrelang mußte Wilhelm zudem täglich eine „Kopfstreckmaschine" tragen,
bevor man sich für eine Durchschneidung des Halsnickermuskels zur Beseitigung des Schiefhalses entschied. Die psychischen Folgen einer solchen – medizi-
nisch ganz sinnlosen – Behandlung wird jeder sich gut vorstellen können.

Der schlimmste Geburtsschaden war jedoch unsichtbar. Die Ärzte hatten der Mutter während der Geburt stundenlang Chloroform gegeben, so daß auch das Kind betäubt war. Der dadurch verursachte Sauerstoffmangel wurde durch die mehrfache Verabreichung von Mutterkorn noch verschlimmert, da dadurch die Wehen einen krampfartigen Charakter annahmen. Bei jeder Steißgeburt wird die Nabelschnur mehrere Minuten lang zugedrückt, wodurch ebenfalls die Sauerstoffzufuhr zum Gehirn unterbrochen wird. Aus dem ärztlichen Bericht wissen wir, daß Wilhelm „in hohem Maße scheintod" zur Welt kam und daß längere Zeit vorher schon der Geburtshelfer „die Nabelschnur nur noch schwach und verlangsamt, ja aussetzend klopfen fühlte". Aufgrund dieser Erkenntnis können wir mit einiger Sicherheit die Diagnose erstellen, daß Wilhelm mit einer leichtgradigen Hirnschädigung geboren wurde. Ein solcher Schaden zeigt sich vor allem in einer Verhaltensstörung, die durch Hyperaktivität, Reizüberempfindlichkeit, Unkonzentriertheit, Neigung zu Kurzschlußhandlungen und mangelndes Durchhaltevermögen gekennzeichnet ist.

Der kleine Prinz wurde auf die Namen Wilhelm Viktor Albert getauft und als Kind Fritzi genannt. Sein Großvater, damals noch Prinz Wilhelm, war 1858 Regent für seinen als krank erklärten Bruder König Friedrich Wilhelm IV. von Preußen geworden und wurde 1861 selbst König. Eben in diesem Jahr wurde der zweijährige Wilhelm auf Schloß Osborne auf der Insel Wight von seiner Großmutter, Königin Viktoria, aquarelliert, vom Großvater Albert in einer Serviette geschaukelt. Die Großmutter sprach das Kind auch auf englisch an. Die Eltern ließen ihren Ältesten, dem bereits 1860 die Schwester Charlotte, 1862 der Bruder Heinrich geboren wurden, zusammen mit den Geschwistern nicht nur Berlin und seine Umgebung, sondern auch Thüringen und die Ost- wie die Nordsee kennenlernen. So sah der kleine Prinz auch das 1748 von Friedrich II. gegründete Swinemünde. Von früh auf wurde er so nicht nur mit der engeren Heimat, sondern auch mit anderen Bereichen bekannt. Den väterlichen Großvater erlebte Wilhelm in Zusammenhang mit den preußischen Siegen von 1864 und 1866. Der Siebenjährige sah aber auch preußische und österreichische Verwundete in einem Lazarett seiner Mutter.

Der Vater durchblätterte mit ihm oft das mit 58 Tafeln ausgestattete Prachtwerk „Die Kleinodien des Heiligen Römischen Reiches Deutscher Nation" des Kanonikus Franz Bock, das 1864 in Wien und Leipzig erschienen war, und erzählte ihm in diesem Zusammenhang seine Wünsche nach der Wiederherstellung des von den Deutschen getragenen Reiches der großen Kaiser des Mittelalters durch Preußen.

Hans Delbrück[3] gab ihm im Schloß der Eltern Privatunterricht, zu dem der Vater öfters erschien. Zur Frühstückspause von 15 Minuten bekam Wilhelm Obst, der Lehrer aber ein warmes Gericht. Als er es einmal mit dem Obst des Prinzen austauschte, entdeckte der eintretende Vater die Essenden und verhinderte das Tauschen des Essens für die Zukunft. Die Mutter war mit ihrem

Erstgeborenen nicht zufrieden. Früh klagte sie „über die Oberflächlichkeit und Lernfaulheit ihres Sohnes, über seine Herzenskälte und Arroganz. Diese sonst so kluge Frau konnte nicht erkennen, daß ihre Zielvorstellung für Wilhelm einer hoffnungslosen Überforderung gleichkam. Der junge Prinz mußte diese als ständige mütterliche Enttäuschung erfahren und konnte darauf nur mit Gefühlsverweigerung und Aufputschen des eigenen Ich antworten."[4] Wilhelm II. schrieb 1929 in seinem Vorwort zu der in der vollständigen deutschen durch Sir Frederic Ponsonby herausgegebenen Ausgabe der Briefe seiner Mutter an seine Großmutter Viktoria aufschlußreich über das Temperament seiner Mutter.[5]

Ende 1866 wurde Wilhelm der Gymnasiallehrer Georg Hinzpeter als Erzieher gegeben. Er war Altphilologe und Calvinist, stellte aber „alle konfessionellen und dogmatischen Fragen" in seinem Religionsunterricht zurück, wie Wilhelm II. sich noch später erinnert.[6] Er ließ den Erbprinzen des Königreiches Preußen, wo Friedrich Wilhelm III. 1817 durch die Preußische Union Lutheraner und Calviner zu einer „Evangelischen Landeskirche" unter der Oberhoheit des Königs vereinigt hatte, „nur mit Bibel und Gesangbuch aufwachsen". Freilich hatte Friedrich Wilhelm IV. den Lutheranern erlauben müssen, eine eigene „Kirche" zu bilden, deren oberste Behörde das Oberkirchenkollegium in Breslau war. Wilhelm entwickelte selbst im Lauf seines Lebens einen auf Glaubenslehren gestützten Begriff seiner Konfession. In der „Evangelischen Kirche der altpreußischen Union" war der Grundgedanke, daß die Unterschiede in der Auffassung vom Abendmahl nicht der Gemeinschaft des Gottesdienstes und des Abendmahls hinderlich sein dürfen.

John Charles Gerald Röhl[7] schreibt: „Als Wilhelm sechs Jahre alt war, wurden ein Militärgouverneur sowie ein Zivilerzieher ernannt. Trotz wiederholter Versuche des Königs und des Militärkabinetts, profilierte Militärs auf den erstgenannten Posten zu berufen – sowohl der spätere Reichskanzler von Caprivi wie der nachmalige Chef des Generalstabs Graf Waldersee kamen in Vorschlag –, gelang es dem Kronprinzenpaar, die Stelle des Militärgouverneurs mit einer Reihe von fügsamen Männern zu besetzen, die für den Zivilerzieher keine ernsthafte Konkurrenz bedeuteten. Zum Zivilerzieher wurde dann Georg Hinzpeter ernannt, der bis zur Großjährigkeit Wilhelms bei diesem blieb und der auch darüber hinaus, wie die Kronprinzessin einmal klagte, einen „unbegrenzten Einfluß" auf seinen Zögling ausübte.

Anfangs waren sich Mutter und Erzieher jedoch völlig einig, daß Wilhelm nur durch strengste Zucht auf seinen künftigen „Beruf" vorbereitet werden könnte. Der Vater war in diesen Jahren der Reichseinigung häufig im Kriege; er setzte überdies grenzenloses Vertrauen in das Urteil seiner Frau. Hinzpeter, der die Arbeiterfrage in der Industrie seiner Heimat kennengelernt hatte, erzog seine Schüler auch zur praktischen Nächstenliebe und führte sie in die soziale Frage ein. In Kassel, wo Wilhelm das Gymnasium beendete, ging er jeden Mittwoch und jeden Samstag Nachmittag, wenn schulfrei war, mit Wilhelm und seinem

Bruder Heinrich in Fabriken und Werkstätten, in eine Schmiede, in eine Gießerei oder einen anderen Produktionsbetrieb. Wilhelm erfuhr damals auch, wie er noch 1926 niederschrieb, „wie die damals noch zwölfstündige Arbeitszeit mit ihrem kärglichen Lohn" das ganze Leben des Arbeiters „auffraß und ihm keine Zeit ließ, Mensch unter Menschen zu sein. Wir sahen die traurigen Wohnverhältnisse der Arbeiter..."[8] Seit 1889 traf Wilhelm II. die ihm möglichen Maßnahmen zum Schutz der Arbeiter. Hinzpeter war ein nüchterner Erzieher zur Pflicht.

Mutter Viktoria fand den Weg zur Kinderstube erst nach 1870, als sich ihr Mann mehr um Politik zu kümmern begann. Bis dahin war sie mehr liebende Frau als Mutter. In Briefen an ihre eigene Mutter setzte sie ihre Söhne peinlich herab. Sie ließ ihre ersten drei Kinder mit gewollter Härte und bewußter Strenge erziehen. Obwohl der Sohn seelisch darunter litt und als junger Kaiser Auseinandersetzungen mit ihr hatte, charakterisierte er sie 1926 als alter Herr ohne Vorwürfe, rückblickend als sehr klug, sehr scharfsinnig, nicht ohne Sinn für Humor, als Frau von großem Wissen, umfangreicher Bildung, aber auch von unbeugsamer Energie, großer Leidenschaftlichkeit und Impulsivität. Sie „neigte zu Debatte und Widerspruch. Eine heiße Liebe zur Macht kann ihr nicht abgesprochen werden."[9]

Röhl schreibt:[10] „Hinzpeters sadistische Erziehungsmethoden konnten nach Lage der Dinge wenig Erfolg haben, und bald klagte auch er über die Unkonzentriertheit, die Lernunfähigkeit, den ‚Pharisäismus' im Charakter seines Zöglings, vor allem aber über den ‚fast krystallinisch hart gefügten Egoismus', der ‚den innersten Kern seines Wesens' bilde." „Hart ist der Prinz, sehr hart", urteilte Hinzpeter über Wilhelm schon 1874. Daß diese besorgniserregende charakterliche Entwicklung wenigstens zum Teil durch seine eigenen Erziehungsmethoden hervorgerufen wurde, ist Hinzpeter dabei nicht aufgegangen. Auf Vorschlag Hinzpeters wurde ein Experiment ohne Vorgang durchgeführt: Der preußische Thronfolger kam – trotz Protest seitens des alten Kaisers – im Alter von 15 Jahren in das öffentliche Gymnasium zu Kassel. Mit diesem Schritt verfolgten die Kronprinzessin und Hinzpeter drei Ziele: Wilhelm „sollte eine moderne Erziehung genießen, er sollte möglichst lange dem Hof- und Militärleben Berlins entzogen bleiben, und er sollte vor allem infolge des freien Konkurrenzkampfes mit begabten Bürgersöhnen gedemütigt, das heißt zur Einsicht gezwungen werden, daß er keinerlei Grund zur Überheblichkeit hatte."

Unter diesen Umständen wurden die Erlebnisse Wilhelms mit jungen Menschen von großer Bedeutung. Bereits 1867 machte er mit dem 1857 geborenen späteren Großherzog Friedrich II. von Baden eine Fußtour durch den Schwarzwald. Von den Fächern Latein, Rechnen, Geschichte und Erdkunde zogen den Knaben Latein und Geschichte sehr an, auch die im Zusammenhang damit vermittelte griechische Sagenwelt. Sie wurde ihm der Weg zur Liebe zum klassischen Altertum. Seine Begabung für Mathematik schien ihm selbst „nur schwach entwickelt". Da bei den Hohenzollern wie bei den Wittelsbachern und anderen

Dynastien ein Prinz ein Handwerk erlernen mußte, nahm ihn der Hofbuchbindermeister Collin in die Lehre.

Bei der körperlichen Erziehung wurde der von Hinzpeter mit Härte überwachte Unterricht im Reiten für den achteinhalbjährigen Prinzen, der immer wieder vom Pferde fiel,[11] ein Martyrium. Denn bei seiner Geburt war, wie erwähnt, der Nerv am linken Arm verletzt worden, so daß dieser nicht frei beweglich war. Trotzdem lernte Wilhelm reiten und wurde ein guter Schwimmer. An seinem zehnten Geburtstag verlieh ihm der Großvater den Hohen Orden vom Schwarzen Adler, und er mußte darauf die Uniform der Leibkompanie des Ersten Garderegimentes zu Fuß anziehen, seinem König Meldung machen und alsbald mit den erwachsenen Gardemännern mitmarschieren. Mit seinem Bruder Heinrich und zum Teil etwas älteren Spielkameraden spielte er aber auch „Räuber und Soldat" und „Indianer". Von den Eltern wurde er ins Theater oder in den Zoologischen Garten mitgenommen, ebenso auf ihre Reisen 1869/70 nach Cannes, das er wie ein Paradies erlebte. In Toulon bedrückte ihn das Schicksal der Galeerensträflinge. Auf der Rückreise über Marseille bewunderte er in verschiedenen Städten die römischen Bauwerke und unterhielt sich in Avignon mit Soldaten, die ihre Kaserne im früheren päpstlichen Schloß hatten. Er konnte sich bereits französisch verständigen, da ihn eine Französin diese Sprache zu lehren begonnen hatte.

Den Sieg des Vaters bei Wörth im Krieg 1870/71 feierte er durch eine Kissenschlacht mit seinem Bruder. Die beiden wurden von der Mutter in das Lazarett in Homburg vor der Höhe mitgenommen und entsetzten sich über die hygienischen Verhältnisse dort und in den Kasernen, für deren Besserung die Mutter alsbald viel tat. Als die beiden Brüder die Nachricht vom Sieg bei Sedan vernahmen, hörten sie zum ersten Mal die „Wacht am Rhein". Natürlich gratulierte Wilhelm dem Großvater, als er Deutscher Kaiser wurde. „Man hatte mir erzählt, wie der König von Bayern Dir den Antrag gemacht, wie die übrigen Fürsten ihm beigestimmt hätten, und wie Du dann zuletzt die Krone angenommen hättest." Der glückliche Knabe durfte am 21. März 1871 der Eröffnung des Deutschen Reichstages beiwohnen, zu der sein Vater heimlich den Thron aus Goslar hatte kommen lassen. Eine Überfülle von Eindrücken strömte auf den Zwölfjährigen ein. Er mußte sich auf viele fürstliche Verwandte, auf Offiziere, Künstler und Gelehrte einstellen. Darunter waren der frühere Erzieher seines Vaters, der Archäologe Ernst Curtius, die Historiker Ranke und Treitschke, der Mediziner und Politiker Rudolf Virchow, der Physiker Helmholtz und der der Mutter nahestehende Philosoph Eduard Zeiller, der lehrte, „es solle der ganzen Erziehung durch Unterwerfung unter eine äußere unabänderliche, der Willkür entzogene Norm eine Ruhe und Stetigkeit gegeben werden".

Bei seiner Konfirmation am 1. September 1874 in der Friedenskirche zu Sanssouci legte Wilhelm[12] ein allgemeines christliches Glaubensbekenntnis mit vielen guten Vorsätzen ab. Kurz darauf bezog er, wie schon angedeutet, im Unterschied zu den Prinzen anderer Herrscherhäuser das Gymnasium in Kassel, der Hauptstadt des von Preußen 1866 eroberten Kurfürstentums Hessen-Kassel. Er wurde in die Obersekunda aufgenommen.[13] Für Wilhelms politisches Rechtsempfinden bedeutete der Aufenthalt in Kassel, daß er sich mit der Tatsache konfrontiert sah, daß Kurfürst Friedrich Wilhelm I. von Hessen, Sohn einer Tochter des Preußenkönigs Friedrich Wilhelms II., durch Preußen entthront, als Staatsgefangener nach Stettin verbracht worden war und auf seine Hoheitsrechte nicht definitiv verzichtete. Infolge seiner Agitationen gegen die preußische Herrschaft in Hessen war über das ihm zur Nutznießung abgetretene Fideikommißvermögen von Preußen 1869 die Sequestration (eine Art Beschlagnahme) verhängt worden. In zuversichtlicher Hoffnung auf die Wiederherstellung seines Thrones zog er sich auf seine Besitzungen in Böhmen zurück und starb am 6. Januar 1875 in Prag. Dem jungen Prinzen Wilhelm machte der praktisch durch Bismarck verursachte Rechtsbruch seines Großvaters Wilhelm I. an dem Kurfürsten Friedrich Wilhelm von Hessen-Kassel einen außerordentlichen Eindruck. Er versuchte mit der Familie des 1895 verstorbenen Kurfürsten eine ähnliche Versöhnung, wie sie später durch seine eigene Vermählung mit Auguste Viktoria aus dem Hause des abgesetzten Herzogs von Schleswig-Holstein-Sonderburg-Augustenburg versucht wurde. Aus demselben Grund einer Versöhnung vermählte er als Kaiser am 25. Januar 1893 seine Schwester Margarete mit Prinz Friedrich Karl, dem zweiten Sohn des abgesetzten, nun verstorbenen hessischen Kurfürsten.

Die Übersiedlung nach Kassel bedeutete für den jungen Wilhelm 1874 eine schmerzliche Trennung von Eltern und Geschwistern. Der Tagesablauf des Gymnasiasten Wilhelm wurde von Hinzpeter streng eingeteilt: 5 Uhr Aufstehen, 6 Uhr Vorbereitung auf den Schulunterricht, der von 8 bis 12 Uhr währte, 12 bis 14 Uhr Spazierengehen, Fechten oder Schwimmen, dann wieder zwei Schulstunden und eine Repetitionsstunde bei Hinzpeter, 17 bis 18 Uhr Essenspause, Nachhilfeunterricht oft bis 21 Uhr und länger. Der Direktor des Gymnasiums, Gideon Vogt, gab die alten Sprachen und weckte in Wilhelm das Interesse am griechischen und römischen Theater. Vor allem bewunderte der Prinz aber den „in unglücklichen Verhältnissen aufgewachsenen Redner Demosthenes, der „frisch von der Leber weg sprach" und den Athenern „oft auch derbe Wahrheit ins Gesicht" sagte.

Röhl schreibt:[14] „Obwohl die Eltern von Anfang an betont hatten, sie wollten eine moderne Erziehung für Wilhelm – sie verstanden darunter vor allem die Naturwissenschaften und neuere Sprachen –, arrangierte Hinzpeter den Stundenplan so, daß nicht weniger als 19 Wochenstunden dem Unterricht in Altgriechisch und Latein, sechs der Mathematik gewidmet waren. Fast ein Jahr verstrich, bevor geeignete Privatlehrer für Englisch und Französisch angestellt wurden; selbst dann blieben nur zwei bis drei Wochenstunden für diese Sprachen frei. Naturwissenschaften wurden in der Obersekunda überhaupt nicht unterrichtet; in der Prima kamen bloße zwei Stunden Physik in den Unterrichtsplan. Gerade die Fächer, in denen Wilhelm einen gewissen Vorsprung über seine bürgerlichen Klassenkameraden vorzuweisen gehabt hätte – am Hof hatte er von früh auf Englisch und Französisch gehört und gesprochen –, waren nach dem Hinzpeterschen System in Kassel nicht gefragt."

Man muß natürlich fragen: konnte Hinzpeter den Lehrplan und den Stundenplan des Gymnasiums in Kassel arrangieren? War der Lehrplan nicht an sich so? Jedenfalls war er faktisch so, wie angeführt. Nicht befriedigte Wilhelm, wie er selbst rückblickend schreibt, auch der Geschichtsunterricht, der mit dem Dreißigjährigen Krieg aufhörte und Herrscher und Staatsmänner, die Sitten, Gebräuche und das Geistesleben der Völker „sehr stiefmütterlich" behandelte. Die „vaterländische Geschichte" wurde vorgetragen, ohne Begeisterung für den „nationalen Gedanken erwecken zu wollen". Umso mehr verschlang Wilhelm nach seinen eigenen Angaben deutsche, französische oder englische Bücher über Geschichte und Reisen. „Das Buch der deutschen Flotte" des Reinhold von Werner[15] begeisterte Wilhelm so, daß er auch seinen Kameraden oft daraus vorlas. Balladen über die Kaiser des alten Reiches und die Tragödie von Harmodios und Aristogeiton, die den Athener Tyrannen Hipparchos ermordeten, erfüllten Wilhelm sehr. Er selbst versuchte eine Liebesgeschichte „Hermione" zu einem Epos oder Drama zu gestalten. Doch gab er auf, als ihm der spätere Herzog Bernhard von Sachsen-Meiningen, der 1878 seine Schwester Charlotte heiratete, eröffnete, daß er den Stoff bereits dramatisch bearbeitet hätte. In einem Kreis von Mitschülern am Sonntag Nachmittag wurden Klassiker mit verteilten Rollen gelesen und Debatten geübt. Jeder[16] mußte einen bekannten Politiker darstellen, Wilhelm nahm den damaligen Führer der Fortschrittspartei Hermann Schulze-Delitsch.

Im Sommer 1876 reisten Wilhelms Eltern mit allen Kindern nach Scheveningen und Utrecht und lebten „fern dem Hofe und allem Zwang". Im Januar 1877 schloß Wilhelm die schriftlichen und mündlichen Prüfungen des Abiturientenexamens mit der Note gut ab.[17] Die Mutter aber beklagte seine angebliche Faulheit und Gefühlslosigkeit.[18] Am 9. Februar trat er seinen praktischen Dienst in der 6. Kompanie des Ersten Garderegimentes zu Fuß an, zu dem ihn der Großvater ermahnte: „Du mußt auch lernen, daß im Dienste nichts klein ist." Der Prinz lebte auch mit der Mannschaft zusammen und kümmerte sich um seine Leute, und später noch als Herrscher feierte er Weihnachten auch mit seinen Soldaten. Durch den militärischen Dienst weihte er sich, wie er 1926 schrieb, „der großen Idee des Preußentums"; die Herbstparade und ein Manöver beschlossen ihn.

Wie der Vater studierte Wilhelm in Bonn,[19] freilich nur vom Wintersemester 1877 bis zum Schluß des Sommersemesters 1879, und zwar vor allem die Rechte und die Staatswissenschaften, daneben Geschichte, Literatur- und Kunstgeschichte, dann aber auch Physik und Chemie. Dort trat er auch in das Corps Borussia ein. Einen Teil der Vorlesungen, vor allem die mit Experimentalvorträgen in Physik und Chemie, besuchte er in der Universität selbst. Die meisten aber hielten ihm die Professoren als Privatissima bei ihm zu Hause. „Auf diese Weise war es möglich, die im Verhältnis zu anderen Studenten beschränkte Zeit, die mir zur Verfügung stand, besser auszunutzen." Professor Roderich von Stintzing führte ihn in die Rechtswissenschaft und in die Institutionen des römischen Rechts ein, Hugo Haelschner im Wintersemester 1878/79 in das Strafrecht und den Strafprozeß. Adolf Held, der außerordentliche Professor für Nationalökonomie und bekannte Kathedersozialist, vermochte den Prinzen für seine Finanzwissenschaft geradezu zu begeistern. Im Sommersemester 1879 hörte er ihn auch über das Staatsschuldenwesen. Von besonderer Bedeutung war für Wilhelm im Sommersemester 1879 Haelschners Vorlesung über Staatsrecht, Privat-, Fürsten- und Völkerrecht. Der seit 1874 als Vorsitzender des Vereins für Sozialpolitik tätige Professor Erwin Nasse las über Politik und Preußisches Verwaltungsrecht, das Wilhelm als künftigen König von Preußen sehr zu beschäftigen hatte. Der Physiker Rudolf Clausius befriedigte Wilhelms technische Interessen und zog ihn auch zu seinen Abendgesellschaften heran. Der Kunsthistoriker Reinhard Kekule von Stradonitz stärkte als Archäologe Wilhelms Begeisterung für die Antike. Als Kaiser ernannte er ihn bereits 1889 zum Direktor an den königlichen Museen in Berlin und befragte ihn später noch wegen der Aufstellung der großen Achillesstatue auf Korfu, wohin er ihn einlud.

Ob der zwanzigjährige Prinz eine Liebschaft mit Sibylle Schmitz hatte, durch die er der „Prinz Heinz" in der 1903 aufgeführten sentimentalen Komödie „Altheidelberg" des Wilhelm Meyer-Förster geworden sein soll, ist nicht zu beweisen. Eine Elisabeth Schmitz (1880 bis 1954) hat behauptet, eine uneheliche Tochter Wilhelms zu sein. Ihre Mutter hieß Emilie Klopp, hätte von Wilhelm ein Kind bekommen und heiratete später einen Herrn Schmitz, der Elisabeth mit einem korrigierten Geburtsjahr (1886) adoptierte. Sie wurde später Malerin.[20] Bismarck schrieb übrigens Wilhelm eine starke Sexualität zu.[21] Sie war von Vater und Großvater ererbt. Der Vater hatte einen vorehelichen Sohn, der ein bekannter Arzt wurde und den Wilhelm später zu Familientagungen zuzog.

Als im Herbst 1877 Wilhelm sein Studium in Bonn begonnen hatte, stellte sich bald eine chronische Infektion des rechten Ohres ein, die zu ernsten Sorgen Anlaß gab. Ein englischer Chirurg, der mit der Untersuchung des Ohrenleidens beauftragt wurde, äußerte als erster Zweifel an der geistigen Normalität des Preußenprinzen. Er warnte, daß Wilhelm „niemals ein normaler Mensch" sein könne und daß er von Zeit zu Zeit von Wutanfällen befallen sein würde, in denen ihm jedes Urteilsvermögen abhanden käme. Er behauptete, daß die Thronbesteigung Wilhelms II. „möglicherweise eine Gefahr für Europa" bedeuten könnte.[22] Wem wurden die Behauptungen des englischen Chirurgen damals bekannt? Wenn sie Wilhelms Eltern erfuhren, vermochten sie jedenfalls den Kaiser Wilhelm I. durch sie nicht abzuhalten, Wilhelm weiter als Thronerben zu behandeln.

Mission nach Brüssel – Politische Heirat mit Seitensprüngen – Ausbildung in der Verwaltung – Christentum und soziale Frage bei Hofprediger Stöcker und Graf Waldersee – Bayreuth-Erlebnis

Am 22. August 1878 hatte Wilhelm in offiziellem Auftrag zu König Leopold II.[23] und Königin Maria der Belgier nach Brüssel zu reisen; er nahm dort an der Feier aus Anlaß der Silberhochzeit des Königspaares teil. Wegen der Universitätsferien kehrte er nach Potsdam zurück, begegnete dort Herzog Friedrich von Schleswig-Holstein-Sonderburg-Augustenburg und seiner Familie, darunter auch Prinzessin Auguste Viktoria, seiner späteren Frau, die er schon als Kind einmal gesehen hatte.

Wenn er auch nach seinem letzten Semester in Bonn am liebsten nach Ägypten gereist wäre, so gab er sich doch sehr zufrieden, als ihn die Mutter mit seinen Schwestern nach Venedig, Genua und Monza mitnahm. „Wundervolle Eindrücke empfing ich von dem Lande, dessen südliche Schönheit und klassische Erinnerungen auch ich von Jugend auf ‚mit der Seele‘ gesucht hatte."[24]

Seit 1878 wurde vor allem von den Eltern darüber verhandelt, ob Wilhelm mit Auguste Viktoria, der Tochter des Herzogs Friedrich von Schleswig-Holstein-Sonderburg-Augustenburg, verlobt werden könne. Man hoffte, ihr Vater könnte vielleicht dadurch für seine Absetzung versöhnt werden. Er war seit 1863 Herzog jenes Landes, das in der Auseinandersetzung mit dem in Dänemark regierenden Zweig dieses Hauses von Österreich und Preußen in Besitz genommen und dann von Preußen annektiert worden war. Für die Selbständigkeit dieser Elbherzogtümer hatte noch Max II. von Bayern bis zu seinem eigenen Tod alles versucht. Wilhelms Vater wollte mit Herzog Friedrich eine Erklärung vereinbaren, daß er die nun bestehenden Zustände anerkennen würde. Kaiser Wilhelm I. hatte den Vorschlag seines Sohnes aber noch nicht genehmigt. Herzog Friedrich erlag am 14. Januar 1880 über den neuen Zumutungen einer Herzschwäche. Am 14. Februar fand die Verlobung in aller Stille statt, erst am 2. Juni verkündete sie Kaiser Wilhelm I.

Am 27. Februar 1881 wurde der nunmehrige Hauptmann Prinz Wilhelm in Berlin getraut. Das junge Paar wohnte zunächst im Stadtschloß in Potsdam, dann aber im Marmorpalais in Berlin. Durch seine Vermählung wurde Wilhelm in die Politik seines Hauses aber auch Bismarcks hineingestellt. Er hat diese ihm politisch auferlegte Ehe zwar später zu einer sehr persönlichen Lebensgemeinschaft gemacht, zunächst aber als unreifer, ohne innere Disziplin lebender Zweiundzwanzigjähriger diese politische Ehe mit einer Österreicherin gebrochen, die ihm eine Wiener Kupplerin vermittelte. Er beging auch noch mit drei anderen Frauen Ehebrüche. Eine Österreicherin zog nach Berlin in die Linkstraße, wo sie Wilhelm „sehr oft" besuchte. Der selbst nicht sehr tugendhafte Kronprinz Rudolf von Österreich erfuhr von Wilhelms Ehebrüchen mit zwei Österreicherinnen auf merkwürdigem, aber eindeutigem Wege und machte darüber Notizen. Wilhelm hätte demnach in zynischer Weise gegenüber den beiden Österreicherinnen über seine Eltern und seine eigene Frau geschimpft, sich aber auch politisch geäußert: Im Gegensatz zu Preußen sei in Österreich der ganze Staat morsch, der Auflösung nahe und werde in sich zusammenbrechen. Die deutschen Provinzen würden, meinte er in simpler nationaler Reflexion, als reife Frucht Deutschland in den Schoß fallen; sie würden als unbedeutendes Erzherzogtum in noch abhängigerer Stellung als Bayern unter Preußen kommen. Der Kaiser von Österreich könne als unbedeutender Monarch, wenn er wolle, sein Leben in Ungarn fortfristen. Kronprinz Rudolf und Kaiser Franz Joseph wurden in diesen Gesprächen durch Wilhelm auch herabgesetzt. Der Habsburger Thronfolger teilte das alles dem österreichischen Militärattaché in Berlin mit.[25] Nachweisbar spätestens seit seiner Thronbesteigung hielt sich Wilhelm II. aber an seine Ehe.

Schon 1882 ging seine praktische Ausbildung weiter. Aufgrund der Kabinettsorder vom 2. Oktober 1882 hatte er beim Oberpräsidenten der Provinz Brandenburg, Heinrich von Achenbach,[26] zu arbeiten. Er führte ihn aufgrund seiner eigenen vielseitigen Tätigkeit ein. Denn er war 1860 Oberbergrat geworden, 1871 Vortragender Rat im Reichskanzleramt, 1873 bis 1878 preußischer Staatsminister für Handel, Gewerbe und öffentliche Arbeiten und 1878 Oberpräsident der Provinz Westpreußen. Wilhelm wurde von diesem Mann, der auch die Freikonservative Partei mitbegründet hatte, eindrucksvoll in die Staats-, Provinz-, Bezirks- und Gemeindeverhältnisse eingeführt, besonders aber in die Selbstverwaltung und die Steuer- und Wirtschaftsfragen. Aufgrund der Hinweise interessierte sich der Prinz nun besonders für das Anlegen von Kanälen und Straßen und für die Hebung aller Verkehrsverbindungen sowie für die Waldwirtschaft. Mit starkem Interesse nahm er auf, was ihm Achenbach über die Einführung der Maschinen in die Landwirtschaft und deren genossenschaftliche Entwicklung und über die Probleme der Wohnungsverbesserung sagte.

Seit 1882 stand Prinz Wilhelm durch Vermittlung von Ernst Frhr. von Mirbach, des Kammerherrn seiner Frau, der Prinzessin Auguste Viktoria, in Beziehung zu Hofprediger Adolf Stöcker.[27] Generalquartiermeister Alfred Graf Waldersee, der hoffte, unter Wilhelm anstelle von Bismarck Reichskanzler zu werden, versuchte über Stöcker, Prinz Wilhelm auf den „christllichen Sozialismus" der „Berliner Bewegung" festzulegen. Stöcker versuchte, orthodoxe Theologie und autoritätsgebundenen Royalismus mit leidenschaftlichem deutschen Nationalbewußtsein zu vereinen, aber auch die Arbeiterschaft durch aktive Sozialpolitik für Christentum, Monarchie und Vaterland zurückzugewinnen (Huber IV, 40f.). Der von Stöcker 1878 gegründeten christlich-sozialen Arbeiterpartei traten über 1000 Mitglieder bei; sie gewann aber bei den Reichstagswahlen am 30. Juli 1878 nur 1421 Stimmen. Darauf ließ sich Stöcker 1879 von der vorwiegend bäuerlichen Wählerschaft der Deutschkonservativen Partei ins preußische Abgeordnetenhaus wählen: für diese Partei wurde er 1880 Reichstagsabgeordneter. Bismarck lehnte Stöcker wegen dessen antisemitischen Äußerungen und dessen sozialpolitischem Radikalismus ab, Wilhelm II. zwang ihn später durch Erlaß vom 15. April 1889, zwischen seinem geistlichen Amt und der Politik zu wählen, und nötigte ihn Anfang November 1890 wegen seiner erneuten Angriffe auf den Liberalismus und das Judentum zum Rücktritt von seinem geistlichen Amt.

Die Bewunderung Richard Wagners durch Kaiser Wilhelm I. und Kaiser Friedrich III. führte auch den Prinzen Wilhelm in die Welt von Bayreuth, das er 1886 von Reichenhall aus mit seiner Frau besuchte. Hermann Levi, der Dirigent der Uraufführung des „Parsifal" am 26. Juli 1882, schrieb am 3. Februar 1887 an seinen Vater über den „Enthusiasmus des Prinzen Wilhelm für die Sache" und betonte: „Auf Prinz Wilhelm bauen wir [Wagnerianer] ganze Paläste von Hoffnungen."[28] Wilhelms Begeisterung für Wagner wurde angeregt, wenn nicht sogar geweckt durch Philipp Graf Eulenburg, mit dem der zwölf Jahre jüngere Prinz am 4. Mai 1886 in Prökelwitz in Ostpreußen eine enge Freundschaft geschlossen hatte. Wilhelm und seine Frau weilten bei der Familie Wagners, dessen Grab sie besuchten. Die Aufführungen von Tristan und Isolde und vor allem des Parsifal machten Wilhelm einen überwältigenden Eindruck. Schon als Wilhelm in Reichenhall von Eulenburg dessen von ihm gedichtete und komponierte Ballade über den Untergang von Atlantis mitanhörte, ergriff ihn die Tragik des Untergangs.

Späte Einführung in die Außenpolitik – Der Berliner Kongreß 1878 und das Problem der außenpolitischen Existenz des Deutschen Reiches – Mission nach St. Petersburg und Reise nach Moskau – Kronprinz durch Großvaters Tod – Kaiser Friedrich III.

Verhältnismäßig spät wurde der Prinz in die Fragen der von außen bedingten Existenz des Kaiserreiches eingeführt. Bismarck hatte den Deutschen Bund mit seiner Präsidialmacht Österreich zerstört. Den Mitgliedern des Deutschen Bundes war ihre individuelle Orientierung zu Staaten außerhalb des Bundes 1866 abgeschnitten worden, in der Reichsverfassung von 1871 aber durch den außenpolitischen Ausschuß des Bundesrates, durch Gesandtschaftsrechte und eigene Armeen – nur im Kriegsfall unter dem Oberkommando des Kaisers – eine gewisse Selbständigkeit geblieben.

Ohne den außenpolitischen Ausschuß des Bundesrates zu befragen, schlichtete Bismarck auf dem vom 13. Juni bis 13. Juli 1878 in Berlin stattfindenden Kongreß[29] nach seinem Ermessen den Gegensatz zwischen Rußland, das am 3. März 1878 den Frieden von San Stefano mit der Türkei geschlossen hatte, und den Widersachern Rußlands, England und Österreich-Ungarn. Zur Enttäuschung des russischen Kaisers Alexander II.[30] und seines Außenministers Fürst Gortschakow wurden die russischen Friedensbedingungen für die Türkei vom 3. März umgestaltet. Statt eines Bulgarien, das mit Ostrumelien und Mazedonien bis an das Ägäische Meer reichen sollte, wurde Ostrumelien nur eine von der Hohen Pforte „unabhängige Provinz" mit Verwaltungsautonomie; Mazedonien mußte überhaupt an die Pforte zurückgegeben werden. Die russische Okkupation in Bulgarien wurde auf neun Monate befristet. In Hinblick auf die Verstimmung breiter russischer Kreise schrieb Alexander II. im August 1879 an Kaiser Wilhelm I. einen verletzenden Beschwerdebrief und erteilte ihm eine „Briefohrfeige". Bismarck setzte darauf zur Verteidigung des Reiches am 7. Oktober 1879 ein Verteidigungsbündnis mit Österreich-Ungarn bei Wilhelm I. durch. Prinz Wilhelm, der erst 1886 in die Geschäfte und den Dienstbereich des Auswärtigen Amtes eingeführt wurde, sagte damals oder vielleicht etwas früher zu Bismarck, der Rußland und England nicht zu einem Einverständnis kommen lassen wollte: „Der Moment, dies in weite Ferne zu rücken, wäre ja beinahe gegeben gewesen, wenn man 1877/78 die Russen nach Konstantinopel gelassen hätte; dann wäre die englische Flotte ohne weiteres zur Verteidigung Konstantinopels eingefahren, und der Konflikt wäre dagewesen." Statt dessen habe man den Russen den Vertrag von San Stefano aufgenötigt, sie vor den Toren der Stadt, die sie nach furchtbaren Kämpfen und Mühen erreicht hatten und vor sich sahen, zur Umkehr gezwungen. Das habe in der russischen Armee einen unauslöschlichen Haß gegen uns entfesselt. Obendrein habe man dann den Vertrag umgestoßen und durch den Berliner Kongreß ersetzt, der uns in den Augen der Russen noch mehr als Feinde ihrer „berechtigten Interessen im Orient" belastet habe. Auf diese Weise sei der von Bismarck erhoffte Konflikt zwischen Rußland und England in weite Fernen gerückt. Bismarck antwortete, er habe einer allgemeinen Konflagration vorbeugen und seine guten Dienste zur Vermittlung anbieten müssen.[31]

Auf dem Berliner Kongreß enthüllte sich 1878 das Problem der außenpolitischen Existenz des Deutschen Reiches. Als Wilhelm II. 1919 die 1921 als Buch erschienenen „Geschichtstabellen von 1878 bis zum Kriegsausbruch 1914" auf Grund von Quellen zusammenstellte, gewann er dieselben Eindrücke wie der 1927 ihn besuchende österreichische Historiker Friedrich Karl Nowak, der vor allem aus österreichischen Archiven in vier Jahren wesentliche Aussagen fand und 1929 in Berlin in dem Buch veröffentlichte „Das Dritte Deutsche Kaiserreich, Bd.I. Die übersprungene Generation". Nowak zeigte in einem 1931 in Berlin erschienenen Werk auf Grund seiner Erkenntnisse „Deutschlands Weg in die Einkreisung" auf. Nicht Bismarck, sondern dessen Gegner gingen für Nowak als Sieger aus dem Berliner Kongreß hervor. Der Kaiser las am 30. September 1929 den ersten Auszug aus Nowaks Buch von 1929 in der englischen Presse. Wilhelms zweite Frau Hermine hatte ihn 1926 in Berchtesgaden kennengelernt, und er wurde 1927 von ihm in Doorn empfangen. Nowak war ihm wegen seines Verhaltens am 9. November 1918 mit Kritik gegenübergestanden gewesen. Nun aber durfte er Einblick in alle Doorner Geheimakten nehmen.[32] Als Wilhelm 1929 Nowak dankte und sagte, es sei doch eigenartig, daß sich kein Deutscher zur Verfügung gestellt hätte, um seine Regierungszeit zu beschreiben, und dann erst ein Österreicher kommen müsse, der dazu seine Feder zur Verfügung stelle, antwortete Nowak, die Deutschen hätten eben den Fehler, daß sie alles besser wissen wollten und es für unter ihrer Würde hielten zu fragen; er aber habe umgekehrt gehandelt, er habe sich auf den Standpunkt gestellt, daß er nichts wisse und deshalb gefragt. Als Nowak 1932 starb, wünschte Wilhelm, daß Reinhold Schneider den zweiten Band Nowaks aus dessen Unterlagen niederschreibe.

1884 hatte sich Wilhelm auf Anordnung des Großvaters und instruiert durch Bismarck zur Feier der Großjährigkeit des damaligen russischen Thronfolgers, des späteren Kaisers Nikolaus II., nach St. Petersburg zu begeben und ihm den Schwarzen Adlerorden zu überreichen. Im Winterpalais empfingen ihn zunächst Alexander III. und die Kaiserin Maria Feodorowna (Prinzessin Dagmar von Dänemark), und er wurde in den folgenden Tagen mit den wichtigsten Persönlichkeiten des Hofes, des Staates und des Militärs bekannt gemacht. Schon am Tage nach der Ankunft aber überreichte er in Gegenwart des russischen Kaisers und seiner ganzen Familie dem Thronfolger die Insignien des Hohen Ordens vom Schwarzen Adler. Zum Chef eines russischen Infanterieregimentes ernannt, erschien er in russischer Uniform zur militärischen und kirchlichen Feier der Großjährigkeit des erst vierzehnjährigen Thronfolgers. In der Schloßkapelle wurde er auch mit Königin Olga von Griechenland, einer geborenen russischen Großfürstin, bekannt. Als ihn Alexander III. am 19. Mai allein empfing, beruhigte er diesen im Auftrag seines Großvaters wegen der Angelegenheit mit dem Fürsten von Bulgarien und versuchte, ihn von der Notwendigkeit des Drei-Kaiser-Bündnisses von 1881 zu überzeugen. Der Vertrag darüber bestand darin, daß der Deutsche Kaiser, der Kaiser von Österreich und der von Rußland wohlwollende Neutralität beschlossen hatten, wenn einer der drei Staaten durch eine vierte Macht angegriffen würde. Alexander III. war gegen die Donaumonarchie im höchsten Grade eingenommen. Auftragsgemäß begründete Wilhelm, daß die drei Kaiserreiche gemeinsam gegen die Anarchie kämpfen müßten. Er errang einen Überzeugungserfolg.

Am 23. Mai reiste er nach Moskau, wohnte im Kreml und lernte diesen gut kennen. Er sprach auch mit älteren Herren, die die Tradition der preußisch-russischen Waffenbrüderschaft von 1813 gerne auffrischten. Beim Stadtrundgang mit Fürst Dolgoruky besuchte er auch das alte Krankenhaus und Altenheim der deutschen Kolonie. Am 28. Mai traf er wieder in Berlin ein. Im Februar 1886 reiste er über Warschau nach Nieswiecz, dem alten Schloß der Fürsten Radziwill im russischen Gouvernement Minsk, zur Bärenjagd, weil ihn der Generaladjutant seines Großvaters, Anton Fürst Radziwill,[33] dorthin eingeladen hatte.

Da Rußland seine Macht seit dem Berliner Kongreß 1878 in Bulgarien durch die Inhaber des dortigen Fürstenthrones, Prinz Alexander von Battenberg[34] aus der Familie der Landesherren von Hessen und dann Prinz Ferdinand von Sachsen-Coburg und Gotha aus der katholischen, in Koháry in Ungarn begüterten Linie, immer mehr eingebüßt hatte, eröffnete der Großvater dem Prinzen Wilhelm am 19. August 1886[35] seine Absicht, ihn erneut zum russischen Kaiser zu senden. Er überging zu Wilhelms Schrecken den Vater, da dieser antirussisch und proenglisch eingestellt und auch ein Freund des Prinzen Alexander von Battenberg sei, den der russische Kaiser[36] hasse. Wilhelm bildete sich eine solche Wut auf ihn ein, daß er im Affekt sagte, „wenn alles reißt, schlage ich den Battenberger tot!" Als dieser Wilhelms Schwester Viktoria heiraten[37] oder Statthalter in Elsaß-Lothringen werden wollte, drohte Wilhelm aufbrausend, er werde ihm eine Kugel in den Kopf schießen. Natürlich war das ein abfälliger Kraftausdruck, kein Mordvorhaben. Der von Wilhelm auch mit Bismarck besprochene Auftrag nach Rußland trug ihm bei den Eltern bittere Stunden ein. Fürst Bismarck instruierte ihn, er werde dem Wunsch Rußlands, nach Konstantinopel zu gehen, keine Schwierigkeiten bereiten. Falls Wilhelm den russischen Kaiser dadurch nicht gewinnen würde, sollte er ihm Konstantinopel und die Dardanellen anbieten. Bismarck wollte auf der anderen Seite die Türkei freundschaftlich überzeugen, daß auch für sie eine Verständigung mit Rußland wünschenswert sei. Wilhelm reiste deswegen zum russischen Kaiser nach Brest-Litowsk, wo Alexander III. einer großen Festungsübung beiwohnte. In dem Gespräch am 11. September antwortete der Kaiser: Wenn er Konstantinopel haben wolle, werde er es sich nehmen, wann es ihm gefalle; die Erlaubnis oder Zustimmung des Fürsten Bismarck bedürfe er dazu nicht. Doch wolle er am Drei-Kaiser-Bündnis festhalten und damit den europäischen Frieden weiterhin wahren.

Wenige Monate später beschwerte sich Rußland, es werde in seiner Balkanpolitik nicht genügend von Deutschland unterstützt, das nur auf Österreich-Ungarn Rücksicht nehme. Die Panslawisten, die alle Slawen unter Rußlands Führung weitgehend zusammenbringen wollten, hetzten immer mehr. Großfürst Nikolaj Michailowitsch spielte in einem Trinkspruch auf einem französischen Dampfer auf einen baldigen russisch-französischen Krieg gegen Deutschland an. Bismarck schloß deshalb am 18. Juni 1887 auf drei Jahre den sogenannten Rückversicherungsvertrag. Dieser war ein Neutralitätsabkommen zwischen Rußland und dem Deutschen Reich, durch das die historischen Rechte Rußlands auf dem Balkan, insbesondere des maßgebenden Einflusses in Bulgarien, anerkannt wurden. In einem geheimen Zusatzprotokoll verpflichtete sich Deutschland zu moralischem und diplomatischem Beistand, falls Rußland den Zugang zum Schwarzen Meer selbst zu verteidigen und den „Schlüssel seines Reiches" in der Hand „zu behalten" für notwendig erachten sollte. Bismarck trieb insofern ein doppeltes Spiel, als er zugleich den Abschluß eines sogenannten Orient-Dreibundes zwischen Österreich-Ungarn, Italien und England förderte. Durch diesen wurde am 12. Dezember 1887 der Besitzstand der Türkei gegen einen russischen Angriff gesichert. Schon am 10. November hatte auf Bismarcks Veranlassung die Reichsbank die russischen Wertpapiere von der Beleihung ausgeschlossen. Die Folge war der Abfluß russischer Werte nach Amsterdam und Paris und die Verlagerung der russischen Staatsschuld auf den französischen Kapitalmarkt. Bismarck schloß den deutschen Geldmarkt für Rußland aus, um den Russen, wie er selbst sagte, „die Möglichkeit[38] zu nehmen, auf unsere Kosten mit uns Krieg zu führen".

Seit langem stellte Bismarck die Beziehungen zu Rußland in der Öffentlichkeit günstiger dar, als sie waren. Dem preußischen Gesandten in München schrieb er, er solle den Prinzregenten und seinen Minister des königlichen Hauses und des Äußern darauf aufmerksam machen, „daß ich Anlaß hatte, in meinen der Öffentlichkeit anheimfallenden Äußerungen vom 11. Januar 1887 [Reichstagsrede] unsere Beziehungen zu Rußland günstiger darzustellen als ich sie in der Tat beurteile". Mitte Dezember 1887 befahl Wilhelm I. den Generalfeldmarschall Moltke zum Vortrag über den Zweifrontenkrieg, der dem Deutschen Reich allem nach bevorstehe. Auch Prinz Wilhelm hatte ihm beizuwohnen. Nach dem Vortrag genehmigte der Kaiser den Entschluß, Truppen nach dem Osten zu verschieben und den Ausbau des Bahnnetzes im Osten zu fördern.

Im Hinblick auf seinen 1887 an einem Kehlkopfleiden erkrankten Vater und seinen 90jährigen Großvater und seinen eigenen deshalb bevorstehenden Regierungsantritt entwarf Wilhelm am 27. November 1887 eine Kundgebung an die Bundesfürsten, übersandte aber deren Entwurf Bismarck zur Beratung. Dieser[39] riet dem Thronfolger von der geplanten Kundgabe ab. Darin war unter anderem auf Kräfte der Zeit wie die religiösen und liberalen Vereine, auch auf den Hofprediger Adolf Stöcker Bezug genommen. Bismarck hielt es nicht für richtig, auf diese Vereinigungen und eine Persönlichkeit wie Stöcker einzugehen, würdigte aber trotz seiner Ablehnung des Entwurfes die darin ausgesprochene Bereitschaft zum Föderalismus, den Wilhelms Vater, Kronprinz Friedrich, nicht billigte.

Als am 9. März 1888 Wilhelm I. starb, weilte sein Nachfolger wegen seines Kehlkopfkrebses noch in San Remo. Die Krankheit war nicht eindeutig erkannt und nicht richtig behandelt worden. Er traf am 11. März am Bahnhof Charlottenburg ein und konnte am froststarrenden 16. März nur vom Fenster seines Zimmers aus seinen Vater auf seiner letzten Fahrt zum Mausoleum mit Tränen geleiten.[40] Die preußischen Truppen waren bereits vorher auf Friedrich III. als ihren König vereidigt worden, wozu auch Prinz Wilhelm seine Zustimmung gab. Sein Vorgänger in der Numerierung war König Friedrich II. (der Große). Eine Bezugnahme auf die Kaiser des 1806 untergegangenen Reiches war nicht vertretbar; Bismarck erklärte das mit Entschiedenheit. Friedrich selbst hatte sich als Nachfolger des spätmittelalterlichen Kaisers Friedrich III. nun als Friedrich IV. bezeichnen wollen, stimmte aber auf Vorstellungen seiner Frau schon in San Remo der Numerierung als Friedrich III. zu.

Am 24. April traf Königin Viktoria von England mit ihrer Tochter Beatrix und ihrem Schwiegersohn Prinz Heinrich von Battenberg, dem Bruder des unglücklichen bulgarischen Fürsten, in Charlottenburg ein. Wilhelm empfing sie im Auftrag des kranken Vaters. Er war nun Kronprinz des Deutschen Reiches und von Preußen. Sein Vater konnte nicht mehr sprechen und deshalb nur mehr auf Zetteln seine Regierungsentscheidungen mitteilen. Er ernannte den Sohn durch eine Order zum Stellvertreter und siedelte in das Neue Palais in Potsdam über. Der von ihm viele Jahre geplante neue Dom wurde nach seinen Plänen erst 1894 von seinem Sohn zu bauen begonnen.

Wilhelms Bruder Heinrich, der sich frühzeitig für die Marine entschied, vermählte sich am 24. Mai mit Prinzessin Irene von Hessen, deren Schwester Elisabeth 1884 Sergej Alexandrowitsch, den Bruder des nun regierenden Kaisers Alexander III. geheiratet hatte. Der als Kronprinz gegen Bismarck opponierende nunmehrige Kaiser Friedrich III. hatte 1886 Wilhelms Ausbildung im Auswärtigen Amt vergeblich wegen angeblich „mangelnder Reife, Unerfahrenheit, Selbstüberschätzung und Hang zu Überheblichkeit" zu verhindern versucht.[41] Wilhelms Ausbildung war im preußischen Finanzministerium 1887/88 fortgesetzt worden. Er war seit Januar 1888 auch im preußischen Innenministerium durch Staatssekretär Ludwig Herrfurth unterrichtet worden. Außerdem hatte ihn 1888 Professor Rudolf von Gneist als Rechtslehrer in staatswissenschaftlichen Fragen unterwiesen, daneben war ihm Oberpräsidialrat Hans von Brandenstein aus Magdeburg zu einer vielseitigen Orientierung beigegeben worden. Wilhelm bewunderte ihn als „lebendes Lexikon". Die Ereignisse seit März verhinderten, daß der nunmehrige Kronprinz diese spät angebotenen Orientierungen noch stark auswerten konnte. Er entwickelte aber seit 1888 sein religiöses und sein politisches Gewissen stark. Da nun verschiedene Faktoren stärker auf ihn einwirkten, mußte er sich mit ihnen entsprechend auseinandersetzen. Das war nicht leicht.

Auf dem Berliner Kongreß (Juni/Juli 1878) wurde Reichskanzler Otto Fürst Bismarck zum „Schiedsrichter Europas".

Teil II: Kaiser Wilhelm II. 1888 bis 1900

Aufruf Wilhelms II. – Reichstagseröffnung in Gegenwart der Bundesfürsten – Tagung des preußischen Landtags – Wilhelm II. Preußens Oberster Bischof und Oberster Kriegsherr

Durch den Tod Friedrichs III. wurde am 15. Juni 1888 Wilhelm II. Deutscher Kaiser und König von Preußen. Er war in seiner Ehe bereits Vater von vier Söhnen geworden. Mit seinen nunmehrigen Aufgaben als erblicher Monarch war er in vieler Hinsicht vertraut. Er überblickte viele soziale Probleme, vor allem in Preußen, und die problemreiche Existenz des 1871 gegründeten, und somit sehr jungen Deutschen Reiches zwischen den emotionalen Wünschen in Rußland und in Frankreich.

In dem Aufruf „An mein Volk" aus Potsdam gelobte er am 18. Juni 1888, nach dem Beispiel seiner Väter stets ein gerechter und milder Fürst zu sein, die Frömmigkeit und Gottesfurcht zu pflegen, den Frieden zu schirmen, die Wohlfahrt des Landes zu fördern, den Armen und Bedrängten ein Helfer und dem Rechte ein treuer Wächter zu sein.[1] (R I, 10f.) Schon am 15. Juni hatte er aus Schloß Friedrichskron der preußischen Armee, die ihm jetzt Treue und Gehorsam schwur, in einem Armeebefehl gelobt, stets dessen eingedenk zu sein, daß seine Vorfahren aus einer anderen Welt auf ihn herabsehen und er ihnen einmal Rechenschaft abzulegen habe. Der – nicht bundesstaatlich gegliederten – Marine, mit der ihn und seinen Bruder Heinrich ein lebhaftes und warmes Interesse verband, hatte er am 15. Juni seine volle Zuversicht ausgesprochen, „daß wir fest und sicher zusammenstehen werden in guten und bösen Tagen". Am 25. Juni hielt er im Weißen Saal des Berliner Schlosses zur Eröffnung des Reichstages eine schwungvolle Rede, in der er „dem deutschen Volke" verkündete, entschlossen zu sein, als Kaiser und als König dieselben Wege zu wandeln, auf denen sein Großvater Wilhelm I. das Vertrauen seiner Bundesgenossen, die Liebe des deutschen Volkes und die wohlwollende Anerkennung des Auslandes gewonnen habe. „Die wichtigsten Aufgaben des Deutschen Kaisers liegen auf dem Gebiete der militärischen und politischen Sicherstellung des Reichs nach außen und im Innern zur Überwachung der Ausführung der Reichsgesetze." Das oberste dieser Gesetze sei die Reichsverfassung. Zu seinen vornehmsten Rechten und Pflichten gehöre, sie zu wahren und zu schirmen in allen Rechten, die sie dem Bundesrat und dem Reichstag als den beiden gesetzgebenden Körpern der Nation und jedem Deutschen verbürge. Zugleich sprach er dabei die Rechte an, die die Reichsverfassung dem Kaiser und jedem der „verbündeten Staaten" und deren Landesherren verbürge. Im Hinblick auf die sozialpolitische Botschaft Wilhelms I. vom 17. November 1881 versprach er, in deren Sinne fortzufahren und dahin zu wirken, daß die Reichsgesetzgebung für die arbeitende Bevölkerung auch ferner den Schutz erstrebe, den sie im Anschluß an die Grundsätze der christlichen Sittenlehre den Schwachen und Bedrängten im Kampf ums Dasein gewähren kann.

„Ich hoffe, daß es gelingen werde, auf diesem Wege der Ausgleichung ungesunder gesellschaftlicher Gegensätze näher zu kommen, und hege die Zuversicht, daß Ich zur Pflege unserer inneren Wohlfahrt die einhellige Unterstützung aller treuen Anhänger des Reiches und der verbündeten Regierungen finden werde, ohne Trennung nach gesonderter Parteistellung... In der auswärtigen Politik bin Ich entschlossen, Frieden zu halten mit jedermann, soviel an Mir liegt. Meine Liebe zum deutschen Heere und Meine Stellung zu demselben werden Mich niemals in Versuchung führen, dem Lande die Wohltaten des Friedens zu verkümmern, wenn der Krieg nicht durch eine durch den Angriff auf das Reich oder dessen Verbündete uns aufgedrungene Notwendigkeit ist... Unser Bündnis mit Österreich-Ungarn ist öffentlich bekannt; Ich halte an demselben in deutscher Treue fest, nicht bloß, weil es geschlossen ist, sondern weil Ich in diesem defensiven Bunde eine Grundlage des europäischen Gleichgewichts erblicke sowie ein Vermächtnis der deutschen Geschichte... Gleiche geschichtliche Beziehungen und gleiche nationale Bedürfnisse der Gegenwart verbinden uns mit Italien... Unsere mit Österreich-Ungarn und Italien bestehenden Verabredungen gestatten Mir zu Meiner Befriedigung die sorgfältige Pflege meiner persönlichen Freundschaft für den Kaiser von Rußland und der seit hundert Jahren bestehenden friedlichen Beziehungen zu dem russischen Nachbarreiche, welche Meinen eigenen Gefühlen ebenso wie den Interessen Deutschlands entspricht."

Die Oberhäupter der souveränen Gliedstaaten des Deutschen Reiches wurden in dieser Rede nicht nur angesprochen, sie waren zu einem erheblichen Teil im Weißen Saal des Berliner Schlosses auch zugegen. Eingetroffen waren die Bundesfürsten und ihre Thronerben, an ihrer Spitze der seit 1886 regierende Prinzregent Luitpold von Bayern, der am 24. Juni Bismarck[2] besucht und dreiviertel Stunden lang mit ihm gesprochen hatte; dann war eingetroffen der seit 1873 regierende König Albert von Sachsen, der als Kronprinz Sachsens 1866 die erzwungene Schwenkung zu Preußen mitgemacht, die sächsischen Truppen 1870 erfolgreich geführt und 1873 die Regierung übernommen hatte. Gekommen waren sämtliche regierende Großherzoge und Herzoge.[3] Der seit 1864 regierende König Karl I. von Württemberg ließ sich durch Kronprinz Wilhelm (König Wilhelm II., 1891-1918) vertreten. Von den sieben regierenden Fürsten erschienen sechs, nur Fürst Georg Viktor von Waldeck-Pyrmont ließ sich durch seinen Erbprinzen Friedrich bei diesem Akt vertreten. Gekommen waren selbstverständlich auch die drei Regierenden Bürgermeister der Freien und Hansestädte Hamburg, Lübeck und Bremen.

Am 27. Juni sprach (R I, 15ff.) Wilhelm II. als König von Preußen vor den zu einer außerordentlichen Tagung einberufenen beiden Häusern des preußischen Landtags. Er legte ihnen „unverweilt" „das öffentliche Gelöbnis ab", „welches die Verfassung vorschreibt" (§ 54): „Ich gelobe, daß ich die Verfassung des Königreiches fest und unverbrüchlich halten und in der Übereinstimmung mit derselben und den Gesetzen regieren will, so wahr Mir Gott helfe!" In Hinblick darauf, daß Bismarck seit 1879 widerspenstige preußische Minister durch ihm ergebene Männer ersetzte, war es von Bedeutung, daß Wilhelm II. versicherte, es liege ihm fern, das Vertrauen des Volkes auf die Stetigkeit unserer gesetzlichen Zustände durch Bestrebungen nach Erweiterung der Kronrechte zu beunruhigen. „Der gesetzliche Bestand Meiner Rechte, so lange er nicht in Frage gestellt wird, genügt, um dem Staatsleben das Maß monarchischer Einwirkung zu sichern, dessen Preußen nach seiner geschichtlichen Entwicklung, nach seiner heutigen Zusammensetzung, nach seiner Stellung im Reich und nach den Gefühlen und Gewohnheiten des eigenen Volkes bedarf. Ich bin der Meinung, daß Unsere Verfassung eine gerechte und nützliche Verteilung der Mitwirkung der verschiedenen Gewalten im Staatsleben enthält, und werde sie auch deshalb, nicht nur Meines Gelöbnisses wegen, halten und schützen."

Wilhelm II. erklärte, dem Vorbild seiner Vorfahren folgend, er werde es jederzeit als eine Pflicht erachten, allen religiösen Bekenntnissen in seinem Lande bei deren freien Ausübung ihres Glaubens seinen königlichen Schutz angedeihen zu lassen. Mit besonderer Befriedigung habe er empfunden, daß die neuere kirchenpolitische Gesetzgebung dazu geführt habe, die Beziehung des Staates zu der katholischen Kirche und deren geistlichem Oberhaupt in einer für beide Teile annehmbaren Weise zu gestalten. „Ich werde bemüht sein, den kirchlichen Frieden im Lande zu erhalten." Kaiser Wilhelm II. kam darauf auf die ehrenamtliche Selbstverwaltung zu sprechen, die durch die neue Gesetzgebung erfolgt sei und in das lebendige Bewußtsein der Bevölkerung übergegangen sei.

Die günstige Lage des Staatshaushaltes habe es gestattet, mit der Erleichterung der Steuern der Gemeinden und der minderbegüterten Volksklassen einen Anfang zu machen. Es sei sein Wille, daß dieses Ziel weiter verfolgt werde und daß in gleicher Weise dringliche Bedürfnisse, welche bisher wegen der Unzulänglichkeit der vorhandenen Mittel haben zurückgestellt werden müssen, demnächst ihre Befriedigung finden. Dann dankte Wilhelm für die Hilfe für die Bevölkerung in den Gegenden, in denen es im Frühjahr 1888 zu „verheerenden Überschwemmungen" gekommen war. Er vertraute darauf, daß es auch in Zukunft gelingen werde, in gemeinschaftlicher, von gegenseitigem Vertrauen getragener und durch die Verschiedenheit prinzipieller Grundanschauungen nicht gestörter Arbeit die Wohlfahrt des Landes zu fördern... „Ich trete an die Mir nach Gottes Fügung gestellte Aufgabe mit der Zuversicht des Pflichtgefühls heran und halte Mir dabei das Wort des großen Friedrich gegenwärtig, daß in Preußen der König des Staates erster Diener ist."

Wilhelm war in Preußen auch im Frieden Oberster Kriegsherr und als Nachfolger Friedrichs Wilhelms III. aber auch Oberster Bischof der 1817 von diesem zusammengefaßten „Evangelischen Kirche der Altpreußischen Union". Als solcher hielt er auch Predigten und Andachten. Am 29. Juli 1900 läßt sich in der kritischen Situation der nach China ausrückenden deutschen Truppen eine solche Predigt und Andacht an Bord der „Hohenzollern" nachweisen (R II, 212ff.); in Doorn hielt Wilhelm II. jeden Sonntag einen solchen Gottesdienst.

Weder in der Verfassung des Norddeutschen Bundes von 1867 noch in der des Deutschen Reiches von 1871, noch in den Verträgen mit Bayern u. s. w. wurde der König von Preußen bzw. der Kaiser, der im Kriegsfall die Armeen der Verbündeten zu befehligen hatte, als Oberster Kriegsherr bezeichnet. Am 4. Mai 1875 genehmigte Kaiser Wilhelm I. zwar die Eidesformel eines Angehörigen der Kriegsmarine gegenüber „Seiner Majestät dem Deutschen Kaiser, meinem Obersten Kriegsherrn", gab aber die Anweisung, das nicht im Marineveröffentlichungsblatt zu publizieren.[4] Als Wilhelm II. 1888 das Kommando über die Truppen der verbündeten Staaten übernahm, war er wie seine Vorgänger nur deren Oberkommandierender im Kriegsfall. Es wurde kein neues Recht eines Obersten Kriegsherrn konstruiert, doch begann Wilhelm II., sich als solchen in Reden und Gesprächen zu bezeichnen, und wurde dabei vor allem in Preußen unterstützt. Die Kriegsmarine war schon seit Wilhelm I. Reichsmarine, so daß Wilhelm II. ohne Konstituierung der Bezeichnung als Oberster Kriegsherr in der Reichskriegsmarine angesprochen wurde.

Am 15. Juni 1888 hatte Wilhelm II. als Kaiser und als König von Preußen die Regierung übernommen. Zwei Tage danach schrieb er trotz seiner vielen Pflichten in diesen Tagen an Cosima Wagner, die in persönlichem Kontakt mit Eulenburg geblieben war, er sei bereit, der neue Protektor von Bayreuth zu werden. Doch wollte er dazu die Zustimmung des Prinzregenten Luitpold. Cosima Wagner dankte dem Kaiser für dessen „gnadenreiche Worte", die wie „ein Gottesruf ihre Seele" in ihrer Einsamkeit erfüllten. Prinzregent Luitpold übernahm am 11. Januar 1889, nachdem ihn Wilhelm noch 1888 besucht hatte, das Protektorat. Bayreuth gehörte ja seit 1810 zu Bayern.

Naturgemäß wurden in den neuen Kaiser von verschiedener Seite verschiedene Erwartungen gesetzt. Paul de Lagarde hatte 1886 dem Prinzen Wilhelm seine 1878, dann 1886 in zweiter Auflage erschienenen Deutschen Schriften übersandt, Wilhelm zum Führer der deutschen Jugend erhoben und erhoffte sich in ihm den lang ersehnten demokratischen Cäsar. Hermann Conradi hoffte in seiner 1889 erschienenen Schrift „Wilhelm II. und die junge Generation": „Vielleicht brechen dann die Tage herein, wo das alte, eingeborene germanische Kulturideal allem Semitismus, seinem gefährlichsten, seinem immanenten Feinde zum Trotz sich zu erfüllen beginnt." Der preußische Justizminister Heinrich Friedberg, der jüdischer Herkunft war, war von Wilhelm vertraulich mit seiner Entscheidung bekannt gemacht worden, daß er die ihm von Friedberg übergebene Aufforderung Friedrich Wilhelms IV., die Verfassung zu vernichten, nicht befolge und das Schriftstück vernichtet habe, das Großvater und Vater dem Nachfolger überlieferten. Doch wollte damit Wilhelm die Juden nicht „protegieren", wie er zu Chlodwig Fürst zu Hohenlohe-Schillingsfürst am 27. Juni 1888 sagte. Er handelte hier anders als er als Prinz zu Minister Puttkamer gesagt hatte, nämlich, daß er als Kaiser Juden in der Presse nicht dulden werde. Hofprediger Stöcker, dessen Berliner Stadtmission und „christlich-sozialen" Gedanken Wilhelm 1887 in der Wohnung des Bismarckgegners Graf Waldersee durch eine Ansprache unterstützt hatte, veröffentlichte anonym am 12. Juli 1888 in der *Kreuzzeitung* den Artikel „Ein Schandfleck des öffentlichen Lebens", der sofort als Sonderdruck verbreitet wurde, und bezeichnete damit die ihm so verächtlich und gefährlich erscheinende Rolle der Juden. „Die Judenmacht muß gebrochen werden. Welcher Fürst, welcher Staatsmann beginnt diesen nationellsten (sic!) aller Feldzüge?" Am 25. August forderte Stöcker zum Kampf gegen die Juden und zu deren allgemeiner Unterdrückung auf. Wie bereits erwähnt, forderte Wilhelm II. Stöcker 1889 auf, zwischen geistlichem Amt und Politik zu wählen, und entließ ihn 1890.

Das Problem der zuverlässigen Wiedergabe der Worte Wilhelms II.

Wenn Wilhelm II. Thronreden als König von Preußen vor den beiden Häusern des preußischen Landtags oder als Deutscher Kaiser, etwa zur Eröffnung oder Schließung des Reichstags, hielt, wurden diese von Referenten entworfen. Da im preußischen Landtag oder im Reichstag u. a. auch Gesetzentwürfe und der Stand ihrer Behandlung jeweils zur Debatte standen, interessierte sich aber Wilhelm II. auch für die damit verknüpften rechtlichen, sozialen und wirtschaftlichen Fragen. Er erweiterte deshalb solche Stellen des vorgeschlagenen Entwurfs zu seiner Rede und setzte eigene Akzente. Diese aus vorgeschlagenen Entwürfen formulierten Reden des Kaisers und Königs von Preußen etwa bei der Eröffnung des Reichstags oder des preußischen Landtags sind von seinen Reden bei Festmählern, etwa der Brandenburger Landstände, von seinen Reden aus militärischem Anlaß, vor allem bei Vereidigungen von Rekruten, zu unterscheiden. Wilhelms Reden zur Begrüßung von Gästen oder in Erwiderung auf Reden zu seiner Begrüßung bei Reisen waren naturgemäß Worte aus der augenblicklichen Situation heraus. Wilhelm formulierte dabei oft spontan. Aus vielen seiner Reden sind auch seine Initiativen auf sehr verschiedenen Gebieten zu erkennen.

Die Zuverlässigkeit des überlieferten Wortlauts stand oft schon am Tag einer Rede Wilhelms nicht fest. Johannes Penzler, der die bis Ende 1905 gehaltenen Reden in drei Bänden herausgab, schrieb in der Einleitung zu Band I (o. J., d. h.

sicher vor 1904, S. 5) zu den Reden der Jahre 1888 bis 1895 (einschließlich), daß er nur diejenigen Reden und Kundgebungen des Kaisers aufnahm, deren Wortlaut in „offiziellen oder offiziösen" Zeitungen mitgeteilt wurde. Er entnahm sie „fast ausschließlich" dem *Reichsanzeiger* und der *Norddeutschen Allgemeinen Zeitung*. Ferner veröffentlichte er Reden, die er „auf privatem Wege von authentischer Seite" erhalten hatte. In diesen vereinzelten Fällen gab er die Quellen besonders an. „Aufgenommen sind endlich von den Thronreden nur diejenigen, mit denen der Kaiser in eigener Person Parlamente eröffnet oder geschlossen hat."

In der Einleitung zu Band II (erschienen 1904), der die Reden von 1896 bis 1900 umfaßt, bezieht sich Penzler auf den für ihn bisher maßgebenden Gesichtspunkt, daß nur Reden, deren Wortlaut offiziell oder wenigstens offiziös bekannt geworden ist, oder solche, die „uns auf privatem Wege authentisch mitgeteilt wurden, Aufnahme finden sollten". Penzler setzt nun für den zweiten Band hinzu: „In einigen Fällen ist davon [im zweiten Band] eine Ausnahme gemacht worden. Sie betreffen vorwiegend Ansprachen des Kaisers aus der Zeit der chinesischen Wirren. Da hielten wir uns nicht für berechtigt, solche Reden von unserer Sammlung auszuschließen, die zuerst in nichtamtlichen Blättern veröffentlicht, dann aber fast regelmäßig auch durch das Wolffsche Telegraphenbureau weitergegeben wurden, ohne von maßgebender Stelle irgendwelchem Widerspruch zu begegnen. Umso weniger glaubten wir, auf die Aufnahme derartiger Reden verzichten zu dürfen, als sich meistens gerade an sie ausführliche Erörterungen in der Tagespresse anknüpften und auch in den Verhandlungen des Reichstags auf sie zurückgegriffen wurde." Penzler datiert das Vorwort zum II. Band mit Leipzig, 1904.

Auf das Wolffsche Telegraphenbureau wirkten aber auch Personen ein, von denen eine, zum Beispiel der Kriminalkommissar Eugen von Tausch 1898, mit disziplinarrechtlicher Begründung entlassen, dann aber wieder als Agent der Polizei beschäftigt wurde (Huber IV, 281 Anm. 75). Was Wilhelm zu Philipp Eulenburg sagte, ist von diesem auch nicht immer zuverlässig wiedergegeben worden. Wilhelm fürchtete gelegentlich, daß ihm seine Auffassungen nicht paßten, und unterband die Mitteilung.

Für die Kaiserreden (Band III, ohne Jahr, Leipzig, Einleitung) von Anfang 1901 bis Ende 1905 bekennt Penzler: „Nur haben wir öfter als zuvor die Reden beigefügt, auf die der Kaiser antwortete, oder auch die, mit denen ihm geantwortet wurde, weil diese Erweiterung wesentlich zum Verständnis der Reden beiträgt." Für Penzler bekunden die Reden von Anfang 1901 bis 1905 „einen immer bedeutsameren Ernst und eine immer größere Reife und Abgeklärtheit des politischen Urteils".

Die Reden in den Jahren 1906 bis Ende 1912 sammelte der königliche Hausbibliothekar Bogdan Krieger und gab sie wie sein Vorgänger in demselben Verlag von Philipp Reclam in Leipzig 1913 heraus. Er bezeichnete die vom Kaiser bis

1912 gehaltenen Reden als „ein 'document humain' bedeutender Art". „Aufgenommen sind wie bisher mit sehr wenigen Ausnahmen nur die Reden, die in der
Norddeutschen Allgemeinen Zeitung bekanntgegeben wurden, und zwar nach
dem Text dieser Zeitung. Bei zwei oder drei aus anderen Quellen entnommenen
Ansprachen ist die Quelle angegeben. Wie bisher haben auch die bei ganz besonderen Gelegenheiten ergangenen Erlasse des Kaisers Aufnahme gefunden, so
z. B. die Danksagung nach der Silbernen Hochzeit. Die Reden, auf die der Kaiser
antwortet, sind nur dann inhaltlich gekennzeichnet oder z. T. wörtlich abgedruckt, wenn der Kaiser in seiner Erwiderung auf sie Bezug nimmt. Nur in
seltenen Fällen war es notwendig, sie vollständig mitzuteilen. Von der Aufnahme
von Reden, mit denen andere dem Kaiser antworten, ist abgesehen worden."

Hof und Staat in Preußen und im Deutschen Reich

In Preußen war seit König Friedrich Wilhelm I. der Vorrang des Militärs so stark
entwickelt worden, daß im Hof- und Staatsdienst des 19. Jahrhunderts das Militär das Übergewicht behielt. In Bayern gab es drei Hofrang-Klassen,[5] in Preußen
aufgrund des Hofrang-Reglements vom 19. Januar 1878 zweiundsechzig Klassen.[6]

Hof und Staat sind in den europäischen Monarchien bis zum 17. Jahrhundert
im Rahmen der gesellschaftlichen und rechtlichen Funktionen der erblichen
Herrscher als umfassende Einrichtungen entwickelt worden. Wenn im 18. Jahrhundert ein Hofamt und ein Staatsamt gerade durch den Auftrag eines fort-
schrittlichem Herrschers in einer juristisch vorgebildeten Persönlichkeit vereinigt
wurde, so war das dadurch möglich, daß sich seit dem 16. Jahrhundert für einen
verfassungsrechtlich bewährten Zustand die Bezeichnung „Staat" nachweisen
läßt. In den deutschen Staaten des 19. Jahrhundert drängten die durch ihre Rechte und ihren Einfluß gewichtigen oberen Schichten darauf, durch eine Funktion
am Hof eine gefestigte Stellung inne zu haben. In Bayern hatte der gesellschaftlich sehr unabhängige König Max I. Joseph und sein Minister Montgelas die
Macht und die Rechtsstellung der oberen Schichten stark beschränkt. Sein Enkel
Max II. hatte durch die Stiftung des Maximilians-Ordens für Kunst und Wissenschaft den Hofzutritt für sehr verschiedene Personen seiner Wahl ermöglicht.
Der Begriff der „Klasse" wird in Preußen am besten durch den Begriff des
Ranges verdeutlicht.

An erster Stelle stand in diesem Hof-Rang-Reglement der Oberst-Kämmerer,
an zweiter standen die Generalfeldmarschälle, an dritter der Ministerpräsident
Preußens, an vierter der Oberst-Marschall, an fünfter der Oberst-Truchseß, an
sechster der Oberst-Schenk, an siebter der Ober-Jägermeister, an achter die
Ritter des Hohen Ordens vom Schwarzen Adler, an neunter die Kardinäle, an
zehnter die Häupter der mit Namen aufgeführten fürstlichen und ehemals reichs-

ständischen gräflichen Familien in einer ebenfalls genau festgelegten Ordnung. Die elfte Stelle nahm der „Vice-Präsident" des Staatsministeriums ein. Die aktiven Generale der Infanterie und Kavallerie folgten an zwölfter Stelle, an dreizehnter der Minister des königlichen Hauses und die aktiven Staatsminister, an vierzehnter die Ersten Präsidenten beider Häuser des Landtags, an fünfzehnter die inaktiven Generale der Infanterie und der Kavallerie, welche als solche patentiert gewesen sind, an sechzehnter die inaktiven Staatsminister, welchen bei ihrem Ausscheiden der Ministerrang vorbehalten blieb, an siebzehnter die inaktiven Generale der Infanterie und der Kavallerie, welche nicht als solche patentiert gewesen sind, an achtzehnter die aktiven General-Lieutenants der Infanterie und der Kavallerie, welche nicht als solche patentiert gewesen sind, an neunzehnter die Wirklichen Geheimen Räte mit Exzellenz-Prädikat, an zwanzigster die Erzbischöfe und die gefürsteten Bischöfe.

Schon aus diesen ersten zwanzig Rängen ergibt sich, wie sehr die Tätigkeit im Hofdienst oder im Staatsdienst wieder unterteilt wurde. Dem obersten Beamten des Hofes folgten im Rang zunächst die „Inhaber der höchsten militärischen Würden", dann der Ministerpräsident Preußens.

An 21. Stelle standen die inaktiven Generalleutnants, welche als solche patentiert gewesen sind, an 22. die mit Exzellenz-Prädikat begabten Ober-Hofchargen, an 23. die Ober-Hof-Ämter im Königreich Preußen, an 24. die inaktiven General-Lieutenants, welche nicht als solche patentiert gewesen sind, an 25. die sonst mit dem Exzellenz-Prädikat ausgestatteten Personen, an 26. die Nachgeborenen der unter Rang 10 aufgeführten fürstlichen und gräflichen Häuser, falls sie das Cordon eines preußischen Ordens besitzen, an 27. die „Vice-Präsidenten" beider Häuser des Landtags, an 28. die Ober-Präsidenten, sofern sie persönlich nicht einen höheren Rang haben, an 29. die aktiven General-Majore, an 30. die Räte I. Klasse und die ihnen im Rang gleichstehenden Beamten, an 31. die Bischöfe beider Konfessionen.

Die zehn Jahre vor dem Regierungsantritt Wilhelms II. vorgenommene Einteilung kann ihm nicht angerechnet werden, er hatte sie zu übernehmen. Die Breite des Personenkreises, die sich aus den nächsten dreißig Rängen ergibt, sagte ihm zu. Da er bei verschiedenen Gelegenheiten einen gesellschaftlichen Ausgleich erstrebte, stattete er verschiedene Personen mit Prädikaten oder Rängen aus, aufgrund derer sie automatisch zu Veranstaltungen des Hofes eingeladen werden mußten. Natürlich zeichnete er verschiedene Persönlichkeiten auch im Hinblick auf ihre Eignung oder ihre geleisteten Dienste mit Prädikaten aus. Seine eigene Vorliebe für eine Persönlichkeit konnte durch solche Prädikate oder durch entsprechende Ernennungen auch zum Ausdruck kommen.

An 32. Stelle standen die Ober-Hofchargen ohne Exzellenz-Prädikat, an 33. die inaktiven Generalmajore, an 34. die „Vice-Ober-Hofchargen", an 35. Obersten, an 36. die Räte II. Klasse und die ihnen im Rang gleichstehenden Beamten, an 37. die General-Superintendenten, soweit sie den Rang der Räte II.

Klasse haben, an 38. die Feldpröpste beider Konfessionen, an 39. der Ober-Bürgermeister von Berlin.

Gezeigt werden muß an dieser Stelle, inwieweit 1878 die aufstrebende bürgerliche Gesellschaft berücksichtigt wurde. Wilhelm II. nahm zur Familie Krupp und anderen aufsteigenden Familien aus der Wirtschaft persönliche Beziehungen auf. Friedrich Alfred Krupp, der Enkel des Gründers der Firma von 1810 in Essen, erwarb 1893 das Gruson-Werk bei Magdeburg, 1902 die Germania-Werft, von 1893-1898 war er Reichstagsmitglied. Er gehörte aber auch seit dem 10. Februar 1890 dem preußischen Staatsrat an. „Aus besonderem königlichen Vertrauen" wurde er am 27. Januar 1897 zum Mitglied des Herrenhauses auf Lebenszeit berufen und stand dadurch seit 1897 in der Rangklasse 58.[7]

Da die Zeitgenossen auf den gesellschaftlichen Mittelpunkt des preußischen und damit auch des deutschen Hofes in Berlin mit großer Aufmerksamkeit sahen und ihm größte Wichtigkeit beimaßen, war es schon 1878 wichtig gewesen,[8] keine gesellschaftliche Gruppe zu übersehen und nicht zu kränken. Es folgten an 40. Stelle des Hof-Rang-Reglements die Dompröpste und die Dechanten der Stifter, an 41. die Schloßhauptleute, an 42. die übrigen königlichen Hofchargen und die Hofmarschälle der Prinzen des Königlichen Hauses, voran der Hofmarschall des Kronprinzen. An 43. Stelle folgten die königlichen Kammerherren, an 44. die Flügel-Adjutanten des Kaisers und Königs, an 45. die Inhaber der Erbämter in den Provinzen, an 46. die Ober-Hof- und Domprediger und die ihnen im Rang gleichstehenden katholischen Geistlichen, an 47. Stelle die Rektoren der Universitäten und die beständigen Sekretäre der Akademie der Künste. An 48. Stelle rangierten die Oberstleutnants, an 49. die Räte III. Klasse, an 50. die Landesdirektoren (Landeshauptleute), an 51. die General-Landschafts- und Haupt-Ritterschaftsdirektoren, an 52. die Domherren, an 53. die Ritterschafts- und Landschaftsdirektoren, an 54. die Majore, an 55. die Räte IV. Klasse, an 56. die Landesältesten und Landschaftsräte, an 57. die bei Hofe vorgestellten Herren, an 58. die Mitglieder beider Häuser des Landtags, an 59. die Hauptleute und Rittmeister, an 60. die Kammerjunker und Hofjagdjunker, an 61. die Premierlieutnants, an 62. die Seconde-Lieutnants.

Analog zu dieser Hof-Rang-Ordnung ließ Wilhelm II. nicht nur die Mitglieder der beiden Kammern des preußischen Landtags, sondern auch alle Reichstagsabgeordneten bei Hof zu. Die Zulassung zu Hof und zu den Hoftafeln handhabte er sehr beweglich. Da an anderen Höfen, wie etwa in München, der Prinzregent Landtagsabgeordnete aller Parteien und Künstler sehr verschiedener Richtungen zu sich einlud, entstand für den Gesandten Eulenburg in München der Eindruck, daß es hier „geradezu chaotisch" zuging. Die genauen Vorschriften in Preußen waren freilich auch sehr weit gefaßt. Das Ceremonial-Buch für den Königlich-preußischen Hof brachte in Abschnitt VI auch Vorschriften für die Reihenfolge der „Defilir-Cour" vor dem Thron. Es mußten „zuerst alle Damen und dann alle Herren, einzeln dem Rang nach, vor den unter dem Thron befindlichen Allerhöchsten resp. Höchsten Herrschaften defilieren und denselben dabei durch Verneigung ihre Ehrfurcht ausdrücken". Bei einer „Defilir-Cour" am Vorabend einer königlichen Hochzeit schon unter Wilhelm I. standen über tausend Personen heran. Für den „Ober-Ceremonienmeister" war es deshalb sehr schwierig, mit Hilfe der Hofrangordnung die Personen der Reihe nach einzuteilen. Der Anzug war höchste Gala, für die Damen also das Hofkleid unter Beibehaltung der Barbe als Kopfputz, wie 1878 Graf Stillfried-Alcantara, der Herausgeber des „Ceremonial-Buchs für den Königlich-Preußischen Hof", schrieb. „Defilir-Cours" fanden bei Krönungs- und Ordensfesten, natürlich auch bei den Geburtstagen Wilhelms II. statt, je nachdem, wo er sie verbrachte. Durch „Defilir-Cours" wurden die Ritter des Roten Adler-Ordens, des Kronen-Ordens und des königlichen Hohenzollernschen Hausordens vorgestellt.

Bei den Hoftafeln, bei denen Wilhelm II. oft spontane Reden hielt, gab es für die Hofbeamten schwierige Probleme. Der Oberst-Kämmerer Otto Graf Stolberg-Wernigerode und der Hausminister von Wedel reichten am 5. März 1889 dem Kaiser eine Denkschrift ein. Darin war auf die Praxis unter Wilhelm I. Bezug genommen. Nun sollte aufgrund der Denkschrift der neue Kaiser über die Abgrenzung der Zuständigkeit zwischen dem Ober-Ceremonienmeister und dem Oberhof- und Haus-Marschall „bezüglich des Placements bei den am königlichen Hofe stattfindenden Tafeln" Bestimmungen treffen. Wenn die Hoftafel nicht in den Privatgemächern des Kaisers, sondern in den Repräsentationsräumen des königlichen Schlosses stattfand, wo die Ordnung an der Tafel einen mehr oder minder offiziellen Charakter hatte, sollte der Kaiser den Regeln zustimmen, die die beiden Hofbeamten vortrugen.

Bei einem Hofball wurde die Gesellschaft von verschiedenen Zeremonienmeistern in zwei Gruppen eingeteilt. Die Höhergestellte wurde im Weißen Saal, die andere in der Bildergalerie streng nach dem Hofrangreglement aufgestellt. Auch die Tänze selbst waren genau geregelt: Ein Zeremonienmeister erteilte das Zeichen zum Beginn der Polonaise, bei der ein Flügeladjutant vom Dienst und eine der „diensttuenden Damen" der Kaiserin, assistiert von zwei Offizieren aus den Garde-Regimentern, als „Vortänzer" fungierten. Aus den Bestimmungen darüber wurde auch später abgeleitet, daß ein sehr hoher Offizier bei einem Besuch des Kaisers bei Maximilian Egon Fürst zu Fürstenberg in Donaueschingen 1908 vortanzte.

Berlin, die Hauptstadt des Königreichs Preußen, war 1871 Hauptstadt des Deutschen Reiches geworden; der Hof benötigte deshalb viele Personen für Verwaltung und Pflege der Schlösser und Gärten, der Kutschen und der Pferde. Seit den siebziger Jahren stellte nachweisbar das Hausministerium auch unverheirateten Dienern entsprechende Dienstwohnungen zur Verfügung. Das hatte den Zweck, junge Männer nach ihrer aktiven Militärdienstzeit hier in geordneten Verhältnissen leben und ihre Dienste versehen zu lassen. Sie waren häufig durch den Glanz des kaiserlichen Hoflebens angelockt. Dann gewöhnten sie sich an ihre Tätigkeit und ihr Leben, heirateten, konnten durch ihre Aussicht auch auf Pension ihre Kinder gut aufziehen und sich selbst begründete Hoffnung auf einen gesicherten Lebensabend machen.[9]

Wilhelm II., der seit seiner Kindheit auch das Schicksal sehr einfacher, oft armer Menschen erlebte und solchen Kreisen unabhängig von den Vorstellungen der oberen Schichten helfen wollte, fand sich in der 1878 rechtlich genau festgelegten Hofgesellschaft nicht zuhause, versuchte aber den ihm auferlegten Pflichten immer wieder nachzukommen. Röhl[10] schreibt: „Auch Kaiser Wilhelm II. war verstrickt in einem erstickenden Netz sinnlosen Hofzeremoniells, wobei noch hinzukam, daß er sich von einem Netz spionierender Lakaien der Kaiserin stets umgeben fühlte."[11] Durch die Feste des Hofes kamen Adelige und Bürgerliche, Beamte und Gelehrte, Männer aus industriellen und kaufmännischen Berufen, Künstler, Literaten, Größen vom Theater mit der „eigentlichen Hofgesellschaft" in Berührung.[12]

Über Wilhelm II. und seine Handhabung des Hofzeremoniells schrieb am 24. September 1900 Philipp Graf Eulenburg klärend an Staatssekretär Bernhard von Bülow.[13] Wilhelm II. ließ sich wiederholt nicht von den Vorschriften und Gepflogenheiten des Hofzeremoniells leiten. Das hatte zur Folge, daß er sich oft sehr ungezwungen mit sehr verschiedenen Persönlichkeiten unterhielt, aber auch den Nachteil, daß er gelegentlich die Parlamentarier bei einem Diner zu ihrer Enttäuschung fast ignorierte, keinen Cercle machte und mit niemandem sprach außer mit seinen Nachbarn bei Tisch „und mit einigen wenigen Auserwählten". Der badische Gesandte Brauer berichtete am 16. Februar 1892 an den Präsidenten des badischen Staatsministeriums, Ludwig Turban, „das ganze diplomatische Corps, Damen und Herren, seien bei einer Gelegenheit der Anciennität nach aufgestellt" worden, weil der Kaiser Cercle machen wollte. „Man mußte über eine Stunde in Reih und Glied stehen, bis der Hof erschien. Seine Majestät sprach aber lediglich einige Worte mit den zwei anwesenden Botschafterinnen und den Botschaftern, während alle anderen gänzlich ignoriert wurden. Die Gesandten der nichtdeutschen Staaten waren natürlich peinlich überrascht und gaben diesen Gefühlen in Worten Ausdruck, die nicht immer der sonst üblichen diplomatischen Reserve entsprachen."[14]

Wilhelm II. hatte als König von Preußen einen Hof, den er wie sein Großvater und sein Vater auch zu einem deutschen Hof machte. Das von ihm als König von Preußen ernannte preußische Ministerium war keine Dienststelle des Reiches, sondern wirkte nur im Bundesrat wie die anderen Regierungen der Bundesstaaten darin mit. Der König von Preußen arbeitete mit einem Militärkabinett, einem Zivilkabinett und (seit Wilhelm II. 1889 unter Gustav Frhr. von Senden und Bibran) einem Marinekabinett und handhabe deren Funktionen auch als Kaiser. Doch war er nicht als Kaiser, sondern nur als König von Preußen Souverän. Als Kaiser ernannte er einen einzigen Beamten, den Reichskanzler, dem die Reichsämter des Auswärtigen, der Justiz, des Innern u. s. w. unterstanden. Nur mit

Beschränkung auf den Kriegsfall und Inspektionen im Frieden war er als Kaiser der Oberste Kriegsherr.

Grundsätzliche Entscheidung Wilhelms II. für die konstitutionelle Monarchie – Das Recht, den Reichskanzler zu ernennen – Das Hauptquartier Seiner Majestät – Die Reichskanzlei, das Auswärtige Amt und die übrigen Reichsämter – Die Ministerien Preußens – Erste Ernennungen zu den höchsten Ämtern des Reiches und Preußens

Wilhelm II. entschied sich als neuer Monarch grundsätzlich für die konstitutionelle Monarchie. Das bewies er bereits durch seine Entscheidung gegenüber dem preußischen Justizminister Heinrich von Friedberg,[15] dessen Vorarbeiten als Hilfsarbeiter im preußischen Justizministerium die Mündlichkeit und Öffentlichkeit des Gerichtsverfahrens unter Beteiligung des Staatsanwaltes und die freie Beweiswürdigung im Strafverfahren im Gesetz vom 17. Juli 1846 im rechtsrheinischen Preußen ermöglicht hatte. Wie bereits erwähnt, überreichte Friedberg Wilhelm ein mit dem Lesevermerk Wilhelms I. und Friedrichs III. versehenes, wieder versiegeltes Schreiben Friedrich Wilhelms IV.[16] Darin forderte dieser seinen Nachfolger auf, die ihm durch die Revolution 1848 abgezwungene Verfassung außer Kraft zu setzen und die alte Regierungsform wieder herzustellen, die einzige, mit der man in Preußen regieren könne. Wilhelm II. vernichtete das Schreiben und eröffnete am 27. Juni den Landtag mit dem Gelöbnis in der Thronrede, die preußische Verfassung fest und unverbrüchlich zu halten und gemäß dieser und den Gesetzen zu regieren.

Wilhelm II. hielt es für notwendig, an vielen Stellen einen Personenwechsel vornehmen zu lassen. In Bezug auf Bismarck sagte er angeblich zu Hofprediger Stöcker, „sechs Monate will ich den Alten verschnaufen lassen, dann regiere ich selbst". Die Herren, die der Generation seines Großvaters näher standen, ersetzte er durch jüngere. Das sogenannte Maison Militaire des Kaisers Wilhelms I., das Friedrich III. im ganzen beibehalten hatte, verwandelte Wilhelm II. am 7. Juli 1888 in das „Hauptquartier Seiner Majestät", zu dessen Kommandanten er den General Hans von Plessen[17] machte, der aus einem Mecklenburger Geschlecht stammte. In Personalfragen ließ er sich durch seinen früheren Vorgesetzten General Maximilian von Versen beraten. Wilhelm II. wollte höfische Einflüsse und Strömungen zum Nachteil des Offizierskorps ausschalten, wie er 1922 sagte. Er beließ zwar den Vizekanzler Karl Heinrich von Bötticher, der seit 1881 als solcher tätig war und ließ ihn unabhängig von den Kanzlerwechseln bis 1897 im Amt.

Zum Chef der Reichskanzlei[18] bestellte er 1891 Caprivis Schulfreund Karl Goering an Stelle des Franz Johannes von Rottenburg. Goering war bis 1878

Handelssachverständiger im Auswärtigen Amt gewesen. Als Staatssekretär des Auswärtigen Amtes ließ er seit 1890 den seit 1883 als badischen Gesandten in Berlin wirkenden Adolf Frhr. Marschall von Bieberstein bis 1897, dann Bernhard von Bülow tätig werden. Als Staatssekretär des Reichsamtes des Innern beließ er den 1880 dazu ernannten bereits seit 1881 als Stellvertreter des Reichskanzlers erprobten und als solcher weiterhin tätigen Karl Heinrich von Bötticher. Dieser verwaltete also beide Ämter in Personalunion, wie er es in der Bismarckzeit getan hatte. Vergebens hatte Bismarck von ihm in der sozialen Frage gefordert, mit ihm gegen den Kaiser Stellung zu nehmen. Die Angriffe des alten Kanzlers aus Friedrichsruh festigten seine Stellung, so daß er unter Caprivi mehr zu sagen hatte als früher. Er beteiligte sich an der Handelspolitik und dem Bau des Nord-Ostsee-Kanals mit besonderem Interesse. Von 1897 bis 1906 war er als preußischer Oberpräsident der preußischen Provinz Sachsen tätig, da ihn Wilhelm II. in seiner bisherigen Tätigkeit zwar bis 1897 beließ aber wegen seines Schweigens auf die „unerhörten Angriffe" Eugen Richters im Parlament und einer anderen Unterlassungssünde in seiner bisherigen Stellung nicht mehr wünschte. Dazu trug aber auch entscheidend bei, daß der Kaiser statt Bötticher seit dem 1. Juni 1897 in Arthur Graf Posadowsky-Wehner einen sozialpolitisch und überhaupt außerordentlich tätigen Mann als Staatssekretär des Reichsamtes des Innern wirken lassen konnte. Wilhelm schätzte den Grafen Posadowsky-Wehner umso mehr, als er sich bereits 1893 als Staatssekretär des Reichsschatzamtes ausgezeichnet hatte. Der zur Regierung gekommene Kaiser hatte 1888 zunächst den Deutsch-Konservativen Hellmuth Frhr. von Maltzahn-Gültz zum Staatssekretär des Reichsschatzamtes gemacht, fand aber den historisch und theologisch wie politisch sehr interessierten Baron offenbar zu wenig für die praktischen Fragen des Reichsschatzamtes geeignet. Er ließ ihn von 1900 bis 1911 als Oberpräsident von Pommern wirken, wo dieser 1912 die Historische Kommission für Pommern gründete.

Zum Staatssekretär des Reichsjustizamtes bestellte er bereits 1889 Otto von Oelschläger, 1891 den im Reichsamt des Innern bewährten Robert Bosse, den er bereits 1892 als Kultusminister benötigte, 1892 Eduard von Hanauer, der 1893 starb, 1893 Rudolf Arnold Nieberding, der ein besonderer Kenner des Wasserrechts und der Wasserpolizei in Preußen war und der für den am Bau von Kanälen und an der Errichtung der Flotte so interessierten Kaiser ein wichtiger Mitarbeiter wurde. Er blieb bis 1909 in diesem Amt. Im Bereich von dessen juristischer Wirksamkeit lag das am 18. August 1896 zustande gekommene Einführungsgesetz für das Bürgerliche Gesetzbuch, das aufgrund vieler Vorarbeiten und in Zusammenarbeit mit den deutschen Bundesstaaten im Jahr 1900 im ganzen Deutschen Reich eingeführt werden konnte.

Der Kaiser beließ den seit 1880 bewährten Staatssekretär des Reichspostamtes Heinrich von Stephan, der in diesem Amt bis 1897 tätig blieb. Keinen Staatssekretär, sondern nur einen Präsidenten hatte das Reichseisenbahnamt an seiner

Spitze. Das war seit 1890 Friedrich Schulz, der das Aufsichtsrecht des Reiches über die Eisenbahnen ausübte, die aber wie die Königlich Bayerischen Staatseisenbahnen Eigentum etwa eines Bundesstaates Bayern waren. In Bayern wurde 1903 ein eigenes Verkehrsministerium errichtet.

Unmittelbar regierte Wilhelm II. durch königlich preußische Ministerien das Königreich Preußen. Das Ministerium des Königlichen Hauses war nicht in die Gesamtheit der preußischen Ministerien, also nicht in das preußische Staatsministerium einbezogen, für das er einen Ministerpräsidenten ernannte. Dieser war meist der von ihm ernannte Reichskanzler. Der Reichskanzler der Jahre 1890 bis 1894 von Caprivi hatte das Außenministerium 1892 bis 1894 Botho Graf Eulenburg überlassen. Das preußische Außenministerium war mit Ausnahme dieser Jahre stets mit dem Auswärtigen Amt des Deutschen Reiches vereinigt. Reichskanzler Bismarck war stets preußischer Ministerpräsident und Außenminister gewesen, so daß Wilhelm I. in Preußen nur mehr in dieser Kombination regierte, seit er Bismarck zum Reichskanzler gemacht hatte. Das preußische Staatsministerium umfaßte außer den genannten Ministerien acht weitere: das Kriegsministerium, das Ministerium für Landwirtschaft, Domänen und Forsten, das Ministerium der öffentlichen Arbeiten, das Ministerium für Handel, das Ministerium für geistliche, Unterrichts- und Medizinal-Angelegenheiten (also eine Kombination von Kultus- und Gesundheitsministerium), das Ministerium des Innern, das Finanzministerium sowie das Justizministerium.

Als König von Preußen[19] bestellte Wilhelm II. schon 1888 zum Innenminister den Liberalen Ernst Ludwig Herrfurth, 1892 Botho Graf Eulenburg, den er damals auch zum preußischen Ministerpräsidenten machte. Als Finanzminister berief er 1890 den ihm als außerordentlich tüchtig[20] erscheinenden Liberalen Johannes (von) Miquel, der bis 1901 im Amt blieb. Zum Handelsminister machte er 1890 den bei ihm mit großer sozialpolitischer Erfahrung für den Arbeiterschutz tätigen Hans Hermann Frhr. von Berlepsch, zum Landwirtschaftsminister 1890 Wilhelm von Heyden-Cadow, zum Minister für öffentliche Arbeiten 1891 Karl von Thielen als Nachfolger von Albert von Maybach.

Bei den zwei nun zu nennenden preußischen Ministerien war deren Amtsbereich an besondere Grundsätze gebunden. Als Königlich Preußischer Minister für geistliche, Unterrichts- und Medizinal-Angelegenheiten war seit 1881 Gustav von Goßler tätig, der im März 1891 ein antiklerikales Schulgesetz vorlegte. Es scheiterte am Widerstand nicht nur der Katholiken und der Konservativen, sondern es war auch nicht im Sinn des Kaisers konzipiert worden. Wilhelm machte nun zum Minister dieses Bereiches den sehr konservativen Robert Graf Zedlitz-Trützschler, dessen Schulgesetz den Kirchen großen Einfluß auf die Erziehung einräumte.[21] Es wurde deswegen so stark bekämpft, daß es Wilhelm II. zurückziehen mußte und der Minister seinen Abschied nahm. Vergeblich hatte sich auch Reichskanzler Caprivi bemüht, dieses Gesetz zugunsten der konfessionellen Schule für Preußen durchzusetzen, die es in Bayern seit langem gab. Als Caprivi den Streit um das Gesetz für einen Kampf zwischen Christentum und Atheismus erklärte, setzte ein Petitionssturm gegen das Gesetz ein: Universitäten, Städtevertretungen, wissenschaftliche Vereine, alle Kreise, die sich zur „liberalen Intelligenz" rechneten – auch der evangelische Oberkirchenrat – machten Front gegen das Gesetz. Wilhelm II. bekannte sich persönlich oft zu Christentum und Kirche und stellte sich, das Volk, auch die Soldaten unter das Kreuz Christi.[22] Er ernannte 1892 den Doktor der evangelischen Theologie Robert Bosse zum neuen preußischen Minister der geistlichen, Unterrichts- und Medizinal-Angelegenheiten. Als Justizminister bestellte er schon 1889 Hermann von Schelling, 1894 Karl Heinrich von Schönstedt, der bis 1905 wirkte.

1888 stand Wilhelm II. vor der schwierigen Frage, wie er mit dem damals von ihm im Gegensatz zu seinem kaiserlichen Vater verehrten Bismarck zusammenarbeiten könne. Denn Bismarck führte seit 26 Jahren immer mehr eine Art Alleinherrschaft. Seit 1879 ersetzte er widerspenstige preußische Minister durch ihm ergebene Männer[23] und ernannte einige Staatssekretäre zu preußischen Ministern ohne Portefeuille, hielt aber trotzdem seine Kontrolle der preußischen Minister für unzulänglich. Er selbst war nicht nur preußischer Ministerpräsident, sondern zugleich auch preußischer Außenminister, da er aufgrund der Reichsverfassung von 1871 als Reichskanzler (oberster Beamter des Reiches) weder im Bundesrat eine Stimme hatte noch vor dem Reichstag erscheinen konnte. Durch seine Alleinherrschaft hielt Bismarck das „Konglomerat der verschiedenen Ressorts" zusammen.

Der seit 1876 im Auswärtigen Amt nunmehr als Geheimrat tätige Friedrich von Holstein hielt es für nötig, die deutsche Politik gegenüber Rußland anders als Bismarck auszurichten. 1887 versuchte er sogar,[24] ohne Bismarcks Wissen eine Bulgarien-Krise auszulösen, um einen Krieg zwischen Rußland und dem Dreibund zu entfesseln. Anders als Bismarck beurteilte er auch die Lage der preußenfreundlichen Regierung in Bayern. Er fürchtete deren Sturz durch den katholischen bayerischen Adel, der dabei vom Papst und von Deutschlands äußeren Feinden unterstützt werden würde. Er vermochte zusammen mit Eulenburg, 1886 Bismarck zu hindern, seinen eigenen zentrums-freundlichen Schwiegersohn, Kuno Graf Rantzau, als preußischen Gesandten nach München zu schikken. So beorderte ihn 1888 Wilhelm II. dorthin und ersetzte ihn 1891 durch Philipp Graf Eulenburg, den er freilich bereits 1894 zum deutschen Botschafter in Wien ernannte.

Bereits im Juni 1889 schrieb Eulenburg an Holstein: „Die Schwierigkeit der Situation liegt... in den Herrschergewohnheiten des Hauses Bismarck gegenüber der autokratischen Anlage unseres Kaisers." Er verstand zwar, daß es für Bismarck schwer war, sich nach 26 Jahren unbeschränkter Herrschaft unter einen jungen Herrn zu beugen, arbeitete aber mit Holstein zusammen, um den jungen Monarchen unabhängiger von Bismarck zu machen. Er glaubte, daß das nur schrittweise gegen Bismarck erreicht werden könne. Zugleich fürchtete er um das öffentliche Vertrauen in den jungen Kaiser, wenn er Bismarck zum Rücktritt zwinge. Zunächst zeichnete sich davon noch nichts ab.

Wilhelm II. hatte neben dem Militärkabinett auch das Zivilkabinett zu ernennen. Als dessen Chef bestellte er nach Rücksprache mit Bismarck Hermann von Lucanus, der seit 1881 Unterstaatssekretär im preußischen Ministerium der geistlichen, Unterrichts- und Medizinal-Angelegenheiten gewesen war. Er wurde dem neuen Kaiser ein Ratgeber auf den Gebieten der Kunst, der Wissenschaft, der Technik, aber auch der Politik.

„Hätte Bismarck weiter nichts getan, als den Kaiser in seinem Tatendrang zurückgehalten, wäre er wahrscheinlich noch lange im Amt geblieben. So aber provozierte er den eigenen Sturz, indem er die Zukunftspläne des Kaisers zu verhindern suchte."[25] Bismarck hatte 1887 den Reichstag aufgelöst, da er nur auf drei Jahre die erhöhte Militärvorlage zu zahlen bereit war. Im neuen Reichstag von 1887 stützte er sich auf das sogenannte Kartell. Darin wirkten die Deutschkonservativen, die Reichspartei und die Nationalliberalen, diese unter Johannes Miquel, mit 217 gegen 173 Stimmen zusammen und genehmigten das 1880 erneuerte, aber nicht 1887 genehmigte Septennat, d. h. die Kosten für eine Friedensstärke des deutschen Heeres von 402.000 Mann auf sieben Jahre. Bei den preußischen Landtagswahlen lobte Wilhelm II., beraten von Eulenburg, das Kartell. Miquel gab darauf seiner Freude darüber Ausdruck, daß „unsere [nationalliberalen] Ideen einen festen Stützpunkt unter unserem jungen Kaiser gefunden haben".[26] Doch das paßte Bismarck nicht. In den Fragen der Außen- und der Kolonialpolitik geriet er zudem mit den Nationalliberalen aneinander. Miquel und die *Nationalzeitung* warnten, den „rasch alternden" Kanzler zu unterstützen. Darauf versuchte Bismarck das Kartell dadurch zu sprengen, daß er sich für die Zulassung der im Deutschen Reich verbotenen Redemptoristen entschied, da dies Bayern wünschte. Der Kaiser war damals[27] dagegen, erklärte aber auch, daß das Kartell mit seiner Unterstützung rechnen könne. Durch Bismarcks Taktik zerfiel das Kartell. Er beabsichtigte deutlich, sein Sozialistengesetz weiter aufrecht zu erhalten. Im Kronrat (Ministerrat) unter dem Vorsitz des Königs vom 24. Januar erklärte er, er werde zurücktreten, wenn er mit seiner Ansicht über das Sozialistengesetz nicht durchdringe.[28]

Besuch zuerst in Rußland oder England? – Besuch 1888 bei Prinzregent Luitpold in München, Kaiser Franz Joseph in Wien, König Umberto I. und Papst Leo XIII. in Rom

Als Wilhelm I. in seinen letzten Stunden Bismarck als sein politisches Testament die besondere Pflege der Beziehungen zu Rußland anvertraut hatte und der Kanzler deshalb dem Kaiser Wilhelm II. als erste Reise einen Besuch in St. Petersburg vorschlug, widersetzte sich die englische Königin Viktoria. Nach dem

Trauerjahr gebühre der erste Besuch der Großmutter und England als dem Vaterland von Wilhelms Mutter.[29] Freilich hatte Wilhelm im April 1888 an Philipp Graf Eulenburg in Empörung über den Einfluß seiner Mutter auf die medizinische Behandlung seines Vaters geschrieben: „Daß unser Familienschild befleckt und das Reich an den Rand des Verderbens gebracht wurde, ist durch eine englische Prinzessin geschehen, die meine Mutter ist, das ist das Allerfurchtbarste!" Bitter ließ er 1887 Eulenburg wissen, man könne nicht genug Haß gegen England haben. „England kann sich vorsehen, wenn ich einmal etwas zu sagen habe." Zur Regierung gekommen, stellte sich Wilhelm aber anders ein und betonte in seinem Schreiben an Königin Viktoria,[30] die ihn als Baby auf ihren Armen getragen habe und schon durch ihr Alter Ehrfurcht gebiete, seine Liebe als Enkel. Er werde ihr für jeden Rat aufgrund ihrer langen Erfahrung dankbar sein, aber der Besuch in St. Petersburg sei politisch notwendig, der Befehl des kaiserlichen Großvaters entspräche den engen Familienbeziehungen mit dem russischen Kaiserhaus und werde daher ausgeführt. Viktoria antwortete darauf mit großer Einsicht, Wilhelm müsse tun, was im Interesse seines Landes sei; sie werde sich freuen, ihn später auch bei sich zu sehen. Sie behandelte ihren Enkel nur noch wie einen ihr gleichgestellten Souverän.

Der Kaiser hatte es in seiner Hand, bei seinen Antrittsbesuchen durch Hinweise die Besuchten zu orientieren und sich bei ihnen zu orientieren. Er reiste deshalb zu vielen Bundesfürsten im Reich, war schon vom 1. bis 3. Oktober 1888 bei Prinzregent Luitpold in München, fuhr zu den Regierenden im Ausland nicht nur 1888 sondern immer wieder, am 5. August 1889 besuchte er Königin Viktoria.

In München dankte (R I, 24) der Kaiser am 1. Oktober 1888 dem Ersten Bürgermeister Widenmayer für dessen Begrüßung und sprach seine Freude darüber aus, daß es ihm vergönnt sei, in diese ihm wohlbekannten Mauern einzuziehen und dem bayerischen Volke nähertreten zu dürfen. Beim Galadiner dankte (R I, 24f.) er dem Prinzregenten für dessen Begrüßung, besonders aber dafür, daß Luitpold die altbewährte Freundschaft mit Wilhelm I. auf Wilhelm II. übertragen habe. „Wie damals im Jahre 1870 das bayerische Königshaus den ersten Schritt zum Neuerstehen unseres geeinten Vaterlandes tat, so haben Eure Königliche Hoheit das Beispiel für Deutschlands Fürsten gegeben und haben als Erster Mir Ihren Rat und Ihre Freundschaft in kräftigem Handschlag dargeboten" [als Luitpold an der Spitze der deutschen Fürsten bei der Eröffnung des Reichstages am 25. Juni erschienen war]. Wilhelm versprach in Hohenzollernscher Treue mit dem Hause Wittelsbach und „dem braven Bayernvolke" in engstem Bunde zusammenzustehen, in guten wie in bösen Tagen. „Denn es erheischen die hohen Aufgaben unseres großen deutschen Volkes und Vaterlandes, daß alle Kräfte zu dessen gemeinsamem Nutzen und Heile eingesetzt werden, welches nur dann möglich ist, wenn die Fürsten des Reichs in fester Gemeinschaft Schulter an Schulter vertrauensvoll beieinander stehen..."

Am 4. Oktober begrüßte (R I, 26) Kaiser Wilhelm Kaiser Franz Joseph in Wien und erwiderte auf dessen Trinkspruch „aus gerührtem Herzen" mit „innigstem Dank" für die huldvollen Worte und freute sich besonders, dies an dessen Namenstag tun zu können. „Nicht als Fremder bin ich hierher gekommen, sondern schon seit Jahren durch Eurer Majestät Güte ausgezeichnet, führe Ich ein heiliges Vermächtnis Meines in Gott ruhenden Großvaters aus."

Als danach Wilhelm II. zu König Umberto I. nach Rom reiste und am 12. Oktober in Quirinal ein Galadiner bei dem italienischen Königspaar stattfand, erwiderte (R I, 26f.) er bei seinem Dank auf die Begrüßung unter Berufung auf die überkommene Bundesgenossenschaft: „Unsre Länder haben unter der Führung ihrer großen Herrscher beide mit dem Schwerte ihre Einigkeit erkämpft. Die Gleichartigkeit unserer Geschichte bedingt, daß Unsere Völker stets zusammenstehen werden zur Aufrechterhaltung dieser Einheit, welche die sicherste Garantie für den Frieden bietet." Das italienische Königspaar kam darauf im Mai 1889 nach Berlin, wo am 22. Mai bei der Tafel anläßlich der großen Frühjahrsparade Wilhelm ausführte, seine Truppen seien von dankbarem Stolz erfüllt, daß es ihnen vergönnt gewesen sei, vor Umbertos Soldatenauge mit Ehren zu bestehen. Er trank auf die „unwandelbare Freundschaft mit dem Hause Savoyen, dessen Devise ,Sempre avanti Savoja' zur Einigung des Königreiches Italien geführt hat".

Wilhelm II. sprach aber auch bei Papst Leo XIII. vor und wiederholte diesen Besuch 1893 und im Todesjahr des Papstes 1903. Sein Erscheinen im Vatikan schon 1888 war ein besonderes Ereignis, da kein König von Preußen vor ihm solche Schritte getan hatte. Kaiser Joseph II. war der letzte Kaiser des alten Reiches, der den Papst besuchte. Kaiser Wilhelm II. fuhr am 12. Oktober 1888 von der preußischen Gesandtschaft in Rom aus in einem prächtigen Vierergespann, von Spitzenreitern begleitet, zum Vatikan. Der päpstliche Hof erwartete ihn an der Treppe des Papstpalastes. In der von Menschen überfüllten Anticamera Segreta kam Leo XIII. dem Kaiser entgegen, der sich wie der Papst einen schmalen Weg durch die Menge bahnen mußte.[31] Der Kaiser sah den Papst erst, als er schon unmittelbar vor ihm stand. „Dem jungen Monarchen schoß beim Anblick des greisen Hohenpriesters, der da in weißem Gewande, ein gütiges Lächeln auf dem klugen Antlitz, ihm entgegentrat, unwillkürlich das Blut in die Wangen. Man hörte seitens der Umstehenden, wie er die Haken zusammenschlug, sah die drei tiefen Verbeugungen des Kaisers vor dem Papst. Dieser nahm den Monarchen bei der Rechten, seine eigene Linke ihm auf die Schulter legend, und führte so den Kaiser in seine Privatgemächer."

Wilhelm II. verfolgte mit diesem Besuch beim Papst und denen 1893 und 1903 einen doppelten Zweck: Er wollte die katholische Bevölkerung, die durch Bismarcks Kulturkampf der siebziger Jahre verletzt worden waren, gewinnen aber sich auch vor der Weltöffentlichkeit zu der gemeinsamen christlichen Religion bekennen.

Der Papst stellte in dem Gespräch die Tiefe der christlichen Gesinnung Wilhelms II. aber auch seine Beeinflußbarkeit fest. Beide gingen am 12. Oktober 1888 von ihren eigenen politischen Standpunkten aus, beide empfanden aber auch psychologisch das, was die Begegnung in ihnen auslöste, stark. Der Kaiser hob in seinen Worten den Zauber des Papsttums in ganz Europa hervor. Der Name des Papstes sei von Verehrung und Hochachtung umstrahlt. Der Papst erwiderte von seiner existenzpolitischen und außenpolitischen Ebene aus, daß dem Frieden in Europa am besten durch die Annäherung Deutschlands an Rußland und Frankreich gedient werde. Dem Bündnis des Deutschen Reiches mit Italien stand er aus naheliegenden Gründen sehr skeptisch gegenüber. Er klagte dem Kaiser über die italienische Regierung, die dem Katholizismus sowie auch dem Heiligen Stuhl feindlich gegenübertrete. Durch ihre Angriffe befinde sich das Papsttum in einer beklagenswerten, unnatürlichen Lage, da es seinen übernationalen Beruf nicht voll ausüben könne. Der Papst berührte so die Frage der Restitution seiner weltlichen Herrschaft. Der Kaiser lehnte sie ab und suchte außerdem die unsicheren, an Anarchie grenzenden Verhältnisse in der Französischen Republik ins volle Licht zu setzen. Er wies auch auf das Anwachsen der panslawistischen Bewegung hin. Doch näherten sich die Gesprächspartner einander, als der Papst die Lage der katholischen Kirche[32] in Deutschland mit Anerkennung bedachte und versicherte, er werde dazu beitragen, daß sich die deutschen Katholiken von niemandem in der Vaterlandsliebe und der Treue zum Monarchen übertreffen ließen.

Durch die Meldung in der Anticamera Segreta, eben komme Prinz Heinrich von Preußen mit Herbert Graf Bismarck an, wurde die halbe Stunde, die für das Gespräch zwischen Papst und Kaiser angesetzt war, vorzeitig unterbrochen. Der Prinz und Bismarck trafen früher als angemeldet im Vatikan ein, und Herbert von Bismarck erwiderte auf den Hinweis, daß die halbe Stunde für das Gespräch zwischen Leo XIII. und Wilhelm II. noch nicht zu Ende gegangen sei, ein königlicher Prinz könne nicht im Vorzimmer („antichambre") warten. Auf den erneuten Hinweis des päpstlichen Obersthofmeisters auf die vom Papst für den Kaiser festgesetzte Zeit drohte Herbert von Bismarck, er werde mit dem Prinzen den Vatikan verlassen; nun ließ der Papst den Prinzen zu sich bitten und die Unterredung mit Wilhelm II. wurde abgebrochen. Der Kaiser fuhr vom Vatikan aus unmittelbar zum Quirinal, ohne zuerst bei der preußischen Gesandtschaft abzusteigen, folgte also der bei der Begrüßung ausgesprochenen Einladung Umbertos zur Tafel. In seinem Trinkspruch auf den König von Italien feierte er das deutsch-italienische Bündnis und die ewige Stadt Rom als Hauptstadt des geeinten Italien. Wilhelm II. machte dabei auch Bemerkungen über seinen Besuch beim Papst, die offenbar auf die antipäpstliche Stimmung des italienischen Königshofes eingestellt waren, aber auch katholische Gefühle verletzten, wie sie auch in diesem Kreise bestanden.[33] Die Kurie war darüber verstimmt. Wilhelms Bemerkungen trugen dazu bei, daß sich unter der Führung von Kardinal-Staatssekretär Rampolla ein Umschwung der päpstlichen Politik zugunsten Frankreichs anbahnte.

Die Stadtverordneten von Berlin – Einweihung der Kreuzkirche auf
dem Johannistisch in Berlin Kreuzberg – Ungünstige Urteile der
Eltern über Wilhelm in den Tageszeitungen

Von Rom zurückgekehrt empfing Wilhelm II. (R I, 27ff.) am 27. Oktober 1888 eine Deputation des Magistrats und der Stadtverordneten von Berlin, die sich darüber freuten, daß der Kaiser überall so herzlich empfangen worden war. Sie baten ihn, den Platz vor seinem Schloß mit einem Brunnen schmücken zu dürfen. Der Kaiser war einverstanden und gab seiner Freude darüber umso mehr Ausdruck, als er soeben der Einweihung der 1888 vollendeten Kirche zum Heiligen Kreuz auf dem Johannistisch in Berlin beigewohnt hatte, die sein Vater, aber auch die Stadt Berlin sehr gefördert hatten. (Der Johannistisch ist ein Schmuckplatz, begrenzt von der Blücherstraße, vom Planufer und von der Straße Am Johannistisch im heutigen Verwaltungsbezirk Kreuzberg von Berlin.)

Mit Schmerz aber erwähnte Wilhelm II., daß während seiner Reisen „die Tagesblätter Meiner Haupt- und Residenzstadt die Angelegenheiten Meiner Familie in einer Art und Weise an die Öffentlichkeit gezogen und besprochen haben, wie sich ein Privatmann das nie würde haben gefallen lassen." Er brachte auch seinen Unwillen darüber zum Ausdruck: „Vor allem bitte ich Mir aus, daß das Fortdauern des citieren Meines Herrn Vaters gegen Meine Person endlich unterbleibt. Es verletzt Mich als Sohn aufs Tiefste und ist unpassend im höchsten Grade. Ich gebe Mich der Erwartung hin, daß, wenn Ich Berlin zu Meiner hauptsächlichen Residenz wähle – und Mich als Berliner zieht es immer hier her –, man davon absehen wird, intime Beziehungen Meiner Familie zum Gegenstand der Erörterung in der Presse zu machen." Die Behauptungen der Presse betrafen die Beziehungen des Kaisers zu seinem Vater Friedrich III., die zu seiner Mutter und den Verbleib der von Kaiser Friedrich III. hinterlassenen Papiere.

Natürlich schloß Wilhelm II. seine Rede (R I, 28) mit dem Hinweis auf die Aufgaben, welche Fürst und Volk vereinen, um „unser Vaterland" groß und glücklich zu machen. Diese Aufgaben seien bedeutend und mannigfach genug, um sich mit voller Wärme ihnen hinzugeben und sich mit ihnen zu beschäftigen und alle anderen Dinge, wie die vorerwähnten ruhen zu lassen. Die Rede wurde in indirekter Form in der damals offiziösen *Norddeutschen Allgemeinen Zeitung* zuerst veröffentlicht.

Die Worte des Kaisers an die von ihm besuchten Fürsten waren gut abgewogene Bekenntnisse zu den von diesen Fürsten regierten Bereichen. Aber die Kritik seines verstorbenen Vaters an ihm hätte er wohl besser nicht von sich aus abermals in der Öffentlichkeit erwähnen sollen, wenn es auch begreiflich war, daß er sich gegen die in die Öffentlichkeit gebrachte Herabsetzung seiner Person durch seinen verstorbenen Vater wehrte. Das Ansehen seiner Dynastie und seiner Person in der Öffentlichkeit war ein politischer Faktor seiner Arbeit.

Hamburg und Bremen nun auch im Zollverband – Grundsteinlegung für das Reichsgerichtsgebäude in Leipzig – Empfang von Arbeitervereinen in Breslau und von Innungsverbänden in Berlin – Soziale Initiative Wilhelms mit christlicher Begründung vor dem Reichstag – Werbung für christliche Gesittung in Afrika

Da die Freien und Hanse-Städte Hamburg und Bremen erst 1888 dem Zollverband des Deutschen Reiches beitraten, dessen Mitglieder sie staatsrechtlich bei der Reichsgründung geworden waren, handelte der Kaiser klug, wenn er bereits am 29. Oktober 1888 den Schlußstein zum Freihafen in Hamburg legte, dessen großartige Anlage eben durch Hamburgs Beitritt zum Zollverband am 15. Oktober 1888 verursacht wurde. Der Kaiser dankte Hamburg (R I, 29ff.) für die Einladung zu diesem symbolischen Akt, unterstrich seine Verbundenheit mit Hamburg durch seine Familie und durch die von ihm so sehr geliebte Flotte. Er habe die Reise aber auch in der Absicht unternommen, durch den Frieden, den er für sein Vaterland befestigen würde, die Industrie und den Handel und die Wohlfahrt des Landes fördern zu helfen.

Die Pflege des Rechtes betonte er, als er am 31. Oktober 1888 in der sächsischen Stadt Leipzig die üblichen drei Hammerschläge bei der Grundsteinlegung für das Reichsgerichtsgebäude vollzog. In Breslau empfing er am 16. November Abordnungen des Evangelischen und des Katholischen Arbeitervereins und freute sich, daß die Arbeiter beider Konfessionen sich in gleicher Einmütigkeit beteiligten. „Das Wohl der Arbeiter liegt Mir am Herzen." (R I, 31f.)

Am 28. Februar 1889 empfing Wilhelm II. in Berlin die Vorstandsmitglieder des Zentralausschusses der Vereinigten Innungsverbände. Sie verlasen eine Adresse mit den hauptsächlichsten Wünschen über die Neuorganisation des Handwerks und überreichten sie ihm als Schriftstück, das auch allgemeinere Gesichtspunkte enthielt. Der Kaiser dankte dafür und freute sich, daß es ihm endlich gelungen sei, auch mit dem Handwerksstande in nähere Berührung zu treten, „was Mir bis jetzt leider nicht möglich war". Wenn der Handwerkerstand seit dem Tode seines Großvaters und seines Vaters bangend in die Zukunft schaute, so versicherte der Kaiser, daß es seine erste Aufgabe sei, das Erbe seines Großvaters anzutreten und seinen Landen den Frieden zu erhalten.

Da die Vertreter der deutschen Innungsverbände vor ihm standen, kam er auch auf seine Situation beim Antritt der Regierung zu sprechen. Er wies darauf hin, daß Wilhelm I. „der Älteste unter den Kollegen [Bundesfürsten]" war, „sein Wort und sein Rat wurden gesucht... Nun komme ich als dreißigjähriger Mann.

Niemand kannte Mich, Ich mußte Mir erst das Vertrauen meiner Kollegen erringen. Ich glaube immer, daß mir mit Gottes Hilfe die Erhaltung des Friedens auf lange Jahre hinaus gelungen ist, denn nur im Frieden kann auch das Handwerk gedeihen. Darum üben wir Gottesfurcht, bleiben wir einfach und arbeiten wir fleißig, dann werden wir auch zu den gewünschten Zielen gelangen."

In seiner Thronrede zur Eröffnung des Reichstages (R I, 36ff.) am 22. November 1888 hatte der Kaiser „seine Kollegen" als seine „Hohen Bundesgenossen" bezeichnet. Er wies auf seine Reisen in verschiedene Teile des Reiches hin und würdigte, daß „die Fürsten und die Völker Deutschlands dem Reich und seinen Einrichtungen mit rückhaltlosem Vertrauen anhängen und in ihrer Einigkeit die Bürgschaft ihrer Sicherheit finden. Durch den Anschluß von Hamburg und Bremen an den Zollverband des Reiches, durch diese beiden bedeutendsten Seehandelsplätze würde das Reichs-Zollgebiet erweitert. Wilhelm hoffte, daß die Erwartungen, die daran zu knüpfen wären, im vollen Maße in Erfüllung gingen und berichtete, er sei dem Antrag der Regierung der Schweizerischen Eidgenossenschaft bereitwillig entgegengekommen, den Handelsvertrag zwischen Deutschland und der Schweiz zu revidieren. Durch eine Zusatz-Übereinkunft würde die vertragsmäßige Grundlage für den beiderseitigen Verkehr erweitert und der Austausch der Erzeugnisse der gewerblichen Arbeit erleichtert. „Nach erfolgter Annahme durch den Bundesrat" werde die Übereinkunft den Abgeordneten des Reichstages mit dem Antrag zugehen, dieser die verfassungsmäßige Zustimmung des Reichstages zu erteilen. Den Abgeordneten werde auch der bereits früher angekündigte Gesetzesentwurf zur Regelung der Erwerbs- und Wirtschaftsgenossenschaften zur Beschlußnahme unterbreitet. „Es steht zu hoffen, daß die Zulassung von Genossenschaften mit beschränkter Haftpflicht, welche der Entwurf vorschlägt, auch für die Hebung des landwirtschaftlichen Kredits sich heilsam erweisen werde." Eine entsprechende Vorlage werde auch auf dem Gebiete der Krankenversicherung gemacht, um hervorgetretene Mängel mit Hilfe des Gesetzes abzuwenden. Schon an diesem 22. November 1888 erachtete es Wilhelm II. für eine Aufgabe der Staatsgewalt, auf die Linderung vorhandener wirtschaftlicher Bedrängnisse nach Kräften hinzuwirken und durch organische Einrichtungen die Betätigung der auf dem Boden des Christentums erwachsenden Nächstenliebe als eine Pflicht der staatlichen Gesamtheit zur Anerkennung zu bringen. In Vorschlag komme auch ein Gesetzentwurf zur Behebung der Schwierigkeiten, welche sich einer auf staatliches Gebot gestützen durchgreifenden Versicherung aller Arbeiter gegen die Gefahren des Alters und der Invalidität entgegenstellen.

„Unsere afrikanischen Ansiedlungen haben das Deutsche Reich an der Aufgabe beteiligt, jenen Weltteil für christliche Gesittung zu gewinnen. Die Uns befreundete Regierung Englands und ihr Parlament haben vor hundert Jahren schon erkannt, daß die Erfüllung dieser Aufgabe mit der Bekämpfung des Negerhandels und der Sklavenjagden zu beginnen hat. Ich habe deshalb eine Verständigung zunächst mit England gesucht und gefunden." Ihr Inhalt und Zweck werde den Reichstagsabgeordneten mitgeteilt. An die Verständigung mit England würden weitere Verhandlungen mit anderen befreundeten und beteiligten Regierungen geknüpft. „Unsere Beziehungen zu allen fremden Regierungen sind friedlich, und Meine Bestrebungen unausgesetzt dahin gerichtet, diesen Frieden zu befestigen. Unser Bündnis mit Österreich und Italien hat keinen anderen Zweck."

Reden bei den Festmählern der Landtage der einzelnen Provinzen Preußens – 1889 Besuch bei deutschen Landesherren, in Straßburg, bei Königin Viktoria und in den preußischen Provinzen Westfalen und Hannover – Der russische Kaiser Alexander III. im Oktober 1889 in Berlin

Die Landtage der einzelnen Provinzen Preußens, die sogenannten Provinziallandtage, hatten aufgrund des Allgemeinen Landesverwaltungsgesetzes vom 30. August 1883 und des Zuständigkeitsgesetzes vom 1. September 1883 eine eigene Verfassung. Der Provinziallandtag bestand aus gewählten Vertretern der Land- und Stadtkreise, wurde vom König berufen und stellte den Provinzialhaushalt-Etat sowie die Grundsätze für die Provinzialverwaltung fest. Der Provinzialausschuß, zusammengesetzt aus dem Vorsitzenden, mehreren vom Provinziallandtag gewählten Mitgliedern und dem Landesdirektor verwaltete die Angelegenheiten des Provinzialverbandes, besonders das Vermögen und die Anstalten. Der Staat, also das Ministerium bzw. der König, bestellte den Oberpräsidenten mit einem Oberpräsidialrat und weiteren Beamten und den Provinzialrat, der aus dem Oberpräsidenten, einem ernannten Verwaltungsbeamten und fünf gewählten Ehrenbeamten zusammengesetzt war. Der sogenannte Landesdirektor und der Provinzialausschuß waren wie der Provinziallandtag Kommunalorgane.

Wilhelm II. machte auf den Festmählern der Provinziallandtage, etwa Brandenburgs, oft sehr lebhafte Äußerungen. Sie können nur richtig verstanden werden, wenn man sie im Zusammenhang liest. Noch als Prinz hatte Wilhelm am 8. Februar 1888 beim Essen des Brandenburgischen Provinziallandtags auf die blühenden Gefilde und die im vollen Betrieb befindlichen Gewerbe hingewiesen als den wahren Grund des Volkswohlstandes und der fruchtbaren Arbeit. „Ich weiß wohl, daß im großen Publikum und speciell im Ausland mir leichtsinnige, nach Ruhm lüsterne Kriegsgedanken imputiert werden: Gott bewahre mich vor solch verbrecherischem Leichtsinn! Ich weise solche Beschuldigungen mit Entrüstung zurück! Doch, Meine Herren, ich bin Soldat, und alle Brandenburger sind Soldaten, das weiß ich. Daher lassen Sie mich mit den Worten schließen, welche am 6. Februar unser großer Kanzler dem Reichstag zurief, der an jenem Tage das großartige Bild der geschlossen Hand in Hand mit der Regierung gehenden Volksvertretung uns zeigte, indem ich den Ausdruck auf die Mark Brandenburg specialisiere: Wir Brandenburger fürchten nur Gott und sonst nichts auf dieser Welt!

Am 14. April 1889 (R I, 46) besuchte der Kaiser den 1827 geborenen, seit 1853 regierenden Großherzog Peter II. von Oldenburg und seine Gemahlin Elisabeth, eine geborene Prinzessin von Sachsen-Altenburg, und am 15. April (R I, 47) das Marine-Casino in Wilhelmshaven, wo am 16. März durch einen furchtbaren Orkan drei Schiffe aufs Schwerste betroffen worden waren. Am 26. April (R I, 47) traf Wilhelm II. den 1818 geborenen, seit 1853 regierenden Großherzog Karl Alexander von Sachsen-Weimar-Eisenach und seine Gemahlin Sophie, die Tochter König Wilhelms II. der Niederlande, und freute sich (R I, 51), den noch lebenden Bruder seiner Großmutter und deren Heimat zu begrüßen, zugleich „die Heimstätte der großen Dichter der Nation". Bald folgten zwei weitere Besuche bei Bundesfürsten. Am 18. Juni (R I, 59f.) feierte der Kaiser in Dresden bei König Albert die Achthundertjahr-Feier des Fürstenhauses Wettin, am 25. Juni das fünfundzwanzigjährige Regierungsjubiläum König Karls von Württemberg (R I, 60) im „Landhause," d. h. in dem 1824 bis 1830 erbauten Lustschloß Rosenstein bei Bad Cannstatt zusammen mit anderen Fürsten.

Von besonderer politischer Bedeutung war, daß der Kaiser am 5. August 1889 in Osborne seine Großmutter Königin Viktoria aufsuchte und ihr bei dieser Gelegenheit die Stelle als Ehrenchef des königlich preußischen ersten Garde-Dragonerregiments übertrug. „Meine Armee ist stolz darauf, durch dieses Ereignis die Gebieterin der größten Seemacht der Welt auch zu den Ihrigen zählen zu dürfen." (R I, 61) Das Regiment erhielt nun den Namen „Königin von England". Diese aber ernannte nun ihrerseits Wilhelm II. zum Admiral der englischen Flotte.

Kaiser Franz Joseph machte am 13. August 1889 dem Kaiser Wilhelm einen Gegenbesuch, und dieser interpretierte (R I, 63) den Jubel der Berliner dahin, daß dadurch „warm und lebendig das Gefühl für die schon seit Hunderten von Jahren zwischen Unsern Völkern bestehende Freundschaft zum Ausdruck kommt". Franz Joseph, der Verlierer von 1866, freute sich wohl besonders darüber, daß Wilhelm versicherte, in seinem Volke wie in seinem Heere werde fest und treu an der „von Uns geschlossenen Bundesgenossenschaft festgehalten". Sein Heer werde zur Erhaltung des Friedens für „Unsere Länder" vereint mit „der tapferen österreichisch-ungarischen Armee", einstehen, und, wenn es der Wille der Vorsehung sein sollte, Schulter an Schulter fechten. Das wurde 1914 Wirklichkeit.

Auf der Fahrt in die Reichslande Elsaß-Lothringen suchte Wilhelm II. am 19. August 1889 den 1826 geborenen Großherzog Friedrich I. von Baden auf, der 1856 Luise, die Tochter des späteren Kaisers Wilhelm I. geheiratet hatte, und freute (R I, 64) sich „unendlich" im Schloß von Karlsruhe an den Erinnerungen aus seiner frühesten Kindheit und über die „angenehmsten" Stunden, die er hier, „beinahe als Sohn des Hauses aufgenommen", habe verbringen dürfen. Der Großherzog verkörpere den Gedanken der Reichseinheit. Niemand im ganzen

Reich, am wenigsten Wilhelm selbst werde vergessen, „daß Eure Königliche Hoheit der erste Deutsche gewesen, der das erste Hoch auf das neue Deutsche Reich ausgebracht hat". In Straßburg war Wilhelm II. am 21. August 1889 bereits zum dritten Mal. „Die Stadt heimelt Mich an", bekannte er. Er trank auf das Wohl der Reichslande, der Stadt Straßburg und des Statthalters Chlodwig Fürst von Hohenlohe-Schillingsfürst, der von 1897 bis 1900 Reichskanzler war. In Metz legte er den Grundstein für ein Kaiser-Wilhelm-Denkmal in Erinnerung an seinen Großvater, den „Begründer der deutschen Einheit". Auf der Rückreise machte er in Münster, der Hauptstadt Westfalens, Station. In seinen Worten (R I, 66f.) an den Vorsitzenden des Westfälischen Provinziallandtages, den Landrat von Oheimb, rühmte er seinen Erzieher, den Geheimrat Hinzpeter, als begeisterten Westfalen. „Die Treue zeichnet den Westfalen vor allem aus." Am 12. September besuchte er Minden, ehrte dort die alten Soldaten und versammelte die höheren Beamten Westfalens zu einem Essen. In Hannover ehrte er in dieser Weise die Spitzen der Zivilbehörden der nunmehrigen Provinz Hannover am 14. September, empfing am Tag darauf im Residenzschloß von Hannover eine Deputation der Georg-August-Universität Göttingen und betonte: „Ich glaube, daß gerade durch das Studium der Geschichte das Volk eingeführt werden kann in die Elemente, aus denen seine Entstehung und seine Kraft sich aufgebaut haben." Die Provinzialstände Hannovers ehrte er durch Teilnahme an dem Festdiner im Ständehaus. Im Hinblick auf den 1866 entthronten, 1878 in Paris verstorbenen König Georg V. von Hannover, dessen Privatvermögen Bismarck beschlagnahmt hatte, war es natürlich höchst problematisch, wenn Wilhelm II. dort von der „felsenfesten Königstreue" der Provinz Hannover gesprochen hatte, denn viele waren ihrem unglücklichen König treu geblieben. Wilhelm II. vermählte 1913 dessen Enkel Ernst August mit seiner Tochter Viktoria Luise und setzte ihn als Herzog von Braunschweig-Lüneburg ein, wo er ihn bereits seit 1906 als Regenten hatte wirken lassen.

Am 1. Oktober 1889 besuchten (R I, 74) der Kaiser und die Kaiserin den Großherzog Friedrich Franz III. von Mecklenburg-Schwerin, der seit 1883 regierte und mit Anastasia, einer Tochter des Großfürsten Michael von Rußland, vermählt war. Den russischen Kaiser Alexander III. ehrte Wilhelm II. bei dessen politisch bedeutungsvollem Besuch vom 11. bis 13. Oktober 1889 in Berlin durch Erinnerungen an die Taten der russischen und der preußischen Armee.

Wilhelm II. im Oktober 1889 bei der Vermählung seiner Schwester Sophie mit Kronprinz Konstantin in Athen – Mißbilligung ihres Religionsübertritts und Distanzierung von Griechenland bis 1905

Am 26. Oktober 1889 (R I, 76) landete Wilhelm auf dem englischen Admiralsschiff im Piräus vor Athen. Seit 1878 hoffte Griechenland auf deutsche Rücksicht auf seine Wünsche, Kreta und Nordgriechenland zu gewinnen. Später sprach der 1868 geborene griechische Thronfolger Konstantin noch bei Kaiser Wilhelm I. vor. Die griechische Regierung strebte nach einer engeren Verknüpfung mit dem deutschen Kaiserhaus, um Hilfe für jene Griechen zu erlangen, die damals noch auf einem zur Türkei gehörenden Gebiet lebten.

Im Juni 1889 stärkte Georg I. König der Hellenen die auch durch die orthodoxe Kirche begründete Verbindung mit Rußland, als er seine Tochter Alexandra mit Paul, dem Bruder Alexanders III., in St. Petersburg vermählte. So war es von politischer und auch konfessioneller Bedeutung, daß Wilhelm II. und seine Mutter, aber auch der Bruder des griechischen Königs Georg I., nämlich König Christian IX. von Dänemark, nach Athen reisten, wo Wilhelms Schwester Sophie am 27. Oktober 1889 dort mit Konstantin im Beisein vieler orthodoxer Bischöfe die Ehe einging. Nach der orthodoxen Trauung fand eine kurze protestantische Einsegnung der Ehe statt. Sehr viele Griechen erwarteten, daß Sophie als Gemahlin ihres künftigen Königs in die griechisch-orthodoxe Kirche eintreten würde. Denn schon der katholische Wittelsbacher König Otto[34] war seit dem 4. August 1833 Oberhaupt und Schutzherr der griechisch-orthodoxen-Kirche des Königreiches Hellas geworden, trat aber, erzogen von seinem Vater König Ludwig I. von Bayern, nicht in die griechisch-orthodoxe Kirche ein. Der infolge einer unglücklichen Schwangerschaft seiner Frau Amalie Prinzessin von Oldenburg kinderlos verheiratete König Otto war trotz seiner sehr guten Regierung vor allem aus diesem Religionsgrund seit 1858 immer mehr angefochten und 1862 gestürzt worden, zumal seine Brüder nicht zu einer orthodoxen Erziehung ihrer Kinder bereit waren. Konstantins Vater König Georg I., der dem evangelischen dänischen Königshaus entstammte, trat zwar auch nicht förmlich über, hatte aber aus seiner Ehe mit der russischen Großfürstin Olga[35] acht griechisch-orthodox getaufte Kinder. Kaiser Wilhelm II. erwartete im Oktober 1889 nicht einen Eintritt seiner Schwester in die griechisch-orthodoxe Kirche.

Er wurde auf dem Balkon des Schlosses in Athen zu seiner Freude von einer begeisterten Menge begrüßt und freute sich, im Lande der griechischen Antike zu sein, besuchte mehrmals die Akropolis und verschiedene Museen. Seine Mutter reiste befriedigt über Neapel zurück. Sophie aber erkannte die kirchenrechtliche Verpflichtung eines Königs von Griechenland und hatte deshalb vor, in die griechisch-orthodoxe Kirche einzutreten. Als sie mit Konstantin 1890 in Berlin ihren Bruder und ihre Familie besuchte, erklärte sie ihre Absicht. Als die junge, hochschwangere Kaiserin Auguste Viktoria von dieser Absicht erfuhr, sandte sie zu ihrer Schwägerin, sie solle kommen, und zwar allein, sie habe mit ihr zu sprechen. Der Kronprinzessin Sophie gefiel zwar der Ton dieser Aufforderung nicht, und sie erklärte: „Was bildet sich Dona (Auguste Viktoria) denn ein; ich lasse mir nicht so kommandieren." Sie begab sich dann doch zu ihrer Schwägerin. Diese empfing sie mit den Worten: „Ich höre, du denkst an Religionswechsel. Wir würden es niemals zugeben. Wenn Du selbst kein Gefühl dafür hast, wird es

Dir Wilhelm als Oberhaupt der Kirche und Deiner Familie gründlichst sagen. Du wirst noch in die Hölle kommen." Da geriet Sophie in rasenden Zorn, wie sie später ihrer Schwiegermutter, der als orthodoxer russischer Großfürstin getauften Königin Olga, erzählte und diese ihrer Jugendfreundin, der Prinzessin Therese von Bayern, der Tochter des Prinzregenten Luitpold berichtete. Sophie sagte zu Auguste Viktoria: „Das geht niemanden hier [etwas] an, und ich habe niemanden zu fragen. Wilhelm? Den kenne ich besser, der hat gar keine Religion. Wenn er sie hätte, würde er nie so gehandelt haben, wie er getan. Ob ich in die Hölle komme oder nicht, das ist meine Sache, um das kümmere Dich gefälligst nicht!" Die junge Kaiserin „wird nun ihrerseits kirschrot vor Zorn", wie Frau von Stockmair[36] dem Historiker Ludwig Bamberger erzählte, und regte sich so auf, daß noch in der Nacht die Ärzte gerufen werden mußten. Der Kaiser nahm völlig Partei für seine Frau, erschien am folgenden Tag in voller Uniform im Palais seiner Mutter und tobte: „Wenn je dergleichen geschieht, so werde ich meiner Schwester das Land verbieten. Ich habe das Recht und die Pflicht dazu."

Dann fügte er hinzu: „Kümmere Dich nicht um meine Frau, sie darf niemanden sehen und bemüht Euch nicht mit Erkundigungen."

Kurz darauf, am 17. Dezember 1890, kommt, allerdings drei Wochen zu früh, ein gesunder Knabe, der sechste Sohn zur Welt. Er wird auf den Namen Joachim getauft. Wilhelm handelte in dieser Sache als oberster Bischof – summus episcopus – der 1817 von Friedrich Wilhelm III. zusammengefaßten Evangelischen Kirche der altpreußischen Union. Die lutherischen und calvinistischen Landeskirchen der 1866 von Preußen annektierten Staaten wurden nicht in diese kirchliche Union einbezogen, da Bismarck auch Rechtsdiskussionen in diesem Kreise fürchtete, die zu einer Kritik an den von ihm veranlaßten Annexionen führen konnten. Wilhelm II. verstand wie einst König Ludwig I. von Bayern nicht, daß der griechische König aufgrund seiner kirchenrechtlichen Stellung der griechisch-orthodoxen Kirche in seinem Königreich Hellas angehören sollte und seine Frau als Mutter seines Nachfolgers in der Sicht der meisten Griechen dieser Konfession angehören mußte. Wie Ludwig I., dessen Konfessionspolitik die Wittelsbacher für den griechischen Thron unmöglich machte,[37] stellte sich Wilhelm II. gegen das Vorhaben seiner Schwester, so daß diese und Kronprinz Konstantin nach dieser Auseinandersetzung Berlin sofort verließen. Es war ein Eklat: Niemand von der Hohenzollern-Familie und vom Hof erschien beim Abschied. Wilhelms und Sophies Mutter wußte wohl vom überstürzten Abschied beider nichts.

Wilhelm II. telegraphierte am 17. Dezember an den König Georg I. der Hellenen: „Ich als Chef meiner Familie sowie als Bischof meiner Kirche versage ihr (Sophie) die Genehmigung dazu. Sollte sie trotzdem auf ihrer Absicht bestehen, so werde ich sie nicht mehr als Mitglied meiner Familie betrachten und nie wieder bei mir zuhause sehen. Ich bitte Dich, soweit es in Deinen Kräften steht, sie von ihrem Vorhaben abzubringen." König Georg antwortete am 18. Dezember 1890,[38] er halte sich nicht für berechtigt, seine Schwiegertochter zu beeinflussen.

Sophie trat zu Ostern 1891, am 29. März, in die griechisch-orthodoxe Kirche ein. Wilhelms Mutter klagte an diesem Tage der ihr vertrauten Frau von Stockmair: „Ob mein Sohn wieder irgendeine Wut- und Machtdemonstration machen wird, weiß ich nicht. Jedenfalls ist er so unberechenbar, daß man immer auf irgendeinen ganz unerwarteten Coup gefaßt sein muß! Vielleicht hat er aber eingesehen, wie verkehrt es war, seine arme Schwester so zu behandeln, und wie er dadurch gerade das erreicht hat, was er verhindern wollte."[39]

Königin Viktoria von England wollte vermitteln und schrieb deshalb an Königin Olga der Hellenen: „Wie gerne ich behilflich wäre, den Frieden in der Familie wieder herzustellen, brauche ich gar nicht zu erwähnen. Gleich nachdem ich von der Sache gehört, ließ ich Wilhelm sagen, ich könnte Sophie in nichts tadeln, da ich fände, in allen Fällen, in denen es sich um das Gewissen anderer handelt, müsse man nachsichtig sein und nicht verurteilen, da man nicht das Recht dazu hat."[40]

Kaiser Wilhelm II. wandte sich in dieser Sache auch an seine Großmutter in England und zwar am 13. Mai 1891 aus Potsdam: Seine Schwester habe der Kaiserin (seiner Frau) gegenüber, die (im Dezember 1890) in den letzten Wochen der Erwartung war, eine Szene gemacht und sich in „einer einfach unglaublichen Weise wie ein schlimmes Kind benommen, das bei einer bösen Handlung ertappt" worden sei. „Meine arme Frau wurde krank vor Entsetzen, gebar zu früh und schwebte zwei Tage lang zwischen Tod und Leben... Als Oberhaupt der Familie hatte ich am nächsten Tag ein Gespräch mit Sophie, dem ihr Mann und Mama beiwohnten. Dabei weigerte sie sich, mich als Haupt ihrer Familie oder Kirche anzuerkennen, und erklärte, daß sie nichts mehr mit den Hohenzollern oder unserem Lande zu tun haben wolle. Als ich sie fragte, ob sie ihre Religion wechseln wolle, erklärte sie, das gehe niemanden etwas an... Dann begann sie, in der zynischsten Weise alles anzugreifen, was uns heilig ist. Ich warnte sie daraufhin, ich würde sie, wenn sie doch darauf bestehe, für einige Zeit von hier verbannen." Es verdient beachtet zu werden, daß Wilhelm II. in seinem Brief an seine Großmutter die Einschränkung „für einige Zeit" machte. Er fuhr dann in dem Brief, der heute im Public Record Office in London liegt, nicht etwa im Familienarchiv in Schloß Windsor, fort: „Mama war während der ganzen Zeit bemüht, sie aufzuhetzen und gegen mich einzunehmen, und begann, mich in einer Weise zu behandeln, wie ich es in meinem ganzen Leben von niemandem anderen erlitten habe. Es war ein wahrhafter Sturm von Wut und Zorn, der da ausbrach, in dem Familienangelegenheiten auch mit politischen Dingen vermengt wurden, die mir sehr interessante Einblicke in die ‚rapports' gaben, die sie mit Mitgliedern der Opposition gegen meine Regierung unterhält. Das ganze endete in Verwünschungen gegen meine Frau und mein Haus... Wenn mein armes Baby stirbt, ist es nur Sophiens Schuld, und sie hat es ermordet."

Der am 17. Dezember 1890 geborene Prinz Joachim von Preußen war nach dem Zeugnis seiner Schwester Viktoria Luise[41] noch aus dem Jahr 1966 „ein sehr zartes Kind und daher immer ein Sorgenkind meiner Mutter". Seiner einzigen Schwester stand Joachim sehr nahe. Er hatte sich während des Krieges als Husarenrittmeister durch Tapferkeit ausgezeichnet und 1916 die damals siebzehnjährige Prinzessin Marie Auguste von Anhalt geheiratet. „Die Ehe war leider wenig glücklich. Als der Zusammenbruch kam, wurde mein Bruder, der außerordentlich sensibel war, besonders schwer in Mitleidenschaft gezogen, weil er bei sich zu Hause weder Ruhe noch Halt fand. Unser Bruder Oskar hat sich seiner in dieser Zeit oft angenommen und zu helfen versucht. Aber die Ehe brach auseinander, und Joachim verzweifelte. Er fuhr nach Doorn, in der Hoffnung, sich bei seiner Mutter, deren besondere Liebe ihm, dem jüngsten Sohn immer gegolten hatte, auszusprechen. Joachim brachte es dann aber nicht über sich, der kranken Mutter seine große Not zu offenbaren. Er kehrte alsbald nach Potsdam zurück, wo er in Bornstedt eine landwirtschaftliche Tätigkeit ausgeübt hatte und legte Hand an sich. Auch die zweite Ehe seiner geschiedenen Gemahlin wurde geschieden."

Königin Viktoria antwortete dem Enkel Wilhelm II. auf seinen Brief nicht, denn sie wäre, wie sie am 26. Mai 1891 an Malet schrieb, gezwungen gewesen, ihm mitzuteilen, wie schockiert und bekümmert sie sei.

Der Kaiser hielt sich auch in den nächsten Jahren von der griechischen Königsfamilie zurück. Als Konstantins Bruder, Prinz Georg, in dem Streit um die Zugehörigkeit Kretas zur Türkei von den Großmächten als Gouverneur der als selbständig erklärten Insel eingesetzt wurde, zog sich Wilhelm II. vor dem Beschluß darüber zurück. Seine Mutter empfand das bitter, da sie zu ihrer Tochter und zur griechischen Königsfamilie hielt. Königin Viktoria schrieb ihrer Tochter: „Ich kann Dir gar nicht sagen, wie mein Herz für unsere liebe Sophie und Dich blutet. Man denke nur, welch schandvolles Benehmen Wilhelm zeigt!... Die Leute in England und Frankreich sind sehr verärgert über ihn." Das schrieb die britische Königin schon am 24. April 1897 aus Cimiez (Schriftstück im Archiv Kronberg) ihrer Tochter, die ihr am 18. April auch unter politischem Gesichtspunkt geklagt hatte: „Oh, wenn Fritz [Kaiser Friedrich III.] uns erhalten geblieben wäre, all dies wäre nie geschehen. Deutschland hätte vermittelt und beruhigt und England hätte gemeinsam mit ihm marschieren können!"[42]

Wilhelms Verhalten in der Kretafrage hatte wie damals in Südafrika in seiner Sicht seinen Grund in dem Mangel deutscher maritimer Kapazitäten.[43] Der Reichstag bewilligte aus Sorge vor uferlosen Plänen nur einen beschränkten Teil der beantragten Mittel für den Bau von Kriegsschiffen. Selbst die Marine-Offiziere waren sich nicht einig, wo man bei dem schnellen technischen Fortschritt und den damit hohen Kosten die Schwerpunkte der Zwecke der Kriegsmarine setzen solle: beim Küstenschutz, bei den Schiffen für Übersee, bei den Linienschiffen für einen Flottenkampf?

Weitere Besuche bei deutschen Landesherren, in den Städten Worms
und Frankfurt und bei den Monarchen in Christiania (Norwegen),
St. Petersburg, Stockholm und Kopenhagen, 1893 wieder bei König
Umberto I. von Italien und Papst Leo XIII.

Am 4. Dezember 1889 suchte Wilhelm II. den seit 1871 regierenden Herzog
Friedrich I. von Anhalt in Dessau (R I, 77f.) auf, dessen Schwester Maria Anna
1854 den Prinzen Friedrich Karl von Preußen geheiratet hatte und noch lebte. Bei
dem Besuch des Großherzogs Ludwigs IV. von Hessen in Darmstadt, der mit
Alice, Tochter der Königin Viktoria von Großbritannien und Schwester von
Wilhelms Mutter, vermählt war, erinnerte Wilhelm II. am 6. Dezember (R I, 78f.)
an die vielen Besuche, die er als Student von Bonn aus in Darmstadt gemacht
hatte und die er zu den angenehmsten seiner Jugenderinnerungen zählte. Am
8. Dezember empfing er in Worms den Arbeiterausschuß der Stadt, am 9. Dezember besuchte er Frankfurt am Main und nannte den Aufschwung des Gemeinwesens dort ein Vorbild für manche andere deutsche Stadt (R I, 82).

Durch seine sozialpolitischen und außenpolitischen Entscheidungen seit 1890
und durch die Entlassung Bismarcks stand Wilhelm II. in einer bereits auch
durch ihn veränderten politischen Umwelt, als er am 4. Mai 1890 den seit 1853
regierenden Herzog Ernst von Sachsen-Altenburg (R I, 106) besuchte, dessen
Tochter Maria 1873 den Prinzen Albrecht von Preußen geheiratet hatte.

Von Bedeutung für die Beziehungen zu Europa war, daß Wilhelm II., der 1889
seine Großmutter, die Königin Viktoria von England, besucht hatte, sich 1890 in
die Hauptstadt des Königreichs Norwegen Christiania, dann nach St. Petersburg,
darauf nach Stockholm und nach Kopenhagen begab.

In Christiania, der Hauptstadt Norwegens, das damals noch mit Schweden
vereint war, empfing König Oskar II. den Kaiser, der am 1. Juli 1890 dort
landete, am nächsten Tag. Wilhelm II. erwiderte dessen Trinkspruch mit Ausführungen über seine Reisen (R I, 119f.). Es sei ihm in seiner Jugend nicht vergönnt
gewesen, größere Reisen zu machen, weil es der Wunsch seines Großvaters
gewesen sei, daß er stets in seiner Nähe weile. „Ich erachte es aber für einen
Regenten als notwendig, daß er sich über alles persönlich informiert und aus
direkter Quelle Anschauungen sammelt, seine Nachbarn kennenlernt, um mit
ihnen gute Beziehungen anzuknüpfen und zu unterhalten; diese Zwecke sind es,
die Ich bei Meinen Reisen im Ausland verfolge. Wenn Ich dieses Land aufgesucht
habe, so ist es nicht allein die Liebe und Freundschaft, welche Mich mit Eurer
Majestät verbinden, sondern auch zugleich die Hinneigung zu dem kernigen
Volke, welche Mich hierher geführt hat. Es zieht Mich mit magischen Fäden zu
diesem Volke. Es ist das Volk, welches sich in stetem Kampfe mit den Elementen
aus eigener Kraft durchgearbeitet hat, das Volk, welches in seinen Sagen und
seiner Götterlehre stets die schönsten Tugenden, die Mannentreue und Königstreue, zum Ausdruck gebracht hat." Wilhelm II. war überzeugt, daß die norwe-

gischen Krieger auch mit dem Schwert in der Faust treu für ihren König einstehen. Der Jubel des Volkes bei der Ankunft des Kaisers erschien diesem auch als ein Ausdruck der norwegischen Gesinnung gegen Deutschland „und gegen Eure Majestät, Meinen Gastgeber".

Vom 19. bis zum 24. Juli 1890 besuchte Wilhelm II. den russischen Kaiser Alexander III. und dessen Frau Maria (Dagmar, die wegen des Krieges von 1864 dem nunmehrigen Deutschen Reich abgeneigte Tochter des Königs Christian IX. von Dänemark). Über politische Gespräche der Monarchen ist nichts bekannt. Wilhelm II. reiste mit dem deutschen Geschwader von Kronstadt aus weiter nach Stockholm zu dem als Monarchen der Norweger bereits Anfang Juli aufgesuchten König Oskar II. von Schweden, der seit 1872 regierte, bis 1905 auch als König von Norwegen. Seine Frau war die Prinzessin Sophie von Nassau, deren Haus für Wilhelm II. von besonderem Interesse war. Der Kaiser erinnerte in Stockholm, wo er am 26. Juli eintraf, den König an die Traditionen, „welche das schwedische Volk mit dem deutschen und Mein Geschlecht mit dem schwedischen Königshause verbinden, besonders auch an die Tradition, welche Meinen Großvater und Meinen Vater mit Eurer Majestät verknüpfte".

Am 31. Juli besuchte Wilhelm II. den König Christian IX. von Dänemark, der seit 1869 mit Luise, der Tochter des Königs Karl XV. von Schweden verheiratet war. Der Kaiser hoffte, daß es ihm vergönnt sei, öfter den König zu sehen.

Am 17. April 1893 trat der Kaiser, begleitet von seiner Frau, wieder eine Reise nach Rom an, wo er am 20. April eintraf (R I, 227f.). Auf den Trinkspruch des Königs Umberto I. bei der Hoftafel im Quirinal am 22. April dankte Wilhelm zunächst für den herzlichen Empfang durch das Königspaar, die Einwohner Roms und ganz Italiens. Dann würdigte er, daß Umberto die persönliche Freundschaft mit Wilhelm I. und Friedrich III. auf ihn übertrug. Nicht ohne Bedeutung war, daß der Kaiser aus der Situation Viktor Emanuels II. heraus die – nicht föderalistische, sondern nationalistische – Einigung Italiens, durch die auch das große Königreich Beider Sizilien vernichtet wurde, „als ein Wahrzeichen der innigen Wechselbeziehungen zwischen dem Königshaus von Savoyen und dem italienischen Volk" ansprach. Er wünschte „des Himmels Schutz und Segen" dem Königspaar auch weiterhin und auch dem gesamten Königshaus „zum Heil Italiens und Europas".

Der Kaiser und die Kaiserin besuchten auch Papst Leo XIII., der als der „Gefangene des Vatikans" keine Beziehungen zu dem neuen Königreich unterhielt. Der Besuch dauerte eine volle Stunde. Das Kaiserpaar schenkte dem Papst eine mit Farben ausgemalte Photographie der gesamten kaiserlichen Familie, Leo XIII. sagte darauf, er werde das Bild neben der Photographie Wilhelms I. aufstellen, das ihm dessen Witwe geschenkt habe. Wahrscheinlich kam der Papst damals auch auf Wilhelms Sozialpolitik zu sprechen. Denn er hatte am 15. Mai 1891 das Rundschreiben Rerum Novarum ergehen lassen. Darin setzte er die Einzelpersönlichkeit und die Gemeinschaft, das Eigentum und die Arbeit, den Menschen und die Wirtschaft in eine grundsätzlich christliche Beziehung, lehnte den Liberalismus ab und verurteilte wie schon 1878 durch sein damaliges Rundschreiben Quod Apostolici den Sozialismus. Die Grundlinie des Kaisers und des Papstes in der Sozialpolitik stimmten überein.

1903 feierte Leo XIII. sein fünfundzwanzigjähriges Regierungsjubiläum. Er war nämlich am 20. Februar 1878 gewählt und am 3. März 1878 gekrönt worden. Zu den Jubiläumstagen ließ Wilhelm II. dem Papst durch seinen Generalfeldmarschall Walther von Loë, einen Katholiken, gratulieren. Für Wilhelm II. war von Interesse, daß der von ihm umworbene Kaiser Nikolaus II. 1895 die russische Vatikangesandtschaft wiedererrichtet hatte, die einst Kaiser Paul I. wegen seiner Verbindung mit dem Malteserorden organisiert hatte, die aber im Zusammenhang mit der Vernichtung des Kirchenstaates untergegangen war. Als Nikolaus II. 1898 das Schiedsgericht im Haag gegenüber den Staaten in Europa durchsetzte, unterstützte ihn bei seinem Vorhaben Papst Leo XIII. Als Wilhelm II. im Mai 1903 Leo XIII. zum dritten Mal besuchte, war das ein Jahr nach den Regelungen in den Reichslanden Elsaß-Lothringen, durch die der Kaiser der überwiegend katholischen Bevölkerung durch seine Entscheidung zugunsten des katholischen Professors Martin Spahn entgegengekommen war.[44] Der dreiundneunzigjährige Papst eilte damals dem Kaiser entgegen und streckte die Hände aus, um ihn zu begrüßen. Er sagte ihm, daß er die Grundsätze, nach denen er regiere, nur voll anerkennen und billigen könne.

Der Kaiser machte sich sofort Aufzeichnungen und schrieb darüber 1922 rückblickend, Leo XIII. habe damals zu ihm gesagt: Er habe meine Regierungsart mit Interesse verfolgt und mit Freude erkannt, daß ich meine Herrschaft auf der Grundlage des festen Christentums aufgebaut habe. Sie werde von so hohen religiösen Grundsätzen geleitet, daß er nicht anders könne, als den Segen des Himmels für mich, die Dynastie und das Deutsche Reich zu erflehen und seinen apostolischen Segen zu erteilen.

„Interessant war mir, daß der Papst mir bei dieser Gelegenheit sagte, Deutschland müsse das Schwert der katholischen Kirche werden. Ich wendete ein, daß das alte römische Reich deutscher Nation doch nicht mehr bestehe, daß die Voraussetzungen andere geworden wären. Aber er blieb dabei. Dann fuhr der Papst fort, er müsse mir wiederum warmen Dank dafür sagen, daß ich unablässig um das Wohl auch meiner katholischen Untertanen bemüht sei. Er habe das von so vielen Seiten gehört, daß er Wert darauf lege, mir persönlich zu sagen, wie dankbar sowohl er wie die deutschen Katholiken für diese Fürsorge seien. Er könne mir versichern, daß meine katholischen Untertanen in guten wie in bösen Tagen in absoluter Treue zu mir stehen würden. ‚Ils resteront absolument et infailliblement fidèles.‘ Ich habe mich dieser Anerkennung aus so hohem berufenen Munde herzlich gefreut und geantwortet, ich betrachte es als Pflicht eines christlichen Souveräns, ohne Unterschied der Konfession für seine Untertanen nach besten Kräften zu sorgen. Ich könne versichern, daß unter meiner Regierung jedermann ungehindert seine Religion ausüben und seinen Pflichten gegen sein kirchliches Oberhaupt obliegen könne. Das sei ein Lebensgrundsatz von mir, von dem ich nie abweichen werde."

Doch kehren wir von diesen Besuchen Wilhelms bei Leo XIII. 1893 und 1903 wieder zurück zum Jahr 1893.

Besuch in Luzern 1893 – Eröffnung des Reichstags – Ermahnung an die Kolonialschutztruppe – Kloster Maria Laach – Bischof Benzler von Metz – Besuch des Klosters Monte Cassino

Auf der Rückreise über den Sankt Gotthard-Paß traf das Kaiserpaar in Flüelen ein und fuhr über den Vierwaldstätter See nach Luzern. Hier begrüßte der Schweizer Bundespräsident Schenk den Kaiser und die Kaiserin. Bei dem anschließenden Essen dankte (R I, 293) der Kaiser am 2. Mai 1893 „zugleich im Namen des gesamten deutschen Volkes für die Einladung in die Schweiz, die liebenswürdige Begrüßung und den traulichen Empfang der Schweizer. Die herrliche Gegend, die Sie uns soeben gezeigt [haben], ist Mir nicht unbekannt, denn in jungen Jahren war es Mir vergönnt, schon einmal Mich am Anblick Ihrer Berge und Seen zu erfreuen, die jährlich Tausenden Meiner Landsleute Erfrischung und Kräftigung bei gastlicher Aufnahme gewähren." Wilhelm konstatierte, daß die von altersher bestehenden guten und freundnachbarlichen Beziehungen unverändert fortdauern, und hoffte, daß sich der vertragsmäßig gesicherte Verkehr zwischen der Schweiz und Deutschland weiterhin gedeihlich entwickele und dazu beitrage, die Freundschaft zwischen beiden Völkern zu erhalten und zu befestigen.

Im selben Jahr, am 16. November 1893, konnte Wilhelm II. bei der Thronrede zur Eröffnung des Reichstages sagen: (R I, 257) „Die beim Abschlusse der Handelsverträge des Reichs mit Österreich-Ungarn, Italien, Belgien und der Schweiz gehegte Erwartung, daß dieselben zugleich den Anknüpfungspunkt für die vertragsmäßige Regelung unserer Handelsbeziehungen zu anderen Staaten bilden würden, hat sich inzwischen insoweit erfüllt, als es gelungen ist, auf der durch jene Verträge geschaffenen Grundlage auch mit Spanien, Rumänien und Serbien neue Handelsverträge zu vereinbaren... Im Einverständnisse mit Meinen hohen Verbündeten habe ich Mich veranlaßt gesehen, Rußland gegenüber von der Befugnis einer außerordentlichen Erhöhung der Einfuhrzölle Gebrauch zu machen."

Wilhelm II. erstrebte in diesen Jahren einer neuen Entwicklung der größeren Staaten Europas auch außerhalb dieses Erdteils die Wahrung der Interessen des als geschlossene wirtschaftliche und politische Kraft wirkenden Deutschen Reiches, die diese größeren Staaten Europas als Konkurrenz empfanden. Er forderte aber auch gegenüber den eingeborenen Völkern etwa in Afrika Menschlichkeit.

Als zu Anfang des Jahres 1894 Ausschreitungen in dem 1893 zur französischen Kolonie Dahomey gewordenen Land des Königs Behanzin bekannt wurden, richtete der Kaiser am 15. Juni 1894 in Potsdam bei Besichtigung der für Südwest-Afrika bestimmten Schutztruppe die Worte (R I, 270): „Die Schutztruppe möge nicht vergessen, daß sie dem Deutschen Reiche angehört. Ich wünsche Ihnen Glück im fernen Lande, wo Sie den Deutschen Ehre machen sollen. Haben Sie stets vor Augen, daß die Leute, die Sie dort treffen, wenn sie auch eine andere Hautfarbe haben, gleichfalls ein Herz besitzen, das ebenfalls Ehrgefühl aufweist. Behandeln Sie diese Leute mit Milde!" Dieser Mahnung wurde 1904 beim Aufstand der Hereros nicht entsprochen.

Am 5. März 1895 ermahnte der Kaiser in Wilhelmshaven die neu vereidigten Rekruten der Marine: „Ihr habt den Eid als Christen geleistet, und christlich ist zu Euch durch die beiden Diener Gottes [den evangelischen und den katholischen Marinepfarrer] gesprochen worden. Ihr kommt jetzt in eine Zeit, wo im Ernst des Dienstes die Anforderungen, die an Euch gestellt werden, Euch schwerfallen, wo manche Stunde kommen wird, in der Ihr den Aufgaben nicht gewachsen zu sein glaubt. Dann denkt wieder daran, daß Ihr Christen seid. Denkt an Eure Eltern, als die Mutter Euch das Vaterunser gelehrt hat. Im Ausland seid Ihr berufen, das Vaterland zu vertreten durch Würdigkeit und gutes Betragen. Unsere Marine ist äußerlich zwar klein; aber was uns stärker macht als andere Marinen, das ist die Disziplin, der unbedingte Gehorsam gegen die Vorgesetzten!"

1892 wandte sich der Erzabt Placidus Wolter von Beuron an den Kaiser[45] und bat, daß seinem Benediktinerorden das dem preußischen Staat gehörende ehemalige Kloster Maria Laach eingeräumt werde. Wilhelm II. stellte sich zum Christentum auch in der katholischen Kirche so positiv ein, daß er dem Erzabt, den er seit längerem kannte und besonders schätzte, die Bitte gewährte; er verständigte ihn sogar telegraphisch von seiner Entscheidung. Der neue Abt von Maria Laach, P. Willibrord Benzler, reiste bereits im Frühjahr 1892 nach Berlin und Potsdam. In einer mehr als einstündigen Audienz im Neuen Palais besprach Wilhelm II. mit dem neuen Abt die innere Ausgestaltung der Kirche in Maria Laach anhand der vom Abt vorgelegten Entwürfe und wünschte, Maria Laach persönlich zu sehen. Als er mit der Kaiserin am 19. Juni 1897 dort eintraf und mehrere Stunden verweilte, erklärte er: „Der Hochaltar ist meine Sache. Den werde ich anfertigen lassen, und er soll schön werden, aus Marmor, Porphyr, vergoldetem Erz und Mosaik. Er wird das Andenken an meinen Besuch in Laach sein." Knapp zwei Jahre später wurde der Hochaltar dem Kloster übergeben. Der katholische Generalfeldmarschall von Loë bestätigte juristisch die Übergabe. Daß der Kaiser ihn zu diesem Rechtsakt aussah, war eine besondere Aufmerksamkeit. Wiederum zwei Jahre später besuchte der Kaiser in Begleitung des Kronprinzen das Kloster und bewies größte Herzlichkeit. Er erzählte selbst: „Oft habe ich Maria Laach besucht und mich an dem Fortschreiten der Ausgestaltung erfreut, wie auch an dem Verkehr mit den klugen Äbten und dem herzlich schlichten Empfang seitens der treuen Brüder."

Papst Leo XIII. ernannte 1901 Abt Willibrord Benzler zum Bischof von Metz (er wurde 1919 von der französischen Regierung abgelehnt). Der Kaiser stimmte diesem Vorschlag zu. Benzler legte vor dem Nuntius in München das Glaubensbekenntnis ab und leistete in Potsdam vor dem Kaiser den Eid. Dieser hatte ihn in einem königlichen Hofwagen ins Neue Palais in Potsdam holen lassen. Der Kaiser richtete nach der Eidesleistung eine Ansprache an ihn und lud ihn zu Tisch. Als in der Unterhaltung Benzler sagte, dem Bischof stehe nur eine moralische Macht zu, über Kanonen verfüge er nicht, erwiderte Wilhelm II: „Wie könnte ich meine Macht mit der Ihrigen vergleichen!" Im weiteren Gespräch meinte er, es stehe fest, daß unter allen Institutionen die am besten organisierten die katholische Kirche und die preußische Armee seien.

Nach dem damals geltenden katholischen Kirchenrecht konnte ein Protestant nicht auf einem kirchlich eingeweihten Friedhof bestattet werden. Bischof Benzler geriet deshalb mit dem Kaiser in eine starke Verstimmung; die Friedhofsfrage in Lothringen gab dazu Anlaß. Doch konnte schließlich festgestellt werden, daß auch nach den im Deutschen Reich angewandten kirchlichen Grundsätzen die Beerdigung eines Protestanten auf einem katholisch eingeweihten Friedhof nicht unbedingt den Vollzug von weiteren Begräbnissen von Katholiken dort kirchenrechtlich verhindere. Bischof Benzler von Metz hatte zwar die Beerdigung von Protestanten auf kirchlich eingeweihten Friedhöfen zunächst verboten, hob dieses Verbot jedoch wieder auf.[46]

1903 besuchte Wilhelm II. zusammen mit Viktor Emanuel III. auch Erzabt Bonifaz Maria Krug in Monte Cassino.[47] Der Erzabt erwähnte in seiner Ansprache an Viktor Emanuel und Wilhelm II., daß fast alle deutschen Kaiser und vor ihnen die Langobardenkönige Monte Cassino besucht haben. Er übergab dem Kaiser eine prächtige Sammlung von Kopien von Urkunden Kaiser Friedrichs II. aus der Bibliothek des Ordens. Wilhelm erwiderte das Geschenk mit den Werken Friedrich des Großen. Er sah sich damals aber sofort auch um in der Umgebung, erfuhr daß Laienbrüder dem dortigen Landvolk alle Neuerungen für den Feldbau beibrachten und freute sich darüber, daß in Land- und Stadtgemeinden Kirchengesang und Orgelspiel liebevoll gepflegt wurden, in denen die Ordensbrüder es „zu einer hohen Kunst gebracht haben". Er bemerkte auch, daß die Goldschmiedekunst im Orden floriere ebenso wie die Kunststickerei bei den Benediktinerinnen.

In seiner Begeisterung für die christliche Antike ließ er das Labarum (die Standarte) Kaiser Konstantins des Großen in natürlicher Größe als Nachbildungen anfertigen, das er durch den katholischen Archäologen Josef Wilbert in Rom kennengelernt hatte. Ein Exemplar der Nachbildung schenkte er dem Papst, ein anderes seiner Schloßkapelle in Berlin, wo es während der Revolution 1918 gestohlen wurde. Obwohl Viktor Emanuel III. im Weltkrieg auf die Seite der

Gegner des Reiches trat, liebte der Kaiser Italien und sprach noch im August 1938 zu dem Verfasser mit Stolz darüber, wie sehr sein Enkel Prinz Friedrich Italien erlebe und liebe.

Die Präsenzstärke des deutschen Heeres – Thronrede vor dem preußischen Landtag – Mit Kronprinz Viktor Emanuel von Italien 1893 im Rheinland – Großherzog Friedrich I. von Baden

Der aus der Schweiz heimgekehrte Kaiser stand im Mai 1893 vor der Tatsache, daß der Reichstag mit 210 gegen 162 Stimmen die von ihm am 22. November 1892 in der Thronrede zur Reichstagseröffnung und unter Berufung auf die verbündeten Regierungen vorgeschlagenen Ausgaben für die Friedenspräsenzstärke des Heeres am 6. Mai 1893 abgelehnt hatte. Der Kaiser fand sich damit nicht ab, und es erfolgte die sofortige Auflösung des Reichstags. Aus den Neuwahlen am 15. Juni 1893 ging ein Reichstag hervor, zu dem am 4. Juli 1893 der Kaiser in der Thronrede (R I, 231) zur Eröffnung einen neuen Gesetzentwurf über die Friedenspräsenzstärke des Heeres vorlegen ließ. „Darin sind die seit der Beratung des früheren Entwurfs lautgewordenen Wünsche, soweit dies angängig erschien, berücksichtigt und demgemäß die Anforderungen an die persönliche Leistungsfähigkeit und an die Steuerkraft des Volkes, soweit dies ohne Gefährdung des Zwecks geschehen konnte, herabgemindert. Das Interesse des Reiches erheischt es, zumal im Hinblick auf den im nächsten Frühjahr bevorstehenden Ablauf des Septennats, daß der Gesetzentwurf mit tunlichster Beschleunigung verabschiedet wird, damit die diesjährige Rekruteneinstellung schon auf der neuen Grundlage vorgenommen werden kann." Der Kaiser gab darauf seiner Befürchtung Ausdruck, daß ein Versäumnis des Termins sich auf mehr als zwei Jahrzehnte „zum Nachteil unserer Wehrkraft" fühlbar machen werde. „Um es Ihnen zu ermöglichen, Ihre Arbeitskraft ungeteilt der Beratung der Vorlage zuzuwenden, werden die verbündeten Regierungen davon absehen, die Session mit anderen umfassenden Vorlagen zu beschweren."

In der Thronrede (R I, 234ff.) zur Schließung des preußischen Landtags am 5. Juli 1893 hob Wilhelm II. die Vereinigung der wiedergewonnenen Insel Helgoland mit „der preußischen Monarchie" hervor und sprach die Einführung der Landgemeindeordnung für die sieben östlichen Provinzen und ihre Einführung in der Provinz Schleswig-Holstein und die Städteordnung für den Regierungsbezirk Wiesbaden als Grundlagen gedeihlicher Entwicklung des kommunalen Lebens an. „Die Gesetze über die Errichtung von Rentengütern haben, namentlich in den östlichen Provinzen, in erfreulichem Umfang auf die Seßhaftmachung der ländlichen Bevölkerung gewirkt. Ich begrüße es mit Befriedigung, daß Sie bereit gewesen sind, der Erleichterung der Volksschulklassen durch eine neue Beitragsleistung aus Staatsmitteln und der Verbesserung des Diensteinkommens der

Volksschullehrer durch Erhöhung der Alterszulagen zuzustimmen, auch die Elementarlehrer von den Beiträgen zur Versorgung ihrer Hinterbliebenen zu entlasten und ihren Waisen eine erhöhte staatliche Fürsorge angedeihen zu lassen".

Wilhelm II. begrüßte dann u. a. auch die Ausgestaltung des Staatseisenbahnwesens. „Durch das Gesetz über Kleinbahnen ist das Mittel gegeben, auch die bisher von Eisenbahnen noch nicht berührten Gegenden dem Verkehr zu erschließen und den Wettbewerb auf wirtschaftlichem Gebiete auf alle Teile des Landes auszudehnen." Besonders begrüßte er auch die Neuregelung der Einkommen- und Gewerbesteuer, da die nunmehr beschlossenen Steuerreformgesetze den Grund- und Gewerbebesitz von der bisherigen Doppelbesteuerung befreiten. „Der infolge der Steuerreform eintretenden Verschiebung in der Abstufung des Wahlrechts trägt das Gesetz über eine Abänderung des Wahlverfahrens[48] Rechnung." Wenn auch nicht bekannt ist, inwieweit solche Reden durch zuständige Stellen vorbereitet wurden, so sind sie doch stets mit der persönlichen Anteilnahme Wilhelms II. verbunden gewesen.

Die Provinzialstände der preußischen Rheinprovinz gaben am 1. September 1893 in Koblenz ein Essen, an dem der Kaiser und die Kaiserin teilnahmen. Im Trinkspruch beschwor Wilhelm II. das Andenken seiner Großmutter, der Kaiserin Augusta, die einst in Koblenz gewohnt hatte. Das segensreiche Wirken seiner Großeltern für die Rheinprovinz und deren Mitwirkung an den Entscheidungen der Zeit charakterisierte Wilhelm als das feste Zusammenhalten von Volk und Herrscher. Die Rheinprovinz habe das Ihrige getan, um seinem Großvater zur Seite zu stehen, „als er den Nibelungenhort der deutschen Einheit unserem Reiche wiedergewann".

Da Wilhelm II. damals auch an Manövern bei Koblenz teilgenommen hatte und dazu Kronprinz Viktor Emanuel von Italien, der spätere König Viktor Emanuel III. erschienen war, besuchte das Kaiserpaar mit diesem zusammen am 2. September das einst von den Römern gegründete Trier und hob bei dem späteren Essen in Koblenz die Waffenbrüderschaft mit König Umberto I. hervor, in der dieser seinen Kronprinzen „zu uns" gesandt habe. Am 3. September traf Wilhelm mit seinem italienischen Gast in Metz ein (R I, 242). In Erwiderung der Begrüßungsansprache des Bürgermeisters Halm nannte Wilhelm Metz und sein Armeecorps einen Eckpfeiler in der militärischen Macht Deutschlands, „dazu bestimmt, den Frieden Deutschlands, ja ganz Europas, dessen Erhaltung Mein fester Wille ist, zu schützen". Als Lothringischer Grundbesitzer in Urville freute er sich darüber, daß „Mich Meine Lothringer dort haben wollten". In seinem Trinkspruch in Metz sagte Wilhelm, er fühle sich unter seinen Nachbarn in Urville wohl, und versicherte, daß diese ungestört ihre Wege gehen und ihren Erwerbszweigen nachhängen können. „Das geeinte Deutsche Reich sichert Ihnen den Frieden, und deutsch sind Sie und werden Sie bleiben, dazu helfe uns Gott und unser deutsches Schwert."

Am 9. September 1893 traf der Kaiser mit dem Kronprinzen von Italien in

Straßburg ein. Nachdem er am Polygon die Parade des XV. Armeecorps abgenommen hatte, zog er in die Stadt ein und bekannte auf dem Broglieplatz in Erwiderung auf die Rede des Bürgermeisters Bock: „Ich habe als Junge schon wie jeder Deutsche oft das Lied ‚Oh Straßburg, oh Straßburg, du wunderschöne Stadt' gesungen und dabei zu Gott gebetet, daß Straßburg, für das Ich immer besondere Sympathie empfand, wieder deutsch werden möge."

Beim Paradefestmahl am 9. September 1893 (R I, 245) nachmittags für das XVI. Armeecorps in Metz nahm der Kaiser wieder mit seinen fürstlichen Gästen teil. An Großherzog Friedrich I. von Baden richtete er bei seinem Trinkspruch die Worte: „Mein verehrter Großherzog von Baden, der seiner Pflicht als Inspekteur mit aufopfernder Hingebung, mit unermüdlichem Fleiß und größtem Eifer obliegt, ist einer von den Fürsten, der die ganze große Zeit unter Meinem Großvater mit durchlebt hat, derjenige deutsche Fürst, der das erste Hoch auf den neuen deutschen Kaiser in Versailles ausbrachte, und derjenige deutsche Fürst, der stets am Platze ist, wenn es gilt, für das Deutsche Reich und das deutsche Vaterland einzutreten." Am 10. September kam der Kaiser, begleitet von Kronprinz Viktor Emanuel, von Italien nach Badens Hauptstadt Karlsruhe und dankte auf dem Marktplatz dem Oberbürgermeister Lauter für den feierlichen Empfang, erwähnte aber auch den nunmehr im Reichstag erreichten Erfolg für die Friedenspräsenzstärke des Heeres mittelbar, indem er in Bezug auf das Ergebnis der Reichstagswahlen sagte: „Gott sei Dank hat sich das deutsche Volk gefunden, hat fest zusammengestanden und getan, was eine Pflicht war."

Verbundenheit mit den alten und neuen Provinzen Preußens 1891 bis 1894

Beim Essen des Brandenburgischen Provinziallandtags am 24. Februar 1894 dankte der Kaiser dem Oberpräsidenten von Achenbach für dessen freundliche Worte im Namen der Provinz Brandenburg und kam dann auch auf den „größten Brandenburger", den großen Kurfürsten Friedrich Wilhelm zu sprechen. Daß er so Großes für das Vaterland geleistet habe, beruhe auf dem gegenseitigen Vertrauen von Fürst und Volk, es beruhe auf der Erkenntnis vor allem, daß das Hohenzollernsche Herrscherhaus mit einem Pflichtgefühl ausgerüstet ist, das es aus dem Bewußtsein schöpft, daß es von Gott an diese Stelle gesetzt ist und ihm allein und dem eigenen Gewissen Rechenschaft zu geben hat für das, was es tut zum Wohl des Landes.

Wilhelm II. sah es für eine seiner Aufgaben an, nicht nur ausländische Regierungen, die Bundesfürsten des Reiches oder die Reichslande Elsaß-Lothringen zu besuchen, sondern auch die Provinzen seines Heimatstaates, des Königreichs Preußen. So erschien er im Anschluß an seine Aufenthalte in Schleswig-Holstein auch am 11. September 1890, begleitet von der Kaiserin, in Breslau, deren

Wunsch es schon längst gewesen war, wieder nach Schlesien zu kommen. Im Provinzialständehaus hielt der Vorsitzende des Provinziallandtages, der Herzog von Ratibor, die Ansprache an das Kaiserpaar. Wilhelm II. unterstrich, daß die Reise nach Schlesien einen Herzenswunsch auch seiner Frau erfüllte. Diese hatte von 1869 bis zu ihrer Vermählung 1881 im Elternhause in Primkenau im Regierungsbezirk Liegnitz gelebt.

Wilhelm II. betonte in seiner Antwort im Provinzialständehaus: „Blicken wir in die Geschichte unseres Landes zurück, so gibt es wohl kaum eine Provinz, die so eng und fest mit Unserem Hause verbunden ist, wie gerade die hiesige. Wenn ich zurückdenke an den Weg von Tilsit und Memel bis Breslau, an die Zeit Meines Hochseligen Herrn Großvaters und Herrn Urgroßvaters, an jene Zeit der tiefsten Erniedrigung bis zu der Zeit der ersten Erhebung und von der Zeit der ersten Erhebung fort bis jetzt, so ist gerade die Provinz Schlesien ein leuchtendes Beispiel der Tugenden der Treue, der Hingebung, der Tapferkeit bis zum Tode."

Die preußische Rheinprovinz lag dem Kaiser aus vielen Gründen am Herzen. Hatten doch in Jülich und Berg lange Zeit Wittelsbacher in Konkurrenz zu den benachbarten Hohenzollern geherrscht. Der Fürst von Wied begrüßte den Kaiser am 4. Mai 1891 auf dem Rheinischen Provinziallandtag in Düsseldorf. Wilhelm antwortete: „Nicht als Fremder bin Ich hier unter Ihnen und nicht am fremden Ort. Diese Stadt und diese Räume sind mir wohlbekannt; Ich habe sie besucht, als Ich noch in Bonn studierte, und das letzte Mal konnte Ich die Huldigungen hier miterleben, die Sie Meinem dahingeschiedenen glorreichen Herrn Großvater bereiteten und die ein unauslöschliches Denkmal der Erinnerung in unser aller Herzen gelassen haben". Wilhelm betonte, daß er zum ersten Mal in seinem Leben in Düsseldorf öffentlich aufgetreten sei, indem er am 24. Juni 1879 in Vertretung seines Großvaters der Enthüllung des Denkmals für Peter von Cornelius beigewohnt habe, der 1783 in Düsseldorf geboren worden war. Der Enkel unterstrich natürlich das Interesse um die Fürsorge des Großvaters für manche Stadt und manche alte Kirche in der Rheinprovinz. Von den Problemen der eigenen Regierung deutete er an, wie sehr er wünsche, ungestört zu regieren. „Ich wollte nur, der europäische Friede läge allein in Meiner Hand, Ich würde jedenfalls dafür sorgen, daß er nicht gestört werde."

Am 5. Mai 1891 begrüßte in Köln Oberbürgermeister Becker den Kaiser im Gürzenich. Wilhelm II. dankte für die von Becker erwähnte alte traditionelle Anhänglichkeit, die auch seinem Großvater bewiesen worden sei. „Viele von Ihnen werden mit Mir noch der erhebenden Momente sich entsinnen, als an dieser Stelle mein hochseliger Vater begeisternde Worte an die Versammlung richtete. Dergleichen poetische Worte stehen Mir nicht so zur Verfügung wie Meinem Herrn Vater; aber Meinen innigen und herzlichen Dank kann Ich auch in dem schlichten deutschen Wort Ihnen ausdrücken." Eine der Überschriften der Pforten zur Begrüßung des Kaisers enthielt den Satz „Willkommen im alten Köln!" Wilhelm II. knüpfte daran an, sprach von der Verbundenheit Kölns mit verschiedenen Kaiserhäusern, „die dereinst über Germania regierten. Als gewaltige Handelsstadt hat sie es verstanden, im mächtigen Bunde mit der Hansa weit hinaus ihre Fühlhörner zu strecken und durch die großen Höfe, die sie in fremden Staaten gründete, dem deutschen industriellen Gebiete Absatz zu verschaffen und deutsches Handwerk und deutsches Erzeugnis im Ausland zu verbreiten." Noch 1938 fragte Wilhelm den Verfasser, ob er das (viele heimatlos gewordene Kunstschätze bergende) Wallraf-Richartz Museum in Köln besucht habe.

Mensuren aber keine Duelle – Kommunale Entwicklung – Friede unter den Konfessionen – Wilhelms Konfessionsstandpunkt – Das Zentrum unter Ernst Lieber

Am 7. Mai 1891 traf Wilhelm II. in Bonn ein, wohnte zusammen mit seinem Schwager Prinz Adolf von Schaumburg-Lippe dem zu Beginn des Sommersemesters stattfindenden Antrittskommers der Bonner Corps bei, und zwar an der Tafel des Corps Borussia, in dem er wie schon sein Vater Friedrich III. als Mitglied während seiner Studienzeit verkehrt hatte. Als ehemaliger Corpsstudent vor alten und jungen Corpsstudenten bekannte sich der Kaiser zur erzieherischen Bedeutsamkeit des Corpsstudententums. „Wer über die deutschen Corps spottet, der kennt ihre wahre Tendenz nicht... Unsre Mensuren werden im Publikum vielfach nicht verstanden. Das soll uns aber nicht irremachen. Wir, die wir Corpsstudenten gewesen sind wie Ich, wir wissen das besser. Wie im Mittelalter durch die Turniere der Mut und die Kraft des Mannes gestählt wurde, so wird auch durch den Geist und das Leben im Corps der Grad von Festigkeit erworben, der später im großen Leben nötig ist, und der bestehen wird, solange es deutsche Universitäten gibt."

Zum Schluß wandte sich Wilhelm II. vor allem an die jüngeren Corpsstudenten. „Ich hoffe, daß dereinst viele Beamte und Offiziere aus Ihrem Kreise hervorgehen. Wie viele bedeutende Herren haben wir hier unter uns sitzen: Gelehrte, Beamte, Offiziere und Kaufleute! Ich hoffe, daß der Geist der Einheit des Kösener SC (Seniorum Conventus) im Bonner SC weiterleben wird und daß dies auch an anderen Universitäten der Fall sein möge." Man darf bei den Ausführungen Wilhelms über das Corpsstudententum nicht vergessen, daß er stets das Duell ablehnte, so sehr er die Übung im Fechten und Mensuren bejahte.

In der Thronrede zum Schluß des preußischen Landtags am 20. Juni 1891 führte Wilhelm II. u. a. aus, daß es ihn und sein Volk mit gerechter Genugtuung erfülle, daß neben einer großen Zahl für die fortschreitende Entwicklung des Staatswesens wichtiger Vorlagen, insbesondere für die Verbesserung unseres Steuersystems[49] notwendige und wertvolle Grundlagen vereinbart und die Vorbedingungen für die Hebung des kommunalen Lebens in den ländlichen Gemeinden der östlichen Provinzen gesetzlich festgestellt worden sind. „Die rückhaltlose Zustimmung, welche die von Mir gebilligten Pläne Meiner Regierung für die Herbeiführung einer gerechten, der Leistungsfähigkeit entsprechenden Verteilung der öffentlichen Lasten bei Ihnen, geehrte Herren, gefunden haben, bestärkt Mich in dem festen Vertrauen, daß auch der noch rückständige Teil der auf diesem Gebiete zu lösenden Aufgaben einer gleich befriedigenden Erledigung zugeführt werden wird. Damit wird ein wesentlicher Schritt zur Befestigung der Finanzverwaltung des Staates und der Gemeindeverbände sowie zur Förderung der Zufriedenheit Meines Volkes getan sein. Die Durchführung der mit Ihnen vereinbarten Landgemeindeordnung wird, so hoffe Ich, unter Schonung der bewährten und den Bewohnern des platten Landes liebgewordenen Einrichtungen eine lebendige Entwicklung des kommunalen Lebens sichern... Mit Freude begrüße Ich, daß durch die Überweisung der einbehaltenen Leistungen an die katholische Kirche die Ausgleichung der Gegensätze auf kirchenpolitischem Gebiete wesentlich gefördert worden ist. Der für das Wohl Meines Volkes unerläßliche Frieden unter den Konfessionen wird umso sicherer erhalten bleiben, je mehr die Überzeugung durchdringt, daß die zu Gunsten der Kirchen erhobenen Ansprüche auf ein mit der Stellung und den Aufgaben des Staates verträgliches Maß beschränkt bleiben müssen."

Als der 1880 als Sohn des Prinzen Albrecht von Preußen geborene Prinz Friedrich Wilhelm den Kaiser um Erlaubnis bat, Paula Gräfin Lehndorff heiraten zu dürfen, genehmigte das Wilhelm II. mit einer peinlichen Auflage: „Er kann sie heiraten, aber da ich keine morganatischen Ehen dulde, muß er auf Titel und Besitz verzichten." Der Prinz gab darauf dieses Ehevorhaben auf und heiratete 1910 die 1888 geborene Prinzessin Agathe zu Hohenlohe-Waldenburg-Schillingsfürst, entschied sich also für eine ebenbürtige Partnerin. Doch war sie katholisch. Darum mußte der Vater der Prinzessin versprechen, daß die „Trauung ganz offiziell protestantisch erfolgt und die zu erwartende Nachkommenschaft protestantisch getauft und in Unserer Religion erzogen wird".[50] In der katholischen Kirche wurde damals ebenfalls die katholische Konfession der Kinder aus einer Mischehe gefordert, so daß hier auch Konflikte entstanden.

Wenn Wilhelm II. 1889, 1893 und 1903 Papst Leo XIII. besuchte und 1898 das Dormition in Jerusalem an den Deutschen katholischen Palästina-Verein schenkte, um die Katholiken im Deutschen Reich zu gewinnen, so unterschied er doch von ihnen das Zentrum, das als katholische Partei eine ihrer Macht bewußte Politik im Reichstag, im preußischen Landtag und auch in den Landtagen anderer Bundesstaaten wie Bayern trieb. Da nach der Hofrangordnung von 1878 alle Reichstagsabgeordneten hoffähig waren und zu Veranstaltungen, etwa einem Hofball, eingeladen werden konnten, empfahl sowohl der Staatssekretär des Auswärtigen Amtes Adolf Frhr. Marschall von Bieberstein wie auch der Hofmarschall Frhr. von Egloffstein, den seit 1893 als Führer des Zentrums tätigen Ernst Lieber[51] einzuladen, der 1838 in dem von Preußen annektierten Herzogtum Nassau geboren und in Würzburg, München, Bonn und Heidelberg studiert hatte. Er söhnte sich nach 1866 mit Preußen aus, gehörte seit 1870 dem preußischen Abgeordnetenhaus, seit 1871 dem Reichstag an und begründete die Zentrumsfraktion mit, wurde Nachfolger Windthorsts, verhinderte aber, bewußt national eingestellt, daß das Zentrum eine nur katholische Partei wurde. Am 1. Dezember 1893 deutete er in einer Rede im Reichstag an, daß die deutschen Katholiken den Papst desavouieren könnten, falls die Kurie eine franko-russische Politik verfolgen sollte.[52] Doch war er infolge eines Magenleidens erregbar und sprunghaft.

Der Kaiser fand sein Verhalten gegenüber Eulenburg am 8. März 1894 „geradezu musterhaft".[53] In der Militärfrage hatte er 1893, unterstützt von etwa einem Dutzend Zentrumsabgeordneten, einen dem Kanzler Caprivi als Verständigung erscheinenden Antrag entworfen.[54] Doch sprach Wilhelm II. auf dem Hofball am 6. Februar 1895 mit dem zum Protestantismus übertretenden vormaligen Jesuiten Paul Graf Hoensbroech und gewann von dem gegen den Ultramontanismus kämpfenden Grafen, der 1886 Priester geworden, 1888 Harnack und Treitschke in Berlin gehört hatte, den Eindruck, er habe seine Religion aufgegeben, um seinem König treu bleiben zu können.[55] Obwohl Wilhelm noch 1894 Lieber sehen wollte,[56] schrieb er am 12. Februar 1895, unter dem Eindruck von Hoensbroech[57] an Philipp Eulenburg, der Staatssekretär des Auswärtigen Frhr. Marschall von Bieberstein habe ihm vorgeschlagen, auf dem Hofball mit Lieber zu sprechen, der der Marine sehr gewogen und geeignet sei, der Vorlage zum Gelingen zu verhelfen; Lieber sei (aber) ein ausgemachter Halunke. Er habe im Vorjahr bei seinem Sturm gegen die Militärvorlage (nicht Marinevorlage!) die Hohenzollern und Protestanten eine Bande von Mordbrennern und die Deutschen im Süden „Mußpreußen" genannt, woher (weshalb) er in ganz Bayern den Beinamen der Mußpreuße erhalten habe. Wenn er die Schiffe bewilligen wolle, solle er es aus Überzeugung tun fürs Vaterland aber nicht als Geschenk „an mich und für meine Ansprache".[58] Wilhelm wußte von dem noch 1893 als Gesandten in Bayern tätigen Freund, daß dieser es gegenüber dem bayerischen Finanzminister Riedel für unmöglich bezeichnet hatte, daß „Ihr Ministerium sich mit einem Zentrum von der Färbung Daller und Lieber freundschaftlich einläßt".[59]

Wilhelm wendete das Blatt gegenüber Lieber aber anders als seine Worte an Eulenburg vermuten lassen. Er ließ Lieber durch Admiral Friedrich von Hollmann, der seit 1890 als Staatssekretär des Reichsmarineamtes[60] tätig war, sagen, er habe bisher sorgfältig vermieden, Lieber irgend welche Aufmerksamkeit zu erweisen, um die Stellung des Zentrumsführers während der jetzt schwebenden Umsturz- und Flottenverhandlungen nicht zu erschweren. Marschall schrieb am 25. Februar 1895 dazu an Eulenburg:[61] Lieber sei über die „Bestellung sehr erfreut". Marschall vermerkt dazu am 24. Februar 1895: „Es ist klassisch." Lieber machte die Zentrumsfraktion zum Träger der Reichspolitik, beteiligte sich 1896 an der entscheidenden Stufe des Zustandekommens des BGB und 1898 am Zustandekommen der Militärstrafgerichtsordnung und an der Flottenpolitik des

Kaisers. Er stimmte auch dem Erwerb und Ausbau der Kolonien zu, weshalb ihn Parteifreunde angriffen. Wilhelm pflegte nach seinem eigenen Zeugnis mit vielen bedeutenden Männern des Zentrums Kontakte. Er hielt jedoch an seinem religiös konfessionellen Grundsatz-Denken bis ins hohe Alter fest.

Trotz seines Verständnisses für die Katholiken und seiner Gespräche mit Papst Leo XIII. verurteilte Wilhelm sehr, daß 1901 die 1853 dem Landgrafen Friedrich Wilhelm von Hessen-Kassel, einem Vetter des dort regierenden Kurfürsten Friedrich Wilhelm, vermählte Prinzessin Anna von Preußen katholisch wurde. Sie war bereits seit 1884 verwitwet. Doch Wilhelm sah in ihr die Tochter des Prinzen Friedrich Karl von Preußen,[62] eine Enkelin Friedrich Wilhelms III., vor allem aber die frühere protestantische Glaubensgenossin. Er blieb aber auch künftig dabei, Ehen von Protestanten mit Andersgläubigen, auch mit Katholiken abzulehnen. Die Kaiserin tat dasselbe. Als seine Tante Anna[63] zum katholischen Glauben übertrat, bestimmte er 1902, daß „von meinem Hause niemand mehr Verkehr haben soll mit der Renegatin". Die russisch-orthodoxe Herrscherfamilie in Rußland, in der Ehen mit den Dynastien in Dänemark, in Hessen u. s. w. zustande kamen, und die in Sachsen-Coburg und Gotha und in England regierenden Herrscherhäuser distanzierten sich von Wilhelms Standpunkt bezüglich der ausschließlichen Richtigkeit der evangelischen Konfession, soweit sie Wilhelms Äußerungen darüber erfuhren. Wie bereits erwähnt bereitete dem Kaiser seine Glaubenshaltung auch Probleme, als seine eigene Schwester Sophie bald nach ihrer Vermählung in die griechisch-orthodoxe Kirche eintrat. Die von ihm für richtig gehaltene Auffassung des Christentums stand für Wilhelm über seiner Liebe zur griechischen und italienischen Welt.

Wilhelm auf Korfu und das Schloß der Kaiserin Elisabeth – Das Rußland-Frankreich-Problem – Wilhelm und Griechenland

Wilhelm änderte gegenüber der griechischen Königsfamilie einige Jahre später seine Haltung und traf sich 1905 mit König Georg I. der Hellenen auf der Insel Korfu; seine von ihm wegen ihres Übertritts in die griechisch-orthodoxe Kirche so sehr verurteilte Schwester Sophie stellte das in Rechnung und besuchte, Witwe des Königs Konstantin I. geworden, ihren verbannten Bruder später in Doorn.

Mit der griechischen Welt der Antike und der Gegenwart verband sich Wilhelm II., als er 1907 das von Kaiserin Elisabeth von Österreich erbaute Achilleion auf der Insel Korfu[64] kaufte. Das war in der Zeit, da das mit Griechenland auch dynastisch verknüpfte Rußland Wilhelm immer mehr vor politische Existenzfragen stellte. Kaiser Alexander III. hatte zwar 1887 in den Rückversicherungsvertrag eingewilligt, war aber trotz seines Besuches 1889 in Berlin ein Gegner des Deutschen Reiches, was mit der Politik Bismarcks gegen seinen Vorgänger Alexander II. zusammenhing. Alexander III. soll 1892 zu einem Mitarbeiter gesagt haben: „Wir müssen uns mit den Franzosen einigen und bei einem Kriege zwischen Frankreich und Deutschland sofort über die Deutschen herfallen, um ihnen keine Zeit zu lassen, zuerst Frankreich zu schlagen und dann gegen uns vorzugehen. Man muß die Fehler der Vergangenheit berichtigen und Deutschland bei der ersten Gelegenheit zu Boden schlagen."[65] Schon Ende 1893 schloß Rußland unter Alexander III. eine Militärkonvention mit Frankreich, die bald in ein förmliches Defensivbündnis umgewandelt werden sollte.

1894 übernahm der junge, mit Wilhelm II. bekannte russische Kaiser Nikolaus II. ein schweres Erbe. Das brachte Wilhelm II. schon am 1. November 1894 zum Ausdruck, als er während der Abendtafel in Stettin die Nachricht vom Tode des russischen Kaisers Alexander III. erhielt: „Nikolaus II. hat den Thron seiner Väter bestiegen, wohl eine der schwersten Erbschaften, die ein Fürst antreten kann." (R I, 284) Nach einem Hinweis auf die Waffenbrüderschaft zwischen Preußen und Rußland in der Zeit der Kriege gegen Napoleon schloß er: „Wir vereinigen unsere Gefühle für den neuen zum Thron gekommenen Kaiser mit dem Wunsch, daß ihm der Himmel Kraft verleihe zu dem schweren Amt, das er soeben übernommen hat." Er begann mit ihm eine rege Korrespondenz, in der er ihn zu bewegen suchte, die von seinem Vater übernommenen Bindungen an Frankreich aufzugeben. Beide Herrscher waren sich einig über die sehr verschiedenen Auswirkungen der Presse. Wilhelm schrieb Nikolaus am 25. Oktober 1895 aus Potsdam: „Wir müssen sehr viel Tücke, Lüge und Unsinn ertragen, doch der Einfluß [der Presse] muß nach dem Volksgeist der verschiedenen Rassen beurteilt werden. Deine und meine Untertanen sind langsamer im Denken, nüchterner und ruhiger in ihren Urteilen als z. B. die südlichen Völker oder die Franzosen."[66] Doch bereits im August 1897 stand Nikolaus II. so sehr im Banne der Abmachungen seines Vaters, daß er von Frankreich als Alliiertem sprach, als ihm der französische Präsident Fauré besuchte. Im September erschien Nikolaus bei den französischen Manövern in Compiègne.

Kaiser Franz Joseph hatte am Achilleion das Besitzrecht, seine Tochter Gisela, die 1873 den Prinzen Leopold von Bayern heiratete, den Nießbrauch. Durch diesen Rechtsumstand war Wilhelm veranlaßt zu verhandeln, als er 1905 den König Georg der Hellenen auf der Insel Korfu besuchte und dieser ihm das durch die Ermordung der Kaiserin Elisabeth 1898 verwaiste Achilleion zeigte. Er schlug dem davon begeisterten Kaiser auf der Rückfahrt nach der Stadt Korfu vor, das Achilleion zu kaufen, um sich und der Kaiserin Auguste Viktoria „einen Ruheplatz für das Frühjahr" zu schaffen. Wilhelm hatte, als ihm die Eltern als Belohnung für das gut bestandene Abiturientenexamen im April 1873 nach Wien und Prag mitnahmen, in der Kaiserstadt an der Donau auch Kaiserin Elisabeth und ihren damals fünfzehnjährigen Sohn, den Kronprinzen Rudolf kennengelernt[67] und Elisabeth schwärmerisch bewundert. Wenn ihn auch später die Gespräche mit Rudolf über Kirche und Religion enttäuschten, so blieb die Erinnerung an Kaiserin Elisabeth und verlor nichts von ihrem Glanz.

Kaiser Franz Joseph befestigte mit dem Verkauf des Achilleions seine freundschaftliche Verbundenheit mit Wilhelm II. Dieser aber entdeckte 1911 in der Osterzeit auf Korfu die Reste eines alten dorischen Steintempels,[68] der wohl in der zweiten Hälfte des 8. Jahrhunderts vor Christus an der Stelle eines älteren Holztempels errichtet worden war. Er zog dazu Professor Wilhelm Dörpfeld[69] heran, der 1877 bis 1881 die Ausgrabungen in Olympia geleitet hatte und 1882 das homerische Troja als Nachfolger Heinrich Schliemanns ausgrub. Er vermutete auf Leukas das homerische Ithaka. Dem Kaiser wurde er zu einem treuen Freund und Berater in Fragen über die Baukunst der alten Griechen und Achäer. Es war Wilhelm ein Genuß, wenn ihm Dörpfeld die alten homerischen Lieder vortrug und auslegte und mit ihm nach Leukas fuhr. Dabei las ihm Dörpfeld die einschlägigen Texte aus Homer vor.

Wilhelm besuchte mit Dörpfeld auch andere Ausgrabungsstätten in Griechenland, widmete sich aber besonders dem Tempel der Gorgo auf Korfu. Er empfing dort mit Freude englische und amerikanische Archäologen, die frühere Schüler Dörpfelds waren und sich an der Lösung der oft auftauchenden schwierigen Probleme beteiligten. Da sie in Kleinasien beschäftigt waren, erfuhr er durch sie viel über den asiatischen Einfluß auf die frühe hellenische Kunst. Professor Friedrich Karl von Duhn, der an der Universität Heidelberg die klassische Archäologie vertrat, besuchte 1914 die Ausgrabungen in Korfu. Wie Wilhelm[70] 1922 schrieb, pflichtete Duhn „nach eingehendem Studium Dörpfelds und meiner Auffassung bei, derweilen ich in Korfu über Gorgonen, dorische Säulen und Homer forschte und diskutierte, wurde im Kaukasus und in Rußland schon gegen uns mobil gemacht!" 1924 veröffentlichte Wilhelm seine „Erinnerungen an Korfu", 1936 seine „Studien zur Gorgo". In seinem Exil in Doorn versammelte er regelmäßig die „Doorner Arbeitsgemeinschaft" um sich, zu der er Professoren wie den Ethnologen Leo Frobenius einlud. In dem Forschungsinstitut für Kulturmorphologie in Frankfurt legte dieser ein besonderes Gorgo-Archiv an. Wilhelm hielt 1934 und 1935 selbst zwei Vorträge in dieser Arbeitsgemeinschaft über Gorgo, aus denen sein Buch erwuchs.

Selbstverständlich unterstützte der Kaiser König Georg I. bei seinem Kampf um Nordgriechenland. Als dieser 1913 ermordet wurde, tat der nunmehrige König Konstantin I. 1914 bis 1917 alles, um das Deutsche Reich und Österreich-Ungarn im Krieg vor der gegen die Mittelmächte feindlichen Haltung seines Ministers Eleutherios Venizelos zu schützen, der von einem Sieg der Gegner der Mittelmächte auf Gewinn für Griechenland rechnete. Als der griechische König Konstantin I. 1917 bzw. 1922 dem Diktator Venizelos Platz machen mußte, verfolgte Wilhelm das Schicksal des neuen Griechenland auch weiter. Konstantins Sohn Georg II. wurde 1924 durch Venizelos vertrieben, verzichtete aber nicht auf den Thron. Die von Venizelos proklamierte Republik war so sehr zur Diktatur geworden, daß der an der Revolution gegen den König mitschuldig gewordene Admiral Kondylis schließlich in kluger und wohl seinen Vorteil nicht übersehender Berechnung zur Wiederherstellung der geordneten Verhältnisse dem Wunsch der Bevölkerung entgegenkam. Georg II. wurde durch eine Abstimmung mit 97,5 Prozent Mehrheit zurückberufen. Im Spätherbst 1935 ergriff er unter dem Jubel der Hellenen die Regierung. Als 1936 kommunistische Kreise einen Umsturz versuchten, stellte Georg II. Ioannis Metaxas an die Spitze seines Ministeriums.

Wilhelm II. und die Freimaurer – Rede über Elsaß-Lothringen

In einem Gespräch Wilhelms II. mit dem Verfasser 1938 in Doorn über die Einsetzung seines Neffen in Athen gab er zu bedenken: „Aber Georg ist Freimaurer!" Wilhelm II. hatte es im Unterschied zu seinem Vater und seinem Großvater abgelehnt, Ehrenprotektor der drei altpreußischen Logen zu werden, aber den Prinzen Friedrich Leopold von Preußen zu deren Schutzherrn bestellt. Wahrscheinlich hatte ihm sein Großvater einmal mitgeteilt, daß er wegen schlechter Erfüllung seiner Maurerpflichten vor das Gericht der Freimaurer geladen und später von den französischen Freimaurern ein Preis von einer Million Francs auf seinen Kopf und den seines Sohnes Friedrich ausgesetzt worden war. Die Weigerung, das Ehrenprotektorat über die drei altpreußischen Logen zu übernehmen, wurde dem Kaiser von den Freimaurern schon um 1900 in Frankreich so übelgenommen, daß die führenden französischen Freimaurer, natürlich auch in Zusammenhang mit der französischen Forderung einer Rückgabe Elsaß-Lothringens, seine Absetzung forderten. Die Freimaurer in England und Italien erwiesen sich damals und sehr folgenreich im Weltkrieg als Gegner, ja Feinde des Kaisers. Wilhelm hatte sich zwar durch den älteren Rathenau bewegen lassen, das Berliner Haus des unabhängigen Ordens B'nai Brith einzuweihen, in dem gegen ein Dutzend rein jüdischer Logen vereinigt waren.[71] Wilhelm II. hatte ja prinzipiell keinerlei Vorurteil gegen die Juden, Bedenken gegen den Freimaurerorden erfüllten ihn aber noch im Alter.

Die Beziehung der preußischen Könige zu den Freimaurern war dadurch entstanden, daß Friedrich Wilhelm III. 1814 das „Licht" erhalten hatte und später Schutzherr der „Großen Landesloge Preußen" geworden war. Seine Nachfolger, noch Wilhelm I., hatten diese Rechtsstellung als Schutzherr fortgesetzt.[72]

Das französische Freimaurerblatt *Bulletin Maçonnique de la Grande Loge Symbolique Eccossaise* schrieb zum Regierungsantritt Wilhelms II. 1889:[73] „Wenn der Kaiser nicht Freimaurer werden will, so werden wir, die Freimaurer, das deutsche Volk einweihen, und wenn die kaiserliche Regierung die Freimaurerlogen verfolgt, werden diese in Deutschland eine Republik aufrichten." War der amerikanische Präsident Woodrow Wilson, der am 8. Januar 1918 seine 14 Punkte verkündete und vor allem den Kaiser gestürzt haben wollte, wie viele andere amerikanische Präsidenten Freimaurer?

Oberstleutnant Friedrich Mewes, der 1915 bis 1917 Hauptmann im Großen Generalstab und Flügeladjutant des Kaisers im Großen Hauptquartier gewesen war und Wilhelm sicher seit 1924 öfters in Doorn für einige Tage aufsuchte, arbeitete seit 1927 daran, ihn davon zu überzeugen, daß ein großer Teil der Mitglieder der deutschen Freimaurerlogen keine Verräter seien und nicht gegen die Monarchie arbeitete. Als Mewes das zeitweise geglückt war, trug Admiral Friedrich Eschenburg dem Kaiser am 15. Februar 1928 anhand eines Berichtes das Gegenteil vor und sofort stimmte der Kaiser zu: Die deutschen Freimaurer hätten den Sturz der Monarchie vorbereitet und steckten mit der Entente-Loge noch heute unter einer Decke.

Wilhelm II. änderte gelegentlich bedenklich schnell Erkenntnis und Urteil oder begann unüberlegt und im Affekt noch nach Wochen über eine ihm erzählte Sache zu reden. So hatte ihm Prinz Eduard von Wales bei der Beisetzung seines Vaters, des Kaisers Friedrich III. von dessen ihm bekanntgewordener Absicht erzählt, Elsaß-Lothringen an Frankreich zurückzugeben. Als der Kaiser am 16. August 1888 in Frankfurt an der Oder an der Enthüllung des Denkmals für Prinz Friedrich Karl von Preußen teilnahm, der an diesem Tage vor 18 Jahren in der Schlacht bei Vionville und Mars-la-Tour die Franzosen besiegt hatte, dankte (R I, 19) bei dem darauf stattfindenden Essen der Kaiser dem Oberbürgermeister für dessen Huldigung. Darauf würdigte er das „strategische Genie" des 1883 verstorbenen Prinzen. Mit pathetischer Übertreibung sagte er dann: „Solange die Geschichte bestehen wird, solange werden Mein Vater als der deutsche Kronprinz und Mein Oheim als der deutsche Feldmarschall par excellence als die Hauptvorkämpfer und Stifter des Reiches gefeiert werden." Nachdem Wilhelm II. auf das Wohl der Stadt Frankfurt an der Oder und das III. Armeecorps getrunken hatte, fügte er im Hinblick auf „den großen Tag, den wir feiern" hinzu: „Es gibt Leute, die sich nicht entblöden zu behaupten, daß Mein Vater das, was er mit dem seligen Prinzen gemeinsam mit dem Schwert erkämpfte, wieder herausgeben wollte. Wir haben ihn zu gut gekannt, als daß wir einer solchen Beschimpfung seines Andenkens nur einen Augenblick ruhig zusehen könnten. Er hatte denselben Gedanken als wir, daß nichts von den Errungenschaften der großen Zeit aufgegeben werden kann.

Im Zusammenhang mit dem Sinn der Rede wird klar, warum Wilhelm II. zu diesen Worten kam. Sie waren aber in Bezug auf das Verhältnis von Frankreich und England zueinander für Wilhelms Politik nachteilig, und das hatte Folgen. Frankreich, für das die Gewinnung Elsaß-Lothringens zum Ziel geradezu eines Krieges wurde, und England, das am 8. Februar 1888 mit Frankreich durch Vertrag vereinbart hatte, daß Djibouti am Roten Meer zu der französischen Kolonie Obok kommen sollte, waren noch während der letzten Wochen der Regierung des Kaisers Wilhelm I. in ein so nahes Verhältnis gekommen, daß der Prinz von Wales aus dieser Tatsache heraus seine Äußerung zu Wilhelm gemacht haben dürfte. Wilhelms Worte in Frankfurt an der Oder mußten Eduard, dem

Onkel Wilhelms, unerwünscht sein. Die Annäherung zwischen England und Frankreich hatte umso mehr Gewicht, als Eduard, der kommende König, seit Jahren dem Freimaurerorden angehörte, Wilhelm II. aber, wie erwähnt, es abgelehnt hatte, Ehrenprotektor der drei altpreußischen Logen des Freimaurerordens zu werden, und diese folgenschwere Entscheidung niemals revidierte.

Als Wilhelm II. am 4. Oktober 1888 Kaiser Franz Joseph seinen Antrittsbesuch machte, wurde das Auswärtige Amt in Wien vorstellig und suchte zu erwirken, daß der noch in Wien weilende Prinz von Wales dort noch vor Wilhelms Eintreffen seinen Besuch beende. Wilhelm wurde von seiner Mutter, also „von seiner Familie" aufgefordert, sich wegen seiner Worte in Frankfurt an der Oder bei Eduard zu entschuldigen. Dazu kam es nicht; er erklärte nun seinerseits ausdrücklich, er habe sich nicht geweigert, dem Onkel Eduard in Wien zu begegnen; das Auswärtige Amt scheint aber von einem Gespräch Wilhelms mit Eduard in Wien eine Auseinandersetzung befürchtet zu haben, deren Ergebnis nicht zu einem Ausgleich zwischen Deutschland, England und Frankreich führen würde.

Wilhelm und die soziale Frage

Das große Anliegen Wilhelms war die soziale Frage[74] im Reich wie unmittelbar in Preußen. Da der Reichskanzler zugleich preußischer Ministerpräsident war, hatten Wilhelm II. und Bismarck hier auf zwei Ebenen zu handeln. Im Frühjahr 1889 brach in der 1815 gebildeten preußischen Provinz Westfalen ein großer Bergarbeiterstreik aus. Alle Grubenbesitzer riefen nach Truppen, die Behörden unterstützten das. Die Kommandeure der eingesetzten Truppen meldeten über die Lage an Wilhelm, darunter der dem Kaiser als Regimentskamerad bekannt gewesene Kommandeur des 11. Husarenregiments, Michaelis, der unbewaffnet zu den in dem ungewöhnlich warmen Vorfrühling auf den Halden herumlagernden Arbeitermassen ging. Wilhelm erkannte, daß in der Industrie nicht alles in Ordnung war, und befragte Michaelis. Dieser telegraphierte: „Alles ruhig, mit Ausnahme der Behörden." Wilhelm zog auch Hinzpeter zu Auskünften heran und entschloß sich, den Staatsrat einzuberufen und Arbeitgeber wie Arbeitnehmer hinzuzuziehen, um Grundsätze in der Arbeiterfrage aufgrund des einlaufenden Materials zu gewinnen. Sie sollten dem Kaiser und der preußischen Staatsregierung als Unterlagen für die Ausarbeitung entsprechender Gesetzesvorlagen dienen.

Während des Streiks der Bergleute im rheinisch-westfälischen Kohlenbezirk empfing er am 14. Mai 1889 die Bergleute, am 16. Mai die Arbeitgeber im Bergbau. Wie er diesen bekannte, hatten ihm die Arbeiter einen guten Eindruck gemacht und sich der Fühlung mit der Sozialdemokratie enthalten. Den Arbeitern selbst versicherte er: „Jeder Untertan, wenn er einen Wunsch oder eine Bitte vorträgt, hat selbstverständlich das Ohr seines Kaisers." Er hörte deshalb in persönlicher Audienz den Sprecher der Bergleute an (R I, 53f.), um ihre Wünsche kennenzulernen, mahnte aber in seiner Antwort, die gesetzlichen Regelungen zu beachten: „Ihr habt Euch aber ins Unrecht gesetzt, denn die Bewegung ist eine ungesetzliche, schon deshalb, weil die vierzehntägige Kündigungsfrist nicht innegehalten ist, nach deren Ablauf die Arbeiter gesetzlich berechtigt gewesen sein würden, die Arbeit einzustellen." Der Kontraktbruch reize und schädige die Arbeitgeber. Durch Gewalt oder Drohungen seien Arbeiter, die nicht streiken wollten, an der Arbeit gehindert worden. Einzelne Arbeiter hätten sich an obrigkeitlichen Organen oder fremdem Eigentum vergriffen und der militärischen Gewalt tätlichen Widerstand entgegengesetzt. Die Forderungen selbst werde er durch seine Regierung genau prüfen und das Ergebnis den zuständigen Behörden mitteilen.

Tatsächlich prüfte Wilhelm die Frage, ob der Streik in Zusammenarbeit mit der Sozialdemokratie erfolgte, so schnell, daß er den Arbeitgebern die oben erwähnte entsprechende Versicherung abgeben konnte. Beim Empfang der Arbeitnehmer hatte er aber warnend seinen Standpunkt formuliert, wie er ihn auch in den späteren Jahren einnahm: „Für mich ist jeder Sozialdemokrat gleichbedeutend mit Reichs- und Vaterlandsfeind."

Der Deputation der Arbeitgeber, die Hammacher anführte, sagte er (R I, 54f.), daß er als Staatsoberhaupt beide Parteien höre. Seine Worte an die Arbeitgeberdelegation seien am 15. Mai bereits in den Zeitungen gestanden. Er wisse durch Telegramme, daß sie in den Arbeiterkreisen Westfalens Anklang gefunden hätten. Er habe sich gefreut, daß Einmischungsversuche der Sozialdemokratie von ihnen mit Energie abgewiesen worden seien. Das preußische Innenministerium habe ihm gemeldet, daß Hammacher mit der Arbeiterdeputatioin verhandelt habe. Wilhelm sprach Hammacher seine Anerkennung für das Entgegenkommen gegenüber den Arbeitern aus, da dadurch die Grundlage zu einer Verständigung gewonnen sei. Wenn die Arbeitgeber etwa der Ansicht seien, daß die vom Kaiser gehörten Arbeiterdeputierten nicht die maßgebenden Vertreter dieser Kreise wären, die streiken, „so macht das nichts aus. Wenn sie auch nur einen Teil der Arbeiter hinter sich haben" und deren Meinung wiedergeben, „so wird doch immer der moralische Einfluß des Versuches der Verständigung von hohem Werte sein". Wenn die Arbeiterdelegation die Ansicht der gesamten westfälischen Arbeiter vertrete und diese mit den von den Arbeitgebern eröffneten Punkten einverstanden seien, habe er, Wilhelm II., zu dem gesunden und vaterländischen Sinn dieser Männer das Vertrauen, daß sie – und nicht ohne Erfolg – alles daran setzen werden, möglichst bald wieder ihre Kameraden zur Arbeit zu bringen. Dann empfahl er, daß sich die Bergwerks-Gesellschaften und ihre Organe in Zukunft stets in möglichst naher Fühlung mit den Arbeitern halten. Es habe die Absicht zu einem allgemeinen Streik zu einem späteren Zeitpunkt bestanden. Der Streik in Westfalen sei nur vorzeitig zum Ausbruch gekommen.

Darauf bat Wilhelm II. die Arbeitgeber, dafür zu sorgen, daß den Arbeitern

Gelegenheit gegeben werde, ihre Wünsche zu formulieren. Er betonte, daß diejenigen Gesellschaften, welche einen großen Teil von Wilhelms Untertanen beschäftigen und bei sich arbeiten lassen, auch die Pflicht dem Staat und den beteiligten Gemeinden gegenüber haben, für das Wohl ihrer Arbeiter nach besten Kräften zu sorgen und vor allen Dingen dem vorzubeugen, daß die Bevölkerung einer ganzen Provinz wiederum in solche Schwierigkeiten verwickelt werde. „Die Arbeiter lesen Zeitung und wissen, wie das Verhältnis des Lohnes zu dem Gewinne der Gesellschaften steht. Daß sie mehr oder weniger daran teilhaben wollen, ist erklärlich." Er betrachte es als seine Pflicht, den Arbeitgebern sowohl wie den Arbeitern seine Unterstützung bei vorkommenden Meinungsverschiedenheiten in dem Maße zuzuwenden, in welchem sie ihrerseits bemüht sind, die Interessen ihrer gesamten Mitbürger durch Pflege ihrer Einigkeit untereinander zu fördern und vor Erschütterungen zu bewahren.

Karl Heinrich von Bötticher, seit 1880 Staatssekretär des Reichsamtes des Innern, 1881 bis 1897 Vizekanzler und 1888 bis 1897 Vizepräsident des preußischen Staatsministeriums, riet dem Kaiser wegen des zu erwartenden Widerstands Bismarcks ab. Doch der Kaiser antwortete, er wolle nach dem Grundsatz Friedrichs des Großen ein König der Armen sein; es sei seine Pflicht, für die von der Industrie aufgebrauchten Landeskinder zu sorgen, ihre Kräfte zu schützen und ihre Existenzmöglichkeiten zu verbessern. Da sich die Großindustrie z. T. hinter Bismarck verschanzte, kostete es Wilhelm viel Mühe, den Staatsrat unter seinem Vorsitz zusammenzubringen. Bei der Eröffnung erschien unerwartet auch der Kanzler. Er kritisierte mit Ironie Wilhelms Unternehmen und versagte seine Mitwirkung; darauf verließ er den Saal.

Die Versammlung nahm ihre Arbeiten wieder auf, und so setzte der Kaiser die Invalidenversicherung vom 22. Juni 1889 durch. Versicherungspflichtig wurden alle über sechzehn Jahre alten gegen Gehalt oder Lohn beschäftigten Personen, die in der Landwirtschaft, der Industrie und dem Handwerk, dem Handel und Gewerbe, der Hauswirtschaft und im Reichs-, Staats-, Kirchen- und Schuldienst ihre Arbeitskraft in untergeordneter, abhängiger Stellung verwenden. Außerdem wurden versicherungspflichtig Betriebsangestellte, Werkmeister, Techniker, Handlungsgehilfen, Lehrlinge, Lehrer, Erzieher und Schiffsführer, diese Gruppe aber nur insoweit, als der regelmäßige Jahresarbeitsverdienst damals (1889 bis 1910) 2.000 Mark nicht überstieg. Die Versicherung hatte bei den Landesversicherungsanstalten zu erfolgen oder bei zugelassenen besonderen Kasseneinrichtungen. Versicherungsanstalten wurden als juristische Personen für Kommunalverbände oder einen oder mehrere Bundesstaaten oder einen Teil eines Bundesstaates errichtet. Sie haften für ihre Verbindlichkeiten mit ihrem ganzen Vermögen. Leistungen der Invalidenversicherung wurden: 1. Eine Invalidenrente im Falle der Invalidität, falls mindestens 200 Beitragswochen nachgewiesen werden, Krankenrente in gleicher Höhe wird bezahlt bei vorübergehender, 26 Wochen übersteigender Erwerbsunfähigkeit. 2. Altersrente vom vollendeten 70. Lebensjahr an bei Vorhandensein von 1200 Beitragswochen. 3. In gewissen Fällen, z. B. bei Verheiratung einer weiblichen Versicherten, Beitragsrückerstattung. 4. Heilverfahren zur Wiederherstellung der Erwerbsfähigkeit oder Verhinderung der Invalidität. Die Leistungen werden aufgebracht durch Beiträge, die zu gleichen Teilen auf die Versicherten und ihre Arbeitgeber fallen. Außerdem leistete das Reich zu jeder Rente einen Zuschuß von 50 Mark. Durch die Novelle des Gesetzes vom 13. Juli 1899 wurde ein Teil der Leistungen (die Gemeinlast) von allen Invalidenversicherungsanstalten gemeinsam getragen, um die verschiedenen Belastungen der industriellen und ländlichen Bezirke auszugleichen. Die Gesetzgebung über Invaliden- und Altersversicherung von 1889 ergänzte die Reichsgesetze über Krankenversicherung von 1883 und Unfallversicherung von 1884.

Der Gegensatz zwischen Kaiser und Kanzler entstand durch die nur politische Sorge Bismarcks in der Arbeiterfrage. Wilhelm war von Pflicht- und Verantwortungsbewußtsein gegenüber dem ganzen Volke, also auch den arbeitenden Klassen gegenüber erfüllt. Wenn ein Teil der Industrie sich nicht zu Verbesserungen verstehen wollte, der Wille und das Vermögen der Arbeitgeber aufhörten, hielt er es für seine Pflicht, als Monarch verantwortungsbewußt unter Mitwirkung der Arbeiter selbst für deren ganzes Wohl zu sorgen. Bismarck sagte zu Wilhelm, er gedenke Sozialisten im Falle revolutionärer Betätigung durch Kanonen und Bajonette zu bekämpfen. Wilhelm II. erwiderte ihm, daß er das mit seinem Gewissen und seiner Verantwortung vor Gott nicht vereinbaren könne, umso weniger, als er genau wüßte, daß die Arbeiterwelt in einer schlechten Lage sei, die unbedingt gebessert werden müßte.

Bismarck sorgte sich wegen der Sozialdemokraten, der Kaiser wegen der Arbeiter und schrieb rückblickend 1922: „Ich aber wollte die Seele des deutschen Arbeiters gewinnen und habe um dieses Ziel heiß gerungen." Noch weiter ging er, als er aus christlicher Überzeugung in dem im Weltkrieg besetzten Belgien durch den Generalgouverneur General Moritz Ferdinand Frhr. von Bissing seine soziale Gesetzgebung „zum Wohl der belgischen Arbeiter" einzuführen veranlaßte.

Gegen Bismarcks Willen lud der Kaiser für 1890 einen allgemeinen Sozialkongreß zu einer Internationalen Arbeiterschutzkonferenz nach Berlin ein. Der seit 1877 in Berlin tätige Schweizer Gesandte Arnold Roth, der um ähnliche Bemühungen der Schweizer um einen Kongreß in Bern wußte, empfahl seiner Regierung, statt dieses Kongresses die Einladung zu dem Kongreß in Berlin ab 15. März anzunehmen. Vertreten waren England, Frankreich, Österreich, Italien, Belgien, Schweden, Norwegen, Dänemark, die Niederlande, Luxemburg, Spanien und Portugal.

Noch bevor im März 1890 die Internationale Arbeiterschutzkonferenz zusammentrat und drei Kommissionen für Bergwerksarbeit, dann für Sonntagsarbeit und schließlich für Frauen- und Kinderarbeit wählte und entsprechende „Wünsche" beschloß, hatte noch der alte Reichstag am 25. Januar mit 169 gegen 98

Stimmen das 1878 von Bismarck durchgesetzte, auch die Freien Gewerkschaften treffende Sozialistengesetz zu erneuern abgelehnt. Der Kaiser wußte seit dem 13. Januar durch amtliche Berichte über die Betriebs- und Arbeitsverhältnisse in den Bergrevieren neuerlich Bescheid und beklagte in der Thronrede zur Eröffnung des preußischen Landtags die Ausstände im Kohlenrevier, die unter Nichtinnehaltung der Kündigungsfrist und teilweise nicht ohne Gewalttätigkeiten stattgefunden hätten. Die Regierung verhieß, ernste Beachtung allen „weiter hervortretenden Bedürfnissen" auf sozialem Gebiet zu schenken.

Der Kaiser hatte am 21. Januar 1890 seine eigenen „Bemerkungen zur Arbeiterfrage" und am Tag darauf seine „Vorschläge zur Verbesserung der Lage der Arbeiter" schriftlich niedergelegt und entwickelte in seinem großen sozialpolitischen Programm die Forderung des Arbeiterschutzes und verwarf Bismarcks Rat, für dieses Problem auf einen Bericht des Staatsministeriums zu warten. Bismarck vermochte die preußischen Minister nicht zum Widerstand gegen das kaiserliche Vorhaben zu bestimmen und er erklärte darauf, die Verantwortung für den neuen Kurs der Sozialpolitik nicht tragen zu können. In diesem Zusammenhang erbat er am 27. Januar seine Entlassung aus dem Amt des für Sozialpolitik zuständigen preußischen Handelsministers. Bismarck wurde am 31. Januar von der Leitung des preußischen Ministeriums für Handel und Gewerbe entbunden. Er empfahl dem Kaiser seinen eigenen sozialpolitischen Gegenspieler Hans Hermann Frhr. von Berlepsch als seinen Nachfolger als Minister für Handel und Gewerbe und wollte ihn dadurch unter seine Kontrolle stellen, die er als preußischer Ministerpräsident ausübte. Wilhelm II. ernannte ihn am 31. Januar 1890 dazu. Da er sich 1889 als Regierungspräsident in Düsseldorf um die Beilegung des Ruhrarbeiterstreiks verdient gemacht hatte, vertraute er seitdem auf ihn und beließ ihn in diesem Amt bis zum 27. Juni 1896.

Während der Reichstagswahlen wies der Kaiser durch einen im *Reichsanzeiger* veröffentlichten Erlaß auf die am 5. Februar beginnende Berufung der oben erwähnten Internationalen Arbeiterschutzkonferenz nach Berlin hin. Er war entschlossen, zur Verbesserung der Lage der deutschen Arbeiter „die Hand zu bieten, soweit die Grenzen es gestatten, welche meiner Fürsorge durch die Notwendigkeit gezogen werden, die deutsche Industrie auf dem Weltmarkt konkurrenzfähig zu erhalten und dadurch ihre und der Arbeiter Existenz zu sichern. Der Rückgang der heimischen Betriebe durch Verlust ihres Absatzes im Ausland würde nicht nur die Unternehmer sondern auch ihre Arbeiter brotlos machen. Die in der internationalen Konkurrenz begründeten Schwierigkeiten der Verbesserung der Lage unserer Arbeiter lassen sich nur durch internationale Verständigung der an der Beherrschung des Weltmarktes beteiligten Länder, wenn nicht überwinden, doch abschwächen."

Als der Kaiser in Bismarcks Gegenwart im Kronrat vom 24. Januar 1890 zwei von ihm selbst verfaßte sozialpolitische Exposés verlesen ließ, die neue Arbeiterschutzmaßnahmen ankündigten, nannte er als seinen Berater neben seinem einstigen Erzieher Hinzpeter den Bergwerksbesitzer Hugo Graf Douglas, der nach dem Studium der Chemie im Kalibergbau tätig gewesen war und 1888 das Kalisyndikat mitbegründet hatte, dann den nach dem Studium der Bergwissenschaft zunächt in der Bergbauverwaltung und im Bergbauunternehmen tätig gewesenen August von Heyden, der später als Maler, seit 1882 als Professor der Kostümkunde an der Akademie der Künste in Berlin tätig wurde. Wilhelm II. machte ihn 1890 zum Mitglied des Staatsrates. Der Kaiser forderte nach Abfassung seiner beiden Exposés auf, die darin entwickelten Gedanken zu einem Erlaß zusammenzufassen und diesen zu veröffentlichen. Bismarck widersprach: Der Kaiser spreche von Arbeiterschutz, es handle sich aber um Arbeiterzwang, nämlich um den einem Arbeiter auferlegten Zwang, weniger zu arbeiten. Den dabei entstehenden Lohnausfall könne man nur dann durch Lohnerhöhungen auf die Unternehmer und damit auf die Konsumenten abwälzen, wenn alle großen Industriestaaten zu gleichen Maßnahmen bereit seien. Der Kaiser ließ darauf das preußische Staatsministerium weiter beraten.

Bismarck versuchte, den Kaiser noch vor dem Amtsantritt des Frhr. von Berlepsch auf eine bestimmte Haltung in der Frage der kaiserlichen Sozialerlasse festzulegen. Bismarcks einst entscheidender Mitarbeiter in der Sozialgesetzgebung, Karl Heinrich von Bötticher, widersprach aber nun so stark, daß Bismarck den preußischen Staatsrat und den preußischen Volkswirtschaftsrat ins Spiel brachte. Bismarck, der Wilhelms Gedanken einer Internationalen Arbeiterschutzkonferenz übernahm, überzeugte schließlich in Hinblick auf die ausländischen Industriestaaten das Staatsministerium dahin, daß es notwendig sei, deshalb eine Internationale Arbeiterschutzkonferenz einzuberufen. Er rechnete damit, daß die Sozialfrage durch Verschiebung auf die internationale Ebene mit Verzögerungen behandelt werden könne. Um seine Gegenspieler auszuschalten, redigierte er am 2. Februar die von den Staatssekretären Herbert von Bismarck und Bötticher vorgelegten Entwürfe.

Beim Immediatvortrag am 3. Februar 1890 legte er sie Wilhelm vor, ohne darauf hinzuweisen, daß er als Kanzler bzw. Ministerpräsident sie gegenzeichnen müsse. Er erklärte dem Kaiser, daß er dem Befehl zur Ausarbeitung der Erlasse nur aus pflichtgemäßem Gehorsam entsprochen habe, daß er aber dringend widerraten müsse, sie zu vollziehen. Der Kaiser unterzeichnete dagegen nun die Erlasse sofort, Bismarck aber, der sich verfassungsrechtlich ins Unrecht gesetzt hatte, da er den Kaiser nicht auf die Notwendigkeit der Gegenzeichnung hingewiesen hatte, deckte nun seinen eigenen Verfassungsverstoß dadurch, daß er nicht um Entlassung bat (Huber IV, 210ff.). Der Kaiser beließ Karl Heinrich von Bötticher in seinen Ämtern als Staatssekretär des Reichsamtes des Innern (ab 1880) und als Vizepräsident des preußischen Staatsministeriums (ab 1888), ernannte ihn aber 1898 zum Oberpräsidenten der preußischen Provinz Sachsen.

Von sich aus hatte Wilhelm II. bereits am 4. Februar 1890 zwei Erlasse herausgegeben[75] Sie wurden ohne ministerielle Gegenzeichnung unter dem Datum des

4. Februar 1890 im *Reichs- und preußischen Staatsanzeiger* veröffentlicht. Im Erlaß an den Reichskanzler erklärte Wilhelm II: „Ich bin entschlossen, zur Verbesserung der Lage der deutschen Arbeiter die Hand zu bieten, soweit die Grenzen es gestatten, welche Meiner Fürsorge durch die Notwendigkeit gezogen sind, die deutsche Industrie auf dem Weltmarkt konkurrenzfähig zu erhalten und dadurch ihre und der Arbeiter Existenz zu sichern. Der Rückgang der heimischen Betriebe durch Verlust ihres Absatzes im Ausland würde nicht nur die Unternehmer, sondern auch die Arbeiter brotlos machen. Die in der internationalen Konkurrenz begründeten Schwierigkeiten der Verbesserung der Lage unserer Arbeiter lassen sich nur durch internationale Verständigung der an der Beherrschung des Weltmarktes beteiligten Länder, wenn nicht überwinden doch abschwächen. In der Überzeugung, daß auch andere Regierungen von dem Wunsch beseelt sind, die Bestrebungen einer gemeinsamen Prüfung zu unterziehen, über welche die Arbeiter dieser Länder unter sich schon internationale Verhandlungen führen, will Ich, daß zunächst in Frankreich, England, Belgien und der Schweiz durch Meine dortigen Vertreter amtlich angefragt werde, ob die Regierungen geneigt sind, mit uns in Unterhandlungen zu treten über internationale Verständigung, den Bedürfnissen und Wünschen der Arbeiter entgegenzukommen."

Sein Erlaß als König von Preußen ging an den Handelsminister Berlepsch und den Minister der öffentlichen Arbeiten Albert von Maybach. Mit Ernst Rudolf Huber (IV, 1217) kann man sagen: Wilhelm präzisierte darin die gesetzgeberischen Vorhaben, die in seinen Augen zur Verbesserung der Lage der Arbeiterschaft notwendig waren. Er entwickelte dabei als Programm der Gesetzgebung:
1. Ausbau der Sozialversicherung.
2. Die Ergänzung der Gewerbeordnung um Vorschriften über den Arbeiterschutz, insbesondere über die Dauer und die Art der Arbeit sowie über die Sicherung der gesetzlichen Gleichberechtigung der Arbeitnehmer. Dabei war die Arbeitszeitregelung ein besonderes Problem, da Wilhelm durch seine Unterschrift voreilig die Formulierung Bismarcks unterschrieben hatte, die dieser gegen den kaiserlichen Willen formuliert hatte. Wilhelm warf ihm deshalb vor, Bismarck habe ihm mit Absicht diesen „Prügel zwischen die Beine geworfen".
3. Die Einführung eines Schlichtungsverfahrens zur Pflege des Friedens zwischen Arbeitgebern und Arbeitnehmern.
4. Die Schaffung von Arbeitervertretungen, um damit den Arbeitern geeignete Organe zur Wahrnehmung ihrer Interessen gegenüber den Arbeitgebern wie den Staatsbehörden aufzubauen.
5. Die Wiederherstellung der staatlichen Bergaufsicht, um damit ein „organisches Verhältnis" zwischen den Bergbehörden und den Bergbaubetrieben zu erneuern.
6. Entwicklung der staatlichen Bergwerke zu sozialen „Musteranstalten".

Der Kaiser ließ am 14. Februar den Staatsrat zusammentreten und eröffnete ihm mit einer von Unterstaatssekretär Wilhelm Bosse verfaßten Rede. Doch hatte dieser darin jede Anspielung auf den „Normal-Arbeitstag" vermieden, wie ihn Bismarck in dem Erlaß vom 4. Februar 1890 eingefügt hatte.

Vom 26. bis 28. Februar 1890 trafen im Staatsrat die beiden Abteilungen für Handel und Gewerbe sowie für innere Verwaltung zusammen. Die Sitzungen vom 26. bis 28. Februar leitete der Kaiser persönlich. Die Teilnehmer diskutierten eingehend die einzelnen Vorhaben der Gesetzgebung. Bismarck hielt sich nur im ersten Teil der Sitzung im Staatsrat auf und enthielt sich bei der Abstimmung über die Sonntagsarbeit der Stimme. Er begründete das damit, daß er als aktiver Minister sein Votum im Staatsministerium nicht durch Stimmabgabe im Staatsrat präjudizieren dürfe. Der Kaiser war über diese Ausrede Bismarcks sehr unwillig. Die große Mehrheit des Staatsrats sprach sich für die sozialpolitischen Pläne Wilhelms II. aus. Kritik äußerten nur die Vertreter der Schwerindustrie Baare (Bochum), Krupp und Jencke (Essen) sowie Frhr. von Stumm (Neunkirchen). Zum Teil einstimmig, zum Teil mit großer Mehrheit nahm der Staatsrat folgende Vorhaben an: Verbot der Sonntagsarbeit, Schutz der Kinder- und Frauenarbeit sowie Einführung von Arbeiterausschüssen. Durch das Abstimmungsergebnis war der Kaiser in der Lage, dem Staatsministerium die sofortige Ausarbeitung des Gesetzesentwurfs über den Arbeiterschutz aufzugeben (Huber IV, 214).

Bei Wertung des Abstimmungsergebnisses ist zu bedenken, daß außer den in Hinblick auf ihre Sachkunde dem Staatsrat angehörenden Persönlichkeiten, die aus Industriellen wie Friedrich Alfred Krupp und Kommerzienräten wie dem Frhr. von Stumm bestanden, auch andere Sachverständige zugezogen wurden, nämlich der dem Zentrum im Reichstag angehörende Generalsekretär Franz Hitze aus Mönchengladbach, der Generaldirektor der Marienhütte Schlittgen aus Kainsdorf in Sachsen, der Fabrikbesitzer Freese aus Berlin, der Tischlermeister Vorderbrügge aus Bielefeld, der Werkmeister Spengler aus Mettlach (Saar), der Schlossermeister Deppe aus Magdeburg, der Putzer Buchholz aus Berlin (Huber IV, 1218).

Dazu veröffentlichte Wilhelm in einem zweiten Erlaß vom selben Tag an den Handelsminister von Berlepsch und an den Minster der öffentlichen Arbeiten Maybach eine ausführliche Begründung. Der junge Kaiser erinnerte zunächst an die Fürsorge Wilhelms I. für den wirtschaftlich schwächeren Teil des Volkes im Geiste christlicher Sittenlehre. Dazu entwickelte er nun in der Veröffentlichung ein neues Programm: „Neben dem weiteren Ausbau der Arbeiterversicherungsgesetzgebung sind die bestehenden Vorschriften der Gewerbeordnung über die Verhältnisse der Fabrikarbeiter einer Prüfung zu unterziehen, um den auf diesem Gebiet laut gewordenen Klagen und Wünschen, soweit sie begründet sind, gerecht zu werden. Die Prüfung hat davon auszugehen, daß es eine der Aufgaben der Staatsgewalt ist, die Zeit, die Dauer und die Art der Arbeit so zu regeln, daß die Erhaltung der Gesundheit, die Gebote der Sittlichkeit, die wirtschaftlichen Bedürfnisse der Arbeiter und ihr Anspruch auf gesetzliche Gleichberechtigung gewahrt bleiben. Für die Pflege des Friedens zwischen Arbeitgebern und Arbeitnehmern sind gesetzliche Bestimmungen über die Form in Aussicht zu nehmen, in denen die Arbeiter durch Vertreter, die ihr Vertrauen besitzen, an der Regelung gemeinsamer Angelegenheiten beteiligt und zur Wahrnehmung ihrer Interessen bei Verhandlungen mit den Arbeitgebern und mit den Organen Meiner Regierung befähigt werden. Durch eine solche Einrichtung ist den Arbeitern der freie und friedliche Austausch ihrer Wünsche und Beschwerden zu ermöglichen und den Staatsbehörden Gelegenheit zu geben, sich über die Verhältnisse der Arbeiter fortlaufend zu unterrichten und mit den letzteren Fühlung zu behalten. Die staatlichen Bergwerke wünsche ich bezüglich der Fürsorge für die Arbeiter zu Musteranstalten entwickelt zu sehen und für den Privatbergbau erstrebe ich die Herstellung eines organischen Verhältnisses Meiner Bergbeamten zu den Betrieben behufs einer der Stellung der Fabrik-Inspektionen entsprechenden Aufsicht, wie sie bis zum Jahre 1865 bestanden hat. Zur Vorbereitung dieser Fragen will Ich, daß der Staatsrat unter Meinem Vorsitze und Zuziehung derjenigen sachkundigen Personen zusammentrete, welche Ich dazu berufen werde. Die Auswahl der letzteren behalte Ich Meiner Bestimmung vor. Unter den Schwierigkeiten, welche der Ordnung der Arbeiterverhältnisse in dem von Mir beabsichtigten Sinne entgegenstehen, nehmen diejenigen, welche aus der Notwendigkeit der Schonung der heimischen Industrie in ihrem Wettbewerb mit dem Ausland sich ergeben, eine hervorragende Stellung ein. Ich habe daher den Reichskanzler angewiesen, bei der Regierung der Staaten, deren Industrie mit der unsrigen den Weltmarkt beherrscht, den Zusammentritt einer Konferenz anzuregen, um die Herbeiführung gleichmäßiger internationaler Regelungen der Grenzen für die Anforderungen anzustreben, welche an die Tätigkeit der Arbeiter gestellt werden dürfen."

Das Programm der Internationalen Arbeiterschutzkonferenz wurde im *Reichsanzeiger* veröffentlicht. Es war in Fragen gefaßt, da die Teilnehmer der Konferenz aus den verschiedenen Ländern die Verhältnisse dort berücksichtigen mußten. Es waren sechs Punkte, die erörtert und durch die Initiative Wilhelms II. in Preußen und im Deutschen Reich zu entscheidenden Verbesserungen führten.

Der erste Punkt betraf die Regelung der Arbeit in Bergwerken, der zweite die Regelung der Sonntagsarbeit, der dritte die Regelung der Kinderarbeit, der vierte die Regelung der Arbeit derer, welche das Kindesalter überschritten hatten, der fünfte die Arbeit weiblicher Personen und der sechste das Problem der Ausführung der von der Konferenz vereinbarten Bestimmungen. Am 15. März begannen in Berlin im Reichskanzler-Palais die Verhandlungen der Internationalen Arbeiterschutzkonferenz unter dem Vorsitz des preußischen Minsters von Berlepsch. Als deutsche Vertreter nahmen u. a. teil: der 1892 zum Unterstaatssekretär beförderte Herr Magdeburg, der Fürstbischof von Breslau, Kopp, der Geheime Oberregierungsrat des preußischen Ministeriums für Handel, Gewerbe und öffentliche Arbeiten, Theodor Lohmann,[76] der nationalliberale hessische Lederindustrielle Wilhelm Frhr. von Heyl zu Herrnsheim, der durch Wohnungs- und

Siedlungspolitik die hessischen Arbeiter förderte und seit 1877 in der Ersten Kammer im Großherzogtum Hessen wirkte, sowie der aus einer Elsässer Fabrikantenfamilie kommende Herr Köchlin. Vertreten waren außer Deutschland: England, Frankreich, Österreich, Italien, Belgien, Schweden, Norwegen, Dänemark, die Niederlande, Luxemburg, Spanien und Portugal.

Am 17. März wurde beschlossen, drei Kommissionen zu wählen, die erste für Bergwerksarbeit, die zweite für die Sonntagsarbeit, die dritte für die Frauen- und Kinderarbeit. Die Kommissionen aber faßten infolge der Verschiedenheit der in den einzelnen Ländern vorhandenen Gesetzgebungen über das Fabrikwesen u. s. w. keine Beschlüsse, sondern formulierten nur Wünsche, die in den außerdeutschen Staaten wenig bewirkten. Im Reich wurden die Wünsche aber in verschiedenen Novellen zur Gewerbeordnung einigermaßen durchgeführt.

Die formulierten Wünsche der Konferenz gliederten sich in fünf Gruppen. Für wünschenswert wurde erklärt zu Punkt I. u. a. die Einschränkung der Arbeitszeit in den Bergwerken, Verhütung von Streiks durch Schiedsgerichte, zu II. Abschluß eines internationalen Abkommens über die Sonntagsruhe, zu III. daß Kinder unter 14 Jahren von aller schädlichen Arbeit ausgeschlossen werden, erst dann arbeiten sollen, wenn sie der Schulpflicht genügt haben, niemals länger als sechs Stunden beschäftigt werden dürfen. Zu Punkt IV. wurde auf der internationalen Konferenz als Wunsch beschlossen, daß der jugendliche Arbeiter über 14 Jahre nicht mehr als 10 Stunden und weder nachts noch sonntags zu beschäftigen sei, zu Punkt V., daß Frauen und Mädchen nicht mehr als 11 Stunden bei mindestens eineinhalb Stunden Mittagspause arbeiten dürfen, Wöchnerinnen erst 4 Wochen nach der Entbindung. Am Schluß stellte die Konferenz fest, es sei wünschenswert, daß die Beratungen der teilnehmenden Staaten sich wiederholen. Doch fanden Wiederholungen mindestens bis 1908 nicht statt.

Am 11. Juli äußerte Bismarck zu dem Herausgeber des *Frankfurter Journals*: „Die Ergebnisse der Konferenz sind gleich Null..." Es sei eine Illusion, den Arbeiterschutz international zu machen. Ähnlich urteilten auch auswärtige Stimmen. Der Widerstand Bismarcks trug zur negativen Entwicklung bei. In verständlichem Ärger darüber sprach der Kaiser am 5. März bei einem Essen der Brandenburgischen Stände in seiner Tischrede zunächst von der großen Verantwortung des fürstlichen Berufs, dann aber drohte er mit einem übertriebenen Ausdruck all denjenigen, die sich seinen sozialpolitischen Plänen widersetzen möchten: „Wer mir auf diesem Wege widerstehen will, den zerschmettere ich." Der seit 1880 in Berlin wirkende bayerische Gesandte und bevollmächtigte Minister Graf Lerchenfeld auf Köfering und Schönberg, der Bismarck sehr achtete, notierte sich damals: „So hat Fürst Bismarck die Rute, mit der er einst gezüchtigt werden sollte, zu einem Teil selber gebunden." Denn der Kaiser verkündete am 15. März 1890 Bismarck seine Absicht, mit dem nun gewählten neuen Reichstag, der das Sozialistengesetz wie der alte ablehnte, regieren zu wollen. Er forderte Bismarck am 15. März nach einer heftigen Auseinandersetzung zur Einreichung seines Rücktrittsgesuches auf. Bismarck kam dem am 18. März nach. Das Rücktrittsgesuch genehmigte der Kaiser am 20. März.[77]

In persönlichen Briefen stellte er sofort dem Kaiser Franz Joseph und seiner Großmutter Viktoria den Sachverhalt dar. Obwohl er wußte, wie er Eulenburg sagte, daß Bismarcks Entlassung Erregung, auch Viktorias, hervorrufen würde, wünschte er nicht ein Wort der Rechtfertigung für seine Handlungsweise und hoffte, daß Bismarck nicht diskreditiert werde und meinte zu Eulenburg: „Im übrigen gibt es nur einen Menschen, der den Fürsten Bismarck zugrunde richten könnte, das ist er selbst."[78]

Wilhelm II. und sein Vater übertrieben in ihren Worten. Der Sohn war begreiflicherweise empört, daß die soziale Gerechtigkeit nicht rechtzeitig verwirklicht werden sollte, der Vater wollte durch sein Urteil verhindern, daß der Sohn mit Bismarck zusammenwirkte, der seine liberalen und unitaristischen Ideen nicht verwirklichte. Aufgrund der Reichsverfassung mußte Wilhelm II. als Kaiser im Reich, in seiner Eigenschaft als König von Preußen in dessen Bereich handeln wie auch die anderen Bundesfürsten in ihren Staaten. Deren in der Struktur verschiedene Volksvertretungen standen dem Reichstag gegenüber. In allen Volksvertretungen wirkten die Parteien. Die bayerischen Sozialdemokraten unter Georg von Vollmar[79] entwickelten auf dem Parteitag in Erfurt am 14. Oktober 1891 Ansichten, die denen August Bebels entgegengesetzt waren.

Am 6. Mai 1890 eröffnete der Kaiser den am 20. Februar neu gewählten Reichstag (R I, 107ff.) und hoffte, daß es ihm gelingen werde, die bedeutsamen Fragen der Gesetzgebung einer befriedigenden Lösung entgegenzuführen. Sie seien so vordringlich, daß die Einberufung des Reichstags hinauszuschieben nicht tunlich erschienen sei. „Ich rechne dahin vornehmlich den weiteren Ausbau der Arbeiterschutz-Gesetzgebung. Die im Laufe des verflossenen Jahres in einigen Landesteilen vorgekommenen Ausstandsbewegungen haben Mir Anlaß gegeben, eine Prüfung der Frage herbeizuführen, ob unsere Gesetzgebung den innerhalb der staatlichen Ordnung berechtigten und erfüllbaren Wünschen der arbeitenden Bevölkerung in ausreichendem Maße Rechnung trägt. Es handelte sich dabei in erster Linie um die den Arbeitern zu gewährleistende Sonntagsruhe, sowie um die durch Rücksichten der Menschlichkeit und im Hinblick auf die natürlichen Entwicklungsgesetze gebotene Beschränkung der Frauen- und Kinderarbeit. Die verbündeten Regierungen haben sich überzeugt, daß die von dem letzten Reichstag in dieser Beziehung gemachten Vorschläge ihrem wesentlichen Inhalte nach ohne Nachteil für andere Interessen zu gesetzlicher Geltung gebracht werden können. Im Zusammenhang damit hat sich aber auch noch eine Reihe weiterer Bestimmungen als der Verbesserung bedürftig und fähig erwiesen. Hierin gehören insbesondere die gesetzlichen Anordnungen zum Schutze der Arbeiter gegen Gefahren für Leben, Gesundheit und Sittlichkeit sowie über den Erlaß von Arbeitsordnungen. Auch die Vorschriften über die Arbeitsbücher bedürfen einer Ergänzung zu dem Zwecke, um das elterliche Ansehen gegenüber der zunehmenden Zuchtlosigkeit jugendlicher Arbeiter zu stärken. Die hiernach erforderliche Umgestaltung und weitere Ausbildung der Gewerbeordnung findet ihren Ausdruck in einer Vorlage, welche Ihnen unverzüglich zugehen wird."

Eine weitere Vorlage erstebte die bessere Regelung der gewerblichen Schiedsgerichte und zugleich eine Organisation derselben, die es ermöglicht, diese Gerichte bei Streitigkeiten zwischen Arbeitgebern und Arbeitern über die Bedingungen der Fortsetzung oder Wiederaufnahme des Arbeitsverhältnisses als Einigungsämter anzurufen.

Wilhelm II. hoffte auf eine friedliche Entwicklung der Arbeiterverhältnisse durch die dem Reichstag vorgeschlagene Reform. „Je mehr die Arbeiter den gewissenhaften Ernst erkennen," mit welchem das Reich ihre Lage befriedigend zu gestalten bestrebt sei, desto mehr werde sich diese arbeitende Bevölkerung der Gefahren bewußt werden, die ihr „aus der Geltendmachung maßloser und unerfüllbarer Anforderungen erwachsen müssen".

„In der gerechten Fürsorge für die Arbeiter liegt die wirksamste Stärkung der Kräfte, welche wie Ich und Meine hohen Verbündeten berufen und Willens sind, jedem Versuche, an der Rechtsordnung gewaltsam zu rütteln, mit unbeugsamer Entschlossenheit entgegenzutreten." Die deutsche Industrie sei aber nur ein Glied unter denjenigen Völkern, die am Wettbewerb auf dem Weltmarkt teilnehmen. So habe er es sich angelegen sein lassen, einen Meinungsaustausch unter den in gleichartiger Wirtschaftslage befindlichen Staaten Europas darüber herbeizuführen, in welchem Maße sich eine gemeinsame Anerkennung der Gesetzgebung zwischen Aufgaben bezüglich des Arbeiterschutzes feststellen und durchführen läßt. Der Verlauf der in Berlin versammelt gewesenen Internationalen Konferenz befriedigte ihn. „Ihre Beschlüsse bilden den Ausdruck gemeinsamer Anschauungen über das wichtigste Gebiet der Kulturarbeit unserer Zeit." Nicht diskutierte Wilhelm die Verbindlichkeit dieser Beschlüsse. Er sah die niedergelegten Grundsätze als eine „Aussaat" an, die mit Gottes Hilfe zum Segen der Arbeiter aller Länder aufgehen und auch für die Beziehungen aller Völker untereinander nicht ohne einigende Frucht bleiben werde. Die in Ostafrika eingeleitete Aktion zur Unterdrückung des Sklavenhandels und zum Schutz der deutschen Interessen habe dank der aufopfernden Tätigkeit der dorthin gesandten Offiziere und Beamten während der letzten Monate Fortschritte gemacht. Bereits am 20. Juni besichtigte der Kaiser die Fabrikanlagen des Geheimen Kommerzienrates Krupp in Essen und empfing dort eine Deputation von 700 Arbeitern (R I, 117).

Am 23. Juni 1890 wurde vom Reichstag in zweiter Lesung eine Novelle zum Arbeiterschutzgesetz, allerdings mit erheblichen Veränderungen, angenommen. Am 26. November brachte der *Reichsanzeiger* die Verordnung, welche das Invaliden- und Altersgesetz zum 1. Januar 1891 in Kraft setzte. In Preußen konnte Wilhelm II. seine Reformen vor allem in staatlichen Fabriken durchsetzen. Am 15. Februar 1890 empfing der Kriegsminister eine Abordnung der Arbeiter aus den Spandauer Werkstätten und verhieß bedeutende Mittel zum Bau von Arbeiterwohnungen. Auf Befehl Wilhelms II. wurde in der Gewehrfabrik und in der Artilleriewerkstätte anstelle des zwölf- und dreizehnstündigen Arbeitstages der zehnstündige eingeführt. Aufgrund des Gesetzes vom 1. Juni 1891 trat am 1. Mai 1892 die Bestimmung in Kraft, daß in jeder Fabrik, in der mindestens 20 Arbeiter beschäftigt werden, eine Arbeitsordnung auszuhängen sei. Die Arbeitsordnung habe Bestimmungen zu enthalten über Arbeitszeit, Arbeitslohn, Kündigung und Entlassung, Strafen, Verwendung des Strafgeldes u. s. w. Vor dem Erlaß der Arbeitsordnung müssen die beteiligten Arbeiter gehört werden.

Am 11. November 1890 (R I, 141ff.) führte Wilhelm II. vor dem Landesökonomiekollegium Preußens aus, viele Arbeiter, besonders Mädchen, würden bei den Dreschmaschinen umkommen. Regelmäßig zeige sich, daß die Mädchen mit ihren Röcken von den Transmissionswellen erfaßt und darin verwickelt würden. Er habe sich erkundigt und festgestellt, daß die Schutzvorrichtungen in vielen Fällen außer Acht gelassen würden. „Es zeigt sich hier also einerseits eine gewisse Gleichgültigkeit seitens des Besitzers oder desjenigen, der den Betrieb zu leiten hat, gegen das Leben der von ihm beschäftigten Arbeiterinnen und andererseits auch eine Gleichgültigkeit der Arbeiterinnen selbst, die sich daran gewöhnt hatten, in der Nähe der bewegten Maschinenteile zu arbeiten." Wilhelm II. bat daher das Landesökonomiekollegium, in seinen Besprechungen bei dem Wort „Maschinen" die „Vorrichtungen zur Übertragung" nicht zu vergessen. „Die Maschinen stehen vielfach in dem einen Raum, und die Übertragungen befinden sich in einem anderen Raum oder auf dem Hofe und das ist die Hauptursache der Unglücksfälle." Wilhelm II. sagte es sehr anschaulich: „Über den Hof läuft jeder, umso mehr, wenn noch Kinder da sind und herumspielen, und dann kann zu leicht Unheil passieren."

In Übereinstimmung mit Professor Schmoller führte der Kaiser dann aus, es genüge nicht, wenn der Staat den Arbeitern die Verpflichtung auferlege, sich in Acht zu nehmen und wenn er ihnen Vorschriften mache, wie sie sich bei den Maschinen zu benehmen haben; „Es ist dies nicht durchführbar." Wilhelm II. hielt es für besser, dem betreffenden Besitzer oder dem, der mit der Leitung der Maschinen beauftragt ist, die Verpflichtung aufzuerlegen, das Personal besser zu beaufsichtigen. „Kann der Besitzer sich nicht selbst darum kümmern, dann möge er sich doch solche Beamte halten, die auf die Arbeiter genügend einwirken, daß sie sich in Acht nehmen." Dann kam Wilhelm II. auf die Unfälle zu sprechen, die durch Pferde verursacht werden. Er dankte dem Landesökonomiekollegium, daß es sich mit diesem Problem bereits beschäftigt habe.

Am 12. November 1890 führte er vor den beiden Häusern des preußischen Landtags aus, der Gesetzentwurf über die Einkommenssteuer solle eine sichere und der Wirklichkeit mehr entsprechende Veranlagung des steuerpflichtigen Einkommens herbeiführen. Die Ausdehnung der Erbschaftssteuer durch eine mäßige Belastung der Erbfälle der Verwandten werde die zutreffende Besteuerung des Einkommens wesentlich erleichtern und zugleich eine verhältnismäßige stärkere

Heranziehung des fundierten Vermögens bewirken. Die Gewerbesteuer aufgrund des Gesetzes vom 30. Mai 1820 müsse völlig umgestaltet werden. Das Ziel all dieser Gesetzentwürfe sei eine gerechtere und gleichmäßigere Veranlagung der direkten Steuern und im Zusammenhang damit eine verhältnismäßige Entlastung der kleineren und mittleren Einkommen und gewerblichen Betriebe (R I, 145).

Wilhelm II. mußte als Deutscher Kaiser und als König von Preußen umsichtig viele Informationen durcharbeiten, um seine Entscheidungen zu treffen und in einer Thronrede zur Eröffnung des Reichstags oder des preußischen Landtags sachgemäß und seiner Verantwortung und seiner Überzeugung entsprechende Worte formulieren zu können. Es ist nicht bekannt, in welcher Weise er dabei vorging. Es gab für ihn im Entwurf vorbereitete Reden, die er im Reichstag oder im preußischen Landtag hielt. Wahrscheinlich sprach er vor Abfassung des Entwurfs mit dem oder denen, die ihn machten, über die Punkte und ihre Akzentuierung. Er konnte aber auch den Wortlaut ändern. Eine uns bekannte verbindliche Tradition gab es nicht. Die Thronreden auch der Könige von England werden vorher mit ihnen besprochen. Wilhelm II. ließ am 3. Dezember 1895 seine Thronrede vor dem Reichstag durch den Reichskanzler Fürst Hohenlohe-Schillingsfürst verlesen.[80]

In der Thronrede vor dem Preußischen Landtag am 12. November 1890 (R I, 144) sprach er über wichtige Entwürfe zu Gesetzen der Finanzverwaltung, der Schulverwaltung und der Gemeindeverwaltung. Ihre eingehende Beratung sollte ohne Verzögerung begonnen werden. „Der endgültige Abschluß dieser bedeutungsvollen Reformen, wie Ich zuversichtlich erwarte, zum Wohl des Vaterlandes" sollte gesichert werden. Wenn auch einzelne Punkte der Einkommensteuer, der Erbschaftssteuer und der Gewerbesteuer für Wilhelms Rede vorbereitet werden mußten, so hing es doch von ihm ab, eine Erwartung in dem hier mitgeteilten Wortlaut auszusprechen. Eine Folge der Besprechung mit ihm konnte z. B. der Satz sein: „Das Ziel dieser Gesetzentwürfe ist eine gerechtere und gleichmäßigere Veranlagung der direkten Steuern und im Zusammenhang damit eine verhältnismäßige Entlastung der kleineren und mittleren Einkommen und gewerblichen Betriebe."

Wilhelms Willen, zu reformieren und schwächer gestellte Kreise besser zu stellen, entsprachen auch die Sätze: „Der Entwurf eines Gesetzes, betreffend die öffentliche Volksschule, welcher Ihnen in Ausführung der Vorschriften der Verfassung vorgelegt werden wird, soll der Volksschule auf dem Boden der Gemeindeverfassungen eine sichere Grundlage gewähren, eine gerechte Verteilung der Volksschullasten herbeiführen, die durch die Gesetzgebung der letzten Jahre angebahnte Unentgeldlichkeit des Volksschulunterrichts zum Abschluß bringen und dem Lehrerstand den Bezug eines festen, den örtlichen Verhältnissen angemessenen Diensteinkommens gewährleisten. Zur Erleichterung des Übergangs in die neuen Verhältnisse wird Ihnen vorgeschlagen, die Beiträge des Staates zu den

Diensteinkommen, den Alterszulagen und den Pensionen der Volksschullehrer zu erhöhen, auch sollen besondere Mittel bereitgestellt werden, um die Gemeinden bei der Aufbringung der Schulbaukosten zu unterstützen." Natürlich bedurften diese auf Verfassung und Rechtsverhältnisse eingehenden Sätze der Vorbereitung durch eine Besprechung mit Wilhelm II. Das galt auch für den folgenden Punkt.

Wilhelm II. sagte in dieser Thronrede: „Um dem Bedürfnis einer gesetzlichen Regelung der Landgemeinde-Verfassungen, welches vorzugsweise in den östlichen Provinzen der Monarchie hervorgetreten ist, Abhilfe zu schaffen, wird Ihnen der Entwurf einer Landgemeinde-Ordnung für diese Landesteile vorgelegt werden. Derselbe soll einerseits die zur Zeit geltenden gesetzlichen Vorschriften, welche sich in mehrfacher Hinsicht als unzureichend erwiesen haben, in angemessener Weise ergänzen und übersichtlich zusammenstellen. Andererseits ist aber dieser Entwurf dazu bestimmt, diejenigen Änderungen auf dem Gebiet des ländlichen Gemeinde-Verfassungsrechts, welche durch die Entwicklung der wirtschaftlichen und sozialen Verhältnisse bedingt werden, unter tunlichster Schonung des bestehenden Rechtszustandes und unter Aufrechterhaltung bewährter Einrichtungen herbeizuführen und in den Gemeinden ein reges kommunales Leben zu fördern..." Zweifellos einem persönlichen Anliegen Wilhelms II. entsprach der Satz: „Im Anschluß an den Volksschulgesetzentwurf ist eine Regelung der Verhältnisse der mittleren Schulen in Aussicht genommen, bei welchen namentlich die Pensionsansprüche der Lehrer der festen Grundlage seither entbehren."

Der sozialpolitischen Initiative des Kaisers entsprachen die Worte der Thronrede: „Die Entwicklung der Arbeiterverhältnisse, welche gegenwärtig Gegenstand der Beratung des Reichstags bildet, nimmt fortgesetzt die volle Aufmerksamkeit Meiner Regierung in Anspruch. Um die Gewerbeverwaltung in den Stand zu setzen, den an sie gestellten erhöhten Anforderungen auf diesem Gebiete zu entsprechen, hat sich eine erhebliche Vermehrung der Aufsichtsbeamten in Verbindung mit einer Neuregelung der Gewerbeinspektion als notwendig erwiesen. Mit der Durchführung dieser Maßregel, welche mehrere Jahre in Anspruch nehmen wird, soll im bevorstehenden Rechnungsjahre begonnen werden. Die dazu erforderlichen Mittel werden in den Etat eingestellt werden." Zu diesem Punkt war freilich die Voraussetzung, daß Wilhelm mit den für den Etat zuständigen Stellen hatte verhandeln lassen.

Das Gesetz (Reichsgewerbeordnung) vom 1. Juni 1891 (Huber IV, 1221) vollzog aufgrund der Initiativen des Kaisers den Arbeiterschutz. Es verbot die Sonntagsarbeiten und ließ nur bestimmte Ausnahmen zu (§§ 105 a bis i). Wesentlich waren seine eingehenden Vorschriften über die Wahrung der Betriebssicherheit und über sonstige Maßnahmen zum Schutz der Arbeiter gegen Gefahren für Leben, Gesundheit und Sittlichkeit (§ 120 a bis e). Den Fabrikunternehmen wurde eine obligatorische Arbeitsordnung vorgeschrieben (§ 134 a bis g). Fakultative Arbeiterausschüsse sollten gebildet werden (§ 134 a). Ganz im Sinne des Kaisers waren die Vorschriften über das Verbot der Kinderarbeit und über den Schutz der arbeitenden Jugendlichen und Frauen (§ 135, 139 a). Die Höchstarbeitszeit für Jugendliche betrug danach zehn, für Frauen elf Stunden. Die Einführung des allgemeinen „Normalarbeitstags" hatte der Reichstag zwar abgelehnt, doch führte nun das Gesetz vom 1. Juni 1891 den „hygienischen Maximalarbeitstag" ein. Dadurch wurde der Bundesrat ermächtigt, durch Verordnung Höchstarbeitszeiten für gesundheitsgefährdende Arbeiten vorzuschreiben (§ 124 e). Den Vorschlag zur Verschärfung der Strafbestimmungen gegen Streikzwang (§ 153) hatte der Reichstag verworfen. Das Gesetz vom 1. Juni 1891 war ein außerordentlicher Fortschritt und behielt in seinen Grundzügen bis in die Gegenwart Bestand. Aus der Arbeitsordnung hat sich inzwischen die Betriebsordnung, aus den Arbeiterausschüssen haben sich die Betriebsräte entwickelt.

Am 24. Juni 1892 kam die Novelle zum preußischen Berggesetz zustande. Sie regelte den Arbeiterschutz im Bergbau, der der Reichsgewerbeordnung nicht unterworfen war. Die Novelle schrieb auch für den Bergbau eine obligatorische Arbeitsordnung vor und regte die fakultative Bildung von Bergarbeiterausschüssen an (§ 80 a bis h). Diese Novelle verpflichtete die Arbeitgeber, beim Einreichen der Arbeitsordnung an die Bergbehörde auch die von den Arbeitern geäußerten Bedenken mitzuteilen (§ 80 g). Sie gab den Arbeitern das Recht, bei der Lohnabrechnung das sogenannte Nullen (Nichtanrechnen) ungenügend beladener Fördergefäße durch einen vom Bergarbeiterausschuß gewählten Vertrauensmann überwachen zu lassen (§ 80 c). Auch das Kündigungsrecht regelte im § 82 die Novelle neu. Sie gab den Oberbergämtern auch hier das Recht, einen „hygienischen Maximalarbeitstag" anzuordnen, d. h. die Arbeitszeit für gesundheitsgefährdende Arbeiten behördlich festzusetzen (§ 197).

Nach Einführung der Sozialversicherung war die Einführung der Arbeiterausschüsse 1891/92 der wichtigste Schritt zum Aufbau der modernen industriestaatlichen Sozialverfassung, wie Ernst Rudolf Huber (IV, 1222) urteilt.

Von Wilhelms Auffassung von sozialer Gerechtigkeit wurde auch 1891 die Steuerreform in Preußen entschieden. Die durch die Initiative des Kaisers begonnene Entwicklung der sozialen Gesetzgebung wurde durch Otto Heinrich von Helldorf, den Führer der Deutschkonservativen im Reichstag bis 1893 und Mitglied des preußischen Herrenhauses seit 1890, sehr erschwert. Seine Erfahrungen als Landrat in Wetzlar 1867 bis 1874 ließen ihn keineswegs zu einem christlich-konservativen Führer werden, so daß auch Widerstände gegen ihn in seiner eigenen Partei so stark wurden, daß er 1892 aus der Partei ausgeschlossen wurde.[81]

Die Sozialdemokraten unterstützten die Bemühungen Wilhelms II. um den Arbeiterschutz nicht. Auf dem sozialdemokratischen Parteitag vom 14. bis 21. November 1892 in Berlin wurde von vielen erklärt, nur die Verwirklichung des Sozialismus könne dem sozialen Elend ein Ende machen. Doch der bayerische Sozialdemokrat von Vollmar hatte am 1. Juni 1891 in München gefordert, die Partei müsse nun ehrlich halten, was sie vor Aufhebung des Sozialistengesetzes zugesagt habe, und sowohl mit den gegnerischen Parteien wie mit der Regierung verhandeln. Der Kaiser selbst war darüber enttäuscht, weil er gehofft hatte, daß sich schnelle Erfolge einer Neuorientierung infolge seiner sozialpolitischen Initiative bei den Wählern einstellen würden. Das nutzten die sozialpolitischen Gegenspieler seines Handelsministers Berlepsch aus, und so versuchten Unternehmer wie Stumm von Halberg, Krupp und Jencke, zunächst jeden weiteren Fortgang der Sozialgesetzgebung zu verhindern. Sie drängten in den Kaiser, einen Umsturz der Verfassung zu verhindern. So fragte Wilhelm II. im November 1893 den Reichskanzler Caprivi, ob nicht vorbeugende Maßnahmen gegen die anarchistische Bewegung erforderlich seien. Der von Wilhelm II. 1892 zum preußischen Ministerpräsidenten ernannte Botho Graf Eulenburg forderte ein Vorgehen mittels der Reichsgesetzgebung (Huber IV, 257).

Am 14. Januar 1892 hieß es in der Thronrede vor dem preußischen Landtag:[82] „Durch die Novelle zur Reichsgewerbeordnung vom 1. Juni 1891 ist das seitherige Maß des gesetzlichen Arbeiterschutzes wesentlich erweitert worden. Die auf die Sonntagsruhe der Arbeiter sowie auf die Beschäftigung jugendlicher Arbeiter und erwachsener Arbeiterinnen bezüglichen Bestimmungen der Novelle finden auch auf den Bergbau unmittelbar Anwendung. Bei anderen durch das Reichsgesetz neu geordneten Gegenständen aber hat die Rücksicht auf die Eigentümlichkeit des bergbaulichen Betriebes es zweckmäßig erscheinen lassen, die landesgesetzliche Regelung vorzubehalten. Eine entsprechende Gesetzesvorlage wird dem Landtage alsbald zugehen."

Das Jahr 1892 brachte Ausführungsbestimmungen und Ergänzungen der großen Sozialgesetze. Anfang Februar erließ der preußische Minister der öffentlichen Arbeiten Bestimmungen über die Bildung von Arbeiterausschüssen bei den Eisenbahnen, die in freilich eng gezogenen Grenzen als beratende Instanz gehört werden sollten. Dieser Minister war Karl von Thielen, der seit 1864 bei der Eisenbahnverwaltung tätig war und 1892 von Wilhelm II. in dieses Ministeramt berufen wurde. Noch 1922 rühmte Wilhelm (Ereignisse 148) ihn: „Er war ein tüchtiger, fleißiger, durch und durch zuverlässiger altpreußischer Beamter, mir treu ergeben und von mir hochgeschätzt." 1902 schied er siebzigjährig aus dem Amt. Der seit dem 23. Juni 1902 tätige Arbeitsminister General Hermann Budde war seit 1895 Chef der Eisenbahnabteilung des Generalstabs gewesen, entlastete wie sein Vorgänger durch Unterstützung des Kanalbaus das Eisenbahnnetz und organisierte die Anlage von Eisenbahnbrücken, etwa der großen zweiten Eisenbahnbrücke bei Mainz über den Rhein, vermochte aber die Bildung von Arbeiterausschüssen bei den Eisenbahnen nicht weiter zu entwickeln.

Am 19. März 1892 wurde nach mehrtägiger Beratung eine Novelle zum Krankenkassengesetz in dritter Lesung vom preußischen Landtag angenommen. Sie umschrieb die Versicherungspflichten der Arbeiter noch genauer und regelte strittige Fragen zwischen Zwangskassen und freiwilligen Hilfskassen. Am 16. Juni wurde im *Reichsanzeiger* eine Verordnung des preußischen Innenministers Ernst Ludwig Herrfurth und des preußischen Handelsministers Frhr. von Berlepsch über die Sonntagsruhe im Handelsgewerbe veröffentlicht. Die gesetzlichen Ausnahme-Stunden bzw. die Ausnahme-Stunden einzelner freigegebener Gewerbe oder Betriebe wurden dadurch auch geregelt. Das entsprach den besonderen Wünschen Wilhelms II. für die Sonntagsruhe der Arbeiter, die unter den damaligen Verhältnissen im Bäckereigewerbe nicht durchführbar war. Das Problem der schlecht bezahlten Heimarbeit schildert übrigens eindringlich Gerhart Hauptmanns Schauspiel „Die Weber", das 1892 in Berlin aufgeführt wurde. Am 26. März 1892 ging dem Reichstag ein Regulativ für Errichtung einer Kommission für Arbeiterstatistik zu. Nach § 2 wurde anheimgegeben, durch den Reichstag sechs Beisitzer zu wählen, während der Bundesrat andere fünf ernennen sollte, wozu noch ein vom Kanzler zu ernennender Statistiker und ein Vorsitzender hinzu kämen. Die Kommission sollte befugt sein, Auskunftspersonen zu vernehmen. Am 1. Mai 1892 trat nun das oben erwähnte Gesetz über die Arbeitsordnung in Kraft, die in jeder Fabrik mit mindestens 20 Arbeitern auszuhängen war.

Im Juni 1892 beschloß der preußische Landtag ohne Rücksicht auf die Bemühungen der Minister um den staatlichen Ausbau der Eisenbahnen ein Tertiärbahngesetz, durch welches das Gebiet dieser Bahnen dem Privatkapital geradezu zur Ausbeutung überlassen wurde.

Dem Arbeiterschutz, wie ihn Wilhelm II. am 4. Februar 1890 proklamiert hatte, galten von der Gewerbeordnung von 1891 an alle diese Bestimmungen der Beschränkung der Sonntags- und Nachtarbeit, der Arbeitszeit und der Beschäftigung von Frauen, Jugendlichen und Kindern. Gewerbeaufsichtsbeamte und Fabrikinspektoren hatten für die Durchführung zu sorgen. Die Reichsversicherungsordnung vom 19. Juli 1911 faßte dann später die inzwischen zahlreich gewordenen Einzelgesetze zu einem grundlegenden Sozialversicherungsgesetz zusammen.

Schulreformen seit 1889 – Wilhelm und Miquel – Der Zugang zu den Universitäten und zum Offiziersberuf 1900-1902 – Frauenstudium

In der innenpolitischen Situation bewegte den jungen Kaiser neben der sozialen Frage auch die Notwendigkeit einer Schulreform. Er richtete deshalb bereits am 1. Mai 1889 an das preußische Staatsministerium einen Erlaß, in dem er die Grundzüge seines Schulprogramms bekannt gab. Er entschied damit den sogenannten preußischen Schulkrieg.

Als nämlich Friedrich Wilhelm IV. 1850 den seit 1845 als Direktor im Innenministerium wirkenden Otto Theodor Frhr. von Manteuffel zum Präsidenten des preußischen Staatsministeriums und zum Minister der Auswärtigen Angelegenheiten ernannte, übernahm Karl Otto von Raumer das Unterrichtsministerium und wirkte mit diesem zusammen bis zum November 1858. Raumer wollte neben die christliche Volksschule das christliche Gymnasium treten lassen. Den Zöglingen der Seminare für die christliche Volksschule versagte er sogar die Beschäftigung mit den deutschen Klassikern, um den Lehrstoff zu vereinfachen und zu begrenzen. Unglücklicherweise hatte Raumer außerdem die innere Auseinandersetzung der heranwachsenden Generationen mit den verschiedenen Kräften der Zeit dadurch unterbunden, daß er die naturwissenschaftlichen und mathematischen Fächer auf den humanistischen Gymnasien wesentlich zu kurz kommen ließ. Der von 1852 bis 1875 als Vortragender Rat im preußischen Kultusministerium tätige gelernte Theologe und Philologe Ludwig Wiese, zugleich Referent für das Gymnasialwesen, setzte im Sinn Raumers die „Verbindung der Wissenschaft mit dem christlichen Glaubensleben" fort und wirkte seit 1868 auch als Vorsitzender der Bundesschulkommission, der späteren Reichsschulkommission, in dem praktischen Verfahren Raumers weiter.

Die seit 1875 als Behörde des Reichskanzlers tätige Reichsschulkommission beriet den Kanzler in der Frage der militärischen Berechtigungen der Schüler der höheren Lehranstalten, also in der Frage, aufgrund welcher Schule ein Schüler Offizier werden konnte. Der Kaiser hatte den Präsidenten der Reichsschulkommission zu bestellen; die Kommission bestand aus vier ständigen Mitgliedern, die von den vier Königreichen im Deutschen Reich bestellt wurden und aus zwei wechselnden Mitgliedern, die nach festem Turnus von den anderen Staaten des Deutschen Reiches ernannt wurden. Die Reichsschulkommission trat meistens im März und im September eines Jahres zusammen. Dieses von Raumer begründete Schulsystem wurde freilich vorübergehend durch den von Prinzregent Wilhelm 1858 zum Kultusminister berufenen Moritz August von Bethmann Hollweg, den Großvater des späteren Reichskanzlers, bis 1862 aufgelockert, als dieser die Unterrichts- und Prüfungsordnung der Real- und der höheren Bürgerschulen vom 6. Oktober 1859 durchsetzte (Huber IV, 913 Anm. 16).

Wilhelm II. forderte in seinem Erlaß vom 1. Mai 1889 an das preußische Staatsministerium Veränderungen, die eine Entwicklung auf Jahrzehnte günstig entschieden. Der Erlaß ging freilich von der Erwägung aus, daß es notwendig sei, die Schule in ihren einzelnen Abstufungen so zu gestalten, daß sie der Ausbreitung sozialistischer und kommunistischer Ideen entgegenzuwirken imstande sei (Huber IV, 916). Die Pflege der Gottesfurcht und der Liebe zum Vaterland reiche dafür nicht aus. Anstrengungen müßten auch in der Schule gemacht werden „zur Erkenntnis dessen, was wahr, was wirklich und was in der Welt möglich ist". Es komme darauf an, der Jugend zu zeigen, daß die sozialistischen Lehren nicht nur den göttlichen Geboten und der christlichen Sittenlehre widersprächen, sondern daß sie in Wirklichkeit unausführbar und in ihren Folgen dem einzelnen und dem Ganzen verderblich seien. Deshalb sei es geboten, die neue und die neueste Zeitgeschichte in den Unterricht einzubeziehen und nachzuweisen, daß allein die Staatsgewalt dem einzelnen den Schutz seiner Freiheit und seines Rechts verbürge. Der Geschichtsunterricht müsse sich daher vor allem auch der Geschichte der modernen sozialen und wirtschaftlichen Gesetzgebung zuwenden und dartun, daß Gerechtigkeit und Sicherheit für den Arbeiter nur vom Schutz und von der Fürsorge durch ein geordnetes monarchisches Staatswesen zu erwarten sei.

Die politische Motivation des Erlasses Wilhelms II., der 1889 noch mit Bismarck zusammenwirkte, ist zeitbedingt und fragwürdig. Aber wie Ernst Rudolf Huber hervorhebt (IV, 916): Das war nur die eine Seite des Erlasses. Die von der Motivation unabhängige Grunderkenntnis war die Einsicht in der Notwendigkeit der realistischen Wendung auch und gerade des gymnasialen Unterrichts. Der Erlaß brach mit der überlieferten Vorstellung, daß der theologisch-dogmatische Unterricht aus sich selbst zur Religiosität, daß der grammatisch-altsprachliche Unterricht aus sich selbst zum richtigen Denken führe, daß die Kenntnis der alten Geschichte aus sich selbst staatsbürgerliche Reife zur Folge habe. Die Notwendigkeit der Verbindung des humanistischen und des realistischen Prinzips umschrieb der Erlaß mit der Formel, der Sinn der höheren Schule sei die Förderung der Erkenntnis dessen, was wahr, was wirklich und was in der Welt möglich ist. Mit dieser Formel stellte der Erlaß die Schule in den Dienst der dauernden Wahrheit, der gegenwärtigen Wirklichkeit und der offenen Möglichkeiten der Zukunft.

Auf die realistischen Fächer Mathematik und Naturwissenschaften, Geschichte, Geographie und Französisch ausgerichtete Schulen waren die Realschulen und die Oberschulen. Auf den Realschulen wurde kein Latein betrieben. Wer in Preußen die Oberrealschule absolvierte, hatte seit 1880/1882 in Preußen das Recht zum Studium an den Technischen Hochschulen (Huber IV, 915).

Den Erlaß Wilhelms vollzog das preußische Staatsministerium zunächst durch die vorläufigen Anordnungen vom 27. Juli 1889, dann einem erneuten Vorstoß des Kaisers folgend, durch die Berufung einer Konferenz für das höhere Schulwesen. Auf dieser war die Gruppe der Gymnasien und Oberrealschulen stark, die von beiden Seiten bekämpfte Gruppe der Realgymnasien, organisiert im Verein deutscher Realschulmänner, dagegen schwach repräsentiert. An der vom 4. bis zum 17. Dezember 1890 tätigen Konferenz, zu der zunächst am 31. Oktober 45 Vertrauensmänner geladen waren, nahmen im ganzen 58 Sachkenner des staatlichen und sonstigen öffentlichen Lebens teil. Die 15 Vertreter der beteiligten Ministerien traten als Regierungskommissare mit nur beratender Stimme auf.

Zu den Teilnehmern gehörten als Vertreter des Kultusministeriums der Leiter der ersten Unterrichtsabteilung de la Croix und die Vortragenden Räte Schneider und Althoff. Als Vertreter der Kirchen erschienen Pastor von Bodelschwingh (Bielefeld) und der Fürstbischof Kopp (Breslau). Als Vertreter der Universitäten kamen die Professoren Helmholtz, Paulsen und Virchow, die in Berlin lehrten. Als Vertreter der höheren Schulen kamen die Direktoren Dr. Frick (Franckesche Stiftungen Halle), Dr. Hartwig (Frankfurt/Main) und Dr. Schulze (Berlin). Als Vertreter der Provinzialschulkollegien kamen die Schulräte Dr. Deiters (Koblenz) und Dr. Klix (Berlin).

Von zeitpolitischer Bedeutung war, daß als Vertreter der Industrie Dr. Frowein (Elberfeld) und Kommerzienrat Kaselowsky (Berliner Maschinenbau-AG) erschienen. Als Vertreter des preußischen Landtags kamen die Abgeordneten Dr. Hropatschek (konservativ), Hugo Graf Douglas (freikonservativ), Frhr. von Heeremann (Zentrum) und von Schenckendorff (national-liberal). Als unabhängiger Berater wurde des Kaisers einstiger Erzieher und späterer Berater Hinzpeter zugezogen.

Die Konferenz trat am 4. Dezember unter dem Vorsitz des preußischen Staatsministers von Goßler in Berlin zusammen. Der Kaiser (R I, 15ff.) führte über die Reform der höheren Schulen unter Anerkennung der Tätigkeit des Kultusministers von Goßler aus, daß es um technische und pädagogische Maßnahmen ginge, um die Jugend den Anforderungen „der Weltstellung unseres Vaterlandes und auch unseres Lebens entsprechend heranzubilden". Die zu diskutierenden 14 Punkte, die er durchgelesen habe, riefen in ihm selbst Fragen hervor, die er schriftlich niederlegte. Er wünschte auf dem Gymnasium, das er ja aus seiner eigenen Schulzeit kannte, daß der deutsche Aufsatz im Mittelpunkt stehe, und wandte sich gegen den damals noch üblichen Aufsatz in lateinischer Sprache. „Wenn wir auf dem Gymnasium einen Aufsatz über ‚Minna von Barnhelm' schreiben sollten, bekamen wir kaum (die Note) befriedigend." Der Unterricht in Geschichte müsse über das Jahr 1789 hinaus ausgedehnt werden. Dabei müsse die vaterländische Geschichte mehr gebracht werden. Der Große Kurfürst sei zu seiner Schulzeit nur eine nebelhafte Erscheinung gewesen, der Siebenjährige Krieg bereits außerhalb aller Betrachtung geblieben. In Hinblick auf die einseitig betrieben gewesene Philologie meinte er: „Es ist weniger Nachdruck auf das Können wie auf das Kennen gelegt worden." Es werde von dem Grundsatz ausgegangen, daß der Schüler vor allen Dingen soviel wie möglich wissen müsse. „Ob das für das Leben paßt oder nicht, das ist Nebensache."

Mit einem Schlagwort Bismarcks warnte er vor dem Abiturientenproletariat. „Die sämtlichen sogenannten Hungerkandidaten, namentlich die Herren Journalisten, das sind vielfach verkommene Gymnasiasten, das ist eine Gefahr für uns." Er forderte klassische Gymnasien mit klassischer Bildung, Schulen mit Realbildung aber keine Realgymnasien. Die Realgymnasien seien eine Halbheit. „Man erreicht mit ihnen nur Halbheit der Bildung, und das Ganze gibt Halbheit für das Leben nachher." Da viele das Gymnasium nur besuchen würden, damit sie den Heeresdienst von nur einem Jahr zu leisten brauchen, solle man das Abgangszeugnis der Realschule als Rechtsgrund für die Genehmigung des nur einjährigen Heeresdienstes auch anerkennen. Außerdem forderte er Verminderung des Lehrstoffes durch einfachere Gestaltung der Examina und eine Erziehung, die zur Charakterbildung führe. Er führte seinen Lehrer Geheimrat Hinzpeter an: „Wer erziehen will, muß selbst erzogen sein." Deshalb sollte die Schülerzahl einer Klasse unter dreißig liegen. „Wenn die Schule die Jugend so lange dem Elternhaus entzieht, wie es geschieht, dann muß sie auch die Erziehung und die Verantwortung für diese übernehmen. Erziehen Sie die Jugend, dann haben wir auch andere Abiturienten." Schließlich führte Wilhelm II. eine Statistik über Gymnasien, Progymnasien, Realgymnasien und Realprogymnasien, ferner über lateinlose Oberrealschulen und höhere Bürgerschulen in Preußen an. Das Reifezeugnis bei dem Abiturientenexamen erwarben auf den Gymnasien 3,1 Prozent der Bevölkerung Preußens, auf den Realgymnasien 1,2 Prozent und auf den Oberrealschulen 2 Prozent. Nach dem Bestehen der 6. Klasse war der Schüler berechtigt, nur ein Jahr zu dienen, und konnte in Preußen – nicht in Bayern – Offizier werden. Die „einjährig-freiwillige Berechtigung" erwarben auf den Gymnasien 68 Prozent, auf den Realgymnasien 75 Prozent, auf den lateinlosen Realanstalten 38 Prozent.

In der Pflichtsitzung der Schulkonferenz am 17. Dezember 1890 erwähnte Wilhelm II. auch die Religion. Daß er es bisher in der Konferenz nicht getan hatte, war den Teilnehmern aufgefallen. Er sagte deshalb zu den Teilnehmern, daß er der Ansicht war, daß jedermann im Volke seinen Standpunkt dazu kenne. Er betonte aber nun: „Ich werde selbstverständlich als preußischer König wie als summus episcopus Meiner Kirche es Meine heiligste Pflicht sein lassen, dafür zu sorgen, daß das religiöse Gefühl und der Funke christlichen Geistes in der Schule gepflegt und genährt werde. Möge die Schule die Kirche achten und ehren und möge die Kirche ihrerseits der Schule beistehen und ihr bei ihren Aufgaben weiterwirken helfen; dann werden wir zusammen imstande sein, die Jugend zu den Anforderungen unseres modernen Staatslebens heranzubilden." Er betonte (R I, 164) aber auch den Wandel der Zeit: „Wir befinden uns in einem Zeitpunkt des Durchgangs und Vorwärtsschreitens in ein neues Jahrhundert." Seine Vorfahren seien, „den Puls der Zeit fühlend", an der Spitze der neuen Bewegung der Kräfte geblieben. „Ich glaube, erkannt zu haben, wohin der neue Geist und wohin das zu Ende gehende Jahrhundert zielen werde, und Ich bin entschlossen, so wie Ich es bei dem Anfassen der sozialen Reformen gewesen bin, so auch hier in Bezug auf die Heranbildung unseres jungen Geschlechtes die Bahnen zu beschreiten, die wir unbedingt beschreiten müssen; denn täten wir es nicht, so würden wir in zwanzig Jahren dazu gezwungen werden."

Zweifellos griff Wilhelm II. in den ersten beiden Jahren seiner Regierung rechtzeitig und früher als es in verschiedenen anderen europäischen Staaten geschah, in der sozialen Frage und bei der Heranbildung einer neuen Generation tatkräftig zu. Der tiefere Grund für Wilhelms Forderung im Dezember 1890, das Realgymnasium zu beseitigen, bestand darin, daß er das humanistische Gymnasium durch Erweiterung seiner realistischen Bildungselemente so stark an das

Realgymnasium angenähert haben wollte, daß dieses selbst dann wegfallen konnte. In diesem Sinn schlug die Schulkonferenz entsprechend dem Programm Wilhelms II. vor, hinfort nur noch das reformierte Gymnasium und die Oberrealschule bestehen zu lassen.

Aufgrund der Beschlüsse der Schulkonferenz bekamen die Absolventen der Oberrealschule das Recht, nicht nur zum Studium auf den Technischen Hochschulen, den Berg- und Forstakademien, sondern auch zu dem mathematisch-naturwissenschaftlichen Universitätsstudium. Nach dem Ministerwechsel vom März 1891 setzte der Kultusminister von Zedlitz-Trützschler am 6. Januar 1892 Lehrpläne und Lehraufgaben der höheren Schulen in Kraft, die den Beschlüssen der Konferenz entsprachen. Freilich war von der Beseitigung des Realgymnasiums in den Lehrplänen nicht die Rede. Damit war dem Widerspruch der Städte Rechnung getragen, die die Existenz der Realgymnasien innerhalb ihrer Stadtbereiche sehr verteidigten. Obwohl die Schulkonferenz den Vorschlag beschloß, nur zwei Schultypen zu entwickeln, kam es durch Zedlitz-Trützschler nun zu einer Gliederung des höheren Schulwesens in humanistische Gymnasien, Realgymnasien und Oberrealschulen.

Entsprechend den Forderungen Wilhelms II. für den Geschichtsunterricht schrieben die neuen Lehrpläne „die vergleichende Berücksichtigung unserer gesellschaftlichen und wirtschaftlichen Entwicklung bis 1888" vor. Der Gefahr des Mißbrauchs zeitgeschichtlichen Unterrichts steuerte das preußische Kultusministerium mit dem Satz: „Je mehr hierbei jede Tendenz vermieden, vielmehr der gesamte Unterricht von ethischem und geschichtlichen Geist durchdrungen und gegenüber den sozialen Forderungen der Jetztzeit auf die geschichtliche Entwicklung der Verhältnisse der Städte untereinander und der Lage des arbeitenden Standes insbesondere in objektiver Darstellung hingewiesen [wird], der stetige Fortschritt zum Besseren und die Verderblichkeit aller gewaltsamen Versuche der Änderung sozialer Ordnungen aufgezeigt wird: umso eher wird bei dem gesunden Sinn unserer Jugend es gelingen, dieselbe zu einem Urteil über das Verhängnisvolle gewisser sozialer Bestrebungen der Gegenwart zu befähigen."

Da die auch nach 1892 bestehenden Unterschiede in den Rechtsfolgen der Reifezeugnisse der drei bestehenden Schulgattungen fortbestanden, traten auch die Anhänger der Gymnasien immer mehr für die Gleichberechtigung aller Reifezeugnisse ein. 1896 erhielten die Lehrerseminare, dann die höheren Handels-, Industrie- und Landwirtschaftsschulen, schließlich auch die anerkannten höheren Privatschulen sowie eine Reihe deutscher Auslandsschulen die Zuständigkeit, Zeugnisse für Berechtigung zur Ableistung des einjährig-freiwilligen Militärdienstes auszustellen (Huber IV, 923). Das führte dazu, daß im Unterschied etwa zu Bayern viele Schüler nach einem Besuch von sechs Klassen einer höheren Schule in der preußischen Armee Offizier werden konnten.

Schon in den Debatten über den preußischen Staatshaushalt vom 21. bis 22. Januar 1892 (Huber IV, 894 39) ergriffen die Gegner des Schulgesetzentwurfes, darunter der freisinnige Abgeordnete Rickert, der national-liberale Hobrecht und der freikonservative Frhr. von Zedlitz-Neukirch das Wort gegen den Kultusminister Graf Zedlitz-Trützschler. Er verteidigte sich mit dem weitgehend nicht zutreffenden Hinweis, der Entwurf des Gesetzes sei eine bloße Kodifikation der bestehenden Verwaltungspraxis.

Reichskanzler Caprivi führte als preußischer Minsterpräsident aus, seine Regierung habe den Kulturkampf nicht geführt; sie wünsche Herstellung vollen Friedens mit der römischen Kirche; im Kampf gegen die aus dem Unglauben hervorgegangenen Mächte des Umsturzes brauche die Schule das Christentum; dieses sei aber nur durch jeweils eine der Konfessionen zu vermitteln. Die Schule sei auf den „Zusammenhang mit den Kirchen" angewiesen. Caprivi wünschte Zusammenarbeit mit dem Zentrum gegen die Mächte des Umsturzes. Am 25. bis 30. Januar 1892 standen sich die gleichen Fronten im Abgeordnetenhaus bei der ersten Lesung des Schulgesetzentwurfs gegenüber. Wilhelm II. verhinderte das ihm unerwünschte Schulgesetz, indem er seine Zustimmung von der unerfüllbaren Bedingung abhängig machte, daß das Gesetz mit den Stimmen der Mittelparteien angenommen werden müßte. Wilhelm II. forderte das im preußischen Kronrat am 17. März 1892, also während im Ausschuß des preußischen Abgeordnetenhauses der konservative Parteiführer Helldorf ein Bündnis seiner Partei mit dem Zentrum zu verhindern versuchte. Philipp Graf Eulenburg, damals preußischer Gesandter in München, schrieb am 28. Januar 1892 dem Kaiser über die Gefahr, wenn die preußische Regierung mit dem Zentrum zusammengehe und über die Wirkung dieses Zusammengehens auf Bayern. Der Kaiser hielt sich aber bei seiner Entscheidung vor allem an Miquel, den er als Persönlichkeit und als preußischen Finanzminister sehr schätzte. Miquel hatte Wilhelm seine Entlassung angeboten. Dieser lehnte sie am 23. Januar 1892 ab.

Durch einen Allerhöchsten Erlaß vom 26. November 1900 erkannte Wilhelm II. dann doch die drei Arten der höheren Lehranstalten grundsätzlich als gleichberechtigt an (Huber IV, 920). Die „Lehrpläne und Lehraufgaben" für die höheren Schulen in Preußen von 1901 bestanden bis zum Ende der Monarchie. Gleichzeitig mit den Lehrplänen von 1901 wurde den Absolventen aller anerkannten höheren Schulen der Zugang zu den Universitäten geöffnet. Die Absolventen der Realgymnasien und der Oberrealschulen erhielten durch Verfügung des preußischen Kultusministers vom 26. Januar 1901 den vollen Zugang zum Studium in den Fächern der Philosophischen Fakultäten und zur Prüfung für das Lehramt an den höheren Schulen, laut Bekanntmachung des preußischen Justizministers und des preußischen Kultusminsters vom 1. Februar 1902 auch zum Rechtsstudium und zu den juristischen Prüfungen. Der Zugang zum Offiziersberuf wurde durch Erlaß vom 6. Februar 1902 auch auf die Inhaber von Reifezeugnissen der Oberrealschulen ausgedehnt.

Für das Medizinstudium wurde neben dem Zeugnis eines Gymnasiums auch das eines Realgymnasiums zugelassen, wie am 28. Mai 1901 bekanntgemacht wurde. Es gab nun eine Prüfungsordnung für Ärzte, erlassen vom Reichskanzler, genehmigt vom Bundesrat (gemäß § 29 der Reichsgewerbeordnung). Durch Nachprüfung in Latein und Griechisch zum Gymnasialabitur konnte auch ein Schüler des Realgymnasiums die Berechtigung zum Medizinstudium erwerben. Das Reifezeugnis einer Oberrealschule konnte durch Nachprüfung in Latein zum Realgymnasialabitur aufgewertet werden, wie die Prüfungsordnung für die Reifeprüfung an den neunstufigen Höheren Lehranstalten vom 28. Oktober 1901 festlegte.

Für das Theologiestudium wurde aber weiter das Reifezeugnis eines Gymnasiums gefordert (Huber IV, 921). Der preußische Kultusminister Holle führte 1908 die notwendigen Maßnahmen durch, die den Studienanstalten für Mädchen die volle staatliche Anerkennung, Förderung und Ausgestaltung zusicherten. Wilhelm II. verfügte das nämlich durch Erlaß vom 15. August 1908. Ein weiterer vom 18. August 1908 betraf die „Bestimmungen über die Zulassung der Frauen zum Universitätsstudium". Die Zahl der Studienanstalten für Mädchen nahm zwischen 1900 und 1914 schnell zu. Die deutschen Gliedstaaten folgten dem in Preußen durch Wilhelm II. gegebenem Beispiel, soweit sie nicht wie Bayern durch Entscheidung des Prinzregenten Luitpold 1903 bereits Mädchen zum Studium an Universitäten zugelassen hatten.

Treffende aber auch unbedachte und übertreibende Äußerungen –
Untertanen als Familienmitglieder – Die Interessen aller Stände –
Landwirtschaft und Verkehr – Pommern

In der Wahl seiner Worte drückte der Kaiser sehr oft die Auffassung der Allgemeinheit oder die Tendenz in deren Stimmung aus. Die sich in den neunziger Jahren gegeneinander richtenden Zeittendenzen veranlaßten in ihm augenblicksbedingte Äußerungen. Sie konnten auch stark auf einen bestimmten Zuhörerkreis konzentriert sein. Bismarck vermißte an ihm vor allem das Augenmaß. Wenn das auch der Reichsgründer selbst mehr als einmal nicht besaß, so traf das auch für den Erben an der Reichsgründung bei verschiedenen Gelegenheiten zu. Am 20. Februar 1891 wollte Wilhelm (R I, 168ff.) die Gegner des Volksschulgesetzes in Preußen treffen und sagte bei dem Essen des Brandenburgischen Provinziallandtags: „Sie wissen, daß Ich Meine ganze Stellung und Meine Aufgabe als eine mir vom Himmel gesetzte auffasse, daß Ich im Auftrag eines Höheren, dem Ich später einmal Rechenschaft abzulegen habe, berufen bin. Nun, Brandenburger, Ihr Markgraf spricht zu Ihnen, folgen Sie Ihm durch dick und dünn, auf allen den Wegen, die Er Sie führen wird. Sie können versichert sein, es ist zum Heile und zur Größe des Vaterlandes."[83]

Als am 18. Dezember 1891 in Wilhelms Gegenwart das in Berlin neuerbaute Kreishaus des Kreises Teltow eingeweiht wurde, erwiderte dieser auf die Rede des Landrats Stubenrauch: „Wir feiern heute eins von den wenigen Festen, um die uns sämtliche andere Nationen der Welt beneiden. Es sind dies Feste, in denen der einfache Mann des Volkes mit seinem Herrscher zusammenkommt, um sich nicht als Untertan zum Herrscher, sondern als Familienmitglied zum Familienvater zu fühlen (R I, 202); und das ist ein Band, welches nur in Deutschland und nur speziell bei uns in Preußen und Brandenburg möglich ist." Das war eine Übertreibung. Denn solche Kontakte gab es u. a. in Bayern schon unter König Max I. und bestanden auch in der Zeit des Prinzregenten Luitpold. Wilhelm II. führte am 18. Dezember 1891 aus, daß die von Gott gegebenen Hauptelemente der Luft und des Lichts für den Landwirt Grundelemente sind. Er zweifelte nicht, daß nicht nur die Landwirte speziell dieser Provinz, „sondern Meines gesamten Reiches die Empfindung haben werden, daß nach wie vor wir zusammengehören, wir miteinander arbeiten und miteinander fühlen, und daß stets das hohenzollernsche Wort Suum Cuique auch im höchsten Maße auf die Landwirtschaft in Anwendung gebracht ist."

Während der nächsten Sätze erhielt der Kaiser vom Reichskanzler Caprivi die Meldung aus dem Reichstag, daß die Handelsverträge mit Österreich-Ungarn, Italien und Belgien in dritter Lesung angenommen worden wären. Der Kaiser teilte das sofort seinen Zuhörern mit und erwähnte, daß die Annahme mit 243 gegen 48 Stimmen erfolgt sei. „Ich glaube aber, daß die Tat, die durch Einleitung und Abschluß der Handelsverträge für alle Mit- und Nachwelt als eine der bedeutendsten geschichtlichen Ereignisse bestehen wird, geradezu eine rettende zu nennen ist." Er nannte sie ein Ergebnis der Arbeit Caprivis. Die unmittelbare Zusammengehörigkeit zwischen dem König und Volk hatte er auch am 20. Februar 1891 auf dem brandenburgischen Provinziallandtag in Berlin angesprochen und betont, es sei ein Verdienst seiner Vorfahren, „daß die sich nie zu den Parteien gestellt, sondern daß sie stets darübergestanden haben und daß es ihnen gelungen ist, die einzelnen Parteien zum Wohl des Ganzen zu vereinigen" (R I, 170). In diesem Sinn führte er beim Essen des brandenburgischen Provinziallandtags am 24. Februar 1895 aus: „Die Fragen, die im Augenblick die Gemüter bewegen, betreffen vorwiegend den Bauernstand. Wie dieselben angefaßt werden sollen, ist ihnen zur Genüge aus Meinen letzten Auslassungen bekannt."

Nach einer Warnung vor überspannten Hoffnungen stellte Wilhelm grundsätzlich fest: „Kein Stand kann beanspruchen, auf Kosten der anderen besonders bevorzugt zu werden. Des Landesherrn Aufgabe ist es, die Interessen aller Stände gegeneinander abzuwägen und miteinander zu vermitteln, damit das allgemeine Interesse des großen Vaterlandes dabei gewahrt bleibe." Kurz vorher hatte er beim Empfang des Vorstandes des Bundes der Landwirte am 18. Februar 1895 gesagt, Mitglieder dieses Bundes hätten sich 1894 zu einer Agitation in Wort und Schrift verführen lassen, die über den Rahmen des Zulässigen hinausgehend sein Herz als Landesvater habe kränken müssen. Doch an diesem 18. Februar 1895 habe der Bund der Landwirte wie Wilhelms ostpreußische Untertanen dieses

Vergehen wieder gutgemacht. Er hoffte, unter Mitwirkung von Landwirten aller Stände Ersprießliches für die Hebung der Landwirtschaft zu erwirken. Deshalb rate er, sich jeder sensationellen Agitation zu enthalten und mit Vertrauen der Arbeit des preußischen Staatsrates zu folgen (R I, 294f.).

Bei der Thronrede zur Eröffnung des preußischen Landtages am 16. Januar 1894 sprach er (R I, 259ff.) von der schwierigen Lage, in der sich die Landwirtschaft zu einem großen Teile befinde. „Angesichts der hohen Bedeutung der Landwirtschaft für das Staatswohl erkenne Ich es als die Aufgabe Meiner Regierung, nicht nur fortgesetzt das Gedeihen der Landwirtschaft zu fördern, sondern auch eine Gestaltung der Rechtsverhältnisse des ländlichen Besitzes zu erstreben, die ihn in den Stand setzt, auch ungünstige Zeiten zu überwinden." Er wünschte deswegen die dauernde Mitarbeit selbständiger, auf öffentlich-rechtlichem Grund ruhender Organe der Berufsgenossen, an denen es bisher der Landwirtschaft fehle. „Die Herstellung einer allgemeinen korporativen Vertretung der Landwirtschaft ist daher der erste notwendige Schritt zu dem bezeichneten Ziele. Die Vertretung wird berufen sein, die Hebung der Landwirtschaft durch gemeinsame Einrichtungen zu betreiben, der Regierung als Beirat zu dienen und bei der Vorbereitung und Durchführung der Maßregeln der Gesetzgebung und Verwaltung mitzuwirken, die auf die Verbesserung des Kreditwesens und die Beseitigung der Übelstände gerichtet sind, die auf der übermäßigen Verschuldung des Grundbesitzes und den ungeeigneten Formen derselben beruhen." Wilhelm kündigte deswegen den Entwurf eines Gesetzes über die Errichtung von Landwirtschaftskammern an.

In der ausgehenden Zeit der Kanzlerschaft Caprivis gelangen dem Kaiser eine Reform der Verfassung Preußens und nicht zuletzt aus militärischen Gründen, wie Jost Dülffer[84] ausführt, eine begrenzte Finanzreform. Auch wenn der Spitzensteuersatz nur vier Prozent betrug, brachte die progressive Einkommenssteuer höhere Erträge. Das rief aber das Mißfallen der Begüterten hervor. Andererseits wurden kleinere Einkommen entlastet. Mit der Übertragung der Gewerbe-, Grund- und Gebäudesteuer an die Gemeinden wurden diese finanziell auf eigene Füße gestellt. Dies war bei der zunehmenden Bevölkerung in den Städten auch dringend notwendig. Doch blieb die ebenfalls erforderliche Reform der Landgemeinden durch die Haltung des Landtags in den Ansätzen stecken. Die Konservativen setzten durch, daß die Gutsbezirke nur fakultativ, nicht bindend in die Landgemeinden eingegliedert wurden. Auch das hatte Folgen für die Steuern. Von den 16.000 Gutsbesitzern verloren tatsächlich nur 500 nach und nach ihre „Selbständigkeit". Aus der preußischen Finanzreform, die den plutokratischen Charakter des bisherigen Wahlrechts noch verstärkte, ergab sich politisch zwingend auch die Notwendigkeit einer Wahlrechtsänderung. Darauf beharrte das Zentrum. Die Einteilung in drei Klassen wurde nun nach Urwahlbezirken statt nach Gemeinden vorgenommen. Das änderte an der Zahl der Wahlberechtigten pro Klasse wenig. Die Quote in der ersten Abteilung lag zwischen 3,3 und 4,4

Prozent, in der zweiten zwischen 10,8 und 15,8 Prozent, in der dritten zwischen 79,8 und 85,6 Prozent. Aber immerhin war erreicht, daß in ärmeren Vierteln auch Arbeiter in der ersten Abteilung wählten. Der nicht begüterte Kanzler Caprivi selbst und mit ihm sechs von zehn preußischen Ministern votierten in der dritten Klasse, drei in der zweiten; der zehnte Minister, der in der dritten Klasse zu votieren hatte, war der Kriegsminister, aber dieser hatte als Militär kein aktives Wahlrecht. Sozialdemokraten konnten unter diesem Wahlrecht nach wir vor in Preußen keine Mandate erzielen.

Schon am 10. Dezember 1891 betonte Caprivi im Reichstag, Deutschland sei ein Industriestaat geworden. Die Landwirtschaft als staatserhaltende Kraft bleibe die Basis, auch wenn sie es auf dem Weltmarkt zunehmend schwerer habe. Einer Steigerung fähig seien aber Industrie und Handel. Und diese brauchten Absatzmärkte, die wiederum für eine wachsende Bevölkerung erforderlich seien. „Wir müssen exportieren: entweder wir exportieren Waren oder wir exportieren Menschen. Mit dieser steigenden Bevölkerung ohne eine gleichmäßig zunehmende Industrie sind wir nicht in der Lage weiterzuleben." Dieses Programm des Kanzlers zielte auf die parlamentarische Linke im Reichstag, warb auch um die Sozialdemokratie und war dem Freisinn aus der Seele gesprochen.

Trotz der deutschen Schutzzölle seit 1879 hatte die Meistbegünstigung mit Frankreich in den achtziger Jahren die deutsche Wirtschaft an dessen liberalen Handelsverträgen teilnehmen lassen. Doch drohte die günstige Hinterhandposition, bei Auslaufen einer Reihe derartiger Verträge 1892 verlorenzugehen. Die Vorstellungen des Auswärtigen Amtes gingen ursprünglich von einer festen mitteleuropäischen Zollunion aus. Aber der Kanzler näherte sich pragmatisch jener Frage, indem er ebenso wie der Kaiser selbst auf die ökonomische Basis Mitteleuropa setzte und für ein System bilateraler Handelsverträge eintrat. Der Grundgedanke, im einzelnen mühsam spezifiziert, ging dahin, daß das Deutsche Reich die hochprotektionistischen Agrarzölle herabsetze, dafür sich aber die Partnerstaaten stärker der deutschen Industrieproduktion öffneten. Zugleich würde damit der von Wilhelm II. so hoch gehaltene Dreibund, der auch militärisch aufgewertet wurde, einen zusätzlichen Sinn erhalten. Erstmals wurde die Handelspolitik für die „Große Politik" in dieser Form zum Instrument.

In einem ersten Anlauf kamen Ende 1891 auf zehn Jahre abgeschlossene Verträge mit Österreich-Ungarn, Italien, Belgien und der Schweiz zustande. Da diese überwiegend agrarische Länder waren, aber keinen belastenden Druck auf den deutschen Agrarmarkt bedeuteten, nahm der Reichstag diese Verträge mit großer Mehrheit an. Sogar die Sozialdemokraten stimmten dafür, aber der größte Teil der Deutschkonservativen sprach sich dagegen aus. Diese Mehrheit im Reichstag ließ sich für die Regierung nicht auf die Dauer halten. Die von Wilhelm II. unterstützten Handelsverträge mit Spanien, Serbien und Rumänien, schließlich auch mit Rußland 1893/1894, fanden nur noch knappe Mehrheiten. In der Zwischenzeit war nämlich der Bund der Landwirte entstanden und hatte die agrarischen Interessen mobilisiert. Das Zentrum wandte sich von Caprivi ab. Der deutsch-konservative Abgeordnete Hans Graf Kanitz[85] forderte gar eine Reichsstelle, die den Handel mit Getreide monopolisieren sollte. Die Getreidepreise waren seit 1891 auf die Hälfte gefallen, was aber nicht durch die Handelsverträge, sondern durch billigen Import aus Amerika verursacht worden war. Die traditionelle Führungsschicht forderte durch Kanitz eine dauernde staatliche Absicherung ihrer bedrohten wirtschaftlichen Macht. Für diese Kreise hatte Caprivi als „Kanzler ohne Ar und Halm" endgültig abgewirtschaftet.

Bei einem Essen für die Vertreter der Provinz Ostpreußen am 6. September 1894, an dem auch König Wilhelm von Württemberg als Manövergast teilnahm, wiederholte Wilhelm II. seine Forderung, daß die Provinz Ostpreußen als eine hauptsächlich Landwirtschaft betreibende vor allen Dingen einen leistungsfähigen Bauernstand erhalten und behalten müsse und die Stütze seiner Monarchie sei (R I, 274). Seine Tür sei allezeit einem jeden seiner Untertanen offen (R I, 275). Er ersuchte um Aussprachen. Die Fürsorge, die er am 14. Mai 1890 im Schloß in Königsberg im Moskowitersaal den Vertretern der Provinz Ostpreußen versprochen hatte, habe er durchgeführt. Er habe erreicht, daß 85 Millionen Mark für Eisenbahnen und zum Erlaß von Darlehen an Deich- und Meliorationsverbände, für die Weichselregulierung und den Seekanal für Ostpreußen aus allgemeinen Staatsmitteln aufgewendet worden waren, für Westpreußen 24 1/4 Millionen, zusammen etwa 110 Millionen. Der Etat des nächsten Jahres werde das fortführen.

Am 7. September 1894 wünschte er bei einem Essen der Provinz Westpreußen in Marienburg, daß die Provinz die Marienburg stets als ein Wahrzeichen des Deutschtums ansehen möchte, deutsche Sitte und den von den Deutschen überlieferten christlichen Glauben pflege. Auf diese Rede kam er am 22. September 1894 in Thorn zu sprechen. „Ich hoffe, daß die Thorner polnischen Mitbürger sich entsprechend dem, was Ich in Königsberg [am 6. September 1894] gesagt [habe], verhalten werden. „Wenn wir alle Mann an Mann geschlossen wie eine Phalanx zusammenstehen, ist es möglich, den Kampf mit dem Umsturz siegreich zu Ende zu führen." Als der Kaiser am Bahnhof dem Bürgermeister noch einmal dankte, wünschte er, daß seine Worte vom Vormittag allgemein bekannt würden. „Ich habe es nicht bloß in den Wind gesprochen. Ich kann auch sehr unangenehm sein und werde es, wenn erforderlich, auch werden" (R I, 279). Am 6. September 1895 erinnerte er (R I, 316f.) beim Essen des pommerschen Provinziallandtages in Stettin daran, daß seine Vorfahren heiß [mit Schweden] darum kämpften, „dieses herrliche Land, dieses kerndeutsche Volk mit der Mark [Brandenburg] zu vereinen, so daß nunmehr der rote Greif mit dem roten Aar auf demselben Wappenschilde sich befand." Wilhelm II. nannte in Rücksicht auf den befreundeten König Oskar II. den Kampfgegner „Schweden" seiner Vorfahren nicht (R I, 287ff.).

Das Reichstagsgebäude – Hilfe für die schwächeren Klassen der Gesellschaft – Schutz der Staatsordnung – Verteilung der Staatslasten nach der Leistungsfähigkeit – Eisenbahnnetz, Renten- und Ansiedlungsgüter – Die Nörgler – „Wir sind in einem Übergangszustand"

Am 5. Dezember 1894 eröffnete in dem neuen Reichstagsgebäude der Kaiser den Reichstag. Es war vor zehn Jahren zu bauen begonnen worden: „Möge Gottes Segen auf dem Hause ruhen, möge die Größe und Wohlfahrt des Reiches das Ziel sein, das alle zur Arbeit in seinen Räumen Berufenen in selbstverleugnender Treue anstreben! Diesen Wunsch empfinde Ich besonders lebhaft im Hinblick auf die wirtschaftlichen und sozialpolitischen Aufgaben, die unter Ihrer Mitwirkung zur Lösung zu bringen sein werden. Getreu den Überlieferungen der Vorfahren, betrachten Meine hohen Verbündeten und Ich es als die vornehmste Aufgabe des Staates, die schwächeren Klassen der Gesellschaft zu schützen und ihnen zu einer höheren wirtschaftlichen und sittlichen Entwicklung zu verhelfen. Die Pflicht, dieses Ziel mit allen Kräften anzustreben, wird um so dringender, je ernster und schwieriger der Kampf um das Dasein für einzelne Gruppen der Nation sich gestaltet hat. Von der Überzeugung getragen, daß es der Staatsgewalt obliegt, gegenüber den streitenden Interessen der verschiedenen Elemente das Gesamtinteresse des Gemeinwesens und die Grundsätze der ausgleichenden Gerechtigkeit zur Geltung zu bringen, werden die verbündeten Regierungen fortfahren in dem Bestreben, durch Milderung der wirtschaftlichen und sozialen Gegensätze das Gefühl der Zufriedenheit und der Zusammengehörigkeit im Volke zu erhalten und zu fördern. Soll aber dieses Bestreben, bei dem Ich Ihre rückhaltlose Unterstützung erhoffe, in seinem Erfolge gesichert werden, so scheint es geboten, dem verderblichen Gebaren derjenigen wirksamer als bisher entgegenzutreten, die die Staatsgewalt in der Erfüllung ihrer Pflicht zu stören versuchen. Die Erfahrung hat gelehrt, daß die bestehende Gesetzgebung nicht die erforderliche Handhabe hierzu bietet. Die verbündeten Regierungen erachten deshalb eine Ergänzung unseres gemeinen Rechts für geboten. Es wird Ihnen unverzüglich ein Gesetzentwurf vorgelegt werden, der vornehmlich durch Erweiterung der geltenden Strafvorschriften den Schutz der Staatsordnung erwirken will."

Mit diesen maßvollen Worten kündete der Kaiser die sogenannte Umsturzvorlage an, die am 17. Dezember dem Reichstag vorgelegt wurde. Er führte damals außerdem aus: „Die seit Einführung der Reichsjustizgesetze gesammelten Erfahrungen haben Mängel der Strafprozeßordnung und der mit ihr in Zusammenhang stehenden Teile des Gerichtsverfassungsgesetzes ergeben. Behufs ihrer Beseitigung wird Ihnen ein Gesetzentwurf vorgelegt werden, in dessen Rahmen zugleich die Entschädigung unschuldig Verurteilter ihre Regelung finden soll. Die Untersuchung der Börsenverhältnisse durch die dazu eingesetzte Kommission hat gezeigt, daß die bestehenden Einrichtungen nicht ausreichen, um die Gefahren abzuwenden, denen der Volkswohlstand durch mißbräuchliche Benutzung der börsenmäßigen Formen des Handelsverkehrs ausgesetzt ist. Ein Gesetzentwurf, der den auf diesem Gebiete hervortretenden Schäden abzuhelfen bestimmt ist, wird vorbereitet und Ihnen, wie Ich hoffe noch in dieser Tagung vorgelegt werden können. Dasselbe gilt von einem Gesetzesvorschlag, der dem Handels- und Gewerbestand gegen den Wettbewerb, der unlautere Mittel nicht verschmäht, Schutz gewähren und damit auf die Festigung des Vertrauens in Handel und Wandel hinwirken soll."

Ein dorniges Problem wurde damals das finanzielle Zusammenwirken der Gliedstaaten mit der Reichsgewalt. „Das finanzielle Verhältnis der Einzelstaaten zum Reich hat sich in einem für die ersteren bedenklichen Umfang (R I, 289) verschoben. Während die Einzelstaaten ein Jahrzehnt lang bedeutende Mehrüberweisungen vom Reich empfingen, ist das Reich gegenwärtig bemüht, zur Deckung seiner eigenen Bedürfnisse erhebliche Zuschüsse von den Einzelstaaten zu fordern. Diesem drückenden Übelstand vermögen die Mehreinnahmen aus den Reichsstempelsteuern nur zum Teil abzuhelfen." Zur Erschließung neuer Steuerquellen kündigte Wilhelm II. dem Reichstag einen Gesetzentwurf an, der die „anderweite Besteuerung des Tabaks" in Aussicht nimmt. Nicht minder halten die verbündeten Regierungen fest an der Forderung einer organischen Auseinandersetzung des Reichs und der Einzelstaaten, um die Finanzwirtschaft des Reiches selbständig zu machen und die Einzelstaaten wenigstens für längere Zeit vor schwankenden und steigenden Anforderungen zu schützen. Die verbündeten Regierungen entschlossen sich, wie der Kaiser ankündigt, deshalb auf die im Vorjahre zu Gunsten der Einzelstaaten geforderten Mehrüberweisungen zu verzichten. Auf dieser neugewonnenen Grundlage erhoffte der Kaiser volle Einigung mit dem Reichstag.

Als König von Preußen eröffnete Wilhelm (R I, 290ff.) am 15. Januar 1895 den Landtag mit Hinweisen auf die zu Ungunsten der Einzelstaaten gänzlich veränderte Finanzlage des Reiches. Es sei deshalb nicht gelungen, das Gleichgewicht des preußischen Staatshaushaltes wieder herzustellen. Im Hinblick auf das Defizit von 31 Millionen Mark des letzten Rechnungsjahres kündigte Wilhelm II. einen Gesetzentwurf über die Stempelsteuern an. Die auf dem Gebiete der direkten Steuern nunmehr abgeschlossene grundlegende Reform solle auf die indirekten Landessteuern ausgedehnt und auch bei den letzteren die Verteilung der Staatslasten nach der Leistungsfähigkeit in höherem Grade als bisher durchführen. Ein anderer Gesetzesentwurf bezwecke die Neuordnung des gerichtlichen Kostenwesens unter dem Gesichtspunkt einer einheitlichen Gestaltung für alle Landesteile und der Ermäßigung der Kosten für Gegenstände geringeren Wertes, namentlich in Grundbuch- und Vormundschaftssachen. Der Entwurf über die Gebührenordnung für Notare regelte die Gebühren für sie in ganz Preußen gleichmäßig.

Ein Gesetzentwurf über die Erweiterung des preußischen Staatseisenbahnnetzes durch Herstellung neuer Eisenbahnlinien sollte Mittel zur Beteiligung des Staates an Kleinbahnunternehmungen bereitstellen. Die Reformen des Kassen- und Rechnungswesens sollten dazu beitragen, die Wirtschaftlichkeit der Verwaltung der Staatseisenbahnen zu erhöhen. Außerdem wurde der Entwurf eines Gesetzes über die Verpfändung der Privateisenbahnen und der Kleinbahnen erneut vorgelegt.

Die schweren Sturmfluten der letzten Wochen hatten an den preußischen Inseln und Küsten der Nordsee schwere Verheerungen angerichtet. Die Feststellung und Einleitung zur Beseitigung der Schäden wurde angekündigt. Schließlich kündigte Wilhelm II. die Notwendigkeit an, für Behebung der ungünstigen Lage der Landwirtschaft einen Gesetzentwurf zur Erhaltung der neugeschaffenen Renten- und Ansiedlungsgüter vorzulegen. Er betraf das Anerbenrecht bei Renten- und Ansiedlungsgütern (R I, 292).

Auf dem üblichen Essen des Brandenburgischen Provinziallandtags führte der Kaiser schon am 24. Februar 1892 (R I, 207ff.) die dankbare Anerkennung der Märker an, die sie seiner schweren Arbeit zollten, ging aber auch auf die Kritik an ihm ein: „Es ist ja leider jetzt Sitte geworden, an allem, was seitens der Regierung geschieht, herumzumäkeln. Unter den nichtigsten Gründen wird den Leuten ihre Freude am Dasein und am Leben und Gedeihen unseres gesamten großen deutschen Vaterlandes vergällt. Aus diesem Nörgeln und dieser Verhetzung entsteht schließlich der Gedanke bei manchen Leuten, als sei unser Land das unglücklichste und schlechtest regierte in der Welt, und sei es eine Qual, in demselben zu leben." Man muß sich alle Worte in dieser Rede Wilhelms vergegenwärtigen, wenn man seine pointierten Sätze liest: „Wäre es denn nicht besser, daß die mißvergnügten Nörgler lieber den deutschen Staub von ihren Pantoffeln schüttelten und sich unsern elenden und jammervollen Zuständen auf das Schleunigste entzögen? Ihnen wäre ja dann geholfen, und uns täten sie einen großen Gefallen damit."

Dann kam er auf die Entwicklung des neu gegründeten Reiches zu sprechen und sagte ähnlich wie Max Weber, der 1895 die Einigung Deutschlands einen Jugendstreich nannte, den die Nation auf ihre alten Tage begangen habe und seiner Kostspieligkeit halber besser unterlassen hätte: „Wir leben in einem Übergangszustand! Deutschland wächst allmählich aus den Kinderschuhen heraus, um in das Jünglingsalter einzutreten. Da wäre es wohl an der Zeit, daß wir uns von unsern Kinderkrankheiten freimachen. Wir gehen durch bewegte und anregende Tage hindurch, in denen das Urteil der großen Menge der Menschen der Objektivität leider zu sehr entbehrt. Ihnen werden ruhigere Tage folgen, insofern unser Volk sich ernstlich zusammennimmt, in sich geht und unbeirrt von fremden Stimmen auf Gott baut und die ehrliche fürsorgliche Arbeit seines angestammten Herrschers."

Wilhelms Formulierungen in dieser langen Rede wurden weitergetragen und verschieden wiedergegeben.[86] In der von Penzler veröffentlichten Ausgabe der Reden Kaiser Wilhelms II. (R I, 209) sind die Worte festgehalten: „Dazu kommt das Gefühl der Verantwortung unserem obersten Herrn dort oben gegenüber und Meine felsenfeste Überzeugung, daß unser Alliierter von Roßbach und Dennewitz Mich dabei nicht im Stich lassen wird. Er hat sich solche unendliche Mühe mit unserer alten Mark und unserem Hause gegeben, daß wir nicht annehmen können, daß er dies für nichts getan hat. Nein, im Gegenteil, Brandenburger, zu Großem sind wir noch bestimmt, und herrlichen Tagen führe ich Euch noch entgegen. Lassen Sie sich nur durch keine Nörgeleien und durch mißvergnügliches Parteigerede Ihren Blick in die Zukunft verdunkeln oder Ihre Freude an der Mitarbeit verkürzen. Mit Schlagwörtern allein ist es nicht getan, und den ewigen mißvergnüglichen Anspielungen über den neuen Kurs und seine Männer erwidere Ich ruhig und bestimmt: Mein Kurs ist der richtige und er wird weitergesteuert; daß Meine brave märkische Mannschaft Mir dabei helfe, das hoffe Ich bestimmt.“

Anarchisten, Sozialdemokraten, „vaterlandslose Gesellen“ – „Wer Christ ist, der ist auch sozial“

Vom 25. bis 27. Februar 1892 kam es in Berlin zu Ausschreitungen von Arbeitslosen. Der Kaiser zeigte sich deshalb mit der „persönlichen Schneid“, wie selbst Friedrich von Holstein feststellte,[87] in diesen Tagen zu Pferde und auch im Wagen Unter den Linden und im Tiergarten. Er beruhigte dadurch. Das war das einzige, was einen günstigen Eindruck machte.

Beim Gottesdienst zur Reichstagseröffnung erschienen im November 1892 kaum dreißig Personen, der Kaiser erntete bei der Eröffnungsrede, in der er über die Friedenslage in Europa sprach, keinerlei Beifall.[88] Das wurde dadurch verursacht, daß die Kaiserliche Regierung diesem Reichstag trotz des Friedens militärische Mehrforderungen vorgelegt hatte. Der Kaiser sah in dem Widerstand gegen ihn immer mehr eine anarchistische (wie es sie in Rußland gab) und eine sozialdemokratische Bewegung. Er war im September 1894 entschlossen, diese Bewegungen zu unterdrücken.[89] Als die Sozialdemokraten in der Sitzung bei der formellen Schlußsteinlegung des neuen Reichstagsgebäudes bei dem Hoch auf den Kaiser sitzen blieben,[90] konnte dieser trotz des Beifalls der anderen Parteien zu seiner Rede eine Front der von ihm gefürchteten Bewegungen gegen sich und die Monarchen überhaupt sehen. Er wünschte, in diesem Zusammenhang das Bild von Monarchen überhaupt nicht durch Revolutionäre entstellt zu sehen, und versuchte deshalb, wenn auch vergebens, 1895 eine Herabsetzung auch verstorbener Monarchen auf dem Wege des Strafrechts zu verhindern.[91]

Am 26. Februar 1897 rief er beim Essen des Brandenburger Landtages nach einer übertreibenden Würdigung seines vor hundert Jahren geborenen Großvaters, des Kaisers Wilhelm I., gegen den Umsturz auf. Wilhelm II. nannte ihn gerne „Wilhelm den Großen". Am 20. April 1897 sprach er in einem Telegramm an seinen Bruder Prinz Heinrich, der gerade auf einem Schiff eine Marineeinheit kommandierte, von dem Verhalten jener vaterlandslosen Gesellen, die die Anschaffung der notwendigsten Schiffe zu hintertreiben wüßten. Der Prinz verlas das Telegramm vor der versammelten Mannschaft der Matrosen seines Schiffes. Das hatte Folgen. Denn die Majorität im Reichstag hatte soeben den Bau der Panzerschiffe und Kreuzer, den sie finanzieren sollte, abgelehnt. So wurde eine Interpellation im Reichstag wegen dieses Telegramms des Kaisers an seinen Bruder erwogen.[92]

Als Unternehmerkreise dem Kaiser die Gefahr vorstellten, daß von den Sozialdemokraten, unter denen es doch verschiedene Richtungen gab, bei einem Streik die Arbeitswilligen durch Gewalt von der Weiterarbeit abgehalten werden könnten, wollte er das aus der Bismarckzeit stammende Koalitionsverbot im preußischen Vereinsrecht 1897 nicht aufgeben, ohne eine Reform des Vereinsrechts durchgesetzt zu haben.[93] Er sagte am 6. Dezember 1898 in der Thronrede (R II, 128ff.) bei der Reichstagseröffnung nach Ankündigung von gesetzlichen Verbesserungen in der Invaliditäts- und Altersversicherung und einer Novelle zur Gewerbeordnung zu Gunsten von Leben, Gesundheit und Sittlichkeit auch bei Arbeitsgehilfen und Lehrlingen im Handelsgeschäft: „Der Terrorismus, durch den Arbeitswillige an der Fortsetzung oder Annahme von Arbeit gehindert werden, hat einen gemeinschädlichen Umfang angenommen. Das den Arbeitern gewährleistete Koalitionsrecht, das unangetastet bleiben soll, darf nicht dazu mißbraucht werden, das frühere Recht, zu arbeiten und von der Arbeit zu leben, durch Einschüchterung oder Drohung zu vergewaltigen. Hier die persönliche Freiheit und Selbstbestimmung nachdrücklich zu schützen, ist nach Meiner und Meiner hohen Verbündeten [der Bundesfürsten] Überzeugung die unabweisbare Pflicht der Staatsgewalt. Hierzu reichen aber die bestehenden Strafvorschriften nicht aus."

Damit begründete er, was er zunächst am 6. September in einem Trinkspruch in Oeynhausen auf die Provinz Westfalen gesagt hatte: „Das Gesetz naht sich seiner Vollendung und wird den Volksvertretern in diesem Jahre zugehen, worin jeder, möge er sein, wer er will, und halten, wie er es will, der einen deutschen Arbeiter, der willig wäre, seine Arbeit zu vollführen, daran zu hindern versucht oder gar zu einem Streik anreizt, mit Zuchthaus bestraft werden soll." Die sogenannte Zuchthausvorlage wurde nicht Gesetz. Gegen die sich international orientierende Richtung der Sozialdemokraten wandte sich der Kaiser mit dem Wort „vaterlandslose Gesellen".

Da sich auch die kirchlichen Kreise in der Arbeiterfrage zu eigenen Programmen und Tätigkeiten entschlossen, der Kaiser aber die soziale Frage als ein allgemeines Anliegen ansah, kam es auch hier zu Auseinandersetzungen. Im Saargebiet erklärten sich 35 evangelische Geistliche gegen jede unklare Vermischung der Aufgaben der evangelischen Kirche mit den christlich-sozialen Bestrebungen, die der preußische Abgeordnete von Stumm gefährlicher als die Sozialdemokratie bezeichnete. Der Kaiser telegraphierte nun am 28. Februar 1896 an Hinzpeter: „Politische Pastoren sind ein Unding. Wer Christ ist, der ist auch sozial; christlich-sozial ist Unsinn und führt zur Selbstüberhebung und Unduldsamkeit."

Bismarcks Entlassung 1890 und Berufung Caprivis – Gewerbegerichte, Gewerbeordnung – Erwerbung Helgolands – Wilhelm und Erzherzog Karl Stephan in Schleswig-Holstein

Bismarcks Machtstellung gegenüber seinem Monarchen beruhte auf der Kabinettsordre Friedrich Wilhelms IV. vom 8. September 1852, nach welcher der Ministerpräsident Preußens bei wichtigen neuen Anregungen vor Einholung der Allerhöchsten Entscheidung von den Ministern zu unterrichten sei, da er sonst die Gesamtverantwortung nicht tragen könne. Bismarck bezeichnete noch im 3. Band seiner Gedanken und Erinnerungen[94] diese Order als für jeden Ministerpräsidenten unentbehrlich. Der Kaiser behauptete, sie schränke seine königliche Prärogative ein, er verlangte deshalb ihre Zurücknahme. Schon im April 1886 hatte Bismarck zu dem in St. Petersburg tätigen Botschafter General Lothar von Schweinitz in Hinblick auf seine Schwierigkeiten im Reichstag gesagt: „Daß ich das, was ich gemacht habe, wieder zerschlagen muß; die Leute vergessen, daß dem jetzt bestehenden Bunde dasselbe passieren kann, was dem Frankfurter Bundestag 1866 geschehen ist; die Fürsten können von ihm zurücktreten und einen neuen bilden ohne den Reichstag."[95] Daß es dabei vielleicht nicht ohne Gewaltanwendung abgehen würde, wußte und akzeptierte er. Nach den Wahlen von 1887 sagte er: „Wäre die Kampagne mißlungen, so hätte [dies] zu einem Staatsstreich, vielleicht zu Aufständen geführt." Ähnlich äußerte er sich im Dezember 1889 zu Botschafter Prinz Heinrich VII. von Reuß: Mit der Eventualität einer feindlichen Mehrheit müsse man immer rechnen; man könne drei-, viermal (ein Parlament) auflösen, zuletzt müsse man doch die Töpfe zerschlagen. Bismarck war auch 1890 gewillt, seine Machtstellung sowohl gegenüber dem Kaiser wie gegenüber dem Reichstag rücksichtslos zu behaupten.

Der Großherzog von Baden, den der Kaiser seit dem Winter 1889/90 zu Rate zog, bestärkte Wilhelm in dem Glauben, daß seine soziale Reformideen Grundlage einer erfolgreichen Zusammenarbeit im neuen Reichstag werden würden. Bezüglich Bismarck deutete er Wilhelm an, daß dieser nicht mehr ganz richtig im Kopf sei.[96] Sowohl der konservative Staatssekretär im Reichsamt des Innern, Otto Heinrich von Helldorf-Bedra,[97] wie der national-liberale Reichstagsabgeordnete Johannes von Miquel rieten Wilhelm, dringend zu verhindern, daß Bismarck den Reichstag zu Beginn der neuen Sitzungsperiode mit der Vorlage eines neuen Sozialistengesetzes und einer Heeresnovelle vor den Kopf stoße. Bismarcks Herausforderung, überhaupt sein persönliches Regiment seit vielen Jahren, riefen in Wilhelm den Wunsch hervor, selbst als der Kaiser und damit der wirkliche Kopf der deutschen Politik anerkannt zu werden.

Am Morgen des 16. März 1890 erinnerte der Chef des Militärkabinetts, General von Hahnke, Bismarck in der Reichskanzlei im Auftrag Wilhelms daran, daß dieser eine umgehende Erklärung bezüglich der Order von 1852 erwarte. Das kam praktisch einer Forderung nach einem Rücktritt gleich. Der Chef des Militärkabinetts wie der des Zivilkabinetts drängten den Kaiser, Bismarck zu entlassen. Der auch mit Philipp Graf Eulenburg befreundete vortragende Rat im Auswärtigen Amt Fritz von Holstein[98] warf Bismarck vor, er habe versäumt, Wilhelm über die von Rußland ausgehende Gefahr zu informieren. Holstein zog Wilhelms Beachtung dadurch auf sich. Bismarck zögerte mit seinem Rücktritt noch vier Tage, in denen er eine Rechtfertigungsschrift für seine Politik verfaßte. Darin warf er dem Kaiser vor, es mangele ihm an Verständnis für den wirklichen Stand der Beziehungen zu Rußland; er habe eine gefährliche Neigung zu vorschnellen und nicht auf genügenden Kenntnissen beruhenden Handlungen.

Von Bismarcks Entlassung am 20. März 1890 bis zur Daily-Telegraph-Affäre im Oktober 1908 führte Wilhelm II. kein mißverständlich sogenanntes persönliches Regiment sondern höchstens von 1897 bis 1900 ein relativ persönliches Regiment. Er entschied stark aus eigener Initiative, am meisten 1897 bis 1900.

Maßgebliche Politiker glaubten seit Jahren, daß nur ein General Nachfolger Bismarcks und Erbe seiner Autorität sein könne. Als dieser sich im Frühjahr 1890 aus seinen preußischen Ämtern zurückzuziehen gedachte, faßte Wilhelm II. den Kommandierenden General Georg Leo von Caprivi, der bis 1888 als Chef der Admiralität auch gewandt mit dem Reichstag umgegangen war, ins Auge. Er ernannte ihn am 20. März 1890 nicht nur zum Außenminister Preußens, sondern auch zum Reichskanzler. Er entschied sich bereits am 17. März für ihn. Caprivi erstrebte Ausgleich, verzichtete auf die von Bismarck so gern gebrauchte Unterscheidung von Freund und Feind, war deshalb auch ein Gegner des Sozialistengesetzes[99] und hatte eine Vorliebe für den „Freisinn", weswegen er den Kaiser zur Bestätigung der Wiederwahl des Max von Forckenbeck zum Berliner Oberbürgermeister bewog, obwohl Wilhelm das zunächst ablehnte, da Forckenbeck im Reichstag gegen die Heeresvorlage gestimmt hatte.[100] Caprivi erstrebte seit Ende 1891 eine Koalition zwischen Zentrum und Konservativen sowohl im Reichstag wie im preußischen Landtag und trat damit in Gegensatz zu dem Liberalen Miquel, den der Kaiser 1890 zum preußischen Finanzminister ernannte, 1897 zusätzlich zum Stellvertreter des Ministerpräsidenten. Miquel betrieb die von Wilhelm gewünschte „Sammlungspolitik". Auf dieser Grundlage erreichte Wilhelm die Schaffung der Gewerbegerichte, die Novelle für Gewerbeordnung, ferner die Miquelsche Steuerreform und die Herrfurthsche Landgemeindeordnung.

Aufgrund von Verhandlungen mit England vertauschte der Kaiser die seit 1885 bestehende deutsche Schutzherrschaft über das mohammedanische Sultanat Sansibar in Ostafrika gegen die seit 1807 englische Insel Helgoland mit Rechtskraft vom 1. Juli 1890 und gewann die bisher nur gepachtete Küste von Deutsch-Ostafrika. Helgoland wurde 1892 dem Königreich Preußen angegliedert. Helgoland hatte seit dem 14. Jahrhundert den Herzogen von Schleswig-Holstein-Gottorp gehört, bis es im Kampf der königlichen Linie dieses Hauses gegen die herzogliche 1714 von den Dänen erobert worden war. Erst 1807 hatten sich die Engländer Helgolands bemächtigt. Von England kommend, traf Wilhelm II. zur Übernahme der Insel am 10. August 1890 auf Helgoland ein und erließ dort am selben Tag folgende Proklamation: „Helgoländer! Infolge vertragsmäßigen Übereinkommens mit Ihrer Majestät der Königin von Großbritannien und Irland ist die Landeshoheit über Helgoland und dessen Zubehörungen an Mich abgetreten. Auf friedlichem Wege kehrt Ihr damit in das Verhältnis zum deutschen Vaterland zurück, auf welches die Geschichte, die Lage und die Verkehrsbedingungen Eurer Insel hinweisen. Durch die Gemeinschaft des Stammes, der Sprache, der Sitten und Interessen habt Ihr Euren deutschen Brüdern von jeher nahegestanden." Wilhelm sprach hier auch als Ehemann der Prinzessin Auguste Viktoria von Schleswig-Holstein-Sonderburg-Augustenburg, deren Vater Herzog Friedrich seit 1863 dort regiert hatte.

Wilhelm II. wußte, daß durch die Übernahme der Insel Helgoland für deren Bewohner eine Reihe von Problemen entstanden, und wünschte ihre Lösung: „Die nähere staatsrechtliche Gestaltung dieser Wiedervereinigung bleibt Meiner Bestimmung und der verfassungsmäßigen Mitwirkung der zuständigen Vertretungskörper vorbehalten. Indem Ich aber schon jetzt für Mich und Meine Nachfolger feierlich und für alle Zeiten von Helgoland und dessen Zugehörungen Besitz ergreife, vertraue Ich dem bewährten Sinne aller Helgoländer, die von jetzt an Deutsche sein wollen, daß sie Mir und dem Vaterland in unverbrüchlicher Treue zugetan bleiben werden." Er versprach ihnen seinen Schutz und seine Fürsorge und erläuterte dies: „Ich werde dafür Sorge tragen, daß Recht und Gerechtigkeit unter Euch unparteiisch gepflegt werden und Eure heimischen Gesetze und Gewohnheiten soweit möglich unverändert fortbestehen. Um Euch den Übergang in die neuen Verhältnisse zu erleichtern, soll das jetzt lebende Geschlecht von der Erfüllung der allgemeinen Wehrpflicht im Heere und in der Flotte befreit bleiben. Auf eine Reihe von Jahren wird an dem auf der Insel geltenden Zolltarif nichts geändert werden. Alle Vermögensrechte, welche Personen oder bestehende Korporationen der Königlichen britischen Regierung gegenüber an Helgoland erworben haben, bleiben in Geltung. Die diesen Rechten entsprechenden Verpflichtungen werden hinfort von Mir und Meiner Regierung erfüllt werden. Die Bewahrung Eures väterlichen Glaubens, der Pflege Eurer Kirche und Schule wird Meine besondere Aufmerksamkeit gewidmet sein."

Der Konflikt, den Bismarck seit 1864 durch die Annexion des Herzogtums

Schleswig-Holsteins unter Ausschaltung Österreichs heraufbeschworen hatte, veranlaßte den Kaiser, am 5. September 1890 ein Prunkmahl für die Vertreter der Provinz Schleswig-Holstein zu geben. Zu diesem war auch Erzherzog Karl Stephan von Österreich, der Kommandierende Admiral des ihn begleitenden österreichischen Geschwaders, dort erschienen. Wilhelm II. begrüßte zunächst die Provinz Schleswig-Holstein, in der er, wie er sagte, oft erschien, da sich in ihr seine Marine entwickelte und vor allem dort stand. Er erinnerte die Vertreter der Provinz Schleswig-Holstein daran, daß am 3. Juni 1887 sein Großvater den Grundstein zur Schleuse des Eider-Kanals gelegt hatte, „seine letzte große Tat" in seinem öffentlichen Leben.

Den zweiten Trinkspruch brachte er auf Erzherzog Karl Stephan aus: „Seine Majestät der Kaiser Franz Joseph hat die Gnade gehabt, ein Geschwader in die hiesigen Gewässer zu schicken und mit ihm ein Mitglied Seines Hauses. Die engen Beziehungen innigster Freundschaft und festester Waffenbrüderschaft, die Seine Majestät mit Mir verbinden und in dem Besuch Seiner Marine und in dem Verhältnis Seiner Marine zu Meinen Schiffen sich bekundet haben, haben sich auch darin gezeigt, daß Er den Erzherzog Karl Stephan hierher geschickt hat. Der Erzherzog feiert heute seinen Geburtstag, und Ich denke, in Ihrer aller Herzen und Gesinnung zu sprechen, wenn ich Sie bitte, daß wir uns vereinigen in dem Rufe: ,Der Erzherzog Karl Stephan lebe Hoch! Hoch! Hoch!!!'"

Am 6. September 1890 brachte Wilhelm II. bei der Paradetafel für seine Marine in Gravenstein seine Anerkennung und seine Wünsche an die Admirale und Kommandanten seines Geschwaders in einer Trinkrede zum Ausdruck: „Sie haben am Ende einer dreimonatlichen Periode eine Probe abgelegt, die zu Ihrer vollen Ehre ausgeschlagen ist, nicht nur in taktischer Beziehung in Bezug auf die Führung Ihrer Schiffe und der Geschwader, sondern auch in Beziehung auf die Schießausbildung Ihrer Leute. Desgleichen hat sich das Kommando Meiner Torpedoflotte im ganzen wie im einzelnen in jeder Beziehung bewährt." Wilhelm II. hoffte, daß bei dem Grad der Ausbildung, bei der Hingebung, der Disziplin und der Treue seine Flotte imstande sein werde, jede auch noch so ernste Aufgabe zu seiner vollen Zufriedenheit und zum Wohl und Heil des Vaterlandes und des Reiches zu lösen.

Reichskanzler von Caprivi trug den Entscheidungen Wilhelms II. selbstverständlich Rechnung. Das wurde von Karl Frhr. von Thüngen-Roßbach,[101] einem landwirtschaftlichen Reformpolitiker im bayerischen Franken, der im 1893 gegründeten Fränkischen Bauernbund eine hervorragende Rolle spielte, in der *Neuen Bayerischen Landeszeitung* aber als „Kadavergehorsam" gegen den Kaiser kritisiert. Thüngen wurde im Juni 1894 zu einer Geldstrafe von 600 Mark verurteilt. Gleichwohl wurde er 1895 zum ersten Vorsitzenden des Bayerischen Bauernbundes gewählt, der alle Bauernbünde Bayerns mit Ausnahme des von Oberbayern umfaßte. Tatsächlich erschienen dem Reichskanzler Caprivi Entscheidungen Wilhelms oft als persönliche Eingriffe in seinen Bereich. Das war schon bevor ihm Thüngen Vorwürfe machte. Caprivi bekämpfte sie durch ein Entlassungsgesuch.

1892 trennte Wilhelm das Amt des preußischen Ministerpräsidenten von dem des Reichskanzlers (wie das vom 1. Januar 1873 bis zum 9. November 1873 schon Bismarck getan hatte, als er Albrecht Theodor Emil Graf Roon zum Ministerpräsidenten machte, der als Kriegsminister und Heeresreformer viel geleistet hatte). Wilhelm II. ernannte Botho Graf Eulenburg zum Ministerpräsidenten und Innenminister, der letztere Stellung schon 1878 bis 1881 innegehabt hatte, dann aber Oberpräsident von Hessen-Nassau geworden war. Das erschwerte Caprivi die Arbeit. Dazu kam die Demonstration Bismarcks, der durch Berlin reiste, ohne Wilhelm die übliche Aufwartung zu machen, um nach Wien zu fahren, da sich sein Sohn Herbert mit einer Dame aus Fiume zu verheiraten im Begriff war. Wilhelm, der im Oktober 1888 den Kaiser Franz Joseph in Wien besucht und mit ihm Freundschaft geschlossen hatte, schrieb ihm 1892, er bitte ihn, Bismarck nicht zu empfangen. Franz Joseph erfüllte die Bitte seines nunmehrigen Freundes und blieb mit ihm in einer für ihn wichtigen dauernden politischen Verbundenheit. Auch die Nichterneuerung des 1887 mit Rußland geschlossenen Rückversicherungsvertrages im März 1890 war den Interessen Österreich-Ungarns sehr günstig.

Rückversicherungsvertrag mit Rußland nicht erneuert – Staatssekretär Adolf Frhr. Marschall von Bieberstein – Wilhelm in Amsterdam und London – Die Zusammenschmiedung des Deutschen Reiches – Internationale Kunstausstellung in Berlin – Deutsch-englisches Abkommen 1890 – Englisch-belgische Abmachung über den Kongo – Die russisch-französische Konvention von 1893 – Der Kaiser und zwei Könige feiern Sedan

Wilhelm II. war nicht im vornherein gegen eine Erneuerung[102] des Rückversicherungsvertrages mit Rußland. Der deutsche Botschafter in St. Petersburg, Herr von Schweinitz, meinte freilich schon im November 1889 zu Bismarck, es sei ihm fraglich, ob die Verlängerung des Vertrages für Deutschland vorteilhaft sei. Bismarck kam mit ihm überein, in der Frage der Erneuerung keine Initiative zu ergreifen. Der russische Botschafter in Berlin, Paul Graf Schuwaloff, war der Bruder von Peter Graf Schuwaloff, der Rußland auf dem Berliner Kongreß vertreten hatte; natürlich wußte er, daß Bismarck in Hinblick auf Österreich durch den Vertrag ein doppeltes Spiel gespielt hatte. Der noch amtierende Kanzler hatte am 10. Februar 1890, als Schuwaloff das Gespräch auf die Vertragserneuerung brachte, zugestimmt, dann aber von der Integrität der österreichischen Großmachtstellung und der Wahrung der russischen Interessen in Bulgarien und bezüglich Konstantinopels gesprochen. Nach dem russischen Aktenmaterial sprach Bismarck auch von der Haltung Rußlands in einem deutsch-französischen Krieg. Bismarck berichtete dem Kaiser und wurde von ihm ermächtigt, die Geneigtheit zur Vertragserneuerung kundzugeben.

Darauf fuhr Schuwaloff am 27. Februar nach St. Petersburg, um für die Erneuerung zu wirken. Als er am 17. März zurückkehrte, erklärte ihm der Kanzler, daß er vor seiner Entlassung stehe. Darauf sistierte Schuwaloff die Verhandlungen. Doch berichtete Herbert Graf Bismarck am 20. März dem Kaiser, den er von einer Entlassung des Vaters abhalten wollte, daß Rußland die Abmachung zu einer dauernden gestalten wolle. Wilhelm II. schrieb auf den Rand des Berichts „einverstanden". Als er einige Seiten weiter aber las, daß Schuwaloff seine Anerbietungen auf die Kunde von der bevorstehenden Entlassung des Kanzlers zurückgezogen habe, schrieb der Kaiser dazu: „Warum?" Wilhelm II. versicherte auch am 21. März ausdrücklich seine Geneigtheit zu den Verhandlungen. Er mußte aber den Eindruck gewinnen, daß der Vertrag auf Bismarcks mehrgleisige Außenpolitik zugeschnitten war.

Am 23. März stellten der neue Kanzler Caprivi, der Unterstaatssekretär Graf Berchem, der Vortragende Rat im Auswärtigen Amt, Raschdau, und Herr von Holstein in einer geheimen Sitzung fest, es sei besser, den Vertrag nicht zu erneuern. Der neue Staatssekretär im Auswärtigen Amt, Adolf Frhr. Marschall von Bieberstein, verwarf den Vertrag als Untreue gegen Österreich. Erst am 23. Mai entschied der Kaiser endgültig gegen die Erneuerung. Er machte sich die von Caprivi und den anderen angeführten Begründungen dafür zu eigen: Rücksicht auf Österreich und überhaupt den Dreibund. Durch Artikel 3 könne Deutschland gegen Italien und England ausgespielt werden. In diesem Artikel hatten das Deutsche Reich und Rußland den europäischen und gegenseitig bindenden Charakter des Grundsatzes der Schließung des Bosporus und der Dardanellen anerkannt und versprochen, darüber zu wachen, daß die Türkei die türkischen Meerengen für militärische Operationen keiner kriegführenden Macht hergibt. Endlich müßten die Nationen selber an den Bündnissen interessiert sein. Im Hinblick auf den von Frankreich unterstützten Panslawismus wurde angeführt: Wer auch die Geschäfte in Rußland leite, es gebe keine Sicherheit, daß das deutsche Bündnis mit Rußland nicht im gegebenen Augenblick durch den Druck der Massen gesprengt werde. Der Fall trat 1914 ein, als sich Nikolaus II. nicht gegen den Kriegswillen der Panslawisten durchsetzen konnte, den sein Außenminister Sergej Sasonow[103] vertrat.

Während Frankreich seine Beziehungen zu Rußland unter dem Ziel der Wiedergewinnung Elsaß-Lothringens gestaltete, verfolgte Wilhelm II. bei seinen Besuchen im Juli 1891 in Amsterdam und in London Interessen des Friedens. Als er am 2. Juli 1891 beim Essen im königlichen Schloß in Amsterdam seiner seit November 1890 verwitweten und gleichaltrigen Königin-Regentin Emma, einer Tochter des verstorbenen Fürsten Georg Viktor von Waldeck und Pyrmont, auf ihren in französischer Sprache gehaltenen Trinkspruch erwiderte, unterstrich er die „nahe (!) Verwandtschaft" seines Hauses mit dem in den Niederlanden regierenden Haus Oranien und führte diese Gedanken am 31. Mai 1893 weiter aus, als Königin Emma und ihre Tochter Wilhelmine bei einem Essen im Neuen Palais bei Potsdam weilten. „Der eine Name, der Unser Geschlecht mit dem Eurer Majestät und der Unser Land mit den Niederlanden verbindet, heißt Oranien. Orangefarben ist Unser Orden [das Band des Ordens vom schwarzen Adler], oranisches Blut fließt in Unsern Adern. Mit hoher Achtung und mit tiefer Ergebenheit wird der Name Oranien in Meinem Hause genannt, und von dem gewaltigen Geschlecht der Oranier haben Meine Vorfahren gelernt. Wir stehen noch heute staunend vor dem, was diese hohen Herren einst geleistet und geschaffen haben." Bei seinem Segenswunsch nahm er besonders Bezug auf Wilhelmina, „diesen hohen Sprößling oranischen Blutes" (R I, 215). Da der von Wilhelm II. besonders verehrte Graf Wilhelm der Schweiger von Nassau, Prinz von Oranien, für das Luthertum in den von Spanien beherrschten Niederlanden gekämpft und dessen Enkelin den Kurfürsten Friedrich Wilhelm von Brandenburg geheiratet hatte, verehrte Kaiser Wilhelm II. in Wilhelm dem Schweiger einen aus Deutschland stammenden Vorkämpfer für sein evangelisches Bekenntnis, konnte sich aber für die Nähe der Verwandtschaft nur auf das 17. Jahrhundert beziehen.

Das Kaiserpaar traf am 9. Juli in London ein (R I, 187), besuchte Königin Viktoria und wurde am 10. Juli in Guildhall von dem Lordmayor und dem Stadtrat empfangen. Wilhelm II. antwortete hier auf die ihm überreichte Adresse u. a.: „In diesem reizenden Lande habe Ich Mich stets zuhause gefühlt als Enkel einer Königin, deren Name stets in Erinnerung bleiben wird als ein edler Charakter und als eine Dame, die groß ist in der Weisheit ihrer Ratschläge und deren Regierung England dauernde Segnungen verliehen hat. Überdies läuft dasselbe Blut in den englischen und deutschen Adern. Dem Beispiele Meines Großvaters und unvergeßlichen Vaters folgend, werde Ich stets, soweit es in Meiner Macht steht, die historische Freundschaft zwischen diesen unseren beiden Nationen bewahren." Diese hatte auch der Lordmayor bei seiner Begrüßung erwähnt, als er sagte, daß die englische und die deutsche Nation zum Schutze der Freiheit und der Gerechtigkeit so oft nebeneinander gesehen worden seien.

Wilhelm II. fuhr wohl in Gedanken an den Prinzen von Wales fort: „Ich fühle Mich in Meiner Aufgabe ermutigt, wenn ich sehe, daß weise, fähige Männer, wie sie hier versammelt sind, dem Ernste und der Ehrlichkeit Meiner Absichten Gerechtigkeit widerfahren lassen. Mein Ziel ist vor allem die Aufrechterhaltung des Friedens; denn der Frieden allein kann das Vertrauen einflößen, welches zur gesunden Entwicklung der Wissenschaft, Kunst und des Handels erforderlich ist. Nur solange der Frieden herrscht, steht es uns frei, ernste Gedanken den großen Problemen zu widmen, deren Lösung mit Billigkeit und Gerechtigkeit Ich als die hervorragendste Aufgabe unserer Zeiten betrachte. Sie dürfen sich daher versichert halten, daß Ich fortfahren werde, Mein Bestes zu tun, um die guten Beziehungen zwischen Deutschland und den anderen Nationen zu erhalten und beständig zu stärken, und daß man Mich stets bereitfinden wird, Mich mit Ihnen und denselben zu vereinen in einer gemeinsamen Arbeit für den friedlichen Fortschritt, den freundschaftlichen Verkehr und die Förderung der Zivilisation." Da der Kaiser diese Rede in englischer Sprache hielt, wurde sie in England ohne die Probleme einer Übersetzung bekannt und konnte dazu beitragen, Wilhelms unbedachte Worte aus dem Juni 1888 über das von Prinz Eduard von Wales erwähnte Problem Elsaß-Lothringen zu entschärfen.

Nicht in diese Richtung gingen die allerdings auf die Tatsache der Kriege von 1864 und 1866 Bezug nehmenden Kaiserworte am 18. April 1891: „Der Soldat und die Armee, nicht Parlamentsmajoritäten und -beschlüsse haben das Deutsche Reich zusammengeschmiedet." Sie spielten auf Bismarcks Worte im Reichstag am 11. Januar 1887 an: „Worte sind keine Soldaten, und Reden sind keine Bataillone." Wilhelm II. hatte, was er formulierte, am 18. April 1891 bei einer Tischrede gesagt (R I, 174), der eine Fahnennagelung im königlichen Schloß in Berlin und die Grundsteinlegung für die Lutherkirche vorangegangen waren.

Wilhelms Worte in London über die Kunst standen im Zusammenhang mit der am 1. Mai 1892 erfolgten Eröffnung der Internationalen Kunstausstellung in Berlin, über die die Kaiserin Friedrich das Protektorat übernommen hatte. Der Kaiser begrüßte seine Mutter als die hohe Protektorin mit den Worten: „Im Namen der Künstlerschaft und aus eigenem Gefühle heraus danke ich Euerer Majestät, daß Eure Majestät durch allerhöchst Ihr Erscheinen das Fest zu verherrlichen geruht haben (R I, 175f.). Der hohe künstlerische Sinn und das hohe Interesse Euerer Majestät, sowie das Interesse Meines hochseligen Vaters für die Kunst haben den hochbedeutenden Tag uns bereitet."

Immer wieder war es aber die außenpolitische Situation Englands und des Deutschen Reiches, die das Handeln der entscheidenden Persönlichkeiten bestimmte. Wilhelm II. erwarb am 7. Juli 1890, wie erwähnt, Helgoland durch Abtretung von Sansibar an England. Das englisch-deutsche Abkommen von 1890 setzte eine gemeinsame Grenze zwischen Deutsch-Ostafrika und dem belgischen Kongostaat fest. Dem entsprach nicht der englische Vertrag über Kongo mit Belgien vom Mai 1894. Die deutsche Regierung protestierte dagegen. Noch schwieriger wurde Deutschlands Beziehung zu Rußland. Nach dem russisch-französischen Handelsvertrag vom 17. Juni 1890 schloß Ende 1893 das sich auch um das Rußland Alexanders III. bemühende Deutsche Reich mit diesem einen für die Russen sehr günstigen Handelsvertrag ab. Wilhelm II. gab Rußland nicht auf. Freilich hatte Alexander III. schon am 17. August 1893 eine Militärkonvention mit Frankreich abgeschlossen, die bald in ein „Defensivbündnis" umgewandelt werden sollte.

Solche militärisch bedrohlichen Vorgänge riefen in Deutschland Erinnerungen an die deutschen Siege von 1870 über Frankreich wach. Schon die durch die Kriege von 1864 und 1866 durch Preußen vorbereitete Gründung des Reichs 1871 brachte es mit sich, daß die entscheidende Schlacht am 2. September 1870 bei Sedan in weitesten Kreisen gefeiert wurde. Zur Feier des 25. Jahrestages dieser Schlacht fand am 2. September 1895 in Berlin unter Beteiligung der Könige Albert von Sachsen und Wilhelm II. von Württemberg die Herbstparade des Gardecorps statt. Beim Paradediner im Weißen Saal des königlichen Schlosses führte der Kaiser (R I, 314ff.) auch die Tapferkeit der Franzosen unter Kaiser Napoleon III. an: Aufgabe „für uns, besonders die Jüngeren" sei es, das, was Kaiser Wilhelm I. gegründet habe, zu erhalten. In spontaner, nicht überlegter Formulierung fuhr Wilhelm II. fort: „Doch in die hohe, große Festesfreude schlägt ein Ton hinein, der wahrlich nicht dazugehört; eine Rotte von Menschen, nicht wert, den Namen Deutscher zu tragen, wagt es, das deutsche Volk zu schmähen, wagt es, die uns geheiligte Person des allverehrten verewigten Kaisers in den Staub zu ziehen. Möge das gesamte Volk in sich die Kraft finden, diese unerhörten Angriffe zurückzuweisen! Geschieht es nicht, nun dann rufe ich Sie, um der hochverräterischen Schar zu wehren, um einen Kampf zu führen, der uns befreit von solchen Elementen." So begründbar für Wilhelm der Kampf gegen einen Umsturz durch Revolutionäre war, so wenig formulierte er mit taktischer Klugheit das Programm dieser Auseinandersetzung.

Da das Gardecorps zu der unter dem Kommando des damaligen sächsischen Kronprinzen Albert stehenden Maasarmee anzusprechen war, wies Wilhelm auf den nunmehrigen König von Sachsen hin: „Der einstige Führer der Maasarmee steht vor Ihnen. Seit 25 Jahren haben Seine Majestät der König von Sachsen alles Leid und alle Freude, die Unser Haus und Land betroffen, treulich mit Uns geteilt. Desgleichen auch Württembergs König, dessen höchste Freude es ist, in den Reihen des Garde-Husaren-Regiments gestanden und Kaiser Wilhelm gedient zu haben, und der herbeigeeilt ist, um mit Uns in Kameradschaft den Tag zu feiern."

Nikolaus II. mit Wilhelm in Breslau – Deutschfeindliche Verfälschung der Worte Nikolaus' II. – Wilhelm in St. Petersburg – Russische Projekte einer Teilung der Donaumonarchie? – Zustimmung Nikolaus' II. zu Wilhelms Plan 1897, Kiautschou zu erwerben – Nikolaus II. in Frankreich

Nikolaus II., der nach der Auffassung des bayerischen Gesandten Carl Graf Moy[104] in St. Petersburg gerne Persönlichkeiten gegeneinander ausspielte, versuchte zwar, im Deutschen Reich ein Gegengewicht gegen Frankreich festzuhalten, und war deshalb schon am 5. September 1896 von seiner Gattin begleitet, mit Wilhelm II. in Breslau zusammengetroffen. Der Deutsche Kaiser begrüßte (R II, 31f.) in ihm „den Träger alter Tradition, den Hort des Friedens" und erinnerte ihn daran, daß dessen „Ahnherr" Alexander I., dessen Namen das preußische Kaiser-Alexander-Grenadierregiment Nr. 1 führe, in Breslau mit seinem Urgroßvater König Friedrich Wilhelm III. zusammengetroffen sei. Tatsächlich stammte zwar Nikolaus II. von Nikolaus I., einem Bruder Alexanders I. ab, aber dessen war sich Wilhelm II. nicht bewußt, als er die ihm erscheinende genealogische Abfolge konstruierte. Er hätte natürlich darauf hinweisen können, daß dieser Nikolaus I. eine Tochter seines Vorfahren Friedrich Wilhelm III. geheiratet hatte. Aber empfahl sich ein solcher Hinweis auf einen Vorfahren des nunmehrigen russischen Kaiser, der sich zum Handeln nach zwei Seiten veranlaßt oder gar gezwungen sah, aus dem Hause des Deutschen Kaisers?

Nikolaus II. erwiderte Wilhelm II. in einem Trinkspruch: „Je puis Vous assurer, Sire, que je suis animé des mêmes sentiments traditionelles que Votre Majesté." Wolffs Telegraphenbureau (WTB) verfälschte diese letzten Worte des Trinkspruchs in „que mon père", und das übernahm die ganze deutsche Presse. Da Alexander III. als ein ausgesprochener Deutschenfeind galt, waren durch die Verfälschung der Worte Nikolaus' II. diese ein herausforderndes Bekenntnis zur deutschfeindlichen Gesinnung seines Vorgängers geworden. Die Berliner Wochenzeitung *Welt am Montag* erklärte am 28. September und am 5. Oktober 1896, die Fälschung gehe auf das Auswärtige Amt zurück. Am 26. Oktober 1896 berichtete die *Welt am Montag*, ihr Gewährsmann habe „ehrenwörtlich" versichert, er habe von Staatssekretär von Marschall die so gefaßte Meldung mit dem Auftrag erhalten, sie in der Presse zu lancieren. Das Blatt unterstellte dem Staatssekretär, er habe den englandfreundlichen Kurs seiner Politik durch die Vergiftung der deutsch-russischen Beziehungen festigen wollen.

Wilhelm II. befaßte den Kronrat mit dieser den Leiter des Auswärtigen Amtes aufs schwerste belastenden Angelegenheit. Der Kronrat beschloß, nach den ersten gegen das Auswärtige Amt gerichteten Pressemeldungen gegen die Journalisten Heinrich Leckert und Karl von Lützow, die beide Agenten der politischen Polizei waren und den Staatssekretär von Marschall als Urheber der Fälschung der Worte Nikolaus' II. verleumdet hatten, gerichtlich vorzugehen. Das Gerichtsverfahren fand im Dezember 1896 als Strafprozeß vor dem Landgericht I in Berlin statt. Als Zeugen wurden vernommen der Reichskanzler Fürst Hohenlohe, Staatssekretär von Marschall, Geheimrat von Holstein, der Gesandte Philipp Graf Eulenburg, aber auch der Kriminalkommissar Eugen von Tausch. Die beiden Journalisten, die zugleich Agenten der politischen Polizei waren, beriefen sich darauf, auf Veranlassung oder jedenfalls im Einverständnis mit Kriminalkommissar von Tausch gehandelt zu haben, als sie Marschall verleumdeten. Sie wurden mit anderthalb Jahren Gefängnis bestraft, Tausch konnte kein vorsätzlicher Falscheid nachgewiesen werden, doch wurde ein Disziplinarverfahren gegen ihn eröffnet, aufgrund dessen er als Beamter entlassen wurde.

Die Gerichtsverfahren belasteten den Regierungsbereich: die politische Polizei war schwer kompromittiert, das Kriminalkommissariat schwer belastet. Obwohl Marschall als frei von Schuld an der ihm zur Last gelegten Handlung erwiesen war, wetteiferten der Chef des Zivilkabinetts von Lucanus, der Gesandte und spätere Reichskanzler von Bülow und der mit dem Kaiser befreundete Gesandte Philipp Graf Eulenburg in der Feststellung, es zieme sich für einen Beamten nicht, zu seiner Verteidigung gerichtliche Schritte zu unternehmen, wenn er durch diese „Flucht in die Öffentlichkeit" die politische Polizei und die Regierung bloßstelle. Die liberale Presse lobte den Staatssekretär von Marschall als einen Kämpfer gegen die Korruption der Ämter, schwächte aber dadurch seine Stellung. Der Kaiser, der zunächst für Marschall eingetreten war, ebenso für den Vizekanzler und Staatssekretär von Bötticher, obwohl dessen Schwiegervater Unterschlagungen als Direktor der Reichsbankstelle Stralsund begangen hatte, ersetzte am 1. Juli 1897 Bötticher durch Posadowsky und am 20. Oktober 1897 Marschall durch Bülow. Er vermied aber eine dauernde Staatskrise, indem er den Kanzler Hohenlohe im Amt beließ. In Posadowsky und Bülow gewann er hervorragende Ressortdienstleiter (Huber IV, 280 - 283).

Zwei Tage nach dem Besuch des russischen Kaiserpaares in Breslau und der folgenschweren Verfälschung der Worte Nikolaus' II. fand in Görlitz eine Parade des V. Armeecorps auch vor dem russischen Kaiserpaar statt, das darauf gleich nach Kiel abreiste. In der Tischrede im Ständehaus aber sprach Wilhelm II. (R II, 32f.) den russischen Kaiser noch einmal an, als er zu den Offizieren des V. Armeecorps in der Gegenwart des russischen Kaiserpaares sagte, er spreche dem Corps seine freudige Anerkennung darüber aus, daß es seinen Angehörigen vergönnt gewesen sei, „unter den Augen Meines geliebten Nachbarn und Vetters, Seiner Majestät des Kaisers von Rußland, in dieser vorzüglichen Verfassung zu erscheinen. Wir stehen noch alle unter dem Zauber der jugendfrischen Gestalt des ritterlichen Kaisers, und sein Bild schwebt vor unseren Augen, wie er an der Spitze des Regiments seinen verewigten Herrn Vaters vorbeizog." Das war das Ulanenregiment Kaiser Alexander III. von Rußland (Westpreußisches Regiment) Nr. 1.

Über Nikolaus II. sagte Wilhelm II. darauf: „Er, der Kriegsherr über das gewaltigste Heer, will doch nur seine Truppen im Dienst der Kultur verwendet wissen und zum Schutz des Friedens. In völliger Übereinstimmung mit Mir geht sein Streben dahin, die gesamten Völker des europäischen Weltteils zusammenzuführen, um sie auf der Grundlage gemeinsamer Interessen zu sammeln zum Schutze unserer heiligsten Güter." Als Nikolaus II. am 4. Februar 1897 dem Gardegrenadierregiment Kaiser Alexander Nr. 1 als dessen Chef vier neue Fahnenbänder verlieh, rühmte Wilhelm II. (R II, 36f.) den Stolz des Regiments auf diese Fahnenbänder und erinnerte daran, daß sich Nikolaus II. in Breslau an die Spitze der Fahnen seines Regiments setzte und diese unter dem Jubel der Bevölkerung in die Stadt Breslau einführte, der Stadt, „deren Namen dauernd die Beziehungen Seiner Vorfahren und der meinigen verkörpern wird".

Am 8. August 1897 traf das deutsche Kaiserpaar vor St. Petersburg auf seiner „Hohenzollern" ein. Nach Austausch der gegenseitigen Salutschüsse begrüßten Nikolaus II. und seine Gemahlin Wilhelm und Auguste Viktoria an Bord ihrer

„Swetlana" und brachten sie an Land „gegenüber einem reizenden Pavillon", in den schon die Große Katharina ihre Gäste empfangen haben muß. Dort war die ganze kaiserliche Familie versammelt, das große Gefolge und die Mitglieder der deutschen Botschaft, soweit sie nicht dem Kaiser entgegengefahren waren. Das russische Kaiserpaar empfing das deutsche im Peterhof, „einem herrlichen Lustschloß von edlen Ausmaßen am Ufer des Baltischen Meerbusens", das namentlich durch einen kunstvoll angelegten Park glänzt, der mit Fontänen, Kaskaden und Statuen geschmückt ist. Das deutsche Kaiserpaar sah eine Ballettvorstellung unter freiem Himmel auf einer der Inseln des Parks. Schiffe, schwimmende Najaden und ähnliches belebten die feenhafte Szenerie bei einem herrlichen Wetter am Newastrand.

Im Winterpalais in St. Petersburg überreichte die Verwaltung der Stadt dem Kaiserpaar silberne Schüsseln, auf deren Grund das deutsche Wappen, darum vier Medaillons mit dem kaiserlichen Adler, dem Wappen der Stadt Petersburg und den Namenszügen des deutschen und denen des russischen Kaiserpaares angebracht waren. Wilhelm II. erklärte sich in der Dankrede bestärkt in der Auffassung, wie sehr die Aufrechterhaltung der traditionellen freundschaftlichen Beziehungen zwischen Rußland und Deutschland und zwischen beiden Dynastien im Interesse beider Reiche wie im Interesse der Aufrechterhaltung des europäischen Friedens und der europäischen Ordnung sei. Bei der Fahrt durch die Straßen St. Petersburgs habe er gesehen, in wie schönem Aufschwung die Stadt in jeder Richtung begriffen sei. Wilhelm hatte am 8. August auch die Kaisergräber in der Peter-Pauls-Kathedrale besucht. Seine Worte über den europäischen Frieden (R II, 54ff.) griff Nikolaus II. auf, als er von seinen eigenen Bemühungen um den allgemeinen Frieden sprach. Er ernannte Wilhelm II. zum russischen Admiral und dieser dankte für diesen neuen Beweis „für die Fortdauer Unserer traditionellen, innigen, auf unerschütterlicher Basis begründeten Beziehungen zwischen unseren benachbarten Reichen... so werden Wir miteinander die gleichen Bahnen wandelnd vereint dahin streben, unter dem Segen des selben [Friedens] die kulturelle Entwicklung Unserer Völker zu leiten." Er gelobte Kaiser Nikolaus, ihm bei diesem großen Werk mit ganzer Kraft zur Seite zu stehen, den Völkern den Frieden zu erhalten und den Kaiser Nikolaus gegen jeden zu unterstützen, der diesen Frieden zu stören oder zu brechen versuche (R II, 56). Dann drückte Wilhelm in russischer Sprache aus, daß er auf das Wohl des Kaisers und der Kaiserin trinke.

Der Besuch des mit Wilhelm II. befreundeten Kaisers Franz Joseph im April 1897 in St. Petersburg war in einer günstigen Phase der Beziehungen des österreichischen und des russischen Kaisers erfolgt. Denn Rußland hatte 1897 seine Bestrebungen auf dem Balkan so weit zurückgesteckt, daß beide Kaiser am 24. April in St. Petersburg über die Abgrenzung ihrer Interessenssphären auf dem Balkan einen Vertrag schlossen. Beide trafen zusammen mit König Umberto von Italien am 5. November 1897 ein Abkommen über Albanien. Die Akten des

Petersburger Außenministeriums sprechen aber auch gleichzeitig von Projekten über die Teilung der Donaumonarchie, auf deren Zerfall man beim Tod des Kaisers Franz Joseph rechnete. In Bezug auf Deutschland verraten die Akten einen gewissen Respekt, jedenfalls aber Neid, so daß man dem Deutschen Kaiser 1897 imponieren wollte.

Dieser hatte den Reichskanzler Chlodwig Fürst zu Hohenlohe-Schillingsfürst und den späteren Staatssekretär von Bülow mitgebracht, und man sprach über alle politischen Fragen, von Bedeutung aber war, was über Ostasien verhandelt wurde. Hohenlohe und Murawieff einigten sich mündlich und schriftlich darüber, daß Rußland nichts dagegen einwenden würde, wenn Deutschland seine Kriegsschiffe im chinesischen Hafen Kiautschou überwintern lassen würde, wo früher bereits russische Schiffe Anker geworfen hatten.[105] Kaiser Wilhelm ging weiter und benützte einen günstigen Augenblick, um den russischen Kaiser zu fragen, ob er etwas dagegen hätte, wenn Deutschland Kiautschou nebst dem umliegenden Gebiete dauernd besetzen würde. Kaiser Nikolaus gab seine Zustimmung, hatte aber wohl nachträglich das Gefühl, überrumpelt worden zu sein, und sagte seinen Ministern nichts von dieser Konversation unter vier kaiserlichen Augen, auch nichts von einem Telegrammwechsel, der unmittelbar vor der Besetzung von Kiautschou zwischen ihm und Kaiser Wilhelm stattgefunden hatte. Die Folge davon war, daß, als Deutschland im November 1897 seine Flagge in Kiautschou hißte, der russische Ministerrat Einspruch dagegen erheben wollte.

Der von 1892 bis 1903 als russischer Finanzminister tätige Sergej Graf Witte machte damals in erster Linie Front gegen eine Beraubung Chinas, weil er die Begehrlichkeit seiner eigenen Landsleute fürchtete. Der von 1897 bis 1900 als russischer Außenminister wirkende Michael Graf Murawieff, der 1884 bis 1893 russischer Botschafter in Berlin gewesen war, erhob Einwendungen, die er auf einem sehr bestreitbaren völkerrechtlichen Begriff, ein Droit de premier mouillage (Anker) aufzubauen versuchte. Rußland behielt sich die Erwerbung von Port Arthur vor. Nikolaus II. stand zu seinem Wort, nahm sich aber wohl vor, in Zukunft vorsichtiger zu Wilhelm II. und seinen Mitarbeitern zu sein. Graf Moy urteilt: „Die ganze Aktion der Besetzung von Kiautschou ist auf deutscher Seite mit Glück und Geschick geführt worden."

Wenige Wochen nach dem Besuch des deutschen Kaiserpaares empfing Nikolaus II. den von 1895 bis 1899 als Präsident der französischen Republik tätigen Felix Fauré, den der russische Kaiser am 27. August 1897 mit der in Frankreich sehr begrüßten Wendung ansprach „Nos deux nations unies et alliées". Im September erschien er bei den französischen Manövern in Compiègne.

Entwicklung der Hochseeflotte durch Tirpitz seit 1892 – Probleme der Vereinheitlichung des Militärstrafrechts – Wilhelms Kampf gegen Soldatenmißhandlungen seit 1890 – Verhinderung der Mündlichkeit und Öffentlichkeit des Verfahrens, welche in Bayern Gesetz sind – Bronsart von Schellendorf – Chlodwig Fürst zu Hohenlohe-Schillingsfürst Reichskanzler – Eine vom Kaiser abhängige Öffentlichkeit des Verfahrens

Die Marine lag dem Kaiser besonders am Herzen. Schon als Prinz Wilhelm 1887 zum Thronjubiläum der Königin Viktoria von England fuhr, kommandierte Alfred Tirpitz die Torpedo-Flotille, die ihn begleitete, und führte lange Gespräche mit ihm, der damals eine leidenschaftliche Liebe zur Marine entwickelte. 1892 beauftragte ihn der Kaiser, die taktische Arbeit der Hochseeflotte zu entwickeln,[106] und machte ihn 1896 bis 1897 zum Chef der ostasiatischen Division, 1897 zum Staatssekretär des Reichsmarineamtes. Am 28. März 1898 kam das Flottengesetz zustande. Dadurch konnten 17 Schlachtschiffe, 8 Küstenpanzerschiffe, 9 große und 26 kleine Kreuzer aufgestellt werden. Die Novelle von 1900 brachte in etwa eine Verdoppelung. Die bisher sehr zurückgebliebenen Werften wurden zu Musterbetrieben umgebaut und entwickelt. Die sozialen Einrichtungen darin waren beispielgebend.

Auf dem Gebiet des Militärwesens, das Wilhelm in preußischer Tradition liebte und durch Tragen von Uniformen populär machte, focht er zwar nicht das Recht der Bundesfürsten auf eigene Armeen an, vereinheitlichte aber 1898 das Militärstrafrecht im Rahmen des Reiches. Das stieß in Bayern auf Widerstand. Denn dort war das zivile Strafrecht weitgehend auch das Militärstrafrecht.

So zutreffend Wilhelm II. seine außenpolitische Aufgabe für das junge Reich gegenüber England und Rußland, Österreich-Ungarn und Frankreich und anderen Mächten erkannte, die als Machtkomplexe schon vor 1871 bestanden, so schwer tat er sich trotz seiner sozialpolitischen Initiativen mit der ihm überkommenen Funktion an der Spitze der preußischen Armee und der von seinem Großvater und seinem Vater angesteuerten Entwicklung eines deutschen Heeres, das ja aus den Armeen oder Kontingenten der Bundesstaaten bestand. Viele Kontingente waren der Armee Preußens angegliedert, für die er als König von Preußen zuständig war. Sein Grundsatzdenken war überraschend einfach. Das bewies er, wie bereits erwähnt, auf dem Gebiet der Religion, als seine Schwester als Ehefrau des griechischen Thronfolgers zur orthodoxen Kirche übertrat.

Dieses Grundsatzdenken ohne Reflexionen wandte er auch in der ihm überantworteten militärischen Funktion an. So ergriff er 1890 in erfreulicher Weise die Notwendigkeit einer juristischen und sozialen Reform des militärstrafgerichtlichen Verfahrens, die seit 1881 stagnierte. Infolge der allgemeinen Wehrpflicht stammten sehr viele Soldaten aus Familien, die sich für die Sozialdemokratische Partei entschieden hatten. Die Partei schlug aber nicht im Hinblick auf

Wilhelms umfassende sozialpolitische Initiativen einen der Regierung entgegenkommenden Kurs ein und verharrte in ihrer negativen Einstellung zur preußischen Armee, deren Generale, zugleich Kriegsteilnehmer von 1870/71, in dem überkommen Militärkabinett des Königs von Preußen und im preußischen Kriegsministerium seit langem den Kurs angaben. Da viele preußische Offiziere dem grundbesitzenden Landadel entstammten, hatten sie ebenfalls Kontakte zu Wilhelm.

Die militärische Autorität und die Disziplin im Heer war aber seit längerer Zeit durch die Sodatenmißhandlungen zu einem Problem geworden. Wilhelm II. selbst griff durch die Kabinettsorder vom 6. Februar 1890[107] diese Mißstände auf, bezog sich darauf, daß „in Preußen seit dem Jahre 1843 von dem Monarchen daraufhingewirkt worden ist, die Zahl solcher Fälle zu reduzieren" und forderte, „daß jedem Soldaten eine gesetzliche, gerechte und würdige Behandlung zuteil werden" solle. Gleichzeitig richtete er an die Kommandierenden Generale die Mahnung, gegen Mißhandlungen einzuschreiten.[108] Auf den Schritt des Kaisers bezog sich ein bald sogar den Sozialdemokraten bekanntgewordener Geheimerlaß des Herzogs Georg von Sachsen vom 8. Juni 1891 aus Dresden, der das Generalkommando über das XII. Armeecorps, das Königlich Sächsische Armeecorps, führte. Er war der Bruder des regierenden Königs Albert von Sachsen und wurde 1902 für seine letzten zwei Lebensjahre dessen Nachfolger als König Georg I. Der Wettiner Georg führte aus: „Durch eine lange Reihe kriegsgerichtlicher Untersuchungen, welche in letzter Zeit wegen körperlicher Mißhandlungen Untergebener einzuleiten gewesen sind, sind Zustände zu Tage gefördert worden, die in hohem Grade bedenklich erscheinen müssen. Seine Majestät der König, zu Allerhöchst dessen Kenntnis diese Zustände gelangt sind, haben dem Generalkommando anzubefehlen geruht, in dieser Richtung völligen Wandel zu schaffen und die in nachstehenden Ausführungen enthaltenen Gesichtspunkte sämtlichen Truppenteilen als unverbrüchlich zu beobachtende Grundsätze vor Augen zu führen.

Ich habe aus den mir vorgelegten Akten, welche in Untersuchungen wegen vorschriftswidriger Behandlung Untergebener geführt worden sind, ersehen, daß die vorgekommenen Gewalttätigkeiten und körperlichen Mißhandlungen nicht etwa bloß die Folge augenblicklicher Erregung gewesen sind. Ein großer Teil der zahlreichen körperlichen Mißhandlungen hat sich aber als etwas weit Schlimmeres qualifiziert: Als raffinierte Quälerei, als Ausfluß einer Rohheit und Verwilderung, die man bei dem Material, aus dem unser Unteroffizier- und Instruktionspersonal sich ergänzt, kaum für möglich und bei der Aufsicht und Kontrolle, die in unseren Dienstverhältnissen ausgeübt werden soll, kaum für ausführbar halten sollte. Es ist eine Behandlungsweise eingerissen, die auf den guten Geist und die Disziplin der Truppe zerstörend einwirken, jede Kameradschaft untergraben muß. Diese häufig selbst vor Zeugen verübten Gewalttätigkeiten werden aus Furcht vor noch schlimmerer Behandlung nicht zur Meldung gebracht."

Nach Hinweisen auch auf eigenmächtige Anmaßung einer Strafgewalt durch Befehle an Untergebene, gewisse körperliche Züchtigungen vorzunehmen, führt Georg neun Fälle auf, in denen Unteroffiziere, Obergefreite und Gefreite, die mit Namen genannt werden, genau beschriebene Mißhandlungen begangen hatten.

Herzog Georg fährt dann fort: „Es versteht sich, daß nach den Anschauungen, die in unserem Reichsstrafgesetzbuch und unserem Militärstrafgesetzbuch zugrundeliegen, derartige Mißhandlungen von den empfindlichsten Folgen für die betreffenden Unteroffiziere begleitet sein müssen. Obwohl die Richter der zur Aburteilung derartiger Vergehen berufenen Spruchgerichte oft nur zu sehr geneigt sind, strafmindernde Rücksichten zuzulassen, auch in einzelnen der vorliegenden Fälle die Strafen milder bestimmt haben, als dieselben von den Auditeuren beantragt waren, so sind doch beispielsweise bestraft worden: Unteroffizier Weise mit zwei Jahren Gefängnis und Degradation, ... Sergeant Pflug mit fünf Jahren Gefängnis und Degradation."

Herzog Georg sieht in den Handlungen der Täter einen die Uniform und das Standesbewußtsein beschimpfenden Terrorismus und fragt kritisch „Sollen die Untergebenen, welche so behandelt werden, ihren Vorgesetzten etwa mit Liebe und Vertrauen folgen? Werden sie solche Vorgesetzte überhaupt achten? Anstatt daß das Heer den zersetzenden Lehren der Sozialdemokratie entgegenarbeitet, wird ihr durch solche Behandlungsweise Vorschub geleistet."

Im Hinblick auf das Verhalten von Unteroffizieren, die auch bestraft wurden, stellt Georg in seinem Geheimerlaß fest, daß die Ausschreitungen der auf einer niedrigeren Bildungsstufe stehenden Unteroffiziere „wahrlich nicht überraschen. Die wegen Mißhandlung verhängten Strafen müssen allgemein bekanntgegeben werden. Der Unteroffizier, welcher angeklagt ist, darf dem Vorgesetzten in diesem Falle nicht näher stehen wie der Soldat, welcher eine ihm widerfahrene vorschriftswidrige Behandlung zur Meldung bringt. Strengste Gerechtigkeit bleibt eine Hauptstütze für richtige und gedeihliche Handhabung der Disziplin."

Wilhelm II. drang am 17. September 1892 erneut in den preußischen Kriegsminister, dafür zu sorgen, daß seine Order vom 6. Februar 1890 befolgt werde.[109] Das preußische Kriegsministerium hatte seit 1881 Reformen auf dem Gebiet der Militärstrafgerichtsordnung immer wieder verzögert und setzte diese Taktik auch unter dem neu zur Regierung gekommenen Monarchen fort. So eindrucksvoll die Worte des Herzogs Georg von Sachsen waren, der 1866 gegen die Preußen, aber 1870/71 an entscheidenden Schlachten des Feldzugs gegen Frankreich mitgekämpft hatte und 1873 kommandierender General des XII. Armeecorps geworden war, gegen seine Auffassungen vertraten preußische Generale andere Meinungen, vor allem was die Öffentlichkeit des Militärstrafgerichts betraf. Der Kaiser hatte bei seinem Regierungsantritt am 15. Juni 1888 Georg zum Generalfeldmarschall und zum Generalinspekteur der II. Armeeinspektion ernannt, ihn aber in seiner Stellung als Kommandierenden General belassen. Er nahm seinen Geheimbefehl vom Juni 1891 sehr ernsthaft zur Kenntnis.

Der von ihm 1889 neu ernannte preußische Kriegsminister Julius von Verdy du Vernois vertrat die Notwendigkeit der Reform der Militärstrafgerichtsordnung. Dadurch wurde auch von einem Preußen die Initiative mit Erfolg ergriffen, dessen Persönlichkeit von verschiedenen Seiten kritisiert wurde. Der Reichstag nahm den Antrag des seit 1874 bei verschiedenen liberalen Parteien tätigen Abgeordneten Heinrich Rickert[110] an, die verabschiedeten Offiziere nicht länger unter Militärgerichtsbarkeit zu stellen. Rickert war 1876 bis 1878 Landesdirektor der Provinz Preußen gewesen und hatte selbst das Verhalten auch der preußischen Offiziere kennengelernt. Auch der Zentrumsabgeordnete Gröber kritisierte damals offen die durch Einführung der preußischen Militärstrafgerichtsordnung in Sachsen, Hannover und Oldenburg eingetretene Verschlechterung gegenüber dem dort bisher geltenden Recht. Kriegsminister Verdy du Vernois verwies nun den vom Reichstag angenommenen Antrag zur Weiterbehandlung im Bundesrat an den Ausschluß für Heerwesen und den für Justizwesen. Beide Ausschüsse nahmen den Antrag an.

Der noch amtierende Bismarck griff am 9. Februar 1890 den vom Kaiser ernannten neuen preußischen Kriegsminister wegen Parlamentarismus scharf an. Da dieser mit seiner Heereskonzeption scheiterte, trat er zurück. Wilhelm II. unterschrieb Verdys Antrag, so daß dieser am 3. Mai 1890 Gesetz wurde. Es war der erste Schritt zur Einschränkung der Militärgerichtsbarkeit.

Das war also ein Jahr, bevor am 8. Juni 1891 Herzog Georg von Sachsen einen diesbezüglichen Geheimbefehl erließ. Schon ehe dieser erfolgte, machte am 14. März 1891 August Bebel den Reichstag mit Material über Soldatenmißhandlungen bekannt. Alsbald benützte die Sozialdemokratische Partei diesen Geheimbefehl, der ihr zur Kenntnis gekommen war. Die Auseinandersetzungen der verschiedenen Parteien mit den Sozialdemokraten verschärften sich. Wilhelm II. erwartete eine Ausarbeitung einer neuen Militärstrafgerichtsordnung, wollte persönlich die Arbeiten überwachen[111] und billigte am 10. Mai 1890 die Grundsätze, die ihm am 15. April noch unter Mitwirkung Verdys vorgelegt worden waren. Demnach sollten sich die Militärgerichte auf die Rechtssprechung beschränken und an die Grundsätze des ordentlichen Strafverfahrens halten, soweit das für die militärischen Interessen erforderlich sei, doch wurde eine Öffentlichkeit des Verfahrens nicht gefordert; die Öffentlichkeit und Mündlichkeit des Verfahrens wurde nur in Aussicht genommen.[112]

Am 16. Mai 1890, also noch vor dem Geheimerlaß des Herzogs Georg von Sachsen, setzte Wilhelm II. eine Immediatkommission zur Erarbeitung eines auf diesen Grundsätzen beruhenden Verfahrens ein, der auch Vertreter der Regierungen Bayerns, Sachsens und Württembergs angehörten.[113] Es war im Sinne des das Deutsche Reich vertretenden Kaisers, daß nun ein Reichsmilitärgericht geplant wurde. Bayern stellte diesem Vorhaben die Tatsache entgegen, daß es einen eigenen bayerischen obersten Militärgerichtshof hatte. Die vom Kaiser eingesetzte Immediatkommission erhob dagegen keinen Widerspruch[114] und beriet vom

2. bis 4. Dezember 1890 aufs neue den Entwurf, der auf den Grundsätzen der Unmittelbarkeit und Mündlichkeit des Verfahrens beruhte.

Am 16. Dezember legte der Vorsitzende der Immediatkommission General Leszczynski dem Kaiser den Entwurf vor. Dieser ließ ihn nun zur Begutachtung in militärischer Hinsicht den preußischen Generalkommandos zustellen,[115] um dazu maßgebende Äußerungen aus dem praktischen Truppendienst zu gewinnen. Zur juristischen Wertung schaltete er das Reichsjustizamt, das Reichsmarineamt und das preußische Justizministerium ein.[116] Ende Juli 1892 liefen die Gutachten der Kommandierenden Generale im Kriegsministerium ein. Sie waren so negativ, daß das Reformvorhaben zunächst dilatorisch behandelt wurde, obwohl der Reichskanzler darauf drängte, daß die Miltärstrafgerichtsordnung bald zustande kommen sollte. Wilhelm II. zeigte weiterhin reges Interesse für die endgültige Festsetzung der Militärstrafgerichtsordnung.[117] Die schon vor Ende Juli erhobenen Vorstellungen der Kommandierenden Generale bewogen den Kaiser aber bereits im April 1892, dem nunmehrigen Entwurf nicht zuzustimmen, und ordnete mit Rücksicht auf die Disziplin nun eine Umarbeitung des Entwurfs vom Dezember 1890 an.

Die Diskussion in der Öffentlichkeit, namentlich im sozialdemokratischen *Vorwärts*,[118] über die systematische Brutalität und Menschenverachtung in der Behandlung der Soldaten und die Absicht August Bebels, am 28. März 1891 im Reichstag die Soldatenmißhandlungen zu thematisieren, machte Wilhelm II. umso besorgter, als die führende sozialdemokratische Zeitung den Geheimen Erlaß des Herzogs Georg von Sachsen veröffentlichte.

Seine eigene sehr einfache Auffassung hatte Wilhelm laut *Neißer Zeitung* am 23. November 1891 bei einer Rekrutenvereidigung in Potsdam[119] in unmöglicher Weise zum Ausdruck gebracht: „Es gibt für Euch nur einen Feind, und der ist Mein Feind. Bei den socialistischen Umtrieben kann es vorkommen, daß ich Euch befehle, Euere eigenen Verwandten, Brüder, ja Eltern niederzuschießen [!] – was ja Gott verhüten möge –, aber auch dann müßt Ihr Meine Befehle ohne Murren befolgen." Der *Breslauer Lokalanzeiger* und *Das Volk* (Berlin) brachten ähnliche Fassungen der Kaiserworte.

Der noch nicht entlassene Bismarck hatte am 9. Februar 1890 gesagt, daß die öffentliche Meinung eine Umgestaltung des preußischen Militärstrafgerichtsverfahrens verlange; das sei für ihn nicht bestimmend, sondern das staatliche und militärische Interesse sei ausschließlich maßgebend.[120] Solche Auffassungen bestärkten die preußischen Generale aber auch den Kaiser in ihrer Angst vor der Öffentlichkeit der militärstrafrechtlichen Verfahren. Seit dem Gutachten der Kommandierenden Generale richtete sich bei der Reform des Militärstrafgerichts Wilhelm II. geradezu nach ihrer Taktik. Beide Seiten verzögerten immer wieder den Abschluß der Reform insoweit, als diese ihren Forderungen nicht Rechnung trug.

Während die Liberalen im Reichstag die Öffentlichkeit und Mündlichkeit im

Hauptverfahren verlangten,[121] distanzierte sich Wilhelm von Kardorff, der Gründer und langjährige Vorsitzende der Freikonservativen Partei 1880 bis 1907 war, erregt am 17. Februar 1892 von den „empörenden, betrübenden Dingen", die durch „den Erlaß des Prinzen Georg von Sachsen" bekanntgeworden seien, verwahrte sich aber sofort gegen eine Ausnutzung dieser Vorkommnisse durch die Sozialdemokratie. Durch ein „heimliches" Gerichtsverfahren würde die Gefahr größer als bei einem größeren Maß von Öffentlichkeit.[122]

Der bayerische Zentrumsabgeordnete Franz Xaver Schädler, Domdekan in Bamberg, forderte bei einer Diskussion des militärstrafgerichtlichen Verfahrens den Standpunkt zu vertreten, „den wir in München eingenommen haben."[123] Der seit 1889 im Reichstag als Abgeordneter der Deutschen Reichspartei tätige Wilhelm Balthasar Frhr. von Gültlingen befürwortete die Prinzipien, die sich in Bayern seit nahezu 25 Jahren bewährt hätten: die Öffentlichkeit und Mündlichkeit des Verfahrens. Der von 1890 bis 1917 für die SPD, später für die USPD im Reichstag tätige Rechtsanwalt und Schriftsteller Arthur Stadthagen[124] forderte auf, den „Kadavergehorsam" zu beenden. „Das Militärsystem dieser Art erzieht mit Notwendigkeit Sozialdemokraten."

Inwieweit war die Sorge Wilhelms II., seiner Generale und anderer Kreise überhaupt begründet, daß die Sozialdemokratie einen „Umsturz" erstrebe? Es gab in der Zielsetzung verschiedene Richtungen. Der bayerische Kriegsminister Joseph von Maillinger schrieb am 6. Januar 1885 nieder, die Sozialdemokratie würde darauf verzichten, „sich Einfluß in der Armee zu verschaffen."[125] Domann glaubt 1974, die Gründe für die agitatorische Zurückhaltung der SPD hätten in dem Ziel bestanden, ihren Anhängern Schwierigkeiten in der großen Abgeschlossenheit der Armee sowie in deren Repressionsmaßnahmen zu ersparen. Immerhin wollte diese Partei durch nicht „gesetzlich" festgelegte Mittel und durch Agitation ihre Ziele erreichen und bekämpfte 1894 den Bayern Georg Heinrich von Vollmar.

Mailingers Niederschrift von 1885 bezieht sich naturgemäß vor allem auf Bayern. 1893 rückten die Sozialdemokraten erstmals mit 5 Abgeordneten in die Zweite Kammer des bayerischen Landtags ein und brachten es bis 1912 auf 30 Mandate. Die sozialdemokratische Fraktion in der bayerischen Abgeordnetenkammer war die größte in einem deutschen Landtag geworden. Doch war ihre Stellung gegenüber der Monarchie so wenig von Umsturzforderungen erfüllt, daß sozialdemokratische Abgeordnete die Einladungen des Prinzregenten Luitpold zur Tafel niemals ablehnten. Wilhelm II. dachte an solche Einladungen nicht.[126]

Die Reichstagswahlen von 1893 brachten den Deutschkonservativen 72 Mandate, der Reichspartei 28, den Nationalliberalen 53, der Freisinnigen Vereinigung 13, der Freisinnigen Volkspartei 24, der Deutschen Volkspartei 11 Mandate. Da das Zentrum 96 Mandate, die Welfen 7 Mandate gewannen, hatten die Sozialdemokraten mit 44 Mandaten (16,3 Prozent der Stimmen) keine bedeutende Stellung im Reichstag. Die Polen erzielten 19, die Elsaß-Lothringer 8, die Antisemiten 16, der Bayerische Bauernbund 4 Mandate, die Dänen und sonstige kleine Gruppen je 1 Mandat.[127]

Der Ausgang dieser Wahl hob die Stimmung des Kaisers sehr.[128] Er ernannte Walther Bronsart von Schellendorff zum preußischen Kriegsminister, da sein Vorgänger Kaltenborn bei der Durchsetzung der Heeresvorlage im Reichstag Zugeständnisse gemacht hatte, am 14. März 1891 für eine gewisse Öffentlichkeit im Militärstrafgerichtsverfahren eingetreten war, aber durch seine Schwäche heraufbeschwor, daß sich Reichskanzler Caprivi in Angelegenheiten des preußischen Kriegsministeriums einmischte. Von Bronsart von Schellendorff wurde vermutet, er sei der Kandidat Bismarcks.[129] Wilhelm II. ernannte ihn ohne Zustimmung Caprivis; er sollte die Macht des Kanzlers eindämmen. Er beschränkte tatsächlich aber auch die Versuche des Kaisers und des Militärkabinetts, das Selbstregiment in der Armee zu verstärken. Durch die Einführung einer modernen, auf die Öffentlichkeit und Mündlichkeit des Verfahrens aufbauenden Militärstrafgerichtordnung wollte er vor Volk und Reichstag als liberaler General glänzen und sich wohl als Reichskanzler prädestinieren. Die juristische Fakultät der Universität Greifswald machte Bronsart von Schellendorff 1895 zum Ehrendoktor. Wilhelm II. lehnte zwar seinen Entwurf zunächst vollständig ab, freundete sich aber dann langsam damit an und übersandte ihn schließlich ohne eigene Stellungnahme dazu an das preußische Staatsministerium mit dem Auftrag, sich darüber zu äußern. General von Hahnke drang immer mehr in den Kaiser, gegen den Entwurf Widerstand zu leisten.[130] Das preußische Staatsministerium beriet eingehend, stimmte zu und forderte Bronsart von Schellendorff auf, die ihm zur Beratung überwiesenen Grundsätze in den nun wieder heranzuziehenden Entwurf von 1893 aufzunehmen. Es verlangte in seiner Immediateingabe vom 14. Mai 1895 die Gewährung der Öffentlichkeit, die Installierung des Reichsmilitärgerichts als letzter Instanz für Heer und Marine, das im Namen des Kaisers Recht zu sprechen habe und trat dafür ein, das Bestätigungsrecht des Militärstrafgerichts und seines Gerichtsherrn für die Friedenszeit aufzuheben und Revisionen zuzulassen,[131] hatte nach wie vor aber nun Bedenken gegen die Öffentlichkeit und wollte das Bestätigungsrecht nicht aufgeben, weil dadurch die direkte Verbindung des Obersten Kriegsherrn mit seinen Armeeangehörigen verloren zu gehen drohe. Das preußische Staatsministerium beschloß schließlich, den von Bronsart von Schellendorff gemachten Vermittlungsvorschlag anzunehmen, um dem Kaiser die Zustimmung zu ermöglichen, und beschloß, unter bestimmten Voraussetzungen eine Beschränkung der Öffentlichkeit vorzusehen und das Bestätigungsrecht in ein Gnaden- oder Milderungsrecht umzuwandeln.

Schon vorher hatte der Kriegsminister den Kaiser mit Hilfe des Staatsministeriums dafür gewonnen, eine Kommission unter Generalleutnant von Spitz einzusetzen, die den Entwurf vom Dezember 1890 gemäß den vorgetragenen Prinzipien umarbeiten sollte. Der neue Reichskanzler Chlodwig Fürst zu Hohenlohe-

Schillingsfürst unterstützte den preußischen Kriegsminister in der Frage der Militärgerichtsbarkeit und war bereit zurückzutreten, falls der Kriegsminister seine Drohung verwirkliche, seinerseits zu gehen.

Wilhelm II. lenkte im Herbst 1895 ein, lehnte aber jedoch entschieden die Öffentlichkeit und Mündlichkeit des Verfahrens ab, da ihn General von Hahnke und sein Freund Philipp Graf Eulenburg dahin beeinflußten. Er lehnte rechtswirksam durch Kabinettsorder am 6. Oktober 1895 den Entwurf ab, weil derselbe auf dem Prinzip der Öffentlichkeit ausgebaut sei. Doch hielt das preußische Staatsministerium unter dem Vorsitz des 1894 ernannten Reichskanzlers Chlodwig Fürst zu Hohenlohe-Schillingsfürst am 16. Oktober 1895 an einer beschränkten Öffentlichkeit fest, da diese aus politischen und militärischen Gründen unumgänglich sei, und nahm den Entwurf Bronsarts von Schellendorff unverändert an. Nur der preußische Innenminister Köller stimmte dagegen. Eulenburg riet nun dem Kaiser, die Kommandierenden Generale zu dem Entwurf Stellung nehmen zu lassen und dadurch eine Vertagung zu erreichen. Damit war auch der Kriegsminister einverstanden. Doch beschränkte Wilhelm II. dessen Vorträge jetzt auf ein Minimum, während ihm der Chef des Militärkabinetts „durch Nasenstüber aller Art die Geschäftsführung erschwerte und verleidete".[132] Er reichte sein Rücktrittsgesuch ein. Der Kaiser besprach sich mit Hohenlohe und nahm das Rücktrittsgesuch am 13. August 1896 an. Wilhelm ernannte den Generalleutnant Heinrich von Goßler zum Nachfolger Bronsarts von Schellendorff. Er nahm in der kritischen Frage den Standpunkt seines Vorgängers ein.

Die Öffentlichkeit konnte demnach durch Gerichtsbeschluß wegen Gefährdung der öffentlichen Ordnung, insbesondere der Staatssicherheit, der Sittlichkeit oder der militärischen Interessen ausgeschlossen werden. Goßler fügte nun in einem zweiten Absatz hinzu, daß es dem Kaiser obliege, die Voraussetzungen und Formen über den Ausschluß der Öffentlichkeit aus Gründen der Disziplin festzulegen. Der Kaiser gab damit die Öffentlichkeit grundsätzlich zu, wollte ihre Einführung aber von seiner Order als Oberster Kriegsherr je nach Umständen des Falles abhängig machen.[133] Durch diese Fassung der Bestimmung konnte der Kaiser in Preußen die Öffentlichkeit jederzeit ausschließen. Hohenlohe und das preußische Staatsministerium erklärten sich mit einer solchen Regelung einverstanden. Hohenlohe teilte nun im *Reichsanzeiger* am 24. August mit, der Kaiser beabsichtige, dem Bundesrat noch im Herbst einen Gesetzentwurf über die Militärstrafgerichtsordnung vorlegen zu lassen, die den Zusagen des Kanzlers im Reichstag entspreche. Wilhelm II. gab auf einem Kronrat in Hubertusstock am 7. Oktober dem Entwurf seine Zustimmung, der Reichskanzler ließ darauf am 16. Oktober 1896 den Gesetzentwurf, der das mündliche Verfahren sowie die Öffentlichkeit im beschränkten Umfang sowie die Bestätigung in der abgeschwächten Form des Vollstreckungsdekrets enthielt, dem Bundesrat als Präsidialvorlage zugehen. Das Verfahren auf dem Weg einer solchen Präsidialvorlage hatte den Sinn, daß sich dadurch die preußische Regierung freie Hand vorbehielt,

Abänderungsanträge zu stellen. Der Kaiser autorisierte als solcher eine Vorlage, an die er in Bezug auf die einzelnen Bestimmungen nicht als König von Preußen gebunden war.[134] Der dadurch gegebene Spielraum für sein Handeln war beträchtlich. Der Kaiser konnte durch kaiserliche Order die Öffentlichkeit verhindern, er gestand sie aber im Grundsatz zu. Er fühlte sich in einem Zwiespalt und schrieb über seine Haltung, er würde „als ein schlechter Kerl erscheinen, wenn ich in einer Frage nachgäbe, die meine Vorfahren als notwendig, als recht erkannt haben! Wie sollte ich vor ihnen bestehen können, wenn ich im Himmel – wohin zu kommen ich ja allerdings gar nicht wert bin – vor sie träte. Und was würde aus mir vor der Armee, die darin ein Niederreißen aller schützenden Mauern sähe, vor der Armee, vor der ich schon durch die zweijährige Dienstzeit eine schwere Verantwortung auf mich nahm!"[135]

Ein anderes Problem war die Dauer der Militärdienstzeit. Prinzregent Luitpold von Bayern hatte gegen die nur zweijährige Dienstzeit in seinem Marginaldekret vom 2. November 1892[136] keine Einwände. Auch preußische Generale wie Wittich befürworteten eine kürzere Dienstzeit, „die ganz brauchbare und sogar fähigere Soldaten erzöge als früher".[137]

Wilhelm II. bezog sich für seine Haltung zum Militärstrafgericht auch auf die Behauptung Kaiser Franz Josephs von Österreich, daß diese Einrichtung (der Öffentlichkeit) „ein so glänzendes Fiasko in Bayern" gemacht habe. Das traf natürlich in Bayern nicht zu. Franz Joseph wollte durch seine Worte verhindern, daß im Deutschen Reich die Reform nach anderen Grundsätzen durchgeführt werde, als sie ihm in Österreich einzuhalten notwendig erschien.[138]

Vertrag mit England 1890 über Ostafrika und Sansibar, 1893 über Guinea und Kamerun – Verhältnis zur Südafrikanischen Republik 1896 – Tirpitz Staatssekretär des Reichsmarineamtes – Erwerbung von Kiautschou 1896/97 – Neuguinea (Kaiser-Wilhelms-Land)

Wilhelm II. stand in diesen Jahren vor vielen Problemen nicht nur der Rechtspflege und des Militärwesens im Innern des Deutschen Reiches, sondern auch vor der Tatsache, daß das Wachstum der deutschen Wirtschaft immer dringlichere Probleme der sozialen Gerechtigkeit, aber auch in der durch ihn und seinen Kanzler zu entscheidenden Außenpolitik aufwarf. Welche Haltung sollte das Deutsche Reich gegenüber England und dessen Politik gegenüber der Türkei und in Afrika einnehmen?

Die verfassungsrechtliche Entwicklung in Großbritannien brachte es mit sich, daß Persönlichkeiten verschiedener Richtungen nebeneinander die englischen Wege bestimmten. Keine aus einem bestimmten Jahr stammende Verfassung, wie sie in den Staaten des Kontinents üblich geworden war, band maßgebliche Persönlichkeiten. Obwohl er die englische Sprache sehr gut beherrschte, war es für ihn schwer, das verschiedene Gewicht von Persönlichkeiten und Kräften in Großbritannien richtig einzuschätzen. Natürlich versuchte er, den ihm und dem Deutschen Reich entgegenkommenden Kräften seit Beginn seiner Regierung entsprechende Rechnung zu tragen.

Er schloß 1890 mit England einen Vertrag über Ostafrika und Sansibar, am 14. August 1893 einen Vertrag über Guinea und gewährte England am 15. Oktober 1893 in dem Abkommen über Kamerun freie Hand im Nilgebiet. Doch ging er 1895 nicht auf den englischen Plan einer Aufteilung der Türkei ein. Darauf hetzte am 24. August die *Saturday Review* zum Krieg gegen Deutschland. Am 30. Dezember fiel Sir Leander Jameson, seit 1888 Beamter der Britisch-Südafrikanischen Gesellschaft, in die Burenrepublik Transvaal ein, mußte aber kapitulieren, wurde an England ausgeliefert, zu Gefängnis verurteilt, aber bald begnadigt, so daß er 1904 Ministerpräsident der Kapkolonie werden konnte. Sein Einfall in das Gebiet nördlich der Kolonie, in die 1652 bis 1807 begründete holländische Kolonie, die 1815 an England abgetreten wurde, löste vor allem in Deutschland große Erregung aus. Denn seit 1834 waren viele aus den Niederlanden stammende Buren (Bors, Bauern), in das Gebiet nördlich der an England abgetretenen Kolonie eingewandert, gründeten dort den Oranje-Freistaat und in Transvaal einen eigenen Staat. Es lebten dort auch sehr viele Deutsche.

Diese Südafrikanische Republik schloß 1884 mit der britischen Krone eine Konvention, wonach sie immerhin Verträge und Verbindlichkeiten der britischen Krone zur Genehmigung zu unterbreiten hatte, welche sie mit einem anderen Staat oder einem eingeborenen Volksstamm einzugehen beabsichtigte. Der Druck, den England gegen eine Ausdehnung dieser Südafrikanischen Republik auslöste, ließ diese auf das Deutsche Reich hoffen, zumal dieses eben damals in Afrika eigene Kolonien errichtete. So hielt der seit 1883 wirkende Präsident Paulus Krüger am 27. Januar 1895, dem Geburtstag Kaiser Wilhelms II., in seiner Hauptstadt Pretoria an die Deutschen dort eine Rede und betonte, er rechne auf deutsche Hilfe, wenn die Südafrikanische Republik die Zeit für reif halte, um den englischen Vertrag von 1884 abzuschütteln. Krüger hoffte auf eine deutsche Intervention, als sich in Johannesburg ein Aufstand vorbereitete.[139] Der seit 1890 als Staatssekretär des Auswärtigen Amtes wirkende Adolf Frhr. Marschall von Bieberstein und der Vortragende Rat im Auswärtigen Amt, Fritz von Holstein, bestimmten den nunmehrigen Reichskanzler Chlodwig Fürst zu Hohenlohe-Schillingsfürst, einem Telegramm zuzustimmen, zu dem sie den Kaiser in Hinblick auf die Begeisterung der deutschen Öffentlichkeit für den Kampf der Südafrikanischen Republik um ihre Handlungsfreiheit veranlassen wollten. Dieser fürchtete[140] mit gutem Grund dadurch eine schwere Verstimmung Englands. Schon am 2. Januar 1896 hatte Marschall von Bieberstein dem deutschen Gesandten in London eine Note der deutschen Regierung übersandt, in der diese schroff protestierte und erklärte, sie sei nicht gesonnen, irgendwelche Veränderungen in der völkerrechtlichen Stellung der Südafrikanischen Republiken hinzunehmen.

Da aber Salisbury bereits verreist war, erhielt der Gesandte das Schriftstück zurück.

An diesem Tag kam der Kaiser um 10 Uhr in Begleitung des Staatssekretärs des Reichsmarineamtes, Admiral Hollmann, des Chefs des kaiserlichen Marinekabinetts, von Senden, und des kommandierenden Admirals von Knorr zum Reichskanzler. Wilhelm wollte die Marineinfanterie mobil machen, Truppen aus Deutschland nach Südafrika schicken und auf diese Weise veranlassen, daß eine internationale Konferenz einberufen werde, die ihm das Protektorat über Transvaal übertrage, also den Kernstaat der Südafrikanischen Republik. Marschall von Bieberstein schlug dem Kaiser ein Glückwunschtelegramm vor, das der Ministerialdirigent der Kolonialabteilung Kayser in einem Nebenzimmer entwarf: „Ich spreche Ihnen Meinen aufrichtigen Glückwunsch aus, daß es Ihnen, ohne an die Hilfe befreundeter Mächte zu appellieren, mit Ihrem Volke gelungen ist, in eigener Tatkraft gegenüber den bewaffneten Scharen, welche als Friedenstörer in Ihr Land eingebrochen sind, den Frieden wiederherzustellen und das Ansehen Ihrer Regierung zu wahren." In der Besprechung wurde der Entwurf verschärft, indem an die Stelle, „das Ansehen Ihrer Regierung", die Worte gesetzt wurden „die Unabhängigkeit Ihres Landes".

Der Kanzler wies den Kaiser darauf hin, daß er sich als konstitutioneller Herrscher nicht in Gegensatz zum Volksbewußtsein und zu seinen verfassungsmäßigen Ratgebern stellen dürfe. Der Kaiser dürfe sich nicht dem Gerede aussetzen, was im Volke im Umlauf sei: Der Kaiser sei ja doch ein halber Engländer und habe heimliche englische Sympathien,[141] er stehe ganz unter dem Einfluß seiner Großmutter, der Königin Viktoria; die Onkelei aus England müsse endlich aufhören, der Kaiser müsse aus der englischen Vormundschaft heraus. Wilhelm II. fürchtete von dem ihm vorgeschlagenen Telegramm eine Verstimmung maßgebender Kreise in England und lehnte, unterstützt von Hollmann, zunächst ab. Doch bestanden der Reichskanzler und der Staatssekretär auf der Depesche. So beglückwünschte Wilhelm II. am 3. Januar 1896 Krüger dazu, daß es ihm gelungen sei, „in eigener Tatkraft" und „ohne an die Hilfe befreundeter Mächte zu appellieren, die Unabhängigkeit des Landes gegen Angriffe von außen" zu wahren.

Hohenlohe und Marschall von Bieberstein nahmen als die verfassungsmäßigen Berater des Kaisers die volle Verantwortung für die Konsequenzen aus dem Telegramm auf sich. Der Kaiser unterzeichnete unter Gegenzeichnung durch die Berater. Im Reichstag bezeichnete der national-liberale Fraktionssprecher Hammacher das kaiserliche Glückwunschtelegramm an den Präsidenten der Burenrepublik als einen „Akt echt deutschen Selbstbewußtseins neben dem Ausdruck der lebhaften Gefühle des deutschen Volkes".[141] Die englische Reaktion auf das Telegramm, die eine entscheidende Verschlechterung der Beziehungen zwischen England und Deutschland ausdrückte, erschien Hammacher als „gehässige Feindesligkeit" gegenüber Kaiser und Nation, die die Zweifel gegenüber England, wie sie in nationalliberalen Kreisen bestanden, nur bestätigen würde. Hammacher hoffte dennoch, daß keine wirtschaftlichen Störungen[143] eintreten würden. Schon Reichskanzler Caprivi hatte durch Handelsverträge die deutschen Handelsbeziehungen überall verbessert.

Die Entrüstung in England blieb nicht aus. Doch als später Cecil Rhodes, 1884 Finanz- und 1890 Premierminister der Kap-Kolonie, bei Wilhelm II. vorsprach, nannte er den Überfall Jamesons stupid und meinte, die Krüger-Depesche sei ganz berechtigt gewesen. Er habe sie dem Kaiser nicht übelgenommen; er versuchte, einen englisch-südafrikanischen Bundesstaat zu gründen und durch die Cape-to-Cairo-Bahn diesen mit Ägypten zu verbinden; dazu genehmigte der Kaiser im Einverständnis mit dem Auswärtigen Amt und dem Reichskanzler die Unterstützung dieser beiden Unternehmungen durch deutsche Personen und deutsches Material. König Leopold der Belgier hatte kurz vorher dieselbe Bitte des Cecil Rhodes abgewiesen. Freilich wurden die Buren im Burenkrieg 1899 bis 1902 von England besiegt und ihm unterworfen. Am 11. Dezember 1897 forderte hingegen die *Saturday Review* geradezu die Vernichtung Deutschlands zu Gunsten Englands. So verschieden waren also die Wünsche und die Kräfte in England.

Um sich gegenüber anderen Mächten in Europa und der Welt zu behaupten, suchte auch Wilhelm II. Positionen außerhalb des Reiches. Dabei stützte er sich auf die von ihm ausgebaute Flotte. Am 15. Juni 1897 ernannte er Alfred von Tirpitz zum Staatssekretär des Reichsmarineamtes. Am 23. Juli schloß er mit Frankreich einen Vertrag über Togo in Afrika.[144]

Im August 1897 erreichte er, wie erwähnt, bei einem Besuch im Peterhof, daß der russische Außenminister, Michael Graf Murawieff, seine Bedenken aufgab und Deutschland mit China einen Vertrag über die Pachtung von Kiautschou vorbereiten konnte, was vor allem Tirpitz betrieb. Rußland behielt sich dafür die Erwerbung von Port Arthur vor. Für seine Ziele zog Wilhelm II. neue Mitarbeiter heran. Am 20. Oktober 1897 ernannte er Bernhard von Bülow zum Staatssekretär des Auswärtigen, den dieses Amtes enthobenen Marschall von Bieberstein aber schickte er als Botschafter nach Konstantinopel.

Da in China Fanatiker auch den christlichen Einfluß aus dem Westen bekämpften, wurden im Herbst 1897 zwei katholische deutsche Missionare in Schantung ermordet.[145] In der Zentrumspartei verlangten die Anhänger der Missionsarbeit energische Maßnahmen. Der Kanzler schlug dem Kaiser sofortiges Eingreifen vor. Darauf beauftragte dieser in Hohenlohes Gegenwart seinen Bruder, den Admiral Prinz Heinrich von Preußen, mit dem Kommando des zur Verstärkung der ostasiatischen Division heranzusendenden Geschwaders. Im November 1897 wurde Kiautschou von den Deutschen besetzt. Im Dezember eilte Prinz Heinrich mit seiner Division an Bord der „Deutschland" nach Ostasien und übernahm dort später das Kommando über das gesamte ostasiatische Geschwader. Am 6. März 1898 wurde der Pachtvertrag über Kiautschou mit

China unterzeichnet. Diese Expansion im Osten hatte zur Folge, daß Kaiser Nikolaus II. am 10. März 1898 90 Millionen Rubel zum Ausbau der Flotte anwies und am 27. März Rußland in Port Arthur einen Stützpunkt gewann.

Wilhelm II. und Tirpitz setzten mit dem Zugriff im Osten Chinas fort, was schon Kaiser Wilhelm I. und Bismarck seit 1884 auf Neu-Guinea getan hatten. Ihre Westhälfte war seit 1828 in niederländischem Besitz, der Nordostteil wurde 1884 als deutsches Schutzgebiet [Kaiser-Wilhelms-Land] eingerichtet, in demselben Jahr, in dem das Deutsche Reich Deutsch-Südwest-Afrika, Togo, Kamerun und den Bismarck-Archipel erwarb. Das Deutsche Reich nahm so seit Wilhelm I. und Bismarck gleich anderen bedeutenden Staaten in Europa für sich einen politisch, wirtschaftlich und militärisch wichtigen Platz auch in der außereuropäischen Welt ein.

Gegen Wilhelm II. gerichtete alldeutsche Bismarckverehrung – Wilhelm in München über die Königsgewalt – Protest des Prinzen Ludwig von Bayern in der Moskauer Deutschen Kolonie – Wilhelm II. und der entlassene Bismarck

Wilhelm II. rühmte in seinem Nachruf auf den am 30. Juli 1898 verstorbenen Fürsten Bismarck: „Wir, die wir Zeugen seines herrlichen Wirkens waren, die wir an ihm als dem Meister der Staatskunst, als dem furchtlosen Kämpen im Kriege wie im Frieden, als dem hingebendsten Sohne seines Vaterlandes und dem treuesten Diener seines Kaisers und Königs bewundernd aufblickten, sind tief erschüttert von dem Heimgang des Mannes, in dem Gott der Herr das Werkzeug geschaffen, den unsterblichen Gedanken an Deutschlands Einheit und Größe zu verwirklichen." Wer diesen Satz im Zusammenhang liest, wird nicht behaupten, daß Wilhelm II. in Bismarck nur das Werkzeug Wilhelms I. gesehen habe.

Das Deutsche Reich in Europa und in der Welt erfüllte Wilhelm II. mit Tatendrang und Selbstbewußtsein. Er brachte das durch zuweilen unüberlegte Worte aber sehr im Sinn vieler seiner deutschen Zeitgenossen zum Ausdruck, die oft völlig unabhängig von ihm ihre Wünsche und Theorien verkündeten. Der Alldeutsche Verband wurde 1891 als Allgemeiner deutscher Verband von Karl Peters, 1891 bis 1892 Reichskommissar für Deutsch-Ostafrika, und von Adolf Flik, Adolf Lehr und dessen Freund Professor Ernst Hasse gegründet. Dieser war sein zweiter Vorsitzender, der seit 1892 dem Reichstag angehörte. Der Verband nahm 1894 seinen nunmehrigen Namen an und trat – 1910 mit über 20.000 Mitgliedern in mehr als 200 Ortsgruppen – für nationale Kolonial- und Auswanderungspolitik ein, verfiel aber immer mehr, vor allem seit 1908 unter seinem Vorsitzenden Heinrich Claß, in einer gegen Wilhelm II. gerichteten Bismarckverehrung und Ablehnung des „Neuen Kurses" in völkisch-antisemitische Ideologien.

In anderer Weise als die Alldeutschen verstand Wilhelm II. seine Pflichten und Rechte als Monarch. Mit dem betagten Prinzregenten Luitpold von Bayern verband ihn die Verehrung für einen Vertreter des Königtums, der aber selbst nicht König war. Als ihm dieser beim Betreten des Rathauses in München 1891 den Vortritt lassen wollte,[146] nahm er diesen als die Entscheidung des den König vertretenden Prinzregenten an und trug in unüberlegter Weise in das Goldene Buch der Stadt München am 8. September 1891 ein: „Suprema lex regis voluntas esto! Wilhelm Deutscher Kaiser und König von Preußen, 8. IX. 1891." Der Eintrag wurde alsbald als Proklamation des Absolutismus durch Wilhelm II. mißverstanden.

Wie sehr aber verfassungsrechtlich nicht orientierte Kreise im Ausland die Macht des Kaisers in diesen Jahren unzutreffend einschätzten, bewies ein führender Auslandsdeutscher 1896, als er als der Präsident der Moskauer Deutschen Kolonie auf einem Fest aus Anlaß der Anwesenheit der vielen Fürstlichkeiten in Moskau auf den Deutschen Kaiser einen Trinkspruch ausbrachte und darin auf die deutschen Fürsten als „Vasallen" hinwies. Sofort erhob sich Prinz Ludwig von Bayern, der spätere König Ludwig III. und erklärte: „Hier wurde eben ein Ausspruch gebraucht, gegen den ich Verwahrung einlege. Wir sind keine Vasallen, keine Untertanen des Deutschen Kaisers, sondern dessen Verbündete... Die Mitglieder der Moskauer Deutschen Kolonie mögen auch der engeren Heimat nicht vergessen und stets die Anhänglichkeit an die angestammte heimische Dynastie pflegen."[147] Prinz Heinrich von Preußen, der Bruder Wilhelms II. verließ sofort zusammen mit dem deutschen Botschafter das Fest.

Die deutschnationale Verehrung des Reichsgründers Bismarck wurde sehr häufig gegen Wilhelm II. akzentuiert, wuchs zu Angriffen vor allem aus Friedrichsruh, wo Bismarck selbst grollte, in Kissingen und in Jena. Im Januar 1894 sandte Wilhelm, der eine Aussöhnung wollte, schon um die Angriffe zu entkräften, seinen Flügeladjutanten Kuno Graf Moltke mit einer Flasche „Steinberger Kabinett" zu dem erkrankten Bismarck. Dieser erschien darauf am Vorabend des Geburtstages des Kaisers, am 26. Januar, bei diesem in Berlin. Ein Bild, das Bismarck auf dem Weg zum Schloß zeigte, hatte noch der Kaiser in Doorn neben anderen Bildern über seinem Schreibtisch. 1894 war ihm bewußt, daß ihn nun die Ehrungen Bismarcks in Wien und München nicht mehr beeinträchtigen konnten. „Ich bin ihm immer eine Pferdelänge voraus", sagte er in diesem Zusammenhang zu Hohenlohe.

In der politischen Öffentlichkeit war die Stimmung gespalten. Der Reichstag lehnte am 23. März 1895 ab, Bismarck zu seinem 80. Geburtstag am 1. April besonders zu beglückwünschen. Der Kaiser ehrte ihn durch Erhebung zum Herzog von Lauenburg, eine Rangbezeichnung, die Bismarck freilich nie führte, und ernannte ihn zum Generalfeldmarschall. Zum 80. Geburtstag besuchte er ihn in Friedrichsruh. Während des Gespräches ging Wilhelm II. nicht auf die außenpolitischen Perspektiven Bismarcks ein. Wie relativ die Aussöhnung war, zeigt, daß Bismarck am 24. Oktober 1896 in den *Hamburger Nachrichten* das „Geheimnis des deutsch-russischen Rückversicherungsvertrages" enthüllte, wozu er keineswegs berechtigt war, obwohl der Vertrag jetzt bereits sechs Jahre außer Kraft war. Schon am 6. Juli 1890 hatte Bismarck mit der Cotta'schen Verlagsbuchhandlung einen Vertrag geschlossen, die seine „Gedanken und Erinnerungen" veröffentlichen wollte. Die ersten beiden Bände, die Horst Kohl mit einem Vorwort vom 21. Oktober 1898 aus Chemnitz sorgfältig herausgab, behandelten noch nicht die Persönlichkeit Wilhelms II, wohl aber der dritte. Bismarck rechnete darin derart mit Wilhelm ab, daß der Verlag den Band erst nach 1918 herausbrachte.

Wilhelm II. besuchte Bismarck noch einmal im Dezember 1897, ging aber wieder nicht auf außenpolitischen Gespräche ein. Als Bismarck am 30. Juli 1898 starb, brach der Kaiser seine Nordlandreise ab und eilte herbei, um bei der Einsegnung der Leiche zugegen zu sein und den toten Kanzler zu ehren. Bismarck selbst hatte als Inschrift auf seinem Grabstein bestimmt, daß zu seinem Namen die Worte gefügt werden: „Ein treuer, deutscher Diener Kaiser Wilhelms I." Seit 1890 bekämpfte er zweifellos Wilhelm II. und seine Minister immer wieder. Constantin Rößler, in den achtzehnhundertsechziger Jahren einer der ersten und begeistertsten Propheten der Sendung Bismarcks, sagte 1892 zu Hans Delbrück, ein Titan wie Bismarck sei imstande, wie er das Deutsche Reich geschaffen, es auch wieder zu zerstören.[148] Genau derselben Meinung war Wilhelm II. am 31. März 1930: „Bismarck hat das Reich gegründet, aber auch vernichtet!"[149]

Das Römische Reich Deutscher Nation – Feier zur 25. Wiederkehr der Reichsgründung am 18. Januar 1896 in Berlin – „Das Deutsche Reich" ist „ein Weltreich" geworden – Jubelfeier in Frankfurt über den dort mit Frankreich vor 25 Jahren geschlossenen Frieden – Das liberale Nationalbewußtsein und das internationale deutsche Wirtschaftspotential – Wilhelm auch außerhalb der Hofgesellschaft – Viele Adelserhebungen – „Adjutantenpolitik" – Der Offiziersrang

Als der Kaiser am 20. August 1898 die Parade der 25. großherzoglich hessische Division in Mainz abnahm, antwortete er dem Oberbürgermeister der Stadt auf dessen Begrüßung, daß er schon in jungen Jahren als Knabe in seine Stadt gekommen sei, und kam darauf auf die Betrachtungen des Oberbürgermeisters Gaßner zu sprechen. Er führte aus seiner eigenen Sicht her aus: „Das Römische Reich deutscher Nation ist zugrunde gegangen, weil es nicht auf nationaler Grundlage aufgebaut war. Sein Zerfall hat seinen Grund in dem Mangel patriotischen Empfindens und Zusammenhaltens seiner Glieder. Das Deutsche Reich ist entstanden aus dem dringenden Bedürfnis nach gemeinsamem Zusammenhang und Oberhaupt. Es baute sich auf auf der Grundlage der Vaterlandsliebe". So veröffentlichte den Wortlaut die *Norddeutsche Allgemeine Zeitung*.

Nach dem *Rheinischen Kurier* lautete der Satz über das Deutsche Reich folgendermaßen: „Das neue Deutsche Reich ist entstanden aus dem gemeinsamen Drang des deutschen Volkes nach Zusammenhang und Oberhaupt; es baute sich auf auf der Grundlage der Vaterlandsliebe; es ist ihm Form und Kraft gegeben durch Meinen Großvater und seine Räte." Wilhelms Behauptung, daß das Römische Reich deutscher Nation zugrundegegangen sei, da es nicht auf nationaler Grundlage aufgebaut gewesen wäre, bedarf einer Differenzierung. Die Erneuerung des Römischen Reiches in christlicher Weise, als Papst Leo III. zu Weihnachten im Jahr 800 den Frankenkönig Karl zum Kaiser krönte, hatte zur Folge, daß in Mitteleuropa ein die übrigen Staaten in Europa überragendes Reich entstand, das erst seit dem 13. Jahrhundert mit den Nationalstaaten zu ringen begann, die in seinem Umkreis entstanden. Die von dem Sachsen Treitschke hochgespielte deutsche Interpretation der Vergangenheit hatte verschiedene Ursachen und Folgen.

Die Vorstellung von dem 1806 untergegangenem Reich bewegte den Kaiser immer wieder. Dreizehn Jahre nach seinen Ausführungen über das Römische Reich deutscher Nation in Mainz am 20. August 1898 reiste er nach Aachen, um dort das Kaiser-Friedrich-Denkmal am 18. Oktober 1911 zu enthüllen. Das seinem Vater gewidmete Monument war eine Aussage dafür, wie sehr Wilhelm II. immer wieder auch in dessen Vorstellungen die Vergangenheit sah, in die ihn der Vater einst anschaulich eingeführt hatte. Es war an dem 80. Tag der Geburt seines Vaters, daß Wilhelm II. in Aachen ausführte (R V, 280): „Von meiner Kindheit an habe ich beobachten können, mit welchem Interesse er [sein Vater] sich dem Studium der deutschen Kaiser und ihrer Tradition hingab und wie er von der Macht ihrer Stellung und von dem Glanze der alten deutschen Kaiserkrone erfüllt war. Wenn ich als Knabe in seinem Zimmer weilte und mein Wohlverhalten einen Lohn verdient hatte, ließ er mich in einem Prachtwerk [von Franz Bock, Die Reichskleinodien, Wien 1864] blättern, in welchem die Kleinodien, Insignien, Gewänder und Waffen der Kaiser und schließlich die Krone selbst in bunten Farben dargestellt waren. Wie leuchteten ihm die Augen, wenn er dabei von den Krönungsfeiern in Aachen mit ihren Zeremonien und Mählern erzählte, von Karl dem Großen, von Kaiser Barbarossa und ihrer Herrlichkeit! Stets schloß er damit: ‚Das alles muß wiederkommen, die Macht des Reiches muß wieder erstehen, und der Glanz der Kaiserkrone muß wieder aufleuchten! Barbarossa muß aus dem Kyffhäuser wieder erlöst werden!' Und ihm war es von der Vorsehung beschieden, an der Ausführung des großen Werkes hervorragenden Anteil zu nehmen. Auf blutiger Wahlstatt half er dem ehrwürdigen Vater die Kaiserkrone und dem deutschen Volke die Einigung zu erringen. Vom Vater für meinen einstigen Beruf erzogen, wuchs ich heran, in Bewunderung und Ehrfurcht vor der Kaiserkrone, die ich dann mit ihrer Last und Verantwortung von ihm übernommen habe. Sie ist ein hehres Kleinod, von dem unter Gottes Schutz viel Segen für das Vaterland ausgegangen [ist] und das sich als ein Hort seiner nationalen Ehre bewährt hat."

Am 18. Januar 1896 waren es 25 Jahre, daß das Deutsche Reich in Versailles durch einen von Bismarck vorgeplanten Staatsakt proklamiert worden war. Es war aus den meisten Staaten des 1866 durch Preußen zerstörten Deutschen Bundes konstruiert worden. Wilhelm II. verlas im Weißen Saal des königlichen Schlosses in Berlin unter einem Baldachin[150] stehend eine Thronrede, die auch im Druck erschien und von Reichskanzler Chlodwig Fürst zu Hohenlohe-Schillingsfürst gegengezeichnet war. Sie wurde durch die Unterschriften des Kaisers und des Kanzlers und ihre ganze Fassung als eine in einer Urkunde gefaßte Kundgabe veröffentlicht:

„Wir Wilhelm von Gottes Gnaden Deutscher Kaiser, König von Preußen u. s. w. tun kund und fügen hiermit zu wissen: Nachdem 25 Jahre verflossen sind, seit dem Tage, an welchem Unseres in Gott ruhenden Herrn Großvaters Majestät der einmütigen Aufforderung der Deutschen Fürsten und Freien Städte und dem Wunsch der Nation entsprechend die Deutsche Kaiserwürde angenommen hat, haben Wir beschlossen, das Gedächtnis dieses denkwürdigen Ereignisses feierlich zu begehen... Wir haben dazu die Bevollmächtigten Unserer Hohen Verbündeten und die Vertreter des Volkes sowie diejenigen Männer entboten, welche in jener großen Zeit an dem Werk der Einigung der deutschen Stämme hervorragend mitgewirkt haben... Umgeben von den Fahnen und Standarten ruhmreicher Regimenter, den Zeugen des Todesmutes unserer Heere, die an jenem Tag den ersten Deutschen Kaiser grüßten", erinnerte Wilhelm II. an diesen Vorgang, der von Anton von Werner in einem weitverbreiteten Bilde festgehalten worden war, dankte demütig der göttlichen Vorsehung, deren Segen sichtlich auf dem Reiche und seinen Gliedern geruht habe, und bekannte sich zu dem Gelöbnis schon des Großvaters, „in deutscher Treue die Rechte des Reiches und seiner Glieder zu schützen, Frieden zu wahren, die Unabhängigkeit Deutschlands zu stützen und die Kraft des Volkes zu stärken."

Das junge Reich habe im Rate der Völker seine Stimme zugunsten des Friedens erhoben und seine inneren Einrichtungen ungestört ausgebaut. Dann hob Wilhelm II. hervor: „In freudiger Begeisterung über die heiß ersehnte und schwer errungene Einheit und Machtstellung, in festem Vertrauen auf die Führung des großen Kaisers und den Rat bewährter Staatsmänner, in Sonderheit seines Kanzlers, des Fürsten von Bismarck, stellten sich die werktätigen Kräfte der Nation rückhaltlos in den Dienst der gemeinsamen Arbeit." Auch hier hob Wilhelm II. hervor: Verständnisvoll und opferbereit habe das Reich das Erworbene festgehalten und sich dahin betätigt, die Schäden des wirtschaftlichen Lebens zu heilen und bahnbrechend den Weg zur Förderung der Zufriedenheit der verschiedenen Klassen der Bevölkerung vorzuzeichnen. In der Kundgabe sprach Wilhelm von seiner Pflicht, die Wehrkraft zum Schutze der Unabhängigkeit des Vaterlandes auf der Höhe ihrer Leistungsfähigkeit zu erhalten. Er habe es sich angelegen sein lassen, Gesetzgebung und Verwaltung „in deutschen Landen, die Wohlfahrt auf allen Gebieten des öffentlichen Lebens und der wirtschaftlichen Tätigkeit zu pflegen".

Die Wahl der Worte und der Formulierung in dieser Kundgabe verraten Maß und Einsicht. Der Kaiser versicherte seine rastlose und hingebende Arbeit zum Ausbau der Reichseinrichtungen, zur Festigung des Bandes, welches „die deutschen Stämme umschlingt", zur „notwendigen Abwehr der mancherlei Gefahren, denen wir ausgesetzt sind". Der Kaiser forderte in der Kundgabe auf: „Unter Hintansetzung trennender Parteiinteressen mit Uns und Unseren Hohen Verbündeten die Wohlfahrt des Reiches im Auge zu behalten..."

Nach einer Parade empfing der Kaiser eine Deputation der Berliner Studenten und nahm deren Huldigungsadresse entgegen, dankte ihr für ihren Idealismus und sagte: „Meine Herren, Sie sind im Begriff, in das öffentliche Leben hinauszutreten. Bewahren Sie sich diesen Idealismus auch fernerhin. Denn es gibt gerade heutzutage im Volke Mächte, die diesen Idealismus dem Volke rauben wollen. Helfen Sie Mir, die idealen Güter dem Volke zu erhalten, die im Jahre 1813 unser Volk begeisterten und die auch im Jahre 1870 ihre Wirkung taten."

Bei dem Festbankett führte der Kaiser in seiner Tischrede in Erinnerung auch an seinen kaiserlichen Großvater aus: „Was unsere Väter erhofften, was die deutsche Jugend träumend gesungen und gewünscht hat, ihnen, den beiden Kaisern [Wilhelm I. und Friedrich III.] ist es vergönnt gewesen, das Deutsche Reich mit den Fürsten sich zu erkämpfen und wiederherzustellen. Wir dürfen dankbar die Vorteile genießen; wir dürfen uns des heutigen Tages freuen. Damit geht auf uns jedoch die ernste Pflicht über, auch das zu erhalten, was die hohen Herren uns erkämpft haben. Aus dem Deutschen Reiche ist ein Weltreich geworden. Überall in fernen Teilen der Erde wohnen Tausende unserer Landsleute. Deutsche Güter, deutsches Wissen, deutsche Betriebsamkeit gehen über den Ozean. Nach Tausenden von Millionen beziffern sich die Werte, die Deutschland auf der See fahren hat. An Sie, meine Herren, tritt die ernste Pflicht heran, Mir zu helfen, dieses größere Deutsche Reich auch fest an unser heimisches zu gliedern."

Zur fünfundzwanzigjährigen Gedenkfeier des zwischen dem Deutschen Reich und Frankreich am 10. Mai 1871 geschlossenen Friedens reiste das Kaiserpaar nach Frankfurt, das 1245 bis 1806 Freie Reichsstadt gewesen, seit 1815 Freie Stadt des Deutschen Bundes und seit 1816 Sitz des Deutschen Bundestags gewesen war. Am 14. Juni 1866 hatten Senat und gesetzgebender Körper Frankfurts sein Militärkontingent zur Bundesarmee im Krieg gegen Preußen stoßen lassen. Doch war bereits am 16. Juli der preußische General Vogel von Falckenstein in die Stadt eingerückt und hatte ihr sechs Millionen Gulden Kriegssteuern auferlegt. Am 19. Juli hatte der an Falckensteins Stelle getretene General Manteuffel der Stadt weitere 25 Millionen Gulden Kriegssteuer auferlegt, so daß eine Frankfurter Deputation zu König Wilhelm von Preußen nach Böhmen reiste, der ihr die zweite Kontribution erließ. Durch königliches Patent vom 18. Oktober 1866 wurde Frankfurt aber in den preußischen Staat einverleibt.

Es war bei diesem Schicksal der Stadt verständlich, daß Wilhelm zum Gedenken an den in Frankfurt am Main am 10. Mai 1871 geschlossenen Frieden mit Frankreich nach fünfundzwanzig Jahren dort am 10. Mai 1896 ein Denkmal Wilhelms I. enthüllte. Er gedachte im Palmengarten der fünfundzwanzig Friedensjahre und erwähnte auch das deutsche Heer, das Deutschland Sicherheit biete.

Es lag für Wilhelm II. nahe, im Jubiläumsjahr der Reichsgründung auch zusammen mit vielen deutschen Fürsten dieser zu gedenken. Er erschien mit diesen Fürsten am 18. Juni 1896 zur Enthüllung des Kaiser-Wilhelm-Denkmals auf dem Kyffhäuser (R II, 80), das vom Deutschen Kriegerbund und anderen Kriegervereinigungen errichtet worden war, und sagte: „Freudig bewegten Herzens stehe Ich mit Meinen erhabenen Bundesgenossen heute in Ihrer Mitte, um dem Denkmal die Weihe zu geben, welches Hunderttausende von alten Kriegern aus allen Gauen Deutschlands... dem Andenken an Meinen erhabenen Herrn Großvater, des Kaisers und Königs Wilhelm I. Majestät, auf diesem sagenumwobenen Berge gewidmet haben."

Da es keine Kaiserkrone des 1871 gegründeten Reiches gab, blieb das Königreich und sein Adler das Symbol, mit dem sich seit 1871 die Kaiser der Öffentlichkeit stellten. Hof und Staat waren in der Person des Kaisers und Königs von Preußen vereinigt. Die Hofrangordnung von 1878 gab dem Monarchen, damals noch Wilhelm I., die Möglichkeit, durch Verleihung des von König Friedrich I. 1701 gestifteten Hohen Ordens vom Schwarzen Adler die überlieferte Hof- und Staatsordnung und ihre Reihenfolge der „Nähe zum Thron" zu durchbrechen[151].

Die im Bundesrat zusammenwirkenden souveränen Fürsten und Stadtregierungen von Hamburg, Lübeck und Bremen und die im ganzen Reichsgebiet gewählten Reichstagsabgeordneten waren die Welt, in der Wilhelm II. gemäß der Reichsverfassung vom 16. April 1871 zu wirken hatte. Da die Staatsangehörigen der einzelnen Staaten zugleich Reichsangehörige waren, sah Wilhelm in ihnen die deutsche Nation, für deren Lebensinteressen er tätig zu sein hatte. Unmittelbarer als Wilhelm I. stand Wilhelm II. zu ihr. Seine Reisen und Reden im Reichsgebiet trugen zum Anwachsen eines liberalen Nationalbewußtseins bei. In Europa und in der Welt außerhalb Europas trug er dem schnell wachsenden deutschen Wirtschaftspotential Rechnung. Infolge dieser Auffassung seiner Aufgaben aber auch seiner weitgespannten Interessen, die das Schicksal des Menschen, seine Religion und seine Vergangenheit zu erfassen suchten, beschränkte er sich nicht auf die ihm vorgegebene Hofgesellschaft. Wilhelm II. verbrachte nur weniger als die Hälfte jedes Jahres unter der eigentlichen Hofgesellschaft.[152]. Die Konzentration auf Berlin und Potsdam nahm er nicht hin. Er reiste oft zu den Bundesfürsten, im März ans Mittelmeer, im Frühjahr ins Elsaß, nach Wiesbaden und dem ostpreußischen Prökelwitz, im Juni zur Kieler Woche, begab sich im Juli auf die

Nordlandreise, im August nach Cowes oder Wilhelmshöhe, im Oktober wieder nach Ostpreußen, im November nach Letzlingen, Liebenberg, Schlesien und ab 1905 nach Donaueschingen.

Er traf sich an diesen Orten mit verschiedenen Lebenskreisen: Das waren Vertreter der ästhetischen Lebensauffassungen und Kräfte in Liebenberg, anderswo schlesische Magnaten, wieder anderswo angloamerikanische Millionäre. Er suchte die ostpreußischen Junker, aber auch den süddeutsch-österreichischen Hochadel auf. Der Kreis der Archäologen interessierte ihn stets. Natürlich wurden die Kommandierenden Generale und die kaiserlichen Flügeladjutanten je nach Situation stark herangezogen. Da er nicht mit Standeserhöhungen sparte, blieb der Adel nicht auf die bisherigen gesellschaftlich und rechtlich abgegrenzten Gruppen der Ritter, der Freiherren und der Grafen beschränkt.

Am 1. Januar 1900 erhob er vier Grafen in den Fürstenstand. Sein Verfahren rief natürlich in den Familien Kritik hervor, die schon lange zu – nichtregierenden – Fürsten erhoben worden waren. Die „Inflation der wilhelminischen Hofgesellschaft"[153] wurde oft als unpreußisch hingestellt. Extreme Demokraten kritisierten unter Umständen Erhebungen in den Adel überhaupt. Doch führte schon König Max I. von Bayern in seinem Königreich zu einer beweglichen Gesellschaft, indem er viele Personen in den Adel erhob, um ihnen die Zusammenarbeit mit den Mitgliedern der Personen aus dem sogenannten Ritterstand der bisherigen bayerischen Verfassung zu erleichtern. Kaiser Wilhelm II. unterstützte ebenso wie der erste Bayernkönig die Entstehung einer durch die Kräfte des Geistes oder der Wirtschaft sich erweiternden Gesellschaft. Wilhelm II. erklärte im Dezember 1903, er sei bestrebt, wirkliche Beziehungen zwischen den Industriellen und seinem Adel herzustellen.[154] Der überlieferte Vorrang der königlich preußischen Armee wurde für Wilhelm II. freilich ein Problem. Durch Ernennungen zu seinen Flügeladjutanten versuchte er zwar, ihnen eine persönliche Position gegenüber den preußischen Generalen zu schaffen, aber er geriet trotzdem und auch durch dieses Verfahren schon in den neunziger Jahren in Abhängigkeit von den preußischen Generalen. Dem gesellschaftlichen Gewicht des preußischen Adels tat er freilich mehr als einmal Abbruch, etwa als er August Mackensen 1895 zu seinem Flügeladjutanten ernannte, am 21. Januar 1898 zum Diensttuenden Flügeladjutanten und nur wenige Wochen später in den Adelsstand erhob.[155]

Zwischen Wilhelm und seinen Flügeladjutanten entstand ein persönliches Band. Er vertraute den Flügeladjutanten oft außerordentlich wichtige Posten in der Armee und der Marine an. Dadurch, daß sie aber im militärischen Gefolge des Kaisers blieben, übten sie ihrerseits auch auf Wilhelm ihren Einfluß aus. Philipp Graf Eulenburg klagte im Juni 1896, viel mehr als der Kaiser ahne, sei von „Adjutanten-Politik" die Rede. Darüber werde in allen Schichten der Bevölkerung diskutiert. „Man ist zu der Überzeugung gekommen, daß der Kaiser sich absolut von seiner militärischen Umgebung leiten läßt." Da sich seit den achtziger Jahren bereits durch den General Emil von Albedyll das von ihm 1871 bis 1888 geleitete Militärkabinett vom preußischen Kriegsministerium verselbständigte,[156] befaßte sich zwar das preußische Kriegsministerium mit den militärischen Laufbahnen, die Entscheidungen fällte aber der Monarch, der Gespräche mit seinem Militärkabinett über seine Entscheidungen führen konnte. Der preußische General Hans Lothar von Schweinitz, der 1869 Gesandter, 1871 Botschafter in Wien, dann 1876 bis 1892 Botschafter in St. Petersburg wurde,[157] stellte fest, daß es in Preußen keine hochgestellte Familie gäbe, die nicht mindestens einen Sohn im Offizierskorps hätte. Das gesellschaftliche Ansehen aber auch der Einfluß seiner Familie konnte durch einen Offizier, der aus ihr stammte, gesteigert oder bei dessen Versagen vermindert werden. Unter dem Chef des Militärkabinetts General Wilhelm von Hahnke arbeiteten im Jahr 1900 mehr als ein halbes Dutzend adeliger Offiziere, vorübergehend auch ein bürgerlicher Major aus Württemberg, dann sechs bürgerliche Sekretäre und Kalkulatoren und vierzehn Registratoren. Zur selben Zeit waren im Zivilkabinett neben dessen Chef Hermann von Lucanus ein Vortragender Rat, ein Vorsteher, zwei geheime Kabinettssekretäre und zehn Registratoren tätig. Sie bewältigten im Jahr 80.000 Aktenstücke.[158] Im Militär- und im Zivilkabinett arbeitete Wilhelm selbst außerordentlich viel.

Akademie für militärärztliches Bildungswesen 1895 – Der Kaiser-Wilhelm-Kanal (Nord-Ostsee-Kanal) – Einkreisung Deutschlands durch die älteren Nationalstaaten? – Max Weber über den Nationalstaat 1895 – Folgen der Nichterneuerung des Rückversicherungsvertrags mit Rußland – Wilhelm, Nikolaus II. und Frankreich für die Integrität Chinas – Japan – Miquels Ausgleich zwischen Industrie und Landwirtschaft

Das 1811 in Berlin errichtete medizinisch-chirurgische Friedrich-Wilhelm-Institut wurde am 2. Dezember 1895 zur Kaiser-Wilhelm-Akademie für militärärztliches Bildungswesen und diente der Heranbildung von Sanitätsoffizieren für die preußische Armee und für die Marine. In diesem Jahr wurde auch der 1887 begonnene Nord-Ostsee-Kanal als Kaiser-Wilhelm-Kanal vollendet.

Der Kaiser taufte (R I, 306) ihn am 21. Juni 1895 mit drei Hammerschlägen: „Im Namen des dreieinigen Gottes – zur Ehre Kaiser Wilhelms [I.] – zum Heile Deutschlands, zum Wohl der Völker!" Er hob hervor, der Initiative Wilhelms zur Verbindung von Nord- und Ostsee seien die verbündeten Regierungen des Reiches wie der Reichstag gefolgt. Er rühmte die hervorragende Leistung der Technik, die Fürsorge für die zahlreichen an dem Bau beteiligten Arbeiter nach den Grundsätzen „der humanen Sozialpolitik des Reichs". „Aber nicht nur für die heimischen Interessen haben wir gearbeitet. Der großen Kulturaufgabe des deutschen Volkes entsprechend öffnen wir dem friedlichen Verkehr der Nationen untereinander die Schleusen des Kanals, und zu freudiger Genugtuung wird es uns gereichen, wenn seine fortschreitende Benutzung Zeugnis dafür ablegt, daß die Absichten, von denen wir geleitet worden sind, nicht allein verstanden, sondern auch fruchtbar werden zur Hebung der Wohlfahrt der Völker." Die Teilnahme von Vertretern verschiedener auswärtiger Mächte an der Feier begrüßte Wilhelm II. als Würdigung „unserer auf Aufrechterhaltung des Friedens gerichteten Bestrebungen. Deutschland wird auch das heute inaugurierte Werk in den Dienst des Friedens stellen und sich glücklich schätzen, wenn der Kaiser-Wilhelm-Kanal in diesem Dienste allezeit unsere freundschaftlichen Beziehungen zu den übrigen Mächten fördert und befestigt".

Von politischer Bedeutung war, daß am 26. Juni 1895 der englische Admiral Lord Kerr namens der englischen Flotte durch ein Essen an Bord des englischen Flaggschiffes „Royal Sovereign" im Hafen von Kiel für die deutsche Gastfreundschaft dankte. Wilhelm, in englischer Admiralsuniform, sagte ihm beim Dank für die Begrüßung: „Sobald die Nachricht einlief, daß die Königin beschlossen habe, die Kanalflotte zu der Eröffnungsfeier des Kaiser-Wilhelm-Kanals zu entsenden, sandte Ich diese Depesche durch den Telegraph an Meine Offiziere, und überall wurde die Nachricht mit herzlicher Freude aufgenommen. Solange unsere Flotte existiert, haben wir uns stets bemüht, unsere Ideen nach den Ihrigen [den englischen] zu formen und in jeder Weise von Ihnen zu lernen. Die Geschichte der englischen Flotte ist unseren Offizieren und Schiffsleuten geradezu so geläufig wie Ihnen selbst. Sie nahmen Bezug auf Meinen Titel als Admiral der Flotte. Ich kann Sie nur versichern, daß einer der schönsten Tage meines Lebens, den Ich nicht vergessen werde, solange Ich lebe, jener Tag war, als Ich die Mittelmeerflotte inspizierte, an Bord der ‚Dreadnought' stieg und Meine Flagge zum ersten Male aufgehißt wurde." Wilhelm II. freute sich, daß in den Kieler Gewässern die Standarte des deutschen Kaisers mit der britischen Admiralsflagge Seite an Seite auf einem englischen Kriegsschiffe flatterte.

Als Deutschland zur führenden Industriemacht heranwuchs,[159] als seine Bevölkerung schneller zunahm als die jedes anderen Landes, als die öffentliche Meinung einen immer größeren Einfluß auf die Politik gewann und nach „Weltpolitik" verlangte, wuchs die Gefahr einer „Einkreisung" Deutschlands durch Frankreich, England und Rußland, die sich durch die Wirtschaft und die Macht des Deutschen Reiches stark beeinträchtigt fühlten. Der Nationalökonom und Soziologe, 1893 auf ein Jahr in Berlin tätige Professor Max Weber sagte in seiner Antrittsvorlesung 1895 in Freiburg, wohin er 1894 berufen worden war: „Wir müssen begreifen, daß die Einigung Deutschlands ein Jugendstreich war, den die Nation auf ihre alten Tage beging und seiner Kostspieligkeit halber besser unterlassen hätte, wenn sie der Abschluß und nicht der Ausgangspunkt einer deutschen Weltmachtpolitik sein sollte."[160] Diese Worte Webers wurden in der Öffentlichkeit nicht als geschichtskundige Kritik an der Gründung eines auf Macht konzentrierten deutschen Nationalstaates 1871 verstanden und bewirkten, soweit sich das überblicken läßt, keine Zweifel an der Möglichkeit der außenpolitischen und wirtschaftlichen Existenz des so spät gegründeten und damit in Konkurrenz zu den älteren Nationalstaaten stehenden Deutschen Reiches. Wolfgang J. Mommsen[161] glaubt, daß durch diese Worte Webers die Initialzündung des Imperialismus auf das deutsche Bürgertum erfolgte, daß dieses sich zu einer entsprechenden Initiative aufgefordert sah. Weber veröffentlichte 1895 in Freiburg sein Buch „Der Nationalstaat und die Volkswirtschaft". Er war ein Mann, der später als Gelehrter und Politiker einen außerordentlichen Ruf gewann.

Während Rudolf von Bennigsen Europa zum Ausgangspunkt außenpolitischer Überlegungen machte und Weltpolitik in Hinsicht auf Europa sah, verengte der aus Sachsen stammende Professor der Statistik Ernst Hasse, der Präsident des Alldeutschen Verbandes, diesen Blickwinkel auf Deutschland. Dabei darf nicht übersehen werden, daß 47 der 60 Alldeutschen Mitglieder des Reichstags der Nationalliberalen Fraktion angehörten.[162] Die Unzufriedenen, die 1891 den Alldeutschen Verband gründeten, waren keineswegs repräsentativ für die deutsche Regierung und auch nicht für die Mehrheit des deutschen Volkes.[163]

Wilhelm II. verzichtete ein Jahr vor der Gründung des Alldeutschen Verbandes auf Witu in Afrika und das wertvolle, von Peters erworbene Uganda, gab dadurch den Engländern den Weg zu den Nilquellen frei und verzichtete vertraglich auf Sansibar, erhielt aber dafür die bisher nur gepachtete Küste von Deutsch-Ostafrika und die Insel Helgoland. Er tat dadurch mehr für Deutschlands Geschlossenheit als die sich gegen ihn richtenden Alldeutschen und für den Aufbau lebensfähiger deutscher Kolonien.

Als am 27. März 1890 der deutsch-russische Rückversicherungsvertrag nicht erneuert wurde, der Kaiser aber die Fortdauer der guten deutsch-russischen Beziehungen in St. Petersburg ausdrücklich wünschte, wurde die Nichterneuerung des Vertrages von dem russischen Außenminister Giers nicht besonders bedauert. Reichskanzler Caprivi verbesserte durch seine Wirtschaftspolitik das deutsch-russische Verhältnis. Der linksliberale Abgeordnete Eugen Richter konnte zwischen 1890 und 1896 keine wesentlichen Verschiebungen des Gleichgewichts der Kräfte in Europa feststellen. Wünschenswert bleibe nach wie vor eine Verbesserung der Beziehungen zu England, da es „keine europäischen Fragen" gebe, in denen „unsere Interessen von denen Englands abweichen".[164] Richter erklärte aus Anlaß der Krüger-Depesche: „Die auswärtige Politik soll bleiben, wie sie ist."[165]

Im Oktober 1896 wurde im Reichstag die Nichterneuerung des Rückversicherungsvertrages debattiert. Bismarck hatte Teile des Vertrages, nicht aber das streng geheime Zusatzprotokoll veröffentlicht, das Rußland in der Frage der Meerengen wohlwollende Neutralität zusicherte. Von Seiten der Regierung (Marschall) wurde im Reichstag, durch Interpellation eines Zentrumsabgeordneten hervorgerufen, ausgeführt:[166] Die Linie der klaren deutschen Politik sei vorgezeichnet im Sinn eines treuen Festhaltens an den Bündnissen mit Österreich-Ungarn und mit Italien. Zudem würden freundschaftliche Beziehungen zu Rußland gepflegt. Nicht ein zerbrechliches, alle drei Jahre zu erneuerndes Bündnis könne diese Freundschaft sichern, sondern vielmehr nur die traditionelle Freundschaft der Familien und die Friedensliebe der herrschenden Monarchen. Bismarcks öffentlicher Vorwurf, daß englische Einflüsse den Reichskanzler Caprivi zur Nichterneuerung des Vertrages bewogen hätten, wird zurückgewiesen. Deutschland halte an guten und freundschaftlichen Beziehungen mit England „in Achtung der englischen Ehre und Rechte" fest.

Dem entsprach auch der erwähnte Vertrag des Deutschen Reiches mit Großbritannien über das seit 1807 englische Helgoland, den Bismarck seinem Nachfolger so sehr ankreidete. Denn er bewirkte, daß diese als Druckmittel gegen einen deutschen Hafen verwendbare Insel an Deutschland kam, die große afrikanische Insel Sansibar aber an England. Die strategische Lage Helgolands war freilich wichtiger als das Ausmaß der Oberfläche der Insel. Schon Bismarck hatte an den Verkauf deutscher kolonialer Gebiete gedacht, als er 1885/87 einen Optionswechsel in der Außenpolitik vornahm, da es ihm nicht mehr opportun erschien, Konflikte auf dem europäischen Kontinent infolge kolonialer Reibereien zu riskieren. Er hatte auch geglaubt, daß der Druck Frankreichs und Rußlands, die nunmehr zusammengingen, auf die Grenzen des Reiches verringert würde, wenn der koloniale Ehrgeiz Frankreichs und Rußlands mehr auf seine Rechnung kam. Auch sollte in Bismarcks Wunschbild die deutsche Unterstützung französischer Interessen in Afrika gegen England für Frankreich Anlaß werden, seine Ansprüche auf Elsaß-Lothringen nicht so aktiv zu vertreten. Ebenso sollte Rußland durch seine Ausdehnung in Asien davon abkommen, seine Interessen auf dem Balkan so stark zu vertreten.[167] Nach dieser Doppelkrise wurden die Überlegungen über die Taktik, die kolonialen Wünsche Frankreichs und Rußlands zu unterstützen, hinfällig.

Doch bemühten sich Wilhelm II. und seine Regierung um Rußland, da sie sich auf die Notwendigkeit des sogenannten guten Drahtes zu St. Petersburg immer mehr einstellten. Gelegenheit ergab sich dazu nach der Entlassung Caprivis, als die modernen, gut disziplinierten Heere Japans in einem Krieg mit China 1894/95 siegten und China im Frieden von Shimonoseki die Unabhängigkeit des Kaiserreiches (Königreiches) Korea anerkennen mußte, das mindestens seit dem Dynastiewechsel von 1392 verstärkt von China abhing. Da Rußland das Vordringen Japans auf dem asiatischen Festland fürchtete, intervenierte Wilhelm II. zusammen mit Nikolaus II. und Frankreich zugunsten der Integrität Chinas, so daß Japan auf Liaotung mit Port Arthur verzichten mußte.

Auch das von China im Frieden von 1895 abgetretene Formosa (Taiwan) und andere Gebiete lockten jetzt zu einer Kolonisationspolitik durch europäische Mächte. England zögerte im April 1895, dem russischen Wunsch nachzukommen und gemeinsam gegen Japan vorzugehen.[168] Die deutsche Schwerindustrie gewann während des Krieges durch Waffenexporte,[169] und der Kaiser wünschte bereits im November 1894 einen deutschen Stützpunkt an der chinesischen Küste. Das Auswärtige Amt in Berlin wollte dagegen eine deutsche Intervention zugunsten Chinas, um dessen Dankbarkeit dafür ansprechen zu können und ein Gebiet von China auf diesem Weg überlassen zu bekommen. Nicht ging die deutsche Regierung auf Englands Vorschlag ein, wegen der Koreafrage in den chinesisch-japanischen Krieg selbst einzugreifen.[170] In den national-liberalen Kreisen Deutschlands wurde der „freundschaftliche Rat der deutschen Regierung an Japan" begrüßt, die Friedensbedingungen zurückzunehmen.[171]

Die deutschen Kaufleute, die seit langem unter englischer Oberhoheit in Hongkong ansässig waren, hielten den Erwerb eines eigenen deutschen Stützpunktes nicht für notwendig, da den Engländern in diesem Gebiet ohnehin keine Konkurrenz zu machen sei. Der linksliberale Freisinn begrüßte den Sieg Japans als einen Sieg der Kultur und hoffte zunächst vom Frieden von Shimonoseki einen Markstein in der Entwicklung der Menschheit.[172] Als auch diesen Kreisen die deutsche Intervention und die Revision des Friedensvertrages bekannt wurde, beschränkten sie sich auf eine bloße Erörterung des Themas. Jedenfalls bemühten sich aber der Kaiser selbst und seine Regierung 1894 um eine für Rußland wünschenswerte Politik, der Kaiser außerdem um eine gemeinsame Linie in der deutschen Öffentlichkeit bei diesem Eintritt des Reiches in weltpolitische Fragen.

In diese Richtung wies auch die sogenannte Sammlungsbewegung, die sein 1890 zum preußischen Finanzminister berufener „großer Finanzreformer" Johannes von Miquel begann. Dieser hatte bereits 1880 bis 1890 als Oberbürgermeister der Stadt Frankfurt am Main gewirkt, er arbeitete auch an dem nach Kaiser Wilhelm I. benannten Kanal zwischen Ost- und Nordsee mit und ermunterte den Kaiser zu den großen Kanalprojekten. „Der Umgang mit diesem feinen politischen Kopf gewährte mir hohen Genuß, reiche Belehrung und Anregung. Es war erstaunlich, wie Miquel auf allen möglichen Gebieten bewandert war. Seine Unterhaltung war frisch, launig und scharf in der Beleuchtung und Ergründung des Themas", urteilte der Kaiser noch 1922[173] in seinem Buch „Ereignisse und Gestalten aus den Jahren 1878 bis 1918". 1897 machte ihn Wilhelm zum Vizepräsidenten des Staatsministeriums. Die Sammlungsbewegung sollte das ehemalige Kartell im Reichstag neu bilden und Mehrheiten für eine konservative Linie hervorrufen. Die Interessengegensätze zwischen den verschiedenen besitzenden Schichten, vor allem aus den Bereichen der Industrie und der Landwirtschaft, sollten ausgeglichen werden, da sich diese Kreise über den Handelsverträgen Caprivis endgültig entzweit hatten. Die Nationalliberale Partei suchte durch die Sammlungsbewegung die Gegensätze innerhalb ihrer Partei zu überbrücken. Die gegenseitigen Zugeständnisse bestanden in Schutzzöllen für die Landwirtschaft und in Förderung der industriellen Expansion, wie sie dem Flottengesetz von 1898 entsprach.[174]

Wilhelm II. selbst urteilte noch 1922[175] über die weltpolitische Lage von 1894/95 und führte dabei seine Worte von 1901 in dem Gespräch über die Anfrage Chamberlains an, ob Deutschland bereit sei, eine Allianz mit England einzugehen. „Ich fragte sofort: ‚Gegen wen?' Daraufhin kam aus London die Antwort: ‚Gegen Rußland, weil es für Indien und Konstantinopel bedrohlich werde.'" Wenn auch sein Urteil über 1895 aus dieser Perspektive gesehen werden muß, in der sich für ihn die Hoffnung auf die traditionelle Waffenbrüderschaft mit Rußland bei einer Gefahr des Zweifrontenkrieges für Deutschland zwischen Frankreich und Rußland einstellte, so wies er doch dabei auch auf Englands Bündnis mit Japan durch Hayashi hin, der vom Jahr 1900 bis 1905 japanischer Gesandter in England war. Das war für den Kaiser eine Folge der Entscheidungen von 1894/95: „Der russisch-japanische Krieg entbrannte, in dem Japan – weil es in seine eigenen Pläne paßte – die zuerst Deutschland zugedachte Rolle des Landsknechts für Englands Interessen spielte. Rußland ist dadurch vom Osten auf den Westen zurückgeworfen worden, wo es sich nun, statt mit China und Pacific, wieder mit Balkan, Konstantinopel, Indien nützlich beschäftigen konnte und Japan freie Hand in Korea und China lassen mußte."[176]

Ermordung des französischen Staatspräsidenten – Wilhelm gegen die Partei des Umsturzes – Bismarck 1894 in Berlin beim Kaiser – Entlassungen: Caprivi und Botho Graf Eulenburg – Polen- und Konfessionsfrage – Wiederzulassung der Redemptoristen 1894

In Deutschland wurde sehr beachtet, daß am 24. Juni 1894 Carnot, der Präsident der Französischen Republik, von einem italienischen Anarchisten ermordet wurde. Die *Kreuzzeitung*, aber auch nationalliberale Blätter riefen darauf nach einem Gesetz gegen die Sozialisten.

Am 6. September 1894 forderte der Kaiser in Königsberg ohne vorherige Absprache mit Caprivi zum „Kampf für Religion, für Sitte und Ordnung, gegen die Parteien des Umsturzes"[177] auf und wiederholte die Forderung auf einem Essen zum Abschluß der Kaisermanöver in Ostpreußen. Der preußische Ministerpräsident und Innenminister seit 1892, Botho Graf Eulenburg[178], ein energischer Verwandter des mit dem Kaiser seit 1886 befreundeten Botschafters, Philipp Graf (seit 1900 Fürst) Eulenburg[179] und Hertefeld, formulierte auf Wilhelms telegraphische Aufforderung die Programmpunkte eines solchen Gesetzes und kalkulierte die Notwendigkeit eines Staatsstreichs ein, da ein solches Gesetz keine Aussicht auf Annahme im Reichstag hatte. Caprivi ließ aber durch den Staatssekretär des Reichsjustizamtes, Rudolf Arnold Nieberding, einen vorzüglichen Juristen, einen Entwurf zur Verschärfung des Strafrechts ausarbeiten, also kein neues Gesetz. Der Reichskanzler, unterstützt durch den Bundesrat und die meisten preußischen Staatsminister einschließlich Miquels schreckte Eulenburg wie den Kaiser von einer Ausnahmegesetzgebung gegen die Sozialdemokraten und von der drohenden Konsequenz eines Staatsstreichs ab.[180]

Botho Graf Eulenburg, den der Kaiser 1892 statt Caprivi zum preußischen Ministerpräsidenten ernannt hatte, legte außer den Programmpunkten nun auch einen weitergehenden Gesetzentwurf vor: Das Recht aller Staatsbürger in den einzelnen Staaten des Reiches, in den Reichstag zu wählen, soll umgewandelt werden in ein Recht eines jeden Einzelstaates im Reich, Abgeordnete in den Reichstag zu schicken, die aufgrund des Wahlrechts gewählt würden, das in jedem der Einzelstaaten des Reiches bestand. Diese Wahlrechte waren nämlich sehr verschieden.

Außerdem hatte jeder der souveränen Einzelstaaten das Recht, selbst sein Wahlrecht zu gestalten. Um seinen Wahlgesetzentwurf durchzusetzen, schlug Eulenburg dem Kaiser vor, die Bundesfürsten und die drei Stadtrepubliken des Reiches sollten das Reich formell auflösen und neu gründen. Caprivi lehnte diese Vorschläge ab und war über Wilhelms Rede am 6. September 1894 in Königsberg vor Vertretern der Provinz Ostpreußen enttäuscht (R I, 274ff.). Wilhelm hatte zu den Grundbesitzern als Grundbesitzer selbst bekannt, er wisse sehr wohl, „daß wir durch schwere Zeiten gehen. Täglich ist Mein Sinnen darauf gerichtet, Ihnen zu helfen; aber Sie müssen Mich dabei unterstützen, nicht durch Lärm, nicht durch Mittel der von Ihnen mit Recht so oft bekämpften gewerbsmäßigen Oppositionsparteien, nein, in vertrauensvoller Aussprache mit Ihrem Souverän. Meine Tür ist allezeit einem jeden Meiner Untertanen offen, und willig leihe Ich ihm Gehör. Das sei fortan Ihr Weg, und als ausgelöscht betrachte Ich alles, was geschah!" Wilhelm hatte in seiner vorigen Rede die Opposition preußischer Adliger gegen ihren König als ein Unding bezeichnet.

Er forderte seine Zuhörer, die Vertreter der Provinz Ostpreußen und als Manövergast König Wilhelm von Württemberg, auf, ihn zu unterstützen, und trug aufgrund einer ihm gemachten Zusammenstellung vor, was für die Provinz Ostpreußen unter seiner Regierung seinen Versprechungen entsprechend geschehen sei. „Meine Herren! Sehen wir doch den Druck, der auf uns lastet, und die Zeiten, durch die wir schreiten müssen, von dem christlichen Standpunkte an, in dem wir erzogen und aufgewachsen sind, als eine uns von Gott auferlegte Prüfung. Halten wir still, ertragen wir sie in christlicher Duldung, in fester Entschlossenheit und in der Hoffnung auf bessere Zeiten." Das am 4. September enthüllte Denkmal Kaiser Wilhelms I. mit dem erhobenen Reichsschwert in der Rechten sei ein Symbol von Recht und Ordnung. Es mahne an andere Pflichten, an den ernsten Kampf gegen die Bestrebungen, die sich gegen die Grundlage unseres staatlichen und gesellschaftlichen Lebens richten. „Nun, meine Herren, an Sie ergeht jetzt Mein Ruf: Auf zum Kampf für Religion, für Sitte und Ordnung, gegen die Parteien des Umsturzes!"

Reichskanzler Caprivi reichte am 23. Oktober 1894 sein Abschiedsgesuch ein. Wilhelm II. ging zwar zunächst darauf nicht ein. Da Caprivi den preußischen

Ministerpräsidenten Eulenburg schroff ablehnte, entließ der Kaiser beide Herren am selben Tage, dem 26. Oktober. Er verfolgte Eulenburgs Pläne nicht weiter. Die Umsturzvorlage wurde vom Zentrum durch Betonung christlich-konfessioneller Standpunkte modifiziert und deshalb von den Nationalliberalen abgelehnt.[181] Diese lehnten die Umsturzvorlage nicht aus prinzipiellen Erwägungen, sondern wegen ihres konfessionellen Charakters ab. Zu dem Begriff des Staatsfeindes darf auch bemerkt werden, daß Bismarck kritisiert hatte, daß Caprivi sich politisch auf „Staatsfeinde" stütze. Die *Freisinnige Zeitung* kommentierte dies so: „Das unehrliche Spiel gegen den Reichskanzler Graf Caprivi wird systematisch betrieben von Nationalliberalen und Konservativen unter dem Patronat des Fürsten Bismarck."

Der Kaiser berief am 29. Oktober den 75jährigen Chlodwig Fürst zu Hohenlohe-Schillingsfürst zum Reichskanzler, der seit 1885 kaiserlicher Statthalter der Reichslande Elsaß-Lothringen war und in Wilhelms Augen das Verdienst hatte, daß Bayern „beim Ausbruch des Krieges 1870" an Preußens Seite trat.[182] Er hatte noch vor einigen Jahren mit Rücksicht auf seine Gesundheit die ihm angebotene Leitung des Auswärtigen Amtes abgelehnt. In Bayern hatte er infolge des Mißtrauensvotums der beiden bayerischen Kammern am 18. Februar 1870 zurücktreten müssen, aber weiterhin für Bayerns militärischen und politischen Anschluß an Preußen gewirkt. Wilhelm und seine Frau sprachen mit ihm vertraulich als Onkel Chlodwig. Das Vertrauensverhältnis hatte auch Folgen für die Beurteilung von Beamten bei Stellenbesetzungen. Der neue Kanzler suchte den Ausgleich mit Bismarck. Dazu mußten verschiedene Probleme bewältigt werden.

Für Bismarck war die Polenfrage eine nationale und konfessionelle Schlüsselfrage.[183] Da die Jesuiten durch Reichsgesetz von 1872 in Deutschland verboten und die ihnen affiliierten Redemptoristen 1873 ebenfalls aus dem Deutschen Reich verbannt wurden, entschied Wilhelm II. 1894 aus seiner persönlichen Großzügigkeit heraus die Wiederzulassung der Redemptoristen, obwohl er ursprünglich nicht dafür gewesen war.[184] Seine Freundlichkeit diesem katholischen Orden gegenüber hatte 1895 in bestimmten Kreisen eine Hetze gegen Katholiken zur Folge.

Frankreichs Werben um Rußland – Der Reichstag gegen die „Umsturzvorlage" – General Graf Waldersee und Wilhelm gegen die Partei, die Staat und Religion angreift – Wilhelm in Würzburg und Nürnberg – Entsendung des Prinzen Heinrich nach China wegen der Ermordung deutscher Missionare

1892/93 machte die Diskussion um die Heeresvorlage deutlich, daß man nicht nur in Deutschland infolge der machtpolitischen Initiativen der gegenüber dem Deutschen Reich älteren nationalen Machtstaaten einen Krieg kommen sah, Caprivi hatte das „Gefühl", in einer Vorkriegszeit zu leben. In den stenographischen Berichten über die Verhandlungen des Reichstags[185] heißt es, daß man sage, „Der Krieg muß kommen!" und ihn damit quasi herbeirede, „(man) wußte allerdings keine Alternative zur Rüstung" und setzte schließlich seine Hoffnung auf Bismarcks Einwirkungen und auf den Kaiser. „Wenn er [Bismarck] den Krieg nur eine kurze Spanne – ein ähnliches Wort wird von unserem Kaiser berichtet – verhindern könnte, er würde es tun, er würde dann immer noch die Möglichkeit sehen, den Frieden zu erhalten."[186] Karl Wilhelm Rudolf von Bennigsen sagte: „Auch eine Krankheit der Zeit: Dieser Pessimismus und dieser Größenwahn zugleich einer ausgesuchten Gesellschaft von Übermenschen; sie bilden mit allen literarischen und künstlerischen Erscheinungen des fin de siècle eine krankhafte Unterlage in den Stimmungen nicht bloß des deutschen, sondern auch anderer Völker, in denen allmählich, aber nicht zu spät eine Gesundung eintreten muß, wenn nicht diese Schäden tiefer fressen sollten".[187]

Der Frieden nach außen hing an der Beziehung zwischen Paris und St. Petersburg. Frankreichs Werben um Rußland[188] wurde erleichtert durch einen deutsch-russischen Zollkrieg, die Begünstigung der Polen in Deutschland und Caprivis ungeschickte Begründung der großen Militärvorlage von 1893, in der er von der Möglichkeit eines Zweifrontenkrieges sprach. Je mehr eine solche Gefahr eintrat, umso geringer bewertete England das politische Gewicht des Deutschen Reiches. Der englische Vertrag mit dem König der Belgier für den Kongostaat 1893 bahnte weitere Positionen für Englands Kap-Kairo-Linie an und schwächte die deutschen Möglichkeiten an der freien Entwicklung Mittelafrikas. Der dem Kaiser vorgeworfene Zickzackkurs war in Wirklichkeit die für das Reich immer stärkere Notwendigkeit, auf die Politik anderer Mächte einzugehen, nicht von sich aus die politische Linie zu bestimmen.

Der Frieden im Innern des Reiches schien vielen gefährdet, auch dem Kaiser, besonders durch führende Vertreter der Sozialdemokraten, die sich nicht an gesetzliche Mittel zur Durchsetzung ihrer Ziele halten wollten und auf einen Umsturz hinarbeiteten. Die sogenannte Umsturzvorlage wurde am 17. Dezember 1894 dem Reichstag als Gesetzentwurf zur Bekämpfung der auf Umsturz der Staatsordnung gerichteten Bewegungen vorgelegt aber am 11. Mai 1895 abgelehnt.

Bereits am 5. Dezember 1895 leitete der neue Reichskanzler Fürst zu Hohenlohe-Schillingsfürst[189] dem Reichstag einen „Entwurf eines Gesetzes betreffend Änderungen und Ergänzungen des Strafgesetzbuches, des Militärstrafgesetzbuches und des Gesetzes über die Presse" zu. Das geplante Gesetz, wieder eine „Umsturzvorlage", sollte die Strafen wegen Aufforderung zur Begehung strafbarer Handlungen verschärfen, die Aufreizung zum Klassenhaß, den öffentlichen Angriff auf Ehe, Familie und Eigentum sowie die Verächtlichmachung des Staates und seiner Organe unter Strafe stellen. Das Zentrum machte seine Zustimmung davon abhängig, daß auch Angriffe auf die christliche Religion, die Lehren und Gebräuche der Kirche mit Strafen bedroht werden sollten. Die Reichsregierung nahm diese Zusätze in die Vorlage auf. Doch verhielten sich nun auch der Freisinn und die Nationalliberalen gegen sie. Die beiden konservativen Parteien und das Zentrum aber waren nur eine Minderheit im Reichstag, so daß die Vorlage nicht angenommen werden konnte. Auf den Trinkspruch des Oberpräsidenten der Provinz Brandenburg, Staatsminister von Achenbach, erklärte Wilhelm (R II, 40) am 20. Februar 1897 beim Essen des brandenburgischen Provinziallandtags: „Diejenige Partei, die es wagt, die staatlichen Grundlagen anzugreifen, die gegen die Religion sich erhebt, und selbst nicht vor der Person des allerhöchsten Herrn Halt macht, muß überwunden werden."

Das Bekenntnis zu Gott in Verbindung mit der Treue zum König war immer wieder bei Rekrutenvereidigungen zum Ausdruck gekommen. Am 12. November 1896 fand auf dem Platz vor dem königlichen Schloß in Berlin die Vereidigung der Rekruten der Garnisonen Berlin, Potsdam, Charlottenburg, Spandau und Großlichterfelde statt. Nach der kirchlichen Feier sagte der Kaiser: „Ihr habt jetzt auf das Kruzifix und die Fahnentreue geschworen Mir Eurem Kriegsherrn und dem Vaterlande. Ebenso wie die Krone ohne Altar und Kruzifix nichts ist, ebenso ist das Heer ohne die christliche Religion nichts. Ihr seid berufen, in Meiner Garde zu dienen, in den Regimentern, die die schönsten Abzeichen haben. Seid eingedenk, daß Ihr die Waffen tragt für Krone und Altar." (R II, 35)

Der Kaiser war nur im Kriegsfall der handelnde Oberste Kriegsherr. Im Frieden stand ihm lediglich zu, die Kriegstüchtigkeit der außerpreußischen deutschen Armeen zu prüfen. Aus föderalistischer Rücksicht übertrug er in Bayern sein Inspektionsrecht bayerischen Prinzen. Am 1. September 1897 nahm er mit Prinzregent Luitpold in Würzburg die Parade über das II. bayerische Armeecorps ab, zu der auch die Könige von Sachsen und von Württemberg, der Großherzog von Hessen und Prinz Albrecht von Preußen als Regent von Braunschweig erschienen waren. Luitpold erinnerte in seinem Trinkspruch daran, daß gerade am 1. September vor 26 Jahren die bayerische Armee „im glorreichen Kampfe für das gemeinsame Vaterland geblutet" habe. Der Kaiser beglückwünschte den Prinzregenten zu der „vorzüglichen Haltung" des II. bayerischen Armeecorps und dankte dem Prinzregenten „auch für den herrlichen Empfang in der schönen alten Stadt Würzburg". (R II, 63).

Am 2. September 1897 nahm der Kaiser mit dem Prinzregenten in Nürnberg die Parade über das I. bayerische Armeecorps ab. Luitpold erinnerte daran, daß Nürnbergs alte Geschichte so eng verflochten durch die Burggrafen von Nürnberg mit dem „glanzvollen Hause Hohenzollern" sei, daß er den Kaiser und die Kaiserin in Erfüllung einer „lieben Pflicht" begrüße. Wilhelm II. freute sich in seiner Antwort bei der Paradetafel an Luitpold, daß es ihm durch die „gütige Einladung" des Prinzregenten endlich vergönnt sei, in dieser herrlichen kerndeutschen alten Stadt zu weilen und auf der Burg zu sein, „die jahrhundertelang Meine Vorfahren in altbewährter Treue für die deutschen Kaiser verwaltet und erhalten haben". Er erinnerte sich daran, daß gerade in Nürnberg und auf der Burg die „innigsten" Beziehungen des Hauses Wittelsbach zu dem Hause Hohenzollern zu finden seien.

In der Thronrede am 30. November 1897 zur Eröffnung des Reichstags zu seiner letzten Sitzung der 9. Legislaturperiode ergänzte Wilhelm II. den schriftlich festgesetzten Wortlaut noch durch eine persönliche Aufforderung an die Mitglieder des Reichstags, bezog sich dabei auf sein Gelübde vom 18. Januar 1896, nach innen und außen einzustehen für ein Reich, ein Volk und einen Glauben an Gott, und bat die Abgeordneten im Angesicht Gottes und im Andenken an Kaiser Wilhelm I., ihn durch ihre Mithilfe auch ferner instandzusetzen, seinen Eid zu halten und ihm beizustehen für die Ehre des Reiches nach außen, für deren Erhaltung er seinen einzigen Bruder Heinrich – in Ostasien – eingesetzt habe (R II, 76). In der Rede selbst kam er auf die Ermordung deutscher Missionare und die unter seinem Schutz stehenden und ihm am Herzen liegenden Missionsanstalten in China zu sprechen. Er habe sein ostasiatisches Geschwader in die dem Tatort nächstgelegene Kiautschou-Bucht einlaufen und dort Truppen landen lassen, um volle Sühne und Sicherheit gegen eine Wiederkehr ähnlicher beklagenswerter Ereignisse zu erlangen. Auch sprach er entsprechend dem schriftlich festgesetzten Wortlaut seiner Rede von der Notwendigkeit der Vermehrung der Kriegsflotte. „Wenngleich es nicht unsere Aufgabe sein kann, den Seemächten ersten Ranges gleichzukommen, so muß Deutschland sich doch in den Stand gesetzt sehen, auch durch seine Rüstung zur See sein Ansehen unter den Völkern der Erde zu behaupten. Hierzu ist eine Verstärkung der heimischen Schlachtflotte und eine Vermehrung der für den Auslandsdienst im Frieden bestimmten Schiffe erforderlich."

Wilhelm II.: Wilhelms I. „Werkzeuge" oder „Handlanger"

Staatsminister Heinrich von Achenbach, der als Oberpräsident der Provinz Brandenburg 1882 Wilhelm in die wirtschaftlich technischen Probleme der Verwaltung und in die genossenschaftliche Entwicklung der Landwirtschaft eingeführt, ihm aber die rein juristische Seite der Verwaltung weniger fesselnd dargetan hatte,[190] begrüßte am 26. Februar 1897 den Kaiser abends im Großen Saal des Englischen Hauses in der Mohrenstraße in Berlin bei dem Essen, das er als Oberpräsident dem Brandenburgischen Provinziallandtag gab. Der Kaiser antwortete auf den Trinkspruch Achenbachs: „In herrlichem bilderreichen Schwung hat soeben der Herr Oberpräsident in Ihrem Namen Ihre Huldigung Mir entgegengebracht, und kann Ich nur von ganzem Herzen und tief gerührt dafür danken." Nach einem geschichtlichen Rückblick auf „das alte Deutsche Reich, das Kaiser Friedrich Barbarossa noch einmal zusammengefaßt" habe, wofür ihm das deutsche Volk noch heute dankbar sei, kam Wilhelm II. auf den Verfall des

Vaterlandes zu sprechen. „Es schien, als ob niemals der Mann kommen sollte, der imstande wäre, dasselbe wieder zusammenzufügen. Die Vorsehung schuf sich dieses Instrument und suchte sich aus den Herrn, den wir als den ersten großen deutschen Kaiser des neuen Deutschen Reiches begrüßen konnten." Für Wilhelm II. war also sein Großvater in diesem Zusammenhang das „Instrument" der Vorsehung. Von diesem sagte er: „Wir können ihn verfolgen, wie er langsam heranreifte von der schweren Zeit der Prüfung bis zu dem Zeitpunkt, wo er als fertiger Mann, dem Greisenalter nahe, zur Arbeit berufen wurde, sich jahrelang auf einen Beruf vorbereitend, die großen Gedanken bereits in seinem Haupt fertig, die es ihm ermöglichen sollten, das Reich wieder erstehen zu lassen. Wir sehen, wie er zuerst sein Heer stellt aus den dinghaften Bauernsöhnen seiner Provinzen... Wir sehen, wie es ihm gelingt, mit dem Heer allmählich eine Vormacht in Deutschland zu werden und Brandenburg-Preußen an die führende Stelle zu setzen. Und als dies erreicht war, kam der Moment, wo er das gesamte Vaterland aufrief und auf dem Schlachtfeld der Gegner die Einigung herbeiführte."

Am 26. Februar 1897 sagte er beim Essen des Brandenburgischen Provinziallandtages: „Daß Gott sich einen Märker ausgesucht hat, das muß etwas Besonderes bedeuten, und Ich hoffe, daß es der Mark vorbehalten sein wird, auch fernerhin für des Reiches Wohl zu sorgen. Solange der märkische Bauer noch zu uns steht und wir dessen gewiß sein können, daß die Mark unserer Arbeit entgegenkommt und uns hilft, wird kein Hohenzoller an seiner Aufgabe verzweifeln. Schwer genug ist sie und schwer wird sie uns gemacht. Zu dieser Aufgabe ruft uns das Andenken an Kaiser Wilhelm den Großen und in dieser wollen wir uns um ihn, um sein Andenken scharen wie die Spanier einst um den alten Cid. Diese Aufgabe, die uns allen aufgebürdet wird, ist der Kampf gegen den Umsturz, diejenige Partei, die es wagt, die staatlichen Grundlagen anzugreifen, die gegen die Religion sich erhebt und selbst nicht vor der Person des allerhöchsten Herrn [Gottes] Halt macht, muß überwunden werden. Ich werde Mich freuen, jedes Mannes Hand in der Meinen zu wissen, sei er Arbeiter, Fürst oder Herr – wenn Mir nur geholfen wird in diesem Gefechte! Und das Gefecht können wir nur siegreich durchführen, wenn wir uns immerdar des Mannes erinnern, dem wir unser Vaterland, das Deutsche Reich verdanken, in dessen Nähe durch Gottes Fügung so mancher brave tüchtige Ratgeber war, der die Ehre hatte, seine Gedanken ausführen zu dürfen, die aber alle Werkzeuge seines erhabenen Wollens waren, erfüllt von dem Geist dieses erhabenen Kaisers." In einer anderen Version wurde die Rede wiedergegeben, in der statt des Wortes „Werkzeuge" das Wort „Handlanger" überliefert wurde (R II, 40).

Der preußische Gesandte in München, Anton Graf Monts, schrieb am 20./21. März 1897 an Philipp Graf Eulenburg, der von 1891 bis 1894 sein Vorgänger in München gewesen war und nun als Botschafter in Wien wirkte, vor allem aber als Berater Wilhelms II. tätig war:[191] „Unsere hiesigen [in München] zahlreichen Gegner triumphieren und richten sich im Stillen auf den Zerfall des Reiches ein. Unsere Freunde sind entrüstet über den Kaiser. Die Erbitterung geht viel tiefer als je zuvor, das Schlimmste ist, daß der Groll sich nicht in Reden und Schimpfen Lust macht. Viele sagen sich auch heimlich, Seine Majestät sei geisteskrank, Andeutungen sind schon in den Blättern." In einem späteren Absatz des langen Briefes heißt es: „Von hiesigen Zentrumsleuten hinterbringt man mir Äußerungen, daß ohne die Märkerrede alle Schiffe" ... bewilligt worden wären. „So aber könnten sie nicht anders als zur Wahrung ihrer Würde Nein sagen."

In der Mitte des Briefes schrieb Graf Monts an Eulenburg: „Was ich über Seine Majestät denke, wage ich gar nicht zu sagen, ich fürchte aber, es ist jetzt ganz aus mit ihm hier im Süden. Die Massen werden ihn vielleicht bei den Manövern anbrüllen, die Herzen des nationalen Mittelstandes aber dürften ihm für immer entfremdet sein. Man erwägt hier sehr ernst die Möglichkeit eines Reichs-Staatsstreichs. Man weiß, daß dies ein Einbruch ist, da Seine Majestät die preußische Verfassung beschworen hat und als ein integrierender Teil davon die Reichsverfassung expressis verbis bezeichnet ist. Ich glaube nicht, daß Bayern mitgeht, so lang [der] Regent und Crailsheim am Ruder. Prinz Ludwig wäre, wie ich höre, unter gewissen Modalitäten (Oberbefehl im Süden, Vergrößerung Bayerns, Haupt der Katholiken) zu haben. Ich zweifle aber, ob die Bevölkerung für einen solchen Schacher zu gewinnen wäre. Trotz allem ist die Kaiseridee immer noch eine Macht, man trennt sie aber vom Kaiser jetzt. Toaste auf Seine Majestät z. B. vermeidet man, immer nur heißt es Kaiser und Reich. Ob der Allerhöchste Herr denn dies alles weiß, und daß seine unklaren romantischen Ideen im striktesten Gegensatz zum Fühlen und Denken der Nation stehen?"

Röhl, der in den letzten beiden Jahrzehnten umfassende Forschungen in Archiven und Nachlässen angestellt hat, schreibt in seiner Abhandlung über Hof und Hofgesellschaft unter Wilhelm II.,[192] es liege im Wesen der Monarchie „von Gottes Gnaden", daß der Erstgeborene des Königs beim Tod des Vaters zum König erklärt werde, „ob er den Erfordernissen der Zeit gewachsen ist oder nicht". Gegen Ende des 19. Jahrhunderts begann, wie Bülow[193] (in einem Brief an Eulenburg am 9. Januar 1893) erkannte, eine „Zeit schrankenloser Publizität", die sowohl für wie auch gegen den Bestand der Monarchie arbeiten konnte. Röhl irrt, wenn er behauptet, die Geschichte des 20. Jahrhunderts habe erwiesen, daß eine Monarchie in einem modernen Staate nur dann Überlebenschancen besitze, wenn sie sich strikt auf ihre rein repräsentative Funktion zurückziehe und jede politische Äußerung und Einflußnahme vermeide. Als Beispiel sei nur die entschiedene Haltung des spanischen Königs Juan Carlos erwähnt.

Dieses politische Urteil Röhls läßt sich wissenschaftlich nicht erhärten. Das Regierungsverfahren des Königs von Spanien und der Könige im Nordwesten und Norden Europas ist weder rechtlich noch praktisch daran gebunden, nur zu repräsentieren. Der englische König Georg V. trug 1926 zur friedlichen Lösung einer schweren innenpolitischen Krise anläßlich eines Generalstreiks bei und ernannte ein Mitglied der Labourpartei erstmals zum Ministerpräsidenten, Georg VI. hatte auf die britische Politik erheblichen Einfluß.[194]

Wilhelm II. unterlag oft der Suggestion „national" in seiner Zeit, wenn er auch sein Nationalgefühl stets in die Maßstäbe des christlichen Sittengesetzes band. Im Glauben an das Unrecht des Verfassungsbruches bekämpfte er die auf einen Umsturz gerichteten Tendenzen bei den Sozialdemokraten. Die Reden und Äußerungen Wilhelms II. werden in diesem Buch ausführlich gewürdigt. Es ist aber wissenschaftlich bis jetzt nur begrenzt möglich, ihren Wortlaut an umstrittenen Stellen und überhaupt immer eindeutig zu erweisen.

Ablehnung der Vorschläge Waldersees durch Wilhelm – Die vermuteten Staatsstreichpläne – 1898 zehnjähriges Regierungsjubiläum – Die geistige Aufgabe des Königlichen Theaters – Persönliches Regiment Wilhelms 1897 bis 1900? – Überlegungen zur Auflösung und Neugründung des Reiches – Wilhelms Arbeitsweise

Röhl[195] schreibt, daß Wilhelm II. nur von 1897 bis 1900 ein persönliches Regiment geführt habe, sein eigener Kanzler gewesen sei. Was ist dazu festzustellen? Im Januar 1897 legte General von Waldersee dem Kaiser dar: „Bei der gewaltigen Ausdehnung der sozialdemokratischen Organisation scheint es mir unvermeidlich, daß der Zeitpunkt naht, an welchem die Machtmittel des Staates sich mit denen der Arbeitermassen werden messen müssen. Sollte der Kampf aber unvermeidlich sein, so kann der Staat von einem Hinausschieben desselben nicht gewinnen. Ich meine, daß es im Interesse des Staates liegt, nicht den sozialdemokratischen Führern die Bestimmung des Zeitpunktes für den Beginn der großen Abrechnung zu überlassen, sondern diesen nach Möglichkeit zu beschleunigen! Noch ist der Staat mit Sicherheit in der Lage, jeden Aufstand niederzuschlagen."[196] Der Kaiser stellte sich darauf ein, einer Aktion der stärksten Partei im Reichstag, der Sozialdemokraten, zuvorzukommen. In der nächsten Ministerratssitzung las er Waldersees Denkschrift vor. Wilhelms Phantasie sah bereits einen Aufstand. Er sagte zu Waldersee: „Ich weiß, wenn es zum Schießen kommen muß, so werden Sie es gründlich tun." Waldersee glaubte, daß ihn der Kaiser gegebenenfalls statt Hohenlohe-Schillingsfürst zum Kanzler machen werde.[197]

Der preußische Kriegsminister Goßler fürchtete, daß sozialdemokratische Ideen bei gedienten Reservisten Anklang fänden, hatte sich deswegen in einem Rundschreiben an die Kommandierenden Generale gewandt und sympathisierte nun mit Waldersees Plan. In Verkennung auch der Mentalität des Kaisers erklärte Waldersee daraufhin dem Kriegsminister, die Regierung solle dem Reichstag ein strenges Sozialistengesetz vorlegen, das Haus auflösen und ein neues Wahlrecht einführen. Dagegen könnten natürlich die Bundesstaaten außer Preußen Einspruch erheben. In diesem Fall müsse Preußen aus dem Reich austreten und das

Kaisertum auf einer neuen Basis gründen.[198] Die umstürzlerischen Ideen bei Reservisten dachte Waldersee dadurch auszuschalten, daß die allgemeine Wehrpflicht abgeschafft werden sollte. Kleine Berufsheere sollten wieder eingeführt werden, die bei guter Bezahlung vorwiegend gegen die inneren Feinde „Anwendung finden". Offenbar schlugen auch andere Generale ähnliches vor.

Doch Wilhelm II. ging auf Waldersees Gedanken nicht ein. Obwohl der Reichstag den Marineetat kürzte, entschloß sich der Kaiser nicht zu einem Kanzlerwechsel. Der preußische Oberhofmarschall August von Eulenburg meinte, Hohenlohe-Schillingsfürst könne nicht unmittelbar nach der Niederlage im Reichstag entlassen werden, es sei denn, daß man mit einem neuen Kanzler das Haus auflösen und alle weiteren Konsequenzen ziehen wollte. Eulenburg bedauerte, daß Waldersee ihm nicht entwickelte, wie man die Opposition der deutschen Fürsten gegen ein solches Verfahren überwinden könne. Der Kaiser beschränkte sich darauf, den hundertsten Geburtstag seines Großvaters Wilhelms I. zu feiern. Die dazu eingetroffenen deutschen Fürsten fürchteten fast alle einen Verfassungskonflikt. In Gedanken an Wilhelm I. und Bismarck betonte Wilhelm II. gegenüber dem Großherzog Friedrich I. von Baden, er werde den Konflikt wegen der Marine ausfechten, ebenso wie sein Großvater den Konflikt wegen des Landheeres. Der ehemalige Erzieher des Kaisers, Hinzpeter, sagte, er sei dabeigewesen, als der Kaiser und dessen Bruder Heinrich sich für Staatsstreich und sofortige Flottenvermehrung ausgesprochen hätten. Die deutschen Fürsten würden ihn bei einem Staatsstreich im Reich nicht unterstützen. Denn sie mißtrauten dem Kaiser, so sagte der König von Sachsen zu Hohenlohe-Schillingsfürst.

König Albert hatte vor kurzem in Sachsen das allgemeine Wahlrecht eingeführt.[199] Wohl Prinzregent Luitpold von Bayern, jedenfalls ein anderer Fürst, sprach sich noch viel deutlicher aus, wie Hinzpeter behauptete: Der Kaiser habe sich von der Wirklichkeit „entfremdet", er sei bestrebt, die monarchische Gewalt zu mehren, ohne zu bemerken, daß „gerade durch diese Bestrebung das monarchische Ansehen mehr und mehr" sinke. Die Marine sei ein populäres Unternehmen. Man könnte sie ohne weiteres vergrößern, „wenn man zielbewußt und ruhig an der Aufklärung der Volksstimmung arbeiten" wollte. Mit der jetzigen stürmischen Art aber erreiche man das Gegenteil. Die drei bösen Geister des Kaisers, die bei ihm den Gedanken des persönlichen Regiments stets wach erhielten, seien Senden, Plessen und Lucanus. Wenn die drei fortkämen, könnte noch manches gerettet werden.

Als Hohenlohe-Schillingsfürst am 30. März 1897 zum Vortrag im Schloß erschien, sagte ihm der Kaiser, er werde das allgemeine Wahlrecht aufheben und Delegierte aus den Landtagen in den Reichstag senden lassen. Wilhelm II. verlangte nicht, daß Hohenlohe-Schillingsfürst solche Taten auf sich nehme. Eine Umfrage bei den Konservativen ergab, daß diese keineswegs für eine Art Staatsstreich zu haben waren. Sie hielten das allgemeine Wahlrecht für unantastbar. Ein höheres Lebensalter für die Ausübung des Stimmrechts festzusetzen würden sie

u. U. unterstützen. Vertraulich gaben sie zu verstehen, daß sie Wilhelm II. nicht immer für normal hielten. Der Kaiser werde für die ihm nahegelegte Politik als Reichskanzler oder Minister nur Nullen oder Militärs gewinnen. Auch Bülow und Eulenburg rieten dem Kaiser von den Plänen Waldersees ab. Bülow schrieb Wilhelm, wenn er Hohenlohe-Schillingsfürst behalten wolle, müßten Staatsstreichpläne aufgegeben werden; Hohenlohe-Schillingsfürst werde nie einen Staatsstreich sanktionieren. Eulenburg wies auch auf die oppositionelle Haltung der deutschen Fürsten hin und zitierte Äußerungen des Königs von Sachsen. Zudem sei ja Bismarck noch da, der nur dann zu Hilfe käme, wenn der Kaiser vorher kapituliere. Abschließend bat Eulenburg den Kaiser, er möchte doch Bülow an die Stelle des Staatssekretärs Marschall setzen und Hohenlohe-Schillingsfürst als Kanzler belassen. Wilhelm II. stellte in seiner Antwort an Eulenburg die Behauptungen über die Konservativen als unwahr hin. Er habe keine Anfragen gestellt und keine Antwort bekommen. Nur ein Lügner könne Eulenburg von einem Staatsstreich erzählt haben. Ergebnis der Überlegungen und Gespräche war, daß der Kaiser Hohenlohe-Schillingsfürst als Kanzler behielt. Politisch bedeutender für Wilhelm war jedoch, daß Adolf Hermann Marschall Frhr. von Bieberstein in den Jahren 1890 bis 1897 als Staatssekretär des Auswärtigen Amtes tätig war.

Am 15. Juni 1898 waren es bereits zehn Jahre, daß Wilhelm II. regierte. Als das der Kaiser im Lustgarten in Potsdam vor den versammelten Leibregimentern feierte (R II, 96ff.), hob er hervor, die wichtigste Erbschaft seines Großvaters und seines Vaters, die er mit Stolz und Freude angetreten habe, sei die Armee. „Es ist wohl selten eine so schwere Zeit über das Haupt eines Nachfolgers dahingegangen, der seinen Großvater und seinen Vater hat in kurzer Zeit hinsterben sehen müssen. Mit schweren Sorgen überladen war die Krone. Überall wurde an Mir gezweifelt, überall stieß Ich auf eine falsche Beurteilung. Nur einer hatte zur Mir Vertrauen, einer glaubte an Mich, das war die Armee. Und auf sie gestützt, im Vertrauen auf unsern alten Gott übernahm Ich Mein schweres Amt...“ Er rühmte dann seine Verbundenheit mit der Armee in den vergangenen zehn Jahren.

Trotz der wachsenden Einflüsse des preußischen Militärs auf Wilhelm II. war er sich aber bei diesem Jubiläum bewußt, daß er noch andere Kräfte selbst verkörperte. Er versammelte am 16. Juni das Kunstpersonal der königlichen Schauspiele und sagte zu diesem (R II, 98f.): „Als Ich vor zehn Jahren zur Regierung kam, da trat Ich aus der Schule des Idealismus, in dem Mich Mein Vater erzogen hatte. Ich war der Ansicht, daß das Königliche Theater vor allen Dingen dazu berufen sei, den Idealismus in unserem Volk zu pflegen, an dem es, Gott sei Dank!, noch so reich ist, und dessen warme Wellen noch in seinem Herzen reichlich quellen. Ich war der Überzeugung und hatte Mir fest vorgenommen, daß das Königliche Theater ein Werkzeug des Monarchen sein sollte, gleich der Schule und der Universität, die die Aufgabe haben, das heranwachsende Geschlecht heranzubilden und vorzubereiten zur Arbeit für die Erhaltung der höchsten geistigen Güter unseres herrlichen deutschen Vaterlandes. Ebenso soll das Theater beitragen zur Bildung des Geistes und des Charakters und zur Veredlung der sittlichen Anschauungen. Das Theater ist auch eine Meiner Waffen." Nachdem er dafür gedankt hatte, daß die Mitglieder der Königlichen Schauspiele auf alle seine Anregungen und Wünsche eingegangen seien, sagte er in freudiger Übertreibung, „daß alle Länder mit Aufmerksamkeit die Königlichen Theater in ihrer Tätigkeit verfolgen und mit Bewunderung auf Ihre Leistungen blicken. Ich bitte Sie nun, daß Sie Mir fernerhin beistehen, jeder in seiner Weise und an seiner Stelle, im festen Gottvertrauen dem Geiste des Idealismus zu dienen und den Kampf gegen den Materialismus und das undeutsche Wesen fortzuführen, dem schon leider manche deutsche Bühne verfallen ist..."

Das sogenannte persönliche Regiment Wilhelms II. 1897 bis 1900[200] hatte seinen Vorläufer in dem sehr persönlichen Regierungsverfahren Bismarcks seit 1879. Weite Kreise hatten schon vor Bismarcks Sturz erkannt, daß dieser zuviel Macht in seiner Hand vereinigte und sie aufgeteilt werden müsse. Er kontrollierte jeden Schriftwechsel der Staatssekretäre der Reichsämter und der preußischen Ministerien mit dem Kaiser. Das gab Reichskanzler Caprivi auf. Er lud die Vorstände der Reichsämter zu den Sitzungen des preußischen Staatsministeriums ein, was Bismarck nie getan hatte. Als Caprivi in der Frage des Schulgesetzes durch das Eingreifen des Kaisers in eine Krise kam, legte er das Amt des preußischen Ministerpräsidenten nieder und betrieb die Ernennung eines starken Mannes dazu, den dann der Kaiser in der Person des Botho Graf Eulenburg einsetzte, der von 1878 bis 1881 preußischer Innenminister, von 1881 bis 1892 preußischer Oberpräsident in Kassel gewesen war.

Das Streben der deutschen Wirtschaft und ihre Erfolge auch in der Welt außerhalb Europas, das Anwachsen eines deutschen Nationalgefühls zu dem Wunsch nach deutscher Weltgeltung entwickelte sich auch unabhängig von den konkreten Entscheidungen des Kaisers. Vertreter der beiden Strömungen, also der Wirtschaft aber auch der nationalen Kräfte, erwarteten von seinen Entscheidungen deutsche Erfolge in Europa und in der Welt. Um die Flotte zu einem Instrument auch der deutschen Politik in der Welt zu machen, hielten auch Vertreter der Wissenschaft, Professoren der Universitäten auf Reisen durch Deutschland Vorträge. Der Deutsche Flottenverein zählte über eine Million Mitglieder und wurde wie andere nationalpatriotische Vereine von der Regierung gefördert. Kritiker wie Prinz Rupprecht von Bayern mißtrauten ihm. Röhl[201] urteilt: „Der von Deutschland im Jahre 1897 eingeschlagene Weg führte zu Isolierung, Weltkrieg, Niederlage und Zusammenbruch." Röhl glaubt an die Notwendigkeit des Parlamentarismus, verwechselt aber die tatsächliche Funktion des Parlaments in England in der Zeit von 1897 bis 1900 mit der heutigen Wirkung des englischen Ober- und Unterhauses auf die Politik, wenn er meint, vielleicht hätte sich allmählich der Parlamentarismus in Deutschland durchgesetzt, wenn „die Staatsmänner" in einem Machtkampf gesiegt hätten und nicht der Monarch. Er glaubt, angefangen von Bismarcks Sturz bis zur Annahme des Flottengesetzes 1898 habe ein drohender Staatsstreich immer wieder die deutsche Politik überschattet. „Hätte die Regierung es im Reichstag ernstlich versucht, mit Hilfe der Mitte- und Linksparteien den Kaiser zu entmachten, wäre es den Verfechtern der Staatspolitik sicher gelungen, Wilhelm zu einem solchen Schritt zu überreden. Das hätte – nach Ansicht der verantwortlichen Politiker – zu Krieg oder Bürgerkrieg geführt, zu Diktatur oder Demokratie. Daher hielten sogar die heftigsten Gegner des persönlichen Regiments Nachgeben für das geringere Übel." Wilhelms Erwägungen zielten theoretisch dahin, gegen einen ihn grundsätzlich bekämpfenden Reichstag das Reich mit Hilfe der Bundesstaaten aufzulösen und es mit Hilfe eben dieser Bundesstaaten neu zu begründen, aber mit einer Verfassung, die einem neuen Reichstag den befürchteten Kampf gegen ihn unmöglich gemacht hätte. Er machte aber niemals von dieser Erwägung praktischen Gebrauch, auch als seine Politik im Reichstag peinliche Niederlagen erlitt.[202] Bei jedem Urteil über Wilhelms Regierungsverfahren 1897 bis 1900 muß zwischen dem Begriffsinhalt eines konkreten Planes und bloßer Gedanken und weitergehender Erwägungen unterschieden werden.

Röhl[203] erörtert Wilhelms maßgebliche Exekutivgewalt und urteilt, daß der Kaiser manchmal impulsiv und ohne Rücksicht auf die Tatsachen, aber doch nicht immer so entschied. „Jeder war beeindruckt, wenn er sah, wie blitzschnell der Kaiser die schwierigsten Probleme erfaßte. Er hatte ja seit seiner Jugend reges Interesse für Politik gezeigt, und mit seiner in vielen Regierungsjahren erworbenen Erfahrung war er, genaugenommen, technisch ebenso qualifiziert wie heutzutage ein vom Volk gewählter Staatspräsident oder Premierminister, der gewiß noch viel größere Aufgaben bewältigen muß. Wilhelms Entschlossenheit, das Heft fest in der Hand zu behalten, war in der Tat ganz außergewöhnlich."[204]

Einführung der deutschen Kokarde auch in Bayern, Württemberg und Sachsen – Die Militärstrafgerichtsordnung und Bayern – Anlehnung an den bürgerlichen Strafprozeß – Vermehrung der Kriegsschiffe – Entwurf des Militärstrafgerichtsrechts im Reichstag angenommen

Der nationalen Entschlossenheit Wilhelms trug auch Prinzregent Luitpold von Bayern Rechnung, als er in der Auseinandersetzung um die Weitergeltung des bayerischen Militärstrafgesetzbuches von 1869 stand. Die Truppen der Königreiche Bayern, Württemberg und Sachsen trugen auf ihren Militärmützen ausschließlich die Kokarden ihres Landesstaates. In Zusammenarbeit mit seinem Kriegsminister von Asch verfügte er am 20. März 1897, daß anläßlich des Gedenkens an die Geburt des Kaisers Wilhelms I. am 22. März 1797, also vor hundert Jahren, und in dem durch die opfervollen Kämpfe begründeten Gefühl der Zusammengehörigkeit aller deutschen Kontingente seine Armee außer der bayerischen auch die deutsche Kokarde anlege, „die auch Meine hohen Verbündeten nach gemeinsamen Beschluß ihren Truppen verleihen werden". Der Kaiser bezog sich auf diese Entscheidungen, als er aus Berlin am 22. März 1897 in einem Aufruf an das deutsche Heer bekanntgab, daß die deutsche Kokarde nach dem einmütigen Beschluß seiner hohen Bundesgenossen – durch Armeebefehle des Prinzregenten von Bayern und der Könige von Sachsen und von Württemberg – die deutsche Kokarde verliehen werde.

Die vom Kaiser selbst noch 1892 gewünschte Reform der Militärstrafgerichtsordnung bezog sich auf Preußen und diejenigen Bundesstaaten, die ihre Truppen in den Rahmen der Militärorganisation Preußens gestellt hatten. Die Militärbevollmächtigten von Sachsen, Württemberg und Bayern wünschten Öffentlichkeit und Mündlichkeit des Verfahrens; Bayern wollte seinen Obersten Gerichtshof für Militärstrafprozesse auf der Grundlage seines Militärstrafrechts von 1869 beibehalten. Der Kaiser äußerte sich besonders über diesen Punkt gegenüber den Militärbevollmächtigten der drei übrigen Königreiche „in sehr heftigen Ausdrükken" und drohte, „wegen der bayerischen Widersetzlichkeit in Sachen des Obersten Gerichtshofes der Militärstrafprozeßvorlage sein Veto entgegenzusetzen."[205] Er wollte Bayern damals aber nicht durch einen Mehrheitsbeschluß zwingen.

Theophil Reichlin von Meldegg, der vom 9. November 1895 bis zum 26. Oktober 1901 als Militärbevollmächtigter Bayerns in Berlin und zugleich Bevollmächtigter zum Bundesrat wirkte und 1896 zum Generalmajor befördert worden war, berichtete am 5. Mai 1897 an den bayerischen Kriegsminister Adolf Frhr. von Asch, der seit dem 5. Juni 1893 als solcher tätig war, über die Gefahr der Majorisierung Bayerns. Wilhelm II. selbst war entschlossen, „lieber auf die Reform zu verzichten als Bayern majorisieren zu lassen", wie Lerchenfeld an das bayerische Außenministerium am 22. Mai 1897[206] berichtete. Am 30. Mai 1897[207] schrieb Reichlin von Meldegg dem Kriegsminister von Asch, der Kaiser habe ihm ausgeführt, er könne in der Frage des Reichsmilitärgesetzes nicht nachgeben, schon mit Rücksicht auf das Ausland nicht, da es das nicht verstehe und sicherlich auch unerwünschte Folgerungen ziehen werde, wenn für das deutsche Heer ein gemeinsamer Militärstrafprozeß, aber ohne einheitliche Spitze geschaffen würde. Alsbald erörterte die Presse die Auseinandersetzungen zwischen Bayern und Preußen. Wilhelm II. hatte übrigens auch kein Verständnis für die diplomatischen Vertretungen der Bundesglieder im Ausland, hielt sich aber auch an die verfassungsrechtlichen Tatbestände.

Am 30. Mai 1897 sagte der Kaiser auch zu Reichlin von Meldegg (nachdem der die Öffentlichkeit beschränkende § 270 Abs. 2 der Gesetzesvorlage gefallen war),[208] im Unterschied zu der „monarchisch gesinnten, in patriarchalischen Verhältnissen aufgewachsenen Bevölkerung" Bayerns müsse „bei den schrofferen Gegensätzen in Preußen... mit viel verschiedenartigen Volksstämmen, so den

Polen, für weitestgehende Einschränkung [der Öffentlichkeit] in dieser Richtung gesorgt werden."[209] Schon am 31. Mai ließ Wilhelm II. Reichlin von Meldegg erneut zu sich kommen und sagte ihm, er werde seinen Kriegsminister beauftragen, gegen sämtliche bayerische Anträge zu stimmen, da von bayerischer Seite die in den Ausschüssen bereits abgelehnten Anträge für das Bundesratsplenum erneuert worden seien. Der Kaiser hatte eine Majorisierung Bayerns im Bundesrat untersagt, um Bayern vor der Öffentlichkeit die Verantwortung für das Scheitern des Reformgesetzes aufbürden zu können. Nun aber wies Tirpitz wiederholt den Kaiser darauf hin, daß seine Flottenpläne nur mit der gleichzeitigen Vorlage eines Entwurfs der Militärstrafgerichtsordnung im Reichstag zu verwirklichen seien. Wilhelm II. bestand nun darauf, daß dann auf jeden Fall § 270 Abs. 2 beibehalten werden solle, was im Reichstag einen äußerst ungünstigen Eindruck hervorrufen mußte.[210] Er hatte seinen Beauftragten befohlen, alle bayerischen Anträge auf eine Liberalisierung des Entwurfs niederzustimmen. Wenn er im Reichstag seine Flottenpläne durchbringen wollte, mußte er jetzt aber entgegenkommen. Dazu kam, daß der Reichskanzler wie auch der preußische Kriegsminister zuletzt für die Notwendigkeit einer Reform eintraten. Der Reichstag nahm den Entwurf ohne § 270 Abs. 2 an.

Mittel für Landheer und Flotte im Reichstag bewilligt – Gesetz über Organisation des Handwerks? – Neutralität zwischen Spanien und den USA 1898 – Der Stützpunkt in Ostasien – Deutsche Gläubiger in Griechenland

In der Thronrede zur Eröffnung des Reichstags am 30. November 1897 sprach Wilhelm II. (R II, 72ff., bes. 73) nicht nur von dem Schutz der Missionsanstalten in China, seinem ostasiatischen Geschwader in der Kiautschoubucht, sondern auch entsprechend dem festgelegten Wortlaut davon, „daß es nach vieljährigem ernsten Bemühen den verbündeten Regierungen gelungen sei, für eine Reform des Militärstrafverfahrens eine Grundlage zu finden, welche unter möglichster Anlehnung an den bürgerlichen Strafprozeß den für die Erhaltung der Manneszucht unbedingten notwendigen Forderungen Genüge leistet. Der hiernach aufgestellte Entwurf einer Militärstrafgerichtsordnung wird Ihnen [den Abgeordneten] unverzüglich vorgelegt werden. Ich hege die Zuversicht, daß Sie, geehrte Herren, am Bestreben ein gleichmäßiges gerichtliches Verfahren für die gesamte bewaffnete Macht einzuführen, Ihre verständnisvolle Mitwirkung gewähren werden." Nach Ankündigung von neuen Gesetzesvorlagen für das neue bürgerliche Recht sprach er die Hoffnung aus, daß noch im Laufe der gegenwärtigen Tagung das vom deutschen Volke so lange ersehnte Ziel erreicht werde. Als ersten Punkt in der vorbereiteten Rede aber forderte er eine Vermehrung der Zahl der Kriegsschiffe, um „unseren im Ausland tätigen Landsleuten das der Stellung Deutschlands entsprechende Maß von Schutz und hiermit den Rückhalt zu bieten, den nur die Entfaltung von Macht zu gewähren vermag." Seine weiteren Gedanken zu diesem Punkt entwickelte er in der Thronrede im Reichstag nicht.

Falls der Reichstag die Flottenvorlage ablehnen würde, beabsichtigte Wilhelm II. ihn aufzulösen. Wenn die Neuwahlen darauf schlecht ausfallen würden, so hielt er das auch für kein Unglück. Er führte Lerchenfeld aus, wie dieser am 13. März 1898 an Crailsheim[211] berichtete: Seien erst einmal 100 Sozialdemokraten im Reichstag, dann würden die staatserhaltenden Parteien erst begreifen, daß es auf dem bisherigen Weg nicht weitergehen könne, und Schutz bei den Regierungen suchen. In dieser Zuversicht ließ er aus dem Entwurf alle Verbesserungen streichen, die aus der ersten Lesung der Kommission stammten und die wenigen nach der zweiten Lesung noch verbliebenen tilgen.[212] Die Konservative Partei beeinflußte den Kaiser in dieser Richtung. Lerchenfeld urteilte,[213] es scheine dem Kaiser zu genügen, wenn er von Zeit zu Zeit sein Wollen oder Nichtwollen scharf äußert, was aber dann daraus wird, das zu verfolgen scheint er weder „Muße noch die nötige Consequenz zu haben".

Der Reichstag nahm am 4. Mai 1898 den Entwurf des Gesetzes mit 177 gegen 83 Stimmen an. Dafür hatten 61 Abgeordnete des Zentrums, 26 Konservative, 12 Abgeordnete der Reichspartei, 36 Nationalliberale, 15 Abgeordnete der Freisinnigen Volkspartei, 9 Polen, 8 Abgeordnete der Freisinnigen Vereinigung, 5 Abgeordnete der Deutsch-Sozialen Reformpartei und 5 Fraktionslose gestimmt. Bei der Abstimmung spalteten sich die Parteien des Zentrums, der Konservativen und der Freisinnigen Volkspartei sowie die Fraktionslosen: 28 Abgeordnete des Zentrums stimmten dagegen. Das waren die Zentrumsabgeordneten aus Bayern, die sich zu diesem Nein freilich erst entschlossen, als gesichert war, daß durch eine große Mehrheit das Gesetz angenommen werden würde.[214] Die Zustimmung verweigerten 6 Konservative und 2 Abgeordnete der Freisinnigen Volkspartei sowie 3 Fraktionslose, darunter die Abgeordneten des Bauernbundes Bachmair und Sigel. Dagegen votierten auch die 6 Abgeordneten der Deutschen Volkspartei und die 38 der Sozialdemokraten. Der Kaiser zeigte sich hochbefriedigt darüber, daß das Gesetz mit so großer Mehrheit angenommen worden war und „der Reichstag allen Wünschen der Regierung sich zugänglich gezeigt hatte", wie Reichlin von Meldegg an den bayerischen Kriegsminister Asch am 5. Mai 1898 schrieb.[215]

In der Thronrede zum Schluß des Reichstags faßte der Kaiser in Bezug auf das geplante BGB befriedigt verschiedene Punkte zusammen: „Ihrer beharrlichen, unausgesetzt auf das hohe Ziel gerichteten Arbeit ist es gelungen, das große Werk des gemeinsamen bürgerlichen Rechts vor dem Ende der Legislaturperiode zum Abschluß zu bringen. Damit ist durch die vereinte Tätigkeit der verbündeten Regierungen und des Reichstags dem deutschen Volke ein kostbarer Besitz gewonnen, der ihm im Laufe einer tausendjährigen Geschichte noch niemals vergönnt war. Das neue gemeinsame Recht wird ein neues starkes Band um die deutschen Stämme schlingen. Eine einheitliche Rechtsordnung ist auch für das militärgerichtliche Verfahren geschaffen, nachdem Sie einer den Anforderungen des heutigen Rechtsbewußtseins wie der Manneszucht entsprechenden Vorlage Ihre Zustimmung erteilt haben."

Besonders hob Wilhelm II. die Bewilligung der nötigen Mittel für die Verstärkung des Landheeres und den Beschluß des Flottengesetzes hervor. Darauf sprach er von der besonders günstigen Entwicklung der Finanzlage, wenn auch bisher das Verhältnis der Einzelstaaten zum Reich die von den verbündeten Regierungen angestrebte organische Regelung noch nicht gefunden habe (R II, 86).

Allgemeines Interesse mußte erwecken, wenn der Kaiser u. a. erwähnte: „Die wirtschaftliche und soziale Gesetzgebung verdankt Ihrer eifrigen Mitarbeit eine Reihe wichtiger Ergebnisse. Insbesondere ist, wie Ich hoffe, durch das Gesetz über die Organisation des Handwerks der Boden geschaffen, auf dem dieser ehrenwerte Stand durch kräftigen Zusammenschluß seiner Glieder und durch geordnete Vertretung seiner Gesamtinteressen neue Kraft gewinnen wird, den wachsenden Schwierigkeiten des großgewerblichen Wettbewerbs standzuhalten."

Zur außenpolitischen Situation des Reiches erwähnte der Kaiser in der vorbereiteten Rede die deutsche Neutralität, den Krieg zwischen Spanien und „den Vereinigten Staaten von Amerika" und das Bemühen der Reichsregierung, daß die deutsche Schiffahrt und der deutsche Handel vor Behelligung und Schädigung durch diesen Kriegszustand nach Möglichkeit bewahrt werde. „Die Aktion, zu welcher Ich Mich genötigt sah, einen Teil Meiner Kriegsflotte nach Kiautschou zu entsenden, um für das vergossene Blut deutscher Missionare gerechte Sühne zu heischen, hat Mich in den Stand gesetzt, den langgehegten und wohl berechtigten Wunsch nach einem kommerziell entwicklungsfähigen und militärisch gesicherten Stützpunkt in Ostasien im Wege freundschaftlicher Verständigung mit China und ohne Trübung unserer Beziehungen zu anderen Staaten zur Erfüllung zu bringen. Im Anschluß an den griechisch-türkischen Friedensvertrag ist es den Bemühungen Meiner Regierung gelungen, in Griechenland eine Regelung des Finanzwesens herbeizuführen, welche die Rechte der deutschen wie aller sonstiger Gläubiger in dem unter den gegebenen Verhältnissen erreichbaren Maße sichergestellt hat."

*Kaiserdenkmäler – Verbesserung der Lage der Volksschullehrer und
der Geistlichen – Zentralgenossenschaftskasse – Landwirtschafts-
und Handelskammer – Kräftigung des Mittelstandes – Streik und
Streikbrecher – Der bayerische Senat beim Reichsmilitärgericht in
Berlin – Roman über Unmoral von Offizieren in Lothringen*

Beim Abschiedsessen am 5. Mai 1898 um 19 Uhr im Weißen Saal des königlichen
Schlosses in Berlin, zu dem die Mitglieder des Bundesrates und des Reichstages
geladen waren und zahlreiche Gäste erschienen, dankte der Kaiser zugleich im
Namen seiner verwitweten Mutter für den „schönen Entschluß, für die Gabe, die
Sie uns entgegengebracht haben, für das Denkmal Meines hochseligen Herrn
Vaters. Sie haben uns dadurch in die Lage gesetzt, Mir die Aufgabe zu erleich-
tern, Sohnespflichten zu erfüllen und Meiner Mutter die Freude zu bereiten, ihr
Kunstverständnis in der Ausführung dieses schönen Werkes zu betätigen."
Er versicherte, daß seine Räte und er bemüht seien, auf den Bahnen Wilhelms
I. weiterzuwandeln, dessen Nationaldenkmal auf der Westseite des königlichen
Schlosses seit kurzem vom Weißen Saal aus zu sehen war. Wie dieser große
Kaiser seine ganze Stärke und seine Kraft aus seinem Verhältnis uns seiner
Verantwortlichkeit zu seinem Gott gefunden habe, müsse jeder der Reichstagsabgeordneten jetzt vor seiner Heimreise, „wer er sei, hoch oder niedrig, von
welcher Konfession auch immer", sich darüber klar sein, daß er bei dem, was ihm
bevorstehe, bei der Arbeit, die er in diesem Jahr zu tun gedenke, seine Aufgabe so
auffasse, „daß, wenn er dereinst zum himmlischen Appell berufen wird, er mit
gutem Gewissen vor seinen Gott und [!] seinen alten Kaiser treten kann. Und
wenn er gefragt wird, ob er aus ganzem Herzen für des Reiches Wohl mitgearbeitet habe, er auf seine Brust schlagen und offen sagen darf: Ja!"
Am 18. Mai 1898 schloß er den preußischen Landtag (R II, 91) mit einer
sachlich referierenden Thronrede über die Maßnahmen zur dauernden Befestigung des Finanzwesens. „Nur die Neuregelung der Gehälter einiger Klassen der
Unterbeamten wird den Landtag in der nächsten Tagung noch beschäftigen
müssen. Den seit Jahren hervorgetretenen Wünschen auf Verbesserung der Lage
der Volksschullehrer ist durch das Gesetz vom 3. März vorigen Jahres entsprochen worden", durch das den Lehrern ein festes, den örtlichen Verhältnissen
angemessenes Einkommen gesichert sei. Dann begrüßte er das Gelingen einer
Verständigung zwischen den beteiligten staatlichen und kirchlichen Instanzen
über die Neuregulierung der Gehaltsverhältnisse der evangelischen und katholischen Geistlichen.
Darauf sprach er erfreut die Neuordnung der Staatseisenbahnverwaltung, die
Erweiterung des Staatseisenbahnnetzes, Bewilligung von Geld zur Verbesserung
der Wohnungsverhältnisse der Arbeiter und der geringer besoldeten Staatsbeam-
ten an. „Der Förderung dieses bedeutsamen Zieles wird auch in Zukunft besondere Fürsorge gewidmet werden."

Wilhelm II. sprach dann von der Errichtung der Zentralgenossenschaftskasse und ihrer weiteren Ausstattung mit staatlichen Mitteln. Sie werde für die Mittelklassen in Stadt und Land und den Zusammenschluß der schwächeren Kräfte im Wirtschaftsleben fördernd beitragen. Das Zustandekommen der Städteordnung und der Landgemeindeordnung für die Provinz Hessen-Nassau sei ein erfreulicher Fortschritt. Mit besonderer Aufmerksamkeit nehme seine Regierung die schwierige Lage der Landwirtschaft wahr. „Das Gesetz über die Landwirtschaftskammern hat eine korporative Vertretung der Landwirtschaft ermöglicht." Von der vom Landtag beschlossenen Einführung des gesetzlichen Anerbenrechts nicht nur bei Renten- und Ansiedelungsgütern, sondern auch bei Landgütern in der Provinz Westfalen und in einigen rheinischen Kreisen „verspreche Ich Mir eine günstige Wirkung auf die Erhaltung des für unsere soziale und wirtschaftliche Entwicklung so wichtigen bäuerlichen Grundbesitzes". Wenn auch die Rede auf einem Entwurf beruhte, so war doch das persönliche Interesse Wilhelms II. in dieser Thronrede immer wieder spürbar. „Den Handelskammern ist ein erweiterter Wirkungskreis und größere Bewegungsfreiheit gegeben worden. Die Bewilligung von weiteren 100 Millionen Mark zur Ansiedlung von deutschen Bauern in den östlichen Landesteilen wird zusammen mit anderen Maßnahmen zur Stärkung des Deutschtums dienen, zugleich aber auch allgemein die wirtschaftlichen Verhältnisse dieser Landesteile zu heben geeignet sein."

Auf der Reise nach Köln hatte das Kaiserpaar am 17. Juni 1897 auch Bielefeld besucht, an der Enthüllung des Denkmals Wilhelms I. teilgenommen und die Anstalten des Pastors von Bodelschwingh in Bethel bei Bielefeld besucht. Dabei sagte der Kaiser auf dem Sparenberge bei Bielefeld zu den Vertretern der Stadt, er hoffe, daß Westfalens Söhne ihn unterstützten bei der Ausführung seines Programms: „Schutz der nationalen Arbeit aller produktiven Stände, Kräftigung eines gesundes Mittelstandes, rücksichtslose Niederwerfung jedes Umsturzes und die schwerste Strafe dem, der sich untersteht, einen Nebenmenschen, der arbeiten will, an freiwilligen Arbeiten zu hindern."

Am 6. September 1898 kündigte er in seiner Rede bei einer Galatafel in Bad Oeynhausen ein Gesetz an, daß jeder, „der einen deutschen Arbeiter, der willig ist, seine Arbeit zu vollführen, daran zu verhindern versucht oder gar zu einem Streik anreizt, mit Zuchthaus" bestraft werden sollte. Wilhelm II. war damit entschlossen, gegen die Kampfmethode der Sozialdemokratie auf breiter Linie vorzugehen. Als am 10. September die von vielen verehrte österreichische Kaiserin Elisabeth, die auch Kaiser Wilhelm II. hoch schätzte, von einem politischen Anarchisten ermordet wurde, forderte Wilhelm am 15. September in Prenzlau den Kampf „gegen die Umsturzgelüste"; wie sehr er nötig geworden sei, beweise dieses „fluchwürdige Ereignis" (R II, 114f.).

Eulenburg teilte am 21. Juli 1899 dem 1897 zum Staatssekretär des Auswärtigen Amtes ernannten von Bülow mit, der Kaiser meinte: „Ehe nicht die sozialdemokratischen Führer durch Soldaten aus dem Reichstag herausgeholt und füsiliert sind, ist keine Besserung zu erhoffen." Eine andere Überlieferung dieser Worte Wilhelms gibt es nicht, die jedenfalls als durch eine Situation bedingt gefallen sein dürften. Hofmarschall Robert Graf Zedlitz-Trützschler, der von Wilhelm glaubte, „er ist ein Kind und wird es immer bleiben", schrieb in seinem 1924 in zweiter Auflage erschienenen Buch „Zwölf Jahre am deutschen Kaiserhof" (S. 75): Während eines Streiks der Berliner Straßenbahner 1900 habe Wilhelm dem Kommandeur von Berlin gedrahtet: „Ich erwarte, daß beim Einschreiten der Truppe mindestens 500 Leute zur Strecke gebracht werden." 1903 schrieb am 9. August Eulenburg an den nunmehrigen Reichskanzler Bülow, der Kaiser habe geschildert, wie er mit einer kommenden Revolution fertig zu werden gedenke: Er würde alle Sozialdemokraten zusammenschießen, aber erst, nachdem [sic!] Juden und Reiche geplündert wurden, denn er habe Rache zu nehmen für '48 – Rache!!!"

Am 15. Mai 1898 hatte Wilhelm eine Immediatkommission zur Beratung der Entwürfe von Verordnungen zur Militärstrafgerichtsordnung einberufen, um bei den einzelnen Kontingenten eine möglichst einheitliche Ausgestaltung zu erreichen, wie Reichlin von Meldegg rückschauend am 24. März 1899 dem bayerischen Kriegsministerium berichtete.[216] Obwohl die gewünschten Entwürfe bereits im September 1898 dem Kaiser vorgelegt wurden, genehmigte er erst Ende April/Anfang Mai 1899, sie als Verhandlungsgrundlage zu nehmen.[217]

Prinzregent Luitpold bestimmte durch Marginaldekret am 21. April 1899[218] an seinen Kriegsminister, daß Bayern selbständig Ausführungsvorschriften erlassen werde, was dieser am 22. April Reichlin von Meldegg mitteilte.[219] Doch beteiligte sich der bayerische Gesandte, wie er bereits am 13. April 1899 dem Kriegsminister mitgeteilt hatte, unbeschadet eines solchen Rechtes an der Immediatkommission. Damit war das Zustandekommen der Militärstrafgerichtsordnung ernsthaft in die Wege geleitet.[220]

Die Kommission bestand aus 21 Personen. Sie begann am 5. Juni 1899 mit einer ersten Plenarsitzung ihre Arbeit. Den Vorsitz hatte der preußische General der Infanterie, der Kommandierende General des Gardecorps Max von Bock und Polach. Er wies zu Beginn der Beratung darauf hin, daß es vor allen Dingen um „auf praktische Erwägungen gestützte Vorschläge" zu den vom preußischen Kriegsministerium erstellten Entwürfen gehe. Der wichtigste Diskussionspunkt betraf den Ausschluß der Öffentlichkeit wegen Gefährdung der Disziplin. Auf Antrag des Vorsitzenden wurde folgende Fassung der allgemeinen Vorschriften verabschiedet:

„Die Disziplin verlangt, daß auch in gerichtlichen Verfahren das Ansehen der Kommandogewalt, der militärischen Einrichtungen, der Ordnungen und Gebräuche erhalten, der Sinn für die unbedingte Unterordnung des Untergebenen unter den Vorgesetzten jeden Grades gewahrt, und dem berechtigten Ehrgefühl aller Beteiligten, insbesondere derjenigen des Offiziersstandes Rechnung getragen werde. Sobald dieser Grundsatz gefährdet ist, ist „je nach dem Gegenstand der Anklage, nach den Eigenheiten des zur Verhandlung kommenden Falles, nach der Persönlichkeit des Angeklagten oder der Zeugen, nach zeitlichen oder örtlichen besonderen Verhältnissen, die Öffentlichkeit auszuschließen".

„Die Prüfung, ob der Ausschluß der Öffentlichkeit zu beantragen [sei], gehört in erster Linie zu den Pflichten des Gerichtsherrn und des Vertreters der Anklage. Aber auch die erkennenden Gerichte sind verpflichtet, ohne solchen Antrag die Öffentlichkeit für die ganze Verhandlung oder einen Teil derselben auszuschließen, wenn die Voraussetzungen hierfür nach den vorstehend von Mir gegebenen Grundsätzen eintreten."[221]

Der Kaiser unterzeichnete am 28. Dezember 1899 diese Verordnung. Er und die Militärverwaltung verfügten, sie zunächst vertraulich zu behandeln und erst unmittelbar vor dem Inkrafttreten der Militärstrafgerichtsordnung zu veröffentlichen.[222] Bayern hatte zur Wahrung seiner militärischen Souveränität einen bayerischen Senat beim Reichsmilitärgericht durchgesetzt. Der Prinzregent hatte das Recht, dessen Mitglieder und auch deren Stellvertreter zu ernennen.[223] Mit Zustimmung des Bundesrates wurde am 28. Dezember 1899 wurde die Militärstrafgerichtsordnung zum 1. Oktober 1900 rechtswirksam.

Der Kaiser errichtete am Witzleben-Platz in Charlottenburg ein Dienstgebäude für das Reichsmilitärgericht, das er 1910 unter Teilnahme u. a. der Kriegsminister Preußens, Bayerns, Sachsens und Württembergs mit dem Wunsch eröffnete, das Reichsmilitärgericht möge nach Wahrheit und Gerechtigkeit streben (R IV, 213). Das Problem der Öffentlichkeit der militärstrafrechtlichen Behandlung wurde für den Kaiser 1903 Gegenstand seiner Sorge, als der Leutnant Fritz Oswald Bilse seinen Roman „Aus einer kleinen Garnison" veröffentlichte und darin die moralische Versumpfung im Offizierskorps der in Lothringen stehenden Garnison des Industrieortes Forbach scharf aufs Korn nahm. Das Kriegsgerichtsverfahren gegen Bilse wurde öffentlich abgehalten. Wilhelm II. bedauerte in seiner geheimen kaiserlichen Order vom 1. Dezember 1903, daß das Kriegsgericht entgegen seiner Order vom Dezember 1899 nicht die Öffentlichkeit ausgeschlossen habe, wodurch „das Ansehen Meiner Armee und in besonderem des Offizierscorps in weiten Kreisen des In- und Auslandes" beeinträchtigt worden sei. Er sprach den Mitgliedern des Kriegsgerichts deshalb sein ernstes Mißfallen darüber aus, daß sie die Interessen ihres Standes nicht gewahrt hätten. Der *Vorwärts* veröffentlichte die geheime kaiserliche Order vom 1. Dezember 1903, so daß einer großen Öffentlichkeit den Prozeß gegen den Leutnant Fritz Oswald Bilse bekannt wurde.[224] Aber man sah auch die Grenzen, in denen sich das Verbotsrecht des Kaisers bewegte. Wenn das Militärstrafgericht dem Kaiser nicht vor der Verhandlung den Fall meldete, konnte er sein Recht, die Öffentlichkeit auszuschließen, nicht ausüben.

Universitätsunterricht; Parteizugehörigkeit und Konfession – Gesetz gegen Pornographie – Das „Schöne in der Kunst" – Die Schackgalerie in München – Wilhelm erneut gegen Duelle – Philipp von Eulenburg vor Gericht

Der Privatdozent der Physik Lev Arons an der Friedrich-Wilhelm-Universität zu Berlin, den diese 1892 dem Kultusministerium zur Ernennung zum außerordentlichen Professor vorschlug, war parteipolitisch aktiver Sozialdemokrat und wurde 1895[225] von der Fakultät verwarnt. Sie riet ihm, sich in Zukunft in der politischen Agitation zurückzuhalten. Das Kuratorium der Universität hatte bereits im Spätsommer 1893 den Polizeipräsidenten in Berlin auf die Zugehörigkeit von Arons zur Sozialdemokratischen Partei aufmerksam gemacht. Er hielt in der Berliner Arbeiterbildungsschule und auf Parteiversammlungen in der Umgebung Berlins Vorträge. Vergebens versuchte das preußische Ministerium, ihn von der Universität zu entfernen. Als Wilhelm II. von den Vorgängen erfuhr, telegraphierte er am 8. Oktober 1897 dem preußischen Kultusministerium: „Habe soeben Auftreten und Gebaren des Privatdozenten Arons in Hamburg auf dem Sozialisten-Parteitag gelesen. Ich nehme an, daß das Ministerium umgehend Verfahren eingeleitet hat, diesen frechen Verhöhner staatlicher Einrichtungen seines Amtes zu entsetzen. Falls nicht, so ist der Herr sofort aus der Universität und seinem Amt hinauszubefördern. Ich dulde keinen Sozialisten unter Meinen Beamten, also auch nicht unter den Lehrern unserer Jugend an der Königlichen Hochschule. Von dem Geschehen ist Mir unverzüglich Meldung zu machen." 1898 versuchte die preußische Regierung vergeblich, ein Gesetz im Reichstag zu erreichen, das festlegen sollte, daß die Förderung sozialdemokratischer Absichten mit der akademischen Lehrberechtigung unvereinbar wäre. Arons wurde nicht zum außerordentlichen Professor ernannt. Er war durch seine Verwandtschaft mit Bleichröder, dem Bankier Bismarcks, gesellschaftlich und wirtschaftlich sehr gesichert.

Die Professoren der Nationalökonomie, die den Sozialismus als teilweise berechtigt anerkannten, wurden seit 1871 mit Spott Kathedersozialisten genannt. Ihre Tätigkeit blieb unbehindert wie das Wirken eines Adolf Wagner, eines Gustav Schmoller und eines Lujo Brentano beweist.

An der von Kaiser Wilhelm I. 1872 gegründeten Universität Straßburg wurde durch Verhandlungen zwischen Wilhelm II. und Leo XIII. eine Katholisch-Theologische Fakultät gegründet. Wilhelm II. hatte zu diesen Verhandlungen in Rom aus München den dort tätigen katholischen Philosophieprofessor Georg Frhr. (ab 1914 Graf) von Hertling von 1898 bis 1902 herangezogen. Pius IX. hatte in Straßburg keine vom Staat unterhaltene Katholisch-Theologische Fakultät gewünscht, und der von Leo XIII. als Kardinalstaatssekretär eingesetzte Mariano Rampolla del Tindaro vertrat auch jetzt diesen Standpunkt. Die katholischen Theologen wurden entsprechend den unter der französischen Herrschaft bestehenden Regelungen bisher in bischöflichen Seminarien in den miteinander konkurrierenden Bistümern Straßburg (Elsaß) und Metz (Lothringen) ausgebildet. Die Verhandlungen waren bis 1900 deshalb sehr schwierig gewesen, weil die deutsche Reichsregierung in Straßburg auf den Beschränkungen des bischöflichen Rechtes zur Beanstandung von Theologieprofessoren in Fragen von Glauben und Sitte bestand, wie sie etwa bei den zu Preußen gehörigen Katholisch Theologischen Fakultäten von Breslau oder Bonn bestanden, Leo XIII. solche Beschränkungen aber nicht akzeptierte. Am 5. Dezember 1902 wurde vereinbart, daß im Falle der Beanstandung der Bischof die staatliche Behörde um Abhilfe ersuchte.

Die Lage wurde in konfessionspolitischer Hinsicht dadurch kompliziert, daß der eine der beiden Geschichtsprofessoren in Straßburg, Professor Konrad Varrentrap, 1901 einen Ruf nach Marburg annahm, und nun ein katholischer oder ein evangelischer Historiker berufen werden konnte. Obwohl achtzig Prozent der Einwohner der Reichslande Elsaß-Lothringen katholisch waren, gab es an der Universität Straßburg von den 44 ordentlichen Professoren 38 Protestanten, vier Juden, aber nur zwei Katholiken. Diese Verhältnisse forderten heraus. Der aus dem Rheinland stammende evangelische Ministerialdirektor Friedrich Althoff,[226] der als Hochschuldezernent im preußischen Kultusministerium zuständig war, trat deshalb zwar für die Ernennung des 1896 in Berlin habilitierten Friedrich Meinecke als Nachfolger Varrentraps ein, bewerkstelligte aber einen dritten historischen Lehrstuhl in Straßburg und stellte dafür den in Berlin habilitierten Privatdozenten Martin Spahn, den Sohn des bisherigen Zentrumsführers Peter Spahn in Aussicht. Martin Spahn war Ende 1901 außerordentlicher Professor in Bonn geworden. Ministerialdirektor Althoff berücksichtigte bei seinem Hinweis das Recht eines Dreiervorschlags durch die Philosophische Fakultät der Universität Straßburg nicht, gewährte ihr aber durch die Voransage seines Vorhabens, ihre Gegengründe auf dem Dienstweg darzulegen. Die Fakultät tat das nicht, sondern wandte sich statt dessen am 9. September 1901 unmittelbar an den Kaiser. Dieser aber ließ sich am 16. November 1901 von Althoff Vortrag über die Probleme halten und ernannte sofort Martin Spahn.[227] Der greise Althistoriker Theodor Mommsen ließ darauf in den liberalen *Münchner Neuesten Nachrichten* am 15. November 1901 einen Artikel „Universitätsunterricht und Konfession" erscheinen und demonstrierte eine Voraussetzungslosigkeit der Wissenschaft. Eine große Mehrheit von Professoren an den deutschen Universitäten unterzeichnete diese als Manifest verbreitete Erklärung Mommsens. Doch der Berliner Nationalökonom Gustav von Schmoller wies die Angriffe auf Althoff in eindrucksvoller und würdiger Weise zurück.[228]

Wilhelm II. wurde wegen seines Entscheids für Martin Spahn in der katholischen Öffentlichkeit sehr anerkannt. Er übersandte dem von so vielen angegriffenen Ministerialdirektor Althoff sein Bild und schrieb darunter: „Die schlechtesten Früchte sind es nicht, an denen die Wespen nagen."[229]

Der Kampf um die Lex Heinze im preußischen Landtag und im deutschen Reichstag 1892 bis 1900 zeigte, was Wilhelm II. auf dem Boden der für ihn einschlägigen Verfassungen zur Wahrung der Sittlichkeit als Gesetz zustande kommen ließ. Die Lex Heinze war dadurch veranlaßt worden, daß die Eheleute Heinze, ihres Zeichens Dirne und Zuhälter,[230] wegen Körperverletzung mit Todesfolge durch einen Prozeß vor Gericht gezogen wurden. Darauf wurde § 184 des Reichsstrafgesetzbuches, der Feilhalten, Verkaufen und Verteilen von unzüchtigen Schriften, Abbildungen und Darstellungen an dem Publikum zugänglichen Orten verbot, durch einen § 184 a und b erweitert. Nach § 184 a sollte auch denjenigen Strafe treffen, der „an öffentlichen Straßen oder Plätzen Abbildungen oder Darstellungen ausstellt oder anschlägt, welche, ohne unzüchtig zu sein, durch gröbliche Verletzung des Scham- und Sittlichkeitsgefühls Ärgernis zu erregen geeignet sind".[231] § 184 b bezog sich auf dieselben Tatbestände in einem Theater.[232] Wilhelm II. selbst forderte das Schöne in der Kunst, das für ihn nicht durch den Naturalismus oder einen Symbolismus gegeben war, sondern durch Themata und deren Darstellungsweise, so wie er sie selbst zusammen mit seiner Frau und gegebenenfalls in seiner Familie erlebte und erleben wollte oder auch etwas musikalisch und gesellschaftlich auf dem Schloß des Fürsten zu Eulenburg-Hertefeld in Liebenberg im Regierungsbezirk Potsdam in sich aufnahm.[234]

Als am 18. September 1909 Prinzregent Luitpold die von Adolf Graf Schack dem Kaiser geschenkte Galerie in dem vom Kaiser in der Prinzregentenstraße erbauten Galeriegebäude eröffnete, begrüßte ihn Wilhelm II. und führte aus, die Sammlung sei zugleich dem Besucher ein Maßstab für die Beurteilung der jetzigen Kunst. „Sie zeigt, daß der Künstler die schöne Aufgabe hat, nicht nur Vorkommnisse des alltäglichen Lebens in zum Teil drastischer, sensationeller und abstoßender Form zur Darstellung zu bringen, sondern vielmehr unter dem Einfluß der Ästhetik mit reinem Sinn, in vornehmer Auffassung, die Flamme des Ideals in der Brust, seine Zeitgenossen über die Misere des alltäglichen Lebens emporzuheben und das Schönheitsgefühl des Volkes zu pflegen und zu stärken." (R IV, 178)

Das Leben, das Gott dem Menschen schenkte, durfte nach Wilhelms Auffassung der Mensch nicht im Duell vernichten. Das war ihm selbstverständlich. Er lehnte darum, wie schon 1874 sein Großvater, am 1. Januar 1897 durch eine Kabinettsorder die vor allem im Offizierscorps weit verbreitete Auffassung ab, daß nur durch den Zweikampf die gesellschaftliche Ehre wiederhergestellt werden könne. In der von ihm so hoch geschätzten Armee war ihm der Soldat als Mensch so wichtig, daß er, wie erwähnt, bereits im Februar 1890 einen Befehl erließ, der sich scharf gegen Soldatenmißhandlungen richtete. 1894 versuchte er, die Generale für die Abstellung dieses Mißstandes persönlich zu interessieren.[235]

Die Achtung des geltenden Rechts, im besonderen des Strafrechts, war ihm so sehr Gewissenspflicht, daß er sich von seinem Freund Eulenburg trennte, so schwer ihm das fiel, als dieser – er hatte ihn noch im Jahr 1900 in den Fürstenstand erhoben – wegen behaupteter homosexueller Beziehungen und in diesem Zusammenhang des Meineides vom Staatsanwalt angeklagt wurde. Eulenburgs homosexuelle Beziehungen sind nie erwiesen worden.

Friedenskonferenz im Haag – „Unsere Zukunft liegt auf dem Wasser" – Wilhelms dynastisch bestimmter Föderalismus

Die großen Staaten Europas sahen sich im späteren 19. Jahrhundert in einem imperialen Zeitalter. Am 14. Juni 1898 unterwarf sich Frankreich der englischen Forderung über Nigeria, aber am 18. Juli hißte in Faschoda Hauptmann Marchand die französische Flagge. Als dort am 19. September General Kitchener, der den Sudan für England wieder erobert hatte, erschien, drohte Krieg zwischen England und Frankreich. Im Zeitalter dieser Spannungen hatte bereits am 24. August Nikolaus II. alle europäischen Staaten, die Vereinigten Staaten von Nordamerika, China, Japan und andere zu einer Friedenskonferenz im Haag eingeladen, die am 18. Mai 1899 zusammentrat. Wilhelm II. begrüßte den Entschluß des russischen Kaisers dazu schon in der Thronrede zur Eröffnung des Reichstags am 6. Dezember 1898.

In der Instruktion der Reichsleitung für die 1899 stattfindende Konferenz hieß es, es gelte einer Ochlokratie der kleineren Staatswesen vorzubeugen. Die Interessen von Großmächten seien nicht notwendig identisch mit der Erhaltung des Friedens, sondern viel eher mit der Vergewaltigung des Feindes. Bereits im Vorfeld der Konferenz boykottierte die Reichsleitung die Hoffnungen auf Rüstungsbegrenzung. Wer war der Initiator dieser Instruktion? Der Kaiser und Reichskanzler Hohenlohe-Schillingsfürst? Jost Dülffer[236] gibt das 1991 nicht an. Steckte Tirpitz dahinter? Die Reichsleitung bestand aus den vom Kanzler besetzten Dienststellen.

Reichskanzler Fürst zu Hohenlohe-Schillingsfürst sprach 1897 vom Deutschen Reich als handeltreibener Weltmacht. Wilhelm II. erklärte am 23. September 1898 in Stettin (R II, 115), wo er den neuen Hafen eröffnete: „Unsere Zukunft liegt auf dem Wasser."[237] Er hatte dazu 1895 eine deutsche Hochseeflotte zu schaffen begonnen und entsprechende Vorlagen beim Reichstag durchsetzen lassen. Das allgemeine Interesse begann er erst durch den Flottenverein zu gewinnen. Prinz Rupprecht von Bayern beurteilte die Werbungsaktion für den Flottenverein, aber wohl auch die außenpolitischen Probleme des Flottenbaus kritisch. Das wußte Wilhelm II. wohl kaum, doch warb er für seine deutsche Hochseeflotte auch in Bayern, wenn er Schiffen entsprechende Namen gab. Noch am 17. Februar 1912 feierte er persönlich den Stapellauf des Linienschiffes „Prinzregent Luitpold" in Kiel. Luitpolds „Kronprinz" Ludwig, der auch von sozialdemokratischen Gegnern des Kaisers sehr geschätzt wurde, vertrat seinen fast 91jährigen Vater Luitpold und hielt die Taufrede, Luitpolds Tochter Prinzessin Therese von Bayern vollzog die Taufhandlung. Prinz Ludwig schloß seine Taufrede mit der Zuversicht, daß die Besatzung des Schiffes immer eingedenk sein werde des Wahlspruchs des Prinzregenten, der auch der des ersten bayerischen Ordens, des Hubertus-Ordens sei, den jeder bayerische Soldat als Helmschmuck trage: „In Treue fest". Der Kaiser hielt darauf bei der Festtafel im königlichen Schloß in Kiel eine auch auf den Föderalismus zielende Ansprache. Das Deutsche Reich erschien ihm dabei wie ein Kunstwerk, wie ein farbenprächtiges Bild, wenn man es aus der Ferne betrachte. Trete man heran, wo werde man gewahr, „daß das Kunstwerk aus lauter einzelnen Steinchen zusammengesetzt ist, welche, von verschiedener Form und Farbe, individuell in sich gefestigte, kleine Gebilde sind. So ist es mit unserem Reich. Von Ferne als mächtiges Ganzes wirkend, ist es zusammengesetzt aus einzelnen Stämmen, stolz auf ihre Eigenart und treu anhängend ihren angestammten Fürstenhäusern, deren buntfarbigen Fähnlein sie jahrhundertelang gefolgt sind. Fest geschart sind sie alle zum Schutze des deutschen Reichspaniers." Der Vergleich mit dem „einzelnen Steinchen" traf freilich nur für die kleinen Fürstentümer zu, mit denen den Kaiser viele Beziehungen verbanden. Die angesprochenen einzelnen Stämme waren durch den Vergleich nicht zutreffend angesprochen.

Der Föderalismus Wilhelms II. war vorwiegend dynastisch bestimmt. Seine zweifellos echte Verbundenheit mit Prinzregent Luitpold oder Kaiser Franz Joseph ordnete sein Nationalgefühl zweifellos einer föderalistischen Ordnung in Deutschland zu, zu der er sich auch bekannte, als nach 1918 das Problem der Einheitsmonarchie durch Hitler aufgeworfen wurde.

Das Kaiserpaar in Konstantinopel und Palästina – Die deutsche Bagdadbahn – Wilhelms Fürsprache für den Zionisten Herzl beim Sultan – Wilhelm und Auguste Viktoria in Jerusalem und Bethlehem – Die evangelischen Gemeinden – Die Templerkolonie Rephain – Die Omar-Moschee – Vier Patriarchen in Jerusalem – Abordnung der jüdischen Kolonie – Schenkung des Dormition an deutsche Katholiken – Besuch beim englischen Bischof – Regierungsarbeit Wilhelms in Jerusalem – Am Grab des Sultans Saladin in Damaskus

Am 13. Oktober 1898 reisten Kaiser und Kaiserin auf der „Hohenzollern" nach Konstantinopel und Palästina, das damals zur Türkei gehörte. Wenn auch das Hauptziel der Besuch der Stätten des Wirkens und Leidens Christi war, so konnten beide doch nicht inkognito als Privatpersonen dort hinreisen wie Prinz Rupprecht, sondern hatten den Sultan Abdul Hamid II. zu besuchen, der seit 1876 als Nachfolger seines als wahnsinnig abgesetzten Bruders regierte. Er vereinte Scharfsinn und Mäßigkeit, Wohlwollen, Großherzigkeit und Mut mit Angst und Grausamkeit. Wilhelm II. setzte die von Friedrich II. und Friedrich

Wilhelm III. gepflegte Verbindung mit der Türkei fort, als er am 26. August 1890 mit dem nunmehrigen Sultan einen Freundschafts-, Handels- und Schiffahrtsvertrag schloß. Der Sieg des Sultans 1897 über Griechenland, die durch Einsetzung des Prinzen Georg von Griechenland als Statthalter Kretas ausgeglichene Niederlage seines Schwagers Kronprinz Konstantin im Kampf um Kreta hinderte Wilhelm II. nicht, seinen Vertrag über den Bau von Eisenbahnen in der Türkei vom 4. Oktober 1888, der noch aus Bismarcks Zeit stammte, fortzusetzen. Die Deutsche Bank gründete die Gesellschaft für ottomanische Eisenbahnen in Anatolien. Die Regierung des Sultans konzessionierte 1899 in unmittelbarem Anschluß an die 1888 bis 1891 von der deutschen Gesellschaft für die ottomanischen Eisenbahnen gebaute anatolische Eisenbahn die Bahn nach Konya, Bagdad und Basra und gewährleistete der Gesellschaft eine Bruttoeinnahme von 11.000 Francs für einen Kilometer sowie weitere 4500 Francs auf das Jahr und den Kilometer für die Betriebskosten. Die Regierung des Sultans konnte die Bahn aufgrund der Abmachung jederzeit zurückkaufen. Die deutsche Bagdadbahn hatte große Bedeutung für Weltwirtschaft und Weltverkehr schon um 1900, obwohl sie damals noch keineswegs vollendet war.

In den großen Gebieten des osmanischen Reiches gestattete Sultan Abdul Hamid Äußerungen eines Nationalgefühls, in dem das Wort Türk anstelle Osman trat. Das Osmanische war zur Schriftsprache aller gebildeten Türken der Hauptbevölkerung geworden, die am Westrand Kleinasiens lebte. In der osmanischen Türkei entschied neben der Kunst und Wissenschaft aus Persien die Religion des Islam die Entwicklung. Durch die Verwendung der arabischen Schrift wuchsen Begriffe aus der Welt der Araber hinein. Das war die Welt, die Wilhelm II. vom 13. Oktober bis zum 24. November 1898 in Konstantinopel und Palästina besuchte.

Sein Vater war nach Besuch des griechischen Königspaares in Athen am 24. Oktober 1869 vor Konstantinopel eingetroffen gewesen und hatte den damaligen Sultan und ebenfalls Palästina besucht. Zur selben Zeit 1869 hatte aber auch Kaiser Franz Joseph, der den Titel eines Königs von Jerusalem führte, nach Konstantinopel, Palästina und Ägypten reisen wollen, wozu es freilich nicht gekommen war.[238] So war der Besuch des evangelischen Deutschen Kaisers in Jerusalem ein verschiedene Probleme berührender Akt.

Kaiser Wilhelm II. und Kaiserin Auguste Viktoria wurden an den Dardanellen am 17. Oktober 1898 von den beiden Kommandanten der Dardanellen, vom Außenminister und anderen Ministern des Sultans begrüßt, durchfuhren das Marmara-Meer, gelangten in den Bosporus und wurden am 13. Oktober am Marmorpalast vom Sultan und den höchsten Würdenträgern empfangen. Dann fuhren in einem prächtigen Wagen der Sultan und die Kaiserin, in einem nächsten der Kaiser, der Großwesir und der aus dem Krieg von 1877 bekannte Marschall Fuad Pascha zum Jildis-Kiosk, der Unterkunft, wo Bilder Kaiser Wilhelms I., Kaiser Friedrichs III. und des Feldmarschalls Moltke aufgehängt waren, der seit

1835 die türkische Armee verbessert und 1839 am türkischen Feldzug gegen Mahmud II. teilgenommen hatte. Das waren deutliche Hinweise auf die vom Sultan gepflegte und sehr gewünschte Freundschaft mit dem Deutschen Kaiser. Dieser besuchte auch die deutsche Kolonie, betrachtete aber auch mit besonderem Interesse die Stelle in der Mauer der Stadt, wo 1453 Sultan Mehmed II. der Eroberer in die Residenz des tapfer kämpfenden griechischen Kaisers Konstantin XII. eingebrochen war. Wilhelm II. interessierte sich auch für die Holzhäuser in dem alten Konstantinopel und ihre Bewohner und für christliche Stätten, z. B. die Hagia Sophia.

Zu den Aufmerksamkeiten gegenüber dem Sultan gehörte, daß Wilhelm auch auf den Sultan wartete, der in der Moschee in Selamlik allein ein kurzes Gebet verrichtete und sich dann zum Kaiserpaar begab. Wieder fuhr er mit der Kaiserin im Wagen, dessen Rosse er selbst lenkte, der Kaiser dann in einem Wagen mit den höchsten Würdenträgern des Hofes. Die Unterhaltungen mit dem Sultan, der der französischen Sprache mächtig war, fanden gleichwohl mit Hilfe des offiziellen Dolmetschers statt, zu dem der Sultan türkisch sprach und Wilhelm II. in französischer Sprache erwiderte. Zur Erinnerung an seinen Besuch ließ er einen selbst gezeichneten romanisch byzantinischen Brunnen errichten.

Am 18. Oktober empfing Wilhelm II. in Gegenwart des Staatssekretärs des Auswärtigen Amtes, Bernhard von Bülow, Theodor Herzl, der den Kaiser um diplomatische Hilfe beim Sultan bat, damit dieser eine Charta für die zu gründende jüdische Kolonisationsgesellschaft zur Besiedlung Palästinas gewähre und dieser Kolonisationsgesellschaft, die nach dem Muster der Ostindischen Companie geschaffen werden sollte, im Rahmen des Ottomanischen Reiches weitgehende Autonomie einräume. Der Sultan gab dem fürsprechenden Kaiser eine ausweichende Antwort. Herzl wandte sich am 2. November in Jerusalem noch einmal an den Kaiser. Bülow stellte sich negativ ein. Herzl hatte auf dem auf den 26. November 1897 nach Basel einberufenen ersten zionistischen Kongreß die Schaffung einer öffentlich-rechtlich gesicherten Heimstätte für das jüdische Volk in Palästina beschließen lassen und in sein Tagebuch am 3. September 1897 geschrieben: In Basel habe ich den Judenstaat gegründet (der dann 1947 von der Vollversammlung der Vereinten Nationen beschlossen wurde). Doch lehnte der 1893 gegründete Central-Verein deutscher Staatsbürger jüdischen Glaubens (1933: 70.000 Mitglieder) die zionistischen Bestrebungen ab. Der regierende Kaiser Wilhelm II. ließ 1912 zu, daß in Kattowitz in der preußischen Provinz Schlesien die Agudat Israel, d. h. der Israelitenbund, die Weltorganisation des orthodoxen Judentums mit Zentren in Frankfurt am Main, Wien und dem damals russischen Warschau, geschaffen wurde. Wilhelm erlebte 1917, daß Lord Balfour den Juden in dem noch türkischen Palästina Autonomie versprach.

Wilhelms Reise ging 1898 weiter über verschiedene Inseln, bis am 24. Oktober morgens südlich der Insel Rhodos angehalten wurde, um Depeschen aufzunehmen. Nach der Landung in Haifa meldete sich als Führer durch Palästina Professor Moritz an, der Bibliothekar des Khediven aus Kairo. Wie in Konstantinopel nahm das Kaiserpaar viele Eindrücke aus der wechselvollen Geschichte der besuchten Orte in sich auf. In weißen Sonnenmänteln auf Schimmeln ritten Kaiser und Kaiserin auf Jerusalem zu. Der türkische Pascha hatte zur Begrüßung entsprechende Vorbereitungen getroffen, zumal die Bevölkerung durch die Presse von verschiedenen Seiten beeinflußt wurde. Die Stadt war damals in vier Quartiere geteilt, die nach den vorherrschenden Konfessionen benannt wurden: Im Osten lag das mohammedanische Quartier mit dem Tempelplatz und der Klagemauer, im Nordwesten das christliche mit der Kirche des heiligen Grabes, den Wohnungen des lateinischen und des griechischen Patriarchen, des evangelischen Bischofs und vielen Klöstern, im Südwesten das Quartier der Armenier mit der Residenz des armenischen Bischofs und einer protestantischen Kirche. Das Judenquartier befand sich im Tal zwischen Zion und Moria mit mehreren Synagogen. Für Christen, Juden und Mohammedaner war Jerusalem auch damals die heilige Stadt. Das Kaiserpaar zog am Nachmittag des 29. Oktober bei herrlichem Wetter ein und wurde von dem gefürchteten Gouverneur von Damaskus, Nazim Pascha, dem der Sultan die Überwachung der Kaiserreise in Palästina anvertraut hatte, und den Behörden auf der einen Seite der Straße, auf der anderen von alten weißbärtigen Rabbinern begrüßt. Deren Ältester hielt auf Hebräisch die erste Ansprache, in der er die den Israeliten und der ganzen Menschheit von Gott zum Schutz und Segen gesandten mächtigen Majestäten begrüßte. Wilhelm II. war ja im Gegensatz zu dem bei Nationalisten aufkommenden Antisemitismus stets unvoreingenommen und wohlwollend gegen die Juden. Der alte Rabbiner schloß mit einem langen Gebet, das der Kaiser in dem von ihm veranlaßten Buch „Das deutsche Kaiserpaar im Heiligen Lande"[239] auch abdrucken ließ.

Da das Jaffa-Tor für den Einzug des Kaiserpaares und seines Gefolges zu schmal erschien, wurde die neue Straße seitwärts desselben durch die niedergelegte Stadtmauer und über den ausgefüllten Graben zum Eintritt in die Stadt benutzt. Das Jaffa-Tor war zugleich der untere starke Turm der Davids-Burg, der Zitadelle von Jerusalem. Auf der breiten Straße präsentierte die türkische Infanterie, ihre Banda schmetterte preußische Militärmärsche. Vom kleinen Platz hinter der Zitadelle schritt das Kaiserpaar und sein Gefolge durch die schmale Davidstraße in die Grabeskirche. Hier richteten der griechische und der armenische Patriarch in vollem Ornat, umgeben von der jeweiligen Geistlichkeit, jeder in seiner Sprache, längere herzliche Begrüßungsreden an das Kaiserpaar. Der lateinische Patriarch Ludovico Piavi sprach auf Italienisch. Die beiden anderen Patriarchen hoben hervor, wie durch den Besuch des Kaiserpaares das Christentum im Orient gestärkt und geehrt werde. Der Kaiser und die Kaiserin reichten den Patriarchen die Hand und dankten in französischer Sprache.

In der Grabeskirche befinden sich viele miteinander verbundene Kirchen und Kapellen, welche den Lateinern, Griechen, Armeniern, Äthiopiern und Kopten gehören. Das Kaiserpaar ging durch die erste Kapelle, wo eine Marmorplatte liegt, auf welcher der Leichnam Christi gesalbt worden sein soll, in die St. Helena-Kapelle u. a. und dann in die Hauptkirche, in deren Mitte das heilige Grab liegt, dann durch die griechische Kathedrale, die alte Kreuzfahrerkirche, die Stufen hinab zur Golgatha-Kapelle. Sie umschließt den viereinhalb Meter hohen Felsenhügel, auf welchem Christi Kreuz gestanden haben soll.

Nach dem Besuch der Grabeskirche begab sich das Kaiserpaar zur Erlöserkirche. Sie stand auf dem Terrain, das 1869 durch den Vater des Kaisers bei seinem Besuch in Palästina vom Kaiser der Osmanen und durch das Entgegenkommen des griechischen Patriarchen erworben worden war. Sie war auf Befehl Wilhelms II. auf den Überresten der Kirche Maria Major erbaut worden. Der preußische Kultusminister Robert Bosse begrüßte am 29. Oktober das Kaiserpaar, das gekommen war, um dem Abschluß des Gebäudes „die höchste Weihe zu erteilen". Bosse betonte, daß die Anwesenheit des Kaiserpaares in Jerusalem einem Werke des Friedens gelte, und daß Wilhelm II. den Weltfrieden erhalten habe. Dieser dankte und sagte u. a.: „Es ist mir eine besondere Freude, die Einweihung der Erlöserkirche mit Ihnen, der evangelischen Gemeinde und so vielen evangelischen Deutschen feiern zu können. Ich verdanke dies der wohlwollenden Gesinnung Seiner Majestät des Sultans, Meinem hochseligen Großvater und meinem in Gott ruhenden Vater, der doch schließlich [1869] den Ausschlag gegeben hat..." Er hoffe, daß die Evangelischen besonders auch durch ihren Wandel die Wahrheit des evangelischen Glaubens bezeugen und bekräftigen würden, dann werde auf dieser Feier die Gnade Gottes ruhen und reichen Segen schaffen. Das wünsche und hoffe er mit allen Anwesenden. „Sagen Sie das den Evangelischen, besonders den deutschen – wieder!"

Am Sonntag, dem 30. Oktober gegen 7 Uhr morgens brach der Kaiser mit seinem preußischen und türkischen Gefolge zu Pferde, die Kaiserin und die übrigen Damen und Herren im Wagen nach Bethlehem auf. Dem Gefolge des Kaisers schlossen sich noch vier alte mächtige Beduinen-Häuptlinge aus den Gegenden des Jordans und des Toten Meeres an. In Bethlehem besuchte das Kaiserpaar u. a. die im Sommer 1898 vollendete evangelische Weihnachtskirche,[240] der Kaiserin Auguste Viktoria seit 1888 ihren Schutz hatte angedeihen lassen.

Der Kaiser führte nach dem Gottesdienst vor der Kirche aus, wie der preußische Kultusminister Bosse als Ohrenzeuge in seinen Berichten über die Palästina-Reise im *Grenzboten* festhielt (R II, 119), er sei, wie auch sein Oberhofprediger von den Eindrücken der letzten Tage in Jerusalem enttäuscht. „Es mag ja auch sein, daß die sehr ungünstige Zufahrt [von Jaffa] her zur Stadt Jerusalem mit dazu beigetragen hat. Aber wenn man diese Zustände an den heiligen Stätten sieht, wie es [durch den Streit der Konfessionen] da zugeht, das kann einem das Herz durchschneiden. Es ist doch eine gewaltige Tatsache, an deren Schauplatz wir stehen, die Emanation der Liebe des Schöpfers, und wie wenig entspricht dem das, was wir gesehen haben! Ich bin darum doppelt froh, hier in Bethlehem den ersten erhebenden Eindruck im heiligen Lande durch die Feier in Ihrer Mitte empfangen zu haben. Gerade dies Beispiel von Jerusalem mahnt uns dringend, daß wir die kleinen Abteilungen bei unserer Konfession[241] möglichst zurückstellen, und daß ganz fest geschlossen hier im Orient die evangelische Kirche und das evangelische Bekenntnis auftritt. Sonst können wir nichts machen. Wir können nur durch das Beispiel wirken, durch das Vorbild und den Beweis, daß das Evangelium ein Evangelium der Liebe ist nach allen Himmelsrichtungen hin, und daß es andere Früchte trägt als man hier oft sieht."

Der Kaiser betonte deshalb: An Deutschland, dessen Name im Osmanischen Reiche in hohem Ansehen stehe, trete jetzt die heilige Pflicht heran, den Mohammedanern zu zeigen, was wahrhaft christliche Religion und christliche Liebe ist. Dazu könne die evangelische Geistlichkeit in hervoragender Weise mithelfen, aber nicht durch wortreiche Predigten oder gar äußerliche Bekehrungsversuche, die bei der „unbedingten Treue und dem blinden Gehorsam" der Mohammedaner gegen ihre Religion doch aussichtslos seien, sondern durch das Beispiel der Liebe und Eintracht, der Treue und Versöhnlichkeit, durch die Anstalten der Nächstenliebe und durch christliche Kultur. Dann begab sich das Kaiserpaar mit seinem Gefolge unter den freudigen Zurufen der dicht zusammengescharten Einwohner durch enge Gassen zur Geburts- oder Marienkirche. Am Eingang wurde es von der griechischen, lateinischen und armenischen Geistlichkeit, welche gemeinschaftlich aber nicht immer in Frieden untereinander damals die Kirche besaß, mit freudiger Begeisterung empfangen. Das Kaiserpaar besuchte unter dem großen Chor die Geburtsgrotte, mehrere Gänge und künstlich eingemauerte Kapellen, darunter die, wo die Krippe gestanden haben soll. Auch die Gräber des Kirchenvaters Hieronymus und des Kirchengeschichtsschreibers Eusebius wurden dem Kaiserpaar gezeigt.

Auf dem Rückweg nach Jerusalem ritt der Kaiser zu der Templer-Kolonie Rephain. Auf die Begrüßung des Vorstehers der Kolonie, des Architekten Sandor, erwiderte der Kaiser und lobte den Fleiß und die Frömmigkeit der Mitglieder der Templer-Kolonie, die öde Felder wieder fruchtbar machte, und überbrachte ihr die Grüße des Königs von Württemberg, dem er seinen Besuch bei den Templern in Jerusalem, Haifa und Jaffa telegraphisch mitgeteilt hatte; denn die Kolonisten waren meistens Württemberger Schwaben. „Wenn irgend einer von Euch Meines Schutzes bedarf, so bin Ich da und er kann sich an Mich wenden, welcher Konfession er auch angehören möge."

Nach dem Besuch der Omar-Moschee sowie der Aufwartung des lateinischen und des griechisch-katholischen Patriarchen empfing der Kaiser am Vormittag des 2. November auch eine Abordnung der jüdischen Kolonie und antwortete auf ihre Begrüßung, daß alle diejenigen Bestrebungen auf sein wohlwollendes Interesse zählen könnten, welche auf eine Hebung der Landwirtschaft in Palästina zum Besten der Wohlfahrt des türkischen Reiches und unter voller Respektierung der Souveränität des Sultans abzielten (R II, 125).

Am 31. Oktober 1898, am Vormittag des Reformationsfestes, wurde die neuerbaute Erlöserkirche von dem Generalsuperintendenten Oberhofprediger Dryander aus Berlin eingeweiht. An die Weihe schloß sich der Festgottesdienst. Nach dem Schlußgebet verlas der Kaiser (R II, 121ff.) eine längere wohlabgewogene Ansprache: „Gott hat uns die Gnade verliehen, daß wir in dieser allen Christen heiligen Stadt, an einer durch wirkliche Liebesarbeit geweihten Stätte das dem Erlöser der Welt zu Ehren errichtete Gotteshaus haben weihen können. Was Meine in Gott ruhenden Vorfahren seit mehr als einem halben Jahrhundert ersehnt und als Förderer und Beschützer der hier im evangelischen Sinne begründeten Liebeswerke erstrebt haben, das hat durch die Erbauung und Einweihung der Erlöserkirche Erfüllung gefunden.[242] Mit fürbittender Teilnahme begleitet die evangelische Christenheit weit über Deutschlands Grenzen hinaus unsere Feier. Die Abgesandten der evangelischen Kirchengemeinschaften und zahlreiche evangelische Glaubensgenossen aus aller Welt sind mit uns hierher gekommen. Jerusalem, die hoch gebaute Stadt, in der unsere Füße stehen, ruft die Erinnerung wach an die gewaltige Erlösungstat unseres Herrn und Heilandes. Sie bezeugt uns die gemeinsame Arbeit, die alle Christen über Konfessionen und Nationen hinaus im apostolischen Glauben eint. Die welterneuernde Kraft des von hier ausgegangenen Evangeliums treibt uns an, ihm nachzufolgen, sie mahnt uns, im glaubensvollen Aufblicke zu dem, der für uns am Kreuze gestorben, zu christlicher Duldung, zur Betätigung selbstloser Nächstenliebe an allen Menschen. Sie verheißt uns, daß bei treuem Festhalten an der reinen Lehre des Evangeliums selbst die Pforten der Hölle unsere teure evangelische Kirche nicht überwältigen sollen. Von Jerusalem kam der Welt das Licht, in dessen Glanze unser deutsches Volk groß und herrlich geworden ist. Was die germanischen Völker geworden sind, das sind sie geworden unter dem Panier des Kreuzes auf Golgotha, des Wahrzeichens der selbstopfernden Nächstenliebe. Wie vor fast 2000 Jahren, so soll auch heute von hier der Ruf in alle Welt erschallen, der unser aller sehnsuchtsvolles Hoffen in sich birgt: ‚Friede auf Erden!‘"

Wilhelm erneuerte das Gelübde seiner Vorfahren „Ich und Mein Haus, Wir wollen dem Herrn dienen. Jeder sorge in seinem Stande und Berufe, daß alle, die den Namen des gekreuzigten Herrn tragen, ihren Wandel führen zum Siege über alle aus der Sünde und der Selbstsucht kommenden finsteren Mächte! Gott verleihe, daß von hier aus reiche Segensströme zurückfließen in die gesamte Christenheit, daß auf dem Throne wie in der Hütte, in der Heimat wie in der Fremde Gottvertrauen, Nächstenliebe, Geduld im Leiden und tüchtige Arbeit des deutschen Volkes edelster Schmuck bleibe und daß der Geist des Friedens die evangelische Kirche immer mehr durchdringe und heilige." Er schloß mit den Versen „Mit unserer Macht ist nichts getan..."

Das Kaiserpaar besuchte noch den Ölberg. Auf ihm befanden sich damals mehrere christliche Niederlassungen, ein großes russisches Kloster mit einem sechsstöckigen Aussichtsturm, eine Moschee und Häuser eines Araberdorfes sowie die griechische Himmelfahrtskapelle. In der Nähe des Aussichtsturmes wurde ein evangelischer Gottesdienst abgehalten, den das Kaiserpaar besuchte.

Was Wilhelm II. im Heiligen Land, besonders in Jerusalem sagte und tat, ist von großer Bedeutung für seine Biographie. Er setzte sich bis in seine letzten Lebensjahre mit den Lehren des Christentums auseinander und nahm neue Erkenntnisse in sich auf, wie noch 1929 seine Gespräche mit dem katholischen Historiker Max Buchner beweisen.

Aber er übergab nicht nur die 1893 bis 1898 erbaute Erlöserkirche am 31. Oktober 1898 seinen Glaubensgenossen, sondern machte bereits an diesem 31. Oktober (R II, 123) den deutschen Katholiken ein mit der Erlöserkirche vergleichbares Geschenk, das er schon am 29. Oktober Rudolf Kardinal Kopp, Fürstbischof von Breslau, ankündigte. Es war das Dormition, nach der Überlieferung die Stätte des Heimgangs der heiligen Maria, um deren Erwerb sich die katholische Kirche lange Zeit vergeblich bemüht hatte.[243] Es grenzte an das Coenaculum an, wo der Überlieferung nach das Gebäude stand, in dem Christus das heilige Abendmahl eingesetzt hatte. Nach von Wilhelm abgesegneten Bauplänen entstand auf dem Berg Sion 1909 die katholische Mariä-Heimgang-Kirche. Wilhelm II. führte 1898 in seiner Ansprache aus, daß ihm Sultan Abdul Hamid das Terrain überlassen habe wie vor 29 Jahren der damalige Sultan seinem Vater das Terrain übergeben habe, auf dem die „heute eingeweihte evangelische Kirche steht". Wilhelm II. betonte (R II, 123), er übernehme als Deutscher Kaiser und König von Preußen das Terrain mit tiefem Dank an den Sultan und hoffe, daß diese Gabe, „die der Ausdruck inniger Freundschaft und zu gleicher Zeit eingehenden Interesses für Meine deutschen Unterthanen ist, nunmehr in der Hand des deutschen katholischen Palästina-Vereins zu einem Segen für Meine katholischen Unterthanen, speziell auch für die Bestrebungen im Heiligen Lande werden möge."

Darauf ließ Wilhelm II.[244] die Matrosen vom Kreuzer „Hertha" das Gewehr präsentieren und unter den Klängen der preußischen Nationalhymne auf dem Platz die königliche Standarte hissen. Nun dankte in warmen Worten der lateinische Patriarch Piavi auf Französisch und sagte, der Heilige Vater sei sehr ergriffen (touchè) und sehr dankbar für den großen Gedanken (sublime idée) des Kaisers.

Nach der Übergabe des Dormition am 31. Oktober besuchte das Kaiserpaar die Stätte des letzten Abendmahls Christi und darauf das Grab Davids, schließlich die Davids-Burg, wo es an der Klosterpforte der armenische Patriarch zum Besuch seiner Kirche und seiner Wohnung einlud, wo Bilder vieler europäischer Fürsten, darunter auch das des Vaters des Kaisers hingen.

Am Nachmittag des 2. November begab sich das Kaiserpaar in das katholische Hospiz. Der Kaiser dankte dessen Direktor, dem Pater Schmidt. „Ihre Anstalt steht, wie Sie sagen, unter Meinem Schatten. Dieser Schatten geht aus von dem selben schwarz-weißen Schild, den Ich ausgestreckt habe auch über Ihre Brüder und Glaubensgenossen, welche im fernen Osten ihr Leben und Herzensblut ihrem Heilande zuliebe für die Ausbreitung des Evangeliums einsetzen. Sie zu schützen ist jetzt Mein Bruder draußen mit der gepanzerten Macht Meiner Schiffe, deren Flagge auch hier schützend über Ihnen weht." Wilhelm II. meinte damit seinen Bruder Heinrich und dessen Tätigkeit in China. Der Kaiser versprach Pater Schmidt, bei seiner Heimkehr dafür Sorge zu tragen, „daß Ihre Landsleute erfahren sollen, wie mühsam Sie hier draußen arbeiten und welche vortrefflichen Resultate Ihre Anstalt aufzuweisen hat, deren ausgezeichneter Ruf Mir bereits zu Ohren gekommen war. Sie ist in der Tat ein Segen für die hiesige Bevölkerung und das hiesige Land." (R II, 126)

Der Kaiser telegraphierte an diesem Tag auch dem ihm bereits gut bekannten Papst Leo XIII., der Sultan habe ihm als Beweis seiner persönlichen Freundschaft das Grundstück Dormition de la Saint Vierge zum Erwerb überlassen. Er habe es seinen katholischen Untertanen und insbesondere dem deutschen katholischen Verein vom Heiligen Lande zur Verfügung gestellt. „Es hat Meinem Herzen wohlgethan, bei diesem Anlaß zu bekunden, wie teuer Mir die religiösen Interessen der Katholiken sind, welche die göttliche Vorsehung Mir anvertraut hat." Der Papst erklärte sich darauf in einem Telegramm als gerührt über la dépêche courtoise des Kaisers und versicherte ihm seine lebhafte Genugtuung und seine Gewißheit, daß ihm die Katholiken sehr dankbar sein werden, und verknüpfte damit seinen eigenen aufrichtigsten Dank. Am 3. November besuchte das Kaiserpaar den englischen Bischof und seine Geistlichen. Die letzten Tage in Jerusalem benützte das Kaiserpaar zu vielen Besuchen religiös oder historisch denkwürdiger Stätten.

Oft während seines Aufenthaltes widmete Wilhelm II. zwei- bis dreistündige Besprechungen mit dem Staatsminister von Bülow, dem Kabinettschef von Hahnke und Herrn von Lucanus den durch Depeschen übermittelten Regierungsgeschäften.

Am 7. November (R II, 126) reiste das Kaiserpaar von Beirut nach Damaskus, besuchte am 8. November dort das Grab des großzügigen, auch Vergleiche mit den Christen schließenden Sultans Saladin (Salah-ed-Din) und wurde von dem Ulema der Stadt, Scheich Abdullah Effendi, mit einer für den Kaiser und das Deutsche Reich begeisterten Rede begrüßt. Wilhelm dankte für alles, was dem Kaiserpaar in allen Städten dieses Landes entgegengetreten bzw. entgegengebracht worden sei, vor allem den „herrlichen Empfang" in Damaskus. Wilhelm war „tief ergriffen von diesem überwältigenden Schauspiele, zu gleicher Zeit bewegt von dem Gedanken, an der Stelle zu stehen, wo einer der ritterlichsten Herrscher aller Zeiten, der große Sultan Saladin geweilt hat, ein Ritter ohne Furcht und Tadel, der oft seine Gegner die rechte Art des Rittertums lehren mußte". Darauf dankte er dem nunmehrigen Sultan Abdul Hamid öffentlich für seine Gastfreundschaft. „Möge der Sultan und mögen die 300 Millionen Mohammedaner, die, auf der Erde zerstreut lebend, in ihm ihren Khalifen verehren, dessen versichert sein, daß zu allen Zeiten der deutsche Kaiser ihr Freund sein wird."

Vor dem Reichstag Bericht über die Türkeireise, Bekenntnis zu Christentum und Weltfrieden – Ermordung der Kaiserin Elisabeth – Neuguinea und Kiautschou – Pan-Islamismus des Sultans – Bahn von Damaskus nach Medina und Mekka – Die Türkei als Verbündeter Deutschlands

In der Thronrede zur Eröffnung (R II, 128ff.) des Reichstags am 6. Dezember 1898 kam Wilhelm II. bereits offiziell auf seinen Aufenthalt in Konstantinopel, Palästina und Syrien zu sprechen. Mit bewegtem Herzen habe er zusammen mit der Kaiserin an den Stätten geweilt, die durch das Leiden des Erlösers der gesamten Christenheit teuer sind. „Den evangelischen Bekenntnissen dort ein Gotteshaus zu errichten, war schon das sehnliche Verlangen Meiner drei Vorgänger an der Krone Preußens. Daß es Mir vergönnt war, jenes Verlangen zu erfüllen und die Erlöserkirche zu Jerusalem dem Dienste des Herrn zu übergeben, ist Mir ein neuer Antrieb, die Mir von Gottes Gnaden verliehene Gewalt auch weiter einzusetzen für die ewigen Grundwahrheiten des Christentums. Von solchen Gefühlen geleitet, hat es Meinem Herzen besondere Genugtuung gewährt, einen langjährigen Wunsch der deutschen Katholiken durch Erwerbung eines ihnen durch weihevolle Erinnerungen geheiligten Besitztums auf dem Berge Zion in Erfüllung zu bringen. So gebe Ich Mich der Hoffnung hin, daß Mein Aufenthalt im türkischen Reiche, die ebenso gastfreundliche wie glänzende Aufnahme, die Ich bei Seiner Majestät dem Sultan entsprechend den freundschaftlichen Beziehungen der beiden Reiche gefunden [habe] und der begeisterte Empfang, der mir und der Kaiserin allenthalben von der osmanischen Bevölkerung bereitet wurde, dem deutschen Namen und den deutsch-nationalen Interessen zu bleibendem Vorteil und Segen gereichen mögen."

In dieser Rede betonte Wilhelm II. als das vornehmste Ziel seiner Politik, zur Aufrechterhaltung und immer größeren Festigung des Weltfriedens beizutragen. Er habe deshalb mit warmer Teilnahme den Entschluß Kaiser Nikolaus II. von Rußland zu dem Zusammentritt einer internationalen Konferenz begrüßt, welche dem Frieden und der bestehenden Ordnung der Dinge zu dienen bestimmt ist. Darauf gedachte er mit Schmerz und Abscheu der Ermordung der Kaiserin Elisabeth von Österreich. Der Regierung des Königs Umberto von Italien – der 1900 ermordet wurde – sei „eine Beratung wirksamer Maßregeln gegen die anarchistische Propaganda" geboten erschienen. Sie sei für Umbertos Regierung Veranlassung zur Einberufung einer Konferenz darüber gewesen. Erneut betonte er die deutsche Neutralität im spanisch-amerikanischen Krieg. „Die deutschen Kolonien befinden sich in gedeihlicher Entwicklung. Den ruhestörenden Unternehmungen feindlicher Stämme sind Meine Schutztruppen in Ost- und Westafrika siegreich begegnet. Mit der Neu-Guinea-Kompanie ist wegen Übernahme ihres Schutzgebietes durch das Reich ein Vertrag abgeschlossen worden, welcher Ihnen [den Reichstagsabgeordneten] zur Genehmigung vorgelegt werden wird. In Kiautschou sind die ersten Schritte zur wirtschaftlichen Entwicklung des Schutzgebietes getan. Die Grenze ist im Einvernehmen mit der chinesischen Regierung endgültig festgesetzt, der Freihafen ist eröffnet worden." (R II, 132) Gestützt auf die bestehenden älteren Verträge wie auf die durch den deutsch-chinesischen Vertrag vom 6. März des Jahres 1898 werde die deutsche Regierung unter gewissenhafter Achtung der wohlerworbenen Rechte dritter Staaten auch in Zukunft bestrebt sein, die von Jahr zu Jahr gewichtiger werdenden wirtschaftlichen Beziehungen Deutschlands mit China weiter zu entwickeln und den deutschen Reichsangehörigen „den vollen, ihnen gebührenden Anteil an der wirtschaftlichen Erschließung des fernen Ostens zu sichern".

Er berührte damit auch das Interesse des Sultans, der zur Bekämpfung der zentrifugalen Tendenzen in seinem Reich betont Wert auf den Pan-Islamismus legte. Diesem Zweck diente auch die 1900 bis 1908 unter deutscher Leitung gebaute Hedschas-Bahn von Damaskus nach Medina und Mekka.[245] Der 1909 durch die jungtürkische Bewegung abgesetzte Sultan Abdul Hamid und sein Nachfolger und jüngerer Bruder Mehmed V. erwiesen sich 1914 als treue Verbündete des Deutschen Reiches. Wilhelm II. besuchte die Türkei noch einmal 1917. Damals versuchte er – freilich vergeblich – den Sultan zu bewegen, daß er den Kampf als Heiligen Krieg erkläre und zeichnete deutsche Offiziere aus, die in der Türkei eingesetzt waren.

Die von Englands Premierminister gewünschte Aufteilung der Türkei – Kein Bündnis mit England gegen Rußland – Vertrag mit England über die Kolonien Portugals – Deutsche Neutralität im Burenkrieg – Besuch bei Großmutter Viktoria – Chinesische Gebiete, abgetreten an Rußland, England und Frankreich – Aufstand der Boxer gegen Aufteilung Chinas – Ermordung des deutschen Gesandten in Peking – Internationale Truppen unter Waldersee – Prinz Rupprecht von Bayern tauft ein Linienschiff – Weltausstellung in Paris – Kaiser Franz Joseph in Berlin

Der von 1895 bis 1902 als Premierminister wirkende Marquis Robert Arthur Talbot von Salisbury, von 1895-1900 zugleich Außenminister, verstärkte die britische Seemacht und wünschte eine Aufteilung der Türkei, die er für nicht mehr lebensfähig hielt. Unruhen in Armenien und Makedonien, die zum türkischen Reich gehörten, gaben 1895 zu dieser Auffassung einen konkreten Anlaß.

Als der Kaiser im August 1895 in Cowes weilte, suchte ihn Salisbury vergeblich für eine Aufteilung des osmanischen Reiches zu gewinnen. Darauf erschienen bereits am 24. August 1895 in der *Saturday Review* Beiträge, die zum Krieg gegen Deutschland aufforderten. 1896/97 forderten Artikel in dieser und anderen englischen Zeitungen einen Krieg gegen Deutschland, die *Saturday Review* wünschte am 1. Februar 1896, daß Deutschland vernichtet werden müsse. Im April 1898 forderte die englische Regierung das Deutsche Reich zu einem Bündnis mit einer Spitze gegen Rußland auf.

Wilhelm II. lehnte das und auch Salisburys Vorschlag ab, das Deutsche Reich solle an einer antiamerikanischen Intervention zur Verhinderung des spanisch-amerikanischen Krieges teilnehmen. Er schloß aber im Oktober 1898 mit dieser englischen Regierung einen Vertrag über die Kolonien Portugals, das dadurch Angola und Mozambique nicht vereinigen konnte, was auch durch andere Umstände nicht mehr gegeben war. Die Spannungen zwischen den größeren Staaten vor allem in Europa wurden 1899 auf der Ersten Haager Friedenskonferenz nicht beigelegt. Alle Delegierten stellten fest, daß es nicht möglich sei, durch eine internationale Konvention „die Gesamtheit der Elemente der nationalen Verteidigung" zu regeln, da diese in jedem Land nach verschiedenen Gesichtspunkten festgelegt sei. Auch eine internationale Schiedsgerichtsbarkeit in Streitfragen zwischen den verschiedenen Staaten kam nicht zustande. Nur auf dem Gebiet der Humanisierung des Krieges kam es zu einem Beschluß der Delegierten. Er wurde 1907 auf der zweiten Haager Friedenskonferenz in der Haager Landkriegsordnung erweitert.

Bald nach dem Ende der ersten Friedenskonferenz im Haag 1899 begann im Oktober in Südafrika der Burenkrieg, in dem die deutsche Regierung zwar strikte Neutralität bewahrte, die deutsche Öffentlichkeit aber für die Buren sehr stark Stellung nahm. Kurz bevor dieser Krieg ausbrach, war Wilhelm II., begleitet von Bülow, in England eingetroffen, und dieser hatte mit dem englischen Kolonialminister Joseph Chamberlain verabredet, die Öffentlichkeit in beiden Ländern auf ein engeres Zusammenwirken und auf ein späteres Bündnis Englands mit Deutschland vorzubereiten. Chamberlain empfahl in seiner Rede am 29. November 1899 einen Bund zwischen England, Deutschland und Amerika, doch wurden seine Worte durch den im wesentlichen von ihm begonnenen Burenkrieg in Deutschland so kritisch aufgenommen, daß Bülow in seiner nächsten Reichstagsrede Chamberlains Empfehlungen nicht unterstützte. Das machte natürlich den englischen Minister auch mißtrauisch gegen die Politik der deutschen Regierung.

Der Kaiser selbst war zwar von seiner Großmutter Königin Viktoria nicht zu deren 50jährigem Regierungsjubiläum 1837 bis 1897 eingeladen worden, führte 1899 begleitet von seiner Frau und zwei Söhnen mit ihr aber viele Gespräche. Sie hatte, um den Kampf der englischen Presse gegen die deutsche wegen des Burenkrieges nicht ausufern zu lassen, Sir Theodore Martin beauftragt, die englische

Presse von ihrem Wunsch zu unterrichten, daß ihrem kaiserlichen Enkel ein würdiger und freundlicher Empfang zuteil werde. Das ist nach Wilhelms eigenem Zeugnis[246] auch geschehen. Neben Gesprächen mit führenden englischen Persönlichkeiten kam es zwischen dem Kaiser und der Königin Viktoria auch zu politischen Unterhaltungen, über die der Enkel selbst[247] berichtete, seine Krüger-Depesche sei zwischen ihnen beiden überhaupt nicht zur Erwähnung gekommen. Hingegen verschwieg Viktoria dem Enkel nicht, wie unsympathisch ihr der Burenkrieg gewesen sei. „Sie machte aus ihrer Mißbilligung und Abneigung gegen Mr. Chamberlain und sein ganzes Wesen kein Hehl und dankte mir [Wilhelm] noch für meine schnelle scharfe Ablehnung des russo-französischen Einmischungsangebots und die sofortige Benachrichtigung [Viktorias] darüber. Es war klar zu erkennen, wie sehr die Königin ihre schöne Armee liebte und wie sie daher schmerzlich von deren anfänglichen Rückschlägen [im Burenkrieg] betroffen war, die zu nicht unerheblichen Verlusten geführt hatten." Bei der Abreise trug die Königin dem Enkel auch herzliche und anerkennende Worte „an ihren sehr verehrten Vetter", den Reichskanzler Fürst Hohenlohe-Schillingsfürst auf, von dessen Klugheit und Erfahrung sie hoffe, daß zwischen „unseren beiden Ländern fernerhin ein gutes Verhältnis bestehen möge".

Interessen Rußlands in China führten 1858/60 zur Abtretung des Küstengebietes des Amur an Rußland, das 1861 Wladiwostok gründete. Die Expansion der europäischen Mächte in Asien hatte ein Zeitalter des Imperialismus zur Folge.[248] Preußen und der Deutsche Bund schlossen 1861 mit China einen Handelsvertrag. England drang in Schanghai und Hongkong, Frankreich in Hanoi vor. Dazu kamen englische Annexionen am Jangtsebecken, russische in der Mandschurei und Korea. Auch Japan und die USA mischten sich ein. Die untereinander konkurrierenden Mächte schlossen mit China 1897 und 1898 Pachtverträge. In China wurde von diesen Abmachungen gefürchtet, daß infolge dieser Verträge das chinesische Reich aufgeteilt würde. Dagegen erhoben sich die Boxer. Darauf proklamierte der US-Außenminister John Hay am 6. November 1899 und am 3. Juli 1900 die sogenannte Politik der offenen Tür, d. h. der Freiheit des Handels für alle Handel treibenden Nationen in China. Diese Politik aus Washington verhinderte nicht, daß im Sommer 1900 sich in China die Boxer zu einem Aufstand gegen die fremden Mächte, vor allem die Großmächte erhoben, die nach Kolonien strebten.

Die europäischen Gesandtschaften in Peking wurden eingeschlossen und belagert, der deutsche Gesandte Klemens Frhr. von Ketteler, ein Neffe des Mainzer Bischofs Wilhelm Emanuel Frhr. von Ketteler, wurde ermordet. Die schwachen Landungstruppen der in Ostasien stationierten Kriegsschiffe europäischer Mächte reichten nicht aus, um das Gesandtschaftsviertel zu befreien. Alle europäischen Großmächte, außerdem die USA und Japan, schickten Truppen nach China. Der Oberbefehl über diese internationale Truppe wurde dem ehemaligen Chef des preußischen Großen Generalstabes, seit 1900 Generalfeldmarschall Graf Waldersee übertragen, da Deutschland durch die Ermordung seines Gesandten besonders betroffen war. Über die Beteiligung des Deutschen Reiches siehe S. 200 f.

Am 3. Juli taufte Rupprecht in Gegenwart des Kaiserpaares sowie des Großherzogs und der Großherzogin von Oldenburg das neue Linienschiff „Wittelsbach". Prinz Rupprecht brachte ein mit stürmischer Begeisterung aufgenommenes Hoch auf den Kaiser als den Chef der Marine aus. Der Kaiser dankte (R II, 207ff.) ihm und erinnerte dann an das Problem Weltpolitik der Gegenwart. „Der Ozean ist unentbehrlich für Deutschlands Größe. Aber der Ozean beweist auch, daß auf ihn in der Ferne, jenseits von ihm, ohne Deutschland und ohne den deutschen Kaiser keine große Entscheidung mehr fallen darf. Ich bin nicht der Meinung, daß unser deutsches Volk vor dreißig Jahren unter der Führung seiner Fürsten gesiegt und geblutet hat, um sich bei großen auswärtigen Entscheidungen beiseiteschieben zu lassen. Geschähe das, so wäre es ein für allemal mit der Weltmachtstellung des deutschen Volkes vorbei. Ich bin nicht gewillt, es dazu kommen zu lassen."

In der Thronrede vor dem deutschen Reichstag faßte Wilhelm II. am 14. November 1900 die Ereignisse im fernen Osten zusammen und stellte an die Spitze die Sätze (R II, 211): „Die Ereignisse im fernen Osten haben unter allen gesitteten Völkern der Erde tiefe Erregung hervorgerufen. Fanatischer Haß und finsterer Aberglaube, angestachelt von gewissenlosen Ratgebern des Pekinger Hofes, hatten mißleitete Massen des chinesischen Volkes zu Greueltaten getrieben gegen die friedlich unter ihnen weilenden Vorposten abendländischer Zivilisation und christlicher Kultur..."

Mit großer Freundlichkeit erwähnte der Kaiser vor dem Reichstag: „Auf der Weltausstellung zu Paris, wo das Nachbarland dem friedlichen Wettstreit der Völker eine gastliche Stätte bereitet hatte, ist deutschem Fleiß und deutscher Kunstfertigkeit reiche Anerkennung zuteil geworden."

Der Manifestation des christlichen Europa, zu der Wilhelm II. in diesen Jahren immer wieder beizutragen versuchte, entsprach es, daß zum Tag der Großjährigkeitserklärung des deutschen Kronprinzen Kaiser Franz Joseph nach Berlin reiste. In der Ansprache an ihn (R II, 192 ff.) dankte Wilhelm Franz Joseph für seine Liebe und Freundschaft nun auch für Kronprinz Wilhelm. Zugleich bezog er sich auf die Freundschaft durch das Bündnis Franz Josephs mit Wilhelm I. und mit „dem Herrscher des schönen südlichen Landes Italien" und führte aus: „Gemeinsame Interessen, gemeinsame Gefühle, gemeinsam getragenes Freud und Leid verbinden unsere drei Völker heute über 20 Jahre, und obwohl oft verkannt und mit Hohn und Kritik übergossen ist es den drei Völkern gelungen, bisher den Frieden zu bewahren und als ein Hort des Friedens in aller Welt angesehen zu werden. Ich glaube kaum zu weit zu gehen, wenn Ich ausspreche, daß, soweit heute in deutschen Landen ein Vaterherz schlägt, es Eurer Majestät in tiefer Bewegung dafür danken wird, daß Eure Majestät Meinem jungen Sohne Ihren Segen mit auf seinen Lebensweg geben wollen."

Kronprinz Wilhelm, der zwei Tage später, am 6. Mai 1902 das 18. Lebensjahr vollendete, hatte zum Ehren-Taufpaten auch Kaiser Franz Joseph, der ihm in einer kurzen Ansprache frischen Mut und Gottvertrauen für den hohen und schweren Beruf wünschte, der seiner harre (R II, 198f. Anm.).

Kaiser Wilhelm II. und Kaiser Franz Joseph. Eine Fotomontage zur Zeit Anfang des Ersten Weltkriegs.

Teil III: Kaiser Wilhelm II. 1900 bis 1914

Neue Finanz- und Unterrichtsminister in Preußen – BGB ab 1. Januar 1900 in Kraft – Verbleib landeswichtiger Rechte bei den einzelnen Staaten – Arbeiterwohnungen – Arbeiterabwanderung aus dem Osten Preußens – Arbeiter ein gleichberechtigter Stand – Die deutsche Schutztruppe in Afrika – Hochwasserschutzgesetz in Schlesien

Die innere Entwicklung in Preußen legte Wilhelm II. 1899 durch zwei Männer fest: Georg Frhr. von Rheinbaben, seit 1896 Regierungspräsident in Düsseldorf, wurde 1899 zum preußischen Minister des Innern und 1901 zum preußischen Finanzminister ernannt. Der andere war Konrad von Studt, seit 1889 Oberpräsident Westfalens. Wilhelm II. ernannte ihn 1899 zum preußischen Unterrichtsminister. Als solcher amtierte er bis 1907 und genoß zweifellos Wilhelms großes Vertrauen.

Der Kaiser rechnete in seinem Rückblick zu den Erfolgen des Reichskanzlers Fürst Hohenlohe, der sich am 15. Oktober 1900 von ihm verabschiedete, „das Flottengesetz, Samoa, das Oberkommando Waldersees in China bei den Boxerkämpfen, Tsingtau und den Jangtse-Vertrag", aber auch die Reform des Militärstrafverfahrens, d. h. die von Wilhelm II. 1890 begonnene Gesetzgebung gegen Soldatenmißhandlungen und die von Bayern kritisierte Vereinheitlichung des Militärstrafrechts, das in Bayern weitgehend auf dem allgemeinen Strafrecht für alle Bürger weiter beruhte, und „die Überwindung der Kämpfe um das „Bürgerliche Gesetzbuch". Dieses war in gemeinsamer Arbeit aller deutschen Bundesstaaten seit 1873 erarbeitet worden.

Der erste Entwurf wurde seit 1874 von einer Kommission von elf Mitgliedern erarbeitet, an deren Spitze der Jurist Gottlieb Planck, Spezialist für Familienrecht, und der besondere Kenner des römischen Rechts Bernhard Windscheid standen. Er wurde einschließlich der in fünf umfangreichen Bänden niedergelegten Berichte über die Motive am 31. Januar 1888 veröffentlicht. Der seit 1887 als Professor in Berlin wirkende Otto von Gierke, der 1868, 1873 und 1881 die ersten drei Bände seines Werkes „Das deutsche Genossenschaftsrecht" veröffentlicht hatte, die Ehe und Familie, Staat und Kirche bis zur Stadtgemeinde behandelten, kritisierte in dem 1889 in zweiter Auflage erschienenen Werk „Der Entwurf eines Bürgerlichen Gesetzbuches und das deutsche Recht" die „brüchigen"

Stellen, vor allem die mangelnde Berücksichtigung der sozialen Erfordernisse. Das Interesse Wilhelms II. war ihm dabei sicher. So erstellte eine zweite Kommission unter Planck und dem seit 1872 an der Universität Straßburg, seit 1887 an der Universität Leipzig tätigen Professor Rudolf Sohm, der auch die Nationalsoziale Partei Naumanns 1896 mitbegründete, einen zweiten Entwurf. Er wurde 1895 vorgelegt und ging nach erneuter Überarbeitung mit einer Denkschrift der Reichsregierung, also auch mit von Wilhelm II. gebilligten Grundsätzen, am 17. Januar 1896 dem Reichstag zu.

Dort wurde der Entwurf nicht unerheblich abgeändert, gegen die Stimmen der Sozialdemokraten angenommen und am 24. August 1896 veröffentlicht. Der vom Kaiser 1893 bestellte Staatssekretär des Reichsjustizamtes, Rudolf Arnold Nieberding, stellte später fest, daß durch das BGB ein unermeßlicher wirtschaftlicher, sittlicher und sozialer Fortschritt" erzielt worden sei.[1] Der Geheime Justizrat Planck wies überzeugend nach, daß besonders aus den Bestimmungen über den Mietvertrag und den Dienstvertrag die soziale Absicht des Gesetzgebers klar hervorgehe. Das BGB erlangte am 1. Januar 1900 Rechtskraft.

Das Gesetz über die Einführung des BGB überließ der Gesetzgebung der einzelnen Staaten des Deutschen Reiches u. a. das bäuerliche Höferecht, das Berg-, Wasser-, Fischerei-, Forst-, Jagd- und Stammgüterrecht. Bereits 1898 wirkte der bekannt gewordene Entwurf des BGB auf die Zivilgesetzbücher Japans, das rechtskräftig gewordene BGB 1907 auf die der Schweiz, 1914, 1915 und 1916 auf die Teilnovellen des Österreichischen Allgemeinen Bürgerlichen Gesetzbuches (ABGB).

Wilhelm II. wußte, daß auch durch die neuen Bestimmungen keineswegs alles in der Arbeiterfrage erreicht war, was er selbst erstrebte. Über die Arbeiterwohnungen auf seiner in der Nähe von Elbing gelegenen Besitzung Kadinen forderte er im Juni 1900 (R II, 154): „In Kadinen muß noch manches anders werden. Ich meine besonders die Arbeiterwohnungen. Dies scheint überhaupt noch ein Übel hier im Osten zu sein. Der schöne Viehstall in Kadinen ist ja ein wahrer Palast den Arbeiterwohnungen gegenüber. Es muß dafür gesorgt werden, daß nicht etwa die Schweineställe besser sind als die Arbeiterwohnungen." Es entsprach Wilhelms Willen, daß am 5. Januar 1900 der preußische Minister der öffentlichen Arbeiten Bestimmungen über die Dienst- und Ruhezeiten der Eisenbahnbetriebsbeamten erließ. Er verbot infolge seiner Sorge vor den Umsturzabsichten der Sozialdemokratischen Partei den Beitritt zu dem sozialdemokratisch orientierten „Verband der Eisenbahner Deutschlands".[2]

Ein neues soziales Problem war seit etwas 1882 durch die Abwanderung von Arbeitern aus der Landwirtschaft in den östlichen Provinzen Preußens in westliche Gebiete entstanden. Nach der Statistik[3] wanderten durchschnittlich zwischen 1882 und 1895 109.000 Personen, darunter 77.000 männliche ab, so daß in der Landwirtschaft ein Mangel an Arbeitern entstand. Ein besserer Verdienst und eine größere Freizeit waren die begreiflichen Sehnsuchtsziele. Daneben spielte auch die gesellschaftliche Situation eine Rolle. So sagte der Kaiser 1901 in einer Audienz dem Präsidenten Bödiker und dem Reichstagsabgeordneten Richard Roesicke, es käme darauf an, den Arbeitern die Überzeugung zu verschaffen, daß sie ein gleichberechtigter Stand seien und allseitig als solcher anerkannt würden; nur dann werde es gelingen, sie der Sozialdemokratie zu entfremden.[4]

Am 19. Februar 1907 sagte der Kaiser bei der Eröffnung des Reichstags in seiner Thronrede (R IV, 61f.): „Aufgerufen zur Entscheidung über einen Zwiespalt zwischen den verbündeten Regierungen und der Mehrheit des vorigen Reichstages hat das deutsche Volk bekundet, daß es Ehr' und Gut der Nation ohne kleinlichen Parteiengeist treu und fest gehütet wissen will. In solcher Bürger, Bauern und Arbeiter einigenden Kraft des Nationalgefühles ruhen des Vaterlandes Geschicke wohl geborgen. Wie Ich alle verfassungsmäßigen Rechte und Befugnisse gewissenhaft zu achten gewillt bin, so hege Ich zu dem neuen Reichstag das Vertrauen, daß er es als seine höchste Pflicht erkennt, unsere Stellung unter den Kulturvölkern verständnisvoll und tatbereit zu bewahren und zu befestigen." Das bezog sich auf einen Nachtragskredit für die Bahnen in den deutschen Kolonien Afrikas, wo auch durch Wilhelms Befehl nach Unterdrückung von Aufständen die deutsche Schutztruppe erheblich vermindert wurde. Wilhelm erklärte 1907 auch, die großen grundlegenden Gesetze zum Schutze der wirtschaftlich Schwachen im Reich seien gegen den Widerstand der Fraktion der Sozialdemokraten geschaffen worden, würden aber fortgesetzt.

Für die menschliche und wirtschaftliche Sicherheit wirkte Wilhelm 1900 durch das für Schlesien erlassene Hochwasserschutzgesetz. Otto Intze hatte den Plan dafür ausgearbeitet, das Gewässernetz Schlesiens durch integrale bauliche Maßnahmen so zu organisieren, daß die ständig drohende Hochwassernot aufhören mußte. Wilhelm II. ernannte Intze in dankbarer Anerkennung dafür zum Geheimen Regierungsrat und zum Mitglied des preußischen Herrenhauses.[5]

„Pardon wird nicht gegeben" – Predigt und Gebete an Bord der „Hohenzollern" – Friedensverhandlungen noch vor Eintreffen der deutschen Truppen in China – Bruder des Kaisers von China bedauert in Potsdam den Gesandtenmord

Im Sommer 1900 ermordeten sog. Boxer, die sich in China gegen fremde Einflüsse wehrten, den deutschen Gesandten, Klemens Frhr. von Ketteler, Neffen des Mainzer Bischofs Wilhelm Frhr. von Ketteler, und belagerten die europäischen Gesandtschaften. Sie ermordeten auch katholische Missionare. Die Truppen des Deutschen Reiches und der anderen europäischen Staaten standen unter dem Kommando des deutschen Generals Graf Waldersee.

Als Wilhelms II. am 27. Juli 1900 in Bremerhaven die deutschen Truppen nach China verabschiedete, sagte er, wie im *Reichsanzeiger* aufgrund des Wolffschen

Telegraphenbureaus (R II, 209ff.) zu lesen stand: „Ihr wißt es wohl, Ihr sollt fechten gegen einen verschlagenen, tapferen, gut bewaffneten, grausamen Feind. Kommt Ihr an ihn, so wißt: Pardon wird [Euch?] nicht gegeben, Gefangene werden nicht gemacht. Führt Eure Waffen so, daß auf tausend Jahre hinaus kein Chinese mehr wagt, einen Deutschen scheel anzusehen. Wahrt die Manneszucht." Als diese Worte im Druck erschienen, konnten sie dahin verstanden werden, daß die Chinesen nicht die Gewohnheit hätten, Pardon zu geben.[6]

Für Wilhelms Biographie ist von Bedeutung, was er tatsächlich gesagt hatte. Die *Weser-Zeitung* und das *Wilhelmshavener Tageblatt* brachten am 29. Juli 1900 übereinstimmend die Worte: „Ihr sollt Beispiele abgeben von der Manneszucht und Disciplin, aber auch der Überwindung und Selbstbeherrschung. Ihr sollt fechten gegen eine gut bewaffnete Macht, aber Ihr sollt auch rächen, nicht nur den Tod des Gesandten, sondern auch vieler Deutscher und Europäer. Kommt Ihr vor den Feind, so wird er geschlagen, Pardon wird nicht gegeben; Gefangene nicht gemacht. Wer Euch in die Hände fällt, sei in Eurer Hand. Wie vor tausend Jahren die Hunnen unter ihrem König Etzel sich einen Namen gemacht, der sie noch jetzt in der Überlieferung gewaltig erscheinen läßt, so möge der Name Deutschland in China in einer solchen Weise bekannt werden, daß niemals ein Chinese es wagt, einen Deutschen auch nur scheel anzusehen."[7]

Das Wolff'sche Telegraphenbüro brachte in später Stunde des 27. Juli 1900 aus Bremerhaven das Telegramm" (R II, 211 Anm.): „In der Ansprache wies der Kaiser zunächst auf die Aufgaben hin, die dem Deutschen Reiche in den letzten Jahrzehnten auf überseeischem Gebiete erwachsen seien, und führte dann aus, die Truppen sollten nunmehr vor dem Feinde Probe ablegen, ob die Richtung, in der Deutschland sich in militärischer Beziehung bewegt habe, die rechte sei. Die Kameraden von der Marine hätten bereits gezeigt, daß die Ausbildung und die Grundsätze, nach denen die militärischen Streitkräfte Deutschlands ausgebildet seien, die richtigen seien. Sache der jetzt nach Ostasien gehenden Truppen sei es, es ihnen gleichzutun. Der Kaiser erwähnte dann, es erfülle alle Deutschen mit Stolz, daß gerade aus dem Mund auswärtiger Führer den deutschen Streitern das höchste Lob zuerkannt sei, und wies auf die Größe der Aufgabe hin, die die Truppen zu lösen hätten. Daß ein Volk, wie es die Chinesen getan hätten, imstande gewesen sei, tausendjährige alte Völkerrechte umzuwerfen und der Heiligkeit der Gesandten und der Heiligkeit des Gastrechts in so abscheulicher Weise Hohn zu sprechen, sei in der Weltgeschichte noch nicht vorgekommen, noch dazu bei einem Volke, welches stolz auf eine vieltausendjährige Kultur sei. Der Kaiser betonte hierauf, daß jede Kultur, die nicht auf dem Christentum aufgebaut sei, zugrunde gehen müsse, und fuhr dann etwa fort: ‚So sende ich euch hinaus, daß ihr bewähren sollt einmal eure alte deutsche Tüchtigkeit, zum Zweiten die Hingebung, die Tapferkeit, das freudige Ertragen jedweden Ungemachs und zum Dritten Ehre und Ruhm unserer Waffen und unserer Fahnen. Ihr sollt ein Beispiel abgeben der Manneszucht und Disziplin, der Selbstüberwindung und Selbstbeherrschung. Ihr sollt fechten gegen einen gut bewaffneten und gut ausgerüsteten Feind. Aber ihr sollt auch rächen nicht nur den Tod des Gesandten, sondern auch den vieler Deutscher und Europäer.' Der Kaiser sagte dann noch ungefähr [Formulierung des Wolff'schen Telegraphenbüros] folgendes: ,Noch nach tausend Jahren möge der Name Deutschland in China in solcher Weise bekannt sein, daß niemals wieder ein Chinese wage, einen Deutschen auch nur scheel anzusehen.' Der Kaiser erwähnte weiter, daß die Truppen mit einer Übermacht zu kämpfen haben würden. Das seien die deutschen Truppen aber gewohnt, wie die deutsche Kriegsgeschichte beweise. Die Rede schloß: ,Der Segen des Herrn sei mit Euch, die Gebete eines ganzen Volkes begleiten Euch. Meine besten Wünsche für Euch.'" Fast genauso (R II, 212 Anm.) lauten auch die direkten Drahtberichte anderer Zeitungen.

Der Eindruck der Rede auf die zunächst Beteiligten war groß. Ein Freiwilliger des 1. Ostasiatischen Infanterie-Regiments schrieb darüber nach Hause: „Nachdem der Kaiser die Front entlang gegangen war und jedes Bataillon, jede Abteilung oder Schwadron einzeln begrüßt hatte, schilderte er in beredten Worten die jetzige Lage und, daß dergleichen himmelschreiendes Unrecht in der Weltgeschichte noch nicht verzeichnet wäre, stellte aber auch die Schwierigkeiten der Aufgabe, die wir uns gestellt, ins rechte Licht und betonte, daß wir einen ebenbürtigen Gegner in der Ausrüstung und Ausbildung, in der Anzahl aber einen zehnfach überlegenen Gegner vor uns hätten. Aber, so lauteten ungefähr seine Worte, ihr werdet und müßt ihn schlagen mit Gottes Hilfe und zwar so, daß der Chinese in Jahrtausenden noch nicht daran denken soll, die Hand gegen einen Deutschen zu erheben, und sehr erregt und gewaltig wurde seine Stimme bei den Worten: Auf Berufung eueres Mir geleisteten Fahneneides verlange Ich, daß ihr keinen Pardon gebt, Gefangene werden nicht gemacht, denn ihr sollt die Rache der in der jüngsten Zeit verübten Greuel sein." Was der Kaiser wirklich gesagt hatte, ist nicht genau festzustellen. Wie weite Kreise trat er für Abwehr aber auch für Vergeltung ein.

Ohne ahnen zu können, was dem von ihm beauftragten General Graf Waldersee an militärischer Tat zu vollbringen übrigblieb, hielt Wilhelm II. am 29. Juli 1900 an Bord der „Hohenzollern" auf der Höhe von Helgoland eine Predigt mit anschließendem Gebet. In der sehr langen Predigt führte er u. a. aus: „Wiederum hat sich heidnischer Amalekitergeist geregt im fernen Asien. Mit großer Macht und viel List, mit Sengen und Morden will man den Durchzug europäischen Handels und europäischen Geistes, will man den [=dem] Siegeszug christlicher Sitte und christlichen Glaubens wehren. Und wiederum ist der Gottesbefehl ergangen: erwähle die Männer euch [zieh] aus und streite wider Amalek! Ein heißes blutiges Ringen hat begonnen. Schon stehen viele unserer Brüder drüben im Feuer, viele fahren den feindlichen Küsten zu, und ihr habt sie gesehen, die Tausende, die auf den Ruf, Freiwillige vor! Wer will des Reiches Hüter sein? sich jetzt sammeln, um mit fliegenden Fahnen mit einzutreten in den Kampf. Aber wir, die wir zurückbleiben müssen in der Heimat, die wir durch andere heilige Pflichten gebunden sind, sagt, hört ihr nicht den Ruf Gottes, der an Euch ergeht und der es Euch sagt: Steige hinauf auf den Berg! Hebe Deine Hände empor zum Himmel! Das Gebet des Gerechten vermag viel, wenn es ernstlich ist. Wohlan denn! Drüben in der Ferne die Scharen der Kämpfer, hier in der Heimat die Scharen der Beter, das sei das heilige Schlachtenbild auch unserer Tage."

Graf Waldersee erreichte China erst, als es zu Friedensverhandlungen gekommen war, und erfuhr dabei von den Streitigkeiten zwischen England und Rußland um die Shanhaikwan-Eisenbahn. Trotzdem stand das Deutsche Reich im Mittelpunkt der Auseinandersetzungen der verschiedenen Großmächte mit China. Denn es war der deutsche Gesandte, der von chinesischen Fanatikern ermordet worden war. Der chinesische Widerstand gegen die Politik Frankreichs und Rußlands war begründet, denn sie schien auf eine Aufteilung des chinesischen Reiches hinauszulaufen. Im Gegensatz zu Japan war es andererseits in China nicht zu einer rechtzeitigen Ausgestaltung und Modernisierung der Verfassung des Kaiserreichs gekommen. Die seit 1644 regierende Mandschu-Dynastie hatte es ihrerseits schwer gehabt, sich gegen die Anhänger der nationalen Ming-Dynastie durchzusetzen. Die Mandschu-Dynastie hatte zwar noch 1840 bis 1842 die Einfuhr von Opium bekämpft, aber England und auch Frankreich demütigten in den Kriegen von 1857, 1858 und 1860 China, und die religiöse Mission christlicher Kirchen kam in China dadurch in Verruf, daß sich ein Schwärmer, der von protestantischen Missionaren erzogen waren war, für den Bruder Christi erklärte, 1853 Nanking eroberte und den Titel Taiping (Himmelskönig) annahm. Nanking fiel erst 1864, nachdem sich der Taiping-Kaiser getötet hatte, und China verwüstet worden war. Die Witwe Tz'u-hsi des 1861 verstorbenen Kaisers Hsien-Feng begann eine erfolgreiche Regierung, bis 1875 ihr Sohn Kaiser Kuang-hsü die Regierung übernahm, der auch auf die Gedanken des Führers der Reformbewegung Kangyuwei hörte und der die staatspolitische Lehre des Kungfutse zur Geltung bringen wollte. Die die Verhältnisse ausbeutenden Mandarine stemmten sich dagegen und gewannen die Mutter des Kaisers, so daß diese am 20. September 1898 eigenmächtig die Regierung an sich reißen konnte und ihren Sohn absetzte. Die Kaiserinregentin verlor die Gewalt über die sich als die Stützen des Staates ausgebenden Mandarine. Im Frühjahr 1900 kam es zu wirtschaftlicher Not durch Mißernten in vielen Teilen Chinas. Die Schuld daran gaben die Anhänger der Mandarine den Fremden und vor allem den Christen. Die Gesandten der auswärtigen Staaten wurden in Peking von der Außenwelt abgeschnitten.

Am 20. Juni 1900 wurde, wie bereits erwähnt, der deutsche Gesandte Frhr. von Ketteler ermordet. Gerüchte behaupteten, alle Fremden sollten niedergemetzelt werden. Das war die Situation, in der Waldersee in China eintraf. Die Soldaten der auswärtigen Mächte, darunter auch solche Japans, wurden der gefährlichen Boxerbewegung in China Herr. Der von seiner Mutter eine zeitlang verdrängte chinesische Kaiser übernahm die harte Aufgabe, eine Sühne zu leisten, vor allem gegenüber Kaiser Wilhelm II., dessen Gesandter ermordet worden war. Er sandte seinen Bruder Tschun zu Wilhelm II., um sein Bedauern über den Gesandtenmord auszusprechen. Prinz Tschun wurde im Muschelsaal des Neuen Palais in Potsdam von Wilhelm II. empfangen. Er überbrachte ein Schreiben des chinesischen Kaisers Kuang-hsü, seines Bruders, in dem dieser Wilhelm II. darauf hinwies, daß er dessen Bruder Heinrich öfter empfangen und mit ihm in vertrauter Weise verkehrt habe (R II, 41 Anm.). Er hoffe, daß durch die Ereignisse des vergangenen Jahres nur eine vorübergehende Trübung der Beziehung zu Wilhelm II. eingetreten sei. Der chinesische Prinz selbst sprach davon, daß sein Kaiser den Wirren, die großes Unglück über China und für Deutschland gebracht hatten, im vollsten Sinne des Wortes ferngestanden habe. „Dennoch hat nach einem seit Jahrtausenden bestehenden Gebrauche der Kaiser von China die Schuld dafür auf seine geheiligte Person genommen."

Wilhelm II. wollte gern glauben, daß der Kaiser, der Bruder des vor ihm stehenden chinesischen Prinzen, persönlich dem Verbrechen und den weiteren Gewalttaten gegen unverletzliche Gesandte und friedliche Fremde ferngestanden habe. Wilhelm fuhr fort: „Umso schwerere Schuld trifft seine Ratgeber und seine Regierung. Diese mögen sich nicht darüber täuschen, daß ihnen die Entsühnung und Verzeihung für ihr Verschulden nicht durch die Sühnegesandtschaft allein ausgewirkt werden kann, sondern nur durch ein späteres Verhalten gemäß den Vorschriften des Völkerrechts und der Sitte zivilisierter Nationen." Wenn der chinesische Kaiser die Regierung streng im Geiste dieser Vorschriften führe, werde sich auch Wilhelms Hoffnung sicher erfüllen, „daß die trüben Folgen der Wirrsale des vergangenen Jahres überwunden werden und zwischen Deutschland und China wieder wie früher dauernd friedliche und freundliche Beziehungen herrschen, die beiden Völkern und der gesamten Zivilisation zum Segen gereichen."

Wilhelms Zorn über die Bayern und die Wittelsbacher – Philipp Graf Eulenburgs Ablehnung des Katholizismus – Wilhelms ängstliche Vorsicht deswegen – Bülow Reichskanzler – Geheimrat Fritz von Holstein – Seine gehässigen Behauptungen – Maximilian Hardens Zeitschrift über Philipp Graf Eulenburg – Wilhelms Reaktion

Am Kaisergeburtstag 1900 wurden in Bayern nur die Kasernen, nicht aber andere Staatsgebäude beflaggt. Die Ehrung galt nur dem Kaiser als Obersten Kriegsherrn, der er rechtlich nur im Kriegsfall war. Im Frieden stand ihm nur das Inspektionsrecht auf Kriegstüchtigkeit zu. Prinzregent Luitpold bezog sich bei der Anordnung 1897 (S. 171) auf die älteren bayerischen Beflaggungsrichtlinien. Im Finanzausschuß der Kammer der Abgeordneten begrüßten die Zentrumsabgeordneten Balthasar von Daller und Franz Xaver Schädler, zwei Prälaten, Luitpolds Anordnung in Bezug auf die Richtlinien, daß nur an Geburtstagen der Könige Bayerns bzw. des Regenten die staatlichen Gebäude zu beflaggen waren. Die nationalliberalen *Münchener Neuesten Nachrichten* forderten aber am 2. Februar 1900 das Ministerium auf, den in der Öffentlichkeit des Reiches entstandenen „Schaden" durch eine umgehende Revision der bayerischen Flaggenordnung wieder gut zu machen. Die Zentrumspolitiker bezeichneten die Wünsche der liberalen Presse als Angriff auf das bayerische Staatsbewußtsein. Wilhelm II. nannte am 17. Februar in seinen handschriftlichen Randbemerkungen auf dem Bericht seines Gesandten in München Daller und Schädler spontan „unverschämte Schurken". Schon am 6. Februar hatte er auf den ersten Gesandtschaftsbericht in der Randbemerkung angeordnet: „Die Sache darf nicht durchgelassen werden. Nie wieder darf die Flagge eines Wittelsbachers eines meiner Schiffe verunzieren." Auf dem Bericht seines Gesandten Monts drohte er am 7. März: „Na warte, Wittelsbach! Du sollst noch das Reich achten und kennen lernen!"[8]

Philipp Graf Eulenburg hatte schon am 17. Januar 1887, als er Gesandter in München war, privat dem Prinzen Wilhelm in Zusammenhang mit der Haltung des Zentrums zur Militärvorlage geschrieben: „Ich kenne die Schweinehunde gar zu gut – dieses Zentrumspack lernt man in katholischen Landen nach seinen wahren Werten einschätzen. Solange der deutsche Kaiser protestantisch ist, wird er der katholischen Kirche zu mißtrauen haben." Eulenburg lehnte den Katholizismus so sehr ab, daß er später nicht nur gegen ein Gespräch des Kaisers mit dem Zentrumsführer Lieber in seinen Briefen an Wilhelm auftrat, und daß dieser ohne Eulenburgs Wissen durch den Staatssekretär des Reichsmarineamtes, Admiral von Hollmann, Lieber sagen ließ, er habe bisher sorgfältig vermieden, ihm irgendwelche Aufmerksamkeit zu erweisen, um dessen Stellung als Zentrumsführer während der Umsturzdiskussionen und Flottenverhandlungen nicht zu erschweren (in denen Lieber den Widerstand von Parteigenossen fürchten mußte).[9]

Der Kaiser ernannte am 17. Oktober 1900 den Staatssekretär des Auswärtigen Amtes, Bernhard Graf Bülow[10], zum Reichskanzler und Ministerpräsidenten Preußens. Als Staatssekretär hatte er 1897 die Erwerbung von Kiautschou, der Karolinen und von Samoa mitzuarbeiten gehabt und den Ausbau der Flotte unterstützt, der ihm eine notwendige Folge des wachsenden deutschen Welthandels zu sein schien, aber Englands Annäherung an Frankreich mit heraufbeschwor. Er hatte den Kaiser auch auf der Reise in die Türkei begleitet und die kaiserliche Fühlungnahme mit den führenden türkischen Staatsmännern vermittelt.

Bülow versuchte es in der Außenpolitik mit der Bismarck'schen Theorie der „Zwei Eisen im Feuer", d. h. immer mit Rußland gut zu stehen und mit einem anderen Lande sich zu arrangieren. Der Kaiser selbst und auch sein neuer Kanzler wußten um die Frage, inwieweit sich das Deutsche Reich für England oder für Rußland entscheiden konnte und sollte. Wilhelm warnte Bülow schon in einem seiner ersten Gespräche, mit England nicht zu diplomatisieren oder gar zu „finassieren" [Kniffe gebrauchen], wozu Bülow sehr begabt war, sondern rückhaltlose Offenheit im Verkehr mit England an den Tag zu legen. Er warnte ihn auch vor der Person des seit 1876 als Vortragender Rat im Auswärtigen Amt tätigen Geheimrats Fritz von Holstein,[11] der durch seine Personalkenntnisse für alle in der Außenpolitik tätigen Herren wichtig erschien, aber stets die persönliche Verantwortung ablehnte und selbst in seinen Denkschriften zweideutige Formulierungen liebte.

Der seit 1894 als Botschafter in Wien tätige Freund und Berater Wilhelms, Philipp Graf zu Eulenburg, dem Holstein, früher sein Freund, nun sein Feind die Arbeit dort erschwerte, beendete 1903 aus Gründen seiner Gesundheit seine Laufbahn als Diplomat. Der Kaiser hatte ihn noch am 1. Januar 1900 zum Fürsten erhoben. Wer sich die Staatsauffassungen und die Gesellschaftsmoral des ausgehenden 19. und beginnenden 20. Jahrhunderts vergegenwärtigt, kann ermessen, was es bedeutete, wenn der Historiker Johannes Haller in den zwanziger Jahren einen stattlichen Band über das Leben des Philipp Fürst Eulenburg schrieb, und 1930 Reinhold Conrad Muschler das Buch herausbrachte „Philipp zu Eulenburg, sein Leben und seine Zeit". Haller behauptet aufgrund seiner damaligen Erkenntnismöglichkeiten, daß der durch sein Wissen über viele Personen im Auswärtigen Amt gefürchtete Herr von Holstein, der „Mann mit den Hyänenaugen", der erste gewesen sei, der den Fürsten Eulenburg homosexueller Neigungen beschuldigte. Holstein[12] glaubte jedenfalls, die Genehmigung seines Abschiedsgesuches 1906 auf Eulenburg zurückführen zu sollen – das Gegenteil war die geschichtliche Wahrheit.[13] Der fast krankhaft eitle Schriftsteller Felix Ernst Witkowsky, der 1889 dem Kaiser vergeblich seine Feder angeboten hatte, haßte diesen, da er von seinem Angebot keinen Gebrauch gemacht hatte. Er war durch seinen Vater, einen Seidenhändler aus Posen, psychopathisch belastet und in einem bis zur Auflösung zerrütteten jüdischen Elternhaus aufgewachsen, war 1881 in die evangelische Kirche eingetreten und war auch eine Zeitlang Schauspieler gewesen. 1892 hatte er die Zeitschrift *Die Zukunft* begründet und schrieb als deren Hauptautor. Er schloß sich der Bismarckfront an und hielt bis in den Krieg von 1914 hinein die Monarchie für die für das Deutsche Reich passendste Staatsform. Als Herausgeber der Zeitschrift *Zukunft* begann er, sich Maximilian Harden zu nennen. Er griff in seiner Zeitschrift den damals Aufsehen erregenden Prozeß gegen Philipp Fürst Eulenburg auf, der wegen eines Meineids über seine angeblichen homosexuellen Verfehlungen 1908 geführt wurde. Solche Vorwürfe waren damals gravierender.

Kronprinz Wilhelm machte seinen Vater auf den Fall Eulenburg aufmerksam und wies auf die Besorgnis der Armee und der „Vaterlandsfreunde" hin. Inzwischen war ein Sturm der Entrüstung in der Öffentlichkeit ausgebrochen. Der ahnungslose Kaiser war entsetzt, da ja Eulenburg sein Freund und ein besonderer politischer Vertrauensmann gewesen war. Er ließ schriftlich bei ihm anfragen. Eulenburg gab eine kurze schriftliche Erklärung seiner Unschuld. Der zutiefst irritierte Monarch überließ es dem Freund, sich selbst zu rechtfertigen. Aus Eulenburgs Sicht hieß das: Er ließ ihn fallen.

Wilhelm II. und Wilhelmine von Holland – Am Sterbelager Viktorias – Freundschaft mit Eduard VII. – Deutschland zwischen England und Rußland – Truppen für Kiautschou – Attentat auf Wilhelm – Englands Entente cordiale mit Frankreich – Schlieffenplan – Wilhelm für Unabhängigkeit des Sultans von Marokko in Tanger

Lange bevor Holstein seinen offenen Kampf gegen Wilhelm begann, stellte sich dieser erneut auf England politisch und familiär und das ihm nahestehende Haus Oranien ein. Wilhelm II. maß der Verknüpfung seiner Familie mit dem Haus Oranien und dabei den Tatsachen entscheidende Bedeutung bei, daß der spätere Große Kurfürst Friedrich Wilhelm drei Jahre in den Niederlanden verbrachte, auch an der Universität Leiden und im Feldlager des Prinzen Friedrich Heinrich von Oranien viel gelernt und mit Luise Henriette von Oranien seinen Sohn Friedrich, den ersten König in Preußen, gezeugt hatte. Wichtig war für Wilhelm II. aber auch, daß unter Friedrich Wilhelm Brandenburgs erste niederländische Matrosen unter dem Niederländer de Ruyter unter Hinzuziehung Einheimischer zu einer ersten Brandenburger Flotte schrittweise organisiert wurden.

So telegraphierte Wilhelm II. an Königin Wilhelmine der Niederlande am 18. Januar 1901: „Dem großen Oraniergeschlecht verdanken wir die Tugenden, welche den Großen Kurfürsten schmückten, verdanken wir die herrliche Fürstin, welche Preußen seinen ersten König schenkte. Zum Gedächtnis dessen und daß Niederländer unsere ersten Matrosen, ein Niederländer unser erster Admiral gewesen, habe Ich als Präsentiermarsch Meiner Marine den alten Ehrenmarsch der niederländischen Flotte verliehen. Meine Marine aber wird sich den Ausspruch Admiral de Ruyter zu eigen machen: ‚Es ist mir lieber, daß ich nicht gelobt werde, von niemand, und daß ich nach meinem Gewissen frei handle und meine Befehle so ausführen kann wie ich soll.'" Königin Wilhelmina dankte dafür sehr ausdrücklich: „Du weißt, welchen innigen Anteil Ich an diesem freudigen bedeutungsvollen Fest nehme!" (R III, 9)

Auf die Nachricht von dem bedenklichen Zustand der greisen Königin Viktoria eilte aber Wilhelm II. aus den Feierlichkeiten an das Sterbelager seiner Großmutter, zusammen mit seinem Onkel, dem Lieblingssohn der Königin, dem Herzog Arthur von Connaught,[14] der zu den Feierlichkeiten in Berlin gekommen war. Wilhelm wurde in England herzlich begrüßt. In seinen Rückerinnerungen hält er fest: „Nachdem die Königin in meinen Armen sanft hinübergeschlummert war, war für mich der Vorhang über viele Jugenderinnerungen gefallen. Ihr Tod bedeutete einen Abschnitt in der englischen Geschichte und in Englands Beziehungen zu Deutschland... Beim Abschiedsbankett wurden von König Edu-

ard VII. und mir unvorbereitete, in Ton und Inhalt herzliche Reden gehalten."
Beim Abschiedsmahl im Marlborough-House in London dankte dem Kaiser der
nunmehrige König Eduard VII. aufs wärmste „nicht nur persönlich und im
Namen der ganzen Königlichen Familie, sondern auch als Vertreter der ganzen
Nation für die herzliche Sympathie", die Wilhelm bewiesen habe, indem er
hierher eilte, um der Königin während ihrer letzten Krankheit nahe zu sein und
indem er unter großen persönlichen Unbequemlichkeiten im Lande blieb, um an
der großen nationalen Huldigung teilzunehmen, die wir dem unvergänglichen
Andenken der hohen Verstorbenen dargebracht haben. „Gleichzeitig erfüllt es
Mich mit der größten Befriedigung, auf die ausgezeichneten Beziehungen hinweisen zu können, die zwischen unseren beiden Ländern bestehen, und es wird
stets Mein ernsthaftestes Bestreben sein, diese zu erhalten und zu pflegen."

Der Kaiser (R III, 13) versicherte, nichts habe ihn mit größerer Befriedigung
erfüllt, als vereinigt zu sein mit seinen Verwandten in den letzten Augenblicken"
des großen und edlen Lebens Meiner geliebten Großmutter, für die Ich seit
Meiner frühsten Jugend von den Gefühlen der aufrichtigsten Liebe und Vereh-
rung beseelt gewesen bin." Dann dankte Wilhelm II. dem König dafür, „daß er
Mir den Rang eines Feldmarschalls der britischen Armee verliehen hat. Diese
Ehre ermöglicht es Mir, die gleiche Uniform wie der Herzog von Wellington und
Lord Roberts zu tragen, und gerade dieses Kompliment wird von Meiner eigenen
Armee höchst gewürdigt werden." Wilhelm II. wußte, daß die Außenpolitik
König Eduards mit den Entscheidungen seiner Minister verknüpft war.

Eduard VII. besuchte im August 1901 seinen kaiserlichen Neffen auf Schloß
Wilhelmshöhe und war damals so überzeugt von Wilhelms guter Haltung, daß er
ihm einmal schrieb: „Du weißt lieber William, daß ich vollstes Vertrauen habe in
die Lauterkeit Deiner Gesinnung und Deine loyale Freundschaft für mich und
mein Land und daß ich die Schwierigkeiten kenne, mit denen Du in Deinem
eigenen Land zu tun hast – weil Du als zu anglophil angesehen wirst." Ein
deutsch-englisches Bündnis wurde 1901 noch weiter besprochen, doch wurde
Eduard VII. immer mehr ein Freund Frankreichs, als er die Interessengegensätze
zwischen England und Rußland sah. Jedenfalls ließ sich sein kaiserlicher Neffe
aber nicht gegen Rußland einschalten; der Gegensatz zwischen England und
Rußland wurde durch kein englisch-deutsches Bündnis gemildert oder beseitigt.
Dazu kam, daß Eduards Frau die Schwester der dänischen Prinzessin war, die
den Kaiser Alexander III. geheiratet hatte und wegen des Krieges von 1864 das
von Preußen geführte Deutsche Reich ablehnte.

Als der Kaiser im November 1902 zu kurzem Besuch in England war, besichtigte er am 8. November in Sandringham auf dem Truppenübungsplatz bei
Shorncliffe das ihm zu seiner Ehre übertragene englische Dragonerregiment zum
ersten Mal. Er beglückwünschte das Regiment zu dem tadellosen Vorbeimarsch,
aber auch zur Heimkehr nach der langen Zeit schweren Dienstes und wiederholte diesen Glückwunsch bei dem Lunch in den Räumen des Offizierskasinos. Im

Hinblick auf eine von ihm gemachte Stiftung fuhr er nach seinem Dank an König Eduard VII. für die Erlaubnis zur Besichtigung des Regiments fort: „Mit hoher Genugtuung höre Ich, daß Mein Beitrag so viel getan hat, die Bedürfnisse der Frauen und Kinder der Mannschaften, die ins Feld zogen, zu befriedigen. Ich glaube, Ich kann nichts besseres tun, um diesen Tag in den Annalen der Royal Dragoons zu kennzeichnen, als noch einen Beitrag zu dem Unterstützungsfonds für die Mannschaften und ihre Familien zu stiften."

Am 4. März 1901 (R III, 14) hatte Wilhelm zusammen mit seinem Bruder Heinrich an der Vereidigung der Marine-Rekruten in Wilhelmshaven teilgenommen, die als Ablösungsmannschaften für das deutsche Schutzgebiet Kiautschou bestimmt waren. „Ihr fahrt hinüber in ein fremdes Land, welches durch die Ereignisse der letzten Monate erfahren hat, was deutsche Disziplin, deutsche Tapferkeit und deutsche Manneszucht bedeuten. Der Fremde hat erfahren, was es heißt, den Deutschen Kaiser und seine Soldaten zu beleidigen. Eine ernste Lehre ist unserem Feinde erteilt worden." Wilhelm II. erwartete, daß die Ablösungsmannschaften dasselbe leisteten, „wie eure Kameraden, die auswärts sind".

Zwei Tage später war der Kaiser, als er am 6. März in Bremen zum Bahnhof fuhr, von einem jungen Mann namens Weiland mit einem Eisenstück im Gesicht verletzt worden und hatte eine vier cm lange Rißwunde erlitten (R III, 14ff.). Als ihn zur Genesung die Präsidien der drei in Berlin tagenden Körperschaften beglückwünscht hatten, am 22. März das Präsidium des preußischen Abgeordnetenhauses und das des Reichstages, am 31. März das des preußischen Herrenhauses, hatte Wilhelm dem Präsidium des Reichstags mitgeteilt, es handle sich bei Weiland um einen offenbar blöden Menschen, jedoch sei bisher noch nicht erwiesen, ob er nicht mißbraucht worden sei. Das Präsidium des preußischen Abgeordnetenhauses aber ließ er wissen: Die Tat in Bremen beweise, welche Verwirrung in unreifen jugendlichen Köpfen herrsche. Es liege dies wesentlich daran, daß die Achtung vor Krone und Regierung mehr und mehr im Schwinden sei. In dieser Hinsicht seien die Verhältnisse in den letzten Dezennien schlechter geworden. Der Respekt vor der Autorität fehle. Die Schuld daran läge an allen Klassen der Bevölkerung. Statt den allgemeinen Interessen des Volkes zu dienen, würden Sonderinteressen verfolgt. Die Kritik an Maßnahmen der Regierung und der Krone erfolge in der schroffsten und verletzendsten Form. Hieraus erwachse die Unklarheit und die Demoralisation in der Jugend. Die Volksvertretung solle und könne hier bessernde Hand anlegen. Von der Schule beginnend müsse Wandel geschaffen werden.

Auf die Ansprache des ersten Vizepräsidenten des Preußischen Herrenhauses, des Landesdirektors Otto Karl Gottlob Frhr. von Manteuffel, antwortete der Kaiser, daß alle Kombinationen der Presse über seine Stimmung auf Unkenntnis beruhen würden. „Ich habe alles gelesen, was die Zeitungen über Meine angebliche seelische Stimmung... geschrieben haben, aber nichts ist falscher, als annehmen zu wollen, daß Meine Gemütsverfassung irgendwie darunter gelitten hat.

Ich bin weder elegisch noch melancholisch geworden." Unter Hinweis auf das auf dem Tisch liegende Eisenstück, das Wurfgeschoß Weilands, sagte er: „Ich stehe in Gottes Hand und werde Mich durch solche Vorfälle persönlich niemals in dem Wege beirren lassen, den zu schreiten ich als Meine Pflicht anerkannt habe. Ich komme auf Meinen Reisen mit allen Kreisen der Bevölkerung zusammen und weiß daher sehr gut, was man im Volke über Mich spricht und denkt." Er lasse sich durch solche Vorfälle nicht einschüchtern in seinen übrigen Maßnahmen. Noch in diesem Monat hatte er bei der Kasernenweihe bei dem Kaiser Alexander-Regiment Nr. 1 am Kupfergraben in Berlin unweit des königlichen Schlosses in einer Ansprache gesagt, es sei gewissermaßen die Leibwache für den König und sein Haus. Wenn es jemals wie 1848 zu einer Auflehnung komme, werde das Regiment alle Unbotmäßigkeiten und Ungehörigkeiten gegen seinen königlichen Herrn nachdrücklich in die Schranken zurückweisen. Beim Essen für die Offiziere hob er hervor: „Es lebt ein gewaltiger Verbündeter, das ist der alte gute Gott im Himmel, der schon seit den Zeiten des Großen Kurfürsten und des Großen Königs stets auf unserer Seite war."

Als Prinz Georg von Wales (der spätere König Georg V.) zum Kaisergeburtstag 1902 in Berlin erschien, ging der Kaiser in seinem Dank auch darauf ein, daß Georg im Dienste seines Vaterlandes eine große Weltreise zu den britischen Untertanen jenseits der Meere unternommen habe. „Auf einer Strecke von 40.000 Meilen haben Eure königliche Hoheit nur britischen Boden betreten und durch Ihr gewinnendes Wesen die entfernteren Teile des britischen Reiches und ihre loyale Bevölkerung zusammenfassen und -fügen helfen zu jenem Imperium Britannicum, von dem auch gesagt werden kann, daß in seinen Grenzen die Sonne nicht untergeht." Kaum heimgekehrt sei Georg dem Rufe seines Vaters folgend nach Berlin geeilt und habe hier auch das blaue Dragonerregiment aufgesucht (R III, 71), dessen Ehreninhaber der englische König war.

Die Verwandtschaft Wilhelms II. mit dem englischen Königshaus wurde von diesem wie von dem Kaiser immer wieder gepflegt und betont. Dem Reichskanzler Fürst Bülow (R III, 74f.) sagte er am 3. Februar 1902 in einem Erlaß an den Reichskanzler im Rückblick auf seinen Geburtstag aber auch: „Wehmütige Gedanken erfüllen Mich an Meinem diesjährigen Geburtstage bei Rückblick auf das hinter Mir liegende Lebensjahr, in dem Ich neben anderen ernsten und trüben Erfahrungen den unersetzlichen Verlust Meiner innigst geliebten, in Leiden schwer geprüften Frau Mutter erlitten habe, deren allzufrühes Hinscheiden eine so große Lücke hinterlassen hat in den Herzen aller, welche das Glück hatten, ihr im Leben nahezustehen." Schon damals, später auch in Doorn hat Wilhelm II. das Andenken seiner Mutter hochgehalten, wiewohl sie seine früheste Kindheit nicht so betreut hatte, wie es für seine Entwicklung gegeben gewesen wäre. Sie war am 5. August 1901, also noch im Todesjahr ihrer Mutter gestorben.

Der 1895 bis 1903 als Kolonialminister tätige Joseph Chamberlain und der Herzog von Devonshire erstrebten 1901 ein Defensivbündnis mit Deutschland;[15]

der von 1900 bis 1905 amtierende englische Außenminister Marquis Henry of Lansdowne regte das Bündnis aber nicht bei den Regierungsmitgliedern an, sondern berichtete nur seinen Kollegen darüber. Das stellte der Erste Sekretär der deutschen Botschaft in London, Hermann Frhr. von Eckardtstein, als Lansdownes Empfehlung hin. Der erneut von 1895 bis 1902 wirkende Premierminister Robert Cecil Marquess of Salisbury wollte immer noch keine auswärtigen Bindungen. Sir Francis Bertie (später Lord Bertie) nahm in seinem Memorandum sogar dagegen Stellung, da ein englisches Bündnis mit Deutschland für England nie von Nutzen gegen Rußland sein werde. Reichskanzler Bülow versuchte, eine Verbindung Englands mit dem Dreibund zuwege zu bringen. Dagegen vermutete Lansdowne noch viel mehr englische Einwände als gegen ein einfaches Bündnis Englands mit dem Deutschen Reich. Dem Kaiser wurde keines der diese Sache betreffenden Schriftstücke vorgelegt.[16] Als dem Kaiser aber eine Depesche des Lord Arthur Balfour gezeigt wurde, wonach dieser jemanden gefragt hatte, ob er es für möglich halte, daß der Kaiser ganz plötzlich zur russischen Seite übergegangen und gegen England sei, schrieb Wilhelm an den Rand der Depesche,[17] „Hölle und Teufel! Mir solches zuzutrauen! Ich begreife die Briten nicht, eine solche Charakterlosigkeit ist ja geradezu ungeheuerlich. Diese Leute sind unverbesserlich." Zu Sir Frank Lascelles sagte er in energischem Protest, die Leute, die solchen leichtfertigen Argwohn hegten, seien „unmitigatet noodles" (vollkommene Dummköpfe).

Als das englische Ministerium eine etwas erfreulichere Mitteilung machte, antwortete Wilhelm kurz darauf in einer Weise, daß Sir Frank Lascelles ihn fragte, ob er wünsche, daß er eine solche Bestellung an die Regierung Eduards VII. ausrichten solle. Wilhelm antwortete: „Nein, Sie kennen mich doch sicher gut genug, um das, was ich sage, in diplomatische Sprache zu übersetzen." Sir Lascelles schlug darauf vor, zu schreiben, Wilhelm habe die Mitteilung mit Befriedigung erhalten. Der Kaiser erwiderte: „Ja, Sie können sagen, ‚mit großem Interesse und großer Befriedigung.'"

Als sich Wilhelm mit Eduard in Homburg treffen wollte,[18] wünschte er, daß die Sache durchgeführt werde. Da riet Hermann Frhr. von Eckardtstein, der in die englische Gesellschaft eingeheiratet hatte und mit übermäßigem Eifer ein deutsch-englisches Bündnis betrieb, Japan hinzuzuziehen. Aus dem Vorschlag, auch aus dem Bündnis wurde nichts. Wilhelm, der in diesem Zusammenhang keine Schuld daran trägt, daß das deutsch-englische Bündnis nicht zustande kam, versuchte auch, in der Burenfrage Rücksicht auf England zu nehmen und Vorsicht walten zu lassen. Er wollte die in Europa wie Märtyrer gefeierten Generale aus dem Burenkrieg trotz der Empfehlung seines Kanzlers nur empfangen, wenn vorausgesetzt werden könne, „daß Seine Majestät König Eduard VII. nichts dawider hat, da es seine Untertanen sind". Als er sah, daß Onkel Eduard etwas dagegen hatte, lehnte er ganz ab: „Unter diesen Umständen unterbleibt die Audienz, denn ich bin der einzige, der die Engländer noch hält, sonst brechen sie vorzeitig los, und meine Flotte ist nicht fertig." Die deutsche und die englische

Presse stritten miteinander heftig über den Burenkrieg, so daß Wilhelm im Hinblick darauf zur Beruhigung schrieb, hier habe die deutsche Presse nichts zu sagen, da er „der alleinige Herr und Meister der deutschen auswärtigen Politik" sei.

1904 berichtete der deutsche Militärattaché in London, Graf von der Schulenburg, Eduards weiteres Programm gehe dahin, eine Verständigung und Aussöhnung mit Rußland herbeizuführen. „Gelingt dieser Plan, so ist Deutschland isoliert. Ich glaube nicht, daß der König, ebensowenig wie die englische Regierung, sich mit der Absicht trägt, Deutschland anzugreifen." Wilhelm II. und Eduard VII. waren keineswegs Hauptakteure eines politischen Zweikampfes, wie das oft behauptet wurde.[19] Eduards Besuch in Paris 1903 und der des französischen Präsidenten Loubet in London verursachten den deutschen Ministern keine Besorgnisse. Doch schloß England 1904 auch unter dem Eindruck der in den Reden des Kaisers betonten deutschen Flottenpolitik durch ein Abkommen über seine Position in Ägypten und die französische Position in Marokko seine Entente mit Frankreich und verständigte sich 1907 mit Rußland.

Wilhelms wohlwollende Neutralität gegenüber Rußland, die sich bis auf Kohlelieferungen an die russische Ostseeflotte erstreckte, hatte eine scharfe Meinungsverschiedenheit mit England und die Besorgnis dort vor ernsthaften Entwicklungen in der Zukunft zur Folge. Nikolaus II. war gereizt gegen England. Doch schrieb ihm Wilhelm II., Eduards Friedenswille sei ganz ausgesprochen, und der Grund und das Zeichen dafür seien, daß er so gerne seine Dienste anböte, wo immer er in der Welt Zusammenstöße erblickte. Die Schilderung der politischen Lage und der gegen Rußland vorsichtigen deutschen Politik, wie sie Wilhelm II.[20] 1922 niederschrieb, akzentuiert, wie er schon Chamberlain gegenüber betont hatte, daß jeder Grund fehle, „jetzt mitten im Frieden einen Konflikt mit Rußland vom Zaun zu brechen." Die Überzahl der russischen Friedensformationen sei sehr groß, die Ostgrenze Preußens durch die russischen Truppenverschiebungen stark bedroht. England werde nicht in der Lage sein, Ostpreußen vor dem russischen Einfall zu bewahren, da seine Flotte in der Ostsee wenig ausrichten und ins Schwarze Meer nicht einfahren könne. Als Chamberlain sich darauf verpflichtete, Deutschland durch ein festes Bündnis Hilfe zu leisten, wies Wilhelm darauf hin, daß das Bündnis erst sichergestellt sei, wenn das englische Parlament dazu seine Zustimmung gebe. Bis dahin sehe Wilhelm Chamberlains Vorschlag nur als seine persönliche Idee an. Dieser erwiderte, er werde die parlamentarische Deckung schon erreichen, man solle in Berlin nur erst einmal unterzeichnen. Es kam nicht dazu, weil das Parlament nicht dafür zu haben war. So verlief der Plan im Sande. Wilhelm weist in seinem Rückblick dann darauf hin, England habe bald darauf das Bündnis mit Japan geschlossen. Japan habe darauf Englands Interessen den Dienst geleistet, der Deutschland zugedacht worden sei. „Rußland ist dadurch vom Osten auf den Westen zurückgeworfen worden", wo es sich dann wieder „nützlich" mit dem Balkan, mit Konstantinopel und Indien beschäftigen konnte.

Wilhelms Vorschlag, ein Bündnis mit England auf der Basis der Gleichberechtigung abzuschließen, war vor allem im englischen Parlament zurückgewiesen worden. England wollte im Rahmen eines deutsch-englischen Bündnisses auch nicht Mitglied des Dreibundes zwischen Deutschland, Österreich-Ungarn und Italien werden. Kaiser Franz Joseph hatte 1896 sein Bündnis mit Rumänien verlängert, 1897 Nikolaus II. in St. Petersburg besucht und ein Abkommen mit ihm über die beiderseitige Politik auf der Balkan-Halbinsel geschlossen; in diese Abkommen verflochten zu werden, scheute sich England.

Wilhelm II. versuchte jedoch immer wieder, Rußland zu gewinnen, das sich freilich durch die Militärkonvention vom 18. August 1892 mit Frankreich verpflichtet hatte, ebenso wie Frankreich zu mobilisieren, falls eine der drei Mächte des Dreibunds mobilmachen sollte. Der russische Kaiser ratifizierte die Militärkonvention am 27. Dezember 1893. In Frankreich hofften weiteste Kreise, Elsaß-Lothringen wiederzugewinnen, und unterstützten den russischen Panslawismus. Wilhelm II. und die für die militärische Sicherung Deutschlands zuständigen Instanzen wußten, daß so bereits seit 1893 eine Gefahr für Deutschland entstand. Denn das erst 1871 entstandene Deutsche Reich war machtpolitisch den schon länger vorhandenen nationalen Machtstaaten unerwünscht.

Seit 1894 wurde deshalb durch den seit 1891 als Chef des deutschen Generalstabs tätigen General Alfred Graf Schlieffen der Plan für den Fall eines Krieges ausgearbeitet, in dem das Deutsche Reich von Rußland und Frankreich angegriffen werden würde.[21] Er bestand darin, daß ein langer Krieg mit seiner Tendenz zur ständigen Verschärfung dadurch vermieden werden sollte, daß eine schnelle und radikale Entscheidung im Westen durch eine hinhaltende Kriegführung im Osten erreicht werden sollte. Im Osten sollten nur schwache deutsche Sicherungstruppen verbleiben und u. U. das Land bis zur Weichsel räumen. Im Westen aber sollten die deutschen Truppen durch Luxemburg, Belgien und, wie ursprünglich gedacht war, auch durch Holland vorstoßen und durch ein riesiges Umfassungsmanöver mit einem außerordentlich starken rechten Flügel bei einer schwachen deutschen Sicherungsfront von Metz bis zur Schweizer Grenze das französische Heer nach einem weiteren Vorstoß nach Süden, von hinten her an der unbezwungenen Festung Paris vorbei, gegen den östlichen französischen Festungsgürtel zurückdrängen.

Am 8. April 1904 schloß Frankreich mit England einen Kolonialvertrag, durch den die Interessengegensätze beider ausgeglichen wurden. Marokko wurde an Frankreich geradezu ausgeliefert. Es begann zwischen England und Frankreich die Entente cordiale. Rußlands Niederlage im japanischen Krieg stellte Graf Schlieffen in seinem Plan, wie er ihn zuletzt 1905 konzipierte, in Rechnung. Als der Kaiser 1905 wie im Vorjahr zur Erholung eine Mittelmeerreise unternahm, riet ihm sein Reichskanzler Bülow dringend, auch Tanger[22] anzulaufen und durch den Besuch dieses marokkanischen Hafens die Stellung des Sultans von Marokko gegenüber den Franzosen zu stärken. Wilhelm lehnte Bülows Bitte zunächst ab, doch erwiderte dieser, daß der Kaiser der Meinung des deutschen Volkes und des Reichstags Rechnung tragen müsse, die sich nun einmal für einen solchen Schritt erwärmt hätten. Der Kaiser glaubte konstitutionell handeln zu müssen; nach Bülows Auffassung hatte Deutschland dasselbe Recht, den status quo in Marokko zu verteidigen, wie Frankreich, als dieses aufgrund seiner Abmachung mit England angriff. Er begab sich auf die Reede von Tanger und sprach den Vorschlägen Bülows gemäß mit den Marokkanern und dem französischen Geschäftsträger über die Unabhängigkeit des Sultans von Marokko. Die für ihn von Bülow entworfene Rede hielt er nicht, doch ließ sie der Kanzler als Kaiserrede verbreiten.[23] In seinem Rückblick 1922 schreibt Wilhelm: „Den ersten Beweis für die Wirkung des Besuches in Tanger erfuhr ich, als ich in Gibraltar ankam und von den Engländern sehr förmlich und frostig empfangen wurde im Gegensatz zu der herzlichen Aufnahme im Vorjahre. Was ich vorausgesehen, wurde durch die Tatsachen bestätigt. In Paris herrschte Erbitterung und Wut. [Außenminister] Delcassé versuchte, zum Kriege zu hetzen, er drang nur deswegen nicht durch, weil sowohl der Marineminister wie der Kriegsminister erklärten, Frankreich sei noch nicht bereit." Delcassé teilte dem Redakteur des *Gaulois* mit, daß im Kriegsfalle England auf Frankreichs Seite getreten sein würde. Wilhelm reflektierte später:[24] „So wäre ich durch den mir aufgenötigten Besuch in Tanger schon damals beinahe in die Lage gekommen, der Entfesselung eines Weltkrieges beschuldigt werden zu können. Konstitutionelles Denken und Handeln ist für den Fürsten, dem schließlich immer die Verantwortung aufgebürdet wird, oft eine harte Aufgabe."

Das Fürstentum Lippe – Ein Welfe Regent in Braunschweig – Vermählung des Kronprinzen Wilhelm – Dessen Söhne Wilhelm und Louis Ferdinand

Die konstitutionelle Monarchie ist mit dem dynastischen Erbrecht verknüpft und an eine Verfassung gebunden. Das Recht und die Pflicht der Dynastie, nach außen und im Innern des ererbten und in einem hinzugewonnenen Bereich den Frieden zu erhalten, ist allen ebenbürtigen Angehörigen der Dynastie gemeinsam. Die daraus hervorgehende Rechtsmöglichkeit der Teilung des Landes konnte durch eine hausgesetzliche Vereinbarung über die Regierungsnachfolge, etwa nach dem Recht der Erstgeburt (Primogenitur), ausgeschaltet werden. Das salische Recht bindet die Ebenbürtigkeit an die Herkunft aus mindestens einem Grafengeschlecht, da die Grafen Inhaber der Gerichtsbarkeit auch über Leben und Tod und den Herzogs- und Königsfamilien ebenbürtig waren. Das etwa in England geltende Recht, das ripuarische Recht (Recht der Uferfranken) fordert das nicht.

Diese Rechtstatsachen brachten im Fürstentum Lippe und dem Kaiser sowie dem Bundesrat schwierige Probleme. Als 1884 Ernst Graf von Lippe-Biesterfeld zur Regierung kam, bat er den Bundesrat, seine Ansprüche zu überprüfen. Da sich damals der Bundesrat für nicht zuständig erklärte, bat Graf Ernst 1888 den neuen Kaiser. Ernst machte geltend, daß sein Vater, Graf Julius von Lippe-Biesterfeld aus der Ehe seines Großvaters Ernst mit Modeste, der Tochter des preußischen Generals Philipp von Unruh stammte, einer für unebenbürtig gehaltenen Ehe, aber von 1810 bis 1840 regiert hatte. Ernst beanspruchte, in die Rechte des kinderlos verheirateten Fürsten Woldemar von Lippe-Detmold einzutreten, der dort seit 1875 sehr fortschrittlich im Rahmen der Verfassung regiert hatte. Woldemars jüngster Bruder Alexander war geisteskrank und deshalb nicht fähig zu regieren. In Hinblick auf diese Tatsache legte Woldemar ohne Mitwirkung der Chefs der anderen Linien am 15. Oktober 1890 durch Dekret fest, daß nach seinem Tod Adolf, der jüngste Bruder des in Schaumburg-Lippe regierenden Fürsten Georg, die Regentschaft für Alexander zu übernehmen habe. Adolf wurde am 19. November 1890 mit Viktoria, einer Schwester des Kaisers verheiratet, und Wilhelm hoffte, daß dieser Fürst in Detmold werde.[25]

Es wurde seit längerer Zeit in Rechtsgutachten erörtert, ob beim Erlöschen der Linie Lippe-Detmold die erbherrliche Linie Lippe-Biesterfeld des Grafen Ernst oder die fürstliche Linie Schaumburg-Lippe die nächstberechtigte sei. Paul Laband, der 1876 bis 1882 drei Bände „Das Staatsrecht des Deutschen Reiches" herausgebracht hatte, schrieb 1891 über die Thronfolge im Fürstentum Lippe, und sogar Meyers Konservationslexikon XI, 1896, 389f. erörterte die Frage. Die Regierung des Fürstentums Schaumburg-Lippe zweifelte die Ebenbürtigkeit der Biesterfelder Linie an, sprach sich aber nicht offen gegen sie aus und legte auf Verlangen des Landtags 1890 ein Regentschaftsgesetz als Entwurf vor. Das kam aber nicht zustande, da der Landtag zwei Deputierte zur Regentschaft ernennen wollte. Als Woldemar am 20. März 1895 starb, führte Prinz Adolf von Schaumburg-Lippe die Regentschaft. Nun veröffentlichte das Ministerium das Dekret Woldemars vom 15. Oktober 1890. Dessen Entscheidung für den Prinzen Adolf von Schaumburg-Lippe bestritten aber die Chefs der Linien Lippe-Biesterfeld und Lippe-Weißenfeld sowie die Mehrheit des Landtags. Doch gaben diese und der Landtag zu, daß Adolf bis zur Entscheidung über die Nachfolge die Regentschaft für Karl Alexander führe. Die Regierung versprach, beim Bundesrat ein Reichsgesetz zu beantragen, das dem Reichsgericht die Entscheidung über die Erbfolge übertragen sollte. Reichskanzler Bülow telegraphierte, als Alexander am 13. Januar 1905 gestorben war, ohne Wilhelms Wissen, dieser habe die Vereidigung der ein Bataillon ausmachenden Truppen des Fürstentums auf Fürst Leopold IV. befohlen, der seinem am 26. September 1904 verstorbenen Vater Ernst in Lippe-Biesterfeld folgte und 1905 als Leopold IV. Fürst von Schaumburg-Lippe wurde. Er regierte bis 1918. Wilhelm II. verübelte Bülow die praktische Entscheidung gegen seinen Schwager Adolf von Schaumburg-Lippe nicht.

Von auch außenpolitischer Bedeutung war, wer in dem welfischen Herzogtum Braunschweig regieren sollte, als 1906 der dort infolge der Machtpolitik Bismarcks eingesetzte und regierende Prinz Albrecht von Preußen starb. Der Bundesrat hatte am 2. Juli 1885 beschlossen,[26] dort einen Welfen zuzulassen, aber nur unter der Bedingung, daß dieser auf das durch Preußen annektierte Königreich Hannover verzichtete. Der welfische Herzog Ernst August von Cumberland, seit 1904 Schwiegervater des Großherzogs Friedrich Franz IV. von Mecklenburg-Schwerin, verweigerte diesen Verzicht. Doch wurde 1907 der Onkel (Vaterbruder) dieses Großherzogs, also Herzog Johann Albrecht unter Einwilligung Wilhelms II. Regent des Herzogtums Braunschweig. 1913 heiratete Ernst August, der Sohn des gleichnamigen alten Herzogs von Cumberland, der auch preußischer Offizier geworden war, die Kaisertochter Viktoria Luise.

Der Kaiser hatte rechtzeitig an die Vermählung vor allem seines ältesten Sohnes Wilhelm zu denken. Dieser aber hatte sich im Winter 1899/1900 in Tegernsee, wo die Familie der Herzoge in Bayern ein ungezwungenes naturnahes Leben führte, als er noch nicht 18 Jahre alt war, in die außerordentlich hübsche einundzwanzigjährige Herzogin Marie Gabriele in Bayern, eine Tochter des Herzogs Karl Theodor in Bayern verliebt.[27] Der junge Hohenzoller dachte nicht daran, daß die katholische Wittelsbacherin anders als einst Prinzessin Elisabeth von Bayern handeln könne, die 1823 mit dem preußische Thronfolger Friedrich Wilhelm, dem späteren König Friedrich Wilhelm IV., vermählt wurde und 1830 unter dem Druck ihres Schwiegervaters zur evangelischen Kirche übertrat. Die katholische Kirche forderte katholische Kindererziehung und verschärfte inzwischen ihre Bestimmungen darüber. Das katholische bayerische Königshaus wahrte durch das eigene Beispiel ebenso wie das evangelische preußische Königshaus die Tradition der eigenen Konfession. Kronprinz Wilhelm wollte Marie Gabriele, die seit dem Sommer 1899 auch von Prinz Rupprecht von Bayern umworben wurde, unbedingt heiraten. Doch brachte der Prinzregent, dem in dieser Stellung nicht die ganze Zivilliste zur Verfügung stand, auch Erzherzoginnen in die Gesellschaft seines Enkels, die bei ihrer Vermählung eine günstige Mitgift zu erwarten hatten. Rupprecht setzte jedoch im Jahr 1900 seine Ehe mit der von ihm umworbenen Wittelsbacherin durch.

Kronprinz Wilhelm hingegen wurde am 6. Juni 1905 mit der ebenfalls sehr hübschen Herzogin Cecilie von Mecklenburg-Schwerin verheiratet. Die Hochzeit fand einen Tag nach dem Rücktritt des über der Marokkofrage gestürzten französischen Außenminister Delcassé statt. Die Freude des Kaisers über das politische und das familiäre Ereignis dieser Tage war so groß, daß er nun auch politisch freudig gestimmt den Reichskanzler Grafen Bülow zum Fürsten ernannte. Er erreichte damit den Rang, der Bismarck nach dem Sieg über Frankreich verliehen worden war und nun Bülow nach dem Triumph über Delcassé zuteil wurde. Der Kronprinz wurde Vater von vier Söhnen, von denen der 1906 geborene Prinz Wilhelm 1940 im Krieg gegen Frankreich tödlich verwundet wurde Am 9. November 1907 wurde Prinz Louis Ferdinand geboren, der 1940 Chef des Hauses wurde. Er starb 1994. Durch den Tod seines Großvaters ist der

1976 geborene Prinz Georg Friedrich nun Chef des Hauses geworden, nachdem sein Vater, der ebenfalls Louis Ferdinand hieß, 1977 beim Wehrdienst verunglückte. Prinz Eitel Friedrich, der Bruder des Kronprinzen wurde ein Jahr später, am 27. Februar 1906 mit Herzogin Sophie Charlotte von Oldenburg vermählt.

Die Technischen Hochschulen in Preußen, der Osteuropa-Historiker Theodor Schiemann, der Theologe Adolf von Harnack – Abhängigkeit des biblischen Altertums von Babylon? – Hofprediger Adolf Stöcker – Friedrich Naumann

1922 bekennt Wilhelm II.:[28] „Das weite und vielseitige Gebiet, dessen Pflege dem Kultusministerium obliegt, Kunst, Wissenschaft, Forschung, Ärztewesen u. s. w., habe ich stets mit lebhaftem Interesse beobachtet und zu fördern gesucht." Für den Fortschritt der Naturwissenschaft und Technik im 20. Jahrhundert entschied Wilhelm viel, indem er die Technischen Hochschulen auszeichnete und förderte. Am 11. Oktober 1899 verlieh er diesen das Recht der Promotion zum Doktor-Ingenieur. (R II, 178 - 180) Die Technischen Hochschulen Preußens promovierten deshalb den Kaiser in seinem 25. Regierungsjahr 1913 zum Dr. Ing. ehrenhalber. Am 19. Oktober 1899 hielt sein Kultusminister Studt die Festrede, dann wurde der Erlaß vom 11. Oktober verlesen. Wilhelms selbst führte (R II, 178 ff.) aus, daß er die Technischen Hochschulen als ebenbürtig den obersten Bildungsstätten an die Seite gestellt habe. Zur Verbindung der hier gelehrten Wissenschaft mit dem Leben forderte er durch die soeben 1899 aufgestellten Standbilder von Werner Siemens und Alfred Krupp auf.

Zur Ausschaltung der Interessengegensätze mit anderen obersten Unterrichtsstätten zitierte er einleitend Goethe: „Gleich sei keiner dem anderen, doch gleich sei jeder dem Höchsten! Wie das zu machen? Er sei jeder vollendet in sich! Bleiben die Technischen Hochschulen, welche sich in dem zu Ende gehenden Säkulum zu so schöner Blüte entwickelt haben, dieser Mahnung getreu, so wird das kommende Jahrhundert sie wohl gerüstet finden, welche die fortschreitende kulturelle Entwicklung der Völker in immer steigendem Maße der Technik stellt." Dann aber weist Wilhelm auf den Schöpfer hin, der den Menschen die Fähigkeit und das Bestreben verliehen hat, immer tiefer in die Geheimnisse seiner Schöpfung einzudringen und die Kräfte und die Gesetze der Natur immer mehr zu erkennen um sie dem Wohl der Menschheit dienstbar zu machen. "So führt, wie jede echte Wissenschaft, auch die Technik immer wieder zurück auf den Ursprung aller Dinge, den allmächtigen Schöpfer, und in demütigem Danke müssen wir uns vor ihm beugen. Nur auf diesem Boden, auf dem auch... Wilhelm der Große... wirkte, kann auch das Streben unserer Wissenschaften von dauerndem Erfolge begleitet sein."

In dieser Auffassung sah Wilhelm die 1879 zur Technischen Hochschule in

Charlottenburg mit der Gewerbeakademie von 1821 vereinigte königliche Bauakademie von 1799. Er erkannte die zunehmende Bedeutung der Technik, zu deren Studium immer größere Scharen „der tüchtigen Jugend" zogen, und freute sich, daß die aus ihr hervorgehenden jungen Ingenieure dem deutschen Namen in der Welt immer mehr Ehre brachten. Er selbst stand in „regstem Verkehr" mit Adolf Slaby,[29] der 1887 Professor der Elektrotechnik an der Technischen Hochschule in Charlottenburg, 1902 an der Universität Berlin geworden war. Seine Vorträge über die neuesten Erfindungen hielten den Kaiser immer wieder auf dem Laufenden. Slaby hielt sie ihm sowohl im Laboratorium wie auch im stillen Jagdhaus im märkischen Walde, wo auch die Kaiserin im kleinen Kreise zuhörte. Der Professor entwickelte eine schlichte klare Auffassung „über alle möglichen Dinge dieser Welt".

Großen Eindruck machten Wilhelm auch die Leistungen des seit 1870 als Professor für Wasserbau in Aachen wirkenden Otto Intze, der durch seine Talsperren-Pläne bekannt wurde. Wilhelm II. verlieh deshalb den Technischen Hochschulen in Preußen dieselbe Berechtigung der Vertretung im Herrenhause wie sie die Universitäten besaßen. Als die Universitäten beim Kultusminister dagegen energischen Einspruch erhoben, brach ein heftiger Kampf aus, bis Wilhelm durch einen Erlaß seinen Willen durchsetzte. Das kaiserliche Telegramm darüber erreichte Slaby während einer Vorlesung im Laboratorium, wo die Studenten in Begeisterungsrufe darüber ausbrachen. Die Sympathie der jungen Generation aus verschiedenen Schichten begleitete den Kaiser lange.

Wilhelm II. gründete 1904 in Danzig und 1910 in Breslau Technische Hochschulen. In Danzig sagte er (R III, 227-229) am 6. Oktober 1904 bei der Eröffnung, daß bei dem Wettlauf der Nationen in der kulturellen Entwicklung der Technik ganz besondere Aufgaben zufallen und deren Leistungen für das künftige Wohl des Vaterlandes und die Aufrechterhaltung seiner Machtstellung von größter Bedeutung seien. Wilhelm wirkte daher für die Vermehrung der Technischen Hochschulen und betonte: Die ungeahnte Entwicklung der deutschen Technik sei der ernsten Arbeit und dem auf dem festen Boden der Wissenschaft fußenden systematischen Unterricht zu verdanken. „Die Mathematik und die theoretischen Naturwissenschaften haben die Wege gewiesen, auf denen der Mensch in Gottes gewaltige Werkstatt der Natur immer tiefer einzudringen vermag." Die umfassende Vielseitigkeit der deutschen Technischen Hochschulen stelle eine wissenschaftliche Universitas dar, die mit der alten Universität umso mehr verglichen werden könne, als ein nicht unbeträchtlicher Teil des Lehrgebietes den beiden Anstalten gemeinsam sei. Mit besonderer Genugtuung ließ Wilhelm die neue Bildungsstätte in der altehrwürdigen, erinnerungsreichen Hansestadt erstehen, um den seinem Herzen so nahe stehenden Ostseeprovinzen wie der Stadt Danzig einen neuen Beweis seiner landesväterlichen Fürsorge zu geben.

Am 29. November 1910 (R IV, 230ff.) hob er bei der Gründung der Technischen Hochschule in Breslau Schlesiens hochentwickelte Industrie hervor. „Wer hier forscht und lehrt, tue das mit heiligem Ernst in Aufblick zu Gott." Zu Rektor Riedler[30] sagte der Kaiser in Charlottenburg: „Die Technische Hochschule hat große Aufgaben zu lösen, nicht bloß technische, sondern auch soziale. Die sind bisher nicht so gelöst, wie ich wollte. Sie können auf die sozialen Verhältnisse vielfach großen Einfluß ausüben, da Ihre vielen Beziehungen zu Arbeitern und zur Arbeit und zur Industrie überhaupt eine Fülle von Anregung und Einwirkung ermöglichen. Sie sind deshalb in der kommenden Zeit zu großen Aufgaben berufen; die bisherigen Richtungen haben ja leider in sozialer Beziehung vollständig versagt. Ich rechne auf die Technischen Hochschulen! Die Sozialdemokratie betrachte ich als eine vorübergehende Erscheinung; sie wird sich austoben. Sie müssen aber Ihren Schülern die sozialen Pflichten gegen die Arbeiter klarmachen und die großen allgemeinen Aufgaben nicht außer Acht lassen." Die *Kreuzzeitung* erklärte, sie vermöge die Ansicht vom „Austoben" der Umsturzpartei nicht zu teilen.

Die *Münchener Post* las aus der Rede eine Bestätigung der sozialpolitischen Ansichten des Karl Ferdinand Frhr. von Stumm-Halberg heraus, der seit 1858 als Industrieller die Eisenhüttenwerke Neunkirchen, Dillingen (im preußischen Regierungsbezirk Trier) und Burbach leitete, aber von 1867 bis 1870 dem Preußischen Abgeordnetenhaus, von 1867 dem norddeutschen, von 1871 bis 1881 und dann wieder 1889 dem deutschen Reichstag angehört hatte und seit 1882 im Herrenhaus des Preußischen Landtags saß. Er förderte Bismarcks Schutzzollpolitik und Sozialreform.[31] Dietrich von Oertzen, der 1908 im Auftrag der Kirchlich-Sozialen Konferenz in der Agentur des Rauhen Hauses in Hamburg das Buch „Von Wichern bis Posadowsky, zur Geschichte der Sozialreform und der Christlichen Arbeiterbewegung" herausgegeben hatte, schrieb über Stumm, er habe in der Rolle, die er am Hof und in der Politik spielte, das innere Gleichgewicht verloren. Er spricht von ihm als dem verletzten Arbeitgeber, der mit Unwillen „seine" Arbeiter mündig werden sah.

Unter dem Protektorat des Kaisers und Königs von Preußen[32] wurde am 31. Juli 1899 der Kaiserliche Automobilclub mit Sitz in Berlin gegründet. Sein Nachfolger wurde bald der Automobilclub von Deutschland (AvD). Als Ergänzung zum Kaiserlichen Automobilclub wurde 1903 in Stuttgart die Deutsche Motorradfahrer-Vereinigung geschaffen. Als Zusammenfassung wurde 1911 für Autofahrer, Motorradfahrer, Fahrer von Motorbooten und von Flugzeugen der Allgemeine Deutsche Automobilclub (ADAC) ins Leben gerufen. Die Straßen wurden für diese Kreise schnell auch Gegenstand des Interesses, zumal Autorennen, wie sie in England und in den USA stattfanden, hier besondere Probleme aufwarfen. Das Autorennen 1904 in Hamburg wurde auch von Mitgliedern der kaiserlichen Familie besucht. Zu solchen Rennen, die auf den damaligen Straßen viel Staub verursachten, waren zementierte und für den Parallelverkehr geeignete Straßen nötig. So wurde 1909 in Berlin die „Automobil-, Verkehrs- und Übungsstraßen GmbH", kurz AVUS genannt, in einem kleinen Büro gegründet. Doch kamen die beteiligten Kreise bald vom Bau reiner Rennstrecken ab. Sie wollten neuartige Verkehrswege für die Autofahrer schaffen, Straßen mit zwei von einander getrennten Fahrbahnen. Der Gedanke, Autostraßen zu bauen, wurde in der AVUS geboren. 1910 wurde in Grunewald bei Berlin ein entsprechendes Gelände erworben. Die Finanzierung stand 1912 fest. Noch unter der Regierung des Kaisers konnte 1914 die erste Renn- und Versuchsstrecke eingeweiht werden.

In eine verzweigte geistige Welt führte der seit 1887 an der Universität Berlin als Literarhistoriker wirkende Professor Erich Schmidt. Noch 1922 rühmt Wilhelm[33] die im Schloß erfolgten geistvollen Abendvorträge „dieses kerndeutschen Mannes" ebenso wie er den seit 1892 als Professor für osteuropäische Geschichte an der Universität Berlin tätigen Professor Theodor Schiemann als einen aufrechten Balten würdigte, einen Vorkämpfer des Deutschtums gegen „slawische Überhebung", aber auch als einen scharf blickenden Politiker, glänzenden Historiker und Schriftsteller. Er zog ihn in politischen und historischen Fragen „andauernd" zu Rate. „Nach der Befreiung des Baltikums" im Weltkrieg machte ihn der Kaiser zum Kurator der Universität Dorpat, die 1632 von dem Schwedenkönig Gustav Adolf gestiftete, 1802 von Kaiser Alexander I. erneuert worden war und an der es die einzige lutherisch-theologische Fakultät in Rußland gab. Die Stadt war damals zu 68% von Esten, zu 16% von Deutschen, zu 10% von anderen und nur zu 6% von Russen bewohnt, aber von der russischen Regierung 1893 in Jurjew unbenannt worden, da 1030 Großfürst Jaroslaw eine Burg mit diesem Namen dort errichtet hatte, die aber von den Esten zerstört wurde. Die Stadt und das Gebiet dabei war zwar 1558 von Iwan IV. dem Schrecklichen[34] erobert worden, 1582 an das Vereinigte Königreich Polen-Litauen gekommen, aber erst seit 1721 auf die Dauer ein Bestandteil Rußlands geworden.

Der in Dorpat geborene Karl Gustav Adolf Harnack hatte dort sieben Semester evangelische Theologie studiert, war 1872 nach Leipzig gegangen, um dort zu promovieren und sich zu habilitieren. Er hatte von seiner Mutter ein exaktes naturwissenschaftliches Denken geerbt. Sie war die Tochter des Chirurgen Karl Thiersch und der Freiin Johanna von Liebig. Ihr Großvater war der berühmte Naturwissenschaftler Justus Frhr. von Liebig. Der Vater Karl Gustav Adolf Harnacks war Professor der evangelischen Theologie in Dorpat und hatte dieses Fach dann von 1853 bis 1866 in Erlangen vertreten. Harnack hielt bereits als außerordentlicher Professor seit 1876 an der Universität Leipzig kirchengeschichtliche Vorlesungen und lernte dort die Theologie des Albrecht Ritschl und dessen Metaphysik kennen, die unter Bezugnahme auf Kant die ethische Idee des Gottesreichs als des objektiven Zwecks der Gottesoffenbarung vertrat. Harnack hatte als Ordinarius in Gießen 1886, 1887 und 1890 ein dreibändiges Lehrbuch der Dogmengeschichte herausgebracht und war 1886 Professor an der preußischen Universität in Marburg geworden. Obwohl sich der Evangelische Oberkirchenrat in Berlin einer Berufung Harnacks dorthin widersetzte und dagegen auch in der Öffentlichkeit agitierte, entschied sich Wilhelm II. für ihn. Er hatte sich darüber auch mit Hinzpeter und mit Bismarck besprochen. Die königlich preußische Akademie der Wissenschaften wählte ihn 1890 zum ordentlichen Mitglied und beauftrage ihn sofort, eine kritische Ausgabe der griechischen christlichen Schriftsteller der drei ersten Jahrhunderte vorzubereiten. Harnack verfaßte dazu als Bestandsaufnahme eine Geschichte der altchristlichen Literatur bis Eusebius, deren erster Band 1893 und deren zweiter Band in zwei Teilen 1897 und 1904 erschien. Der geplante dritte Band wurde nicht geschrieben. Als Harnack 1892 seine bereits bekannte Meinung zum Gebrauch des apostolischen Glaubensbekenntnisses im Gottesdienst vortrug, brach ein kirchenpolitischer Konflikt aus. Harnacks öffentliche Vorlesungen des Wintersemesters 1899/1900 über das Wesen des Christentums, die bereits 1900 als Buch erschienen und bis 1925 vierzehn deutsche Auflagen erlebten, wurden in vierzehn Sprachen übersetzt. Den Kaiser und weite Teile der deutschen Öffentlichkeit überhaupt bewegten Probleme des christlichen Glaubens.

Der Assyriologe Friedrich Delitzsch behauptete die Abhängigkeit des biblischen Altertums vom babylonischen. Er war 1893 ordentlicher Professor in Breslau, 1899 in Berlin geworden, da er die einschlägigen Sprachen hervorragend erforschte und auch mit Werken über die alten Keilschriftsprachen hervortrat. In der Deutschen Orientgesellschaft hielt er zwischen 1902 und 1904 zwei Vorträge, die auch der Kaiser besuchte. Seit 1901 war er Protektor der Gesellschaft und überhaupt ihr finanzieller Förderer, da er stets an ihren Forschungen interessiert blieb. Er lernte durch die Vorträge das Thema „Babel und Bibel" genauer kennen, denn Delitzsch breitete die Beziehungen des babylonischen und des israelitischen Schrifttums zu ihrer Umwelt aus, betonte die teilweise „Überlegenheit" der babylonischen Religion über die alttestamentliche und die „Abhängigkeit" mancher religiöser Vorstellungen und Sitten von den babylonischen und bezog das auf die Weltschöpfung, den Sündenfall, die Sintflut, das Mosaische Gesetz, die, Einrichtung des Sabbats und überhaupt auf Recht und Moral, also auf Grundfragen auch der allgemeinen, vor allem der christlichen Weltanschauung. Kirchliche Kreise sahen darin einen Angriff auf die geoffenbarte Religion. Auch wissenschaftlicher Widerspruch wurde versucht.

Da auch der Admiral Friedrich von Hollmann, der von 1890 bis 1897 Staatssekretär des Reichsmarineamtes gewesen war, dem Vorstand der Deutschen Orientgesellschaft angehörte, kam es zu ausführlichen Gesprächen zwischen ihm und dem Kaiser. Sie fanden einen aufschlußreichen Niederschlag am 15. Februar 1903, als Wilhelm Hollmann für Ausführungen dankte, sich als dessen stets treuen Freund bezeichnete, ihm aber auch seinen persönlichen Standpunkt bezüglich der Offenbarungslehre und der Anschauung über die Offenbarung auseinandersetzte, wie er das auch anderen Herren gegenüber getan hatte. Seine Gedanken über die Offenbarung erschienen ihm noch 1922 so wichtig als Bekenntnis,[35] daß er sie in seinem Buch „Ereignisse und Gestalten 1878 bis 1918" auf fast vier Seiten abdruckte. Er unterschied zwei verschiedene Arten der Offenbarung: eine fortlaufende, gewissermaßen historische, und eine rein religiöse, auf die spätere Erscheinung des Messias vorbereitende Offenbarung. Der durch die Propheten und Psalmisten verkündete und angezeigte Messias ist für ihn „die größte Offenbarung Gottes in der Welt". „Denn Er erschien im Sohne selbst, Christus ist Gott, Gott in menschlicher Gestalt." So sehr Wilhelm an dem in Christus geoffenbarten Wort Gottes festhält, so schreibt er doch an Hollmann:[36] Eine große Anzahl von Abschnitten des Alten Testament z. B. seien rein menschlich historischer Natur und nicht Gottes geoffenbartes Wort, z. B. kann „der Akt der Gesetzgebung am Sinai nur symbolisch als von Gott inspiriert angesehen werden", als Moses „zu einer Auffrischung vielleicht altbekannter Gesetzesparagraphen (möglicherweise aus dem Codex Hammurabi stammend) greifen mußte, um das in seiner Zusammensetzung lockere und wenig widerstandsfähige Gefüge seines Volkes zusammenzufassen und zu binden. Hier kann der Historiker aus Sinn oder Wortlaut vielleicht einen Zusammenhang mit den Gesetzen Hammurabis,[37] des Freundes Abrahams, konstruieren, der logisch richtig wäre; das würde aber niemals der Tatsache Eintrag tun, daß Gott Moses dazu angeregt und insofern dem Volke Israel geoffenbart hat".

Tatsächlich wissen wir heute von dem 1728 bis 1686 v. Chr. lebenden altbabylonischen König Hammurabi, einem Zeitgenossen nicht des Moses, sondern des Abraham, daß er die Stadtstaaten des südlichen Zweistromlandes unter Babylon als Hauptstadt zusammenfaßte. Wir kennen heute seinen teilweise erhaltenen Briefwechsel mit seinen Beamten, viele Rechtsurkunden des Zivil- und des Prozeßrechts und vor allem den von ihm stammenden Gesetzeskodex mit mehr als 300 Paragraphen in akkadischer Sprache, der 1901/1902 in Susa gefunden wurde, wohin er offenbar später als Siegesbeute verschleppt worden war. Er wurde zuerst von V. Scheil O.P. 1902 in Paris herausgegeben.[38] Er unterscheidet sich von dem alttestamentlichen Gesetz, das das religiöse, kultische, staatliche und bürgerliche Leben als Einheit auffaßt und in seiner Gesamtheit unter religiösen Gesichtspunkten betrachtet. Im Codex Hammurabi fehlen kultische und religiöse Bestimmungen. Die Götter sind Schützer und Urheber der Rechtsordnung, aber die einzelnen gesetzlichen Bestimmungen werden nicht religiös begründet.

Die neuen Erkenntnisse und Auffassungen über die Heilige Schrift wurden natürlich auch in den Kreisen bekannt, die wie viele Sozialisten die Religion als Betäubungsmittel für die verarmte Bevölkerung ablehnten. Lenin, der von 1900 bis 1902 in der Siegfriedstraße in München lebte, schrieb, das von ihm geforderte kommunistische System habe so lange nicht gesiegt, als am Marienplatz in München die Mariensäule stehe.

Bei der Einweihung der in Görlitz neu errichteten Ruhmeshalle kam der Kaiser auf das Überdenken der überlieferten christlichen Offenbarungsreligion zu sprechen und sagte am 29. November 1902 in Erwiderung auf die Ansprache des Oberbürgermeisters: „Freiheit für das Denken, Freiheit in der Weiterbildung der Religion und Freiheit für unsere wissenschaftliche Forschung, das ist die

Freiheit, die ich dem deutschen Volke wünsche und ihm erkämpfen möchte, aber nicht die Freiheit, sich nach Belieben schlecht zu regieren." Nach einer anderen Lesart (R III, 140 mit Anmerkung) erinnerte er an Friedrich II., „und so wie er die Zukunft im Auge behalten hat, so wollen auch wir weiterstreben in der Freiheit der Religion und der Weiterbildung unserer wissenschaftlichen Forschung". Natürlich hatte er zunächst bei der Rede, ob in dieser oder jener Fassung, an Friedrich erinnert, der den Edelstein Schlesien seiner Krone eingefügt habe.

Die religiös-kirchliche Richtung bei Parteibildungen im Reichstag und im preußischen Landtag versuchte der seit 1874 als Hofprediger in Berlin wirkende Adolf Stöcker am 3. Januar 1878 durch Gründung der Christlich-sozialen Arbeiterpartei zu verwirklichen. Er wollte die Kluft zwischen reich und arm verringern und größere wirtschaftliche Sicherheit für die Handarbeiter herbeiführen, überwand aber den maßgeblichen Einfluß der Sozialdemokratie auf solche Kreise nicht. Wilhelm II. entließ ihn 1890 als Hofprediger, obwohl er seine Tätigkeit auf sozialem Gebiet hoch schätzte. Der Kaiser begründet das 1922 rückblickend[39] damit, daß Stöcker in Süddeutschland „eine demagogische Hetzrede" gegen die dortigen Liberalen gehalten hatte. Die Nationalliberalen sah Wilhelm II. noch 1922 als „reichstreu und daher kaiserlich gesinnt" an und bekennt, er habe oft darauf hingewiesen, daß sie durchaus als Bundesgenossen für die Konservativen zu begrüßen seien, die leider nicht immer überragende Parteiführer hervorgebracht hätten, die zugleich geschickte, taktisch geschulte Politiker gewesen wären. „Der agrarische Flügel war zeitweise zu ausgeprägt und bedeutete eine Belastung der Partei. Ich riet zu dem Zusammenschluß mit den Nationalliberalen, fand aber wenig Gegenliebe." Er bekannte 1922 auch, oft darauf hingewiesen zu haben, er könne und wolle im Reiche nicht ohne die Nationalliberalen, keinesfalls gegen sie regieren; der norddeutsche Konservatismus werde in manchen Teilen des Reiches nicht verstanden, eine Folge der andersgearteten historischen Entwicklung. Von dem auch 1922 gewichtigen Zentrum schreibt Wilhelm, es sei durch den Kulturkampf zusammengeschweißt und stark antiprotestantisch, dem Reiche nicht hold gewesen. „Trotzdem habe ich mit vielen bedeutenden Männern dieser Partei Beziehungen gepflogen und sie zum Nutzen des Ganzen für praktische Mitarbeit interessieren können." Besonders habe ihm dabei Burchard Frhr. von Schorlemer-Alst geholfen, der Parlamentarier des Zentrums gewesen, 1884 Mitglied des Staatsrats, 1891 des preußischen Herrenhauses geworden war. Sein Sohn, der Landwirtschaftsminister, schloß sich sogar der Konservativen Partei an. „Bei vielen Vorlagen hat das Zentrum mitgearbeitet, das in seinem alten Führer Windthorst einstmals den schärfsten politischen Kopf im Parlament besitzen durfte."

Stöckers Christlich-soziale Arbeiterpartei bezeichnete sich später, als die Arbeiter als Wähler weitgehend ausblieben, als Christlich-soziale Partei und verfolgte konservativ-antisemitische Linien, so daß sie der Kaiser ablehnte. Ihr

Gründer war 1896 Friedrich Naumann, der von 1886 bis 1894 als evangelischer Geistlicher, zuletzt in Frankfurt am Main gewirkt hatte. Er gab seit 1895 die in Berlin-Schöneberg erscheinende Zeitschrift *Die Hilfe* heraus und schrieb 1905 „Die Politik der Gegenwart". Bei der Gründung 1896 hatten auch die „Jungen des evangelisch-sozialen Kongresses" unter der Führung Naumanns und Göhres mitgewirkt. Sie erlitten jedoch bei den Wahlen 1903 eine vernichtende Niederlage. Ihre Kreise verschmolzen sich mit der freisinnigen Vereinigung.

Feier zum 300. Geburtstag des Herzogs Ernst I. des Frommen von Sachsen-Gotha-Altenburg – Erziehung des Herzogs Karl Eduard von Sachsen-Coburg und Gotha – Wiedersehen mit Papst Leo XIII. 1903 – Das Domportal in Metz – Seit dem Jahr 1000 wieder ein Kaiser in Gnesen – Polen und Deutsche – Wilhelm in Aachen und Köln – Kapellen beider Konfessionen auf der Hohenzollern-Stamm-burg

Am 26. Dezember 1901 nahm der Kaiser in Gotha an der Feier teil, mit der die 300. Wiederkehr der Geburt des Herzogs Ernst I. des Frommen von Sachsen-Coburg-Altenburg[40] begangen wurde. Sie fand im Saal des Schlosses Friedenstein statt. Der Regierungsverweser für den erst 1905 volljährig werdenden Herzog Carl Eduard von Sachsen-Coburg und Gotha, Erbprinz Ernst Wilhelm von Hohenlohe-Langenburg (der seit 1896 mit Prinzessin Alexandra von Sachsen-Coburg und Gotha verheiratet war) zeigte, wie dieser Wettiner in religiösen Fragen viel weitherziger als die meisten seiner evangelischen Zeitgenossen gewesen war. Sein Ziel sei ein Bund aller evangelischer Kirchen gewesen, der sie nach außen hin zu einer starken Einheit gestalten sollte, während im Innern mit Bezug auf Lehre, kirchliche Gebräuche und Einrichtungen jedem einzelnen Gliede volle Freiheit gewahrt bleiben sollte. Seinen eignen Sohn habe Ernst an zahlreiche protestantische Höfe in und außerhalb Deutschlands geschickt, um ein gemeinsames Vorgehen herbeizuführen. Doch scheiterte er damit. Der Erbprinz von Hohenlohe-Langenburg setzte auseinander: Die evangelische Kirche trage dem tiefen Wissensdrang der Germanen Rechnung, scheue nicht die Ergebnisse redlichen wissenschaftlichen Forschens und lasse den verschiedenen Bekenntnissen in ihrer Mitte freien Spielraum. „Aber gleich wie das Reich den einzelnen Staaten ihre Souveränität belassen hat und sie mit seinem starken Arme schützt, so würde es für die Freiheit der einzelnen Glieder des deutschen Protestantismus nicht eine Gefahr, sondern eine Sicherung und Kräftigung bedeuten, wenn sie sich zusammenschlössen zur Wahrung der hohen Güter, die ihnen gemeinsam sind, nicht zu Angriff und Kampf, sondern zu friedlichem gemeinsamen Wirken."

Der Kaiser begrüßte in seiner Antwort mit großer Freude, daß der heutige Gedenktag, würdig des großen Fürsten und schöner wie man ihn sich nicht wünschen könne, „uns hier zusammengeführt" habe. „Dieser Tag fällt in das Fest, welches die Menschen auffordert, sich wieder in Kindheitserinnerungen zurückzuversetzen, wo das Geschenk der Liebe Gottes, die Erlösung der Menschheit gegeben wird. Dieses Fest ist wahrlich besonders geeignet, für Gedanken des Friedens und Gedanken der Einigung unsere Herzen zu erwärmen... Die Anregung, die Du Uns heute gegeben hast, entspricht Gedanken, die auch Mich schon lange bewegen. Wenn Ich nicht damit hervorgetreten bin, so liegt der Grund nur darin, daß Ich fern davon bin, auch nur in Wünschen und Hoffnungen der Selbständigkeit anderer zu nahe zu treten. Daß aber ein hohes Ziel Meines Lebens eine Einigung der evangelischen Kirchen Deutschlands in den von Dir gedachten Grenzen wäre, brauche Ich nicht zu betonen. Möge von diesem Tage ein Strom des Segens über das ganze deutsche Volk und seine Fürsten ausgehen!"

Wilhelm II. gelobte, dem heranwachsenden Landesherrn des Herzogtums, das der Erbprinz von Hohenlohe-Langenburg in seiner Ansprache als Regierungsverweser vertrat, mit Rat und Tat zur Seite zu stehen. Der am 19. Juli 1884 auf Schloß Claremont in England geborene Herzog Karl Eduard von Sachsen-Coburg und Gotha wurde in England und unter dem Einfluß seines Onkels, des Kaisers, in der Hauptkadettenanstalt Lichterfelde und an der Universität Bonn herangebildet. Er übernahm 1905 die Regierung, verzichtete 1918 nicht und trat seit 1920 in der nationalen Öffentlichkeit Deutschlands hervor.

Am 30. April 1903 (R III, 156) vermählte sich in Bückeburg (Hauptstadt des Fürstentums Schaumburg-Lippe) Großherzog Wilhelm Ernst von Sachsen-Weimar-Eisenach mit Prinzessin Karoline von Reuß älterer Linie. Wilhelm II. sprach auf Wunsch des Fürsten Georg von Schaumburg-Lippe und mit Einwilligung der Königin Wilhelmine der Niederlande, die 1890 die Krone geerbt hatte, als Vertreter der versammelten Gäste und ermahnte den Großherzog, seine Gemahlin auf Händen zu tragen und ihr in Minne zu dienen, wie es am Hofe des Landgrafen zu Thüringen von Alters her Brauch gewesen sei. Großherzogin Karoline möge eintreten in die fürstliche Familie, in der der Name der heiligen Elisabeth zu den ersten unter den Namen zähle, und die auch er, der Kaiser zu seinen Ahnen rechne.

Am 3. Mai 1903 traf Wilhelm II. zum Besuch bei König Viktor Emanuel III. im Quirinal in Rom ein und besuchte auch Papst Leo XIII. Am 14. Mai übergab Wilhelm II. dem Bischof von Metz das nunmehr vollendete Portal am Metzer Dom, „ein Meisterwerk der Architektur" wie der Bildhauerkunst. Es hat seine bildliche Darstellung die freudige und bewundernde Anerkennung des Papstes gefunden (R III, 158). Die Anwesenheit eines päpstlichen Legaten „ist eine besondere Ehre für das Bistum und das Lothringische Land, wozu ich Ihnen Meinen herzlichsten Glückwunsch ausspreche. Mögen durch diese Pforte fromme Christen, treue deutsche Untertanen zum Dienste des Herrn ihren Eintritt nehmen. Das walte Gott!" Der Legat war der 1893 zum Kardinal erhobene, seit

1887 als Fürstbischof von Breslau tätige Rudolf Kopp, der 1899 Vorsitzender der Fuldaer Bischofskonferenz geworden war und vom Kaiser besonders geschätzt wurde.

Das Problem der Konfession berührte Wilhelm II. am 9. August 1905 bei seinem Besuch in Gnesen in der preußischen Provinz Westpreußen. Der Bürgermeister der Stadt, Schmidt, sprach davon, daß zwar Friedrich Wilhelm IV. auf einer Durchreise und Kaiser Friedrich III. als Kronprinz wiederholt in Gnesen gewesen seien, aber seit Kaiser Otto III. im Jahre 1000 in Gnesen war, habe kein deutscher Kaiser die Stadt mehr besucht. Wilhelm II. dankte (R III, 262ff.) und freute sich, daß auch die Ansiedler in hellen Scharen sich hier zusammengefunden hätten. Dann sagte er zu dem Oberpräsidenten von Waldow, er habe vor wenigen Jahren in Posen gesprochen. Es habe aber den Anschein, als seien sich manche seiner polnischen Untertanen noch immer nicht im Klaren darüber, ob sie Schutz und Recht unter dem Hohenzollernbanner finden. „Wie damals, so möchte Ich auch heute wiederholen, daß jeder katholische Pole wisse, daß seine Religion von Mir geehrt und daß er bei ihrer Ausübung in keiner Weise gestört wird, daß er aber Ehrfurcht und Achtung vor anderen Konfessionen zu bewahren hat, ebenso wie wir vor der seinen."

„Für jeden, sei er polnisch oder deutsch, der katholisch ist, möchte Ich noch eines erwähnen. Als bei Meinem letzten Besuch im Vatikan der greise Leo XIII. von Mir Abschied nahm, da faßte er Mich mit beiden Händen, und trotzdem Ich Protestant bin, gab er Mir seinen Segen mit folgendem Versprechen: Ich gelobe und verspreche Euer Majestät im Namen der Katholiken, die Ihre Untertanen sind, daß sie stets treue Untertanen des deutschen Kaisers und Königs von Preußen sein werden." Nach einer Mahnung an das Domkapitel von Gnesen (R III, 264), sich an das Versprechen des Papstes zu halten, schloß der Kaiser mit dem Satz „Deutschtum heißt Kultur, Freiheit für jeden, in Religion sowohl wie in Gesinnung und Betätigung".

Als der Kaiser am 11. März 1903 den neu ernannten Erzbischof Antonius Fischer von Köln im Rittersaal des königlichen Schlosses in Berlin in Gegenwart des Reichskanzlers, des preußischen Kultusministers und anderer empfing (R III, 150), sprach dieser Wilhelm als den „erhabenen Herrscher" an, „dem das Wohl aller seiner Untertanen, auch – ich freue mich, es hier aussprechen zu können – seiner katholischen Untertanen am Herzen liegt. Ich verehre in Eurer Majestät den mächtigen tatkräftigen Fürsten, der in einer Zeit, wo vielfach Unglaube und Gottlosigkeit sich brüstet und an den Fundamenten des christlichen Volkslebens rüttelt, vor aller Welt keinen Hehl macht aus seiner christlichen Überzeugung, vielmehr bei verschiedenen Gelegenheiten seinen demütigen Glauben an die Majestät Jesu Christi als des Mensch gewordenen Gottessohnes und des Erlösers der Menschheit kundgegeben hat." Der Kaiser habe im Sommer 1902 in der alten Kaiserstadt Aachen sich, das Kaiserhaus, Heer und Volk unter den Schutz des Kreuzes gestellt. Auf das von Erzbischof Fischer „in so herrlicher Weise" erneuerte Treuegelöbnis von 1903 erinnerte Wilhelm II., als er am 12. September 1905 beim Essen für die Rheinprovinz in Koblenz sagte (R III, 270), auf der Hohenzollern-Stammburg, wo die ältere katholische Linie Hohenzollern-Sigmaringen regierte, gebe es zwei Kapellen, die eine für die Protestanten, die andere für die Katholiken, auf daß beide in Eintracht nebeneinander ihren Gottesdienst verrichten mögen. Er war wieder auf der Burg gewesen, als Fürst Leopold von Hohenzollern am 5. Juni 1905 gestorben war und beigesetzt wurde. Mit dem Hinweis auf diese beiden Kapellen verband er nun den Wunsch, daß seine Rheinländer in froher Eintracht miteinander leben möchten, „vor allen Dingen in der Achtung der Persönlichkeit, der Würdigung derselben in jedem Menschen, emporblickend zum Firmament da droben, was über unserem Hause sich wölbt, aufschauend zu dem gemeinsamen Erlöser und Heiland, von dem wir hoffen und erwarten, daß er uns von unseren Sünden erlösen wird. Wenn so das deutsche Volk in sich gefestigt und Gott vertrauend in die Welt hinaustritt, dann wird es auch befähigt sein, die großen Kulturaufgaben zu lösen, die ihm die Vorsehung in der Welt bestimmt hat, nach innen geschlossen, nach außen entschlossen." Er wünschte dem deutschen Volk unter Gottes Schutz in friedlicher Schaffensfreude seine Arbeit zu fördern (R III, 271).

Gelegentlich sprach er aber auch öffentlich seine Sorgen aus, sogar bei der Rekrutenvereidigung in Wilhelmshaven am 9. März 1905 (R III, 239f.). Man dürfe aus den japanischen Siegen über Rußland – den Siegen des heidnischen über ein christliches Volk – nicht den Schluß ziehen, daß Buddha unserem Herrn Christus über sei. Wenn Rußland geschlagen wurde, so liege das zum großen Teile seiner Ansicht nach daran, daß es mit dem russischen Christentum sehr traurig bestellt sein müsse, die Japaner aber viele christliche Tugenden aufzuweisen hätten. Aber auch im deutschen Volke sei es schlimm bestellt mit dem Christentum und er, der Kaiser bezweifle, ob wir Deutsche im Falle eines Krieges überhaupt noch das Recht hätten, Gott um den Sieg zu bitten, ihm denselben „im Gebete abzuringen", wie Jakob im Gebet um Sieg mit dem Engel. Die Japaner wären eine Gottesgeißel wie einst Attila oder Napoleon.

Bauten, Denkmäler und Museen 1894 bis 1904 in Berlin – Bildung der weiblichen Jugend – Deutschtum in Ausland – Kleve und Mark – Das Niederländische Dankgebet – Das römische Limes-Kastell Saalburg

Wilhelm II. setzte sich vor allem mit den neuen Kräften seiner Zeit auseinander, brachte sie aber auch durch Worte, Taten, Bauten und Denkmäler zum Ausdruck. Gegenüber dem Schloß ließ er 1894 bis 1905 durch Julius Raschdorff und durch dessen Sohn Otto Raschdorff den neuen Dom als einen mächtigen Hochrenaissancebau errichten, 1895 in Erinnerung an seinen Großvater die Kaiser-

Wilhelm-Gedächtniskirche durch Schwechten. In Erinnerung an seinen Vater ließ er aber auch die Kaiser-Friedrich-Gedächtniskirche und durch Ihne 1898 bis 1903 das Kaiser-Friedrich-Museum auf der sogenannten Museumsinsel erstehen. Dort hatte er 1899 bis 1901 durch F. Wolff das Pergamon-Museum errichtet, für das die königlich preußischen Museen 1878 bis 1886 den Fries des Zeus-Altares mit dem Kampf der Giganten[41] hatten ausgraben lassen und erworben hatten. Das Museum war für viele Kunstwerke aus dem vom Kaiser so hoch geschätzten klassischen Altertum bestimmt.[42] Karl Humann hatte den Zeus-Altar in einer mittelalterlichen Befestigungsmauer der Stadt Pergamon entdeckt und 1878 bis 1880 ans Tageslicht gebracht. Unter Wilhelm II. wurden durch die königlich preußischen Museen 1891 bis 1893 entscheidende Ausgrabungen in Magnesia am Mäander, 1895 bis 1899 in Priene gemacht. Dem Eingang des Museums gegenüber war eine Nachbildung in Marmor der Athena Parthenos des Phidias aus Pergamon aufgestellt worden. Die Sammlung der vorderasiatischen Altertümer und Ausgrabungen aus Olympia im Olympia-Museum durch Ernst Curtius ergänzten die Eindrücke im Pergamon-Museum.

In dem 1904 eröffneten Kaiser-Friedrich-Museum ließ Wilhelm II. Bildwerke der christlichen Epoche und die 1815 begonnene Gemäldegalerie sowie das Münzkabinett aus dem Alten und dem Neuen Museum aufstellen und dazu Sammlungen der altchristlichen, byzantinischen, koptischen und persisch-islamischen Kunst unterbringen.[43] Wilhelms Ansehen als umsichtiger und tätiger Freund der Kunst war 1894 bereits so groß, daß Adolf Friedrich Graf Schack, der von 1855 bis 1890 in München als Dichter, Literar-Historiker und Bildersammler gelebt hatte, dem Kaiser seine Bildergalerie in seinem von Lorenz Gedon 1872 in der Brienner Straße errichteten, aber baufällig werdenden Palais vermachte. Wilhelm II. erbaute dafür in der Prinzregentenstraße durch Emanuel Seidl ein Gebäude. Er wollte die ihm gehörenden Kunstsammlungen nicht in Berlin zentralisieren. Auf dem 1909 vollendeten Gebäude ist deshalb bis heute die Inschrift zu lesen: „Kaiser Wilhelm II. der Stadt München zur Mehrung ihres Ruhmes und großen Künstlern zum Gedächtnis."

In Berlin gab Wilhelm dem Viertel, das den Namen Tiergarten[44] trägt, sein heutiges Gepräge. Dieser Bereich von 255 Hektar zwischen dem Brandenburger Tor und Charlottenburg war einst der Wildpark der Kurfürsten, bis ihn König Friedrich I. in Preußen umzuwandeln begann und für seine Gemahlin Sophie Charlotte, die Tochter des Kurfürsten Ernst August von Hannover, das Schloß Charlottenburg erbaute. Den Platz vor dem Brandenburger Tor ließ Wilhelm II. 1903 nach den Plänen des Architekten Ernst Eberhard von Ihne umgestalten. Eine vierteilige Anlage von Balustraden und Bänken aus weißem Marmor begrenzte ihn im Halbrund. Vor ihnen standen an beiden Enden Springbrunnen, in der Mitte rechts und links der Charlottenburger Chaussee Marmorstandbilder von Herrschern. Hinter jedem Standbild erhob sich eine halbrunde, im Stilcharakter der Zeit verzierte Marmorbank, aus der sich zwei Hermesbüsten von

Zeitgenossen erhoben, die die Regierungszeit des durch das Standbild dargestellten Herrschers charakterisieren. So entstand die durch den östlichen Teil des Tiergartens führende Siegesallee.[45]

Wilhelm II. ließ sie 1898 bis 1901 durch verschiedene Bildhauer gestalten. Sie rief die Geschichte Brandenburgs und Preußens ins Gedächtnis. Die westliche Reihe begann mit Markgraf Albrecht dem Bären und mit den Hermesbüsten der Bischöfe Otto von Bamberg, des Apostels der Pommern, und Wigger von Brandenburg, die der Bildhauer Walter Schott gestaltet hatte. Ihm gegenüber stand in der östlichen Reihe Kaiser Wilhelm I. mit Moltke und Bismarck als Hermesbüsten, die schon früh Adalbert Begas geschaffen hatte. Die Statue Wilhelms I. schloß die Gestalten der östlichen Reihe ab, die mit Kurfürst Albrecht Achilles begonnen hatte. Bis zu diesem Zeitpunkt führte die westliche Reihe, die mit Kurfürst Friedrich I. und Kurfürst Friedrich II. dem Eisernen abgeschlossen worden war.

Wesentlich an Aussagen waren in der westlichen Reihe auch die Wittelsbacher Markgrafen Ludwig I. der Ältere, der als „Ludwig der Brandenburger" 1992 erneut durch die Forschungen Helmut Schmidbauers[46] erschlossen wurde, der Markgraf Ludwig II. der Römer und der Markgraf Otto „der Faule", der zu Unrecht mit diesem Beinamen festgehalten wurde, wie aus wissenschaftlichen Forschungen zu erkennen ist. Ihnen folgten die Statuen des Kaisers Karl IV. mit den Hermesbüsten des Hofmeisters Claus von Bismarck und des Erzbischofs Dietrich Portitz von Magdeburg, die der Bildhauer Karl Cauer gestaltet hatte. Eine Reihe der Standbilder und Hermesbüsten war also schon vor 1898 geschaffen worden, als Wilhelm II. die Siegesallee mit solchen Standbildern begann. Es folgte das Standbild des Kaisers Sigismund mit den Hermesbüsten des Berliner Patriziers Bernd Ryke und des Landeshauptmanns Lippold von Bredow. Nicht erwähnt wurde in der Inschrift, daß Sigismund es war, der 1415 den Hohenzollern Friedrich I. mit Brandenburg belehnt hatte, wiewohl dessen Statue die nächste in der Reihe war.

1894 wurde unter Wilhelm II. das 1884 begonnene Reichstagsgebäude im Stil der italienischen Hochrenaissance durch Johann Paul Wallot vollendet.[47] Zwischen 1893 und 1898 wurde das preußische Abgeordnetenhaus durch F. Schulze in italienischen Renaissanceformen erbaut. Die Wände seines großen Sitzungssaales wurden durch zwölf Städtebilder zu Erinnerungen an die historische Entwicklung Brandenburg-Preußens ausgeschmückt. 1901 wurde das Nationaldenkmal für den Fürsten Bismarck enthüllt, das Reinhold Begas geschaffen hatte. Es kam auf der Ostseite des Platzes vor dem Reichstagsgebäude zu stehen. Bismarck war im Kürassierüberrock abgebildet, mit dem er im alten Reichstagsgebäude zu erscheinen pflegte. Am 1. März 1906 weihte der Kaiser das Kaiserin-Friedrich-Haus für das ärztliche Fortbildungswesen in Berlin ein. Er führte dazu (R IV, 10f.) aus: „Niemand unter uns Kindern und auch unter den Freunden und Freundinnen Meiner verstorbenen Frau Mutter, die heute hier versammelt sind, wird sich wohl damals die schmerzerfüllte Frage habe beantworten können, warum dieses herrliche Gebilde, dieser gewaltige Geist in so erschütternder Weise und so früh uns entrissen werden mußte. Die Antwort wird am heutigen Tage teilweise gegeben. Durch die schwere Prüfung, welche des Himmels Hand auf die erlauchte Frau und ihr Haus gelegt hat, ist in ihrem Geiste der Gedanke an die Linderung von Not und Leiden in energischer Weise lebendig geworden. Sie hat dem Ausdruck verliehen, und das Samenkorn, das sie sterbend ausstreute, fand Boden und schlug Wurzeln." Wilhelm II. hatte am 2. März 1903 dem Vorsitzenden des Zentralkomitees für das ärztliche Fortbildungswesen, Ernst Gustav Benjamin von Bergmann, einem gebürtigen Livländer, in einer besonderen Audienz seine Zustimmung zur Begründung des Kaiserin-Friedrich-Hauses erteilt und durch ein Kabinettsschreiben vom 6. März bestätigt. Nachdem die Mittel für die Errichtung der Stiftung und des Hauses in der kurzen Zeit von vier Monaten aus privatem Besitz bereitgestellt worden waren, konnte das Haus vom Geheimen Oberhofbaurat Ihne erbaut werden. Der Kaiser weihte es in Anwesenheit seiner Frau sowie der Großherzogin Luise von Baden, seines Bruders Heinrich und dessen Gemahlin Irene, der Tochter des Großherzogs Ludwig IV. von Hessen und bei Rhein, und anderer Fürstlichkeiten mit bewegten Worten ein.

Bei der Eröffnung des Preußischen Landtags am 20. Oktober 1908 sagte der Kaiser in der vorbereiteten und von ihm verlesenen Thronrede: „Das höhere Mädchenschulwesen soll, wie Ihnen bereits bekannt ist, mit dem Ziele umgestaltet werden, die Bildung der heranwachsenden weiblichen Jugend unter voller Berücksichtigung der häuslichen, wirtschaftlichen und sozialen Aufgaben des weiblichen Geschlechts allgemein zu vertiefen und denjenigen Mädchen, die im selbständigen Erwerbsleben oder in wissenschaftlicher Arbeit ihren Beruf suchen, die Vorbereitung dazu erleichtern. Die zunächst erforderlichen Mittel werden in den Etat aufgenommen werden." (R IV, 133).

Auf die Bitte des Direktors des Friedrich-Gymnasiums in Kassel, das der Kaiser einst als Schüler besucht hatte, schenkte der Kaiser zum Ersatz für die von seinen eigenen Eltern der Schule 1875 geschenkten und schadhaft gewordenen Fahne eine neue. Bei der Übergabe der Fahne am 19. August 1911 kam der Kaiser auf die Auseinandersetzung mit dem Lehrplan des humanistischen Gymnasiums, das ja auch er besucht hatte, zu sprechen: „Sie beschäftigen sich mit dem Studium der Antike. Legen Sie dabei den Hauptwert nicht auf die Einzelheiten des politischen Lebens; denn diese Verhältnisse haben sich so geändert, daß sie nicht mehr auf die Jetztzeit übertragen werden können. Wohl mögen Sie an manchen großen Gestalten und Charakteren des Altertums sich erfreuen, doch einen besonderen Vorzug hat das Griechentum, den kein anderes Volk aufzuweisen hat: die Harmonie, an der es unserer Zeit so sehr fehlt, zeigt das Griechenvolk in der Kunst, im Leben, in den Bewegungen, in den Kostümen, ja sogar in den Systemen der Philosophie und in der Behandlung ihrer Probleme." Er empfahl in diesem Zusammenhang auch zu lesen, was Houston Stewart Chamberlain in der Einleitung zu seinen Grundlagen des 19. Jahrhunderts „in trefflicher Weise" sagt. „Und dann vor allem treiben Sie vaterländische Geschichte und lernen Sie das Elend unseres Volkes in den letzten Zeiten des Mittelalters, in den Kämpfen zwischen Staat und Kirche und zwischen den Fürsten und den Streit der Konfessionen im Dreißigjährigen Kriege kennen, wo unser Volk zerstampft wurde und verbraucht im Dienste fremder Völker und Dynastien, mit denen seine Interessen gar nichts zu tun hatten, bis auf den großen Zusammenbruch zur Zeit Napoleons. Erst 1870 hat den einheitlichen germanischen Staat uns wiedergebracht. Und wenn Sie ins politische Leben eintreten, halten Sie den Blick aufs Ganze gerichtet, unbeirrt durch die Partei. Denn diese schiebt ihre Interessen vor die des Vaterlandes, zieht häufig einen Vorhang zwischen Sie und das Vaterland. Und wenn Sie das politische Treiben zu verwirren droht, so rate Ich Ihnen, für einige Zeit sich zurückzuziehen, sei es auf Reisen, sei es auf einen Spaziergang und die Natur auf sich wirken zu lassen." (R IV, 259)

Als der Kaiser am 7. Februar 1912 den Reichstag eröffnete, verlas er eine (vorbereitete) Thronrede, in der er u. a. sagte: „Der Stärkung des Deutschtums im Ausland wird ein Ihnen alsbald zugehender Entwurf dienen, der die Reichs- und Staatsangehörigkeit neu in der Weise regelt, daß es den deutschen Landsleuten draußen erleichtert wird, Reichsangehörige zu bleiben oder die verlorene Reichsangehörigkeit wieder zu erwerben."

Bei vielen Besuchen sprach Wilhelm II. noch zwischen 1906 und 1912 von der Liebe und Treue zum gemeinsamen Vaterland. Beim Essen für die Provinz Westfalen am 31. August 1907 führte er (R III, 85ff.) aus: „Wie Ich keinen Unterschied mache zwischen alten und neuen Landesteilen, so mache Ich auch keinen Unterschied zwischen Untertanen katholischer und protestantischer Konfession. Stehen Sie doch beide auf dem Boden des Christentums, und beide sind bestrebt, treue Bürger und gehorsame Untertanen zu sein. Meinem landesväterlichen Herzen stehen alle Meine Landeskinder gleich nahe." Er empfahl versöhnliche Einheit, wie sie die Provinz Westfalen zeige und er gern auf „unser gesamtes Vaterland" übertragen sehen würde. „Ich glaube, daß zu einer solchen Einigung aller unsere Mitbürger, aller unserer Stände nur ein Mittel möglich ist, das ist die Religion. Freilich nicht in streng kirchlich dogmatischem Sinne verstanden, sondern im weiteren, für das Leben praktischeren Sinne. Ich muß hierbei auf Meine eigenen Erfahrungen zurückgreifen. Ich habe in Meiner langen Regierungszeit... mit vielen Menschen zu tun gehabt und habe vieles von ihnen erdulden müssen, oft unbewußt, und oft leider auch bewußt haben sie Mir bitter weh getan. Und wenn Mich in solchen Momenten der Zorn übermannen wollte und der Gedanke an Vergeltung aufstieg, dann habe Ich Mich gefragt, welches Mittel wohl das geeignetste sei, den Zorn zu mildern, und die Milde zu stärken. Das einzige, was Ich gefunden habe, bestand darin, daß Ich Mir sagte: Alle Menschen sind wie Du, und obgleich sie Dir wehe tun, sie sind Träger einer Seele aus den lichten Höhen, von oben stammend, zu denen wir alle einst wieder zurückkehren wollen, und durch ihre Seele haben sie ein Stück ihres Schöpfers in sich. Wer so denkt, der wird auch immer milde Beurteilung für seine Mitmenschen haben. Wäre es möglich, daß im deutschen Volke dieser Gedanke Raum gewänne für die gegenseitige Beurteilung, so wäre damit die erste Vorbedingung geschaffen für eine vollständige Einigkeit. Aber erreicht kann dieselbe nur in einem Mittelpunkt werden: In der Person unseres Erlösers! In dem Manne, der uns Brüder genannt, der uns allen zum Vorbild gelebt hat, der persönlichsten der Persönlichkeiten. Er wandelt auch jetzt noch durch die Völker dahin und ist uns allen fühlbar in unserem Herzen. Im Aufblick zu ihm muß unser Volk sich einigen." (R IV, 88)

Bei dem Empfang von 120 Geistlichen der verschiedenen englischen Kirchen, die den Besuch deutscher Geistlicher im Mai 1908 in England erwiderten und Hamburg, Berlin, Eisenach, Bielefeld und Bremen besucht hatten, begrüßte sie am 14. Juni 1909 (R IV, 147ff.) der Kaiser in englischer Sprache in Potsdam und schloß mit den Worten: „Ich gebe Mich der Zuversicht hin, daß dieser Besuch wie der im verflossenen Jahre dazu dienen wird, gute Gesinnung zwischen den beiden großen verwandten Nationen zu fördern." Das friedliche Miteinander von Engländern und Deutschen war dem Kaiser immer wieder ein echtes Anliegen.

Daneben ging er vor allem in Preußen häufig auf die Tradition ein. Am 9. August 1909 feierte er die 300jährige Zugehörigkeit Kleves zum preußischen Staat (R IV, 158f.). Er führte in diesem Zusammenhang an, daß Herzog Wilhelm III. von Jülich, Kleve, Mark und Ravensberg in weiser Fürsorge der Zersplitterung seiner Lande vorzubeugen und durch ein Kaiserliches Privileg zu Gunsten der weiblichen Erbfolge die Grundlage für die Vereinigung derselben mit dem Staate der Hohenzollern schuf. „Diesem Fürsten verdankt Mein Haus neben der niederrheinischen Erbschaft auch den Namen Wilhelm, den nach ihm sein Enkel, der spätere Kurfürst Georg Wilhelm als erster Hohenzoller führte." Freilich war Kurfürst Georg Wilhelm nicht der Enkel, sondern der Urenkel des Herzogs Wilhelm von Jülich, Kleve, Berg und Ravensberg. Die Grafschaft Mark war schon 1380 mit Kleve vereinigt worden. Daß seit dem 25. März 1609 durch den Tod des kinderlosen Herzogs Johann Wilhelm, des Sohnes des 1592 verstorbenen Herzogs Wilhelm III. schwierige Probleme unter den Staaten des Reiches entstanden, erwähnte der Kaiser bei der 300-Jahrfeier 1909 nicht (R IV, 159).

Seit 1897 weilte Wilhelm II. gerne im Sommer in Wiesbaden, der Hauptstadt des preußischen Regierungsbezirks gleichen Namens, wo bis 1866 das Haus der Herzoge von Nassau regierte, die seit dem 11. Jahrhundert als Grafen, seit 1688 als Fürsten auf dem linken und rechten Rheinufer, am Main und an der Lahn herrschten. Seit 1815 walteten sie als Herzoge. Durch die Linie Nassau-Oranien regierten sie zuerst als Statthalter, seit 1748 als Erbstatthalter und ab 1815 als Könige die Niederlande.

Graf Wilhelm der Schweiger von Nassau, Prinz von Oranien, der für das

Luthertum in den Spanischen Niederlanden kämpfte, begeisterte noch drei Jahrhunderte später den Kaiser Wilhelm II. durch sein „Niederländisches Dankgebet" und besonders durch seine Worte „Wilhelmus von Nassau bin ich aus deutschem Blut". Wilhelm II. führte das „Niederländische Dankgebet" wieder in der preußischen Armee als Gebet ein.[48] Da der Sohn Wilhelm des Schweigers, Friedrich Heinrich von Oranien, durch seine Tochter Luise Henriette 1646 der Schwiegervater des Kurfürsten Friedrich Wilhelm von Brandenburg und damit ein Stammvater der preußischen Könige wurde, stammte auch Wilhelm II. von ihm ab.

Der Kaiser entwickelte durch seine Aufenthalte in Wiesbaden das Theater und überhaupt das Kulturleben in der Stadt und der Umgebung. Zwischen 1898 und 1917 ließ er auf zum Teil gut erhaltenen Grundmauern das nordwestlich von Bad Homburg gelegene römische Limes-Kastell Saalburg rekonstruieren, das um 90 n. Chr. als Erdkastell angelegt, zwischen 209 und 214 n. Chr. zum Steinkastell umgebaut wurde. Wilhelm II. ließ durch L. Jacobi die Kastellbefestigung und einige Innenbauten wieder herstellen.

Die Swinemünder Depesche 1902 an Prinzregent Luitpold – Teilnahme an der Grundsteinlegung des Deutschen Museums in München Ludwig Ganghofer – Vermählung Krupp mit von Bohlen und Halbach

Kulturinteresse und der kritische Blick auf die oft rücksichtslose Taktik der Zentrumspartei veranlaßten den Kaiser 1902 zu einem besonderen Schritt der Hilfsbereitschaft gegenüber dem von ihm seit Jahren verehrten Prinzregenten Luitpold von Bayern.[49] Dort hatte der neue Kultusminister Robert von Landmann in der Frage des wichtigen Schulbedarfsgesetzes eine gemäßigte konservative Haltung gezeigt und war deshalb von seinen liberalen Ministerkollegen desavouiert worden, so daß er Luitpold um seine Entlassung bat. Darauf strich der Landtag auf Antrag der Zentrums-Fraktion 100.000 Mark des Kultusetat, wiewohl dieser mit dem Schulbedarfsgesetz nichts zu tun hatte. Der Kaiser depeschierte am 10. August aus Swinemünde an Luitpold: „Von Meiner Reise eben heimgekehrt, lese Ich mit tiefster Entrüstung von der Ablehnung der von Dir geforderten Summe für Kunstzwecke. Ich eile, meiner Empörung Ausdruck zu verleihen über die schnöde Undankbarkeit, die sich durch diese Handlung kennzeichnet, sowohl gegen das Haus Wittelsbach im allgemeinen als auch gegen Deine erhabene Person, die stets als ein Muster der Hebung und Unterstützung der Kunst geglänzt. Zugleich bitte Ich Dich, die Summe, die Du benötigst, Dir zur Verfügung stellen zu dürfen, damit Du in der Lage seist, im vollsten Maße die Aufgaben auf dem Gebiete der Kunst, welche Du Dir gesteckt hast, zur Durchführung zu bringen Wilhelm."

Luitpolds Oberstzeremonienmeister, Reichsrat Maximilian Graf Moy, spendete zwar die vom Landtag abgelehnte Summe von 100.000 Mark, um die Unabhängigkeit des bayerischen Kulturlebens gegenüber dem Reichsoberhaupt zu demonstrieren, der Prinzregent aber entgegnete am 11. August aus dem Jagdhaus Fischbach dem Kaiser nach Swinemünde in klugen Worten: „Es drängt Mich, Dir Meinen innigsten Dank für Dein so warmes Interesse an Meinen und Meines Hauses Bestrebungen auf dem Gebiete der Kunst für Dein so hochherziges Anerbieten auszusprechen. Zugleich freut es mich, Dir mitteilen zu können, daß durch den Edelsinn eines Meiner Reichsräte, welcher die abgelehnte Summe zur Verfügung stellte, Meine Regierung in die Lage versetzt ist, getreu den Traditionen Meines Hauses wie Meines Volkes die Pflege der Kunst als eine Meiner vornehmsten Aufgaben unentwegt fördern zu können." Da Graf Moy der Kammer der Reichsräte angehörte, tat er seinen Schritt zugleich in der parlamentarischen Öffentlichkeit.

Das Hauptorgan der Sozialdemokratie in Bayern, die *Münchener Post* schrieb dazu: „Die Ablehnung der 100.000 Mark war ein Bockstreich des Zentrums, für den es die verdiente Verachtung eingeheimst hat und dessen rauhe Folgen es noch verspüren wird. Allein dieser Abstrich vollzog sich innerhalb des bayerisch-parlamentarischen Gebietes, in dem der deutsche Kaiser auch nicht das geringste Betätigungsrecht genießt." Das traf aufgrund der Reichsverfassung von 1871 zweifellos zu.

Wilhelm II. war seit seiner Kindheit von seinem Vater, dem der Charakter des Vertrages zwischen Preußen und den verschiedenen souveränen deutschen Staaten wenig klar war und nicht zusagte, zu einer Vorstellung von Deutschland erzogen worden, die er nur durch seinen ausgeprägten Glauben an das legitime Regierungsrecht der Fürsten im Deutschen Reich ergänzte. Doch durch seine Ehe mit der Tochter des 1864 entthronten Herzogs von Schleswig-Holstein war er in einander widersprechende Vorstellungen hineingestellt worden. Der Rechtsbruch von 1864 wurde durch Wilhelms Ehe von 1881 nicht aufgehoben. Wilhelm II., der sehr viel für die Entwicklung von Schleswig-Holstein tat, war sich dessen wohl nie bewußt geworden. Da er durch die Verbindungen seiner eigenen Familie mit Dynastien verknüpft wurde, die nur kleinere oder sogar sehr kleine Bereiche regierten, wuchs in ihm die Vorstellung nur von den Königreichen Bayern, Württemberg und Sachsen als eigenen souveränen Staaten völlig in sein Bewußtsein.

Im Jahr 1906 waren es 100 Jahre, daß diese drei Staaten infolge der Politik Kaiser Napoleons Königreiche geworden waren. Die aus den Stammesherzogtümern der Bajuwaren, der Schwaben und der Sachsen seit dem 13. Jahrhundert entwickelten Territorialstaaten erneuerten ein Eigenbewußtsein, das sich auch in Sprache und Kultur auswies und eine politisch starke Voraussetzung für die staatsrechtliche Erhebung zu Königreichen 1806 wurde. Wilhelm II. hatte in Bayern seit 1888 diese Eigenständigkeit immer mehr kennengelernt. Als er 1906 der Einladung zur Teilnahme an der Grundsteinlegung des Deutschen Museums in München folgte, die dort auch in einem großen Bild bis heute festgehalten ist, interessierte den Kaiser zweifellos die naturwissenschaftlich-technische Konzeption dieser Gründung. Am 12. November, dem Vorabend der Grundsteinlegung, besuchte er die Festvorstellung im königlich bayerischen Hof- und Nationaltheater, der Name bezog sich auf die bayerische Nation, die im frühen 19. Jahrhundert ähnlich wie die preußische Nation dem in den Befreiungskriegen lautgewordenen Begriff der deutschen Nation gegenüber stand. Indem Wilhelm Deutschland etwa in dem Gespräch mit Ludwig Ganghofer 1906 als „Heimat" begriff, erschwerte er sich das Verständnis für die Verschiedenheit des Eigenbewußtseins in den deutschen Staaten.

Nach der Festvorstellung im Hoftheater hatte der Kaiser noch eine kleinere Gesellschaft um sich (R IV, 45). Sie umfaßte die Herren seines persönlichen Dienstes und der preußischen Gesandtschaft in München, die Herren des bayerischen Ehrendienstes, darunter den Freiherrn von Würtzburg, den bayerischen General von Gebsattel u. s. w., aber auch den Schriftsteller Ludwig Ganghofer.[50] Wie in Nürnberg, so hatte der Kaiser auch nun in München den Wunsch geäußert, Ganghofer zu sehen und zu sprechen. Denn er hatte viele seiner Werke gelesen und schätzte ihn sehr.

Der Empfang fand im alten Wintergarten der Residenz statt, der unmittelbar an die Gemächer anschloß, die der Kaiser im Obergeschoß bewohnte. Er promenierte zunächst allein mit Ganghofer durch den Wintergarten und sprach mit ihm mehr als 5 1/4 Stunden. Da er als Geschenk des Dichters bereits die 30 Bände seiner Werke in einer prächtig gebundenen Ausgabe besaß, ging das Gespräch zunächst über Ganghofers „Hohen Schein". Was ihm an diesem Buch besonders gefiel, war der „daraus hervortönende optimistische Klang, die Predigt, die den Glauben an das Leben und die Aussöhnung mit den Schatten des Daseins, das Vertrauen auf die Zukunft und das Vertrauen auf die Menschen" fordert. Der Kaiser sagte: „Das macht auf Mich einen solchen Eindruck, weil Ich ein Optimist durch und durch bin und Mich durch nichts abhalten lassen werde, dies bis an Mein Lebensende zu bleiben." Wilhelm II. nannte sich selbst einen Mann, der von Arbeit erfüllt ist und an seine Arbeiten glaubt und setzte hinzu: „Ich will vorwärtskommen. Ich würde Mich sehr freuen, wenn man das, was Ich will, auch verstehen wollte und Mich dabei unterstützen würde." Im Anschluß hieran sprach der Kaiser auch über die schwierige Stellung, die man bei jeder Arbeit dem Mißtrauen gegenüber habe. Er berief sich dabei auf eine Stelle aus Ganghofers „Schweigen im Walde", die auch seinen Empfindungen besonders entsprochen habe. Ganghofer hatte geschrieben: „Der Mißtrauische begeht ein Unrecht am anderen und schädigt sich selbst. Wir haben die Pflicht, jeden Menschen für gut zu halten, solange er uns nicht das Gegenteil beweist." Der Kaiser sagte in Bezug auf die Worte Ganghofers: „Nach diesem Grundsatz habe Ich von jeher jeden Menschen genommen, mit dem Ich zu tun hatte. Man macht manchmal ja auch schlechte Erfahrungen, aber dadurch darf man sich nicht abhalten lassen. Man muß immer wieder mit neuem Vertrauen an die Menschheit und an das Leben herantreten."

Der Kaiser hatte die von ihm zitierten Worte Ganghofers über den mißtrauischen Menschen sowie andere Sinnsprüche aus Ganghofers Roman „Schweigen im Walde" bereits auf einer Spruchtafel in der sogenannten Schwabacher Schrift mit bunten Initialen in Steindruck herstellen lassen. Der andere Sinnspruch begann: „Stark sein im Schmerz; nicht wünschen was unerreichbar oder wertlos." Der Kaiser ließ die damals auch allgemein im Handel verbreitete Spruchtafel aus seinen Gemächern holen und schenkte sie Ganghofer. Dazu führte er aus: Was auf der Tafel stehe, sei ihm so sympathisch, weil es durchaus seinen Lebensanschauungen entspreche. Man komme doch mit einem gesunden Stück Optimismus und mit einer helleren und vertrauensvolleren Lebensanschauung sowohl im eigenen Leben wie bei den Berufsarbeiten viel weiter, als wenn man alle Dinge mit pessimistischem Auge ansehe, und in der Politik sei das auch nicht anders. Das deutsche Volk habe doch eine Zukunft und da sei ein Wort, das ihn immer kränke, so oft er es höre: „Reichsverdrossenheit". „Was hat man von der Verdrossenheit? Lieber arbeiten und vorwärts schauen. Ich arbeite ja auch unverdrossen und glaube, daß ich dabei doch vorwärts komme."

Der Kaiser erzählte dann Ganghofer die Art und Weise, wie er täglich arbeite und wie ihn oft die Fülle und Schwere der Pflichten und Arbeiten, die auf ihn heranstürmen, schwer ermüden. Daraus mache sich bei ihm immer das Bedürfnis geltend, „einmal auszuspannen und wieder ein neues Stück Welt zu sehen, wieder andere Menschen kennenzulernen, die wieder anregend wirken". So sei auch die Nordlandreise für ihn immer eine körperliche und geistige Erfrischung. In den ersten Tagen einer solchen Reise, da gäbe es noch immer eine Fülle von Arbeit, Telegramme und Briefe kämen noch auf das Schiff, und er und seine Umgebung könnten sich lange nicht von der Arbeit trennen. Dann werde es immer ruhiger und einsamer, bis man endlich die volle Ruhe gefunden habe, um sich ganz der herrlichen Natur und ihren Schönheiten zu widmen. Lebendig schilderte Wilhelm II. dann Ganghofer die eigenartigen Schönheiten der Fjorde in Norwegen, den Eindruck der Mitternachtssonne. Er freue sich auch immer über die Einfachheit und Herzlichkeit der Leute, die ihm dort so ungekünstelt entgegenkämen. „Alles, was Mich drückt, ist auf einige Wochen von Mir abgelöst, und das, was Mich freut, das verübeln mir vielfach die Leute. Ich weiß, daß man Mich den Reise-Kaiser nennt, aber das habe Ich immer nur heiter aufgenommen." Selten ist das, was der Kaiser gelegentlich über sich zu anderen sagte, während seiner Regierungszeit so gut wiedergegeben worden. (R IV, 45ff.)

Wilhelm II. sagte Ganghofer, er lasse sich durch die Kritik an ihm als Reise-Kaiser nicht die Freude an der Welt nehmen. „Die Reise macht auch Freunde und gerade auch innerhalb der eigenen Heimat. Ich glaube, dadurch wird das Gefühl der Zusammengehörigkeit noch gestärkt." Er meinte, viele Deutsche wissen gar nicht, wie schön unsere Heimat ist, und wie viel es da zu sehen gibt. „Ich freue Mich immer, wenn Ich ein neues Stück Deutschland kennenlerne." Besonders der Süden sei ihm landschaftlich und durch die Art des Verkehrs so sympathisch; er erinnere sich immer mit ganz besonderem Vergnügen einer Reise, die er vor vielen Jahren nach Berchtesgaden gemacht habe, und an die schönen Tage, die er bei seinem Onkel, dem seit 1893 regierenden Herzog Alfred von Sachsen-Coburg und Gotha, oder in den Bergen, in der Hinterriß habe zubringen können. Wenn bei ihm, dem Kaiser, das Reisen nur nicht mit so vielen Umständen verbunden wäre. Man muß immer einen großen Apparat in Bewegung setzen. „Oft möchte Ich Mich am liebsten in ein Automobil setzen und erst ein paar Tage flott hinausfahren und zufrieden und arbeitsfroh wieder nach Hause kommen. Und solche Erfrischungen braucht man gerade in Meinem ernsten Beruf sehr notwendig, doppelt notwendig, weil man gegen viele Mißverständnisse zu kämpfen hat; denn man ist da immer in einer undankbaren Lage, weil man uns keine Selbständigkeit zubilligt. Mißlingt Mir etwas, so heißt es, ‚Er hat es nicht verstanden'. Was man bei anderen Fürsten als selbstverständlich betrachtet, da fragt man Mich immer ‚Warum?', und die einzige Antwort kann doch nur sein: ‚Weil Ich für das Deutsche Reich und für das deutsche Volk das Gute will.'"

Der Kaiser ging in seinem Gespräch mit Ganghofer dann auf verschiedene Fragen der Literatur und der Politik ein, die aber von den Berichterstattern der Zeitungen bzw. dem Herausgeber der Reden nicht gebracht wurden. Auch von seiner Familie erzählte der Kaiser Ganghofer. Ein Berichterstatter notierte wohl nach den Worten Ganghofers, besonders wohltuend sei die Herzlichkeit gewesen, mit der der Kaiser von ihr gesprochen habe. „Er sagte immer nur meine Frau und meine Buben. In ganz besonders herzlicher Weise sprach dann der Kaiser noch über unseren Regenten, dessen Rüstigkeit und Aufopferung bei den so anstrengenden Tagen er rühmte und dabei den Wunsch aussprach, daß der hohe Fürst uns allen noch recht lange erhalten bleiben möge."

Persönliche Lebenserfahrung und Auffassung war es auch, aus der der Kaiser am 15. Oktober 1906 auf dem Bahnhof Hügel bei Essen eintreffend bei der Hochzeit von Bertha Krupp mit dem Legationsrat Gustav von Bohlen und Halbach bei der Hochzeitstafel das Wort (R IV 41ff.) ergriff: „Ohne Pflichten sind keine Rechte denkbar. Rechte ohne Pflichten führen zu Ungebundenheit und Zügellosigkeit. Wir kommen soeben aus der Kirche, wo wir von demjenigen gehört haben, der die höchste Stellung in der Welt beanspruchen konnte als Sohn Gottes und dessen Leben doch ausschließlich der Erfüllung der Pflicht, des Wirkens für seine menschlichen Brüder gewidmet war. Ihnen, Meine liebe Bertha, hat der liebe Gott einen herrlichen Wirkungskreis zugewiesen, für Ihre Arbeiter und deren Familien zu leben. Wenn Sie durch die Fabrikräume schreiten, möge der Arbeiter in dankbarer Liebe die Mütze vor Ihnen lüften, in Ihnen neben der Tochter seines innig verehrten verblichenen Fabrikherrn den guten Genius der Werke begrüßen. Bei Ihrem Eintritt in die Familienhäuser mögen

Kinder und Frauen in Ihnen die holde Fee erblicken, welche bei ihrem Erscheinen Tränen trocknet, Not lindert, Lasten erleichtert, Leid ertragen hilft. Und Ihrer Einwirkung, Mein lieber Bohlen, entspringt Arbeitsfreudigkeit, fortschreitende Entwicklung nach zielumfassenden Gesichtspunkten, den modernsten Anforderungen entsprechende Leistungen nach den bewährten Grundsätzen des Begründers dieses Werkes." Er wünschte dem neuen Inhaber, daß er das Werk auf seiner bisherigen Höhe halte, um „unserem deutschen Vaterlande auch fernerhin Schutz- und Trutzwaffen zu liefern, welche in Fabrikation sowohl wie in Leistungen nach wie vor von keiner Nation erreicht werden. Mit goldenen Buchstaben stehe das Wort ‚Pflicht' über den Türen Ihres Heims."

Am Schluß der Rede sprach Wilhelm II. von seiner Freundschaft, „welche von Kindesbeinen an Mich mit ihm", dem am 22. November 1902 verstorbenen Vater der jungen Frau verbunden habe.[51] Der Kaiser hatte auch an seiner Beerdigung am 26. November 1902 teilgenommen. Durch seine frühen Kontakte mit Menschen aus der Wirtschaft, der Industrie, aber auch mit Arbeitern waren dem Kaiser die sozialen Gesichtspunkte seines Erziehers Hintzpeter völlig ins Blut übergegangen.

Es war deshalb geradezu selbstverständlich, daß der Kaiser (R IV, 52ff.) am 17. November 1906 im *Reichsanzeiger* einen Erlaß an den Reichskanzler von Bülow zur Erinnerung daran veröffentlichte, daß Kaiser Wilhelm I. am 17. November 1881 seine Botschaft über die staatliche Sozialpolitik verkündete. „Nach Seinem erhabenen Willen ist es unter freudiger Zustimmung der verbündeten Regierungen und verständnisvoller Mitwirkung des Reichstages gelungen, den schwierigen und weitverzweigten Ausbau der staatlichen Arbeiterfürsorge auf dem Gebiete der Kranken-, Unfall- und Invalidenversicherung so zu fördern, daß die Hilfsbedürftigen in den Tagen der Not einen Rechtsanspruch auf gesetzlich geregelte Bezüge besitzen. Die Arbeiter haben damit, dank den umfassenden Leistungen des Reichs und ihrer Arbeitgeber, sowie auf Grund ihrer eigenen Beiträge eine erhöhte Sicherheit für den notwendigen Lebensunterhalt und für den Bestand ihrer Familien erreicht. Leider wird die Erreichung des höchsten Zieles der Kaiserlichen Botschaft gehemmt und verzögert durch andauernden Widerstand gerade von der Seite, welche glaubt, die Vertretung der Arbeiterinteressen vorzugsweise für sich in Anspruch nehmen zu können. Gleichwohl vertraue Ich auf den endlichen Sieg der gerechten Erkenntnis des Geleisteten und auf wachsendes Verständnis für die Grenzen des wirtschaftlich Möglichen in allen Kreisen des deutschen Volkes. Dann wird sich auch die Hoffnung Kaiser Wilhelms erfüllen, daß sich die Arbeiterversicherung als eine dauernde Bürgschaft des inneren Friedens für das Vaterland erweisen möge. In dieser Zuversicht ist es Mein fester Wille, daß die Gesetzgebung auf dem Gebiete der sozialpolitischen Fürsorge nicht ruhe und in Erfüllung der vornehmsten Christenpflicht auf den Schutz und das Wohl der Schwachen und der Bedürftigen fortgesetzt bedacht sei. Ich erkenne es am heutigen Tage gern an, daß es im deutschen

Volke nie an Frauen und Männern gefehlt hat, die freiwillig und freudig ihre Kraft in den Liebesdienst am Wohl des Nächsten stellten, und sage allen, die sich dem großen sozialen Werke unserer Zeit selbstlos und opferwillig widmen, Meinen Kaiserlichen Dank."

Der Kulturphilosoph Houston Stewart Chamberlain

Der Kaiser, der seit 1888 an der Spitze des Deutschen Reiches stand, glaubte, daß die seit 768 von Karl dem Großen zur Begründung seines Herrschertums verwendete Bezeichnung „von Gottes Gnaden", die sich schnell unter den christlichen Herrschern verbreitete, seine Rechte und Pflichten als Herrscher durch die christliche Religion begründete. Die aus politisch-religiöser Taktik erfolgende Verwendung durch den Frankenkönig 768, dessen Vater Pippin die Merowinger als Herrschergeschlecht abgesetzt hatte, dürfte ihm keineswegs bekannt gewesen sein. In einer überraschend naiven Weise sprach Wilhelm II. einmal seine Untertanen in Brandenburg an, sicher aber auch aus seinem Gottvertrauen: „Dazu kommt das Gefühl der Verantwortung unserem obersten Herrn dort oben gegenüber und meine felsenfeste Überzeugung, daß Unser Alliierter von Roßbach und Dennewitz mich dabei nicht im Stiche lassen wird. Er hat sich solche unendliche Mühe mit Unserer alten Mark und Unserem Hause gegeben, daß wir nicht annehmen können, daß er dies für nichts getan hat. Nein, im Gegenteil, Brandenburger, zu Großem sind wir noch bestimmt, und herrliche Zeiten führe Ich euch noch entgegen." Er leitete nicht wie Friedrich Wilhelm IV. aus dem Gottesgnadentum eine besondere persönliche Erleuchtung ab. Aber das gegenseitige Vertrauensverhältnis zwischen Herrscher und Volk war ihm eine religiöse Forderung.[52]

In das Goldene Buch der *Illustrierten Zeitung* schrieb Wilhelm II. an der Jahrhundertwende: „Von Gottes Gnaden ist der König, daher ist er auch nur dem Herrn allein verantwortlich. Er darf seinen Weg und sein Wirken nur unter diesem Gesichtspunkt wählen. Diese furchtbar schwere Verantwortung, die der König für sein Volk trägt, gibt ihm auch ein Anrecht auf treue Mitwirkung seiner Untertanen." Aus diesem Glauben heraus reagierte der Kaiser sehr persönlich auf Angriffe gegen ihn. Er festigte in sich auch die Überzeugung von einer Sendung Deutschlands.

Deshalb wirkte auf ihn auch sehr stark Houston Stewart Chamberlain,[53] der Sohn eines englischen Admirals, der Religions- und Kulturphilosoph wurde und nach dem Studium der Naturwissenschaften in Cannes und Genf 1885 nach Dresden, 1889 nach Wien übergesiedelt war und die Tochter Richard Wagners heiratete. 1899 erschien sein Hauptwerk „Die Grundlagen des 19. Jahrhunderts", das vierzehn Auflagen erlebte. Am 28./29. Oktober 1901 begegnete Wilhelm II. Chamberlain erstmals auf Schloß Liebenberg durch Vermittlung des Fürsten

Philipp Eulenburg. Der Kaiser lud Chamberlain daraufhin für zwei Tage in das Neue Palais in Potsdam ein.

Wilhelm schrieb am 31. Dezember 1901 an Chamberlain, „wie das Urarisch-Germanische", was in ihm mächtig geschichtet geschlafen habe, sich allmählich in schwerem Kampf hervorarbeiten mußte: Es „kam in offene Gegnerschaft zu ,Althergebrachten', äußerte sich oft in bizarrer Form, oft formlos, weil es mehr als dunkle Ahnung oft unbewußt in mir sich regte und sich Bahn brechen mußte; da kommen Sie, mit einem Zauberschlage bringen Ordnung in den Wirrwarr, Licht in die Dunkelheit; Ziele, wonach gestrebt und gearbeitet werden muß; Erklärung für dunkel Geahntes, Wege, die verfolgt werden sollen zum Heil der Deutschen und damit zum Heil der Menschheit!" Wilhelm II. verstand den Einsatz für diese Ziele als gemeinsamen Kampf: „Das Gefühl, für eine absolut gute, göttliche Sache zu streiten, birgt die Gewähr des Sieges! Sie schwingen Ihre Feder, ich meine Zunge, schlage auf meinen Pallasch und sage trotz aller Angriffe und Nörgeleien: dennoch!"

Chamberlain teilte Wilhelms Auffassung vom Herrscherberuf. Die Zukunftsaufgabe des Königtums war ihm das „heilige Geheimnis". Chamberlain vertrat in seinem Werk die Rassegedanken seines Schwiegervaters Richard Wagner und des französischen Diplomaten Joseph Arthur Graf Gobineau, dessen vier Bände über die Ungleichheit der menschlichen Rassen, die 1853 bis 1855 in Paris herausgekommen waren, auch in deutsch erschienen und in vier Bänden in Stuttgart 1902 bis 1903 neu aufgelegt wurden. Auch sein Werk über die Renaissance, das er 1877 herausbrachte, erschien 1904 in deutscher Sprache. Gobineau bevorzugte das indogermanisch-arische Wesen und behauptete, selbst Jesus sei Arier gewesen. Daß der Gottessohn Jesus Christus der Abstammung nach nicht Jude gewesen sei, war eine Vorstellung, die gelegentlich auch Wilhelm II. beeindruckte und suggestiv auf ihn wirkte. Chamberlain hielt Christus für einen Arier.

In einem Brief vom 21. Dezember 1902 schrieb Wilhelm an Chamberlain „Mögen Sie unser deutsches Volk, unser Germanentum retten, dem zum Helfer und getreuen Eckardt Gott Sie gemacht hat!" Zu Weihnachten schickte er ihm das Bild „Germans to the front!" Wilhelm teilte Chamberlain auch mit, daß er die Broschüre des Vorwortes zur vierten Auflage der „Grundlagen des 19. Jahrhunderts" an viele Freunde, Geistliche, auch katholische Damen, gesandt habe, und setzte hinzu: „Habe überall reges Interesse gefunden, wobei mir zu meiner großen Freude ein älterer Stabsoffizier sagte, daß diese Schrift unsere Leutnants sehr interessieren werde, da fast jeder junge Offizier des Gardekorps die ,Grundlagen' studiere und bespräche!"

Die vier Essays des Vorwortes behandelten „Dilettantismus" – „Rasse„ - „Monotheismus" - „Rom". Wilhelm II. bemerkte darüber zu Chamberlain: „Ihre vier Essays – exklusive Rasse – habe ich im Kreise der Meinen vorgelesen und haben wir herzhaft diskutiert und verhandelt. Ja das alte Testament! und gar die Genesis! ei! ei! ei!" Chamberlain bewunderte den Kaiser als „arischen Soldatenkönig" und verklärte ihn zu dem den „Wurm" besiegenden Siegfried. Der Kaiser bezeichnete Chamberlain als seinen „Streitkumpan und Bundesgenossen im Kampf gegen Rom, Jerusalem u. s. w." und paßte sich damit den Ideologien Chamberlains in peinlicher Weise an. Er widersprach sich damit selbst, der 1889, 1893 und 1903 den Papst in Rom besuchte und bewunderte sowie 1898 das Heilige Land besuchte. Chamberlain starb 1924 in Bayreuth.

Eduard VII. – Kolonialminister Joseph Chamberlain – Kriegsminister Viscount Haldane – Nach Rußlands Niederlage gegen Japan kein deutscher Präventivkrieg gegen Frankreich – Verrat des Schlieffenplans – Spanische Interessen an Marokko – Wilhelm in Tanger, Neapel und auf Korfu – Alfons XIII. in Berlin – Deutschland isoliert auf der Konferenz in Algeciras

König Eduard VII. nahm am 25. Juni 1904 an der vom Kaiser am 21. Juni eröffneten Segelregatta auf der Unterelbe bei Hamburg teil. Wilhelm II. begrüßte ihn: „Den Seeweg wählend sind Eure Majestät zum deutschen Geschwader gekommen als der Herrscher eines großen, durch die See weltumspannenden Reiches und wollen auch gütigst an den Veranstaltungen des deutschen Segelsports teilnehmen. Begrüßt sind Eure Majestät worden durch den Donner der Geschütze der deutschen Flotte, welche erfreut ist, ihren Ehrenadmiral zu sehen. Sie ist die jüngste Schöpfung unter den Flotten der Welt und ein Ausdruck der wieder erstarkenden Seegeltung des durch den verewigten Großen Kaiser neu geschaffenen deutschen Reiches. Bestimmt zum Schutze seines Handels und seiner Gebiete dient sie ebenso wie das deutsche Heer der Aufrechterhaltung des Friedens." Das deutsche Heer habe ihn über 30 Jahre gehalten. „Einem jeden ist bekannt durch Eurer Majestät Worte und Wirken, daß Eurer Majestät ganzes Streben auf eben dieses Ziel gerichtet ist, die Erhaltung des Friedens." Der englische König antwortete in deutscher Sprache auf diese, wie er sagte „anerkennende Erwähnung Meines unablässigen Strebens nach Erhaltung des Friedens". Er sei darüber tief gerührt und beglückt in der Gewißheit, daß Wilhelm II. das gleiche Ziel im Auge habe. „Möchten unsere beiden Flaggen bis in die fernsten Zeiten, ebenso wie heute, nebeneinander wehen zur Aufrechterhaltung des Friedens und der Wohlfahrt nicht allein unserer Länder, sondern auch aller Nationen." Eduard sagte, er sei stolz darauf, als Ehrenadmiral der deutschen Flotte anzugehören, so wie es die britische als hohe Ehre schätze, daß Wilhelm II. die britische Seeuniform trage, die [ihm] die für beide unvergeßliche Königin Viktoria Wilhelm verliehen habe (R III, 211).

Keiner der beiden Monarchen berührte die von Wilhelm II. 1922 erzählte Sondierung des englischen Kolonialministers Joseph Chamberlain wegen eines deutsch-englischen Bündnisses. Er erreichte nichts, weil die deutsche Regierung daran zweifelte, ob der Bündnisvertrag vom britischen Parlament angenommen werden würde, und weder eine englisch-russische Verständigung für möglich hielt, noch an eine Gefährdung Deutschlands vom Osten her glaubte. Bei der englischen Sondierung 1901 entstand infolge falscher Berichterstattung durch Frhr. von Eckardtstein in Berlin der falsche Eindruck, als gehe die Bündnisfrage vom englischen Außenminister aus. Wilhelm II. behauptete 1922, er habe 1901 anläßlich des Bündnisvorschlages gefragt „gegen wen?" Aus London sei die Antwort gekommen „gegen Rußland", weil es für Indien und Konstantinopel bedrohlich werde. Die Verbindlichkeit der Anfrage ist schwer zu beurteilen, weil der englische Premierminister Salisbury die Politik der freien Hand nicht aufgeben wollte und deshalb eine festere Bindung ablehnte.

In seiner Außenpolitik arbeitete der Kaiser immer wieder auf den Frieden hin, versagte sich einem Bündnis mit England, um nicht dessen Festlanddegen gegen Rußland zu werden. Der deutschfreundliche englische Kriegsminister Richard Burdon Viscount Haldane[54] erinnerte sich über seinen Besuch 1912 in Berlin: „Der Kaiser schien mir den Frieden zu wollen, aber nicht zu verstehen, daß man die Sache des Friedens am besten fördert, wenn man nicht mit dem Schwert rasselt." In den Jahren von 1905 bis 1907 vermehrte das Deutsche Reich sein Heer um 7.000 Mann, Frankreich aber um 20.000, Rußland um 39.000 Mann. Die Ausgaben für die Flotte zwischen 1905 und 1914 betrugen in England 17,80 Mark im Jahresdurchschnitt auf den Kopf der Bevölkerung, in Frankreich 8,07 Mark, in Deutschland 5,82 Mark. Wilhelm II. rüstete also nicht auf, betonte aber die Abwehrkraft des Deutschen Reiches, wenn auch nicht immer mit passenden Worten.

Am 10. Februar 1904 begann durch Überfall der Japaner auf die russische Flotte vor Port Arthur ein für Rußland gefährlicher Krieg. Im Januar 1905 kam es in Rußland zu einer sich spontan ausbreitenden und in mehreren großen Wellen an- und abschwellenden revolutionären Bewegung, sie war ohne einheitliche Führung. Gestützt auf die Vereinigung der russischen Fabrikarbeiter St. Petersburgs brachte eine längst von sozialistischen Agitatoren durchsetzte Organisation unter der Führung des fragwürdigen Priesters Gapon am 22. Januar vor dem Winterpalais eine Petition an den russischen Kaiser, die sich über die unmittelbaren sozialen Forderungen der Arbeiter hinaus das politische Programm der radikalen Opposition zu eigen gemacht hatte.[55] Leider ließen in hilfloser Gedankenarmut die verantwortlichen Persönlichkeiten gegen die Petition die vor dem Winterpalais aufgestellten Truppen von ihren Waffen Gebrauch machen.

Eben damals erwiesen sich die russischen Landtruppen in der Mandschurei außerstande, Port Arthur zu entsetzen, und mußten noch im Januar 1905 bei Mukden eine schwere Niederlage erleiden. Am 27. Mai vernichtete der japanische Admiral Togo in der Tsuschima-Straße die russische Flotte.

In dieser Situation schlug Wilhelm II. dem Kaiser Nikolaus II., damals zugleich auch König von Polen und Großfürst von Finnland, den amerikanischen

Präsidenten Roosevelt als Friedensvermittler vor. Auf Einladung des russischen Kaisers, dem von 1900 bis 1906 Wladimir Nikolajewitsch Graf Lamsdorff als Außenminister diente, trafen sich auf der russischen Kaiserjacht „Polarstern" am 24. Juli 1905 beide Kaiser vor Björkö[56] in dem seit 1808/09 russischen Finnland und einigten sich am nächsten Tag auf den von Wilhelm aus dem Konzept von 1904 umgearbeiteten Entwurf eines Schutz- und Trutzbündnisses mit der Maßgabe, daß den Verbündeten Rußlands und Deutschlands sowie anderen Staaten der Anschluß an dieses Bündnis freistehen solle. Nikolaus II. wollte laut Artikel 4 die notwendigen Schritte tun, um Frankreich zu informieren und es aufzufordern beizutreten. Mit diesem Schutz- und Trutzbündnis, an das sich andere Staaten anschließen konnten, war ein Völkerbund ohne Präsidialmacht auf dem Papier festgelegt, doch scheiterte schon die Ratifizierung des deutsch-russischen Schutz- und Trutzbündnisses daran, daß Lamsdorff Frankreich vor Abschluß eines deutsch-russischen Bündnisses unterrichten wollte.[57]

Unter der von Wilhelm II. dem russischen Kaiser empfohlenen Vermittlung des US-Präsidenten Roosevelt schloß Rußland mit Japan am 5. September Frieden. Bereits am 12. August aber hatte England abermals ein Bündnis mit Japan geschlossen.

Wilhelm II. betonte[58] später, er habe dem Kaiser Nikolaus wiederholt „eindringlichst zu liberalen Reformen im Innern, zur Einberufung der sogenannten großen Volksvertretung des Gesamtreiches geraten, die schon unter Iwan dem Schrecklicken existiert und funktioniert hat. Ich hatte damit nicht die Absicht, mich in innere russische Angelegenheiten zu mischen, sondern ich wollte im Interesse Deutschlands die Gefahren der inneren Gärung beseitigen, die oft schon aus den erwähnten Gründen der Ablenkung zu äußeren Konflikten geführt hatten. Der russische Kaiser hat nicht gehört, sondern er hat eine neue Duma geschaffen, die den Zweck gar nicht erfüllen konnte. Bei der alten Duma hätte er persönlich mit allen Vertretern seines weiten Reiches verhandeln und sprechen, ein Vertrauensverhältnis herstellen können." Nikolaus II. ließ die neue Duma zu, hat sie in Wirklichkeit aber keineswegs geschaffen. Er spielte immer wieder mit dem Gedanken, sich von der ihm aufgezwungenen Duma zu befreien.[59] Sein Regime gebärdete sich autoritär, war aber weit davon entfernt, totalitär zu sein.

Wilhelm II. demonstrierte gelegentlich Autorität und stellte die Militäruniform als Symbol historischer Autorität heraus, blieb aber grundsätzlich auf dem Boden der Verfassung sowohl Preußens als des Deutschen Reiches und bekannte sich grundsätzlich zur Verfassungstreue. Er arbeitete mit den von ihm bestellten Reichskanzlern grundsätzlich zusammen, durchschaute aber den seit 1874 im Auswärtigen Amt tätigen Bernhard von Bülow nicht, der seit 1897 Staatssekretär des Auswärtigen Amtes war und sich immer mehr als eventueller Nachfolger des Kanzlers Chlodwig Fürst Hohenlohe-Schillingsfürst herandrängte.

Der deutsche Friedenswille wird auch in Wilhelms Außenpolitik sichtbar.

Wilhelm versagte sich damals der Absicht des Geheimrats von Holstein, den Ring der Gegner durch einen Überfall auf Frankreich zu sprengen,[60] für den Marokko den Anlaß hätte bieten können. Das militärische Wagnis wäre damals nicht groß gewesen, da sich Rußland vom asiatischen Krieg und dem Revolutionsversuch von 1905 noch nicht erholt hatte. Das Wagnis wäre auch politisch nach dem Urteil des Historikers Anton Ritthaler gering gewesen. Die deutsche Außenpolitik wurde aber ohne Schuld des Kaisers oder des Kanzlers damals schwer belastet. Denn der Plan des Chefs des deutschen Generalstabs, Alfred Graf Schlieffen, der seit 1894 entwickelt wurde, wurde in seiner Fassung von 1902 verraten. Schlieffen plante für den Fall eines deutsch-französischen Krieges einen Durchmarsch durch Luxemburg und Belgien. Frankreich sah seither in Deutschland seinen größten Feind.

Schon bevor der Kaiser die Initiative ergriffen hatte, sich am 24. Juli 1905 mit Nikolaus II. vor Björkö zu treffen, hatte die deutsche Reichsregierung unter Reichskanzler Bülow am 12. April 1905 eine internationale Konferenz über die Frage der Unabhängigkeit Marokkos, praktisch über eine Unabhängigkeit des seit 1894 von einem sehr jungen Sultan als freilich nur religiösen Oberhaupt regierten Staates vorgeschlagen, über den aufgrund einer Konferenz in Madrid 1880 europäische Mächte ein Schutzrecht ausübten. Frankreich und Spanien, die vor 1880 Kriege gegen Marokko geführt hatten, konkurrierten miteinander. Die deutsche Regierung veranlaßte nun den seit 1894 regierenden jungen Sultan Abd ul Asis, entgegen der Konvention von 1880 seine Unabhängigkeit zu fordern und die Bestimmungen über Meistbegünstigung aufgrund der Madrider Konvention von 1880 auf der nunmehrigen Konferenz abändern zu lassen. An der Konferenz war auch England beteiligt, das den Sultan 1844 zum Frieden mit Frankreich veranlaßt hatte. Da es immer wieder zu Ausschreitungen der mohammedanischen Bevölkerung gegen Fremde kam, war unter den europäischen Mächten die praktische Frage vordringlich, von wem eine Art Polizeigewalt vor allem im Interesse der Ausländer eingerichtet und ausgeübt werden könnte.[61] Da Wilhelm II. die vom Sultan in der Türkei zur Erhaltung der Ordnung ausgeübte Funktion kannte, konnte er sich schwer vorstellen, warum es bei einem anderen Sultan wie dem von Marokko Probleme für dessen Ordnungsgewalt gab. Auch Bülow, der Wilhelm II. in die Türkei begleitet hatte, mußte sich solche Fragen stellen.

Das an diesen Problemen interessierte Spanien, das 1898 durch den Krieg mit den USA Cuba, Puerto Rico und die Philippinen verloren hatte, 1899 an Deutschland die Marianen, Karolinen und Palau-Inseln verkauft hatte, besaß nur noch Spanisch-Guinea, die Küste von Rio de Oro und das Gebiet von Ceuta und Mellila an der Küste von Marokko. Sein 1902 volljährig gewordener König Alfons XIII. suchte nach seinem Abkommen mit Frankreich 1904 über Marokko Fühlung mit Wilhelm II., sandte seinen auch deutsch sprechenden Schwager Prinz Karl von Bourbon-Sizilien im Februar 1905 zu ihm und machte den Kaiser zum Ehren-Generalkapitän der spanischen Armee. (R III, 236-238)

Wilhelm trat nun eine Seereise an, besuchte am 27. März den König von Portugal in Lissabon und – noch während der Regierung des konservativen Kabinetts in London – auf Wunsch seines Reichskanzlers in Tanger am 31. März 1905 den Sultan Muley Abdul Malek von Marokko.[62] Als Wilhelm eintraf, begrüßte ihn zunächst die deutsche Kolonie, der er erwiderte, er freue sich, die Pioniere Deutschlands in Marokko kennenzulernen. Deutschland habe große Handelsinteressen daselbst. Er werde den Handel, der einen erfreulichen Aufschwung zeige, fördern und schützen und deshalb für die volle Gleichberechtigung mit allen Mächten sorgen, was nur bei Souveränität des Sultans und Unabhängigkeit des Landes möglich sei. „Beides ist für Deutschland außer allem Zweifel. Ich bin daher stets dafür einzutreten bereit."

Als ihn der Vertreter des Sultans in dessen Namen begrüßte, hob Wilhelm in seiner Antwort hervor, er besuche den Sultan als unabhängigen Herrscher und hoffe, daß unter der Herrschaft des Sultans ein freies Marokko der friedlichen Konkurrenz aller Nationen ohne Monopole und Ausschließung geöffnet werde. Der Kaiser begab sich dann auf die Deutsche Gesandtschaft. Hier verlas der Vertreter des Sultans ein Schreiben desselben, in dem gesagt wird, der Sultan bleibe eingedenk der Freundschaft, die immer zwischen seinen Vorfahren und Deutschland bestanden habe. Er sei von dem Wunsch beseelt, die freundschaftlichen Beziehungen in jeder Weise zu erweitern und zu bekräftigen. Darauf erklärte der Kaiser, er hege aufrichtige Wünsche für die Entwicklung und Wohlfahrt des marokkanischen Reiches ebenso sehr zum Besten seiner Untertanen wie dem der europäischen Nationen, die dort Handel treiben, und zwar, wie er hoffe, auf dem Boden völliger Gleichberechtigung. Später bemerkte er noch einmal zu dem Vertreter des Sultans, sein Besuch in Tanger habe den Zweck darzutun, daß die deutschen Interessen in Marokko beschützt und gewahrt werden sollten. Über die besten Mittel, dies zu erreichen, werde er sich mit dem Sultan ins Einvernehmen setzen, den er als freien Herrscher betrachte. Der Kaiser schloß mit dem Bemerken, daß Besonnenheit notwendig sei bei den Reformen, die der Sultan plane, und daß den religiösen Gefühlen der marokkanischen Bevölkerung Rechnung getragen werden müsse, um eine Störung der öffentlichen Ordnung zu vermeiden. Gespräche Wilhelms mit dem Sultan selbst sind in den europäischen Quellen nicht überliefert.

Auf der Rückfahrt traf Wilhelm II. am 6. April den König von Italien in Neapel, am 11. April sprach er in Korfu mit der griechischen Königsfamilie.

Nach Deutschland zurückgekehrt empfing Wilhelm II. am 6. November in Berlin den König Alfons XIII. von Spanien und begrüßte in ihm den Ehren-Oberst und „Chef des 66. (Preußischen) Regiments", in dessen Uniform Alfons in Berlin eingezogen war, und „den allerhöchsten Kriegsherrn des spanischen Heeres, das von großer Vergangenheit und ein Hort ritterlicher Tugenden ist". Darauf dankte er ihm, daß der König ihn zum Ehrenchef des spanischen Dragonerregiments Numancia gemacht hatte, wie ihm am 7. Februar der Schwager des

Königs in Berlin mitgeteilt hatte. Wenn es auch üblich war, daß Monarchen sich gegenseitig solche Ehrenstellungen in ihren Armeen verliehen, so war doch damit stets auch eine Öffentlichkeit der Beziehung verbunden, die die Bevölkerung, etwa Berlins, beim Empfang Alfons XIII. in der Uniform eines preußischen Regiments zur Kenntnis nahm.

Spanien hatte seit dem Eingreifen Napoleons 1808 und, seit König Ferdinand VII. 1814 auf den Thron zurückgekehrt war, immer wieder schwere Erschütterungen erlebt und war durch die USA seit 1898 geradezu beraubt worden. Zwei Arbeiterbewegungen, eine anarchistische von Barcelona aus und eine marxistische von Madrid aus, erschwerten die Industrialisierung. So war es verständlich, daß Alfons XIII. an dem auch sozialpolitisch immer mehr geordneten Deutschen Reich und Kaiser Wilhelm II. eine Stütze suchte und dem Kaiser auch für seine Haltung persönlich sehr verbunden blieb. Frankreich hatte die von Spanien angestrebte Verbindung mit deutschen Fürstenhäusern bis zu seiner eigenen Niederlage 1870/71 bekämpft und konkurrierte mit Spanien um den Einfluß in dem geographisch Spanien nahegelegenen Marokko, bis es 1880 zu einer Art Vergleich kam. Das von Reichskanzler Bülow gewünschte Eintreten des Reiches für Marokkos Unabhängigkeit war zwar für Spanien erfreulich, stärkte aber auch Spaniens Fähigkeit, mit Frankreich in Marokko zu konkurrieren. Wilhelm II. sah nach seinem eigenen späteren Zeugnis deshalb seine von Bülow gewünschte Reise nach Marokko kritischer und behauptete später sogar, er wäre nicht für den Schritt eines Besuches dort gewesen, habe aber dann doch den Vorschlägen Bülows Rechnung getragen.

Am 28. November sagte Wilhelm II. bei der Eröffnung des Reichstages: „Das Deutsche Reich steht zu allen Mächten in korrekten, zu den meisten in guten und freundschaftlichen Beziehungen." Das sollte bald nicht mehr zutreffen. Auf Bülows Anregung trat vom 16. Januar bis 7. April 1906 eine internationale Konferenz in Algeciras[63] zusammen, einem Städtchen westlich gegenüber von Gibraltar. Zwölf Mächte nahmen daran teil. Ihre von Deutschland vorgeschlagene Einberufung wurde in Frankreich nicht nur von den Revanchisten als Demütigung empfunden. Denn die Ordnungsgewalt in Marokko war 1880 als Schutzrecht der europäischen Mächte festgelegt worden. Jetzt beanspruchte sie der Sultan von Marokko, unterstützt durch das Deutsche Reich und durch Österreich-Ungarn. Bei der Abstimmung siegten die übrigen neun Staaten, die die Organisation der Polizei in Marokko in die Hände von Frankreich und Spanien legten. Die Konferenz endete zwar damit, daß die Unabhängigkeit Marokkos aber auch seine „friedliche" Durchdringung durch Frankreich (und durch Spanien?) anerkannt wurde. Das Prinzip der offenen Tür wurde allgemein gebilligt. In England wurde die deutsche Marokkopolitik allgemein als ein Versuch aufgefaßt, die englisch-französische Entente zu sprengen. Am 5. Dezember 1905 war in England das konservative Kabinett Balfour durch das liberale Henry Campbell-Bannerman abgelöst worden.

Eduard VII. und Delcassé – Hilfe für französische Bergarbeiter – Wilhelm und Beleidigungen seines Hauses

Der von 1905 bis 1916 als englischer Außenminister tätige Sir (später Lord) Edward Grey traf im Januar 1906 mit dem von diesem Jahr an bis 1914 in Berlin als französischer Botschafter amtierenden Jules Cambon Abmachungen, die England in einem deutsch-französischen Krieg an Frankreich binden sollten. Ein gemeinsamer Operationsplan wurde durch den englischen und französischen Generalstab und den englischen und französischen Marinestab festgelegt. König Edward VII. empfing im März 1906 Delcassé, den 1905 gestürzten französischen Außenminister. Ministerpräsident Maurice Rouvier war aber immerhin gegenüber der deutschen Wirtschaft aufgeschlossen.

Wilhelm II. kannte den in der Republik Frankreich seit 1871 erwachenden und bald sehr heftig gewordenen Wunsch, Elsaß-Lothringen zurückzugewinnen. Von den Abmachungen Rußlands und Englands mit Frankreich wußte er zweifellos viel. Doch war er auch gegenüber Frankreich zu Akten der Hilfe bereit, zumal man dort seine allgemeine Friedenspolitik unterstützte. Am 10. März 1906 war in den Steinkohlengruben von Courriéres im nördlichen Frankreich durch Schlagwetter ein Brand entstanden, bei dem 1100 Bergleute umkamen. Am Tag darauf traf eine Abordnung deutscher Bergleute aus Westfalen ein, um – mit den besten Rettungsgeräten ausgerüstet – zu Hilfe zu kommen. Wilhelm II. sprach zu diesen Männern am 2. April 1906 (R IV, 16f.): „Ich habe Euch hierher kommen lassen, um Euch im Namen des gesamten Vaterlandes Meinen herzlichsten Dank, Meine Bewunderung und Meine Anerkennung auszusprechen für die Tat, die Ihr ausgeführt habt."

Deutschland war damals bereits sichtlich isoliert. Reichskanzler Bülow hatte in Marokko eine Politik getrieben, die in Frankreich aufs Schärfste abgelehnt wurde. Er hatte sich dazu von Fritz von Holstein anleiten lassen, ohne sich darüber klar zu werden, daß dieser sein gefährlicher Widersacher und ein Kritiker des Kaisers war. Der Sozialdemokrat August Bebel griff am 5. April 1906 den Reichskanzler Bülow im Reichstag so vehement an, daß dieser, ohnehin überanstrengt, in Ohnmacht fiel. Auf Bülows Bitte entließ der Kaiser 1906 Holstein, der seit 1876 im Auswärtigen Amt als Vortragender Rat tätig war und auf dessen Ratschläge Bülow und andere viel Wert gelegt hatten. Holstein arbeitete nun mit den Gegnern des Kaisers deutlich zusammen.

Maximilian Harden rechnete 1907 mit der Umgebung Wilhelms in den letzten 15 Jahren, auch mit den Eulenburgs in einer Reihe von Presseartikeln kritisch ab und traf damit das politische Ansehen des Kaisers empfindlich. Dieser erließ am 27. Januar 1907 an den Ministerpräsidenten Bülow und den Justizminister Preußens von Beseler folgenden Erlaß: „Es entspricht Meinem Wunsch, daß wegen Majestätsbeleidigung oder Beleidigung eines Mitglieds Meines Königlichen Hauses nur solche Personen die gesetzliche Strafe erleiden, welche sich jener Vergehen mit Vorbedacht und in böser Absicht und nicht bloß aus Unverstand, Unbesonnenheit, Übereilung oder sonst ohne bösen Willen schuldig gemacht haben. Ich beauftrage daher Sie, den Justizminister, Mir, solange nicht das Gesetz eine entsprechende Einschränkung der Strafbarkeit enthält, fortlaufend von Amts wegen über alle nach dem Angeführten berücksichtigungswerte Verurteilungen behufs Meiner Entschließung über Ausübung des Begnadigungsrechts zu berichten." Wilhelm bewies damit zweifellos Großzügigkeit. Schon P. Liman hatte sie erfahren, als er 1903 in seinem Buch „Der Kaiser" Wilhelm gehässig herabgesetzt hatte.

„Admiral des Atlantischen Ozeans" – Der „böse Geist" Tirpitz – Abrüstung gegenüber England und Frankreich? – Eduard VII. bei Alfons XIII., bei Viktor Emanuel III., Treffen mit Clémenceau – Eduard VII. bei Wilhelm und Kaiser Franz Joseph – England, Rußland und die Türkei – Die deutsche Bagdadbahn

Als am 10. Februar 1906 noch während der Algeciras-Konferenz das englische Schlachtschiff „Dreadnought" vom Stapel lief, bejahten weite Kreise den vom Kaiser gewünschten weiteren Ausbau der deutschen Flotte, so daß im Mai 1906 eine Novelle zum Flottengesetz im Reichstag angenommen wurde. Wilhelm II. bezeichnete sich gelegentlich als den „Admiral des Atlantischen Ozeans"[64] und forderte: „Der Dreizack gehört in die deutsche Faust!" Wenn er ihn damit England entwinden wollte, beschränkte er die Insel Großbritannien. Wilhelms Weltpolitik mit Hilfe der Flotte ging auf problematische außenpolitische Gedanken des Admirals Alfred von Tirpitz ein, der wie der Entdecker Carl Peters oder Heinrich Claß die von übertriebenem deutschen Nationalismus ausgehenden Vorlesungen des Historikers Heinrich von Treitschke gehört hatte.[65] Bernhard von Bülow und Tirpitz machten die Weltpolitik zu ihrem ureigenen Terrain, wie Craig[66] sagt.

Bereits 1895 schrieb Tirpitz an Ulrich Alfred Albrecht von Stosch, daß in der neuen großen nationalen Aufgabe und dem damit verbundenen Wirtschaftsgewinn ein starkes Palliativ gegen gebildete und ungebildete Sozialdemokraten liege. Im Juli 1897 entwickelte er in einer Denkschrift den sog. Risikogedanken, daß nämlich Deutschland in seinen eigenen Gewässern eine so starke Flotte stationieren sollte, daß es im Falle eines Krieges mit England einen Angriff gegen die britische Heimatflotte führen könnte und England zur Abwehr der Bedrohung sogar die Flottenverbände im Mittelmeer und im fernen Osten zurückrufen müsse, selbst wenn dadurch die englischen Positionen dort den Angriffen anderer Mächte schutzlos ausgesetzt wären. Tirpitz vertrat die Auffassung, die dann der Kaiser von ihm übernahm, daß die Engländer durch das starke Anwachsen der deutschen Flotte immer klarer erkennen würden, daß sie die Konsequenz ziehen müßten, Konflikte mit Deutschland zu vermeiden, oder unter Bedingungen zu einer Verständigung mit Berlin kommen müßten, welche die deutsche Position in Europa stärken würde. Die dabei für das Deutsche Reich herausspringenden Vorteile würden das deutsche Volk mit Genugtuung erfüllen und die Opposition gegen die Krone verringern.

Vom strategischen Standpunkt aus gesehen sollte das Flottenbauprogramm Deutschland zu sicheren Küsten und dadurch zu großem internationalen Einfluß verhelfen. Aber Tirpitz überschätzte bei dieser Überlegung die deutsche Finanzstärke und setzte irrtümlicher Weise voraus, daß das englische Volk nicht bereit sein werde, die Kosten für die Überlegenheit der englischen Seemacht aufzubringen. Tirpitz rechnete in geradezu naiver Weise nicht damit, daß sich England um ein Bündnis mit einer anderen Macht als Deutschland bemühen könnte. Wenn diese andere Macht eine Seemacht war, hatten Tirpitz und Wilhelm II. eine deutsche Katastrophe zu erwarten. Tirpitz wird deshalb von Craig[67] als „der böse Geist der deutschen Außenpolitik" nach 1898 bezeichnet. Er hatte bereits „einen bedeutsamen Beitrag zur Verschlechterung der deutsch-russischen Beziehungen verursacht. Denn die Einnahme von Kiautschou im November 1897, die auf seine Berichte aus Fernost zurückging, hatte die Russen empört, die darin eine Verletzung ihrer Einflußsphäre und eine Bedrohung ihrer Hegemoniepläne in Nordchina sahen. Seine Schiffbaupläne hatten nun den eher zweifelhaften „Erfolg", alle etwa noch verbliebenen Hoffnungen Wilhelms II. der deutschen Regierung über Möglichkeiten eines Bündnisses mit Großbritannien auf weitere Zeiten gegenstandslos zu machen.

Craig[68] hebt hervor, daß immer noch mächtige Kräfte in England im Sinne einer umfassenden englisch-deutschen Verständigung tätig waren, wie 1898 der damals stellvertretende Außenminister Lord Arthur Balfour oder der Kolonialminister Joseph Chamberlain. Der deutsche Botschafter telegraphierte aus London an Holstein: „Wenn unsere auswärtige Politik von den Ansichten des Herrn Tirpitz abhängt, werden wir in der Welt nicht weit kommen." Der liberale Kriegsminister Richard Burdon Viscount Haldane, der 1906 als Gast des Kaisers an den deutschen Manövern teilgenommen hatte, war kein Feind Deutschlands, begründete aber das englische Mißtrauen im Januar 1907 gegen Deutschland gegenüber dem deutschen Botschafter in London, Paul Graf Wolff Metternich, mit dem Anwachsen der deutschen Flotte. Wilhelm II. wußte von der englisch-französischen Entente cordiale vom 8. April 1904, von ihrem Ausgleich in Marokko, vom englisch-russischen Vertrag vom 31. August 1907 über Persien,[69] Afghanistan und Tibet und vom englischen Gesetz vom 2. August 1907 über die Reorganisation des Landheeres. In Hinblick auf diese Tatsachen verhinderte der Kaiser[70] Abrüstungsgespräche, die der englische Premierminister in Gang zu bringen versuchte, als der russische Kaiser den zweiten Haager Friedenskongreß auf den Herbst 1907 einberief. Am 8. April 1907 besprach sich Eduard VII. in Cartagena mit Alfons XIII. von Spanien und suchte, ihn offenbar in seine Bündnisse einzubeziehen. Wohl in derselben Absicht traf er sich am 18. April mit Viktor Emanuel III. in Gaëta.[71]

Am 3. August 1907 traf Wilhelm II., begleitet von Bülow, mit Nikolaus II., seinerseits begleitet von Iswolski, bei Swinemünde zusammen. Eduard VII. besuchte Wilhelm am 14. August auf Schloß Wilhelmshöhe bei Kassel. Nach dem sogenannten Frühstück (Mittagessen) wurde mit Autos eine Ausfahrt nach Schloß Wilhelmstal unternommen und dann das Gestüt in Beberbeck besichtigt. Eduard dankte dem Kaiser für seinen Trinkspruch und versicherte ihm, es sei sein größter Wunsch, daß zwischen Deutschland und England nur die besten und angenehmsten Beziehungen herrschen mögen. Eduard VII. wurde bei seinem Besuch von Sir Charles Harding, dem seit 1906 im Foreign Office tätigen Unterstaatssekretär begleitet. Sicher hat die Reise Eduards dazu beigetragen, daß England am 31. August 1907 mit Rußland einen Vertrag über Persien, Afghanistan und Tibet schließen konnte, den im Wesentlichen in St. Petersburg Iswolski und der dortige englische Botschafter, Sir Arthur Nicolson, zustande gebracht hatten.

Rußland hatte vor allem wegen der Bagdadbahn zugestimmt. Denn England kam es 1907 auf die Endstrecke der Bahn am Persischen Golf an, den es als seine Interessensphäre betrachtete. Sie war aber infolge des Vertrags Wilhelms mit dem türkischen Sultan vom 26. August 1890 und schon infolge des Vertrages vom 4. Oktober 1888 gebaut worden und hatte für die Weltwirtschaft bereits um 1900 große Bedeutung, obwohl sie damals noch nicht vollendet war. England, das auf das östliche Persien Druck ausübte, und Rußland, das das nördliche Persien mit Teheran geradezu beherrschte, einigten sich in diesem Vertrag auf ihre Interessen in diesem Bereich. Die mit Deutschland verbündete Türkei behauptete in Persien gegen Rußland ihre Stellung. Es lag in ihrem Interesse, daß Wilhelm II. die Bahn als ausschließlich deutsches Unternehmen betrachtete. Denn Rußland sah in der Türkei einen Feind, in England hingegen einen Freund. In Hinblick auf diese Lage hatte Haldane zum deutschen Gesandten in London gesagt, ein deutschenglisches Abkommen über die Bahn würde der Welt zeigen, daß sich auch England und Deutschland miteinander verständigen könnten. Der englischen Regierung käme es darauf an, im Kriegsfall das Ende der Bahn am Persischen Golf in der Hand zu haben.

Wilhelm II. machte auf dem Bericht des Gesandten dazu die Bemerkung: „Ist unmöglich! Es muß eine deutsche Bahn bleiben! Wenn das wichtigste, das Ende, ausfällt, ist die ganze Bahn nichts!" Zu dem Bericht des Gesandten über die Bahn als Gegenstand der Verhandlungen Deutschlands mit England schrieb Wilhelm: „[Das] ist Meine Bahn!" Diese nur von den deutsch-türkischen Vereinbarungen von 1888 und 1890 ausgehenden Randbemerkungen waren für den Reichskanzler bestimmt, der dem Kaiser die Instruktionen an die Gesandten vorzuschlagen hatte, falls sie nicht der Kanzler von sich aus instruierte. Ein Kanzler wie Bülow, der sich einen durch sein Geltungsbedürfnis beanspruchten Ermessensspielraum vorbehielt, aber die Schuld bei einem Mißlingen gerne auf den Kaiser schob, war durch Randbemerkungen in ihn angehenden Schriftstücken insoweit gebunden, als er bei deren Nichtbeachtung Ungnade oder Entlassung fürchten mußte.

Nach dem Besuch Eduards VII. traf sich Wilhelm im böhmischen Marienbad, also in der Habsburger Monarchie, mit dem französischen Ministerpräsidenten Clémenceau. Er reiste weiter zu Kaiser Franz Joseph, den er am 15. August in Bad Ischl sprach. Der Inhalt der politischen Gespräche mit Clémenceau oder Franz Joseph ist nicht bekannt, doch darf im Hinblick auf den Eduard begleitenden Unterstaatssekretär auch ein politischer Gedankenaustausch vermutet werden.

„Schwarzseher dulde ich nicht" – Das Kaiserpaar 1907 in England und Holland – England, Rußland und Frankreich

Am 8. September 1906 brachte der Kaiser bei dem im Zwinger zu Breslau gegebenen Festmahl gegenüber dem Oberpräsidenten Grafen Zedlitz-Trützschler (R IV, 35ff.) seine Verbundenheit mit Schlesien zum Ausdruck, ohne aber von ihrer Eroberung zu sprechen. Er hob vielmehr Friedrichs II. unvergleichliche Kämpfe hervor, durch die er Preußens Weltmachtstellung schuf, und die von ihm versuchten Friedensarbeit. „Wir können Gott danken, wie er alles zum Wohle und Nutzen dieser Provinz und unseres Landes gefügt hat, vor allem, daß es uns vergönnt gewesen ist, im Frieden unsere Arbeit zu tun. Wenn aber Gott mit uns gewesen ist, so liegt wohl die ernste Frage nahe, ob wir seiner Hilfe auch würdig waren?" In übersteigernden Ausdrücken fragte er: „Hat ein jeder unter uns nun auch das Seinige dazu getan, unter Drangabe von allen seinen Sinnen, von Gesundheit und Leibeskräften das fortzuführen und auszubauen, was die Vorzeit uns hinterlassen hat? Wenn ein jeder an sein Herz schlägt und sich ehrlich diese Frage vorlegt, so wird wohl bei manchem die Antwort schwer sein. Nun wohl, meine Herren, lassen Sie uns aus der großen Persönlichkeit des großen Königs die Einsicht und die Entschlüsse schöpfen, wo es gefehlt hat an der Arbeit, wo der Mut absinken wollte, wo schwarze Gedanken und Befürchtungen das Haupt umrauschten. Hinweg damit! So wie der große König von dem alten Alliierten niemals im Stich gelassen worden ist, so wird auch unser Vaterland und diese schöne Provinz seinem Herzen nahe bleiben."

Wilhelm II. hatte mit den Fragen an das Gewissen nur die Voraussetzung für die Aufforderung zum Vertrauen auf Gott schaffen wollen. Man muß seine Reden, besonders diese, mehr im Zusammenhang lesen, als einzelne Sätze herauszustellen. Er rühmte die „goldene Treue, die Mir hier entgegenschlug", und fuhr fort: „Uns von nun an mit Aufbietung aller geistigen und körperlichen Kräfte nur der einen Aufgabe zu widmen, unser Land vorwärts zu bringen, für unser Volk zu arbeiten, ein jeder in seinem Stande, gleichviel, ob hoch oder niedrig, unter Zusammenschluß der Konfessionen dem Unglauben zu steuern und uns vor allen

Dingen den freien Blick für die Zukunft zu bewahren und niemals an uns und unserem Volke zu verzagen. Den Lebenden gehört die Welt, und der Lebende hat recht. Schwarzseher dulde Ich nicht, und wer sich zur Arbeit nicht eignet, der scheide aus, und wenn er will, suche er sich ein besseres Land." Da er sich zu Beginn der Rede als souveräner Herzog von Schlesien bezeichnet hatte, der zu seinen Schlesiern spreche, fuhr er fort: „Ich erwarte aber von Meinen Schlesiern, daß sie mit dem heutigen Tage sich von neuen in dem Entschluß zusammenfinden werden, den großen Zielen und Vorbildern nachgehend ihrem Herzog zu folgen in seiner Arbeit und vor allem in seiner Friedensarbeit für sein Volk."

Im November 1907 reiste das Kaiserpaar nach England und traf am 10. November in Windsor ein. Eduard VII. erinnerte bei der Begrüßung an die Güte und Sympathie, mit der Wilhelm mit Eduard in den Tagen sprach, als Königin Viktoria zum Sterben kam. „Ich hege nicht nur innige Hoffnungen für das Gedeihen und das Glück des großen Reiches, über das Euere Majestät herrschen, sondern auch für die Erhaltung des Friedens." Wilhelm II. beschwor ebenfalls die Erinnerung an Königin Viktoria und seine Tage in dem alten Windsorschloß schon als Kind. Es sei auch sein ernstester Wunsch, daß sich die enge Verwandtschaft zwischen „unseren beiden Familien" in den Beziehungen unserer beiden Länder widerspiegeln möge und den Frieden in der Welt bekräftige, „dessen Aufrechterhaltung ebenso sehr Euerer Majestät beständiges Bestreben wie es Mein eigenes ist".

Am 13. November besuchte das Kaiserpaar London, begleitet von dem Prinzen Georg von Wales und der Prinzessin Victoria Mary von Wales[72] und von Herzog Arthur von Connaught und dessen Gattin Luise Margarete. Wilhelm II. las die auf seine dynastische Verwandtschaft gemünzte Begrüßungsinschrift: „Blut ist dicker als Wasser". Er zitierte die in englischer Sprache ihm gewidmeten Worte, als er auf die Ansprache des Lord-Mayor in der alten Bankettshalle der Guildhall antwortete. Dabei erinnerte er daran, daß er im Sommer 1891 das Bürgerrecht Londons durch den damaligen Lord-Mayor erhalten habe, und versicherte, wie vor 16 Jahren dem Vorvorgänger des nunmehrigen Lord-Mayor, daß sein Bestreben vor allem darauf gerichtet sei, den Frieden zu erhalten. „Die Geschichte wird Mir, hoffe Ich, die Gerechtigkeit widerfahren lassen, anzuerkennen, daß Ich dieses Ziel seit jeher unerschütterlich verfolgt habe." Die Grundlage des Weltfriedens sei die Aufrechterhaltung von guten Beziehungen zwischen Deutschland und England.

Am 15. November empfing der Kaiser in der Uniform eines britischen Feldmarschalls in der Bildergalerie des Schlosses Windsor eine aus 16 Mitgliedern bestehende Deputation der Universität Oxford, angeführt vom Kanzler der Universität, Lord Curzon. Er überbrachte dem Kaiser das Diplom eines Ehrendoktors des Zivilrechts und rühmte das Interesse Wilhelms an der Auswahl der deutschen Studenten, die infolge der von Cecil Rhodes gestifteten Jahresstipendien in willkommener und wertvoller Weise das akademische Leben in Oxford stärkten. Dazu Wilhelm: „Die Schenkung Ihres großen Landsmanns Cecil Rhodes setzt Schüler nicht nur aus den britischen Kolonien, sondern auch aus Deutschland und den Vereinigten Staaten in den Stand, aus der Oxforder Erziehung Nutzen zu ziehen." Wilhelm habe Schüler deutscher Nationalität ausgewählt, „die durch die Großmut von Cecil Rhodes in den Stand gesetzt sind, den großen Nutzen der Oxforder Erziehung zu genießen. Die [den] jungen Deutschen gegebene Gelegenheit, während der Studienzeit mit jungen Engländern zu verkehren, ist das erfreuliche Ergebnis des weiten Gesichtskreises Rhodes'." Dadurch werde gegenseitige Achtung und Freundschaft „zwischen unseren beiden Ländern" geschaffen.

Am 16. November 1907 (R IV, 99) empfing der Kaiser eine Abordnung des Grafschaftsrates der Stadt London, also der munizipalen Verwaltungsbehörde. Sie drückte ihre Wünsche für freundliche und friedliche Beziehungen zwischen beiden Ländern mit solcher Wärme aus, wie Wilhelm in seinem Dank formulierte, daß es für ihn eine Quelle lebhafter Genugtuung sei. Am selben Tag empfing er auch englische Journalisten, die im vergangenen Sommer in Deutschland gewesen waren, und hoffte, daß sie ihre Bemühungen fortsetzen werden, die für den Frieden Europas so notwendigen freundschaftlichen Gefühle zwischen unseren beiden Nationen zu pflegen. „Wir gehören zu derselben Rasse und haben dieselbe Religion. Das sind Bande, die sich stark genug erweisen sollten, zwischen uns Harmonie und Freundschaft bestehen zu lassen." (R IV, 100)

Der Kaiser machte bei seinem Englandaufenthalt zwischen dem 9. November und dem 12. Dezember 1907 das Angebot, England den Zugang zu der Nordküste des Persischen Golfs zu überlassen. Das englische Kabinett antwortete, diese Frage vor eine Konferenz unter Zuziehung Rußlands und Frankreichs zu bringen. Wilhelm empfand das als unannehmbare Zumutung.[73] Jede der drei Großmächte sah im Deutschen Reich von 1871 zweifellos nur einen Konkurrenten bei der Gewinnung neuer Machtpositionen. Ohne Rücksicht auf die von Deutschland begonnene Bahn hatte England mit Rußland auf strategischem Hintergrund, wie erwähnt, den Vertrag vom 31. August 1907 geschlossen. Für Deutschland hieß das: Die deutsche Außenpolitik hatte weder England noch Rußland gewonnen.

Der Kaiser erholte sich dann von einem offenbar schweren Katarrh in Highcliffe Castle auf der Insel Wight, reiste erst am 5. Dezember mit seiner Frau wieder ab und besuchte am 13. Dezember Königin Wilhelmina in Amsterdam.

Fortschritte in der Sozialpolitik des Kaisers

Bereits früher (siehe S. 86 ff.) wurde ausführlich über Wilhelms soziale Anliegen gehandelt. Sie seien für die Weiterbehandlluung ab 1900 kurz in Erinnerung gerufen.

Wilhelm II. hatte 1889 offen zugunsten der streikenden Bergarbeiter im Ruhrgebiet interveniert. Im Berliner Protokoll vom 15. Mai 1889 kam eine Kollektivvereinbarung zwischen dem bergbaulichen Verein als dem zuständigen Unternehmerverband und den Delegierten der streikenden Arbeiterschaft zustande. Durch Wilhelms Druck zur kollektivvertraglichen Beilegung von Arbeitskämpfen begann sich, das neue System der kollektiven Arbeitsverfassung zu entwikkeln. Die beiden Erlasse Wilhelms vom 4. Februar 1890, der vom Kaiser am 14. Februar 1890 eröffnete Staatsrat und die durch ihn verursachte Internationale Konferenz über die Arbeiterfrage führten zu einer Sozialgesetzgebung. Das Gewerbegerichtsgesetz vom 29. Juli 1890 wurde zur modernen Arbeitsgerichtsbarkeit.

Die vom preußischen Staatsrat genehmigte Novelle zur Gewerbeordnung, die den Arbeitsschutz regelte, wurde von Berlepsch am 7. Mai 1890 im Reichstag eingebracht und auch gegen die Sozialdemokraten durchgesetzt. Erster Ansatz zu einem sozialstaatlichen Betriebsverfassungsrecht wurde das Arbeiterschutzgesetz vom 1. Juni 1891. Darin wurde die Sonntagsarbeit verboten, ebenso die Kinderarbeit, und die Höchstarbeitszeit für Jugendliche und Frauen begrenzt. In seinen Grundzügen besteht es bis auf den heutigen Tag. Aus der Arbeitsordnung hat sich die Betriebsordnung, aus den Arbeiterausschüssen haben sich die Betriebsräte entwickelt.

Durch die Novelle zum preußischen Berggesetz vom 24. Juni 1892 wurde auch für den Bergbau eine obligatorische Arbeitsordnung vorgeschrieben.

Das Arbeiterschutzgesetz vom 1. Juni 1891 und die Berggesetz-Novelle vom 24. Juni 1892 bildeten die ersten Ansätze eines sozialstaatlichen Betriebverfassungsrechts aus. In Hinblick auf die Weiterentwicklung müssen diese Tatsachen noch einmal ins Gedächtnis gerufen werden.

Die von den Industriellen, besonders vom Frhr. Stumm von Halberg, im Kaiser hervorgerufenen Bemühungen gegen staats- und gesellschaftsfeindliche Agitation in der Umsturzvorlage von 1894, die bereits erwähnt wurde, führte zu keiner Wende. In offenem Protest gegen die von den Industriellen heraufbeschworenen Tendenzen und die dadurch eingeleitete Entwicklung erbat der Handelsminister von Berlepsch im Juni 1895 seine Entlassung. Er begründete das Gesuch damit, „daß die Fortführung der sozialen Reform, wie ich sie für notwendig erachte, für absehbare Zeit unmöglich geworden ist". Der Kaiser lehnte am 31. Juli 1895 die Verabschiedung ab. Nichts liege ihm ferner als die Abkehr von dem Programm von 1890. Nur aus taktischen Gründen sei er gezwungen, bei den sozialpolitischen Plänen gegenwärtig ein langsameres Zeitmaß einzuhalten. Sofort griff Berlepsch wieder zu und setzte auch im Bundesrat die Bäckerei-Verordnung vom 24. März 1896 durch, die die Arbeitszeit in Bäckereien und Konditoreien auf 13 1/2 Stunden täglich beschränkte (Huber IV, 1223). Die Konservativen wie die Liberalen protestierten gegen diesen ersten Schritt auf dem Weg zum allgemeinen Normalarbeitstag. Die „soziale Polizeimechanik", die sich in ihr ausdrücke, dürfe nicht weitergehen. Die wirtschaftsschädlichen Zwangseingriffe des Staats in die Arbeitsfreiheit müßten aufhören.

Berlepsch forderte vom nunmehrigen Reichskanzler Hohenlohe-Schillingsfürst die Versicherung, daß die Regierung an der mit dem Februar-Erlaß vom 1890 eingeleiteten Sozialpolitik festhalten werde. Der Reichskanzler war dazu nicht bereit. So erbat Berlepsch am 27. Juni 1896 zum zweiten Mal seine Entlassung. Der Kaiser gewährte sie am 26. Juli. Er hatte sich zwar in der sozialen Frage einige Male, vor allem 1890 gegen Bismarck dadurch durchgesetzt, daß er auf die Mitwirkung dieser ihn verfassungsrechtlich verpflichtenden Organe verzichtete. Aber im Rahmen der hier noch zu erörternden Auseinandersetzung der Kräfte in Gesellschaft und Wirtschaft nahm er jetzt auf den Reichskanzler Hohenlohe-Schillingsfürst Rücksicht.

Innerhalb der Sozialdemokratischen Partei muß zwischen den Kräften, die auf einen Umsturz der Staatsverfassung hinzielten, und den Kompromißbereiten hingewiesen werden. In Bayern, wo Prinzregent Luitpold grundsätzlich auch die Sozialdemokraten zu seinen offiziellen Hoftafeln heranzog, stellte sich Georg von Vollmar anders zur konstitutionellen Monarchie als Bebel in Preußen. Trotz der Arbeitskämpfe der neunziger Jahre sind die Freien Gewerkschaften etwas differenzierter im Hinblick auf die radikalen Forderungen der SPD zu betrachten. Im November 1890 trat die erste Konferenz der Freien Gewerkschaften zusammen. Sie tagte von März 1892 bis zum Juni 1914 insgesamt neun Mal als Allgemeiner deutscher Gewerkschaftskongreß, also als Zentralvertretung der deutschen Freien Gewerkschaften. Ihr leitendes Organ war seit 1890 die Generalkommission, ihren Vorsitz führte von 1890 bis 1919 Carl Legien. Er war 1885 der sozialdemokratischen Partei beigetreten, wurde 1887 aufgrund seines Berufes zum Vorstand der Vereinigung der Drechsler Deutschlands gewählt, trat als Vertreter des Berufsverbands-Prinzips hervor und setzte sein Konzept durch. 1901 legte er die Grundlagen für eine supranationale Kooperation der Gewerkschaften. Bei der Gründung des Internationalen Gewerkschaftsbundes 1913 wurde er dessen erster Präsident. Der SPD gehörte er als Abgeordneter für den Wahlkreis Kiel mit Ausnahme der Jahre 1898 bis 1903 von 1893 bis zu seinem Tode an. Trotz der Bindung an die Partei vertrat er mit Nachdruck Neutralität und Unabhängigkeit der Gewerkschaften gegenüber der Partei und verfocht beim Kriegsausbruch 1914 konsequent die Politik des Burgfriedens.[74]

Als das Reichsgesetz vom 11. Dezember 1899 (lex Hohenlohe) das Verbot des Zusammenschlusses der einzelnen Gewerkschaften beseitigte, hielt Legien streng an der fachverbandlich föderalistischen Organisation der Freien Gewerkschaften fest. Gegenüber den auf Umsturz hinarbeitenden Kräften in der SPD verfocht er die Mitarbeit der Gewerkschaften an den Sozialeinrichtungen des bestehenden Staates und schrieb deshalb 1903 in den *Sozialistischen Monatsheften*: „Man kann im Gegenteil sagen, daß die Gewerkschaften ein wesentliches Interesse an der Entwicklung der Arbeiterschutzgesetzgebung haben und daß ihnen durch diese wie auch durch die Arbeiterversicherungsgesetzgebung neue Tätigkeitsgebiete eröffnet werden. Die Arbeiterschutzgesetzgebung trägt dazu bei, den Bestand dessen, was die Gewerkschaften den Unternehmern abgerungen haben, zu sichern, während die Arbeiterversicherung den Gewerkschaften die Pflicht auferlegt, an den Wahlen für die Vertretung der Arbeiter in den verschiedenen Versicherungszweigen sich zu beteiligen und durch diese Vertretung in der Praxis den Nachweis der Mangelhaftigkeit zu liefern." (Huber IV, 1227)

Die Gewerkschaften gewannen wachsenden Einfluß in der sozialdemokratischen Partei. Auf dem Parteitag von Jena wurde statt des von Bebel vorgeschlagenen Redakteurs Hermann Müller der aus der Gewerkschaftsbewegung kommende Arbeitersekretär Friedrich Ebert in den Parteivorstand gewählt. Er gehörte damals dem Reichstag noch nicht an. Er forderte im November 1918 die Übernahme des Kaisertums durch einen der jüngeren Söhne des Kaisers, um die Monarchie zu retten.

Gegenüber den Freien Gewerkschaften waren die liberalen Hirsch-Dunckerschen Gewerkvereine und die Christlichen Gewerkschaften nicht so bedeutend, trotzdem spielten sie eine gewisse Rolle und trugen zur Entspannung in der Arbeiterschaft bei.

Die Arbeitgeberverbände hatten unterschiedliche Strukturen. Der bergbauliche Verein, der 1889 im großen Massenstreik im Ruhrgebiet auftrat, war ein Wirtschaftsverband, kein spezifischer Arbeitgeberverband, trat aber als Gegenspieler der streikenden Arbeiter in Erscheinung. Der 1895 gegründete „Bund der Industriellen" nahm die Funktion von Arbeitgeberverbänden wahr. Der „Centralverband deutscher Industrieller" war hinsichtlich der Sozialgesetzgebung, der Anerkennung der Gewerkschaften und des Streikrechts aufgeschlossener. Besondere Arbeitgeberverbände bildeten sich vorübergehend in bestimmten Gebieten und Wirtschaftszweigen, wenn die Unternehmer unter den Druck schwerer Streikbewegungen gerieten. Sie waren sogenannte Antistreikvereine und dienten der solidarischen Abwehr von Streikmaßnahmen, etwa durch Bildung von Streikausgleichskassen oder durch gemeinsam durchgeführte Aussperrungen der Unternehmer.

Inwieweit Wilhelm II. bei seinen Bemühungen gegen Streiks diese Kräfte beachtete, ist nicht bekannt. Das Recht zu streiken hing mit der Entwicklung des Koalitionsrechts zusammen; ihm waren durch das Vereinsrecht Schranken gesetzt. Das preußische Vereinsrecht vom 11. März 1850 untersagte „politischen Vereinen" die Verbindung mit anderen gleichgearteten Vereinen sowie die Aufnahme von Frauen und Lehrlingen. Doch erkannte der III. Strafsenat des Reichsgerichts vom 10. November 1887 den Zweck der Gewerkschaften, günstige Lohn- und Arbeitsbedingungen zu erwirken, als nicht politisch an, und sprach deshalb auch von ihnen als unpolitischer Verein. Wenn aber die Gewerkschaften über die Verbesserung der vertraglichen Lohn- und Arbeitsbedingungen hinausgingen, um die soziale Gesetzgebung zu beeinflussen, behandelte sie das Reichsgericht als politischen Verein. Durch die lex Hohenlohe wurde 1899 das Verbot des Zusammenschlusses der sogenannten politischen Vereine beseitigt.

Wilhelm II. stimmte diesem Reichsgesetz vom 11. Dezember 1899 zu. Selbst die „Zuchthausvorlage" von 1899 ließ das Streikrecht als solches unberührt. Sie sprach vielmehr geradezu eine Gewährleistung des Streikrechts aus, indem sie erklärte, eine nach dem Entwurf für strafbar erklärte „Drohung" liege nicht vor, wenn jemand eine Handlung vornehme, zu der er „berechtigt" sei, insbesondere, wenn er befugterweise einen Streik oder eine Aussperrung in Aussicht stelle, herbeiführe oder fortsetze (Huber IV, 1235). Der Entwurf dieser Zuchthausvorlage beabsichtigte insoweit nicht neues Recht, sondern er stellte nur das geltende Recht durch einen Akt authentischer Interpretation fest und faßte die Befugnis zum Streik und zur Aussperrung nicht nur als Ausdruck einer natürlichen Handlungsfreiheit, sondern als eine echte Berechtigung auf. Die Regierung hielt stets an dieser Rechtsauffassung fest, natürlich immer unter der Voraussetzung, daß es sich um eine legale Maßnahme des Arbeitskampfes handle.

Die Arbeitskämpfe nahmen 1889 bis 1900 einen ungewöhnlichen Umfang an. In diesen Jahren traten zusammengerechnet mehr als eine Million Arbeiter in den Ausstand. Entsprechend enorm war die Zahl der durch die Arbeitskämpfe für die produktive Arbeit verlorenen Arbeitsstunden. Die Höhe der für Streikunterstützungen und sonstige Streikausgaben aufgewandten Mittel belief sich auf mehr als 100 Millionen Mark. Für den Kaiser verschärften sich diese peinlichen Aspekte auch durch die Tatsache, daß es zu Streikausschreitungen kam. Sie führten zu zahllosen Bestrafungen wegen Straftaten im Sinn des allgemeinen Strafrechts (einfache und schwere Körperverletzung, Sachbeschädigung, Nötigung, Bedrohung, Beleidigung). Der Kaiser und seine Regierung waren nicht imstande, die Arbeitswilligen, die sogenannten Streikbrecher, gegen Ausschreitungen der Streikenden zu schützen. Sie versuchten deshalb, ein Gesetz gegen Streikausschreitungen durchzubringen.

Die aus biographischen Gründen auch in anderem Zusammenhang erwähnten Reden Wilhelms II. 1897 in Bielefeld und 1898 in Bad Oeynhausen kündigten mit unbeherrschten Worten die Zuchthausstrafe gegen alle Verstöße gegen das Verbot des Koalitionszwangs an und trugen nicht dazu bei, das Gesetz dem Reichstag annehmbar zu machen. Der vom Bundesrat beschlossene Entwurf vom 6. April 1899 sah eine Verschärfung der in § 153 der Reichsgewerbeordnung gegen den Koalitionszwang ausgesprochenen Strafandrohung (drei Monate Gefängnis) auf ein Jahr Gefängnis vor (Abs. 1). Er dehnte diese Strafandrohung auch auf die Fälle aus, in denen durch körperlichen Zwang, Drohung, Ehrverletzung oder Verrufserklärung ein Arbeitgeber von anderen Arbeitgebern zur Aussperrung oder ein Arbeitnehmer durch andere Arbeitnehmer zum Streik bestimmt werden sollte (Abs. 2). Der Entwurf des Bundesrates stellte in Abs. 3 die Beschädigung oder Vorenthaltung von Arbeitsgerät, Arbeitszeugnissen oder Arbeitskleidung dem körperlichen Zwang gleich. Ebenso stellte dieser Entwurf der

Drohung gleich die planmäßige Überwachung von Arbeitgebern, Arbeitnehmern, Arbeitsstätten u. s. w., also vor allem das Aufstellen von Streikposten. Gegen öffentliche Zusammenrottungen in Verbindung mit den genannten Handlungen sah der Entwurf gleichfalls Gefängnisstrafe vor (Abs. 7). Die Bedrohung mit Zuchthaus beschränkte er aber auf den Fall, daß infolge einer unter Zwang oder Drohung herbeigeführten Arbeitseinstellung oder Aussperrung eine Gefährdung der Sicherheit des Reichs oder eines seiner Gliedstaaten eintreten oder eine gemeine Gefahr herbeigeführt werden sollte (Abs. 8).

Damit war die Zuchthausandrohung auf extrem gelagerte und seltene Ausnahmefälle beschränkt. Der Entwurf des Bundesrates erklärte das Aufstellen von Streikposten an sich für eine strafbare Drohung, so daß jede Demonstration der Streikenden vor den Toren der Fabrik oder auf Bahnhöfen gegen „Streikbrecher" zur strafbaren Handlung geworden wäre. Der Reichstag lehnte schon in der ersten Lesung zwischen dem 19. und 22. Juni 1899 die Vorlage mit großer Mehrheit ab. Der Kompromißantrag von nationalliberaler Seite vermochte den Entwurf des Bundesrates nicht zu retten, er wurde vielmehr erneut abgelehnt. Nur die beiden konservativen Fraktionen waren für den Entwurf. Ein Teil der Nationalliberalen befürwortete lediglich Maßnahmen zum Schutz der „negativen Koalitionsfreiheit" gegen den „Koalitionsterrorismus" streikender Arbeitergruppen. Die Mehrheit der von Bassermann geführten Nationalliberalen, das Zentrum, die Linksliberalen und die Sozialdemokraten lehnten die gesamte Vorlage ab. Dadurch, daß das Zentrum mit der Linken zusammenging, wurde die parlamentarische Grundlage für das Kabinett Hohenlohe-Schillingsfürst erschüttert.

Nach dem Scheitern der Zuchthausvorlage leitete die Reichsregierung, also der Kaiser, der Kanzler und die mit ihnen wirkenden Instanzen, eine neue Epoche sozialpolitischer Aktivität ein. Der 1882 als preußischer Abgeordneter, 1885 als Landeshauptmann in Posen tätig gewesene Arthur Adolf Graf Posadowsky-Wehner, der vom 1. Juli 1897 bis zum 24. Juni 1907 als Staatssekretär des Reichsamtes des Innern und ab 1900 als Vertreter des Reichskanzlers wirkte, war durch seine Herkunft aus Schlesien, seine Tätigkeit in der seit 1815 zu Preußen gehörenden Provinz Gnesen in viele Probleme hineingewachsen. In seiner Eigenschaft als Gutsherr von Postelwitz wußte er um deutsche und polnische Probleme Bescheid. Er war vor allem aber auf eine sozial gerechte Politik eingestellt. Dem Kurs des Kabinetts Hohenlohe folgend hatte er zwar zunächst die „Zuchthausvorlage" im Reichstag vertreten müssen, doch wandte er sich alsbald der positiven Sozialpolitik zu, ohne auf die unternehmerfreundliche Richtung der preußischen Handelsminister Ludwig Brefeld und Theodor Adolf von Möller Rücksicht zu nehmen. Letzterer war bei Brackwede Großindustrieller gewesen. Im Rahmen der zweiten Beratung der neuen Novelle zur Gewerbeordnung im November 1899, die die Ausdehnung des Arbeiterschutzes auf die kaufmännischen Angestellten, besonders auch auf die der Einzelhandelsbetriebe vorsah, kam am 30. Juni 1900 das Gesetz betreffend Abänderung der Gewerbeordnung zustande.

Das demgemäß beschlossene Angestelltenschutzgesetz gab durch Bestimmungen über Mindestruhezeiten, über Ladenschluß und über den Schutz gegen Betriebsgefahren den kaufmännischen Angestellten einen wesentlich verbesserten Sozialstatus.

Fast noch wichtiger war das Gesetz betreffend Kinderarbeit in gewerblichen Betrieben vom 30. März 1903. Es unterwarf die Beschäftigung von schulpflichtigen Kindern in gewerblichen Betrieben weiteren wesentlichen Beschränkungen. Da die Novelle von 1891 die Kinderarbeit nur in Fabriken verboten, in anderen gewerblichen Betrieben aber weiterhin erlaubt hatte, gab es 1898 noch 544.000 in gewerblichen Betrieben beschäftigte Kinder unter 14 Jahren. Das neue Gesetz verbot in Baubetrieben, Ziegeleien, Steinbrüchen u. s. w. die Kinderarbeit überhaupt. In anderen Betrieben, etwa Werkstätten, Handels- und Verkehrsbetrieben wurde die Beschäftigung von Kindern unter 12 Jahren verboten. Auch die Beschäftigung eigener Kinder in Familienbetrieben, besonders in der Hausindustrie, unterwarf das neue Gesetz bestimmten Begrenzungen. Bis 1913 ging die Zahl der in gewerblichen Betrieben beschäftigten schulpflichtigen Kinder von den 544.000 im Jahr 1898 auf nur 14.000 im Jahr 1913 zurück. Das Gesetz über Kaufmannsgerichte vom 6. Juli 1904 schuf für Streitigkeiten zwischen den Prinzipalen und den kaufmännischen Angestellten eine der Gewerbegerichtsbarkeit entsprechende Sondergerichtsbarkeit.

Das Zustandekommen dieser Sozialgesetze wurde durch den Textilarbeiterstreik 1903/1904 in Sachsen und durch Streikbewegungen überhaupt bis 1907 sehr erschwert. 1904 kam es zu 1990 Streiks und zu 120 Aussperrungen, 1905 zu 2657 Streiks und 254 Aussperrungen, 1906 sogar zu 3628 Streiks und 298 Aussperrungen. Wenn diese Zahlen seitdem auch infolge neuer sozialpolitischer Maßnahmen zurückgingen, so wurde nicht durch die Streikausschreitungen, sondern auch durch die volkswirtschaftliche Bedeutung der betroffenen Wirtschaftszweige immer mehr der Gedanke an eine staatliche Intervention wach.

Der Streik der Bergarbeiter im Ruhrgebiet im Januar 1905 hatte zum Anlaß, daß die Zechen des südlichen Ruhrgebiets an Ertragsfähigkeit weit hinter den neu erschlossenen Abbaugebieten des nördlichen Reviers zurückblieben. In der Bergarbeiterschaft entstand lebhafte Unruhe, als 1904 ruchbar wurde (Huber IV, 240), daß sich die großen und leistungsfähigen Unternehmen der nördlichen Zone bemühten, die nun in der südlichen Zone erworbenen Betriebe stillzulegen. Diese leistungsfähigen Unternehmen in der nördlichen Zone wollten die Beteiligungsziffern, die den stillgelegten Betrieben im Rahmen des Rheinisch-Westfälischen Kohlensyndikats zustanden, auf die Zechen der nördlichen Zone übertragen. Nach der Syndikatssatzung war ein solcher „Quotenhandel" zulässig. Die Arbeiter wollten aber den Arbeitsplatz nicht wechseln. Die Arbeitgeber, die sich wirtschaftlich im Recht wußten, waren nicht zu sozialen Zugeständnissen bereit, sondern verfochten ihren Standpunkt mit Härte.

Als der preußische Handelsminister Möller, selbst Industrieller, in dem entbrannten Arbeitskampf strengste Neutralität beobachten und erst nach Beendigung des Streiks der von einem Teil der Abgeordneten geforderten Novelle zum allgemeinen Berggesetz zustimmen wollte, entschied sich Reichskanzler Bülow, der zugleich preußischer Ministerpräsident war, für staatliche Intervention. Er wollte eine Verständigung zwischen den kämpfenden Sozialparteien herbeiführen und fürchtete ein Übergreifen der russischen Revolution von damals auf Deutschland. Da drohte Ende Januar 1905 der Staatssekretär des Reichsamtes des Innern, Graf Posadowsky, der preußischen Regierung, die Reichsleitung werde den gesetzgebenden Organen den Entwurf eines Reichsberggesetzes vorlegen, wenn Preußen keine Maßnahmen zur Beilegung des Streiks einleite. Die Reichsleitung hatte sich in den vorangegangenen Jahrzehnten im Streit um die Zulässigkeit der Präsidialvorlagen das selbständige Initiativrecht für Reichsgesetze erstritten. Sonst hätte sie ohne Zustimmung des preußischen Staatsministeriums nicht aktiv als Gesetzgeber vorgehen können. Auf diese Drohung hin stellte sich das preußische Ministerium um. Dabei spielte auch Wilhelm II. eine Rolle.

Am 27. Januar 1905, also an Kaisers Geburtstag, ließ die preußische Regierung amtlich erklären, daß sie sofort im Abgeordnetenhaus eine Novelle zum Berggesetz einbringen werde, um einen Teil der Forderungen der Bergarbeiter zu erfüllen. In Anwesenheit Wilhelms II. tagte am 28. Januar der Kronrat. Er trat der Entscheidung des Staatsministeriums bei, auf die er wahrscheinlich eingewirkt hatte. Der preußische Handelsminister Möller mußte sich in dem von Bülow und von Posadowsky erzwungenen Kurswechsel der preußischen Regierung fügen. Der Bergbauverein war durch die Haltung der Regierung desavouiert, da die Arbeiterforderungen, die er verworfen hatte, nun auf Vorschlag sogar der Regierung zur Gesetzgebung gegen seine Richtung führten.

Schon am 9. Februar 1905, noch bevor die preußische Regierung die angekündigte Novelle vorgelegt hatte, proklamierte die Siebenerkommission im Namen der Gewerkschaften den Abbruch des Streiks und zwar im Einvernehmen ihrer bei den Freien Gewerkschaften tätigen Mitglieder mit der Generalkommission der Freien Gewerkschaften Deutschlands unter Legien und mit dem sozialdemokratischen Parteivorstand. Es gab zwar unter den Streikenden Kreise, die sich gegen den Abbruch des Streiks wandten, den die Streikleitung auf eine bloße Zusage der Regierung hin und ohne jedes Zugeständnis der Arbeitgeber verfügte. Aber von den 180.000 Arbeitnehmern im Ausstand am 10. Februar 1905 ging die Zahl der Streikenden bereits am 13. Februar auf nur 27.000 zurück. Mitte Februar 1905 war die Arbeitseinstellung beendet. Mangels der gesetzlichen Voraussetzungen war zwar noch keine formelle staatliche Schlichtung in dem Streit eingetreten, aber die Wendung der preußischen Regierung auf die Drohung Posadowskys hin und auf das Erscheinen Wilhelms II. im Kronrat hin führte zu dem gesetzlich geordneten Schlichtungsverfahren, wie es am 5. Dezember 1916 im Hilfsdienstgesetz eingeführt wurde.

Bereits das Gesetz betreffend die Abänderung des allgemeinen Berggesetzes, das am 14. Juli 1905 zustandekam, war ein epochemachendes Ereignis in der Entwicklung der deutschen Sozialverfassung (Huber IV, 243). Auf Betreiben Posadowskys nahm die preußische Regierung mit dieser Novelle den mit der Reform von 1892 durch Berlepsch formulierten Kurs erneut auf. Trotz des Widerstands eines Teils der Konservativen und der Nationalliberalen fand diese Novelle zum preußischen Berggesetz 1905 eine Mehrheit im preußischen Abgeordnetenhaus. Die Berggesetznovelle von 1905 brachte die Einführung von Höchstarbeitszeiten im Bergbau nach dem Ausmaß der Hitzegrade am Arbeitsplatz („sanitäre Maximalarbeitszeit") und die Bestimmung über die Nichtanrechnung (das Nullen von Fördergefäßen wegen unzureichender Beladung). Ein wesentlicher Vorteil für die Arbeiter aber war, daß anstelle der bisher nur fakultativen Arbeiterausschüsse nun die obligatorischen Arbeiterausschüsse in allen Bergbaubetrieben mit mehr als 100 Arbeitern eingesetzt zu werden hatten. Die Ausschüsse wurden in unmittelbarer, geheimer Wahl berufen. Das aktive Wahlrecht war von einjähriger, das passive Wahlrecht von dreijähriger Zugehörigkeit zum Betrieb abhängig.

Die obligatorischen Arbeiterausschüsse im Bergbau brachten den entscheidenden Durchbruch zur sozialstaatlichen Betriebsverfassung für den damals wichtigsten Teil der deutschen Schwerindustrie. Die soziale Mitbestimmung der Arbeitnehmer im Betrieb, wie sie Wilhelm II. schon 1889 gefordert hatte, wurde schrittweise für alle Wirtschaftszweige durchgesetzt. Das Hilfsdienstgesetz vom 5. Dezember 1916 setzte denn auch die obligatorischen Arbeiterausschüsse für alle von ihm erfaßten Betriebe fest. „Es wurde damit die unmittelbare Vorstufe des sozialstaatlichen Betriebsverfassungsrechts", wie Ernst Rudolf Huber (IV, 243) sagt.

Am 19. Februar 1907 kündigte der Kaiser in der Thronrede vor dem Reichstag (R IV, 61ff.) die Fortsetzung der Sozialreform an: „Die großen grundlegenden Gesetze zum Schutz der wirtschaftlich Schwachen sind gegen den Widerstand der Fraktion geschaffen worden, die sich als die wahre Vertreterin der Arbeiterinteressen bezeichnet, selbst aber nichts für sie und den Kulturfortschritt geleistet hat. Gleichwohl zählen ihre Wähler immer noch nach Millionen. Der deutsche Arbeiter darf darunter nicht leiden." Die Wahlen zum Reichstag am 25. Januar 1907 hatten bereits im ersten Wahlgang den Sozialdemokraten eine schwere Niederlage gebracht. Ihre Mandate gingen von 43 auf 29 zurück. Das Verhältnis konnten die Stichwahlen nur mäßig verbessern. Reichskanzler Fürst Bülow erklärte: „Die deutsche Sozialpolitik wird in den seitherigen bewährten Bahnen nachdrücklich fortgesetzt werden. Die Behauptung, daß die Berufsvereinsvorlage mittelbar oder unmittelbar zu einer Beschränkung der nicht rechtsfähigen Berufsvereine führen sollte, ist unzutreffend; insbesonders ist nicht beabsichtigt, die Mitglieder der nicht rechtsfähigen Berufsvereine irgendwie von der Verwaltung der sozialpolitischen Einrichtungen auszuschließen." An Bebel richtete Bülow die Worte: „Die Niederlage war wohlverdient, weil sie die Strafe war für einen engherzigen, dogmatischen, kleinlichen, philiströsen Geist, der blind gegen alle

Andersdenkenden wütete und trotz allem Gerede von Kulturhöhe an der Schwelle des 20. Jahrhunderts eine Unterdrückung ausübte, ein Zwangssystem bestätigte, eine Gesinnungsschnüffelei trieb, ein geistiges Joch vorbereitete, wie es die Welt kaum im Mittelalter gesehen hat."

Im preußischen Landtag wurde am 12. Februar 1907 die Frage der Landarbeiter ausgiebig beraten. Ein nationalliberaler Antrag, die Regierung möge die innere Kolonisation durch Rentengelder fördern, wurde fast einstimmig angenommen. Doch wurde auch über ungenügende Wohnungen gesprochen, die Ursache für die Not an Leuten in bestimmten Gebieten. Ein Erlaß des Landwirtschaftsministers Bernd von Arnim-Kriewen, selbst Landwirt und Organisator der Landwirtschaft, 1892 Vorsitzender der Deutschen Landwirtschaftsgesellschaft, der von 1906 bis 1910 preußischer Minister für Landwirtschaft war, bestimmte, daß versuchsweise Rentengüter von 0,125 ha gebildet werden dürften, vorausgesetzt, daß ein Bedürfnis vorliege und Arbeitsgelegenheit da sei.[75]

Am 10. März 1907 erklärte auf Anregung des Zentrums Graf Posadowsky, daß die Sozialpolitik „energisch fortgesetzt werden solle." Er legte in großen Zügen seine Stellung zu den vom letzten Reichstag nicht mehr erledigten Entwürfen dar: Zu den Problemen der Rechtsfähigkeit der Berufsvereine, Normalarbeitszeit der Frauen, des Vereinsrechts und anderem mehr. Doch bekämpften ihn damals bereits freikonservative Politiker, denen seine sozialpolitischen Ansichten zu weit gingen. Vom 10. bis 19. April wurde der Etat des Reichsamtes des Innern beraten. Auf Anstoß des freisinnigen Abgeordneten Pfarrer Friedrich Naumann entwickelte Graf Posadowsky seine Absichten und schloß damit, daß dies „eine so ungeheure Masse der Gesetzgebung sei," daß die Bewältigung viel Zeit in Anspruch nehmen und große Schwierigkeiten bieten werde. Da wurde ihm aus angeblicher politischer Notwendigkeit nahegelegt, um seinen Abschied zu bitten. Der Anstoß ging von Reichskanzler Bülow aus. Der Kaiser bewilligte ihn, und so schied Posadowsky am 24. Juni 1907 aus seinem Amt.

Oertzen vertritt die Meinung, es scheine, daß das Gesetz über die Rechtsfähigkeit der Berufsvereine Posadowsky zum Fallstrick geworden sei. Der Reichstag hatte dieses Gesetz seit 1890 durch Initiativentwürfe, Resolutionen und Interpellationen gefordert. Als es zustande kam, sah es aber anders aus als man erwartete und erregte besonders das Mißtrauen der Konservativen. Diese Kreise fürchteten: Eine Zuwendung öffentlich-rechtlicher Privilegien könne hier nicht an die Arbeiter, sondern an die Sozialdemokraten stattfinden und diese stärken.

Wilhelm II. überschätzte Bülow und nahm auf den Reichskanzler immer wieder Rücksicht. Ernst Rudolf Huber bezeichnete Posadowsky (IV, 1244) als ein Opfer der Bülow'schen Blockpolitik, zu der es nach dem konservativen und liberalen Wahlsieg vom 25. Januar bzw. 5. Februar 1907 gekommen war. Um den liberalen Koalitionspartnern entgegenzukommen, ließ Bülow den sozialkonservativen Leiter des Reichsamtes des Innern, Graf Posadowsky, fallen. Der Kaiser ernannte am 24. Juni 1907 den bisherigen preußischen Innenminister Theobald von Bethmann Hollweg zum Nachfolger Posadowskys im Reichsamt des Innern. Bethmann Hollweg war entschlossen, in der Behandlung der Sozialfragen den Kurs seines Amtsvorgängers fortzusetzen. Er wurde dabei von dem preußischen Handelsminister Klemens von Delbrück unterstützt, mit dem er in diesen Fragen in engem Kontakt stand.

So kam es zum Reichsvereinsgesetz vom 19. April 1908. Es bezog die Rechtsstellung der Arbeitgeber- und der Arbeitnehmerverbände in das allgemeine Vereinsrecht ein, beseitigte also den Charakter des Sondergesetzes für diese Rechtsstellung. Die sozialpolitische Bedeutung des Gesetzes war groß. Das Koalitionsrecht gewann dabei durch den Abbau zahlreicher benachteiligender Sondernormen eine erhöhte Festigkeit. Laut § 6 Abs. 3 des neuen Vereinsgesetzes bedurfte es nun nicht mehr der für sonstige politische Versammlungen erforderlichen Anzeige an die Behörde für Versammlungen von Arbeitgebern und Arbeitnehmern zur Erörterung von Lohnfragen und Arbeitskampfmaßnahmen.

Ein besonderer Fortschritt war die Novelle zur Gewerbeordnung vom 28. Dezember 1908. Das Gebiet des Arbeiterschutzes wurde entscheidend weiterentwickelt. Schon das Arbeiterschutzgesetz von 1891 hatte für Frauen eine Höchstarbeitszeit von 11 Stunden eingeführt. Obwohl sich seitdem vielfach kürzere Arbeitszeiten für Frauen durchgesetzt hatten, hatte Posadowsky gezögert, die gesetzliche Regelung an die als angemessen und zweckmäßig erkannte Grenze anzupassen. Gegen den Widerstand der Unternehmerverbände setzte nun sein Nachfolger Bethmann Hollweg im Reichstag die fast einstimmige Annahme der Novelle durch. Sie führte für Frauen in der gewerblichen Wirtschaft den Zehnstundentag ein. An Tagen vor Sonn- und Feiertagen durfte die Arbeitszeit der Frauen 8 Stunden nicht überschreiten. Sie mußte um 5 Uhr nachmittags beendet sein. Die Nachtruhe der weiblichen Arbeitskräfte mußte mindestens 11 Stunden betragen. Der Schutz der Wöchnerinnen, der bisher auf vier bis sechs Wochen begrenzt war, wurde auf acht Wochen erweitert.

Durch drei Resolutionen des Reichstags sah sich die Reichsleitung veranlaßt, Erhebungen über die Dauer der Arbeitszeit, der Arbeitsschichten, der Überstunden und andere Betriebsverhältnisse in der Eisen- und Stahlindustrie durchzuführen. Aufgrund der ermittelten Tatsachen erwirkte nun das Reichsamt des Innern beim Bundesrat die Großindustrie-Verordnung vom 19. Dezember 1908. Sie verzichtete zwar auf generelle Festsetzung einer Höchstarbeitszeit in der Eisen- und Stahlindustrie, aber beschränkte das Ausmaß der Überstunden und führte Mindestpausen innerhalb der Arbeitszeit und zwischen den Arbeitsschichten ein. Wie im Bergbau mit der Novelle von 1905, so wurde in der Eisenindustrie mit der Verordnung von 1908 ein bedeutender sozialpolitischer Fortschritt im schwerindustriellen Bereich erzielt. (Huber IV, 1245)

*Sieg der Konservativen und der Liberalen – Ehrung Kaiser Franz
Josephs 1908 durch die deutschen Fürsten – Die Annexionskrise 1908
(Bosnien und Herzegowina) – Der neue Sultan Mehmed V. 1908 –
Gustav V. von Schweden – Deserteure der französischen Fremden-
legion*

Als Bülow im April 1906 im Reichstag körperlich zusammenbrach, hielt der
Kaiser Umschau nach einem Nachfolger. Doch überwand Bülow schnell das
gesundheitliche Übel und erreichte bei den Reichstagswahlen, daß die SPD von
79 Sitzen nur mehr 43 halten konnten. Bei dem Konflikt des Kaisers mit der SPD
seit 1898 war es verständlich, daß nach deren Wahlniederlage „der grenzenlose
Jubel der Berliner" darüber zu der dem Kaiser unvergeßlich gebliebenen nächtli-
chen Demonstration vor seinem Schloß führte. Sein Auto, von tausenden jubeln-
der Menschen umbraust, mußte sich im Schritt langsam den Weg bahnen. „Der
Lustgarten füllte sich mit großen Volksmassen, auf deren stürmisches Verlangen
die Kaiserin und ich auf dem Balkon erscheinen mußten, um die Huldigungen
entgegenzunehmen." In seinem Rückblick 1922[76] spricht der Kaiser von dem
großen Kunststück Bülows, die Konservativen und Liberalen zusammenzubringen und dadurch den hinter der Regierung stehenden Parteien eine große Mehrheit zu verschaffen. Bülows große Fähigkeiten, die Gewandtheit, Staatskunst und
kluge Menschenkenntnis hätten sich dabei im glänzenden Lichte gezeigt. „Das
große Verdienst, das er sich mit diesem Erfolg erworben hat, gewann ihm des
Vaterlandes und meine volle Anerkennung und Dankbarkeit, dazu mein erhöhtes
Vertrauen."

Wilhelm II. überschätzte durch dieses Urteil noch 1922 Bülow sehr. Denn er
trug zu der großen Enttäuschung des Kaisers 1908 entscheidend bei. Wilhelm
war zu Beginn des Jahres 1908 neunundvierzig Jahre alt geworden, handelte
immer wieder in seiner natürlichen, gelegentlich fast naiv natürlichen Art. Das
führte nicht selten zu dem schon von Bismarck gerügten Mangel an Augenmaß.

Am 7. Mai 1908 traf das Kaiserpaar auf der Rückkehr von Korfu in Wien ein,
wo sich auch eine große Anzahl der deutschen Bundesfürsten eingefunden hatte,
um das 60jährige Regierungsjubiläum des 78jährigen Kaisers Franz Joseph zu
feiern, darunter der Prinzregent Luitpold von Bayern, der König Friedrich August III. von Sachsen, der König Wilhelm II. von Württemberg, der Großherzog
Wilhelm Ernst von Sachsen-Weimar-Eisenach, der Großherzog Adolf Friedrich
V. von Mecklenburg-Strelitz und der Großherzog Friedrich August von Oldenburg sowie die Regierenden Bürgermeister der Freien Hansestädte. Als sich alle
im Marie-Antoinette-Zimmer im Schloß Schönbrunn versammelt hatten, hielt
Wilhelm II. eine Ansprache, die im Hinblick auf Preußens Krieg mit Österreich
1866 wie eine aus allen deutschen Ländern erwachsene Kundgebung der Zusammengehörigkeit klang. Er legte Zeugnis ab von den herzlichen Gefühlen inniger
Freundschaft und Anhänglichkeit, „die Uns für Euere Majestät beseelen. Aus

bewegtem Herzen bringen Wir unsere Huldigung (R IV, 104) dar dem edlen Herrscher, dem treuen Bundesgenossen, dem mächtigen Hort des Friedens, auf dessen Haupt Wir den reichsten Segen Gottes herabflehen". Auf die Worte Franz Josephs beim Galadiner in Schönbrunn wünschte Wilhelm II. diesem noch viele segensreiche Jahre zum Wohl der Monarchie, zum Wohle der Völker und zum Wohle der Welt.

Im selben Jahr kam es zur sg. Annexionskrise. Der k. u. k. Außenminister Aloys Graf Lexa von Aehrenthal versprach die Zustimmung der Donaumonarchie zur Öffnung der Dardanellen für russische Kriegsschiffe dem russischen Außenminister Iswolski und vereinbarte mit ihm, daß am 3. Oktober 1908 Bosnien und die Herzegowina in die Donaumonarchie staatsrechtlich einverleibt werden. Die Südslawen sollten dadurch unter der Herrschaft der Habsburger geeint werden. Die Türkei wurde dafür durch Rückgabe des Sandschak Novipazar entschädigt. Doch erhob England Einspruch und stellte die rechtliche Anerkennung der Annexion durch die Mächte in Frage.

Der 1903 zum König gewählte Peter I. Karageorgewitsch und sein Ministerpräsident Nikola Pašić verlangten für Serbien Kompensationen, da nun die Vereinigung aller Südslawen (Jugoslawen) ohne Serbien von Österreich betrieben wurde. Der Gegensatz zwischen Kroaten und Serben kam Österreich zugute, das immerhin mit Serbien einen Handelsvertrag abschloß und erreichte, daß das Deutsche Reich 1909 in St. Petersburg zu Gunsten Österreich-Ungarns intervenierte. Rußland wurde dadurch gegen Deutschland verstimmt, gab aber nach. England, das stets für die Türkei eingetreten war, wurde durch einen dortigen Regierungswechsel 1909 vor eine neue Lage gestellt. Der neue türkische Botschafter versicherte am 16. Oktober 1908 Wilhelm II., daß Mehmed V. die traditionelle Freundschaft weiter pflegen werde. Wilhelm II. begrüßte in ihm den Vertreter einer altbefreundeten Großmacht (R IV, 130). Er wäre zu seinem Befremden in letzter Zeit wiederholt der Ansicht begegnet, als ob seine Gesinnungen der Türkei gegenüber sich neuerdings geändert hätten. Gegen derartige Unterstellungen lege er nachdrücklich Verwahrung ein. Er habe bereits in Damaskus seiner Freundschaft für die Türkei Ausdruck gegeben. Als treuer Freund des ottomanischen Volkes und seines erhabenen Herrschers erneuere er heute gleichzeitig den Wunsch, daß der konstitutionellen Türkei Glück und Segen beschieden sein möge.

Am 3. August 1908 besuchte das Kaiserpaar den 1907 zur Regierung gekommenen König Gustav V. von Schweden, und Wilhelm dankte diesem für die Zusage, ihm die Freundschaft des Vaters zu erhalten. „Ebenso lebhaften Widerhall findet es in Meinem Herzen, wenn Euere Majestät hervorheben, daß die gleichen Bande des Blutes und der Freundschaft auch unsere Völker verbinden." (R IV, 104)

Ein kleinerer Vorfall konnte damals beigelegt werden. In der marokkanischen Hafenstadt Casablanca, wo der Handel in den Händen von Engländern und

Franzosen lag, hinderte im September 1908 ein französischer Offizier mit seinen Leuten den deutschen Konsul dort mit Gewalt, sechs Deserteure der Fremdenlegion, darunter drei Deutsche, zu Schiff aus dem Land zu schaffen. Ein Deutscher, dem man nachsagte, daß er gewohnheitsmäßig Desertionen unterstützte, war in die Sache verwickelt. Der englische Historiker Daniel Chamier[77] schreibt dazu: Von Anfang an hatte Wilhelm, den der Gedanke eines „Desertions-Büros" empörte, eine Einigung auf der Basis gegenseitiger Entschuldigungen befürwortet. „Wenn man Unrecht hat, soll man es auch ehrlich eingestehen!", schrieb der Kaiser in einer Randbemerkung auf dem Bericht. Bülow entgegnete, eine Entschuldigung würde die Verhandlungen mit Frankreich noch mehr erschweren. Nach Monaten der Reibereien wurde die Sache dem Haager Tribunal überwiesen und endete nun doch mit gegenseitigen Entschuldigungen.

Wilhelm bei Oberst Stuart-Wortly über die deutsch-englische Freundschaft – Die Daily-Telegraph-Affäre – Wilhelms Erklärung über seine verfassungsmäßigen Verantwortlichkeiten – Das nichtveröffentliche Interview mit dem Amerikaner Hale – Wilhelms Nervenzusammenbruch – Bülows Bitte um Entlassung – Bethmann Hollweg Reichskanzler – Regentschaft für Wilhelm unter Leitung des Prinzen Ludwig von Bayern?

Als Kaiser und Kaiserin mit Gefolge vom 9. November bis 12. Dezember 1907 in England waren, nahmen sie auch Aufenthalt im Schloß Highcliffe an der Südküste Englands, das dem Oberst Stuart-Wortley gehörte. Es kam dort zu Gesprächen am Kamin, und in diesen gab Wilhelm II. seiner Freundschaft für England Ausdruck und führte dafür besondere Beispiele an. Wer den Wortlaut der Formulierungen des Kaisers festhielt, ist eine offene Frage. Er versicherte[78], daß er selbst ein Freund Englands sei, aber er befinde sich damit in Deutschland in der Minderheit, denn die dort bei den Mittel- und unteren Klassen herrschende Stimmung gegenüber England sei unfreundlich. Während des Burenkrieges sei die öffentliche Meinung gegen eine england-freundliche Politik gewesen. Er habe nicht nur die Versuche Frankreichs und Rußlands vereitelt, eine Kontinental-Liga gegen England zustandezubringen, er habe sogar in Englands schwerster Zeit, kurz nach der „schwarzen Woche", seiner lieben Großmutter – der Königin Viktoria – einen Feldzugsplan zur Bekämpfung der Buren geschickt, und dieser Plan hätte genau mit demjenigen übereingestimmt, nach dem Feldmarschall Roberts tatsächlich die Buren besiegt hatte.[79]

Als Oberst Stuart-Wortley den Kaiser bei den Manövern 1908 wiedersah, schlug er vor, Wilhelms Äußerungen zu veröffentlichen. Der Kaiser war dazu bereit. So schrieben Stuart-Wortley und der Journalist Harold Spencer, ein Bruder des Herausgebers der *Westminster Gazette*, einen Artikel, der im *Daily*

Telegraph veröffentlicht werden sollte. Das mit Schreibmaschine geschriebene Manuskript des Artikels schickte Stuart-Wortley mit einem Brief an den Kaiser, der damals in der Nähe der preußisch-russischen Grenze zur Jagd weilte. Dieser ließ es durch den in seiner Begleitung als Vertreter des Auswärtigen Amtes befindlichen Martin Frhr. von Rücker-Jenisch dem Reichskanzler Bülow mit einem Begleitbrief überbringen. Darin brachte Wilhelm sein allgemeines Einverständnis mit dem Artikel zum Ausdruck und ersuchte den Reichskanzler, das Manuskript einer Prüfung zu unterziehen und Veränderungen so vorzunehmen, wie sie Bülow für richtig halte.

Bülow schickte den Artikel an das Auswärtige Amt mit dem mit eigener Hand geschriebenen Ersuchen, „den anliegenden Artikel sorgsam zu prüfen, den Artikel sodann auf gebrochenem Bogen mit Kanzleihand (oder noch besser mit Schreibmaschine) abschreiben und die wünschenswerten Korrekturen, Zusätze und Weglassungen mit derselben Handschrift (am Rand) eintragen zu lassen. Ferner soll eine Abschrift mit dem veränderten Text zurückbehalten werden für Seine Majestät."[80] Im Auswärtigen Amt empfing Unterstaatssekretär Stemrich die Sendung Bülows und gab sie an seinen Mitarbeiter Klehmet zur Erledigung mit der Bemerkung weiter, daß ihm das Manuskript nicht ganz in Ordnung zu sein schiene. Klehmet prüfte den Artikel sorgfältig aber nur unter dem Gesichtspunkt, ob die Angaben mit den Tatsachen übereinstimmten, wie sie in den Akten des Auswärtigen Amtes aufgezeichnet waren. Klehmet übermittelte seine Ausführungen an Stemrich, und der sandte den Artikel an Bülow mit Vorschlägen für drei kleine Änderungen zurück. Dieser aber leitete den Artikel an Frhr. von Rücker-Jenisch mit einem Schreiben weiter, in dem „die mir wünschenswert scheinenden Änderungen" erwähnt waren.[81] Wilhelm II. ließ darauf den Artikel nach England zurückschicken. Dort wurde er am 28. Oktober 1908 im *Daily Telegraph* veröffentlicht. Der Artikel präsentierte sich als Bericht über ein Interview, das der Kaiser einem ungenannten früheren „Diplomaten" gewährt habe. Daß dieser Diplomat der Oberst Stuart-Wortley war und die Gespräche am Kamin in Schloß Highcliffe stattfanden, wurde nicht weiter ausgeführt.

Am 29. Oktober druckte die halbamtliche *Norddeutsche Allgemeine Zeitung* mit Erlaubnis des Auswärtigen Amtes – in deutscher Sprache – den Artikel ohne jeden Kommentar ab. Im Auswärtigen Amt war man recht zufrieden mit der Sache, wie der Journalist Stein feststellte, der an diesem Morgen des 29. Oktober dort vorsprach. Es wurde ihm auch mitgeteilt, man habe selbst etwas in ungefähr demselben Sinne mit der Überschrift „Ein Wissender" im Septemberheft der *Deutschen Revue* veröffentlicht.

Die Enthüllung der Freundlichkeit Wilhelms II. gegenüber England rief einen Sturm der Wut in weiten Kreisen der deutschen Öffentlichkeit hervor. In Deutschland waren die Buren durch öffentliche Sammlungen unterstützt worden. Daß aber der Deutsche Kaiser England im Kampf gegen die Buren unterstützt hatte, ging aus der Veröffentlichung in der *Norddeutschen Allgemeinen*

Zeitung klar hervor. Ein Kommentar dazu hätte darauf hinweisen können, daß der Burenkrieg 1902 beendigt worden war und Wilhelm II. schon am 3. Januar 1896 den Präsidenten Krüger durch eine Depesche dazu beglückwünscht hatte, daß es den Buren gelungen sei, in eigener Tatkraft und ohne an die Hilfe befreundeter Mächte zu appellieren, die Unabhängigkeit des Landes gegen Angriffe von außen zu wahren. Der Kaiser selbst bemerkte[82] zu dem Manuskript über das sogenannte Interview, das im *Daily Telegraph* veröffentlicht wurde: „Durch Anmerkungen hatte ich auf einige Stellen hingewiesen, die meiner Ansicht nach nicht hineingehörten und zu streichen seien. Das ist infolge mehrerer Versehen, die seitens des Auswärtigen Amtes bei der instanzenmäßigen Behandlung gemacht wurden, nicht geschehen."

Während in Deutschland ein Sturm in der Presse losbrach, befand sich Wilhelm in Eckartsau beim österreichischen Thronfolger Franz Ferdinand und dann bei Kaiser Franz Joseph in Wien.

Am 10. und 11. November 1908 wurden im Reichstag fünf Interpellationen, darunter zwei von den konservativen Parteien, eingebracht, die die Regierung wegen der Worte des Kaisers gegenüber Oberst Stuart-Wortley angriffen und eine Erklärung forderten. Die Redner der Linken kritisierten den Kaiser scharf, aber das tat sehr heftig auch der konservative Abgeordnete von Heydebrand. Er sprach von dem Unmut, der sich seit Jahren angesammelt habe. Der antisemitische Redner Liebermann von Sonnenberg griff den Kaiser persönlich noch heftiger an, als das die Sozialdemokraten taten. Er sprach von der Entfremdung Wilhelms II. und von dem englischen Nebel, der sich immer dichter zwischen ihn und sein Volk lege. Liebermann von Sonnenberg hatte vor wenigen Jahren die Männer der englischen Armee „Diebe und Raubgesindel" genannt und mußte jetzt vernehmen, daß Wilhelm II. dieser Armee einen Feldzugsplan geliefert hatte.

Bülow[83] schwankte, ob er den Kaiser verteidigen solle oder nicht, und entschied sich dafür, das nicht zu tun aber seine eigene Stellung zu retten. Er erklärte im Reichstag: „Die Einsicht, daß die Veröffentlichung dieser Gespräche in England die von dem Kaiser gewollte Wirkung nicht hervorgerufen, in unserem Lande aber tiefe Erregung und schmerzliches Bedauern verursacht hat, wird – diese feste Überzeugung habe ich in diesen Tagen gewonnen – den Kaiser dahin führen, fernerhin auch in Privatgesprächen die Zurückhaltung zu beobachten, die im Interesse einer einheitlichen Politik und für die Autorität der Krone gleich unentbehrlich ist. Wäre dem nicht so, so könnte weder ich noch einer meiner Nachfolger die Verantwortung tragen." Der Reichskanzler brachte damit zu seinen Gunsten zum Ausdruck, daß die Englandpolitik nicht seine, sondern die des Kaisers gewesen sei.

In der nächsten Reichstagssitzung machte Alfred von Kiderlen-Wächter, der die Geschäfte des Auswärtigen Amtes in Vertretung führte, den schwachen Versuch, eine Rede zu halten, wurde aber niedergeschrieen. Der Kanzler wurde vergeblich gedrängt, das Wort zu ergreifen. Nach der Aussprache im Reichstag wurden in einigen Städten Proteste gegen das persönliche Regiment Wilhelms unterschrieben, in anderen es abgelehnt. Bülow lehnte jede eigene Schuld durch die Behauptung ab, er habe den Text des Interviews vorher nicht gelesen. Mindestens zwei Dutzend Beamte des Auswärtigen Amtes wußten, daß da der Kanzler log.[84] Aber offiziell wurde Bülow geglaubt und Wilhelm II. als Alleinschuldiger hingestellt. Inzwischen war Wilhelm aus Österreich über Donaueschingen nach Potsdam und Berlin zurückgereist. Er war erschüttert, als er auf dieser Reise mit dem Fürsten Fürstenberg in Donaueschingen über die Sache sprach und mußte außerdem erleben, daß dort einer seiner liebsten Freunde, der Chef seines Militärkabinetts, Dietrich Graf Hülsen-Haeseler, ihn durch die Travestie eines Ballett-Tanzes zum Lachen bringen wollte, aber von einem Herzschlag getroffen tot zu Boden sank.

Am 16. April meldete sich Bülow in Potsdam. Wilhelm hielt darüber[85] fest: „Nach meiner Rückkehr erschien der Kanzler, hielt mir eine Vorlesung über meine politischen Sünden und verlangte die Unterzeichnung des bekannten Aktenstücks, das nachher der Presse mitgeteilt wurde. Ich unterschrieb das Aktenstück schweigend, wie ich auch schweigend die Presseangriffe über mich und die Krone hatte ergehen lassen." Das von Wilhelm in Anerkennung des Inhalts unterschriebene Aktenstück lautete: „In der heute dem Reichskanzler gewährten Audienz hörte Seine Majestät der Kaiser und König einen mehrstündigen Vortrag des Fürsten von Bülow. Der Reichskanzler schilderte die im Anschluß an die Veröffentlichung des *Daily Telegraph* im deutschen Volk hervorgetretene Stimmung und ihre Ursachen, er erläuterte ferner die Haltung, die er in der Verhandlung des Reichstages über die Interpellation eingenommen hatte. Seine Majestät der Kaiser nahm die Darlegungen und Erklärungen des Reichskanzlers mit großem Ernst entgegen und gab Seinen Willen dahin kund: Unbeirrt durch die von Ihm als ungerecht empfundenen Übertreibungen der öffentlichen Kritik erblickte Er Seine vornehmste kaiserliche Aufgabe darin, die Stetigkeit der Politik des Reiches und der Wahrung der verfassungsmäßigen Verantwortlichkeiten zu sichern. Demgemäß billigte Seine Majestät der Kaiser die Ausführungen des Reichskanzlers im Reichstag und versicherte den Fürsten von Bülow seines fortgesetzten Vertrauens."

Acht Tage nach der Unterzeichnung dieses Schriftstücks hatte Wilhelm II. bei einem Festakt im Berliner Rathaus eine Ansprache zu halten. Er las sie von einem Schriftstück ab, das er aus den Händen des Kanzlers entgegengenommen hatte,[86] danach zog er sich nach Potsdam zurück.

Am 20. November 1908 berichtete die Berliner Presse von einem zweiten Interview des Kaisers, das dieser im Juli 1908 dem amerikanischen Journalisten William Bayard Hale gegeben hatte. Wilhelm hätte darin die Engländer wegen ihres Bündnisses mit Japan als Verräter an der weißen Rasse bezeichnet, ihr Weltreich sei durch den kommenden Aufstand der Inder und der Kolonialvölker im Niedergang. Er, der Kaiser, bewundere die USA und deren Präsidenten Theodore Roosevelt, dem er einen gemeinsamen Kampf gegen Japan und eine Aufteilung Chinas vorschlage. Die USA und Deutschland seien Vorkämpfer der teutonischen Rasse und des Protestantismus. Die Regierungen in Tokio, London, Washington, Paris u. s. w. kannten den ursprünglichen Wortlaut des Interviews, machten aber keinen Gebrauch davon. Das deutsche Auswärtige Amt gab den verkürzten und überarbeiteten Wortlaut mit der Mitteilung weiter, Deutschland habe keine Ambitionen auf Westindien, Mexiko, Brasilien u. s. w., schon weil es seit 1907 in Europa eingekreist sei und keine Truppen für die Übersee entbehren könne. Wilhelm II. war über die Nachricht von dem zweiten Interview so erschüttert, daß er einen Nervenzusammenbruch erlitt und seine Abdankung erwog, wie es Fritz Fischer formuliert.[87]

Anläßlich der Neujahrsfeier 1909 trat er aber schon wieder in die Öffentlichkeit. Die Berliner begrüßten ihn lebhaft. Als Text für die Predigt in der Schloßkapelle an diesem Tage hatte er gewählt: „Ich will Frieden haben mit meinem Volke." Das war ein Bekenntnis. Denn er handelte aus seiner tiefen Verbundenheit mit dem gesamten Volk, ob es nun um soziale Gerechtigkeit und Fürsorge oder um die Stellung Deutschlands in der Welt ging. Diese Verbundenheit bestimmte ihn auch, stets gemäß der Verfassung des Deutschen Reiches und des Königreiches Preußen zu handeln. Erich Eyck ließ 1948 sein Buch „Das persönliche Regiment Wilhelms II." mit dem Untertitel „Politische Geschichte des deutschen Kaiserreiches von 1890 bis 1914" erscheinen. Andere haben das persönliche Regiment nur bis 1908 datiert. Doch trifft die Bezeichnung „Das persönliche Regiment" weder für den 1907 noch den 1914 begrenzten Zeitraum überhaupt zu, da Wilhelm nur im Zusammenhang mit seiner verfassungsrechtlichen Aufgabe persönlich hervortrat. Er war nie Autokrat. Nur von 1897 bis 1900 führte er in gewissem Sinne ein persönliches Regiment, meint Charles G. Röhl.

Der englische Historiker Daniel Chamier[88] schreibt in seinem 1989 in deutscher Sprache wieder erschienenen Werk „Wilhelm II., der Deutsche Kaiser": „Er war ein peinlich gewissenhafter konstitutioneller Herrscher, und seine Minister wenigstens wußten es und hatten nicht für ihn gezeugt [Zeugnis abgelegt]." Wilhelm hat in seinem 1922 erschienenen Buch „Ereignisse und Gestalten 1878 bis 1918"[89] Bülow sehr vorurteilslos gewürdigt. Er unterschied aber seine politische Geschicklichkeit von seinem Charakter.

1909 machte der liberal-konservative Block Bülow Schwierigkeiten. Die Konservativen lehnten zwar die geplante Erbschaftssteuer und eine Reform des preußischen Wahlrechts scharf ab, hatten aber trotzdem im November 1908 zu Bülow gehalten, weil sie glaubten, er besitze das Vertrauen des Kaisers. Das aber konnten sie seit dem November 1908 nicht mehr annehmen. Bülow erbat am 11. März 1909 eine Audienz. Wilhelm gewährte sie und ging mit ihm in der Bildergalerie des Berliner Schlosses auf und ab, war aber erstaunt, als der Kanzler auf die Vorgänge vom Herbst 1908 zurückkam und sein Verhalten zu erklären versuchte. Wilhelm sprach nun die ganze Vergangenheit mit ihm durch. „Die offene Aussprache und die mich befriedigende Erklärung des Fürsten beseitigten die Spannung." In einer Bemerkung auf einem Aktenstück im Auswärtigen Amt hielt Wilhelm daran fest, daß Bülow ihn damals unzweideutig um Verzeihung gebeten und er ihm vergeben habe. Auf Bülows Bitte dokumentierte Wilhelm II. das auch vor der Außenwelt durch eine Einladung am Abend dieses Tages.

1922 schrieb Wilhelm:[90] „Mit dieser Aussöhnung habe ich auch zu erkennen geben wollen, daß ich die Sache über persönliche Empfindlichkeit zu stellen gewohnt bin. Trotz der mich schmerzenden Haltung des Fürsten Bülow im Reichstag habe ich selbstverständlich niemals seine hervorragenden staatsmännischen Qualitäten und die ausgezeichneten Dienste vergessen, die er dem Vaterland geleistet hat."

Am 16. Juni 1909 setzte sich Bülow im Reichstag mit den Parteien offen auseinander. Dabei warf er den Konservativen vor, sie würden durch ihre nunmehrige Haltung Gegensätze hervorrufen, welche die Entwicklung auf einen Weg drängen könnten, „den zu begünstigen weder Sie noch ich vor der Zukunft verantworten können." Am 24. Juni wurde über die Erbschaftssteuer abgestimmt. Sie wurde mit 195 gegen 187 Stimmen abgelehnt. Diese Mehrheit, der „schwarzblaue Block", setzte sich aus der Mehrheit der Konservativen, dem Zentrum und den Polen zusammen. Die 19 Stimmen der Polen gaben tatsächlich den Ausschlag.[91][211]

Nach der Verfassung war der Kaiser nicht veranlaßt, den Reichskanzler wegen dieser Niederlage zu entlassen. Aber er hatte nichts dagegen, daß Bülow das als Folge der Abstimmungsniederlage im Reichstag erscheinen ließ. Die Aussprache zwischen Kaiser und Kanzler fand in Kiel an Bord der kaiserlichen Jacht „Hohenzollern" am 26. Juni 1909 statt, genau an dem Tag 12 Jahre danach, an dem Bülow an derselben Stelle zum Staatssekretär berufen wurde.[92] Wilhelm II. entließ Bülow.

Als Nachfolger bestellte er Theobald von Bethmann Hollweg, den er schon 1877 im Kreise von dessen Familie in Hohenfinow kennengelernt hatte. „Ich fühlte mich hingezogen zu dem sympathischen Familienkreise, dem die verehrungswürdige Frau von Bethmann, eine geborene Schweizerin, mit Liebenswürdigkeit und feinem Geiste vorstand. Oft bin ich dann als Prinz und später als Kaiser nach Hohenfinow gekommen. Dabei empfing mich jedesmal der junge Landrat des Kreises; wir ahnten damals beide nicht, daß er einst unter mir Kanzler des Reiches werden sollte. Aus diesen Beziehungen hatte sich nach und nach ein reger Verkehr entwickelt, durch den sich meine Wertschätzung der Arbeitskraft, der Fähigkeit und des mir sympathischen vornehmen Charakters Bethmanns stetig gesteigert hat; sie hat ihn auf seiner ganzen Beamtenlaufbahn begleitet."

Bülow betonte bei verschiedenen Gelegenheiten, daß er dem Kaiser Bethmann als seinen Nachfolger empfohlen habe, doch davon ist in Wilhelms Rückblick nichts zu lesen.[93]. Bethmann Hollweg war 1886 Landrat, 1899 Oberpräsident von Brandenburg, 1905 preußischer Minister des Innern, 1907 Staatssekretär im Reichsamt des Innern und Vizepräsident des preußischen Staatsministeriums geworden. In den Augen des Kaisers hatte sich Bethmann Hollweg in diesen Ämtern gut bewährt und war in letzterer Stellung auch bereits im Reichstag geschickt aufgetreten. „Das Einarbeiten des Kanzlers mit mir ging leicht vonstatten. Ich setzte auch bei Bethmann die Gewohnheit fort, ihn möglichst täglich zu besuchen und beim Umhergehen im Garten des Kanzlerpalais mit ihm die Politik, Tagesereignisse, besondere Vorlagen und Vorkommnisse eingehend zu erörtern und mir von ihm Vortrag halten zu lassen. Auch in des Kanzlers Hause verkehrte ich gern, war doch die Lebensgefährtin Bethmanns das Urbild einer echten deutschen Frau, deren schlichte Vornehmheit einem jeden Besucher Verehrung abgewann, während ihre gewinnende Herzensgüte eine warme Atmosphäre um sie verbreitete. Die vom Fürsten Bülow begonnene und von mir besonders geschätzte Gepflogenheit der kleinen Abendgesellschaften wurde von Bethmann fortgesetzt und ermöglichte mir auch weiterhin, mit Männern aus allen Kreisen und Berufsarten ungezwungen zu verkehren." Wilhelm rühmte auch seine vornehme Ruhe und seine gediegene Ausdrucksweise. Sie tat ihm zweifellos sehr wohl, denn nach Ansicht seines ältesten Sohnes hatte durch die Vorgänge im November 1908 sein Selbstvertrauen einen Rückschlag erlitten, von dem er sich niemals wieder erholte.[94]

Am 14. Juli 1909 erfolgte durch Wilhelm II. nun die Berufung Bethmann Hollwegs zum Reichskanzler, und dadurch kam es zu einer Folge weiterer Ernennungen. Er bestellte Klemens von Delbrück, der seit 1905 als preußischer Handelsminister gewirkt hatte, zum Staatssekretär des Reichsamtes des Innern, während er das Handelsministerium dem bisherigen Staatssekretär des Reichsschatzamtes, Reinhold von Sydow, übergab.

Wilhelms älteste Schwester Charlotte, seit 1878 vermählt mit Herzog Bernhard von Sachsen-Meiningen, war laut Röhl[95] schon lange der Meinung, daß ihr Bruder eigentlich in eine Klinik gehöre. Nach der Daily-Telegraph-Affäre, unternahm sie „als treue Preußin" den Versuch, Wilhelm unter eine Art Kollektivregentschaft unter Vorsitz des Prinzen Ludwig von Bayern[96] zu stellen. An ihren Arzt Dr. Schweninger schrieb sie: „Ich will die Deutschen Fürsten bearbeiten, einmütig... zum Kaiser zu gehen,... ihm ihre Hülfe anbieten, im Interesse des Reichs u. im Namen ihrer Völker, unter Bedingungen, die klar darliegen. Ein Zusammengehen und -halten halte ich für dringend nothwendig u. das Einzige, was noch imponieren könnte." Täten die Bundesfürsten dies nicht, so sei es eine Schande für das Deutsche Reich, und sie wären es nicht wert, Regenten zu bleiben.

Arbeitskammern – Angestelltenversicherung 1911 – Die Reichsversicherungsordnung 1911 – Gleichberechtigung der Arbeiter – Der politische Streik von 1912

Wilhelm II. und die mit ihm zusammenarbeitenden deutschen Bundesfürsten erkannten die Notwendigkeit, daß Arbeitgeber und Arbeitnehmer zusammenwirken mußten und sie als die regierenden Herren dieses Zusammenwirken organisieren und kontrollieren mußten. Schon Posadowsky hatte Vorarbeiten dazu gemacht, Arbeitskammern zu schaffen, die regional gebildet und paritätisch mit Arbeitgebern und Arbeitnehmern besetzt sein sollten. Diese Arbeitskammern sollten den wirtschaftlichen Frieden pflegen und die gemeinsamen Interessen der Arbeitgeber und der Arbeitnehmer wahrnehmen, auch im Verhältnis zu den Verwaltungs-, Regierungs- und Gesetzgebungsorganen der einzelnen Staaten. Im Fall von Arbeitsstreitigkeiten sollten sie aber als Einigungsamt angerufen werden, Schlichtungsorgane in Lohnkonflikten sein. Wenngleich sie im Entwurf ebenso wie die Handels- oder die Handwerkskammern nicht mehr als Rechtsfähigkeit besaßen, hätten sie doch wie diese kraft der ihnen zugedachten Aufgaben die Stellung auch von Körperschaften des öffentlichen Rechts erhalten. Der Entwurf des Arbeitskammergesetzes ging am 1. Februar 1908 dem Bundesrat als Präsidialvorlage zu. Seine gleichzeitige Veröffentlichung gab der Öffentlichkeit die Möglichkeit, dem Bundesrat kritische Eingaben zuzustellen. Das taten vor allem die Handelskammern, aber auch die voneinander getrennten Spitzenverbände der Arbeitgeber. Aufgrund der Eingaben wurde die Vorlage im Bundesrat verändert. Als solche ging sie am 25. November 1908 dem Reichstag zu.

Wilhelm II. war damals durch die oben erwähnte Daily-Telegraph-Affäre zutiefst erschüttert und wollte zugunsten des Kronprinzen abdanken, was Bülow mit aller Kraft zu verhindern suchte. Daher griff Wilhelm nicht in die Auseinandersetzung um die Arbeitskammern ein, als am 15. und 16. Januar 1909 die erste Lesung des Arbeitskammergesetzes im Reichstag stattfand. Die Reichsleitung und die Ausschußmehrheit setzten sich lebhaft auseinander. Die Reichsregierung war nicht bereit, die im Ausschuß beschlossenen Änderungen, vor allem über das Wahlverfahren, zu gestatten.

Da der Entwurf des Arbeitskammergesetzes in der Reichstagssession von 1908/1909 nicht verabschiedet werden konnte, legte die Reichsregierung mit Zustimmung des Kaisers in der Reichstagssitzung am 11. Februar 1910 einen zweiten Entwurf vor, der die früheren Beschlüsse der im Reichstag für die Fragen gebildeten Kommissionen unberücksichtigt ließ (Huber IV, 1247). Doch hatten sich inzwischen die Fronten der Parteiblöcke verändert und verhärtet. In Übereinstimmung mit den Unternehmern bekämpften die Konservativen, die Freikonservativen und die Nationalliberalen die zweite Vorlage, bestritten schon am 16. Februar 1910, daß von deutschen Arbeitskammern eine versöhnende Wirkung ausgehen werde und befürchteten, daß die Arbeitskammern ein neues

273

Kampffeld für Gewerkschaftssekretäre würden. Dagegen traten das Zentrum, die Freisinnigen und auch die Sozialdemokraten grundsätzlich für die Arbeitskammern ein. In der Kommission beharrten sie auf den von der vorigen Session beschlossenen Änderungen. Diesem Wunsch aber widersprach die Reichsregierung.

In der zweiten Lesung vom 5. bis 7. Dezember 1910 nahm der Reichstag den Entwurf mit den Stimmen des Zentrums, der Freisinnigen und der Sozialdemokraten in der Ausschußfassung an. Da die der Reichsregierung nahestehenden Rechtsparteien die Vorlage grundsätzlich verworfen hatten und die Parlamentsmehrheit die Vorlage außerordentlich stark verändert hatte, verwarf die Reichsregierung die Beschlüsse der zweiten Lesung. Delbrück erklärte nun in der nächsten Reichstagssitzung, daß er den Entwurf des Arbeitskammergesetzes als gescheitert ansehe und nicht mehr einzubringen vorhabe. Ebenso handelte die Reichsregierung in dem 1912 neu gewählten Reichstag. Aber auch die Reichstagsmehrheit, die den Entwurf 1910 angenommen hatte, entschloß sich nicht, den Antrag als Initiativantrag wieder aufzugreifen.

Mit paritätisch besetzten Arbeitskammern hatte die Reichsregierung versucht, die Sozialverfassung in einer Weise auszubauen, für die es damals sonst kein Beispiel gab. Sie stand mit diesem Vorschlag an der Spitze der großen Industrienationen der ganzen Welt; er wurde auch in der Sozialverfassung der Bundesrepublik Deutschland bis heute nicht erreicht (Huber IV, 1247).

Das preußische Gesetz betreffend die Änderung des Allgemeinen Berggesetzes vom 28. Juli 1909 war von Delbrück noch als preußischer Handelsminister vorbereitet und in den beiden Häusern des preußischen Landtags durchgesetzt worden. Neben den bereits bestehenden obligatorischen Arbeiterausschüssen wurde jetzt die unmittelbare und geheime Wahl obligatorischer Sicherheitsmänner für jede Steigerabteilung eines Bergwerks eingeführt. Wenn die Arbeiter von ihrem Wahlrecht keinen Gebrauch machten, konnte das Oberbergamt Sicherheitsmänner ernennen. Diese waren befugt und verpflichtet, die Sicherheitsmaßnahmen im Bergwerk durch regelmäßiges Befahren ihrer Strecke zu überwachen. Die Arbeiterausschüsse für die Arbeiter unter Tage waren von den Sicherheitsmännern zu wählen, während das Wahlrecht für die Betriebsabteilungen über Tage den Arbeitern unmittelbar verblieb.

Das Stellenvermittlungsgesetz vom 8. Juni 1910 brachte die Reichsregierung im Reichstag zustande. Es wurde versucht, die zahlreichen sozialen Mißstände, die sich im privaten Stellenvermittlungsgewerbe zu Lasten der Arbeitssuchenden ergaben, durch dieses Gesetz abzustellen. Die gewerbliche Stellenvermittlung wurde durch das Gesetz der Konzessionspflicht unterworfen. Bei Unzuverlässigkeit des Bewerbers oder bei fehlendem Bedürfnis war die Konzession zu versagen. Die Ausübung eines anderen Gewerbes war dem Stellenvermittler verboten. Die durch eine amtliche Gebührenordnung festgelegten Gebühren durften nur beim Zustandekommen eines Arbeitsvertrages überhaupt erhoben werden. Die

Mißbräuche im Stellenvermittlungsgewerbe konnten freilich auch dadurch nicht völlig beseitigt werden. Deshalb hob das Arbeitsvermittlungsgesetz vom 16. Juli 1925 die gewerbliche Stellenvermittlung mit Wirkung vom 1. Januar 1931 gänzlich auf. Es führte statt dessen das staatliche Arbeitsvermittlungsmonopol ein, das bis 1994 galt.

Unter entscheidender Mitwirkung von Delbrück wurden die alten mehrfach geänderten Sozialversicherungsgesetze am 19. Juli 1911 in der Reichsversicherungsordnung zusammengefaßt. Die Reichsregierung lehnte die oft geforderte Verschmelzung der verschiedenen Zweige der Sozialversicherung ab. Das Gesetz beschränkte sich auf eine weitgehende wechselseitige Anpassung der selbständig bleibenden Versicherungsarten (Kranken-, Unfall-, Invaliden- und Altersversicherung). Die wichtigsten Neuerungen der Reichsversicherungsordnung waren einerseits die Ausdehnung der Krankenversicherung auf die landwirtschaftlichen Arbeitnehmer, die Hausgewerbetreibenden, die im Wandergewerbe Beschäftigten und die Hausangestellten, andererseits die Erweiterung der Invaliden- und Altersversicherung um die Hinterbliebenenfürsorge. In beiden Beziehungen war der Erlaß der Reichsversicherungsordnung eine sozialpolitische Tat, die an Bedeutung hinter der Einführung des Sozialversicherungswesens der achtziger Jahre des 19. Jahrhunderts kaum zurückstand. Der außerordentliche Umfang, den die deutsche Sozialversicherung bis 1914 erreichte, ergibt sich aus der Zahl der Versicherten und den Beitragsleistungen. 1913 umfaßte die Krankenversicherung 14,6 Mio. Versicherte, deren Beitrag 509 Mio. Mark betrug. Die Unfallversicherung umfaßte 24,8 Mio. Versicherte bei einer Beitragsleistung von 229 Mio. Mark. Die Invaliden- und Altersversicherung umfaßte über 16,3 Mio. Versicherte bei einer Beitragsleistung von 361 Mio. Mark, wobei das Reich einen Zuschuß von 58 Mio. Mark zahlte.

Das System der Sozialversicherung wurde durch das Angestelltenversicherungsgesetz vom 20. November 1911 ergänzt. Es begründete einen besonderen Zweig der Invaliden-, Alters- und Hinterbliebenenversicherung für Angestellte. Die großen und einflußreichen Angestelltenverbände erreichten durch dieses Gesetz bei der Reichsregierung, daß die Angestellten im Fall der Berufsunfähigkeit oder der Hinterbliebenenfürsorge aus der Masse der sonstigen Arbeitnehmer herausgenommen und dem selbständigen Mittelstand angenähert wurden. Freilich wurde die Abtrennung von der Masse der Arbeitnehmer stark befehdet. Sie entsprach jedoch der politischen und sozialen Wirklichkeit, da Arbeiter und Angestellte voneinander deutlich unterschieden werden wollten.

Der von der Reichsversicherungsanstalt für Angestellte verwaltete neue Versicherungszweig stieg schnell auf, 1913 waren es mehr als 1,4 Mio. Versicherte. Die Einnahmen aus Beiträgen und dem Reichszuschuß beliefen sich auf 142 Mio. Mark. Gleichfalls noch nach der Reichsversicherungsordnung vom 19. Juli 1911 kam am 22. Dezember 1911 als letztes großes Sozialgesetz, das die kaiserliche Regierung mit Hilfe auch von Delbrück durchsetzte, das Hausarbeitsgesetz zustande. Die Abhängigkeit der in der Heimarbeit tätigen Familienbetriebe und Einzelpersonen von den auftraggebenden Unternehmern war so groß, daß ein staatlicher Schutz unumgänglich geworden war. Das Gesetz traf Maßnahmen zur Sicherung des Entgelts und zum Schutz gegen Betriebsgefahren. Es unterwarf die Heimarbeit der staatlichen Gewerbeaufsicht. Auch ermächtigte das Gesetz den Bundesrat, für bestimmte Zweige der Heimarbeit die Errichtung von paritätisch besetzten Fachausschüssen anzuordnen, deren Aufgabe in der Wahrnehmung der Interessen der von ihnen vertretenen Wirtschaftszweige bestand. Darunter war auch die Forderung von Tarifvertragsabschlüssen, die damit institutionell anerkannt wurden. Wenn sich diese Vorschrift zunächst auch nur auf bestimmte Wirtschaftszweige bezog, so mußte doch folgerichtig sie auch in anderen Zweigen der industriellen Wirtschaft im gleichen Maß als zu fördernde Einrichtung gelten. Dadurch hatte das Hausarbeitsgesetz eine über den eigentlichen Anwendungsbereich weit hinausgehende sozialstaatliche Bedeutung.

In einer Biographie Wilhelms II. muß immer wieder darauf hingewiesen werden, daß er die Arbeiter und überhaupt die schwächer gestellten Gruppen in der Gesellschaft schützen und die gesellschaftlichen Gruppen als „gleichberechtigte Familienmitglieder" im Volk behandeln wollte. Zugleich stand er aber auch unter dem Zwang der Entwicklung der deutschen Wirtschaftskräfte innerhalb und außerhalb des Deutschen Reiches. Von ihren wirtschaftlichen Erfolgen hing auch der Wohlstand aller ab, die in ihrem Bereich arbeiteten. Gelegentlich spontane oder unüberlegte einseitige Äußerungen Wilhelms sind nach der Zeit von etwa 1900 in diesem Bereich nicht mehr nachzuweisen.

Die großen Streikbewegungen von 1889 und von 1905 hatten die Arbeitsbedingungen zum Gegenstand, der Arbeitskampf von 1912 wurde unter der Maske des Lohnstreiks gegen die seit 1908 im „Zechenverband" als Arbeitgeberverband zusammengeschlossenen Bergbauunternehmungen geführt. Die Löhne hatten jedoch infolge der günstigen Konjunktur seit 1907 einen so hohen Stand erreicht, daß sich die Streikaktion der Freien Gewerkschaften mit bloßen Lohnforderungen niemals hätte rechtfertigen lassen. Der Arbeitskampf von 1912 war ein politischer Streik (Huber IV, 1249). Er war zur Bekundung der internationalen Solidarität mit den englischen und belgischen Bergarbeitern als vom freigewerkschaftlichen „Alten Verband" entfesselter Sympathiestreik veranstaltet worden, zugleich aber auch ein taktischer Kampfversuch gegen den Christlichen Bergarbeiterverband, der auch unter den Ruhrbergarbeitern wachsenden Anhang fand. Die Streikausschreitungen von 1912 trafen vor allem die des Streikbruchs beschuldigten arbeitswilligen Bergarbeiter.

Der Christliche Bergarbeiterverband forderte deshalb den Einsatz der Staatsmacht zum Schutz der Arbeitswilligen. Er verlangte, daß das Militär eingreife, wenn die Polizeikräfte nicht ausreichten, und anerkannte damit das Recht und die Pflicht des Staates zum Eingreifen mit polizeilicher und notfalls mit militärischer Macht. Im Reichstag griffen die bürgerlichen Parteien, vor allem das Zentrum, den Ausstand wegen seiner politischen Motivation als einen ungesetzlichen Streik lebhaft an. Die Sozialdemokratie hatte Mühe, den lohnpolitischen Charakter des Streiks nachzuweisen. Der Bergarbeiterstreik von 1912 endete mit einer schweren Niederlage der Freien Gewerkschaften und der beiden anderen mit in den Streik hineingezogenen Gewerkschaftsgruppen. Aufgrund der wiederholten Aufrufe der Christlichen Gewerkvereine ging die Zahl der Streikenden schnell stark zurück.

Im Jahr 1912 wurde die durch Wilhelm II. entscheidend begonnene Gesetzgebung zur Gestaltung der sozialen Gerechtigkeit in einer Weise zusammengefügt, daß darauf auch in Zukunft aufgebaut werden konnte. Dazu muß man sich vergegenwärigen: Schon seit 1884 gab es das dem Reichsamt des Innern unterstellte Reichsversicherungsamt, das bei der Arbeiterversicherungsgesetzgebung mitwirkte, und die Berufsgenossenschaften, sowie die Anstalten der Invaliditätsversicherung beaufsichtigte. Der Kaiser ernannte nun auf Vorschlag des Bundesrates 68 ständige Mitglieder. Die 280 nichtständigen Mitglieder wurden teils vom Bundesrat, teils von den Arbeitgeberverbänden und den Arbeitnehmerverbänden gewählt. Die seit 1890 erfolgenden zahlreichen Einzelgesetze zum Schutz der Arbeiter und zur Abstellung sozialer Ungerechtigkeiten bedurften schon in Hinblick auf die in den Bundesstaaten erfolgte Gesetzgebung der Zusammenfassung. Entscheidender Ausgangspunkt war das von Wilhelm II. veranlaßte Arbeiterschutzgesetz vom 1. Juni 1891.

Die wirtschaftliche Entwicklung brachte immer wieder neue Probleme mit sich. Der Kampf zwischen Kapital und Arbeit wurde schrittweise durch das System der Tarifverträge überwunden. Die Freien Gewerkschaften lehnten zunächst auch unter Wilhelm II. die Tarifverträge ab, obwohl das Sozialistengesetz gefallen war und der Kaiser Versuche ablehnte, es zu erneuern. Die Erfahrungen aus den schweren Arbeitskämpfen der Jahre 1891 bis 1895 trugen dazu bei, daß die Freien Gewerkschaften ihre revolutionären Tendenzen abbauten. Die seit 1894 gegründeten Christlichen Gewerkschaften traten für den Gedanken des kollektiven Arbeitsvertrags ein. Sie nahmen mit solchem Erfolg die Arbeiterinteressen wahr, daß auch die sozialistischen Gewerkschaften nach heftigen inneren Kämpfen ihre Position änderten. Auf dem 3. deutschen Gewerkschaftskongreß in Frankfurt am Main im Jahr 1899 wurde beschlossen: „Tarifliche Vereinbarungen, welche die Lohn- und Arbeitsbedingungen für eine bestimmte Zeit regeln, sind als Beweis der Anerkennung der Gleichberechtigung der Arbeiter seitens der Unternehmer bei Festsetzung der Arbeitsbedingungen zu erachten und in den Berufen erstrebenswert, in welchen sowohl eine starke Organisation der Unternehmer wie auch der Arbeiter vorhanden ist, welche eine Gewähr für Aufrechterhaltung und Durchführung des Vereinbarten bieten. Dauer und Umfang der jeweiligen Vereinbarungen lassen sich nicht schematisieren, sondern hängen von den Eigenarten des betreffenden Berufes ab."[97]

Wilhelm II. glaubte durch seine zweifellos umfassende Initiative in der Sozialpolitik die bei Sozialdemokraten und Kommunisten vorhandenen Tendenzen zum politischen Umsturz mehr entkräftet zu haben als dies der Fall war. Er hatte sich schon 1889 ganz im Sinn der staatssozialistischen Doktrin (Huber IV, 1213) zum Gedanken der staatlichen Schlichtung von Lohnkonflikten wie zum Gedanken der staatlichen Lenkung des Kohlenbergbaus bekannt.

Kaiser-Wilhelm-Gesellschaft zur Förderung der Wissenschaften und die Kaiser-Wilhelm-Institute

In klarer Erkenntnis der Gegenseitigkeit von Wirtschaft und Wissenschaft ergriff Wilhelm II. ebenfalls die Initiative. Er wußte[98] um den immer schärfer werdenden Kampf um den Weltmarkt und seine Absatzgebiete, um die Wichtigkeit auch der Wissenschaften in diesem Zusammenhang. Er wollte den Forschern mehr Freiheit, Ruhe, Arbeitsmöglichkeit und Material dazu verschaffen. In seinem Rückblick schrieb er 1922: „Viele bedeutende Köpfe waren durch ihre Lehrtätigkeit in ihren Forschungen behindert, so daß ihnen für diese nur die Ferien zur Verfügung standen. Dieser Umstand ergab Überarbeitung und Überbürdung, die verhindert werden mußten. Zunächst sollte die Chemie Förderung erfahren." In diese Überlegungen zog er den 1909 zum preußischen Kultusminister ernannten August von Trott zu Solz mit heran, der früher auch praktische Erfahrungen als Oberpräsident von Brandenburg gesammelt hatte, außerdem schon vorher den 1908 verstorbenen Friedrich Althoff, der seit 1897 Ministerialdirektor im preußischen Kultusministerium gewesen war, und dessen Nachfolger Friedrich Schmidt-Ott, einen Schulkameraden Wilhelms aus der Zeit in Kassel. Sie ermöglichten ihm 1911 die Gründung und Entwicklung der „Kaiser-Wilhelm-Gesellschaft zur Förderung der Wissenschaften" (R IV, 324f.) und erwarben sich besondere Verdienste durch den Entwurf der Statuten der Gesellschaft bis 1918. Wilhelm II. begriff die Überlegungen Althoffs, selbständige Institute zur wissenschaftlichen Erforschung vordringlicher Probleme neben den durch den Lehrbetrieb infolge der wachsenden Studentenzahlen überlasteten Universitäten zu gründen. Doch gehörte zu einer solchen Gründung ein Baugrund und ein Gebäude sowie die Gewinnung und Bezahlung der Forscher und des am Institut tätigen Personals, viel Geld also.

Die königliche Bibliothek, der Adolf von Harnack vorstand, war seit 11. Oktober 1910 Hörsaalgebäude der Universität und bot auch einen Raum als neue Aula. Punkt 10 Uhr erschien an diesem 11. Oktober das Kaiserpaar im Auto, betrat die Aula und wurde vom Rektor, Geheimrat Erich Schmidt, begrüßt. Ihm folgten in einem Zug die Dekane der vier Fakultäten und der Senat. Der Zug wurde fortgesetzt von den fürstlichen Gästen, vom Ministerpräsidenten Preußens und Reichskanzler von Bethmann Hollweg und Preußens Kultusminister von Trott zu Solz. Studentische Chargierte schlossen sich an. Von einem Seitenbalkon grüßten die Studentinnen, geschmückt mit schwarz-weißem Band in den Saal. Denn seit 1908 waren auch in Preußen Mädchen zum Studium zugelassen. Der Rektor Professor Erich Schmidt, der oft beim Kaiser verkehrte und als Literarhistoriker auch diesem einen „kerndeutschen" Eindruck machte, hielt die Festrede in der neuen Aula der früheren Königlichen Bibliothek. Darauf entbot Wilhelm II. seinen Gruß und Glückwunsch der Universität und verlas seine Rede (R IV, 21 ff.):

„Seit dem Tage ihrer Begründung ist ihr Schicksal mit dem unseres preußisch-deutschen Vaterlandes auf das innigste verknüpft. Als mein in Gott ruhender Vorfahre König Friedrich Wilhelm III. sie... ins Leben rief, da geschah es, um durch geistige Kräfte zu ersetzen, was er [im Staat schon vor 1810] an physischen Kräften verloren hatte." Die Universität sei aus dem gleichen schöpferischen Geiste wie Preußens Wiedergeburt geboren und der in Fichte, Schleiermacher, Savigny lebte. Sie sei freilich zunächst noch weit entfernt davon gewesen, eine universitas litterarum im Sinne Wilhelms von Humboldts zu sein, aber sei diesem Ideal immer näher gekommen. In gemeinsamem Wirken mit den übrigen Hochschulen des Landes bilde sie jetzt „die allgemeine Lehranstalt". Um ihre Vollendung anzubahnen, die Humboldt als Endziel angestrebt habe, kündigt Wilhelm II. selbständige Forschungsinstitute an, die in Preußen mit der Entwicklung der Universitäten nicht Schritt gehalten hätten. „Wir bedürfen Anstalten, die über den Rahmen der Hochschulen hinausgehen und unbeeinträchtigt durch Unterrichtszwecke, aber in enger Fühlung mit Akademie und Universität lediglich der Forschung dienen." Wilhelm erbat das allgemeine Interesse für dieses Unternehmen und das aller an dem Fortschritt der Wissenschaft und an der Wohlfahrt des Vaterlandes interessierten Kreise sowie außerdem finanzielle Opfer. Er mahnte: Tua res agitur. Er schloß: „Alle Wahrheit aber ist Gottes. Dieser Geist der Wahrheit möge auch Euch, Kommilitonen erfüllen."

Wilhelms Rede zur Jubiläumsfeier der Universität Berlin war durch Harnack und den zuständigen Dezernenten im Kultusministerium für Kunst und Wissenschaft außerhalb der Hochschulen, den Rektor Geheimrat Friedrich Schmidt-Ott[99], sowie andere vorbereitet worden. Sie war dem Kaiser von dem zur Feier erschienenen Prinzen Rupprecht von Bayern als gedruckte Antwort auf das überreicht worden, was der Rektor zur Begrüßung gesagt hatte. Eine vorher mit Wilhelm vereinbarte Antwort oder Rede entsprach Bülows Festlegungen von Ende 1908.

Kaiser Wilhelm II. gründete nun am 11. Januar 1911 die Kaiser-Wilhelm-Gesellschaft zur Förderung der Wissenschaften in einer Sitzung unter dem Vorsitz des preußischen Kultusministers August von Trott zu Solz in Berlin. Sie wurde am 17. Februar 1911 in das Vereinsregister beim Amtsgericht Berlin-Mitte eingetragen. Der Kaiser übernahm seine Funktion in dieser Gesellschaft als ihr „Allerhöchster Protektor". Er hatte einen Senat geschaffen, dessen Mitglieder zum Teil gewählt, zum Teil von ihm ernannt wurden. Zum Dekan des Senats ernannte er den Theologen Adolf von Harnack. Um zur Bewältigung der sozialen und wirtschaftlichen Probleme beizutragen, rief er die seinen Namen tragende Institute ins Leben, die die wissenschaftliche Forschung verbessern sollten. Sie waren vornehmlich, aber nicht ausschließlich den Naturwissenschaften und verwandten Wissenschaften gewidmet. Vor Kriegsbeginn wurden acht, während des Krieges vierzehn solcher Institute ins Leben gerufen.[100]

Zunächst kam das Interesse Wilhelms II. an Chemie auf seine Rechnung. Er stand früh mit Emil Fischer in Kontakt, der der zweite Nobelpreisträger der Chemie wurde und sehr anschaulich auch mit Hilfe von Experimentalvorträgen nicht nur Schüler gewann, sondern auch den Kaiser und dessen Interesse an der Chemie und deren Bedeutung in der Gesellschaft stärkte.

Beraten durch Althoff machte Wilhelm II. 1891 Robert Koch zum Direktor des 1901 eröffneten königlich preußischen Instituts für Infektionskrankheiten. Er gilt als Begründer der Bakteriologie und Entdecker des Tuberkelbazillus und des Cholerabazillus. Für die Gründung des Instituts hatte sich Althoff beim Kaiser unter entscheidenden Gesichtspunkten eingesetzt: Koch hatte seine bahnbrechenden Entdeckungen seit den früheren achtziger Jahren am kaiserlichen Gesundheitsamt gemacht und wurde 1885 Professor an der Universität Berlin. Aus der Station zur Prüfung von Diphtherie heilenden Seren an Kochs Institut ging 1896 in Steglitz, damals noch einem Vorort von Berlin, das Institut für Serumforschung und Serumprüfung hervor, das 1899 zum königlich preußischen Institut für experimentelle Therapie in Frankfurt am Main wurde. Denn dort plante Wilhelm II. schon damals die von ihm 1914 als Stiftungsuniversität gegründete „Königliche Universität".

Als der Zoologe Otto Zacharias in Plön in dem nun zum Königreich Preußen gehörenden Holstein die Biologische Station zur Erforschung der Tier- und Pflanzenwelt im Süßwasser gründete, spendeten regierende Fürsten, wohlhabende Bürger und wissenschaftliche Körperschaften Beträge, die aus der preußischen Staatskasse ergänzt wurden. Nach dem Tod des Gründers wurde dessen Schöpfung 1917 als Hydrobiologische Anstalt von der Kaiser-Wilhelm-Gesellschaft zur Förderung der Wissenschaften übernommen. Von 1893 bis 1904 gab Zacharias „Forschungsberichte aus der Station zu Plön" heraus. Seinen Förderer würdigte er in der in Plön erschienenen Schrift „Exzellenz Friedrich Althoff und die Süßwasserbiologie".

Da neue Erkenntnisse der Forscher in verschiedenen Ländern einen Austausch der Erfahrungen notwendig machten, verschiedene sich selbst überschätzende Professoren der Universität Berlin und alldeutsche Nationalisten einen solchen Austausch ablehnten, wiesen Althoff und Harnack den Kaiser auf dieses Problem hin, und dieser entschied für das Verfahren des Austausches. Der erste Austausch-Professor war der in Leipzig lehrende Physikochemiker Wilhelm Ostwald. Um solche Reisen und Aufenthalte zu finanzieren, gewann Althoff im Sommer 1905 den Berliner Bankier und Industriellen jüdischer Herkunft, den

Königlich Sächsischen Geheimen Kommerzienrat Leopold Koppel, in Hinblick auf die Silberhochzeit des Kaiserpaares zur Gründung der „Koppel-Stiftung zur Förderung der wissenschaftlichen Beziehungen Deutschlands zu den Vereinigten Staaten von Amerika, aber auch zu anderen Kulturstaaten, vornehmlich Frankreich". Vom Stiftungskapital von einer Million Mark sollten nicht mehr als die jährlichen Zinsen von 35.000 Mark verausgabt werden. Um diese Stiftung zu fördern, ließ für sie Wilhelm II. 1906 die Schenkungs- oder sogenannte Stempelsteuer von 4 Prozent aussetzen. Wilhelm II. vereinbarte 1906 mit Präsident Theodor Roosevelt einen Austausch von Professoren mit den amerikanischen Universitäten unter Federführung der Columbia-Universität. Die amerikanischen Professoren und ihre Frauen lud Wilhelm II. auch an seinen Hof ein. Am 18. Dezember 1905 erteilte Wilhelm II. als König von Preußen die „landesherrliche Genehmigung" und delegierte Althoff und dessen Referenten Ernst Eilsberger, an dessen Stelle im Oktober 1907 Schmidt-Ott in das Kuratorium, als dessen Nachfolger später den von 1908 bis 1918 wirkenden Chef seines Zivilkabinetts Rudolf von Valentini. Am 18. Januar 1906 empfing Wilhelm II. Koppel in Audienz und verlieh ihm anläßlich der 25. Wiederkehr der Botschaft Kaiser Wilhelm I. zur Sozialgesetzgebung von 1881 den von ihm selbst 1896 gestifteten, sehr selten verliehenen und an der Kette zu tragenden Wilhelm-Orden für soziale Verdienste. In das Kuratorium der Koppel-Stiftung berief Wilhelm II. damals noch Kuntze als Kommissar des Ministers des Auswärtigen und außerdem die Berliner Professoren Hermann Diels und Oskar Hertwig. Als Mitglied „aus dem Handelsstande" entstandte der Kaiser den Spediteur und Vorsitzenden des Vereins Berliner Kaufleute und Industrieller, den Geheimen Kommerzienrat Emil Jacob, der mit Leopold Koppel befreundet war.

Auf Anregung des Kaisers wurde im Juli 1906 die Motor-Luftschiff-Studien-Gesellschaft mbH zu Berlin gegründet. In der Zeit der Begeisterung für das Zeppelin-Luftschiff ergriff dazu auch der Große Generalstab eine Initiative. Althoff überzeugte sich durch ein Gutachten des Chemikers Walter Nernst von der Zweckmäßigkeit des Unternehmens und rief sie zusammen mit Emil Rathenau ins Leben, um die Technik und Verwendung von Luftschiffen, insbesondere von Motorluftschiffen, zu fördern. Auf einer Vorstandssitzung des Deutschen Museums in München regte Ferdinand Graf Zeppelin selbst 1909 die Errichtung einer „groß angelegten Versuchsanstalt" an. Oskar von Miller bezweifelte zwar, daß es einer staatlichen Anstalt bedürfe und glaubte, es genüge eine Koordinationsinstanz für die an verschiedenen Orten betriebene Luftfahrtforschung einzurichten. Aber der Reichstag, dem mehrere Initiativ-Anträge vorlagen, beschloß 1910, „die verbündeten Regierungen zu ersuchen, die Gründung und Unterhaltung einer Reichsanstalt für Luftschiffahrt und Flugtechnik in Friedrichshafen bald in die Wege zu leiten". Die Mitwirkung der im Deutschen Reich zusammenwirkenden Regierungen der Bundesfürsten und der drei Freien und Hansa-Städte geschah im Sinne des Föderalismus auch bei der Förderung der Luftschiffahrt.

Wilhelm II. konnte die nach ihm benannte Gesellschaft zur Förderung der Wissenschaften nur unter ausreichenden wirtschaftlichen Voraussetzungen gründen. Er selbst stellte Teile des 500 Hektar großen Geländes der Königlichen Domäne Dahlem zur Verfügung.[101] 1901 konnte das Gesetz „über die Aufteilung der Domäne Dahlem" verabschiedet werden. Althoff seit 1. Oktober 1907 aus seiner Verpflichtung zum Dienst als Ministerialdirektor im preußischen Kultusministerium durch Pensionierung ausgeschieden, widmete sich trotz Verschlechterung seiner Gesundheit nunmehr ganz seinem Dahlem-Projekt, worüber bereits 1908 Schmidt-Ott in einer eigenen Denkschrift „Althoffs Pläne für Dahlem" der deutschen Öffentlichkeit berichtete. Althoff arbeitete für die „Begründung einer in ihrem Charakter durch hervorragende Wissenschaftsstätten bestimmten Kolonie, eines deutschen Oxford", in welcher neben Universitäts-Instituten, Museen und Sammlungen „als eine der grundlegendsten Forderungen für weiteren wissenschaftlichen Fortschritt... neue, ausschließlich der Forschung gewidmete staatliche Institute... nach Art der Nobelinstitute hervorragenden Gelehrten Gelegenheit zu freier Forschungstätigkeit bieten" sollten.[102]

Althoff hatte zwar den Kaiser 1905 auf seiner Mittelmeerreise begleitet, mit ihm auf Schloß Wilhelmshöhe im August 1905 über Professorenaustausch, Audienzen und Einladungen im Familienkreis in Potsdam gesprochen. Das preußische Landwirtschaftsministerium wollte aber die Aufteilung der Domäne und den Verkauf von Grundstücken daraus an Privatleute im Gegensatz zu den Zielen Althoffs erzwingen. Rektor und Senat der Universität hatten durch Eingaben an den preußischen Kultusminister im Dezember 1901 keine Zuteilung von Grundstücken der Domäne für die Universität erreicht. So hatte Althoff, ohne daß er sich in seiner damaligen Stellung noch als Ministerialdirektor mit seiner Persönlichkeit und seinem Namen im Vordergrund beteiligte, sieben Berliner Professoren zu einer Immediateingabe an Wilhelm veranlaßt. Unter diesen Professoren, die alle Mitglieder der Akademie der Wissenschaften waren, befanden sich der Rektor Diels, die „Sekretäre" der Physikalisch-mathematischen Klasse Arthur von Auwers und Heinrich Gottfried Wilhelm Waldeyer-Hartz, der Generaldirektor der königlichen Bibliothek Harnack, der Anatom und Biologe Oskar Hertwig und die beiden Hauptverfechter einer Chemischen Reichsanstalt, Emil Fischer und Walter Nernst.

Wilhelm II. wurde in zwei Audienzen im Herbst 1907 und im Februar 1908 offenbar für Althoffs Dahlem-Pläne gewonnen. Denn bereits am 21. Februar wandte sich das Zivilkabinett an Preußens Finanzminister, Landwirtschaftsminister und Kultusminister und forderte den Letzteren auf, über den Stand der Dahlem-Angelegenheit und die für die Unterrichtsverwaltung zu reservierenden Flächen zu berichten. Kultusminister Holle tat das sofort am 3. März, ohne noch mit den anderen Ressorts konsultieren zu können, da schon am 4. März dem Kaiser Vortrag gehalten werden sollte. Vom Finanzminister wurde eiligst der Bauplan für die Parzellierung eingefordert und mitgeteilt, Wilhelm II. beabsichtige, zur Besichtigung der Bebauung, besonders der in Dahlem errichteten öffentlichen Gebäude, in Gegenwart der beteiligten Ressortminister sowie Althoffs und des Geheimen Oberhofbaurats Ernst von Ihne in nächster Zeit zu kommen. Doch verschob Wilhelm zweimal den Termin, und die Minister trafen sich deshalb zur Besichtigung in Dahlem ohne ihn. Der Kaiser empfing Althoff eine Woche später am 22. März 1908, einem Sonntag vor seiner Abreise nach Korfu, im Schloß in Privataudienz und ließ sich über den Fortgang der Dahlem-Angelegenheit berichten.

Enttäuscht über die Haltung des Reiches gegenüber den Plänen der Chemischen Reichsanstalt schlug schon im Frühjahr 1907 Emil Fischer dem preußischen Kultusminister die Errichtung mehrerer kleiner Forschungsinstitute in Dahlem im Rahmen der Akademie und in Verbindung mit der Universität vor. Nernst empfahl im April 1908 Althoff, im Anschluß an die Chemische Reichsanstalt vier weitere naturwissenschaftliche Institute. Es war für Wilhelm II. nicht leicht, durchführbare Entscheidungen über die ihm vorgelegten Anträge zu treffen.

In der Landwirtschaft fiel am Ende des 19. Jahrhunderts durchschnittlich ein Drittel aller möglichen Ernteerträge Schädlingen zum Opfer. Der Erreger der Kartoffelfäule brachte den Kartoffelanbau geradezu zum Erliegen. Da der Reichstag am 20. April 1898 60.000 Mark „zur Errichtung einer biologischen Abteilung für Land und Forstwirtschaft beim Kaiserlichen Gesundheitsamt" bewilligte, das gerade seinen Neubau im „Tiergarten" in Berlin bezogen hatte, wurde 1899 ein Versuchsfeld von 3,24 ha in Dahlem zunächst in Pacht genommen und mit dem Bau eines kleinen Gewächshauses und eines Laboratoriums begonnen. Am 1. April 1905 wurde die bisherige Abteilung als „Kaiserlich biologische Anstalt für Land- und Forstwirtschaft" in eine selbständige, dem Reichsamt des Innern nachgeordnete Reichsbehörde umgewandelt. Die neu formierte Anstalt hatte einen Etat von 163.788 Mark und erhielt vom Kaiserlichen Gesundheitsamt 324.130 Mark. So sehr sich Wilhelm II. über grundlegende Reformen in der Landwirtschaft durch diese neue Reichsbehörde freute, so sehr stand er doch durch seine Unterstützung der Pläne Althoffs mitten in den erbitterten Auseinandersetzungen im preußischen Staatsministerium mit diesem. Althoffs Gegnern war jedes Argument recht, um dessen Pläne beim Kaiser zu Fall zu bringen.[103] Althoff übernahm die von Nernst vorgeschlagenen vier naturwissenschaftlichen Forschungsinstitute in seine Dahlempläne. Er vertrat damit die Gründung eines Instituts „für Radioaktivität und Elektronenforschung", d. h. für Physik und physikalische Chemie, eines Instituts „für Serumforschung", eines Instituts „für Mineralchemie", d. h. für anorganische Chemie, und eines Instituts „für physiologische Chemie", d. h. für Biochemie.

Der Paläontologe Otto Jaekel hatte im Auftrag des Kultusministeriums im Herbst 1908 für den Leiter der Hochschulabteilung eine Denkschrift über die Möglichkeit naturwissenschaftlicher Institutsgründungen auf dem Dahlemer

Domänengelände verfaßt. Althoff ermunterte ihn im Sommer 1908, einen entsprechenden Artikel in der gemäßigt konservativen Zeitung *Der Tag* zu schreiben. Jaekels Abhandlungen erschienen am 27. und 30. September 1908. Am 20. Oktober sollte Althoff erneut dem Kaiser persönlich berichten, doch starb er am selben Tag. Wilhelm war darüber tief erschüttert. Er befahl alsbald den preußischen Finanzminister zum Vortrag und ordnete darauf an, daß in Dahlem 50 ha für staatliche Zwecke reserviert werden sollten. Wenige Wochen später beauftragte er Schmidt-Ott, den Nachlaß Althoffs zu sichern und ihm über Althoffs Pläne für die Aufteilung der Domäne Dahlem in einer Denkschrift zu berichten. Schmidt-Ott zog zu dieser Denkschrift Althoffs Mitarbeiter, den Geheimen Regierungsrat Philipp Brugger heran. Wenn Wilhelm II. auch schon aus dem Vorjahr durch Berichte des Kultusministers an sein Zivilkabinett verschiedenes über die gesamte Planung wußte, so erfuhr er jetzt doch ein in vier Teile zerlegtes Programm über

I. raumbedürftige Berliner Universitätsinstitute,

II. forschungsintensive naturwissenschaftliche und medizinische Universitätsinstitute ohne große Lehraufgaben,

III. neue naturwissenschaftliche Universitätsinstitute,

IV. Begründung neuer, ausschließlich der Forschung gewidmeter Institute; sie sollten „nach Art der Nobelinstitute hervorragenden Gelehrten Gelegenheit zu freier Forschungstätigkeit bieten".

Dem Kaiser wurde in der Denkschrift „in voller Übereinstimmung mit der Akademie" der Wissenschaften in Berlin ein Institut für Hirnforschung und Forschungsanstalten für die Gebiete der Physik und Chemie, sodann Zentralforschungsinstitute für Anthropologie, vergleichende Anatomie und vergleichende Physiologie zur Gründung empfohlen. In enger räumlicher Verbindung mit ihnen sollte die in Gründung begriffene Chemisch-technische Reichsanstalt stehen. Weiter wurden in dem Gutachten zur Gründung empfohlen ein Museum für Völkerkunde, ein Orientalisches Seminar, ein Zeitungsmuseum, eine Dublettenbibliothek, ein Schulmuseum, Sport- und Spielplätze für Studenten und Schüler.[104] In der Denkschrift wurde dem Kaiser ein zusammenhängender Komplex von 100 ha Land in Dahlem als notwendig bezeichnet und vorgeschlagen, die 1901 ernannte Aufteilungskommission von sechs vom Finanz - und vom Landwirtschaftsminister ernannten Herren um drei vom Kaiser zu ernennende Persönlichkeiten zu erweitern: nämlich um den Polizeipräsidenten Ernst von Stubenrauch, der sich als Landrat von Teltow um Meliorationen, Viehzucht, Wegewesen und Baupolizei verdient gemacht hatte, um den Geschäftsführer der Universitäts-Baukommission Harnack und den besonders geeigneten Architekten von Ihne.

Der Kaiser wünschte nach Lektüre der Denkschrift Schmidt-Otts über „Althoffs Pläne für Dahlem" aber auch, daß nun „für gegenwärtige und künftige Bedürfnisse des Staates" mindestens 100 ha vom Verkauf auszuschließen seien, und erweiterte die Aufteilungskommission den Vorschlägen entsprechend. Das preußische Staatsministerium war über Schmidt-Otts Denkschrift und die Wünsche des Kaisers sehr überrascht, als dieser ihm sein Programm zur Stellungnahme vorlegen ließ. Die preußischen Staatsminister hatten nun Pläne zur Kenntnis zu nehmen, die sie jahrelang bekämpft hatten und waren geradezu empört. Sie glaubten, daß diese mit Althoffs Tod begraben gewesen wären. Der Kampf entbrannte jetzt nicht um die großen Pläne, sondern um die Aufteilung der Domäne und um das Vorgehen Schmidt-Otts. Der im Sommer 1909 von Wilhelm ernannte Kultusminister August von Trott zu Solz nahm seinen Vortragenden Rat am 23. Oktober 1909 vor dem preußischen Staatsministerium in Schutz. Schmidt-Ott hätte sich dem Befehl Wilhelms nicht entziehen dürfen. Bernhard vom Brocke[105] weist mit Recht darauf hin, daß Schmidt-Ott bei seinem Verfahren in den Spuren seines Lehrmeisters Althoff gewandelt sei, indem er den Dienstweg umging und die Minister vor nahezu vollendete Tatsachen gestellt hatte.

Die Auseinandersetzungen dauerten Monate. Am 28. Mai 1910 wurde der vom Landwirtschaftsminister verfaßte Immediatbericht an den Kaiser dem Zivilkabinett zugeleitet. Wilhelm las darin, daß nicht mehr als 50 ha zur Verfügung gestellt werden sollten, aber auch, daß Althoff sich „teils in der Beurteilung der Verlegbarkeit von Institutionen aus Berlin, teils in der Ermittlung der für Neubauten erforderlichen Flächengröße vielfach vergriffen" habe. Wilhelm hätte zweifellos lieber eine Verwirklichung der Pläne Althoffs gesehen, die er als gewissermaßen seine eigenen betrachtete, wie der Kultusminister im Staatsministerium ausführte. Er beugte sich aber dem Votum des Kabinetts. Er handelte damit verfassungsrechtlich sehr korrekt. Entgegen den Vorstellungen seiner preußischen Minister ernannte er aber Harnack und Ihne zu Mitgliedern der Aufteilungskommission, als er im Rahmen des Jubiläums des hundertjährigen Bestehens der Universität Berlin die Gründung der neuen Gesellschaft zur Errichtung und Erhaltung von Forschungsinstituten verkündete. Er trug damit den Interessen der entstehenden Kaiser-Wilhelm-Gesellschaft Rechnung und schuf die Voraussetzungen zur Gründung der Kaiser-Wilhelm-Institute, die in den nächsten Jahrzehnten in Dahlem entstanden.

Henry Theodore von Böttinger war ein Industrieller, der hinter der „Göttinger Vereinigung zur Förderung der angewandten Physik und Mathematik" stand, aber auch die Farbenindustrie in Elberfeld so förderte, daß ihn der Kaiser 1907 in den Adel erhob; Böttinger rief im Herbst 1908 die „Wilhelm-Stiftung für Gelehrte" zur Unterstützung von in Not geratenen Gelehrten, aber auch von Oberlehrern und ihrer Hinterbliebenen ins Leben. Harnack wurde der Vorsitzende, Schmidt-Ott der kaiserliche Kommissar. Auf Weisung des Kaisers wurde die Stiftung nach Althoffs Tod in „Friedrich-Althoff-Stiftung" umbenannt. Der Aufruf zu Spenden im Jahr 1909 brachte 107.000 Mark ein. Der Stiftungszweck entsprach sehr den Bemühungen des Kaisers um Fürsorge für in Schwierigkeiten geratene Menschen. Die berufliche Sicherung der Wissenschaftler war damals zum Unterschied von heute nicht gegeben. Es gab viel zu wenig Dienstposten auf den Universitäten und Technischen Hochschulen, so daß viele junge Forscher vorerst ohne Anstellung waren.

Leopold Koppel wollte das erste Kaiser-Wilhelm-Institut alleine stiften und den Entdecker der Ammoniaksynthese, Fritz Haber, als Direktor gewinnen. Beides gelang ihm, der Gründungsvertrag zwischen der Koppel-Stiftung und dem preußischen Staat wurde am 28. Oktober 1911 abgeschlossen, Fritz Haber am gleichen Tag Direktor des Kaiser-Wilhelm-Instituts für Physikalische Chemie und Elektrochemie. Da das preußische Finanzministerium nicht ein Drittel der laufenden Kosten für die zu gründenden Institute übernehmen wollte, war das Angebot Koppels dem Kaiser und seinem preußischen Kultusminister sehr willkommen.[106] Der Finanzminister wies später wiederholt darauf hin, daß dies eine Ausnahmeregelung infolge ungewöhnlicher Verhältnisse sei. Jedenfalls war ein Präzedenzfall geschaffen. Anders als das Chemische Institut wurde das Physikalisch-chemische Institut als eine selbständige rechtsfähige Stiftung errichtet. Ein Stiftungsrat präsidierte sie. Darin hatte Koppel den Vorsitz. Der Kaiser ernannte später die Mitglieder.

Der Vertrag zwischen dem Verein Chemische Reichsanstalt und der Kaiser-Wilhelm-Gesellschaft zur Förderung der Wissenschaften über die Errichtung des Kaiser-Wilhelm-Instituts für Chemie kam am 23. Dezember 1911 zustande. Am 23. Oktober 1912 weihte Wilhelm II. in Berlin-Dahlem die beiden ersten Institute der Kaiser-Wilhelm-Gesellschaft zur Förderung der Wissenschaften ein. Das sind das Kaiser-Wilhelm-Institut für Chemie und das Kaiser-Wilhelm-Institut für Physikalische Chemie und Elektrochemie. Die Institutsgebäude hatte der Oberhofbaurat von Ihne mit Unterstützung des Vereins „Chemische Reichsanstalt" und des Geheimen Kommerzienrats Koppel erbaut. Der Vorsitzende dieses Vereins, Professor Emil Fischer, übergab die beiden neuen Anstalten dem Präsidenten der Kaiser Wilhelm Gesellschaft, Adolf von Harnack.[107]

Der Kaiser dankte allen Stiftern, besonders Koppel. „Ich begrüße mit Freuden das Zusammenwirken des Staates und der privaten Mithilfe und hoffe, daß dieses Verhältnis vorbildlich sein wird für die Unterstützung der wissenschaftlichen Forschung. Da der heutige Tag in erster Linie der Chemie gilt, wollte ich Mir erlauben, den Herren eine Mitteilung zu machen, die vielleicht Ihr Interesse erweckt, vielleicht auch Ihre denkende Mitwirkung hervorruft. Aus Anlaß der furchtbaren Katastrophen, die in den letzten Jahren in unseren Kohlebergwerken eingetreten sind, habe Ich durch den Chef des Zivilkabinetts von Essen aus Mich an die Chemie [gemeint die wissenschaftlichen Vertreter der Chemie] gewandt, zunächst an die Technischen Hochschulen, und sie veranlaßt, Mir Arbeiten einzureichen und Vorschläge zu machen, in welcher Weise eventuell von der Chemie prophylaktische Einrichtungen getroffen werden können, um die unter Tag arbeitenden Leute zu schützen. Ich denke dabei an unschädliche chemische Präparate, die die aufsichtsführenden Beamten und die Arbeiter die herrannahende

Gefahr durch ihre Veränderung auffällig an Ort und Stelle erkennen lassen." (R IV, 324f.) Er wollte ein Frühwarngerät.

Um die Forschungsfinanzierung durch die Kaiser-Wilhelm-Gesellschaft gewährleisten zu können, sollten geeignete Persönlichkeiten gewonnen werden, die finanziell dazu in der Lage waren. Um in die Gesellschaft aufgenommen zu werden, hatte der Förderer 20.000 Mark zu bezahlen; der jährliche Beitrag eines Mitglieds betrug dann tausend Mark. Dieser Jahresbeitrag konnte fortfallen, wenn der Förderer für seine Aufnahme in die Gesellschaft mindestens 40.000 Mark bezahlte. Präsident der Gesellschaft wurde Adolf von Harnack, Leiter der Institute waren 1914 Professor Ernst Otto Beckmann, der Chemie vertrat und 1912 Direktor des Instituts für Chemie in Berlin-Dahlem wurde,[108] ferner Fritz Jacob Haber, der bedeutende Physikochemiker,[109] 1911 Vorstand des Instituts für Physikalische Chemie und Elektrochemie, der Mediziner und Bakterienforscher August von Wassermann und der Botaniker Carl Erich Correns, 1914 Direktor des Instituts für Biologie, der 1899 die Mendelschen Vererbungsgesetze wiederentdeckt hatte.[110]

Wilhelm II. erschien zu den Generalversammlungen der Gesellschaft und lernte dabei „bedeutende Männer aller möglichen Disziplinen kennen", mit denen, wie er 1922 bekannte, „ich dann in regelmäßigen Verkehr trat; ich besuchte auch ihre Laboratorien und konnte so den Fortschritt ihrer Arbeiten verfolgen. Neue Laboratorien wurden gestiftet, andere aus den Beiträgen der Senatoren und Mitglieder unterstützt. Ich bin auf diese meine Schöpfung stolz gewesen, weil sie sich als nutzbringend für das Vaterland erwies und die Erfindungen ihrer Forscher dem ganzen Volke zugute kamen. Es war ein Friedenswerk von großer, vielversprechender Zukunft, die bei Herrn von Trott in vortrefflicher Hand lag."

Da die königlich preußische Akademie der Wissenschaften und das preußische Finanzministerium oft geradezu halsstarrig finanzielle Hilfe verweigerten, warb Wilhelm II. immer wieder um Spenden. Während der Kriegsjahre war er im Großen Hauptquartier und nahm deshalb nicht mehr in eigener Person an Einweihungen neu gegründeter Institute teil, was er vorher regelmäßig getan hatte. Zum Kriegsdienst einberufene Institutionsdirektoren befreite er aber von diesem. Den von ihm schon vor dem Krieg gegen den Widerstand preußischer Instanzen zum Hauptmann beförderten Fritz Haber zeichnete er mit dem Eisernen Kreuz aus. Auf Wunsch der Kaiser-Wilhelm-Gesellschaft vergrößerte er deren Senat im Krieg und erkannte ihr Wirken immer wieder an. Noch am 30. Januar 1918 telegraphierte Wilhelm an die Kaiser-Wilhelm-Gesellschaft, um ihr für ihr „fleißiges Wirken auf dem verschiedensten Gebiet für Wissenschaft und Industrie zu danken".

Bis zum Kriegsausbruch 1914 waren der Kaiser und seine Kaiser-Wilhelm-Gesellschaft zur Förderung der Wissenschaften außerordentlich tätig. Durch ihren Senat beschloß sie am 18. März 1911 die Zoologische Station Rovigno in der zum damaligen Österreich gehörenden Markgrafschaft Istrien. Das Institut wurde am

1. Oktober 1911 in die Kaiser-Wilhelm-Gesellschaft übernommen. Am 28. Oktober 1913 weihte Wilhelm II. in Dahlem das Kaiser-Wilhelm-Institut für experimentelle Therapie ein, das durch Senatsbeschluß vom 19. März 1912 zustande gekommen war. Als Direktor bestellte der Kaiser August von Wassermann. Dieser war zu Kriegsbeginn als Oberstabsarzt eingerückt, wurde aber bald wieder zur Leitung seines Instituts freigestellt. Er suchte in seiner bakteriologischen Abteilung nach Viren gegen Paratyphus, Fleckfieber, Ruhr und Gasbrand. Sein Institut produzierte in großen Mengen die für den nach ihm benannten Wassermanntest erforderlichen Reagenzien. Er entwickelte ein Impfserum für Syphilis-Prophylaxe.

Das Kaiser-Wilhelm-Institut für Kohleforschung in Mülheim, das der Senat am 19. September 1912 beschloß, wurde am 27. Juli 1914 eingeweiht, freilich nicht durch den Kaiser selbst, der erst an diesem Tage von seiner Nordlandreise nach Potsdam zurückgekehrt war. Das Kaiser-Wilhelm-Institut für Arbeitsphysiologie und Hygiene wurde am 12. Dezember 1912 vom Senat beschlossen, erhielt am 4. März 1913 seine Satzungen und nahm seine Arbeit in Berlin, Dortmund und Münster am 1. April 1913 auf, wiewohl Arbeitsräume erst aufgebaut wurden. Wilhelm II. unterstützte es aus seinem kaiserlichen Dispositionsfonds. Der Einzug in eigene Gebäude erfolgte von Ende 1916 bis 1917.

Das Kaiser-Wilhelm-Institut für Biologie wurde am 19. März 1912 beschlossen und im Mai 1915 in Dahlem eröffnet. Bei diesen Instituten spielte auch eine Rolle, daß der Kaiser immer wieder seine soziale Verantwortung geltend machte. Das Kaiser-Wilhelm-Institut für experimentelle Therapie interessierte den Kaiser in Hinblick auf die Seuchenbekämpfung.

Wilhelm II. war durch seine eigenen Ausgrabungen auf Korfu an der Unterstützung archäologischer Unternehmungen auch in Mesopotamien, Ägypten und Persien interessiert. Darüber berichteten die Mitteilungen und Jahresberichte der Kaiser-Wilhelm-Gesellschaft 1911/1912ff. ausführlich. Geheimrat Theodor Lewald vom Reichsamt des Innern vermittelte 1912 bei Henriette Hertz, daß deren großartige kunsthistorische Bibliothek, die Professor Ernst Steinmann leitete, nach ihrem Tod der Kaiser-Wilhelm-Gesellschaft zufalle. Die Bibliothek befand sich im Palazzo Zuccari in Rom. Die laufenden Kosten sollten aus den Einkünften des Palazzo und dem durch Testament der Henriette Hertz vermachten Stiftungsvermögen bestritten werden.[111] Henriette Hertz stammte aus einer rheinländischen jüdischen Familie und trat 1871 in die evangelische Kirche ein; sie malte und studierte Kunstgeschichte. Ihre Schulfreundin Frieda Löwenthal heiratete den Chemiker Ludwig Mond, dem Henriette Hertz mit Einsatz ihres Vermögens den Aufbau der Ammoniak-Soda-Industrie nach dem Solvay-Verfahren in England ermöglicht hatte. In Anerkennung für diese Hilfe schenkte ihr Mond den von ihm erworbenen Palazzo Zuccari in Rom. Henriette Hertz gestaltete hier eine außerordentlich bedeutende Bibliothek zur Kunstgeschichte Roms und Italiens und eine Bildersammlung italienischer Meister, die aus den langfristigen Investitionen in der Mond'schen Industrie finanziert wurde. Henriette Hertz starb am 9. April 1913 in Rom.

Noch vor ihrem Tode wurde am 15. Januar 1913 ihre Bibliothek „eröffnet"[112] und im Sommer 1914 von der Kaiser-Wilhelm-Gesellschaft übernommen. Die Bildersammlung ging auf Grund eines Kodizills 1911 an den italienischen Staat über. Sie ist als Galleria Nazionale d'arte antica und als Palazzo Barberini öffentlich zugänglich. An die British Academy erging eine Stiftung der Henriette Hertz über den Mann ihrer Nichte Alice, Sir Israel Gallantz, um jährlich drei wissenschaftliche Vorträge allgemeiner Art zu finanzieren.[113] Beim großen Interesse des Kaisers an Rom und italienischer Kunst ist seine Freude über die Erwerbung der Hertziana für seine Kaiser-Wilhelm-Gesellschaft zweifellos groß gewesen.

Der Senat faßte am 26. Mai 1914 den Beschluß, ein Kaiser-Wilhelm-Institut für Deutsche Geschichte zu gründen. Die Gründung sollte unter der Leitung des Direktors des Preußischen Historischen Instituts, Paul Fridolin Kehr, zunächst in Rom, mit einer Zweigstelle in Paris ab 1. Oktober 1914 erfolgen. Infolge des im Sommer ausgebrochenen Krieges, in den 1915 auch Italien gegen die Mittelmächte eintrat, verließ er Italien, übernahm 1915 als Generaldirektor der preußischen Staatsarchive ein unmittelbar dem preußischen Ministerpräsidenten unterstehendes Amt und eröffnete am 1. Oktober 1917 in Berlin das Kaiser-Wilhelm-Institut für Deutsche Geschichte.

Am selben Tag wurde das vom Senat vom 21. März 1914 und abermals am 16. Juli 1917 beschlossene Kaiser-Wilhelm-Institut für physikalische Forschung eröffnet. Es erhielt aus der Koppel-Stiftung 625.000 Mark und das für das Institut notwendige Gebäude, zu dem der preußische Staat das Grundstück zur Verfügung stellte. Den Antrag auf Gründung stellte der 1913 als hauptamtliches Mitglied der königlich preußischen Akademie der Wissenschaften gewählte Physiker Albert Einstein. Zugleich wurde ihm die Berechtigung, an der Universität in Berlin zu lehren, erteilt, aber nicht die Verpflichtung auferlegt, das zu tun. Wilhelm II. machte ihn 1914 zum Direktor des Kaiser-Wilhelm-Instituts für Physik in Berlin. Der Krieg 1914 bis 1918 trennte Einstein von Haber, der nicht nur durch seine Erfindung des Giftgases für den Gaskrieg, sondern auch durch seine Zusammenarbeit mit der Obersten Heeresleitung anders als Einstein handelte. Einstein bat aber um Hilfe für seinen Freund Gunnar Nordström, einen finnischen Physiker, damit dieser nach dem neutralen Holland reisen könne. Haber war deshalb beim Kaiser selbst vorstellig geworden.[114] Einstein rügte deshalb Haber.

England hatte im Krieg gegen die Buren 1899 bis 1902 auch bereits Giftstoffe verwendet: Gas-Kampfstoffe und Kampfgase. Das von Haber erfundene Giftgas, bei dessen Erprobung er sich selbst Vergiftungen zuzog, wurde von den Deutschen am 22. April 1915 erstmals gegen französische Truppen in Ypern eingesetzt. Während Habers Freund Richard Willstätter, seit 1912 ordentlicher Honorarprofessor an der Universität Berlin für Chemie, einen geeigneten Filter für

Gasmasken entwickelte, der die deutschen Soldaten vor dem durch Westwinde herangetriebenen deutschen Giftgas schützen und sie vor alliierten Vergeltungsmaßnahmen bewahren sollte, schlossen sich weitere Erfolge im Gaskrieg an; 1916 wurde es auch von den Deutschen gegen die Russen angewandt. Haber hoffte, durch den Gaskrieg zu dem notwendigen schnelleren Kriegsende zu kommen und glaubte, daß Gas, auch wenn es zu Lähmungen führte, eine humanere Waffe als die Artillerie-Bombardements sei. Zugleich betonte er, daß die Alliierten eigene Pläne besäßen, den Gaskrieg auszuführen, und daß ihnen die Deutschen lediglich zuvorgekommen seien. Er fühlte als deutscher Patriot, und so stellte er bei Kriegsausbruch sich und sein Institut der Heeresverwaltung zur Verfügung. Er versuchte an der Spitze der Zentralstelle für Chemie beim preußischen Kriegsministerium, ebenso wie Walther Rathenau und Emil Fischer, die folgenschweren Versäumnisse aufzuholen, die bei der Vorsorge für einen Kriegsfall in seinen Augen begangen worden waren.[115] Der Kaiser hatte ihn schon vor dem Kriege sehr anerkannt und durch kaiserliche Ordre zum Hauptmann befördert, während die preußischen Dienststellen die Beförderung zum Offizier verhinderten, weil er Jude war. Haber wurde, wie der Kaiser selbst, zwar 1919 als Kriegsverbrecher hingestellt und seine Auslieferung gefordert. Doch brachte die Verleihung des Nobelpreises, den er 1919 für die Ammoniaksynthese erhielt, die Anklage zum Schweigen.

Die Hydrobiologische Anstalt Plön wurde auf Grund des Senatsbeschlusses vom 11. Mai 1917 am 1. Juli 1917 in die Kaiser-Wilhelm-Gesellschaft aufgenommen.

Der Senat beschloß am 24. November 1917 und in einer zweiten Sitzung am 19. Februar 1918 einen Vertrag zwischen der Kaiser-Wilhelm-Gesellschaft und dem Verein deutscher Eisenhüttenleute über die Errichtung eines Kaiser-Wilhelm-Instituts für Eisenforschung. Das Institut nahm am 1. April 1918 seine Arbeit auf. Am 16. Januar 1918 beschloß der Senat die Gründung des „Fritz von Friedlaender-Fuld'schen Instituts für Kohlenforschung der Kaiser-Wilhelm-Gesellschaft." Es nahm noch am 1. Oktober 1918 seine Arbeit in Breslau in den Räumen der Technischen Hochschule auf. Am 24. März 1922 wurde es umbenannt in „Schlesisches Kohlenforschungs-Institut der Kaiser-Wilhelm-Gesellschaft (begründet von der Fritz von Friedlaender-Fuld-Stiftung)".

Das am 21. März 1914 vom Senat beschlossene Kaiser-Wilhelm-Institut für Hirnforschung wurde seit dem 1. April 1916 finanziell unterstützt und am 3. Juni 1919 als Kaiser-Wilhelm-Institut für Hirnforschung gegründet.

Im Senat der Kaiser-Wilhelm-Gesellschaft fällt auf, daß darin sehr viele Juden waren. Chaim Weizmann kritisierte ihre Bejahung der Monarchie und ihren deutschen Patriotismus und nannte sie deswegen „Kaiser-Juden".[116] Der Kaiser zog sie zu seinen Veranstaltungen bei Hof heran, erhob sie in den Adel wie etwa den schlesischen Kohlenindustriellen Fritz von Friedlaender-Fuld, der sich 1897 hatte katholisch taufen lassen. Seine Adelserhebung erfolgte nach Stiftungen in

Höhe von einer Million Mark 1906 durch den Kaiser. Er pachtete von den Grafen Reederen die Herrschaft Lanke und ließ sich am Pariser Platz in Berlin neben der französischen Botschaft von Ihne für etwa 5 Millionen Mark ein Palais erbauen. Der Anteil jüdischer Senatoren lag mit 25 Prozent noch über dem jüdischen Anteil von 21 Prozent an der Gesamtzahl der Spender. Es ist deshalb falsch, den Kaiser wegen seines impulsiven privaten Briefes an Mackensen 1922 als Antisemiten zu bezeichnen. Einige Juden standen ihm sehr nahe, und er erkannte ihr Mäzenatentum an und zeichnete sie durch seine kaiserliche Gunst aus.[117]

Nach 1945 wurde die Kaiser-Wilhelm-Gesellschaft zur Förderung der Wissenschaften auf Anordnung der Regierung der USA in Max-Planck-Gesellschaft umbenannt, obwohl Planck selbst dies ablehnte.

Die von Bülow Österreich gegenüber 1909 gelobte Nibelungentreue – Treue „in schimmernder Wehr" zu Franz Joseph – Englisch-russische Interessensgemeinschaft im Orient – Deutsche Unterstützung der Türkei – Nikolaus II. und Wilhelm 1909 – König Georg V. von England – Das Kanonenboot Panther im Hafen von Agadir – Darauf englische Drohung – Abmachungen Wilhelms und Nikolaus' II. 1910, die aber Minister Sasonow nicht unterzeichnet

Aus der Zeit der Reichskanzlertätigkeit Bülows wirkte vieles auch nach seiner Entlassung auf die deutsche Politik weiter. Kanzler Bülow hatte am 29. Februar 1909 Österreich-Ungarn Nibelungentreue gelobt. Das war nicht lange, nachdem sich die Habsburger Doppelmonarchie 1908 infolge der von Ungarn bekämpften Tendenzen eines politischen Zusammengehens aller Südslawen Bosnien-Herzegowina einverleibt hatte. Im Anschluß an den achtzigsten Geburtstags am 18. August 1910 besuchte Wilhelm II. im September 1910 Franz Joseph in Schönbrunn. Im Festsaal des Wiener Rathauses hielt Wilhelm am 20. September eine Stegreifrede und sprach davon, daß sich Deutschland während der bosnischen Krise „in schimmernder Wehr" an die Seite des österreichischen Bundesgenossen gestellt habe. Er meinte damit nicht den äußeren Glanz der deutschen Armee, sondern die schimmernde Treue der zum Bundesgenossen Österreich-Ungarn stehenden deutschen Truppen. Verschiedene Zeitungen griffen Wilhelms Wort von der schimmernden Wehr unfreundlich, ja gehässig auf.

Wilhelm II. kannte zwar seit seiner Jugend die Existenzprobleme der Donaumonarchie, hielt aber schon in Hinblick auf das Dreikaiserbündnis von 1881 an Österreich fest, auch 1914, als er mit Franz Joseph darum rang, nur maßvoll auf die Herausforderung einzugehen, die zweifellos die Ermordung seines Thronfolgers bedeutete. Sein Verhalten wurde damals mit dem ja von Bülow formulierten Begriff der Nibelungentreue und damit durch ein Schlagwort charakterisiert, das

Wilhelms umsichtigem und tatkräftigem Verhalten im Jahr 1914 nicht gerecht wird.

Die englisch-russische Interessengemeinschaft in der orientalischen Frage, wie sie Eduard VII. mit Nikolaus II. am 9. Juni 1908 in Reval vereinbart hatte, wirkte dahin, daß Eduards Staatssekretär und häufiger Reisebegleiter Sir Charles Harding wünschte, Rußland für künftige europäische Verwicklungen möglichst stark zu halten. So brauchte Rußland die Demonstrationsfahrt der amerikanischen Flotte nach Japan 1908 nicht zu fürchten. Rußland schloß am 4. Juli 1910 mit Japan einen Vertrag über die Mandschurei und erneuerte diesen am 7. Mai 1911. Die russisch-bulgarische Militärkonvention vom Dezember 1909 sah im Artikel 5 die Verwirklichung „der hohen Ideale der slawischen Völker auf der Balkanhalbinsel... nur nach einem günstigen Ausgange des Kampfes Rußlands mit Deutschland und Österreich-Ungarn für möglich an."[118] Das war durch die unübersichtliche Lage in der Türkei 1908/09 ein begründeter Wunsch. Infolge der jungtürkischen Revolution im April 1909 dankte nämlich der dem Kaiser Wilhelm II. verbundene Sultan Abdul Hamid IV. zugunsten Mehmdes V. ab. Deutschland stellte diesem 1909 bis 1913 den seit 1907 als Generalinspekteur der sechsten Generalinspektion tätigen Wilhelm Leopold Colmar Frhr. von der Goltz als militärischen Berater und Organisator zur Verfügung, der bereits 1883 als Organisator des Militärbildungswesens nach Konstantinopel geschickt worden und 1896 als türkischer Marschall nach Deutschland zurückgekehrt war. Er wurde als Frhr. von der Goltz-Pascha sehr bekannt. Als Militärschriftsteller trat er für begründete Neuerungen ein. Die türkische Regierung hatte am 7. Oktober 1908 die Einverleibung Kretas in das Königreich Griechenland hinnehmen müssen und wurde in den beiden Balkanfeldzügen besiegt, was dem Marschall von der Goltz-Pascha zu Unrecht als von ihm verschuldet in die Schuhe geschoben wurde.[119] Wilhelm II. stand in der Frage der militärischen Zuverlässigkeit seines türkischen Bundesgenossen auch vor dem Problem, wie sich sein Schwager, der griechische Thronfolger Konstantin, eine militärisch wie politisch sehr aktive Persönlichkeit, jeweils verhalten würde.

Die griechisch-türkische Frage stand für Wilhelm II. aber auch in einem größeren Zusammenhang. Konnte Rußland als Gegner Deutschlands ausgeschaltet, England über die deutsche Flotte beruhigt werden? Mit Nikolaus II. traf sich Wilhelm II. am 17. Juni 1909 in den Finnischen Schären, bemühte sich aber vor allem um England. Als am 6. Mai 1910 Wilhelms Onkel Eduard VII. starb, eilte er zu Georg V. zur Beisetzung nach London, wo die am 31. Mai 1910 erfolge Proklamierung der Südafrikanischen Union schnell bekannt wurde und deshalb noch im Dezember 1910 das Gesetz zur Verstärkung der Heimflotte zustande kam, das auch gegen Deutschland gerichtet war.

Als Wilhelm II. am 16. Mai 1911 zur Enthüllung des Standbildes der Königin Viktoria – seiner Großmutter – nach London reiste, fragte er auf Wunsch des Reichskanzlers von Bethmann Hollweg König Georg V., ob er der Ansicht sei, daß sich die französische Handlungsweise in Marokko noch mit der Algeciras-Akte vertrage. Der König meinte, eigentlich bestehe die Akte nicht mehr, und man tue wohl am besten, sie der Vergessenheit anheim zu geben. Die Franzosen machten ja im Grunde in Marokko nichts anderes, als was die Engländer seinerzeit in Ägypten auch getan hätten. England werde deshalb den Franzosen keine Schwierigkeiten in den Weg legen, sondern sie gewähren lassen; man solle sich mit dem fait-accompli der Besetzung abfinden und sich wegen kommerzieller Sicherungen mit Frankreich arrangieren. Der Kaiser hielt als allgemeine Stimmung den Eindruck[120] fest, daß der Besuch, den er und die Kaiserin machten, bis zuletzt harmonisch verlaufen sei. „Die Einwohner aus allen Schichten Londons gaben ihrer Sympathie Ausdruck, sobald sie der Gäste ihres Königs ansichtig wurden."

Unter diesen Verhältnissen entwickelte sich die vom Kaiser und vom Auswärtigen Amt verfolgte Linie, welche zum Agadir-Fall führte, dem letzten ebenfalls mißglückten Versuch, einen Einfluß Deutschlands in Marokko zu behalten. Der Sultan Abdul Asis wurde durch seinen Halbbruder Mulei-Hafid in einem Bürgerkrieg 1908 zur Abdankung gezwungen. Die Mächte erkannten Mulei-Hafid 1909 an, und Frankreich, unterstützt von England und Rußland erstrebte das Protektorat über Marokko auf dem Wege der „friedlichen Durchdringung". Die Lage spitzte sich während der Kieler Woche zu, der alljährlich im Juni stattfindenden sportlich gesellschaftlichen Veranstaltung mit Segel- und Ruderregatten, an der der Kaiser regelmäßig teilnahm. „Das Auswärtige Amt unterbreitete mir seine Absicht, den ‚Panther' nach Marokko zu schicken. Ich hatte starke Bedenken gegen diese Maßregel geltend gemacht, mußte sie aber angesichts der dringlichen Vorstellungen des Auswärtigen Amtes zurückstellen."

Am Samstag dem 1. Juli 1911 erschien das deutsche Kanonenboot „Panther,"[121] vor Agadir, einem marokkanischen Hafen an der Küste des Atlantischen Ozeans, als die Franzosen ihren Rückzug aus dem von ihnen besetzten Fez bereits begonnen hatten. Der seit 1910 in Paris tätige vormalige Staatssekretär des Auswärtigen Amtes, Wilhelm Frhr. von Schoen, begründete den Schritt in einer Note mit der Notwendigkeit, die in Agadir und seiner Umgebung ansässigen deutschen Handelshäuser vor den Gefahren zu schützen, denen sie bei einem Übergreifen des Aufstandes auf jene Gegend ausgesetzt sein würden. Tatsächlich gab es dort aber keine Deutschen. Die deutsche Regierung wollte Frankreich zu Verhandlungen zwingen.[122]

Darauf hielt der Schatzkanzler David Lloyd George am 21. Juli im Unterhaus eine drohende Rede und warnte, daß Deutschland im Falle einer Herausforderung die britische Macht an Frankreichs Seite finden würde. Der belgische Gesandte in Berlin aber schrieb seiner Regierung am 6. Dezember 1911: „Mit oder ohne schriftliche oder mündliche Verpflichtung sieht jedermann in England oder in Frankreich die Entente cordiale als ein Defensiv- und Offensivbündnis gegen Deutschland an. Dies entspricht genau dem Charakter, den der verstorbene

König von England ihr hat geben wollen. Die Entente cordiale ist nicht auf der positiven Grundlage der Verteidigung gemeinsamer Interessen begründet worden sondern auf der negativen Grundlage des Hasses gegen das Deutsche Reich."[123] Der russische Botschafter in Paris aber berichtete am 20. Dezember in einer Rückschau seiner Regierung, „es sei äußerst bemerkenswert, daß in den verhängnisvollen Sommertagen England, ohne mit Frankreich durch einen formellen Akt gebunden zu sein, bereit war, nicht nur seine ganze Flotte sondern auch seine ganze Expeditionsarmee gegen Deutschland in Bewegung zu setzen".

Der Abgeordnete Bassermann sagte am 11. November 1911 in einer Reichstagsrede: „Als der ‚Panther' vor Agadir erschien, da ging ein Jubel, ein Aufatmen durch Deutschland. Als dann die Kunde kam, daß wir in Marokko keine Territorialerwerbungen beabsichtigten, ist in Deutschland eine große Enttäuschung eingetreten." Wenn es auch fraglich ist, wie weit die Kreise in Deutschland reichten, die von dieser Stimmung ergriffen waren, so gab es doch solche Kreise, die den Reichskanzler und das Auswärtige Amt veranlaßten, den Kaiser zu bewegen, gegen seine Überzeugung das Kanonenboot „Panther" nach Agadir zu beordern. Der Vorsitzende des Alldeutschen Verbandes Claß ließ damals eine Broschüre erscheinen „Westmarokko deutsch!" Der 1910 zum Staatssekretär im Auswärtigen Amt ernannte Alfred von Kiderlen-Wächter wurde von Bethmann Hollweg trotz Wilhelms Warnung („Sie setzen sich eine Laus in den Pelz") als Staatssekretär durchgesetzt, da der Kaiser ihn nicht eines Mitarbeiters berauben wollte, den er als Kanzler für unentbehrlich zu halten schien. Kiderlen riß die Leitung der Außenpolitik bald an sich und teilte dem Kanzler nur noch das mit, was ihm paßte.[124]

Bethmann und Kiderlen teilten dem neuen russischen Außenminister Sasonow, der Nikolaus II. bei seinem Besuch in Potsdam im November 1910 begleitete, mit, Deutschland wäre weder vertraglich verpflichtet noch gewillt, für etwaige Expansionspläne Österreichs auf dem Balkan einzutreten. Bethmann Hollweg und Kiderlen rückten damit deutlich von der Politik ab, die Bülow in der Frage der Annexion von Bosnien und der Herzegowina durch Österreich vertreten hatte. Sasonow erklärte darauf, auch Rußland sei weder verpflichtet noch gewillt, sich an einer aggressiven und feindlichen Politik Englands gegen Deutschland zu beteiligen.

Freilich wollte sich Sasonow, nach St. Petersburg zurückgekehrt, nicht dazu gewinnen lassen, ein Schriftstück zu unterzeichnen, in dem die beiderseitigen Erklärungen festgehalten werden sollten. Er wollte offenbar die russische Entente mit England nicht gefährden. Der Reichskanzler hatte sich nämlich in einer Reichstagsrede am 10. Dezember 1910 sehr befriedigt über die Potsdamer Besprechungen geäußert, und das rief in London und Paris große Aufregung hervor.

Der englische Außenminister Grey fürchtete, durch ein deutsch-englisches Abkommen die Franzosen zu verletzen und das englisch-französisch-russische

Einvernehmen zu gefährden. Er bestritt zwar gegenüber dem österreichischen Geschäftsträger in London, daß die beiden Mächtegruppen in Opposition zueinander stehen müßten, gab aber dem russischen Botschafter deutlich zu verstehen, welches Verhalten er von einem Freunde der Entente erwarte. Sasonow fixierte die Potsdamer Abmachungen nicht und schob den russischen Kaiser vor, der sich darauf berief, er habe persönlich dem deutschen Kaiser das feste Versprechen gegeben, keine deutsch-feindliche Politik Englands unterstützen zu wollen. Sein Wort sei doch wohl mehr wert als ein Austausch schriftlicher Noten. Infolge dessen vermochte Deutschland in Ausführung der Potsdamer Besprechungen am 18. August 1911 eine Vereinbarung über die Bagdadbahn und über Persien abzuschließen. Rußland verpflichtete sich, die Bagdadbahn nicht zu behindern und von ihr eine Zweigbahn nach Persien zu bauen, die freilich nie zustande kam. Deutschland verzichtete dafür auf den Erwerb irgendwelcher Konzessionen in Persien.

Die Stärkung der österreichischen Armee seit 1908, die Verschiebung der russischen Truppen nach dem Innern und dem Süden, die Mängel in den Armeen Englands und Frankreichs 1910/1911 hätten dem Kaiser die Möglichkeit geboten, die Einkreisung Deutschlands und Österreichs durch einen Präventivkrieg mit großer Aussicht auf Erfolg zu durchbrechen. Er lehnte ihn bis 1913 ab.[125]

Tripolis-Krieg Italiens gegen die Türkei – Die deutsche Flottennovelle – Vermittlungsversuche des englischen Kriegsministers Haldane – Das französische Protektorat über Marokko – Das Problem eines Präventivkriegs gegen die einkreisenden Mächte England, Rußland und Frankreich – Der erste und der zweite Balkankrieg 1912 – Wilhelm und der Zar Ferdinand der Bulgaren – Griechenlands Vergrößerung – Wilhelms Schwager Konstantin 1913 König der Hellenen

Das Königreich Italien war an der Bildung starker Staaten, die seine Nachbarn auf dem Balkan würden, nicht interessiert. Am 23. Oktober 1909 kam beim Besuch des russischen Kaisers in Racconici ein Vertrag zustande: „Italien und Rußland verpflichten sich, sich wohlwollend zu verhalten – das Erstere zu den Interessen der russischen Meerengenfrage, das Zweite zu den Interessen Italiens in Tripolis und der Cyrenaika." Unter diesen Voraussetzungen begann im September 1911 der Tripolis-Krieg Italiens gegen die Türkei. Die nationalistischen Wünsche in Italien gefährdeten immer mehr seinen Bund mit Österreich und Deutschland. Doch betonte der 1860 in Lothringen geborene Raymond Poincaré, der 1912 französischer Ministerpräsident wurde, am 6. Juli 1912 zu dem seit 1910 in Paris wirkenden russischen Botschafter Alexander Iswolski, der seit 1906 russischer Außenminister gewesen war, es könne nicht der Wunsch Frankreichs und Rußlands sein, daß Italien aus dem Dreibund austrete, da Italien ein hemmendes Element im Dreibund sei.

Wilhelm II. sah in der Politik Frankreichs, Englands und Rußlands immer deutlicher eine Einkreisung Deutschlands und Österreichs, auch wenn er noch nicht alle Schriftstücke kannte, die durch die Veröffentlichungen seit 1918 die Entwicklung erkennbar machen. Seine Urteile und seine Entscheidungen auf den ihm vorgelegten Akten verraten immer wieder seine unmittelbare Mitwirkung auch nach 1908. Wenn er damals erwogen hatte, den Kronprinzen vorübergehend zu seinem Stellvertreter zu machen, um seine eigene Erschütterung zu bewältigen, so waren doch diese Stunden der selbstkritischen Niedergeschlagenheit schnell vorbeigegangen. Er nahm noch mehr als bisher auf die verfassungsmäßige Instanz des Reichskanzlers Rücksicht und arbeitete durch seine Entscheidungen auf die Erhaltung des Friedens hin.

Der Staatssekretär des Reichsmarineamtes, Admiral (später Großadmiral) Alfred von Tirpitz, der dem Kaiser die Zusammenarbeit mit ihm nicht immer leicht gestaltete, wie Wilhelm 1922 schrieb (Ereignisse, S. 207), forderte erneut eine Flottennovelle. Der Kaiser hatte zunächst in Übereinstimmung mit dem Kanzler eine solche für 1912 nicht gewollt. Er hatte das aber gesagt, als die Dinge weniger bedrohlich aussahen, und selbst die britische Regierung war der Ansicht, daß ein Flottenprogramm kein bindendes Versprechen sei. Der in England angesehene Reichskanzler Bethmann Hollweg hoffte auf eine Verständigung, wenn Deutschland in der Flottenfrage und sonst gemach vorginge, und beschwor den Kaiser, der Novelle nicht zuzustimmen. Dieser aber meinte, die Novelle könnte England jetzt nicht zu einer Haltung veranlassen, die es bereits eingenommen habe. Es hätte gezeigt, daß es bei einer in Streitigkeiten der Entente mit Deutschland gegen Deutschland kämpfen würde. Bisher schiene es keinen Wert auf die deutsche Freundschaft zu legen. Das sei deshalb, weil Deutschland noch nicht stark genug erscheine. Nichts mache England Eindruck außer Kraft und Stärke. Wilhelm hielt ein Verhältnis der deutschen und der englischen Flotte von 2 zu 3 für genug.[126]

Der Generaldirektor der Hamburg-Amerika-Linie seit 1900, Albert Ballin, empfing im Januar 1912 den in Köln geborenen englischen Bankier Sir Ernest Cassel, der in privater Mission bei ihm vorsprach, und meldete das sofort dem Kaiser. Ballin regte bei Cassel den Gedanken an, den seit 1911 als Erster Lord der britischen Admiralität tätigen Winston Churchill nach Berlin zu schicken. Doch entsandte die britische Regierung zunächst nur Cassel, der dem Kaiser am 29. Januar eine von der britischen Regierung inspirierte „Verbalnote" mitteilte, die formell eigentlich eine Note war. Das Schriftstück lautete:

"1. Grundlegend: Überlegenheit zur See als wesentlich für England wird anerkannt. Gegenwärtiges deutsches Flottenprogramm und Aufwendungen für die Flotte sind nicht zu erhöhen, sondern wenn möglich, zu verlangsamen und herabzusetzen.

2. England wünscht aufrichtig, nicht in die deutsche koloniale Expansion einzugreifen. Um dies nachdrücklich zu beweisen, ist es bereit, unverzüglich in Besprechungen über das einzutreten, was immer die deutschen Bestrebungen in dieser Hinsicht sein mögen. England wird sich freuen, zu erfahren, ob es ein Gebiet oder besondere Punkte gibt, wo es Deutschland beistehen kann.

3. Vorschläge für gegenseitige Erklärungen, die beide Mächte davon abhalten, aggressiven Plänen oder Kombinationen gegen die andere beizutreten, werden willkommen sein."

Gleichzeitig wurde zum Ausdruck gebracht, daß Cassel von Grey, Churchill und Lloyd George entsandt sei und daß der übliche diplomatische Dienstweg ausgeschaltet sein solle. Der Kaiser ließ darauf den Reichskanzler und Tirpitz kommen und setzte, da er am besten englisch konnte, die Antwort auf, während Bethmann, Tirpitz und Ballin um ihn umstanden. Die gemeinsamen Überlegungen führten zu folgendem Antworttext:

"1. Grundlegend: Die deutsche Regierung begrüßt mit Freude den von der britischen Regierung getanen Schritt, an die deutsche Regierung durch Sir Ernest Cassel in der Absicht heranzutreten, die Beziehungen zwischen den beiden Ländern zu verbessern.

2. Die deutsche Regierung ist völlig einverstanden mit den Bestimmungen, die in dem von Sir Ernest Cassel vorgelegten Entwurf vorgeschlagen sind, mit der folgenden Ausnahme: daß der Voranschlag für das laufende Jahr (1912) in dem gegenwärtigen deutschen Flottenprogramm inbegriffen sein muß, insofern als alle Vorkehrungen bereits vollendet sind.

3. Die wirksamste Art die Verhandlungen rasch vorwärtszubewegen, würde sein, daß Sir E. Grey Seiner Majestät dem Kaiser so bald wie möglich einen Besuch abstattet. Seine Majestät würde einen solchen Besuch sehr gern sehen."

Die britische Regierung erwiderte durch Cassel, es würde schwer sein zu einer Verständigung zu gelangen, wenn nicht die deutschen Flottenausgaben gebremst würden. Bethmann antwortete, daß dies im Austausch für eine freundliche Orientierung der englischen Politik möglich sein würde. Das englische Entgegenkommen hing auch damit zusammen, daß zwischen England und Rußland schwerwiegende Meinungsverschiedenheiten entstanden waren. Grey drohte dem russischen Botschafter mit einer Neuorientierung der britischen Politik. Als Unterhändler wurde nun zum größten Erstaunen der deutschen Regierung der englische Kriegsminister Haldane nach Deutschland entsandt. Wilhelm setzte seinen Herren auseinander, daß die Engländer unglaublich anpassungsfähig seien. Am 9. Februar schrieb er seinem Kanzler: „Die schwierige Sitzung ist beendet und zwar gut." Der Zwei-Mächte-Standard 2 zu 3 wurde von Haldane akzeptiert. Wilhelm II. wollte durch Tirpitz erklären lassen: Ein 3. Geschwader wird gefordert und wird bewilligt, der Bau der drei Extra-Schiffe nur zur Vervollständigung dagegen wird erst 1913 in Angriff genommen und 1916 und 1919 erst je ein Schiff gefordert. Der einzige Gewinn für Deutschland lag in der Klausel, worin die gegenseitige Enthaltung von aggressiven Plänen oder Kombinationen zugesichert wurde sowie Neutralität in dem Fall, daß die andere Signatarmacht in einen Krieg verstrickt würde, in dem sie nicht als Angreifer angesehen werden könne.

Dem englischen Kabinett schien Haldane zu weit gegangen zu sein. Es machte sogar Einwände gegen die kolonialen Abmachungen und übergab den deutschen Unterhändlern ein Memorandum der britischen Admiralität, in dem die Novelle als übermäßig und für ihre angeblichen Zwecke als unnötig kritisiert wurde. Der Kaiser war darüber begreiflicherweise sehr erzürnt. „Die Engländer haben den ersten Schritt zu diesem Agreement gemacht. Sie haben mit Einverständnis des Gesamtkabinetts durch Haldane Vorschläge gemacht (Bautempo-Verlangsamung), die wir schweren Herzens akzeptiert haben. Jetzt stoßen sie die von uns akzeptierte Basis sans façon um, verlangen mehr oder weniger ein Fallenlassen der Novelle, ohne uns auch das geringste in Bezug auf die Neutralität anzubieten! Ein solches einseitiges Vorgehen ist absolut unannehmbar! Erst sollen sie uns den Entwurf des Neutralitätsabkommens schicken, dann werden wir darüber befinden, was wir tun werden!" Bethmann sagte dasselbe.

Englands Neutralität in einem Krieg von Frankreich und Rußland gegen Deutschland war wichtig, durch das Verhalten des englischen Kabinetts aber in Frage gestellt. Es erklärte jetzt sogar, falls es bei der Einbringung der Flottennovelle bliebe, würde die englische Mittelmeerflotte nach der Nordsee verlegt werden. Wilhelm II. faßte das als Kriegsdrohung auf, die mit einer verstärkten Flottennovelle und „eventuellen Mobilmachung" beantwortet werden würde. Auf diese Entscheidung Wilhelms hin, von der die Öffentlichkeit nichts erfuhr, wollte Bethmann zurücktreten, doch blieb er, zumal Wilhelm schrieb: „Ich schlage vor, England – da es uns die Neutralität aus Rücksicht auf Frankreich nicht zugestehen will – statt der Neutralitätsklausel ein Schutz- und Trutzbündnis mit Hineinziehung von Frankreich anzubieten... Durch ein solches Bündnis würden alle Großstaaten Europas zusammengefaßt und in enge Beziehung zueinander geführt werden." Der Vorschlag wurde jedoch vom Reichskanzler nicht gemacht, wohl weil er von diesem ohne Zweifel für aussichtslos angesehen wurde, und zwar aus demselben Grund, aus dem das von Wilhelm II. mit Nikolaus II. in Björkoe geschlossene Bündnis nicht zustande kam.[127] Die deutsche Beschwerde, daß die britische Regierung Haldane habe fallen lassen, wurde durch das englische Memorandum beantwortet, in dem erklärt wurde, Haldane sei für die Erörterung der Flottenfrage nicht zuständig gewesen und habe keine bestimmten kolonialen Anerbietungen gemacht.

In der Folge wurde die englische Flotte in der Nordsee zusammengezogen, ein paar Monate später die französische im Mittelmeer. Die Flottennovelle wurde im Reichstag eingebracht und angenommen. Bereits am 30. März 1912 richtete sich Frankreich das Protektorat über Marokko ein. Im Frühjahr ließ der französische Ministerpräsident Poincaré den französischen Botschafter in Berlin wissen: „Die deutsche Regierung scheint mit unermüdlicher Hartnäckigkeit eine Annäherung [an Frankreich] zu verfolgen, welche nur durch Rückgabe von Elsaß-Lothringen möglich werden würde. Wenn wir auf solche Annäherungsvorschläge eingingen, würden wir uns mit England und Rußland überwerfen. Wir würden alle guten Ergebnisse der Politik einbüßen, die Frankreich seit langen Jahren verfolgt hat."

Im März 1912 gründete Rußland den unter seiner Führung stehenden Balkanbund, der sich gegen Österreich und die Türkei richtete, aber vor Deutschland und Österreich geheimgehalten wurde. Eben in diesem März sagte Nikolaus II. zum serbischen Kronprinzen Alexander, daß nunmehr die Aspirationen Serbiens gegenüber Österreich-Ungarn bald in Erfüllung gehen würden. Von nur friedlichen Absichten Rußlands sprachen Nikolaus und Sasonow zu Wilhelm II. und Bethmann am 4. Juli bei der Zusammenkunft in Baltisch-Port. Rußland, das sich am 8. Juli durch einen Vertrag mit Japan den Rücken in Ostasien deckte, schloß am 16. Juli mit Frankreich eine Marinekonvention: Die französische Flotte sollte schon im Frieden in das östliche Mittelmeer zur Erleichterung von Rußlands Aufgabe verlegt werden, das die Herrschaft über das Schwarze Meer und damit über die türkischen Meerengen zu gewinnen suchte. Aufgrund des am 8. Juli mit Japan geschlossenen Vertrages konnte Rußland seine Truppen aus Sibirien zurückziehen. Japan erhielt die deutsche Kolonie Kiautschou zugesichert. Die Türkei mußte am 18. Oktober in Lausanne mit dem an verschiedenen türkischen Inseln interessierten Italien einen nachteiligen Frieden in Kauf nehmen, da in diesem Monat der erste der beiden Balkankriege ausbrach.

John Charles G. Röhl schreibt:[128] Da es aussieht, als könnten Österreich und Deutschland versucht sein, den Balkankrieg zum Anlaß zu nehmen, gegen Frankreich und Rußland loszuschlagen, teilt derselbe Haldane dem deutschen Botschafter in London mit, daß England in einem solchen Fall auf Frankreichs Seite stehen müsse, da es eine deutsche Hegemonie über den europäischen Kontinent nicht akzeptieren könne. Diese wohlgemeinte Klarstellung der englischen Interessen empfand Kaiser Wilhelm II. als „Kampfansage". Seine Wut kannte tagelang keine Grenzen. An den Staatssekretär schrieb er: „Der eventuelle Existenzkampf, den die Germanen in Europa (Österreich, Deutschland) gegen die von Romanen (Galliern) unterstützten Slaven (Rußland) zu fechten haben werden, findet die Angelsachsen auf der Seite der Slaven." Pausenlos wütete er von dem bevorstehenden „Rassenkampf" und dem „Endkampf der Slaven und Germanen", bei dem die „Angelsachsen auf Seiten der Slaven und Gallier" stehen würden. Der Grund dafür sei „Neidhammelei" und „Angst unseres zu groß Werdens" seitens des „Krämervolkes". An den österreichischen Thronfolger schrieb er, die Erklärung Haldanes sei „echt Englisch" gewesen, nämlich „voll Gift und Haß und Neid" auf die guten Beziehungen zwischen Österreich und Deutschland. Das Prinzip des „balance of power" sei ein „Blödsinn", das England „ewig zu unserem Feinde machen" würde. „Weil England zu feige ist, Frankreich und Rußland offen... sitzen zu lassen, und zu sehr neidisch ist auf uns und uns haßt, deswegen sollen andere Mächte ihre Interessen nicht mit dem Schwert vertheidigen dürfen", heißt es wörtlich in einer „imperialen Randbemerkung".

Doch geht Röhl an der von Michael Epkenhaus[129] sorgfältig untersuchten Haltung Wilhelms, seines Kanzlers und von Tirpitz vorbei, wenn er schreibt: „In dieser aufgebrachten Stimmung berief der Oberste Kriegsherr am 8. Dezember 1912 einen Kriegsrat seiner Getreuen von Heer und Flotte und diskutierte mit ihnen in aller Form den besten Zeitpunkt und die beste Methode einer Kriegsauslösung gegen die Weltreiche England, Frankreich und Rußland."

Man kann sagen: Nach Ausbruch des ersten Balkankrieges im Oktober 1912 dachte Wilhelm II. im Hinblick auf die gegen ein Großserbien-Jugoslawien-Südslawien gerichtete Entscheidung Franz Josephs von 1908 und die englisch-französische Entente von 1904 daran, sich gegen Deutschlands Einkreisung zu stellen. Röhl, Fritz Fischer und Bernd F. Schulte übertreiben die Bedeutung des sogenannten „Kriegsrates", Röhl selbst schwächt später durch Nuancierung seinen Vorwurf ab, hier sei im Grund der Krieg für 1914 geplant worden. Egmont Zechlin glaubt, dieser Kriegsrat habe letztlich überhaupt keine Folgen gehabt. Die von Tirpitz erhobene Forderung einer neuen Flottennovelle unterstützte der Kaiser nur lauwarm. Er beschloß eine Vertagung der Novelle, zumal ihn der Kanzler spätestens am 5. Januar 1913 überzeugte, daß im Reichstag bei einer großen Heeresvorlage keine Flottennovelle zu bekommen sei. Zu dem englischen Kriegsminister Haldane verhielt sich Wilhelm so, daß im Juni 1914 ein englisches Geschwader zum ersten Mal seit mehreren Jahren an der Kieler Woche teilnahm.

Wilhelm wollte am 8. Dezember 1912 im sogenannten Kriegsrat Einigung gegen die Vorstöße von Tirpitz. Im März 1914 erklärte er dem badischen Gesandten, daß „die größte Zurückhaltung und Vorsicht die allgemeine Richtlinie für unsere Politik sein müsse." 1912 meinte Wilhelm, Österreich müsse „kraftvoll" gegen Serbien auftreten. Röhl führt dazu als Wilhelms Folgerung an: „Das hätte eine russische Kriegserklärung zur Folge, die es Deutschland ermöglichen würde, den Krieg mit ganzer Wucht gegen Frankreich zu führen." Die Engländer müßten durch einen „Unterseebootkrieg" und durch einen „Minenkrieg in der Themse" von einem Eingreifen auf dem Festland abgehalten werden. Auch der Generalstabschef von Moltke hielt den großen Krieg für „unvermeidbar u. je eher je besser", meinte aber, man solle vor der Kriegsauslösung „die Volkstümlichkeit eines Krieges gegen Rußland" in der deutschen Presse besser vorbereiten. Ein hoher Admiral, der ebenfalls an dieser „militärpolitischen Besprechung" teilnahm, Georg Alexander von Müller, äußerte in seinem Tagebuch seinen Unmut über diese Unentschlossenheit; er meinte, die Volkstümlichkeit eines großen Krieges wäre auch gewährleistet, wenn man „Rußland oder Frankreich oder beide vor ein Ultimatum" stellen würde, „das den Krieg mit dem Recht auf unserer Seite entfesselte". Admiral von Tirpitz war es aber, der der Besprechung die entscheidende Wendung gab. Er machte darauf aufmerksam, „daß die Marine gern das Hinausschieben des großen Kampfes um 1 1/2 Jahre sehen würde". Also bis zum Sommer 1914!

Kurz vor dem ersten Balkankrieg am 7. Juni 1912 hatte der Kaiser den Zaren[130] Ferdinand der Bulgaren besucht, der am 10. Oktober 1908 Bulgarien und Ostrumelien zum unabhängigen Königreich erklärt und bereits am 5. Oktober 1908 den Zarentitel angenommen hatte. Ihn begleiteten seine zweite Frau Eleonore von Reuß-Köstritz und sein in erster Ehe mit Prinzessin Marie-Luise von Bourbon-Parma[131] geborener Sohn, Kronprinz und 1918 Nachfolger Boris (III.) und dessen 1895 geborener Bruder Kyrill. Wilhelm II. würdigte bei der Festtafel im Marmorsaal des Neuen Palais das „segensreiche Lebenswerk" Ferdinands und das in dessen 25jähriger Regierungszeit „rastlos emporstrebende Bulgarenvolk", das zu einem wichtigen Faktor des Friedens und des kulturellen Fortschritts geworden sei. Der Kaiser hatte den König Ferdinand zum Chef des 4. Thüringischen Infanterieregiments Nr. 72 als Ehreninhaber ernannt.

Als Wilhelm II. am 18. Juni 1912 (R IV, 295ff.) an der Regatta des Norddeutschen Regatta-Vereins wie fast stets seit 1897 teilgenommen hatte, sagte er beim Festmahl an Bord des Dampfers der Hamburg-Amerika-Linie „Viktoria Luise" in seiner Dankesrede, durch die Schöpfung des Reiches unter seinem Großvater könne der deutsche Kaufmann nicht unter fremder, sondern unter eigener Flagge ruhig seinen Weg ziehen. Der Ehre dieser Flagge sei noch niemand zu nahe getreten, seit er regiere. Beim 100jährigen Jubiläum der Firma Krupp in Essen würdigte Wilhelm II. am 8. August 1912 (R IV, 302ff.) die große, auch sozialpolitische Leistung des Unternehmens und am 18. August in Anwesenheit des österreichischen Botschafters den Geburtstag des Kaisers Franz Joseph von Österreich (R IV, 309).

Als er am 6. September 1912 Bern besuchte und damit die Schweiz, wo er auf der Rückreise am 2. Mai 1893 von Italien Luzern besucht hatte, dankte er dem Bundespräsidenten für die Begrüßung und Einladung zu den Schweizer Manövern. Die Schweiz und das Deutsche Reich seien ungeachtet der Verschiedenheit ihrer geschichtlichen Entwicklung nicht nur durch Austausch ihrer Produkte, sondern auch durch ihr geistiges Leben und Schaffen miteinander eng verknüpft in herzlicher, vertrauensvoller Freundschaft (R IV, 321).

Der Ausbruch des ersten Balkankrieges im Oktober 1912 lenkte das verstärkte Augenmerk Deutschlands wie Österreichs auf diese Staaten. Griechenland, aber auch Bulgarien und Rumänien hatten sich aus dem von der Türkei beherrschten Balkan losgekämpft. Die führenden Kreise in Rußland standen diesen neu entstandenen Staaten in kritischer Distanz gegenüber. Sie wünschten ihre Abhängigkeit von Rußland. Schon der 1862 entthronte König Otto von Griechenland hatte sich 30 Jahre lang zwischen den Interessengegensätzen zwischen England und Rußland behaupten müssen.

Das von König Ferdinand regierte Bulgarien, der aus einer Nebenlinie des Hauses Sachsen-Coburg und Gotha stammte, und das Königreich Serbien wollten der Türkei Makedonien entreißen, aber jedes der beiden Länder erhob dort Ansprüche, die von dem anderen gelegentlich sogar blutig bekämpft wurden. Gleichwohl verbündeten sie sich jetzt, da ja die Türkei in einen Krieg mit Italien verwickelt war, den sie nur unter Opfern beendete. Der 73jährige König Karl von Rumänien (Fürst 1866, König 1881), der aus der Linie Hohenzollern-Sigmaringen stammte und den Wilhelm II. sehr schätzte, beteiligte sich an dem von Rußland gestifteten Balkanbund nicht. Er blieb zunächst neutral.

Wilhelm II. hatte „die ewige Betonung des Friedens bei allen Gelegenheiten" in den 43 Friedensjahren deshalb satt, weil unter ihrem Vorwand Kriege vorbereitet und Deutschland eingekreist wurde. Er verhöhnte diese Art der Friedensbetonung als „eine geradezu eunuchenhafte Anschauung unter den leitenden Staatsmännern und Diplomaten Europas". Er wußte um die Griechen und Slawen auf dem Balkan, die sich die Türkei unterworfen hatte und sprach deshalb von einer „in Europa überständigen Türkei". Er hielt einen Zusammenstoß für unvermeidlich. „Es ist besser, er erfolgt jetzt – wo er Rußland und Gallien nicht paßt – weil beide noch nicht gegen uns fertig sind, als später. Es komme ruhig zum Kriege. Da werden ja die Balkanstaaten mal sehen, was sie zu leisten fähig sind. Die Orientfrage muß mit Blut und Eisen gelöst werden! Aber in einer für uns günstigen Periode! Das ist jetzt."[132]

Die Bulgaren drangen innerhalb von 14 Tagen seit dem Ausbruch der Feindseligkeiten bis wenige Kilometer vor Konstantinopel vor. Von der Tschataldscha-Linie wehrten die Türken die Bulgaren ab. Natürlich konnte das russisch-orthodoxe Kaiserreich nicht gleichgültig zusehen, wenn Konstantinopel in die Hände der Bulgaren fiel.[133] Der Gedanke, daß König Ferdinand in der Hagia Sophia die Messe feiern würde, berührte peinlich die jahrhundertealten Erwartungen und Empfindungen der Russen. Dazu kam, daß die Meerengen, als Schlüssel zum russischen Reich betrachtet, in die Hände eines Staates fallen konnten, dessen Verhältnis zu Rußland nicht immer klar war. Am 14. Dezember begannen in London Friedensverhandlungen, am 30. Mai 1913 wurde dort Frieden geschlossen. Der erste Balkankrieg war zu Ende.

Bereits am 29. März hatte die Londoner Botschafterkonferenz über die Grenzen eines neuen Staates Albanien verhandelt, der 1914 unter dem Prinzen Wilhelm von Wied zustande kam. Kaiser Wilhelm riet ihm übrigens dringend ab, dort zu regieren.

Am 26. März 1913 hatten die Bulgaren Adrianopel (Edirne) eingenommen. Das berührte auch die vielen nördlich der Grenzen des damaligen Königreiches Griechenland lebenden Griechen. Wilhelm II. wußte durch seine zahlreichen Aufenthalte auf Korfu und gelegentlich auf dem griechischen Festland sowie durch Korrespondenzen mit in Griechenland wirkenden Persönlichkeiten, wie dem Direktor des Deutschen Archäologischen Instituts in Athen, Wilhelm Dörpfeld, andererseits mit Personen des griechischen Herrscherhauses über die griechischen Wünsche Bescheid. Seine Schwester Sophie war ja mit Kronprinz

Konstantin von Griechenland verheiratet. Die Griechen kämpften sich in dem am 5. Juli beginnenden zweiten Balkankrieg bis Thessaloniki und Adrianopel vor. Rumänien, Serbien und Griechenland wandten sich jetzt gegen Bulgarien und schlossen am 10. August in Bukarest untereinander Frieden. Da schloß am 9. September die Türkei in Konstantinopel auch Frieden mit Bulgarien. Seit dem 20. Oktober räumten die Serben Albanien. Am 14. November kam in Athen der Friede zwischen Griechenland und der Türkei zustande. Der von Griechen bewohnte Raum von Thessaloniki bis Adrianopel wurde ein Bestandteil des Königreichs. Dort waren seit Jahrhunderten auch viele Türken angesiedelt. Der spätere türkische Präsident Kemal Pascha Atatürk war z. B. in Thessaloniki geboren worden. Als König Georg I. an der Spitze der siegreichen Griechen 1913 in Thessaloniki einzog, wurde er von einem Attentäter ermordet. Wilhelms Schwager Konstantin I. wurde König der Hellenen.

Wilhelm II. hatte nicht nur die Ausgrabungen Dörpfelds in Olympia mit Interesse verfolgt, sondern auch das Griechenland seiner Tage nie aus dem Auge verloren. In München wurde das Königreich seines Schwagers dadurch unterstützt, daß 1913 in München die Deutsch-griechische Gesellschaft ins Leben gerufen wurde, die erste in Deutschland. Das Interesse an Griechenland war in Bayern durch das Wirken des Königs Otto in Griechenland hervorgerufen worden, dessen Vater König Ludwig I. die griechische Welt des Altertums wie auch seiner Gegenwart in sich aufnahm und tatkräftig anderen ins Gedächtnis rief.

1913 Vermählung der Kaisertochter Viktoria Luise mit dem Welfen Ernst August von Braunschweig – Wilhelm 25 Jahre Kaiser – Die Jahrhundertfeiern der Befreiungskriege von 1813 – Die Königliche Universität Frankfurt am Main 1914 – Wilhelms Sorge vor dem „dritten Kapitel" des Balkankrieges 1914 und seine Friedensbemühungen

Das Jahr 1913 brachte dem Kaiser bei drei Gelegenheiten noch einmal glückliche Tage. Im Mai konnte er die ihm sehr anhängliche Tochter Viktoria Luise mit Ernst August, dem Sohn des gleichnamigen Herzogs von Cumberland, verheiraten, der nun Herzog von Braunschweig wurde. Das war eine kleine Restauration des welfischen Herrscherhauses, das das Königreich Hannover regiert hatte. Das Unrecht, das Bismarck durch die preußische Annexion des Königreiches Hannover begangen hatte, sühnte Wilhelm II. wenigstens durch Überlassung des Herzogtums Braunschweig an den rechtmäßigen Erben des Königreichs Hannover. Wilhelms Tochter und Ernst August entwickelten auch eine ernste Neigung zueinander. Von unmittelbarer außenpolitischer Bedeutung war, daß zu der Hochzeit im Mai auch der englische König Georg V. und der russische Kaiser Nikolaus II. erschienen.

Am 15. Juni 1913 feierte Wilhelm II. sein 25. Regierungsjubiläum als Deutscher Kaiser und König von Preußen. Viele Feiern und auch Festschriften würdigten ihn, etwa die von Carl Theodor Müller herausgegebene „25 Jahre Deutscher Kaiser" oder das aufschlußreiche Buch „Wilhelm II. Deutscher Kaiser, König von Preußen, 25 Jahre seines Wirkens". Der Vorsitzende des Bayerischen Veteranenvereins „Feldzugssoldaten", Franz Pierling, gab ein Sammelwerk mit dem Titel „Kaiser Wilhelm II. 15. Juni: 1888 bis 1913" heraus. Von den vielen Stimmen sei nur noch erwähnt, was mit Bezug auf den 25 Jahre regierenden Kaiser der angesehene Historiker Friedrich Meinecke im Juni 1913 vor der versammelten Freiburger Universität ausrief: „Wir verlangen einen Führer,... für den wir durchs Feuer gehen können." Da der Inhalt des Begriffes Führer durch Hitler inflationiert wurde, soll Meineckes Ausruf von 1913 nicht unerwähnt bleiben.

Zur Jahrhundertfeier der Befreiungskriege von 1813 trafen sich mit dem Kaiser alle Bundesfürsten und die Regierenden Bürgermeister der drei freien Städte Hamburg, Lübeck und Bremen in der von König Ludwig I. von Bayern errichteten Befreiungshalle bei Kelheim. Der nationale Zusammenhalt wurde dadurch auf der Ebene der konstitutionellen Monarchien und eines Bundesstaates mit souveränen Fürsten und mit den Regierenden Bürgermeistern gestärkt. Zum letzten Mal in Friedensuniform begab sich zu Neujahr 1914 der Kaiser zusammen mit Kronprinz Wilhelm und seinen anderen Söhnen Eitel Friedrich, Adalbert, August Wilhelm, Oskar und Joachim ins Zeughaus.

Das Universitätsleben in Preußen förderte Wilhelm II. bei jeder Gelegenheit. Die vom Kurfürsten Joachim I. Nestor und seinem Bruder Albrecht am 26. April 1506 in Beisein des großen Humanisten Abt Johann Trithemius von Sponheim gegründete Universität in Frankfurt an der Oder wurde durch König Friedrich Wilhelm III. 1811 mit der von Kaiser Leopold I. am 21. Oktober 1702 gestifteten Universität in Breslau zu einer paritätischen Universität mit einer Katholischen und einer Evangelischen Theologischen Fakultät neben den anderen Fakultäten vereinigt; Wilhelm II. gab ihr 1911 den Namen Schlesische Friedrich-Wilhelm-Universität und sorgte auch für ein geologisch-paläontologisches Museum in Breslau. Aufgrund vieler, zum Teil sehr alter Stiftungen rief Wilhelm II. am 10. Juni 1914 noch vor der Nordlandreise und dem Kriegsausbruch die „Königliche Universität" in Frankfurt am Main als Stiftungsuniversität ins Leben. Sie begann noch 1914 ihre Tätigkeit in fünf Fakultäten.[134]

In der Schlußbemerkung zu einem Schriftstück[135] schrieb Wilhelm II. am 8. Juni 1914: „Es kommt bald das III. Kapitel des Balkankrieges, an dem wir alle beteiligt sein werden, daher die emsigen und kollossalen russisch-französischen Kriegsvorbereitungen! Klarheit im Verhältnis zu England schaffen!" In dieser Anweisung an seine Regierung hofft er noch einmal ein wenig auf England, sieht aber auch den französischen und den russischen Nationalismus.

Der französische Premierminister Barthou sagte zu dem seit 1910 in Paris tätigen deutschen Botschafter Wilhelm Frhr. von Schoen in Beantwortung einer

Bemerkung über Freundschaft: „Gebt uns Elsaß-Lothringen zurück, und wir werden die besten Freunde auf der Welt sein." Dieses Gebiet war zwar durch Ludwig XIV. nicht auf dem Rechtswege, sondern durch Akte des Raubes an Frankreich gekommen, Aktionen der Französisierung der Sprache und des öffentlichen Lebens setzten erst seit der Französischen Revolution ein. Aber daß es nach dem verlorenen Krieg von 1870/71 an das neu gegründete Deutsche Reich abgegeben werden mußte, erbitterte das französische nationalistische Selbstbewußtsein.

Der russische Nationalismus entstand seit etwa 1858 durch den Panslawismus und wurde durch Russen, die für Frankreich schwärmten, mit dem dort herrschenden Nationalismus in Kontakt gebracht. Der persönliche Adjutant des Großfürsten Nikolai Nikolajewitsch, Fürst Tundutow, Ataman der Kalmückenkosaken, der zwischen Zaryzin (dem späteren Wolgograd) und Astrachan residierte, sagte im Sommer 1918, also nach der russischen Revolution zu Wilhelm II.: „Großfürst Nikolai Nikolajewitsch habe zwar eifrig für den Krieg gegen Deutschland gewirkt, aber ein Hetzen sei überhaupt überflüssig gewesen, weil sowieso eine starke Kriegsstimmung gegen Deutschland im ganzen russischen Offizierskorps geherrscht habe. Dieser Geist sei hauptsächlich aus der französischen Armee auf die russischen Offiziere übertragen worden. Man habe den Krieg eigentlich schon im Jahre 1908/09 (bosnische Frage) machen wollen, aber Frankreich sei damals noch nicht fertig gewesen." Der Chef des russischen Generalstabes bei Kriegsausbruch, Nikolai Januschkewitsch, und der russische Kriegsminister Wladimir Suchomlinow hätten den Krieg erst für 1917 geplant, aber der russische Außenminister Sergej Sasonow und der seit 1910 als russischer Botschafter in Paris tätige Alexander Iswolski, der Anleihen für Rußland in Frankreich vermittelte, seien 1914 nicht mehr zu halten gewesen. Januschkewitsch und Suchomlinow hätten die Revolution in Rußland und den Einfluß des deutschen Kaisers auf Nikolaus II. gefürchtet. Die Franzosen aber, die für den Augenblick der englischen Hilfe sicher gewesen wären, hätten befürchtet, England könnte sich später auf ihre Kosten mit Deutschland verständigen. Wilhelm II. fragte nun, ob denn Nikolaus II. die Kriegsstimmung gekannt und geduldet habe. Darauf antwortete Fürst Tundutow: Der russische Kaiser habe aus Gründen der Vorsicht ein für allemal verboten, deutsche Diplomaten oder Militärattachés zum Mittagoder Abendessen im Offizierskorps einzuladen, an denen er persönlich teilnahm.

Der Nationalismus größerer Völker aber auch kleinerer Völkerschaften auf dem Balkan wurde mehr vom Gefühl als vom Verstand angeleitet. Dementsprechend richtete er sich gegen den Vielvölkerstaat Österreich-Ungarn. In der Habsburger Monarchie wurde durch die Annexion von Bosnien und der Herzegowina das Problem der Gleichstellung der Völker und Völkerschaften aktuell. Denn 1867 hatte nur Ungarn seine historische Position erneuert. Der Erzherzog-Thronfolger Franz Ferdinand erstrebte, daß auch die slawischen Völker in der Donaumonarchie entsprechende Eigenstellungen erhielten und förderte dadurch auch die Möglichkeiten des Föderalismus. Slawischen Nationalisten vor allem in

Serbien war aber die dadurch eintretende Sicherung des Fortbestandes der Donaumonarchie ein verhaßtes Hindernis für die Bildung eines Staates der Südslawen mit dem Zentrum in Serbien.

Dem deutschen Nationalgefühl in Wilhelm II. waren durch seine Bejahung der föderalistischen Reichsverfassung von 1871, durch seinen Legitimismus sowie seine grundsätzliche christliche Haltung Maßstäbe gesetzt. Es focht ihn deshalb damals nicht an, daß es eine königlich bayerische Armee gab. Nur die von Wilhelm II. geschaffene Reichsmarine und das Reichsmarineamt waren unmittelbare Angelegenheiten des Reiches. Auch die Könige von Sachsen und von Württemberg hatten eigene Heere. Das Kontingent des Großherzogs von Baden bildete zwar das 14. Armeekorps, das des Großherzogs von Hessen und bei Rhein die 25. Division, die zum 11. Armeekorps gehörte, aber jeder Soldat, auch der noch kleineren deutschen Staaten, leistete den Fahneneid auf seinen Landesherrn. Die Könige von Bayern, Sachsen und Württemberg ernannten wie der König von Preußen eigene Offiziere und Generale für ihre Truppen. Im Fall der Mobilmachung war es dem König von Bayern vorbehalten, eine eigene Mobilmachung auf Anregung des Kaisers zu befehlen. Wenn Wilhelm II. von deutschen Soldaten und deutschen Truppen sprach, so war er doch nur im Fall eines Krieges der Oberste Kriegsherr. Im Frieden hatte er nur das Recht, die militärische Tüchtigkeit der Truppen in den deutschen Staaten zu prüfen, indem er ein Inspektionsrecht ausübte. Auch dieses übertrug Wilhelm II. in Bayern bayerischen Prinzen.

Kaiser Wilhelm I. und Kaiser Karl von Österreich besichtigen Anfang November 1917 das zuvor in der 12. Isonzoschlacht wiedereroberte Kastell von Görz.

Teil IV: Der Erste Weltkrieg 1914 bis 1918

Ermordung des Erzherzog-Thronfolgers Franz Ferdinand am 28. Juni 1914 in Sarajevo – Wilhelms Nordlandreise zur Demonstration der politischen Ruhe – Russische Teilmobilmachungen – Serbiens teilweise Erfüllung des österreichischen Ultimatums – Wilhelms Bemühungen in England, Rußland und Österreich um Verständigung – Nikolaus II., sein panslawistischer Kriegsminister und Kaiser Franz Joseph – Mobilmachungen Österreichs, Frankreichs und Deutschlands – Englisches Ultimatum an Deutschland – „Ich kenne keine Parteien mehr, ich kenne nur noch Deutsche" – Bewilligung der Kriegskredite durch alle Parteien

Am 28. Juni 1914 wurde der Erzherzog-Thronfolger Franz Ferdinand von dem serbischen Gymnasiasten Gavrilo Princip in Sarajevo, der Hauptstadt Bosnien-Herzegowinas, ermordet. Wilhelm reiste von der Kieler Woche (18. bis 28. Juni) sofort nach Hause, um sich zur Beisetzung nach Wien zu begeben, wurde aber von dort gebeten, von dem Vorhaben abzustehen. Um eine Krise und gar den Ausbruch des Krieges zu verhindern, sagte sich Nikolaus II. bei Kaiser Franz Joseph in Wien zur Beisetzung des Erzherzogs-Thronfolgers Franz Ferdinand an. Doch dieser lehnte den Besuch ebenbfalls ab, wie Kronprinz Rupprecht dem Verfasser mitteilte.

In tiefer Sorge über die Wendung, die die Dinge nehmen konnten, beschloß Wilhelm, seine geplante übliche Nordlandreise aufzugeben und zu Hause zu bleiben. Der Reichskanzler und das Auswärtige Amt aber wünschten, Wilhelm solle die Reise ausführen, weil das auf ganz Europa eine beruhigende Wirkung ausüben werde. Angesichts der unsicheren Zukunft sträubte sich Wilhelm begreiflicherweise lange dagegen, nun Deutschland zu verlassen.[1] Aber Bethmann Hollweg wandte ein, wenn der Kaiser den nun einmal schon bekannten Reiseplan jetzt aufgeben würde, so werde das dazu führen, die Lage ernster erscheinen zu lassen als sie bisher sei und möglicherweise zum Ausbruch des Krieges beitragen, für den Wilhelm dann verantwortlich gemacht werden könne. Der Kanzler versicherte ihm, alle Welt warte nur auf die erlösende Nachricht, daß er trotz der Lage ruhig auf Reisen gegangen sei. Wilhelm konferierte mit dem Chef des Generalstabs darüber; als auch dieser eine Ruhe demonstrierende Auffassung der

Lage zeigte und selbst um Sommerurlaub nach Karlsbad bat, entschloß sich Wilhelm, schweren Herzens abzufahren. Er empfing noch einzelne Minister, um sich über den Stand ihrer Ressortangelegenheiten Bericht erstatten zu lassen, und reiste ab. Die deutsche Flotte lag, wie während Wilhelms Erholungs-Sommerreisen üblich, in den norwegischen Fjorden. Als er sich in Balholm aufhielt, wurde er vom Auswärtigen Amt nur spärlich mit Nachrichten versehen und war hauptsächlich auf die norwegische Presse angewiesen. Aus ihr erkannte er, daß die Lage ernster wurde. Er telegraphierte wiederholt an Kanzler und Auswärtiges Amt, daß er es für ratsam hielte, nach Hause zurückzukehren, wurde aber jedesmal gebeten, seine Reise nicht abzubrechen. Als er erfuhr, daß die englische Flotte nach der Revue von Spithead nicht auseinandergegangen, sondern konzentriert zusammengeblieben sei, telegraphierte er nochmals nach Berlin, daß er seine Rückkehr als nötig ansehe. Doch wurde auch jetzt seine Auffassung dort nicht geteilt. Als dem Kaiser dann aber aus der norwegischen Presse – nicht etwa von Berlin aus – zunächst das österreichische Ultimatum an Serbien und gleich darauf die serbische Note an Österreich bekannt wurde, trat er die Heimreise an und befahl der Flotte, nach Wilhelmshaven zu fahren. Bei der Abfahrt erfuhr er aus norwegischer Quelle, daß ein Teil der englischen Flotte heimlich ausgelaufen sei, um Wilhelm aus Norwegen (noch im Frieden!) „abzufangen".[2] Am 27. Juli in Potsdam eingetroffen, fand der Kaiser den Kanzler und das Auswärtige Amt in Konflikt mit dem Chef des Generalstabes (damals noch General von Moltke), weil dieser die Ansicht vertrat, der Krieg werde unbedingt ausbrechen, während Bethmann Hollweg und das Auswärtige Amt auf ihrer Auffassung bestanden, der Krieg würde sich vermeiden lassen, wenn der Kaiser nur nicht mobil machen lasse. Erst als Moltke meldete, daß die Russen bereits ihre Grenz-Kordon-Häuser angesteckt, die Grenzbahngleise aufgerissen und rote Mobilmachungszettel angeschlagen hätten, begriffen die Diplomaten in der Wilhelmstraße die Situation.

Schon am 25. Juli hatte die russische Regierung unter dem Vorsitz des Kaisers beschlossen, falls Österreich offensiv gegen Serbien vorginge, in den Militärbezirken Kiew, Odessa und Kasan mobil zu machen. Das war aber nur der Beschluß einer Teilmobilmachung. An diesem 25. Juli um 18 Uhr wurde die serbische Antwort auf das österreichische Ultimatum überreicht, das schon am 14. Juli im Ministerrat in Wien beschlossen, aber erst am 23. Juli um 18 Uhr in Belgrad überreicht worden war. Die serbische Regierung unter König Peter erfüllte nicht zur Freude des Kronprinzen Alexander einen Teil der österreichischen Forderungen, so daß Wilhelm II. im Hinblick auf die Teilmobilmachung Österreich-Ungarns gegen Serbien am 25. Juli um 21.30 Uhr über die serbische Antwort feststellte: „Eine brilliante Leistung für eine Frist von bloß 48 Stunden. Das ist mehr als man erwarten konnte." Er hoffte, daß der Krieg doch noch vermieden werden könne und fuhr fort: „Ein großer moralischer Erfolg für Wien, aber damit fällt jeder Kriegsgrund fort und [der österreichische Gesandte]

Giesl hätte ruhig in Belgrad bleiben sollen! Darauf hätte ich niemals Mobilmachung befohlen!"

Kaiser Wilhelm befahl bereits am 26. Juli 1914 der deutschen Flotte, aus den nordischen Gewässern zurückzukehren. England schlug an diesem Tage eine Botschafterkonferenz vor, an der England, Frankreich, Italien und Deutschland teilnehmen sollten.

Der am 27. Juli, also einen Tag nach diesem Vorschlag nach Potsdam zurückgekehrte Kaiser bat durch Telegramme den König von England und den russischen Kaiser, auf die österreichisch-ungarische Regierung im Sinne einer Verständigung einzuwirken.

Noch am Tag vor Wilhelms Rückkehr nach Potsdam, am 26. Juli also, wurde in Rußland die sogenannte Kriegs-Vorbereitungsperiode für das gesamte europäische Rußland angeordnet, d. h. auch für die Bereiche, die an das Deutsche Reich grenzten. Doch gab Kriegsminister Suchomlinow dem deutschen Militärattaché in St. Petersburg sein Ehrenwort, daß noch keine Mobilmachungsorder ergangen sei. Die deutsche Regierung warnte nun die russische: Russische Mobilmachungsmaßnahmen gegen Deutschland müßten die deutsche Mobilmachung zur Folge haben. Der am 27. Juli zurückgekehrte Kaiser setzte sich ohne Verzug durch Telegramme an den russischen Kaiser und den König von England persönlich für die Erhaltung des Friedens ein und versuchte, auf die österreichisch-ungarische Regierung im Sinne einer Verständigung einzuwirken. Doch erklärte Kaiser Franz Joseph am 28. Juli um 11 Uhr den Krieg an Serbien. Trotzdem hoffte Wilhelm II., daß in Wien noch Vermittlungsvorschläge Erfolg haben könnten, empfahl deshalb der österreichisch-ungarischen Regierung, gegenüber Vermittlungsvorschlägen „nicht mehr die bisherige Zurückhaltung zu zeigen", und bat Nikolaus II. telegraphisch dringend, seine von Berlin ausgehenden Bemühungen zur Erhaltung des Friedens zu unterstützen. Obwohl die russische Regierung infolge der Kriegserklärung Österreichs an Serbien Mobilmachung für den 29. Juli in den Militärbezirken von Odessa, Kiew, Moskau und Kasan anordnete, betonte sie, daß Rußland keinerlei aggressive Absichten gegen Deutschland hege. Wilhelm II. telegraphierte am 29. Juli 18.30 Uhr abermals an Nikolaus II. und erreichte, daß dieser um 23 Uhr telefonisch dem Kriegsminister Suchomlinow befahl, die Teilmobilmachung gegen Österreich anzuhalten. Doch vollzog der russische Kriegsminister diesen Befehl nicht und sagte später zu seiner Entschuldigung, die Einstellung der Mobilmachung hätte die ganze Mobilmachungsorganisation in Unordnung gebracht! Er habe deshalb im Einverständnis mit Januschkewitsch, dem Chef des Großen Generalstabes, den Befehl des russischen Kaisers nicht ausgeführt und der Mobilmachung ihren Lauf gelassen. Nikolaus II. war sich der furchtbaren Tragweite der Situation bewußt, die durch die Mobilmachung entstand. Sie war nicht nur eine Teilmoblimachung. Im geheimen wurde auch eine allgemeine russische Mobilmachung, die auch Deutschland betraf, begonnen.

Am 29. Juli um 7 Uhr befahl die englische Regierung der ersten englischen Flotte das Auslaufen nach Scapa Flow, sie habe um die Ostküste statt wie vorgesehen um die Westküste zu fahren, weil Aussicht auf einen Zusammenstoß mit der in den norwegischen Gewässern versammelten deutschen Flotte bestehe. Der englische Außenminister Sir Edward Grey teilte dem deutschen Botschafter in London, Karl Max Fürst von Lichnowsky, mit: Solange der Konflikt sich auf Österreich und Rußland beschränke, könne die britische Regierung abseits stehen. Würden aber Deutschland und Frankreich hineingezogen, so sei die Lage sofort eine andere, und die britische Regierung könne dann nicht lange abseits stehen. Grey setzte von dieser Unterredung vorher den französischen Botschafter in London in Kenntnis. Die deutsche Regierung machte an diesem 29. Juli der englischen ein Neutralitätsangebot für den Fall eines deutsch-französischen Krieges und sicherte zu, daß Deutschland in einem solchen Falle keine Gebietserweiterungen auf Kosten Frankreichs plane.

Am 30. Juli empfahl die deutsche Regierung der österreichischen noch einmal, auf den englischen Vermittlungsvorschlag einzugehen: „Die Verweigerung jedes Meinungsaustausches mit St. Petersburg würde ein schwerer Fehler sein. Wir sind zwar bereit, unsere Bündnispflicht zu erfüllen, müssen es aber ablehnen, uns von Wien leichtfertig und ohne Beachtung unserer Ratschläge in einen Weltbrand hineinziehen zu lassen." Darauf telegraphierte Nikolaus II. um 13.20 Uhr an Wilhelm II., er danke für die Vermittlungsversuche, räume ein, daß die militärischen Maßnahmen vor fünf Tagen als Verteidigungsmaßnahme gegen Österreich angeordnet worden seien. Er werde General Tatischtschew mit Instruktionen entsenden. Doch trafen weder dieser noch ein Schreiben ein. Um 15.30 Uhr telegraphierte Wilhelm an Nikolaus und wies auf die ernste Gefahr hin, die die russische Mobilmachung darstelle. „Wenn... Rußland gegen Deutschland mobil macht, so wird meine Vermittlerrolle, mit der Du mich gütigerweise betraut hast, und die ich auf Deine ausdrückliche Bitte übernommen habe, gefährdet, wenn nicht unmöglich gemacht werden. Das ganze Gewicht der Entscheidung ruht jetzt ausschließlich auf Deinen Schultern, sie haben die Verantwortung für Krieg oder Frieden zu tragen."[3]

Am 31. Juli erwiderte Nikolaus II. auf ein weiteres Telegramm Wilhelms II., der auf die traditionelle deutsch-russische Freundschaft hinwies, die Einstellung der militärischen Vorbereitungen sei technisch unmöglich. Nikolaus gab aber sein Wort darauf, daß seine Truppen, solange die Verhandlungen andauerten, keine herausfordernde Handlung begehen würden. Die Regierung in Frankreich, die über die meisten Vorgänge informiert war und seit Jahrzehnten die Rückgewinnung Elsaß-Lothringens erstrebte, hatte bereits am 30. Juli die Aufstellung des sogenannten Grenzschutzes befohlen, wodurch elf Infanterie- und fünf Kavallerie-Divisionen ohne weiteres mobil gemacht wurden. Der italienische Ministerrat faßte am 31. Juli den Beschluß, daß er in dem bevorstehenden Krieg den Bündnisfall aufgrund des Dreibundvertrages für nicht gegeben erachte.

Kaiser Franz Joseph, der am 28. Juli den Krieg an Serbien erklärt hatte, befahl am 31. Juli um 12.23 Uhr die allgemeine Mobilmachung. Noch an diesem Tag um 19.00 Uhr stellte nun die deutsche Regierung in Paris die Frage, ob Frankreich in einem deutsch-russischen Kriege neutral bleiben werde. Der französische Außenminister sagte darauf dem deutschen Botschafter in Paris, er sei über die „angebliche" Gesamtmobilmachung der russischen Armee in keiner Weise unterrichtet. Tatsächlich hatte er aber bereits am Morgen ein Telegramm des französischen Botschafters aus St. Petersburg darüber erhalten. Der gegen den Krieg eingestellte französische Sozialistenführer Jean Jaurès wurde am 31. Juli in Paris ermordet.

Als am 1. August der deutsche Botschafter in London fragte, ob England sich verpflichte, neutral zu bleiben, wenn Deutschland verspreche, Belgiens Neutralität nicht zu verletzen, antwortete Außenminister Grey ausweichend. England müsse sich die Hände freihalten, sagte er auf die Frage, welche Garantien England für seine Neutralität fordere. Als der deutsche Diplomat die Integrität Frankreichs und seiner Kolonien anbot, erhielt er denselben Bescheid. Ähnlich antwortete die französische Regierung auf die deutsche Anfrage vom 31. Juli: Frankreich werde tun, was seine Interessen ihm geböten.

Am 1. August um 16.23 Uhr traf in Berlin ein Telegramm des deutschen Botschafters in London ein: Grey habe gefragt, ob Deutschland sich verpflichten würde, in einem deutsch-russischen Kriege Frankreich nicht anzugreifen, falls es neutral bliebe. Darauf erklärte Deutschland sich sofort bereit unter der Bedingung, daß England die Garantie für die französische Neutralität übernehme. Aus diesem Grund befahl Kaiser Wilhelm die für den ersten Mobilmachungstag in Aussicht genommene Besetzung Luxemburgs zu unterlassen. In Frankreich wurde am 1. August um 16.40 Uhr allgemein mobil gemacht. Darauf befahl der Kaiser um 17.00 Uhr die Mobilmachung des deutschen Heeres. Da das deutsche Ultimatum an Rußland unbeantwortet blieb, erfolgte um 18.00 Uhr die deutsche Kriegserklärung an Rußland. Trotzdem telegraphierte Wilhelm noch um 22.30 Uhr an Nikolaus II. und mahnte ihn dringend, Frieden zu halten. Er wollte den Krieg verhindern.

Am 2. August erfolgte der Mobilmachungsbefehl für die englische Flotte. England übernimmt in bindender Form den Schutz der französischen Küsten und der französischen Schiffahrt gegen die deutsche Flotte. Um 20 Uhr forderte die deutsche Regierung im Hinblick auf französisch-belgische Abmachungen für den Mobilmachungsfall von Belgien, den Durchmarsch deutscher Truppen zu gestatten. Am 3. August erklärte Deutschland, die Bedrohung der Nordküste Frankreichs werde nicht erfolgen, solange England neutral bleibe. Doch wurde am 3. August um 12 Uhr zu Wilhelms Schmerz die Mobilmachung des englischen Landheeres befohlen. Darauf erklärte um 18 Uhr Deutschland Frankreich den Krieg. Noch in der Nacht rückten deutsche Truppen in Belgien ein. König Karl von Rumänien setzte sich im Kronrat sehr für die Erfüllung des Bündnisses mit

Deutschland und Österreich-Ungarn ein, doch beschloß die rumänische Regierung die Neutralität.

Am 4. August stellte England das bis Mitternacht befristete Ultimatum an Deutschland: Zurückziehung der deutschen Forderungen an Belgien und Achtung der belgischen Neutralität. Die Ablehnung dieses Ansinnens bedeute englische Kriegserklärung. Nicht nur die englisch-deutsche Konkurrenz zur See, sondern auch der gegen Wilhelm gerichtete Kampf der nichtdeutschen Freimaurer verursachten, daß Georg V. ihn aus dem Hosenbandorden ausschloß und am 17. Juli 1917 sich die englische Königsfamilie in Haus Windsor umbenannte. Wilhelm II. hatte sich zwar mehr, als es zweckmäßig war, den Wünschen des Reichskanzlers und des Auswärtigen Amtes gefügt, als es um seine Nordlandreise ging, aber er hatte auch um die Aufrechterhaltung des Friedens gekämpft, solange es irgendwie möglich war. In dem nicht mehr zu vermeidenden Krieg alles zu behaupten, was er für Deutschlands Aufstieg, seine Stellung in der Welt ein Viertel Jahrhundert auf vielen Gebieten erreicht hatte, schien ihm in den letzten Tagen vor dem Kriegsausbruch in Frage gestellt. Deprimiert äußerte er: „Mein Amt ist aus!"[4] In London schrieb Sir Edward Grey in sein Tagebuch: „Nie wieder!" Der englische Außenminister, geboren 1862, sprach für die Generation, der auch Wilhelm angehörte.

Der Kaiser eröffnete am 4. August im Weißen Saal des Berliner Schlosses den Reichstag: „Mit schwerem Herzen habe ich meine Armee mobilisiert. Uns treibt nicht Eroberungslust, Uns beseelt der unbeugsame Wille, den Platz zu wahren, auf den Gott uns gestellt hat! In aufgedrungener Notwehr, mit reinem Gewissen und reiner Hand ergreifen wir das Schwert, fest und treu, ernst, ritterlich, demütig vor Gott und kampfesfroh vor den Feinden." Dann legte Wilhelm das Blatt mit seiner Rede auf den Thron und sprach frei weiter: „Sie haben gelesen, meine Herren, was ich zu meinem Volk vom Balkon des Schlosses aus gesagt habe. Ich wiederhole, ich kenne keine Parteien mehr, ich kenne nur Deutsche. Und zum Zeugen dessen, daß Sie fest entschlossen sind, ohne Parteiunterschiede, ohne Standes- und Konfessionsunterschiede zusammenzuhalten, mit mir durch dick und dünn, durch Not und Tod zu gehen, fordere ich die Vorstände der Parteien auf, vorzutreten und mir dies in die Hand zu geloben." Die Abgeordneten aller Parteien mit Ausnahme von vier Abgeordneten der Sozialdemokraten reichten dem Kaiser die Hand. Was der Kaiser vom Schloß aus gesagt hatte und ausformuliert wurde, „Ich kenne keine Parteien mehr, ich kenne nur noch Deutsche", war das Wort, das nun sofort überall in Deutschland verbreitet wurde. Viele Kriegsfreiwillige meldeten sich sofort zum Dienst in der Truppe. Im Reichstag wurden auch von den Sozialdemokraten die Kriegskredite genehmigt.

Wäre die Entwicklung im Juli und Anfang August 1914 anders verlaufen, wenn Wilhelm II. 1908 tatsächlich zugunsten seines Sohnes, des Kronprinzen Wilhelm, abgedankt hätte? Wenn man die außenpolitischen Entscheidungen Kaiser Wilhelms im ganzen und besonders im Juli und August 1914 verfolgt, wird man diese Frage verneinen müssen. Das 1806 untergegangene Reich war seit dem Ausgang des Mittelalters, das 1871 gegründete Deutsche Reich war von Anfang an von Staaten umgeben, die machtpolitisch auf seinen Lebensraum Einfluß nahmen. Nur der von 1815 bis 1866 bestehende Deutsche Bund räumte seinen Mitgliedsstaaten soviel eigene Orientierungsmöglichkeiten ein, daß z. B. Preußen mit Rußland, Österreich mit Frankreich zusammenarbeiten konnte.

Das kaiserliche Hauptquartier – Sieg des Kronprinzen Rupprecht von Bayern in Lothringen – Stillstand des deutschen Vormarsches an der Marne – Hindenburgs Sieg über die Russen – Aufstand in Afrika? – Personale, nicht strategische Entscheidungen des Kaisers – Moltke und Falkenhayn – Versuch des Königs Christian X. von Dänemark 1915, Frieden zu vermitteln – Houston Stewart Chamberlain – Italien Kriegsgegner – Wilhelm mit Ferdinand von Bulgarien in Niš – Siege in Serbien und Montenegro – Bewaffnete Neutralität Griechenlands

Als Oberster Kriegsherr entschied Wilhelm II. zunächst von seinem Hauptquartier in Koblenz, von Ende August an in Luxemburg, von Ende September 1914 von Charleville-Mézières in Frankreich aus. Er ließ den auch den Gegnern seit vielen Jahren bekannten Schlieffen-Plan durchführen und Belgien besetzen. Die hier eingesetzten Truppen vermochten, bis im September nur bis zur Marne vorzustoßen. Kronprinz Rupprecht von Bayern errang als Oberbefehlshaber der 6. Armee aber am 20. August 1914 in Lothringen den ersten eindeutigen deutschen Sieg. Nach der Marneschlacht erhielt er die Aufgabe, die linke Flanke des Feindes zu überflügeln. Im August 1914 wurde für Wilhelm II. besonders schmerzlich, daß die Russen in Ostpreußen einmarschierten. Als sich aber Anfang August der vorzeitig pensionierte General Paul von Hindenburg meldete, der in einem Kaisermanöver 1911 seinen Obersten Kriegsherrn besiegt hatte, stellte ihn Wilhelm II. sofort ein und übertrug ihm das Kommando im Osten. Hindenburg schlug vom 26. bis 30. August bei Tannenberg die Masse der russischen Truppen und trieb die Kosaken in die Masurischen Seen. Am 15. Oktober 1914 wurde ein großer deutsche Angriff in der Richtung auf die Kanalhäfen (Ypern - Arras) unternommen. Aber Mitte November war auch die damit verknüpfte Hoffnung auf eine schnelle Entscheidung des Krieges vorüber. Es blieb nur ein Grabenkrieg in Flandern, der durch den Winter sehr erschwert wurde.

Wilhelm II. ließ 1914 bis 1915 den Ethnologen Leo Frobenius nach Abessinien reisen. Das war ein durch Frobenius vom Kaiser im Großen Hauptquartier erbetener politischer Auftrag. Er wollte sich nach dem Kriegseintritt der Türkei auf der Seite der Mittelmächte unter Umgehung des von England abhängigen Ägypten in den Sudan begeben, um dort einen Aufstand zu organisieren, der sich auf Ägypten auswirken würde. Der Kaiser billigte den Vorschlag sofort, und Frobenius begab sich in der zweiten Hälfte des November 1914 nach Konstantinopel. Er konnte mit Genehmigung der türkischen Regierung im Januar 1915 außerhalb der Türkei als Pascha auftreten. Mitte Februar 1915 traf er in Massawa in dem von Italien beherrschten Teil Äthiopiens ein und versuchte, Aufstände gegen die Kolonialmacht England in Afrika anzuzetteln. Die italienischen Behörden hinderten ihn aber an der Weiterreise, da sie strikte Neutralität zu wahren suchten. Ohne Erfolg fuhr Frobenius auf einem Schiff am 23. März 1915 von Äthiopien ab und traf in Rom am 10. April ein, von wo ihn die Regierung in Berlin zurückbeorderte.

Wilhelm II. gab der Obersten Heeresleitung meist keine strategischen oder taktischen Befehle von sich aus. Als Generalstabschef ließ er seit 1906 Helmuth Johannes von Moltke wirken, den Neffen des 1858 bis 1888 als Generalstabschef tätigen Grafen Moltke, die beide aus Mecklenburg stammten. Der jüngere Moltke hatte 1891 bis 1896 als Flügeladjutant Wilhelms Vertrauen gewonnen. Da ihm nicht der schnelle Vorstoß auf Paris gelang, fragte das Militärkabinett Wilhelms beim preußischen Kriegsminister General Erich von Falkenhayn[5] bereits am 10. August 1914 wegen seiner Nachfolge als Generalstabschef an. Wilhelm übertrug sie ihm wegen der kritischen Lage am 14. September, in Rücksicht auf die öffentliche Meinung ernannte ihn Wilhelm aber erst am 3. November 1914. Der Kaiser schätzte ihn wegen seines scharfen Auftretens als Kriegsminister im November/Dezember 1913, in der Zaberndebatte, in der Duellfrage und in der Verteidigung der Unabhängigkeit des Militärkabinetts. Doch gelang auch Falkenhayn der Vorstoß auf Paris nicht, sein persönlicher Gegner Moltke, verbündet mit Hindenburg erreichte, daß Falkenhayn am 20. Januar 1915 das Kriegsministerium abgab. Schon am 18. November 1914 empfahl Falkenhayn einen Sonderfrieden mit Rußland, während Hindenburg und Ludendorff bei Wilhelm entscheidende Operationen gegen Rußland forderten, für die auch die Rücksicht auf Österreich-Ungarn, Bulgarien und die Türkei sprach.

Die Nähe Rußlands und Wilhelms Freundschaft mit Dänemark hatten im Jahr 1914 Folgen. Das mit Wilhelm II. befreundete schwedische Königshaus und der schwedische Reichstag veranlaßten 1914 mehrere Maßnahmen zum Schutz des Landes gegen Rußland. In Erwiderung der Freundschaft Wilhelms versuchte König Christian X. von Dänemark 1915, für das Deutsche Reich einen Frieden zu vermitteln, zu dem auch Wilhelm II. bereit war. Als Mittelsmann benutzte er einen Nicht-Politiker und Nicht-Beamten, den Leiter der großen dänischen Handelsgesellschaft „Ostasiatische Kompagnie", H. N. Andersen. Der Reichskanzler Bethmann Hollweg äußerte am 17. März 1915 seine unerschütterliche Überzeugung, daß man Deutschland zum Kriege gezwungen habe und daß es in Notwehr handele. Deutschland sei ohne jede Absicht einer territorialen Erweiterung in den Krieg gegangen und erstrebe ausschließlich einen dauerhaften Frieden und eine friedliche Entwicklung für seinen Welthandel. Er meinte, daß nach den großen Opfern für das deutsche Volk ein Frieden ohne jede Entschädigung schwer sei. Andererseits befürchteten Bethmann Hollweg, Gottlieb von Jagow und andere, daß Deutschland die extreme Anspannung dieses Krieges nicht aushalten könne, und befürworteten deshalb einen schnellen Frieden durch einen Separatfrieden oder eine Verständigung mit England.

Dem Kaiser legte Andersen im Großen Hauptquartier am 19. März 1915 dar, welche Gefühle den dänischen König dazu bestimmt hätten, seine Dienste im Interesse des Friedens anzubieten. Andersen bat in Übereinstimmung mit den Wünschen seines Königs den Kaiser, den Schritt nicht als ungebührliche Einmischung zu betrachten, sondern als Ausdruck des aufrichtigen Wunsches Christians X., zur Wiederherstellung des Friedens, soweit es in seiner Macht stehe, beizutragen. Wilhelm II. erwiderte, infolge seiner freundschaftlichen und verwandtschaftlichen Beziehungen sei niemand besser geeignet zu vermitteln als König Christian. Er sei diesem dankbar für sein hochherziges Anerbieten. Dann holte er weit aus und legte Andersen aus der Zeit vor dem Kriege dar: Der russische Kaiser habe ihm bei seinem Besuch in Rußland während des russisch-japanischen Krieges und danach in Reval versprochen, Rußland werde niemals das Schwert gegen Deutschland ziehen. England habe Deutschland nur seine Verachtung bekundet und sich systematisch bemüht, Deutschland zu isolieren und dem friedlichen deutschen Welthandel Halt zu gebieten. Bei einem Besuch des Kaisers in England sei Außenminister Sir Edward Grey bei einem bestimmten Anlaß zugegen gewesen, um Meinungen mit ihm auszutauschen, doch habe Grey in der eine halbe Stunde währenden Unterredung die Politik kaum gestreift. Bei einer anderen Gelegenheit sei es dem Kronprinzen Wilhelm in einem Gespräch mit Grey nicht anders ergangen.

Dann kam der Kaiser gegenüber Andersen auf den Kriegsausbruch zu sprechen. Nach seinem Eindruck habe der russische Kaiser die Auffassung gehabt, daß die Mobilmachung Rußlands von Österreich aufgezwungen worden sei. Rußland habe das Schwert ausschließlich zur Verteidigung nach Deutschlands Kriegserklärung gezogen. Wilhelm II. wußte, daß Andersen zu Nikolaus II. reisen werde, und versuchte wohl, durch diese Worte dem russischen Kaiser, der sich tatsächlich gegen einen russischen Kriegseintritt gewehrt hatte und sogar zur Beisetzung des ermordeten österreichischen Thronfolgers hatte nach Wien reisen wollen, zu erleichtern, auf die dänische Friedensvermittlung einzugehen. Denn über 1915 hinaus trieben panslawistisch eingestellte russische Persönlichkeiten und hinter ihnen stehende weite Kreise zum Krieg an.

Der Kaiser erzählte Andersen, nach Greys Erklärung habe sich England aufrichtig bemüht, zu einer Verständigung mit Deutschland zu gelangen. Darauf meinte Andersen zu Wilhelm II.: Der Krieg scheine nur infolge eines Mißverständnisses ausgebrochen zu sein.

Inwieweit wollte und konnte Kaiser Wilhelm II. dem König Christian X. bei einer Friedensvermittlung so entgegenkommen, daß ein Friedensschluß wenigstens mit Rußland oder eine Verständigung mit England gelingen konnte? Der Kaiser, der sich im Großen Hauptquartier unter dem psychologischen Druck der Generale befand, führte Andersen aus, daß Deutschlands finanzielle und militärische Stellung ausgezeichnet sei, wie er, Andersen wohl bemerkt haben werde. Aber die Art, wie Deutschland behandelt worden sei, verhindere, daß es sich von sich aus den Feinden nähere. Trotzdem versprach der Kaiser, jeden Vorschlag, den ihm der König von Dänemark vorlegen werde, bereitwillig zu prüfen. Der beste Weg zum Frieden führe wohl über das gute Herz des russischen Kaisers. Aber er habe nichts dagegen einzuwenden, daß England die Führung übernehme oder teilnehme. Der kommende Friede aber müsse ein dauernder Friede sein und auf einer Grundlage abgeschlossen werde, die des deutschen Volkes und der Opfer, die es gebracht habe, würdig sei. Der Kaiser verabschiedete sich mit herzlichen Worten von Andersen unter nochmaligem Dank an den König und mit dem Wunsch, daß die Bemühungen Christians X. zu dem von ihm erstrebten Ziel führen würden.

Das russische Außenministerium hielt über Andersens Besuch bei Nikolaus II. fest: Andersen sei als persönlicher Bekannter des russischen Kaisers und als Freund des dänischen Königshauses vom russischen Kaiser empfangen worden; er sei auch ein persönlicher Bekannter Kaiser Wilhelms II. gewesen und habe früher als Anhänger Deutschlands gegolten. Nikolaus II. berichtete später seinem Außenminister Sasonow weiter, Andersen habe ihm erzählt, daß sich in Deutschland zwei Auffassungen geltend machten. Auf der einen Seite ständen der Kaiser und Tirpitz, die einen uneingeschränkten Sieg erhofften, auf der anderen Bethmann Hollweg, von Jagow und andere, die befürchteten, daß Deutschland die extreme Anspannung nicht aushalten könne, und deshalb einen schnellen Frieden durch einen Separatfrieden oder eine Verständigung mit England befürworteten.

Der Versuch König Christians X. von Dänemark, durch Entsendung von Andersen zu Wilhelm II. und Nikolaus II. einen Frieden zu vermitteln, zumindestens einen Frieden zwischen Deutschland und Rußland und in der Folge eine Verständigung mit England, ist gescheitert. In einer biographischen Würdigung Wilhelms II. ist es wichtig festzuhalten, daß die *Deutsche Allgemeine Zeitung* durch ihren Vertreter in Kopenhagen wesentliche Mitteilungen über diese Vorgänge erhielt und am 26. Oktober 1928 veröffentlichte. Andersen selbst faßte seine Gespräche mit Reichskanzler Bethmann Hollweg sowie mit Kaiser Wilhelm II. und dem russischen Kaiser selbst zusammen. Eine Abschrift dieser Zusammenfassung soll sich unter den Privatpapieren des russischen Kaisers wiedergefunden haben, so berichtete 1928 die Zeitschrift *Der Aufrechte*. Da die Friedensversuche Kaiser Wilhelms II. 1915 und die Kaiser Karls von Österreich 1917, über die später berichtet wird, scheiterten, ist die Bemühung König Christians X. von Dänemark 1915 von besonderem Interesse. Wir wissen bei dem heutigen Stand der Forschung nicht, ob sie in Deutschland oder in Rußland zu wenig aufgegriffen wurde und darum zu keinem Ergebnis führte.

Houston Stewart Chamberlain veröffentlichte am 12. Februar 1915, einen Tag vor dem Todestag Richard Wagners (Wagner war 1883 gestorben), seine Kriegsschrift „Deutscher Friede" und äußert darin: „Was dieser Krieg uns ein für alle mal belehrt, ist, daß es einen Kampf gilt, einen Kampf auf Leben und Tod, und zwar einen Kampf zwischen zwei Menschheitsidealen: den deutschen und den undeutschen." In Anspielung auf Wagners Ring spricht er davon, daß Deutschland unterliegen könne, wenn „an der reinen germanischen Kraft, wie bisher ein ekler Wurm" nagen würde. Am 25. Mai 1915 schreibt er in seiner Kriegsschrift „Die Zuversicht" mit vielen Anspielungen auf Richard Wagner von der „Errettung aus den Klauen des undeutschen und widerdeutschen": „Diesem Teufelsgezücht gegenüber steht Deutschland als Gottes Streiter: Siegfried wider den Wurm, Sankt Georg der Drachenbezwinger." In diesem Aufsatz führt Chamberlain eine Stelle aus dem Telegramm Wilhelms II. vom 25. November 1914 an, ohne dessen Namen zu nennen. Darin wird die besondere Bestimmung des „deutschen Wesens" als Gottes „Werkzeug zur Rettung der Menschheit" hervorgehoben. Chamberlain verkündete den Glauben „an die göttliche Bestimmung Deutschland" und die felsenfeste Zuversicht... auf den Sieg der deutschen Sache und „daß Gott mit den Deutschen ist". Mit dem deutschen Kaiser bejaht er die Frage: „Ist es auf diesem Planeten infolge jahrtausendlanger Entwicklung dahingekommen, daß Deutschland – und in einem weiteren Sinne überhaupt das Deutsche, innerhalb und außerhalb der Reichsgrenzen – ein Werkzeug Gottes, ein unentbehrliches, ein unersetzliches Werkzeug Gottes geworden ist?" Wilhelm II. paßte sich seinen Gesprächspartner häufig deutlich an und verstrickte sich dadurch in Widersprüche.

Wilhelm dankte am 15. Januar 1917 Chamberlain für den Aufsatz „Der Wille zum Siege" und schrieb ihm: „Der Krieg ist der Kampf zwischen zwei Weltanschauungen, der germanischen-deutschen für Sitte, Recht, Treu und Glauben, wahre Humanität, Wahrheit und echte Freiheit, gegen... Mammonsdienst, Geldmacht, Genuß, Landgier, Lüge, Verrat, und nicht zuletzt Meuchelmord! Diese beiden Weltanschauungen können sich nicht versöhnen oder vertragen, eine muß siegen, die andre muß untergehen! Solange muß gefochten werden!... Jetzt wird es dem deutschen Michel mit einem Mal klar, daß der Kampf für ihn zum Kreuzzug geworden und daß er jetzt St. Michael geworden ist." Wilhelm II. versetzte sich mit diesen Worten in die Ideenwelt des Empfängers seines Briefes, bewies aber 1915 und 1916 durch seine Aktionen und Entscheidungen seine praktischen Bemühungen um einen Frieden, worauf später noch zu sprechen zu kommen sein wird. Hartmut Zelinsky[6] legt in seinem Aufsatz „Kaiser Wilhelm II. und die Werk-Idee Richard Wagners und der Weltkampf" das Eingehen Wilhelms II. auf die ihm vermittelten Äußerungen, vor allem Chamberlains, dar und verknüpft sie mit der leidenschaftlichen Empörung des Kaisers in seinem Brief vom 2. Dezember 1919 an den ihm sehr nahestehenden Generalfeldmarschall August von Mackensen. Doch geht Zelinsky[7] sehr subjektiv und willkürlich dazu auf Hitlers Reden vom 16. Oktober 1919 und vom 24. Februar 1920 ein und behauptet, Wilhelm II. teile mit Hitler einen fanatischen Vernichtungswillen gegen das Judentum.

Da die Mittelmächte den Krieg nicht 1915 zu beenden vermochten, begannen die betont nationalen Kräfte in Italien und auf dem Balkan ihre eigenen Interessen und Wünsche geltend zu machen. In Italien, das ja mit Deutschland und Österreich-Ungarn verbündet war, trat ein Teil der Öffentlichen Meinung für den Frieden ein, wenn man auch nicht mit den Verbündeten in den Krieg ziehen wollte. Freimaurerkreise, die auf eine Umgestaltung Europas hinzielten, arbeiteten mit allen Mitteln gegen die Friedenspartei. Ministerpräsident Salandra, der zuerst Italiens Neutralität verkündet hatte, stellte sich um, da er als Mitglied des Freimaurerordens[8] durch ein Dekret des Großorients von Italien sein Land zum Krieg gegen Österreich-Ungarn veranlassen sollte. Sein Ministerium bat am 13. Mai 1915 um Entlassung. Viktor Emanuel III., der an den Friedenswillen Salandras glaubte, lehnte am 16. Mai das Entlassungsgesuch ab, doch trat Salandra nun für den Krieg ein, die Kammer bewilligte den Kredit für den Krieg gegen Österreich-Ungarn am 20. Mai, und die Regierung ordnete am 21. Mai die allgemeine Mobilisierung an. Am 24. Mai erklärte Italien Österreich-Ungarn den Krieg.

Die führenden Politiker Frankreichs, nämlich Poincaré, Clemenceau, Briand und Delcassé, waren Freimaurer.[9] Sie wollten den Wunsch aller nicht-deutschen Freimaurer erfüllen und die beiden Kaiserreiche durch Republiken ersetzen. Die französischen Freimaurer forderten aber auch Elsaß-Lothringen, der frühere Ministerpräsident und Logenbruder Charles Dupuy sogar Grenzen am Rhein und an der Mosel sowie einen französischen Statthalter in Koblenz. Der frühere Ministerpräsident und Logenbruder Briand erklärte 1917: Deutschland und das deutsche Volk sind dem Untergang geweiht.

Die staatsrechtlichen und nationalen Zielsetzungen der Freimaurer in Frankreich und Italien waren nicht identisch mit den nationalen Anliegen auf dem bis ins 20. Jahrhundert von der Türkei beherrschten Balkan. Zar Ferdinand der Bulgaren aus dem Hause Sachsen-Coburg und Gotha setzte den Kampf um noch von der Türkei besetzte Gebiete dadurch fort, daß er am 21. September 1915 mobil machte und das von Rußland nun an Bulgarien gerichtete Ultimatum dazu benützte, sich an die Mittelmächte zu wenden. Am 14. Oktober 1915 erklärte er Serbien den Krieg und nahm auch einen Krieg Frankreichs gegen Bulgarien in Kauf. Die Mittelmächte konnten ja ihren türkischen Bundesgenossen veranlassen, die bulgarischen Wünsche zu erfüllen. Wilhelm II. traf sich im Sommer 1916 in Niš mit Ferdinand[10] und erinnerte sich noch 1922 der Bedeutung dieser Zusammenkunft. Ferdinand dankte 1918 zugunsten seines Sohnes Boris III. ab, der dann seinerseits 1943 zugunsten seines Sohnes Simeon II. zurücktrat. Wilhelms Schwager König Konstantin I. der Hellenen wurde am 6. Oktober 1915 durch den Rücktritt seines Ministerpräsidenten, des Logenbruders Venizelos, unter Druck gesetzt, verkündete aber am 11. Oktober 1915 nur die bewaffnete Neutralität Griechenlands, doch wollte er gegen die Mittelmächte nicht Krieg führen.

Wenn auch die Erfolge des Jahres 1915 in den Masuren, bei Tarnow-Gorlice, in Serbien und in der Abwehr im Westen Falkenhayns Ansehen auch beim Kaiser hoben, den er freilich bei der Wahl seiner militärischen Schwerpunkte überhaupt nicht fragte, so wurde sein Angriffsziel Verdun zum Verhängnis, das er in der Denkschrift zu Weihnachten 1915 empfohlen hatte.

Kronprinz Rupprecht von Bayern 1916 bayerischer und dann preußischer Generalfeldmarschall – Falkenhayn 1916 durch die Oberste Heeresleitung Hindenburg ersetzt – Bildung von Heeresgruppen – Der bayerische, dann preußische Generalfeldmarschall Prinz Leopold von Bayern an der Spitze der Ostfront – Das von Wilhelm und Franz Joseph geschaffene Königreich Polen – Rumäniens Eintritt in den Krieg – Griechenland und Bulgarien, Probleme der Türken – Im Krieg gefallene Prinzen aus regierenden Häusern

Generalstabschef Erich von Falkenhayn versuchte 1916, die französische Front bei der Festung Verdun und auch an der Somme zu durchbrechen. Kronprinz Rupprecht von Bayern[11] hatte sich schon im Frühjahr 1915 bei Arras immer mehr als Feldherr erwiesen und verlangte den geschlossenen Einsatz seiner Armee. Falkenhayn ließ aber nur einen tropfenweisen Einsatz zu und verdarb dadurch den Erfolg. Gegen Falkenhayns Eingriffe in seinen Befehlsbereich mußte sich Rupprecht wiederholt wehren. Vergeblich setzte er auch dem unglücklichen Gedanken der Zermürbungsschlacht die Absicht entgegen, vom Stellungskrieg wieder zum Bewegungskrieg zu gelangen. 1916 hielt er zäh und geschickt der englischen Offensive stand. Rupprecht wirkte nun beim Kaiser darauf hin, Falkenhayn zu entlassen. Wilhelm II. erkannte klar die Bedeutung dieses Wittelsbachers als Strategen und wollte dies auch in der deutschen Öffentlichkeit herausstellen. Die wachsende wirtschaftliche Not in Deutschland und die so viele Familien treffenden Blutopfer erschwerten immer mehr das Vertrauen in die führenden Kreise. Rupprecht auszuzeichnen, war für den Kaiser sachlich und psychologisch gegeben. Er konnte ihn aber nur zu einem königlich preußischen Generalfeldmarschall erheben, da es deutsche Feldmarschälle nicht gab. Er veranlaßte deshalb König Ludwig III. in München, seinen ältesten Sohn zum königlich bayerischen Generalfeldmarschall zu ernennen. Der Bayernkönig, der die Prinzen seines Hauses nur in ziemlich kritischer Würdigung ihrer Fähigkeiten und Verdienste beförderte, ernannte nun Rupprecht zum königlich bayerischen Generalfeldmarschall.

Einige Zeit darauf machte ihn der Kaiser als König von Preußen zum preußischen Generalfeldmarschall. Wie Rupprecht dem Verfasser erzählte, konnte er sich mit Wilhelm II. mehr als einmal sehr offen aussprechen, doch nur wenn preußische Generale nicht anwesend waren. Er erzählte dem Verfasser einen Fall, wo der Kaiser mit Rupprecht in einem stehenden Militärauto, das auch der Chauffeur verlassen hatte, eine freie Aussprache durchführte. Als dies ein preußischer General bemerkte, ging er auf das Auto zu und setzte sich auf den Sitz des Chauffeurs. Wilhelm und Rupprecht beendeten das Gespräch.

Falkenhayn forderte zur Schwächung Englands auch den unbeschränkten U-Boot-Krieg. In Sorge vor einem Kriegseintritt der USA entschied der Kaiser Ende April 1916 gegen Falkenhayn. Dieser reichte am 2. Mai sein Gesuch um Entlassung ein, zog es aber zurück, obwohl der Reichskanzler Bethmann Hollweg dafür eintrat. In der durch den Kriegseintritt Rumäniens verschärften Krise der Mittelmächte berief der Kaiser am 29. August 1916 Falkenhayn ab und ersetzte ihn durch Hindenburg. Auch dem Reichskanzler Bethmann Hollweg lag sehr daran, daß dieser Chef der Obersten Heeresleitung wurde, denn er genoß das Vertrauen des Volkes. Das deutsche Heer wurde nun in Heeresgruppen umgruppiert. Es gab nun eine Heeresgruppe Kronprinz Rupprecht, eine Heeresgruppe Kronprinz Wilhelm u. s. w.

Es war eine weittragende Entscheidung, als Wilhelm II. den Oberbefehlshaber der deutschen Armee im Osten, Paul von Hindenburg, im August 1916 zum Chef des Generalstabs ernannte und ihm die Oberste Heeresleitung anvertraute. Im Osten entstanden durch die Siege der deutschen Truppen und die Positionen der österreichisch-ungarischen Armee für Rußland schwere Probleme. Der Kaiser, der am 16. April 1915 dem königlich bayerischen Generalfeldmarschall Prinz Leopold von Bayern[12] die an der Ostfront stehende 9. Armee anvertraut hatte, machte daraus nun 1916 die Heeresgruppe Prinz Leopold von Bayern. In Anerkennung seiner Siege machte er ihn am 1. August 1916 auch zum königlich preußischen Generalfeldmarschall. Leopold war nun der Nachfolger Hindenburgs im Oberkommando Ost, wo er bis Kriegsende eine 850 km lange Front von der Ostsee bis zum Asow'schen Meer zu befehligen hatte. Er ging in den von Rußland eroberten Gebieten auch mit politischer Klugheit vor.

Als er am 4. August 1916 die damals zu Rußland gehörende Festung Warschau einnahm, betonte er gegenüber einer polnischen Abordnung „Wir führen Krieg gegen die feindliche Armee, nicht gegen friedliche Bürger." Er versprach der eroberten Stadt Selbstverwaltung, wenn sie sich wohl verhielte. Wilhelm II. war in dieser Frage derselben Meinung. Mitte August 1916 traf er in Wien eine Vereinbarung mit Franz Joseph über das 1795 untergegangene Wahlkönigreich Polen. Sie bestand darin, daß zu der von Wilhelm gewünschten Herstellung des polnischen Staates baldmöglichst die öffentliche Verkündigung eines selbständigen Königreichs Polen mit erblicher Monarchie und konstitutioneller Verfassung erfolgen sollte. Das geschah am 5. November 1916. Als König erwog er den Prinzen Leopold. Wilhelm II. war stets gegen Hitlers Polenpolitik und von der

Existenzberechtigung des polnischen Staates überzeugt, so daß er zu dem Verfasser 1938 in einer Diskussion betonte: „Wo ich doch den Polen ihren Staat gegeben habe." In Polen wurde zwar später Marschall Pilsudski zum Schöpfer des polnischen Staates erklärt, doch vorher hatte ihn schon 1916 Wilhelm II. in Zusammenwirken mit Franz Joseph geschaffen.

Der Krieg im Osten ging auch auf dem Balkan weiter. Rumänien war am 27. August 1916 gegen das Votum seines Königs Ferdinand aus dem Hause Hohenzollern-Sigmaringen[13] in den Krieg gegen die Mittelmächte eingetreten, wurde aber von deren Truppen schnell fast ganz besetzt.[14] Der Kaiser reiste am 21. September 1917 auf dem Donauschiff „Erzherzogin Sophie" nach Cernavola an die rumänische Front und 1917 nach Konstantinopel, wo er als osmanischer Marschall sich zeigend den ihm verbündeten Sultan Mehmed V. zu stärken suchte. Der spätere König Ferdinand von Rumänien war von seinem kinderlosen Onkel König Karl von Rumänien in die Regierungsgeschäfte eingeführt worden und führte als Thronfolger die rumänische Armee 1912 bis vor Sofia. Als Nachfolger Karls seit dem 10. Oktober 1914 trat er unter dem massiven Druck der Rumänen und auch seiner Frau, der englischen Prinzessin Marie, in den Krieg gegen die Mittelmächte ein und hielt an dieser Entscheidung auch fest, als die Mittelmächte zwei Drittel Rumäniens erobert hatten. Das von diesen besiegte Rumänien gewann zwar durch Vertrag am 9. April 1918 von Rußland Bessarabien, hatte aber in einem Friedensvertrag vom 7. Mai 1918 mit den Mittelmächten die Dobrudscha verloren.

Die mit Deutschland verbündete Türkei geriet aber durch die Alliierten in militärische Schwierigkeiten in Mesopotamien und Palästina. Im Interesse der Türkei und noch mehr in dem seiner Verbündeten war der Kaiser, wie erwähnt, 1917 zu Gesprächen mit König Ferdinand der Bulgaren[15] nach Niš im eroberten Serbien gereist, wo ein Generalgouvernement eingerichtet worden war. König Ferdinand mußte mit den einander sehr entgegengesetzten Kräften in seinem Land ringen und hatte 1913 auf Mazedonien und Ostthrazien verzichten und die südliche Dobrudscha an Rumänien abtreten müssen. Er trat am 6. September 1915 in Hoffnung auf die Gewinnung Mazedoniens auf der Seite der Mittelmächte in den Krieg ein. Seine Truppen wirkten 1915 bei der Niederwerfung Serbiens und 1916 Rumäniens mit. Doch geriet er mit den Mittelmächten über die Dobrudscha und das ägäische Küstengebiet mit Saloniki in Meinungsverschiedenheiten und dankte am 3. Oktober 1918 zugunsten des Kronprinzen Boris ab, dessen Erziehung seit 1896 im orthodoxen Glauben das Verhältnis zu Rußland wesentlich verbessert hatte.

Da viele Griechen Konstantinopel dem 1912 um Saloniki und bis vor Adrianopel erweiterten Königreich einzuverleiben hofften, ging Wilhelms Schwager Konstantin I., der Sohn des 1913 in dem griechisch gewordenen Saloniki ermordeten Königs Georg I., darauf ein und bot der 1904 zustande gekommenen französisch-englischen Entente militärische Hilfe gegen die Türkei an, obwohl sie mit den Mittelmächten verbündet war. Die Gebietserweiterung betrieb auch Ministerpräsident Venizelos. Da aber die Entente keinen schnellen Sieg an den Dardanellen errang, erklärte Konstantin I. seine Neutralität. Bei den Wahlen bekämpften sich Konstantin I. und Venizelos offen durch zwei Parteien. Venizelos verbündete sich hinter dem Rücken Konstantins mit der Entente und erklärte am 28. November 1915 den Krieg. Da marschierte im Dezember 1915 Generalfeldmarschall von Mackensen an die griechischen Grenzen, die Truppen der Entente andererseits nach Saloniki und bedrohten die Griechen mit einer Lebensmittelblockade. Am 30. Mai 1917 trat Konstantin I. zugunsten seines Sohnes Alexander zurück, da sein älterer Sohn Kronprinz Georg in den von Venizelos gegen die Mittelmächte erklärten Krieg nicht eintreten wollte. Dieser war vorher in Athen eingezogen und hatte sofort den Mittelmächten den Krieg erklärt.

An Rumänien grenzte das damals zu Ungarn gehörende Siebenbürgen. An diese Front wurde u. a. das bayerische Alpenkorps und das bayerische Infantrie-Leibregiment befohlen, bei dem Prinz Heinrich von Bayern als Major diente. Er erlitt am 7. November 1916 am Monte Sule bei Hermannstadt in Siebenbürgen einen tödlichen Bauchschuß und starb am folgenden Tag. Die Kaisersöhne Oskar und Joachim wurden in diesem Krieg ebenfalls verwundet. Die aus den regierenden deutschen Fürstenhäusern gefallenen Prinzen beweisen, daß die regierenden Häuser in diesem Krieg nicht abseits standen und auch große Opfer brachten. So fielen u. a. Prinz Friedrich Karl von Preußen 1917, Prinz Maximilian von Hessen 1914, Prinz Friedrich Wilhelm von Hessen 1916, Prinz Albert von Sachsen-Weimar-Eisenach 1918, Prinz Ernst von Sachsen-Meiningen 1914, General Prinz Friedrich von Sachsen-Meiningen 1914, Prinz Heinrich XXXVII. von Reuß 1918, Prinz Heinrich XLVI. von Reuß 1914, Prinz Heinrich XLI. von Reuß 1916, Prinz Heinrich XLIV. von Reuß 1918, Prinz Wolrad von Waldeck und Pyrmont 1914 und Prinz Ernst zur Lippe 1914.

Kriegsziele der Mittelmächte – Sturz Nikolaus' II. – Lenin nach Rußland eingeschleußt – Niederlagen der Türkei – Westfront auf Hindenburg–Linie verkürzt – Kaiser Wilhelm: Frieden ohne Gebietsabtretungen, Kaiser Karl von Österreich: Frieden mit Gebietsabtretungen

Der seit 1848 regierende Kaiser Franz Joseph war Ende 1916 gestorben; der neue Kaiser Karl glaubte, daß die Mittelmächte nur durch einen Frieden, der mit Verzichten verbunden sei, vor der bevorstehenden Niederlage gerettet werden könnten. Bis 1916 hatte selbst der kritische Bayernkönig Ludwig III. von einem siegreichen Ausgang des Krieges einen wirtschaftlich-politischen Block in Mitteleuropa unter Einschluß Belgiens und des Rhein-Schelde-Kanals erhofft. Besonders wichtig schien ihm dabei die Verbindung von Flüssen und Kanälen. Für

Bayern erhoffte er sich, das Elsaß, das ja als Reichsland direkt vom Reich durch einen Beauftragten des Kaisers verwaltet wurde, an die Pfalz angliedern zu können. Diese Wünsche wurden, soweit sie den Nordwesten des Kontinents betrafen, auch in die Erwägungen der Reichsregierung einbezogen. Große Schwierigkeiten bereitete das Gebiet östlich der bisherigen Grenzen des Deutschen Reiches für die Überlegungen der Reichsregierung. Als im März 1917 Nikolaus II. und seine Dynastie durch eine bürgerliche Revolution unter Kerenski gestürzt wurde, eröffnete auf eine Anregung des dänischen Königshauses hin Wilhelm II. Kerenski, er mache ihn für die Sicherheit der Kaiserfamilie persönlich verantwortlich. Später erklärte sich Wilhelm dazu bereit, ihr freies Geleit oder im Falle der Seereise eine Eskorte von Torpedobooten zu gewähren. In England verweigerte freilich die Regierung Lloyd George, der seit Dezember 1916 Ministerpräsident war, der russischen Kaiserfamilie in England ein Asyl.[16]

Ohne den Kaiser zu fragen oder auch nur zu verständigen, veranlaßte Ludendorff am 4. April 1917, daß am 9. April ein Sonderzug aus Zürich durch das Deutsche Reich nach Stockholm den russischen Revolutionär Lenin und seine Mitarbeiter brachten und dieser am 16. April in St. Petersburg, dem nunmehrigen Petrograd eintraf. Die Oberste Heeresleitung wollte durch Lenins Revolution Rußland weiter schwächen. Wilhelm schlug nun vor, weiteren solchen „Heimkehrern" „Propagandaschriften" mitzugeben und hoffte sogar auf ein Bündnis mit dem neuen Rußland. Gefährlich waren die Niederlagen der Türkei in Mesopotamien und Palästina. Hindenburg, der Chef des Generalstabs, und sein Generalquartiermeister Erich Ludendorff (durch die Verleihung des königlich bayerischen Max-Joseph-Ritterordens in den persönlichen Adel erhoben) waren seit 1916 die Oberste Heeresleitung. Sie verkürzten die deutschen Fronten auf die Hindenburg-Linie. Die Engländer konnten daher durch ihre Angriffe bei Arras, auf den Vimyrücken, auf Passchendaale und Cambrai nicht viel ausrichten; die französische Offensive bei Chemin des Dames wurde ein blutiger Fehlschlag.

Kaiser Wilhelm versuchte am 12. Dezember 1916, ohne die Oberste Heeresleitung mit Hilfe seiner englischen Verwandten einen Verständigungsfrieden zu erreichen. Kaiser Karl von Österreich[17] sprach seinerseits mit Wilhelm in Gegenwart seines Schwiegersohnes, des Herzogs Ernst August von Braunschweig, und anderer über seine Friedenspläne. Karl sagte u. a. zu Wilhelm:[18] „Da ich mit Frankreich keine gemeinsamen Grenzen habe, aber schließlich ein [Mitglied des Hauses] Habsburg-Lothringen bin, habe ich eigentlich keine andere Möglichkeit, als ihnen [Frankreich und seinen Verbündeten] Dein Lothringen mit Deiner Einwilligung zu versprechen!" Im weiteren Verlauf der Gespräche sagte Herzog Ernst August von Braunschweig zu Kaiser Karl, daß sich der Deutsche Kaiser, dessen persönliche Friedensliebe außer Zweifel stehe, in Erkenntnis der Zusammenhänge und wegen der Kompensationsbereitschaft des österreichischen Kaisers (schließlich sollte Österreich-Ungarn im Osten Opfer bringen) durchaus positiv eingestellt habe.

Für Österreich-Ungarn entstanden größere Schwierigkeiten, sich an seinen verschiedenen Fronten, nicht zuletzt gegen Italien zu behaupten. Kaiser Karl machte daher durch die Brüder seiner Gemahlin Zita, die Prinzen Sixtus und Xaver von Bourbon-Parma, über König Albert der Belgier am 24. Januar 1917 in Paris Friedensangebote. Die Friedensgespräche gingen auf Anregungen von Seiten der französischen Regierung und des von Karl noch 1916 zum Außenminister ernannten Ottokar Graf Czernin[19] zurück und bildeten nur einen Teil der vielfachen österreichischen Bemühungen, einen rechtzeitigen Friedensschluß zu erlangen. Unmittelbar nach dem abgelehnten ersten Friedensangebot machte Kaiser Karl ein neues. Wilhelm II. antwortete ihm auf seinen Hinweis, er könne wohl um Frieden beten, aber nicht darum betteln. Karl schrieb, daß er eine Revolution befürchte; wenn die Monarchen nicht in den nächsten Monaten Frieden machten, würden ihre Völker es über ihren Kopf hinweg tun. Wilhelm bemerkte dazu, daß ein schlechter Frieden für die Dynastien ebenso gefährlich sein würde und daß noch alles gut werden könne. Immerhin erhob weder der Kaiser noch die Reichsregierung Einwendungen gegen Österreichs sozusagen private Verhandlungsversuche. Sie blieben freilich ergebnislos.[20] Auch König Ludwig III. von Bayern wollte nach dem furchtbaren Winter 1916/17, dem sogenannten Kohlrübenwinter, keine weitere Verschiebung des Friedens mit Rußland.

Tirpitz entlassen – Erzbergers Friedensresolution im Reichstag – USPD, SPD, Zentrum und „Fortschritt" gegen die Reichsregierung – Sturz des Reichskanzlers Bethmann Hollweg durch Hindenburg und Ludendorff – Reichskanzler Michaelis und sein Sturz durch die Linke – Reichskanzler Graf Hertling – Friedensmanifest des Papstes – Friedensangebote Wilhelms 1916 und 1917 – Wilhelms Osterbotschaft 1917 über das Wahlrecht in Preußen – Reformen in Preußen und im Reich – Forderung der Absetzung des Kaisers durch die französischen Freimaurer – Über die Schweiz einsetzende Zersetzungspropaganda

In der nunmehrigen Situation mußte Wilhelm II. den Sieg der deutschen Flotte über die englische am Skagerrak am 31. Mai 1916 im neuen Jahr neu bewerten. Der Staatssekretär des Reichsmarineamtes, Großadmiral Alfred von Tirpitz, geriet mit Reichskanzler von Bethmann Hollweg auf politischer Ebene in einen Konflikt. Der Kanzler forderte, da die Reichsstaatssekretäre ihm unterstellt seien und die Politik von ihm allein geführt werden müsse, die Entlassung des Großadmirals. Wilhelm II. entließ schweren Herzens seinen Mitarbeiter bei der Schöpfung und Gestaltung der deutschen Flotte.

Matthias Erzberger,[21] der seit 1903 dem Reichstag angehörte, hielt am 6. Juli eine Aufsehen erregende Rede über den Mißerfolg des Unterseebootkrieges und beantragte eine Resolution, in der der deutsche Reichstag erklären sollte, er stelle jede deutsche Eroberungsabsicht in Abrede. Eine solche Erklärung überschritt natürlich die Kompetenz des Reichstages. Fast zur selben Zeit hielt Wilhelm II. auf Bethmanns Bitte einen preußischen Kronrat ab, der sich nach vierstündiger Beratung mit geringer Mehrheit für das allgemeine Wahlrecht in Preußen entschied (siehe unten). Bethmann kannte seit 1905 als preußischer Innenminister, seit 1907 als Vizepräsident des preußischen Staatsministeriums das Problem des preußischen Wahlrechts. Wilhelm II. bemerkte, daß er dazu Kronprinz Wilhelm hören müsse. Am 11. Juli konnte er Bethmann telefonieren, daß er und der Thronerbe zustimmten. Am selben Abend befahl er durch eine Kabinettsorder dem preußischen Staatsministerium, ein Gesetz über das preußische Wahlrecht auszuarbeiten. Er verkündete das in der sogenannten Julibotschaft.

Im Dezember 1915 war die kleine Gruppe um Rosa Luxemburg und Karl Liebknecht, die 1914 in der innerparteilichen Abstimmung die Kriegskredite verweigerte, so stark angewachsen, daß sie demonstrativ aus der sozialdemokratischen Fraktion austreten konnte. Die vom 9. bis 11. April 1917 auf der Gothaer Konferenz von der SPD abgespaltene Unabhängige Sozialdemokratische Partei Deutschlands (USPD), die von großen Streiks in Leipzig, Berlin u. s. w. unterstützt wurde, bewirkte durch ihren Einfluß auf die SPD, daß diese im Reichstag und je nachdem auch in den Landtagen einzelner Bundesstaaten immer mehr eine eigene Rolle erstrebte. Das hatte vor allem im Reichstag eine starke Parlamentarisierung des politischen Lebens überhaupt zur Folge. Bei der Beratung der Kriegskredite im Hauptausschuß des Reichstages leisteten SPD, Zentrum und Fortschritt der Reichsregierung unter Bethmann Hollweg scharfen Widerstand. Ohne den Kaiser zu fragen, verband sich Ludendorff, um den Kanzler zu stürzen, mit der Reichstagsopposition und drohte dem Kaiser seinen Rücktritt an.

Das tat auch Hindenburg. Ludendorffs taktisches Bündnis mit der Opposition und die Drohungen Hindenburgs und Ludendorffs hatten zur Folge, daß der Kaiser am 14. Juli 1917 Bethmann Hollweg entließ und den von der Obersten Heeresleitung (OHL) vorgeschlagenen Kandidaten Georg Michaelis berief. Die OHL handelte bei diesem Vorschlag in einer gewissen politischen Verlegenheit. Am 19. Juli beschloß der Reichstag die von Erzberger vorgeschlagene Friedensresolution. Am 5. August berief Wilhelm II. den 1859 geborenen, seit 1890 im Auswärtigen Dienst tätigen Alfred Zimmermann zum Außenminister Preußens und hoffte damit, die Mitwirkung der Öffentlichkeit für seinen neuen Kanzler zu gewinnen. Er hatte statt Michaelis bereits den in Bayern als Minister erprobten katholischen Philosophen Graf (seit 1914) Hertling[22] als Kanzler gewinnen wollen. Er war ihm unter anderem auch durch sein Eintreten 1898 für die Flottenvorlage ausgewiesen. Doch dieser ging damals auf Wilhelms Angebot nicht ein. Da Michaelis die ihm von verschiedenen Seiten gestellten unterschiedlichen Ziele gegen die Linke nicht erreichen konnte, bat der Kaiser erneut Hertling, der dem rechten Flügel des Zentrums angehörte und über die Probleme auch innerhalb seiner eigenen Partei Bescheid wußte. Erzberger unterstützte ihn nicht. Hertling lehnte wie der Kaiser eine völlige Parlamentarisierung ab, aber wollte wie dieser mit den stark hervortretenden verschiedenen Kräften im deutschen Volk und in der deutschen Öffentlichkeit zusammenarbeiten.

Auch angeregt durch ein Gespräch des Kaisers mit dem Münchner Nuntius Pacelli in Kreuznach verkündete der Papst am 4. August 1917 ein Manifest für einen „Frieden ohne Sieg". Die Reichsregierung teilte ihm mit, daß sogar Elsaß-Lothringen für gewisse „Berichtigungen" in Frage käme, und als bei einem Kronrat die Oberste Heeresleitung „Garantien" für eine künftige belgische Neutralität in Gestalt des flandrischen Küstenstreifens wünschte, verwarf der Kaiser diesen Gedanken. Er hatte am 12. Dezember 1916 den feindlichen Staaten ein Friedensangebot gemacht, das zurückgewiesen worden war. Die Reichsregierung streckte im Laufe des Jahres 1917 verschiedene Friedensfühler aus. Sie ließen deutlich erkennen, daß es der Reichsregierung nur um die territoriale Unversehrtheit Deutschlands ging. Herbert Henry Asquith, der von 1908 bis 1916 englischer Premierminister gewesen war, vertrat im Herbst 1917 die Auffassung, daß die Abtretung Elsaß-Lothringens ebenso notwendig sei wie die Wiederherstellung Belgiens. Der 1916/17 als Staatssekretär des Auswärtigen Amtes tätige Richard von Kühlmann rief aus, der Streit, um dessentwillen Europa allmählich in einen Schutthaufen verwandelt würde, ginge um die Zukunft Elsaß-Lothringens, aber das abtreten? Niemals! In England schrieb immerhin Lord Lansdowne an den *Daily Telegraph*, daß der Krieg schon zulange gedauert habe. Der Krieg kostete allen kriegführenden Staaten nicht nur Blutopfer der Truppen, sondern brachte durch Fliegerangriffe auch Not über die Zivilbevölkerung, in Deutschland vor allem auf dem linken Rheinufer. Der Eintritt Englands in den Krieg hatte auch eine verhängnisvolle Lebensmittelblockade zur Folge.[23]

In einem Erlaß vom 7. April 1917, der sogenannten Osterbotschaft, kündigte Wilhelm II. die Abschaffung des preußischen Dreiklassenwahlrechts und eine Reform des preußischen Herrenhauses an. Bereits am 24. Juni 1891 (Huber IV, 373), am 29. Juni 1893 (Huber IV, 375f.) und am 28. Juni 1906 (Huber IV, 375f.) gab es Teilreformen des preußischen Wahlrechts, sie hatten die Steuerzahlung betroffen. 1910 und im Winter 1914/15 wurden weitere Pläne versucht. Rückblickend schrieb Wilhelm 1922:[24] Es „machten die großartigen Leistungen der gesamten Truppen und der Geist, den ich bei Offizieren wie Mannschaften im Feld wie im Lazarett gefunden hatte, auf mich einen so tiefen Eindruck, daß ich bei mir beschloß, dem bewährten herrlichen ‚Volk in Waffen' bei der Heimkehr auch auf politischem Gebiete eine Freude und Anerkennung zu bereiten. Ich habe des öfteren in Gesprächen dieses Thema behandelt und dabei auf die Reform des preußischen Wahlrechts hingewiesen." Der Mann, der mit dem Eisernen Kreuz, vielleicht beider Klassen, heimkehre, nach solchem Kampf, der dürfe bei der Wahl nicht mehr „klassifiziert werden", d. h. in die Klasse der die wenigsten Steuern zahlenden Einwohner Preußens gesetzt werden.

Das Dreiklassenwahlrecht in Preußen, wo das Herrenhaus mit dem Haus der Abgeordneten gleichberechtigt zusammenzuwirken hatte, bestand darin, daß die Wähler in drei Wahlkörper mit jeweils der selben Zahl von Abgeordneten gegliedert waren, und zwar derart, daß auf jeden Wahlkörper je ein Drittel der gesamten Steuersumme aller Wähler fiel. Das führte zwangsläufig dazu, daß der Wahlkörper der Höchstbesteuerten aus weitaus weniger Wählern bestand als der Wahlkörper der Minderbesteuerten, sie jedoch die selbe Zahl von Abgeordneten in den preußischen Landtag entsandten. Großgrundbesitzer und das Besitzbürgertums hatten dadurch ein Übergewicht. Sogar Reichskanzler Caprivi, ein wenig begüterter General, hatte seinen Platz in der dritten Wahlrechtsklasse. Dieses System wurde auch bei den Wahlen der Stadtverordneten angewandt. Wahlberechtigt war jeder wenigstens 24 Jahre alte Preuße in jener Gemeinde, in der er mindestens seit sechs Monaten gemeldet war, sofern er nicht öffentliche Armenunterstützung erhielt oder der bürgerlichen Ehrenrechte verlustig war. Die Wähler wählten die Wahlmänner und diese dann die Abgeordneten.

Im Königreich Sachsen war 1896 anstelle der Begrenzung der Steuer auf drei Mark das Dreiklassenwahlrecht eingeführt worden. Dagegen wurde 1906 in Bayern durch Prinz Ludwig das gleiche, geheime und direkte Wahlrecht eingeführt, ebenso 1906 auch in Württemberg, in Baden schon 1904, in Hessen dann 1911. In Österreich wurde für das Abgeordnetenhaus des Reichsrates 1907 das allgemene Wahlrecht eingeführt, bei den Landtagen und in Ungarn blieb das Kurienwahlrecht jedoch bestehen.

Bereits im Frühjahr 1915 beauftragte Wilhelm II. den Oberpräsidenten von Brandenburg, Friedrich Wilhelm von Loebell, der 1904 bis 1909 Chef der Reichskanzlei gewesen war, zur Wahlrechtsreform eine „detaillierte Ausarbeitung mit Vorschlägen" einzureichen. In diesem Schriftstück wurden die verschiedenen Möglichkeiten des Wahlmodus erörtert, aber nicht ein bestimmtes System vorgeschlagen. Der Kaiser billigte diese Denkschrift und schickte sie durch den Kabinettschef dem Reichskanzler mit dem Auftrag zu, sie im Laufe des Jahres durch das Staatsministerium durchzuberaten und ihm dessen Votum bzw. eventuelle Vorschläge und die Ausarbeitung einer Gesetzesvorlage vorzulegen. Das Gesetz sollte erst nach der Heimkehr der Soldaten aus dem Krieg, also nach Friedensschluß eingebracht werden. Erst nach der Entlassung Bethmann Hollwegs als Reichskanzler 1917 erfuhr der Kaiser durch Loebell, daß die Denkschrift von 1915 dem Ministerium gar nicht vorgelegt worden, sondern anderthalb Jahre unerledigt liegengeblieben war. Der Kanzler, sagte Loebell dem Kaiser, habe unter dem Eindruck der Einwände die verschiedenen vorgeschlagenen Formen des Wahlrechts fallenlassen und sich direkt auf das allgemeine Wahlrecht (wie im Reichstag praktiziert) konzentriert, von dessen Kommen er wohl schon innerlich überzeugt gewesen sein dürfte.

Als Wilhelm II. das in seinem Buch „Ereignisse und Gestalten 1878-1918" im Jahr 1922 darlegte, verwies er auch auf den von ihm während seiner Regierung beachteten Rechtsumstand, daß der Kaiser dem Kanzler seine Ansicht nicht aufzwingen konnte. „Besteht der Kaiser auf seiner Auffassung, so kann der Kanzler seinen Abschied anbieten oder fordern." Wilhelm schrieb diesen Satz und wies darauf hin, wie schwierig die Prozedur des Kanzlerwechsels war.[25]

Wilhelm II. ging nicht so weit wie Bethmann Hollweg, der in Preußen das allgemeine Wahlrecht einzuführen wünschte. Das war wegen der Opposition der Konservativen unerreichbar. Andererseits erfüllte der Kanzler die Erwartungen des Kaisers nicht, daß er die Wahlrechtsvorlage in Preußen unverzüglich einbringen werde. Im Januar 1916 wurde infolge der Drohung der Fortschrittsparteien, die Frage des preußischen Wahlrechts im Reichstag vorzubringen, von Wilhelm II. in der Thronrede angekündigt, daß eine Reform in dieser Richtung beabsichtigt sei.

Fortschrittliche Reformen waren seit seinem Regierungsbeginn sein Ziel gewesen. Mit Wilhelms Zustimmung wurde der Bundesrat 1914 ermächtigt,[26] zur Abhilfe wirtschaftlicher Schäden einzugreifen. Der Bundesrat ermächtigte auf dieser Grundlage durch Beschluß vom 20. Mai 1915 die Gerichte, Zahlungsfristen von längstens drei Monaten seit Erlaß des Urteils zu bewilligen, und vereinfachte durch Verordnungen vom 9. September 1915 und 18. Mai 1916 die Zivilrechtspflege, durch Beschlüsse vom 4. Juni 1915 und vom 7. Oktober 1915 auch die Strafrechtspflege. Der bayerische Justizminister Ferdinand von Miltner unterstützte die Bundesratsbeschlüsse zur Entlastung der Gerichte 1915 durch eine Veröffentlichung. Am 19. Januar 1917 ordnete Wilhelm durch Erlaß als König von Preußen an, eine landesrechtliche Justizreform vorzubereiten. Es sollte vor allem geprüft werden, auf welche Weise ohne Änderung der Reichsgesetzgebung in der Justizverwaltung Vereinfachungen und Verbilligungen herbeigeführt werden könnten. Er betraute damit Mügel, der schon 1906 mit Reformgedanken hervorgetreten war, die den von Franz Adickes geäußerten ziemlich nahe kamen, und den Wilhelm als Frankfurter Oberbürgermeister kennengelernt hatte. Mügel faßte seine Vorschläge in einer Denkschrift vom 25. Januar 1918 zusammen.

In Paris schrieb der *Matin*, Wilhelms Verbleiben auf dem deutschen Kaiserthron werde als Herausforderung betrachtet. Im April 1917 beriet in Paris der „Internationale Freimaurer-Kongreß": „Wie kann man in Deutschland selbst eine starke Bewegung gegen die Monarchie hervorrufen? Denn: Die Grundlage des Weltfriedens muß die Absetzung des deutschen Kaisers bilden!"[27] Über die Schweiz setzten die Westmächte mit einer Zersetzungspropaganda in Deutschland ein, die sich in verschiedenen Kreisen stark auswirkte.[28] So hetzte der Münchner Rechtsanwalt Wilhelm Eckstein als „Siegfried Balder" gegen Wilhelm II.; „ein um sein Land besorgter Bayer" klagte über die 1871 verlorenen Souveränitätsrechte; eine Schrift forderte von den Wittelsbachern, an die Spitze des Reiches zu treten, sonst hätten sie auch zu verschwinden. Die Alternative wurde aufgetan: „Kaiser und Krieg oder Republik und Friede." 1918 erschien die Schrift „Wilhelm II. noch deutscher Kaiser, wir klagen dich an".

Kriegseintritt der USA – Woodrow Wilson – Der Feldpropst der bayerischen Armee Erzbischof Faulhaber – Aufhebung des Verbots des Jesuitenordens – Forderung der Treue zu Kaiser und Landesfürsten durch die katholischen Bischöfe 1917 – Lenins Verzicht auf Polen, Litauen, Estland, Lettland und Finnland – Theodor Schiemann Kurator der Universität Dorpat – Dankbarkeit der Balten – Kronprinz Rupprechts Vorschläge für die westliche Frühjahrsoffensive 1918 nur teilweise akzeptiert – Ludwig III. von Bayern für einen Frieden wenn auch nur unter Opfern

Wilhelm II. war vor allem vom Eintritt der Vereinigten Staaten von Nordamerika 1917 in den Krieg betroffen. Da er vor dem Krieg einmal Theodore Roosevelt, den Präsidenten der Vereinigten Staaten, als Vermittler zwischen Rußland und Japan vorgeschlagen und ihn dieser als vormaliger amerikanischer Präsident 1910 besucht hatte, glaubte er an eine freundschaftliche Tendenz in den Beziehungen der USA zum Deutschen Reich. Noch 1938 fragte er den Verfasser: „Warum ist denn Amerika in den Krieg gegen mich eingetreten?" Dieser antwortete: „Um England zu retten." Wilhelm II. führt in seinem Rückblick[29] 1922 an, daß Wilson, der Präsident der Vereinigten Staaten, im Interesse der mächtigen Hochfinanz der Wallstreet in den Krieg eingetreten sei. Amerika habe dadurch nahezu die Hälfte des Goldes der ganzen Welt an sich ziehen können, so daß 1922 der Dollar anstelle des englischen Pfund den Wechselkurs in der Welt bestimme. Auf Wilsons Forderungen vom 8. Januar 1918 (14-Punkte) bezog sich auch ein Flugblatt an die „Elsaß-Lothringer".

Dagegen traten die führenden Vertreter der evangelischen und katholischen Kirche im Deutschen Reich für die Treue zu den Fürsten aufgrund der bestehenden Verfassungen ein. Michael von Faulhaber, der Feldpropst der königlich bayerischen Armee, früher Bischof von Speyer und Nachfolger Kardinal Bettingers als Erzbischof von München, trat in vielen Kriegspredigten für dieses Ideal der Treue ein, etwa am 23. Januar 1916 in einer Predigt, die auch in der von ihm herausgegebenen Reihe der „Feldpredigten" und der Reihe „Das Schwert des Geistes" gedruckt wurde. Sie wurde dort veröffentlicht unter dem Titel: „Kreuz und Krone – zum Kaisertag von Bischof von Faulhaber."[30] Als Faulhaber vom 28. Januar bis 19. Februar 1918 Teile der bayerischen Armee an der Ostfront als Feldpropst besuchte, hatte er vor der Abreise noch über Worte Wilhelms II. gepredigt: „27. Januar 1918 – Gedanken zur Kaiserrede."[31] Natürlich hatte Faulhaber immer wieder auch des Königs Ludwig III. gedacht, etwa am 7. Januar 1918. Er erkannte die immer schwieriger werdenden menschlichen und politischen Probleme des Krieges, zumal er sich auch mit kritischen Beobachtern wie Kronprinz Rupprecht von Bayern darüber aussprach. Durch einen Brief widmete er am 28. Juli 1917 aus München, wo er bereits Erzbischof geworden war, seine gedruckte Sammlung der Feldpredigten dem Kaiser: Die Feldpredigten seien nur ein schwacher Widerhall dessen, was das lebendige, von persönlichem Feuer getragene Wort beim Feldgottesdienst die Fronten entlang mit Gottes Hilfe bewirke. Auch seine persönliche „treugehorsame Verehrung" dem Kaiser gegenüber komme in diesen Predigten zum Ausdruck.[32]

1917 hob Wilhelm II. mittels Gesetz das Verbot der Jesuiten wie schon 1894 das der Redemptoristen im Reichsgebiet auf. Es war einst durch die Initiative des bayerischen Ministers Lutz 1872 zustandegekommen. Die Aufhebung dieses Verbots im Reichsgebiet wurde in weiten Kreisen, vor allem der Kirche mit Dankbarkeit begrüßt. Schon vor Aufhebung des Verbots würdigte 1915 der Jesuitenpater Lippert den Kaiser. Wir müßten „mit unsagbarem Danke bekennen", daß Wilhelm II. „uns ein treuer Führer und geradezu idealer Herrscher gewesen ist in dem schweren Kampf um unser Dasein; daß er unsern Willen gestählt, unsere Herzen mit Vertrauen und Zuversicht erfüllt hat. Ja, er war der König und Kaiser, den die Vorsehung uns gab. In der äußersten Gefahr, die unser Volk durchmachte, war Wilhelm ein Dolmetsch des göttlichen Willens so, wie jede weltliche Obrigkeit es sein sollte. Er war ein zuverlässiger Verkünder, ein treuer Bote, ein liebenswürdiges Abbild des göttlichen Herrscherwillens. So lebt er in unserm Herzen, und darum lassen wir uns die Freude an unserm ‚gotterwählten' Kaiser nicht rauben." Noch wenige Tage vor der Revolution, am 4. November 1918, sprach der Domprediger von Köln, ein Franziskanerpater, von unserem „hochherzigen Kaiser."[33]

Am 9. November 1917 sprachen die deutschen Bischöfe in ihrem Allerheiligen-Hirtenbrief von ihrer Pflicht, „in so schicksalschwerer Stunde, an so scharfer Zeitenwende" ihre Stimme zu erheben und ihren Diözesanen Weg und Ziel „durch Stürme und Nebel" zu weisen. Sie nahmen als Leitwort den „majestätischen Befehl" des Heilands: „Gebt Gott, was Gottes ist, und dem Kaiser, was des Kaisers ist" (Mt 12, 21). „Darum haltet fest, Geliebte, danach ordnet euren Wandel." Die Bischöfe beschworen die deutschen Katholiken und ermahnten sie, „treu dem Kaiser und dem Landesfürsten, gehorsam jeder rechtmäßigen Obrigkeit" zu sein, „nicht der Strafe wegen, sondern aus Gewissensgründen, nicht aus Menschenrücksichten, sondern um Gottes Willen" (Röm 13, 1f.). Die Bischöfe bekannten: „Mit unerschütterlicher Treue und opferfreudiger Hingabe stehen wir daher zu unsern Herrschern von Gottes Gnaden, dem Kaiser und den Landesfürsten. In ihre Hände hat Gott im Lauf einer Entwicklung von Jahrhunderten den Herrscherstab gelegt. Ihnen haben unsere heldenmütigen Krieger den Eid der Treue geschworen und den Schwur mit ihrem Blut besiegelt. Der Krieg hat in Deutschland den alten heiligen Bund zwischen Volk und Fürst nicht gelockert, sondern ihn im gemeinsamen Leiden und Streiten noch fester geschmiedet. Wir haben es als brennende Schmach empfunden, daß man es wagte, uns den Frieden anzubieten als Judaslohn für Treuebruch und Verrat am Kaiser."[34]

Als im November 1917 die wegen des alten russischen Kalenders sogenannte

Oktoberrevolution durch Lenin und seine Genossen inszeniert wurde, leisteten verschiedene Kreise in verschiedenen Teilen des bisherigen Rußland Lenin Widerstand. Seit 1915 durch deutsche Truppen besetzt und in dynastische Kombinationen einbezogen wurden durch Wilhelms Friedensschluß mit Lenin am 3. März 1918 Litauen, Estland und Livland von Rußland getrennt, zu dem sie freilich erst seit dem ersten Jahrzehnt des 19. Jahrhunderts durch Verträge Kaiser Alexander I. mit Napoleon gehörten. Wilhelm II. hatte schon 1916 einen eigenen polnischen Staat als konstitutionelle Monarchie zu begründen begonnen und noch dazu das Einverständnis Franz Josephs schließlich erreicht. Auch das frühere Großfürstentum Finnland wandte sich von Rußland ab. Lenin trat im Frieden von Brest-Litowsk am 3. März 1918 Polen den Mittelmächten förmlich ab.

Professor Theodor Schiemann, der seit 1892 als Professor für osteuropäische Geschichte an der Universität Berlin gewirkt hatte, wurde von Wilhelm II. immer wieder in politischen und historischen Fragen zu Rate gezogen und erhielt von ihm manche Orientierung, hauptsächlich über den Osten. Wilhelm hatte ihn vor dem Kriege oft in sein Haus eingeladen, sich von ihm auch auf seiner Reise nach Tanger begleiten lassen und ihm verschiedenes über politische Vorgänge vertraulich mitgeteilt. Nun beriet 1917 Schiemann den Kaiser bei seinen Entscheidungen in den bisher zu Rußland gehörenden Gebieten. Der Monarch machte „diesen bewährten Mann" nach der Befreiung des Baltikums zum Kurator der Universität Dorpat. Wilhelm setzte 1917 die Rückkehr der von den Russen verschleppten 500 Balten in ihre Heimat, das Baltikum, durch. Diese waren ihm dafür so dankbar, daß sie ihm noch 1928 in Erinnerung daran demonstrativ dankten. Da auch die Familie Adolf von Harnacks aus dem Baltikum stammte, hatte sich Wilhelm auch durch ihn über diese Gebiete orientieren lassen. Sie wurden nun selbständige Staaten, gerieten 1939/40 durch die Zusammenarbeit Stalins mit Hitler unter sowjetische Herrschaft und wurden nach dem Zusammenbruch der Sowjetunion wieder selbständig.

Im Westen stand die militärische Entscheidung über den Krieg noch aus. Kronprinz Rupprecht hatte zu Beginn des Jahres 1917 den strategischen Rückzug in die Siegfried-Stellung[35] durchgesetzt. Er störte die feindliche Offensive entscheidend und ermöglichte seiner Heeresgruppe, die englischen Materialangriffe bei Arras und in Flandern abzuschlagen. Das kam der auf die Hindenburg-Linie bzw. Siegfried-Stellung verkürzten deutschen Front sehr zugute. Im November 1917 beteiligte sich Rupprecht mit Erfolg am Gegenangriff bei Cambrai. Bei der Planung der Offensive für den 21. März 1918 wählte Ludendorff nicht den von Rupprecht vorgeschlagenen Angriffspunkt, sondern eine Stelle weiter südlich und wies überdies den Südabschnitt der Angriffsfront der Heeresgruppe Deutscher Kronprinz zu, um sich selbst die Möglichkeit des Eingreifens zu sichern.

Die Teilung des Oberbefehls lag nicht nahe, sondern war eine auffallende Maßnahme, um die preußische Führung bei dem erwarteten Sieg hervortreten zu lassen. Doch setzte sich Rupprecht mit dem Gedanken des Überraschungsangriffs durch. Im Verlauf der Offensive fast bis Amiens verschob sich dann die Stoßrichtung entgegen dem ursprünglichen Plan und den Anträgen Rupprechts immer mehr nach Süden. Dagegen fiel der zweite Schlag bei Ypern-Lens am 9. April ganz in den Verantwortungsbereich der Heeresgruppe Rupprecht. Am 27. Mai wurde die französische Front angegriffen und in drei Tagen tief eingedrückt, so daß die Geschosse der dicken Berta Paris erreichten. Doch waren die deutschen Verluste furchtbar. Zu dem letzten, also vierten Vorstoß, den Rupprecht führen sollte, kam es nicht mehr. Die große Schlacht in Frankreich war verloren. Wilhelm hatte noch im Februar Ludwig III. zu dessen goldener Hochzeit in München besucht und ostentativ um Vertrauen geworben, hatte aber unter dem Druck der preußischen Generale Rupprechts Vorschläge nicht ausreichend berücksichtigt.

1905 hatte Wilhelm II. an Nikolaus II., der den russisch-japanischen Krieg verlor, geschrieben: „Ist es mit der Verantwortlichkeit eines Herrschers vereinbar, ein ganzes Volk gegen seinen ausgesprochenen Willen weiter zu zwingen, seine Söhne hinauszuschicken, in Hekatomben töten zu lassen, nur für ihn? Nur für seine Auffassung von nationaler Ehre? Nachdem das Volk durch sein Verhalten klar bewiesen hat, daß es eine Fortsetzung des Krieges mißbilligt?... Nationale Ehre ist eine sehr gute Sache an sich, aber nur in dem Falle, wenn das ganze Volk selbst beschließt, sie mit allen denkbaren Mitteln aufrecht zu erhalten. Aber wenn der Wille eines Volkes zeigt, daß es genug hat, ist es dann nicht vernünftig, daß auch sein Herrscher dann – zweifellos mit schwerem Herzen – die Konsequenzen zieht und Frieden schließt? Selbst, wenn es ein bitterer Friede ist? Das ist besser, als durch die Verlängerung eines unpopulären Krieges ein derart bitteres Gefühl in seinem Lande zu schaffen, daß es sich sogar nicht zurückhalten ließe, ernstliche Schritte zu unternehmen, um den Herrscher schließlich zu zwingen, ihre Wünsche zu erfüllen und ihre Auffassung [...des Volkes] anzunehmen?"[36] Im Jahr 1918 war Wilhelm II. in der Lage, für die er 1905 dem später in der bolschewistischen Revolution ermordeten russischen Kaiser diesen Rat gegeben hatte.

Als der österreichische Kaiser Karl König Ludwig III., der keine Erschwerung oder Verschiebung des Friedens mit Rußland gewollt hatte, besuchte, erkannte der Bayernkönig im August 1918 klar die Notwendigkeit eines baldigen Friedens, auch wenn er nur unter Opfern zu erlangen wäre. Er hatte sich nicht gegen die Hohenzollern dadurch in Versuchung führen lassen, daß bereits 1917 in einer Broschüre die Absetzung der Hohenzollern und ein Kaisertum der Wittelsbacher gefordert wurde. Darin wurde ihre Volksfreundlichkeit, Kunstliebe, aber auch ihre traditionelle Verknüpfung mit Frankreich gerühmt. „Wenn die Wittelsbacher wollen, mit ihnen, wenn sie nicht wollen, ohne sie, wenn sie widerstreben, gegen sie, so muß das bayerische Volk die Straße wandeln..." Wilhelm II. wurde seit 1916 von der Obersten Heeresleitung immer mehr erpreßt. An deren Spitze den Kronprinzen Rupprecht von Bayern zu stellen und Hindenburg wie Ludendorff zu entlassen, einen solchen Entschluß gegen die preußische Tradition vermochte er nicht zu fassen.

Anfang August 1918 wurde Major Alfred Niemann[37] dem Kaiserlichen Hauptquartier, das sich seit 1916 häufig in Spa nicht weit von der holländischen Grenze befand, als eine Art Verbindungsoffizier zur Obersten Heeresleitung attachiert. Die Oberste Heeresleitung fürchtete, daß der Kaiser die Vorgänge nicht immer mit ihren Augen sah. Hindenburg mahnte den Major nach seiner Ernennung „Und vergessen Sie nie, daß der Kaiser ein wahrhaft edler Mensch ist!" Ein sozialistischer Kritiker des Prinzen Max von Baden, des Reichskanzlers seit dem 30. September 1918, sprach von Wilhelms starkem und leidenschaftlichem Willen; oft stehe er im Banne einer dämonischen Ungeduld, aber er sei für jeden ehrlichen Rat empfänglich und habe eine erstaunliche Selbstbeherrschung. Niemann hatte die Aufgabe, den Kaiser auf dem Laufenden zu halten und dabei den Standpunkt der Generale zu vertreten. Da sich Wilhelm II. aber auch durch andere Personen orientieren konnte und die Zeitungen las, war das keine leichte Aufgabe.

Der später zum Oberstleutnant beförderte Niemann veröffentlichte Wilhelms Worte und Auffassungen 1922 in dem Buch „Kaiser und Revolution", 1924 in dem Buch „Wanderungen mit Kaiser Wilhelm II." Er schrieb darin: „Sicherlich beurteilte der Kaiser die Lage klarer als wir alle. Aber gerade darum mußte er die Siegeszuversicht zur Schau tragen, die von seinem Volke zu verlangen für ihn eisernes Gebot war." Wilhelm war Anfang August 1918 wegen des großen Angriffs der Alliierten sehr beunruhigt, und richtete, wie Karl Rosner[38] schreibt, „besorgte Blicke auf die Wetterecke zwischen Albert und Montdidier, enthielt sich aber jedes befehlsmäßigen Eingriffs in die Gestaltung der Operationen", wenn er auch durch Niemann seine Meinungen als Anregungen den Generalen übermittelte.

Sieg der Entente am 8. August bei Amiens – Wilhelm bittet Holland um Friedensvermittlung – Kaiser Karls Bemühungen um einen Sonderfrieden – Insubordinationen im Heer – Bulgarien – Wilhelm vor Arbeitern in Essen und Kiel – Reichskanzler Prinz Max von Baden – Die von der Obersten Heeresleitung veranlaßten Bitte an Wilson um Waffenstillstand – Wilsons Bedingungen – Zusammenbruch der Kriegsführung in der Türkei und in Bulgarien – Wilhelm für Friedensschluß

Am 8. August brach die Entente bei Amiens durch. Als Niemann das dem Kaiser meldete, rief dieser aus, er habe es kommen sehen, aber „während der beiden nächsten furchtbaren Tage der Ungewißheit zeigte er eine wunderbare Gefaßtheit und Ruhe". Er fuhr nach Avesnes, wo Ludendorff das, was geschehen war, als eine „schwere Niederlage" bezeichnete. Der General fand, „besonders besorgniserregend sei, daß der kriegerische Geist bei einem Teil der Divisionen zu wünschen übrig lasse", einer angreifenden Division seien von anderen Truppen die Worte „Streikbrecher" und „Kriegsverlängerer" zugerufen worden. Der Kaiser entgegnete dazu, es sei zu viel von ihnen verlangt worden; Ludendorff stellte das in Abrede. Hindenburg las dann das Telegramm eines deutschen Generals vor, der dem österreichischen Hauptquartier attachiert war: Österreich sei am Ende seiner Kräfte. Wilhelm sagte darauf: „Ich sehe ein, wir müssen die Bilanz ziehen. Wir sind an der Grenze unserer Leistungsfähigkeit. Der Krieg muß beendet werden." Die Generale widersprachen nicht. Wilhelm sagte dann mit fester Stimme, daß er erwarte, sie in den nächsten Tagen in Spa zu sehen, reichte ihnen die Hand und versicherte sie seines unerschütterten Vertrauens. Dann ging er.

Zwischen den höchsten Vertretern der Zivil- und Militärbehörden ließ Wilhelm dann am 13. und 14. August in Spa Beratungen anstellen. Der Kronrat wurde von ihm dorthin berufen, um Klarheit über die Lage zu gewinnen und die daraus zu ziehenden Schlüsse für die von Graf Hertling zu befolgende Politik ziehen zu können. Die Oberste Heeresleitung billigte den Gedanken, daß der Reichskanzler die Möglichkeit einer Annäherungsaktion an den Feind ins Auge fassen solle, betonte aber die Notwendigkeit, zuvor von der Siegfried-Stellung aus den Feind zu schlagen, erst dann könne man verhandeln.

Wilhelm befahl aber, daß sich der Kanzler mit den Niederlanden in Verbindung setzen solle um zu erkunden, ob sie bereit seien, einen solchen Vermittlungsschritt zu tun. In den Beratungen in Spa wurde beschlossen, die Königin von Holland um Vermittlung eines Friedens zu bitten. Die niederländische Regierung erklärte Wilhelm ihre Bereitschaft, den Zusammentritt einer Friedenskonferenz im Haag zu gestatten. Sie kam durch zwei Umstände zum Schaden für Deutschland, aber auch für den Kaiser nicht zustande: Die Oberste Heeresleitung konnte den Gegner an der Siegfried-Stellung nicht gründlich schlagen. Kaiser Karl scheint aber durch ein Ferngespräch mit Kaiser Wilhelm zu der Friedensvermittlung im Haag zwar bereit gewesen zu sein, unternahm aber ohne dessen Wissen ein Sonderfriedensangebot. Der österreichische Außenminister Julius Graf Andrássy d. J. hatte schon längst in der Schweiz mit der Entente verhandelt, ohne die deutsche Regierung zu verständigen. Die österreichische Regierung glaubte, in einem Separatfrieden bessere Bedingungen für sich herauszuschlagen zu können.

Wilhelm II. meinte 1922:[39] „Hätte Kaiser Karl nur drei Wochen länger die Nerven behalten, dann wäre vieles anders gekommen." Dazu ist zu sagen: Zweifellos hätte Kaiser Karl in den Verhandlungen mit dem König von Italien nicht sofort zu einer Abtretung Südtirols bereit sein sollen. Aber die deutsche Oberste Heeresleitung hätte, weil sich Österreich-Ungarn militärisch, wirtschaftlich und politisch nicht mehr halten konnte, die Initiative Kaiser Wilhelms, die Königin der Niederlande um Friedensvermittlung zu bitten, nicht durch die von ihr geforderte wirklichkeitsfremde Voraussetzung dazu, erst noch einen Sieg zu erringen, verschieben dürfen. Ludendorff wußte ja seit dem 8. August, daß die vordringende Entente nicht aufzuhalten war.

Als Wilhelm den Oberbefehlshaber der Heeresgruppe vor Verdun, General Max von Gallwitz, und den Kommandeur der 1. Armee, General Bruno von Mudra, zu sich befahl, berichteten sie, der allgemeine Wunsch nach Beendigung des Kampfes und nach Frieden habe von der Heimat auf die Truppen in der Etappe übergegriffen. Die beiden sprachen von der großen Zahl der „Drückeberger" hinter der Front, von den Fällen von Insubordinationen, vom Erscheinen der roten Flagge in den Urlauberzügen aus der Heimat. Die beiden Generale vertraten die Ansicht, daß die Armee deshalb sofort hinter die Antwerpen-Maas-Linie zurückgenommen werden müßte.[40] Darauf befahl der Kaiser noch am selben Tag telephonisch Hindenburg, sobald als möglich den Rückzug hinter die Antwerpen-Maas-Linie zu bewirken. Da sich der Reichskanzler Graf Hertling nicht gegen die Oberste Heeresleitung für die Vermittlung des Friedens durch die Königin der Niederlande durchsetzen konnte, entschloß sich der Kaiser, der Bewegung in der Heimat nicht entgegenzuhandeln, die eine neue Regierung für den nun notwendigen Abschluß des Krieges wünschte. Am 20. August reiste er nach Wilhelmshöhe, um die Entwicklung von dort aus zu überblicken und mit der Kaiserin zusammenzusein, die einen schweren Herzanfall gehabt hatte. Von dort aus fuhr der Kaiser auch einmal, am 29. August nach Nauheim, um dort mit dem König der Bulgaren zusammenzutreffen, der dringend Hilfe für Bulgarien an der Balkan-Front erbat. Er dankte dann am 3. Oktober 1918 zugunsten seines Sohnes Boris III. ab.[41]

Am 2. September wurde ein neuer Rückschlag gemeldet. Die Nachricht warf den Kaiser mit Neuralgie nieder. Kaum wieder auf den Beinen, empfing er am 5. September den Generaldirektor der Hamburg-Amerika-Linie, Albert Ballin, und sprach mit ihm über die tatsächlich vorhandenen Vorteile der verkürzten Westfront. Ballin bedauerte in dem Bericht über das Gespräch, der „arme Monarch" sei wie gewöhnlich ganz schlecht informiert. Auf der Rückreise nach Spa hielt der Kaiser in Essen vor fünfzehnhundert Arbeitern eine Ansprache. Wie der Zeuge Alfred Niemann 1922 berichtete,[42] sprach er wundervolle Gedanken aus, verdarb aber teilweise deren Wirkung durch offenkundige Mißgriffe in der Ausdrucksweise, die inneren Widerspruch erzeugte. Erst am Schluß gelang es dem Kaiser wieder, seine Hörer zu packen.

In Kiel wurde er zwar von der Bevölkerung trotz sehr schlechten Wetters begeistert begrüßt, traf aber auf Bitterkeit unter den Werftarbeitern. Als ihn in Kiel die Nachricht erreichte, daß Zar Ferdinand der Bulgaren einen Waffenstillstand unterzeichnet habe, eilte er am 9. September nach Spa. Es wurde sofort die Bitte an die Königin der Niederlande beschlossen, Friedensschritte zu unternehmen, aber das wurde durch das separate österreichische Angebot vom 15. September vereitelt, das im übrigen von den Alliierten abgelehnt wurde. Da verlangte am 29. September die Oberste Heeresleitung ganz unvermittelt einen sofortigen Waffenstillstand. Sie erklärte sich mit einem parlamentarischen Vorgehen einverstanden. Der Reichskanzler hatte im Reichstag, wo die Friedensresolution Erzbergers nachwirkte, sich nicht durchsetzen können. Er hatte zwar beim Kaiser nicht nur ein bereitwilliges, sondern auch verständnisvolles Ohr gefunden.[43] Aber er wollte schon im Hinblick auf die freilich überstürzte Forderung der Obersten Heeresleitung zurücktreten. Der Kaiser besprach sich mit ihm über den neuen Kanzler, als Ludendorff unangmeldet den Raum betrat und erregt fragte: „Ist die neue Regierung noch nicht gebildet?" Wilhelm darauf: „Ich kann doch nicht zaubern."

Er reiste nach Potsdam und machte am 30. September den von der Friedenspartei gewünschten Prinzen Max von Baden, den Thronfolger des Großherzogtums Baden, zum Reichskanzler. Als am 3. Oktober dieser sein Amt übernahm, mußte er noch am Abend dieses Tages auf das dringende Verlangen der Obersten Heeresleitung ein Ersuchen um Waffenstillstand an den Präsidenten der USA Woodrow Wilson richten. Prinz Max bildete die neue Regierung auch aus Abgeordneten des Reichstags. Wilson fragte in seiner Antwort, ob der Kanzler nur für diejenigen Gewalten des Reiches spreche, die bisher den Krieg geführt haben. Als Vorbedingung für den Waffenstillstand forderte er, die Truppen überall aus den besetzten Gebieten zurückzuziehen. In der zweiten Note vom 14. Oktober verlangte er Aufgabe des U-Boot-Krieges und forderte in Bezug auf seine Botschaft vom 4. Juli „Vernichtung jeder willkürlichen Macht überall, welche es in den Händen hat, allein, geheim und aus eigener Willensentscheidung den Weltfrieden zu stören, oder falls diese Macht gegenwärtig nicht vernichtet werden kann, wenigstens ihre Herabminderung bis zur tatsächlichen Ohnmacht – und die Macht, welche bis jetzt das Schicksal der deutschen Nation bestimmt hat, ist von der beschriebenen Art. Die deutsche Nation hat die Wahl dies zu ändern."

Während Wilhelm Truppen an der Westfront besuchte, brachen die Bundesgenossen Türkei und Bulgarien zusammen.[44] Am 27. September morgens erfuhr der Kaiser, daß die bulgarische Friedensdelegation nach Saloniki abgegangen sei. Er urteilte: „In einigen Wochen werden wir ohne Bundesgenossen sein; dann müssen auch wir Frieden machen, um weiteres unnötiges Blutvergießen zu vermeiden." Das notierte Sigurd von Ilsemann, der sich an der Front ausgezeichnet hatte, vom Stab der Heeresgruppe Deutscher Kronprinz in die Operationsabteilung der Obersten Heeresleitung als Generalstabsoffizier versetzt worden und seit 1917 als Verbindungsmann des Großen Generalstabs in das kaiserliche Hauptquartier kommandiert worden war. Dort hatte er dem Kaiser täglich Vortrag über die Frontlage zu halten. Der junge Hauptmann tat das in einer Weise, die den Monarchen ansprach. Er ernannte ihn am 1. August 1918 zu seinem Flügeladjutanten und half ihm selbst dabei, die ihm noch nicht vertrauten silbernen Adjutantenschnüre festzumachen. Er wurde nun sein täglicher Begleiter und führte über die Gespräche mit Wilhelm II., und was er in seiner Umgebung erlebte, Tagebuch.[45]

Wilhelm in Berlin – Seine Abdankung zu wessen Gunsten? – Wilsons weitere Bedingungen – Bestellung Groeners statt Ludendorffs – Wilhelm in Flandern und vor allem in Spa – Wilhelms Forderung an Prinz Max von Baden, Reichskanzler zu bleiben – Agitationen in Deutschland – Friedrich Eberts Vorschlag einer Abdankung zugunsten eines jüngeren Kaisersohnes

Der Kaiser begab sich von Spa, wo er noch am 1. Oktober vom Einsatz 39 amerikanischer Divisionen und Tausender amerikanischer Tanks an der Westfront erfahren hatte, nach Berlin, wo ihm Kronprinz Wilhelm von der Aufreibung der heldenhaft kämpfenden Divisionen seiner Truppe berichtete. Dort mußte sich der Kaiser einige Tage wegen Ischias ins Bett legen, ließ sich aber auch in dieser Situation vom Reichskanzler Bericht erstatten. Am 9. Oktober traf Ludendorff in Berlin ein und eilte zum Kanzler. Am 11. Oktober trug Prinz Max dem Kaiser den Entwurf des Schreibens an Präsident Wilson vor. Der Adjutant des Reichskanzlers, Hauptmann i. G. Frhr. von Prittwitz und Gaffron, vertraten gegenüber Ilsemann die Auffassung, der Kaiser müsse sich mehr in Berlin zeigen, jetzt aber zunächst an die Westfront fahren. Am 12. Oktober besuchte der Kaiser mit seinen Begleitern, darunter Ilsemann, in Berlin das Hohenzollernmuseum mit den Erinnerungen an seinen Vater und seinen Großvater und suchte dann den neuen Chef des Zivilkabinetts, Oberst Leopold von Kleist, auf, der nach 1918 bei Wilhelm II. in vergleichbarer Stellung blieb und 1932 von General Wilhelm von Dommes abgelöst wurde. Ilsemann hoffte, daß Wilhelm bald Kleists Vorgänger Friedrich von Berg-Markienen zurückhole. „Vor dem Gebäude des Zivilkabinetts[46] hatte sich eine Menge Menschen angesammelt, die das Kaiserauto umdrängte, ein aufregender Augenblick in der jetzigen Zeit. Die Menschen konnten Seine Majestät berühren, so dicht standen sie; ich faßte unwillkürlich nach meinem geladenen Revolver in der Tasche. Aber es kam, was ich nicht erwartete: Alles zog und schwenkte die Hüte, unter lautem Hurra rollte das Auto den Linden zu. In der Stadt grüßten gestern sowohl wie vorgestern die Menschen alle sehr höflich, soweit sie den Monarchen erkannten, was mich für den Kaiser sehr freute. Die monarchische Stimmung soll nicht sehr toll hier sein, umso nötiger wird es, daß der Kaiser sich oft in Berlin zeigt."

Wilhelm II. berief am 21. Oktober die Mitglieder der neuen Regierung nach Schloß Bellevue und versicherte ihnen: „Mit Ihnen weiß ich mich eins in dem heiligen Willen, das Deutsche Reich aus der Not dieser Zeit zu einer ruhigen und friedlichen Entwicklung zurückzuführen. Ich hoffe, daß es uns, durch heiße

Vaterlandsliebe und das Gefühl starker Verantwortung verbunden, gelingen wird, dem neuen Deutschland den Weg zu einer hellen und glücklichen Zukunft zu bahnen. Daran wollen wir alle unsere Kräfte setzen, bereit den Weg des Friedens zu gehen, bereit aber auch zu kämpfen bis zum letzten Hauch und den letzten Hieb, wenn unsere Feinde es nicht anders wollen."[47] Diese Ansprache des Kaisers wurde nicht veröffentlicht.

Ilsemann stellte fest:[48] „So habe ich schon die Ehre gehabt, den Herren Erzberger, Scheidemann, David pp die Hand zu drücken. Die Herren äußerten sich dem Kanzler gegenüber begeistert über die Ansprache des Kaisers, der mit jedem einzelnen auch noch privatim gesprochen hatte." Am 22. Oktober hielt Ilsemann als Thema der öffentlichen Diskussionen ihre Zusammenfassung durch Herrn von Berg-Markienen fest: „Folgende Ansichten sind vertreten: 1. Der Kaiser erklärt, er könne die Veränderungen nicht mitmachen. Er lasse sich nicht alles aus der Hand nehmen und sich zur Puppe machen, sondern danke ab. 2. Der Reichstag verlangt Abdankung zu Gunsten des [Kron]Prinzen Wilhelm.[49] 3. Der Reichstag verlangt Abdankung zu Gunsten des Königs von Bayern." Berg-Markienen äußerte dazu zu Ilsemann: „Furchtbar, wohin wir kommen. Dem Kaiser wird alles genommen. Er müßte sich zur Wehr setzen, statt dessen gibt er in allem nach, meidet die Unannehmlichkeiten des Augenblicks und sieht nicht die Folgen für die Zukunft. Er hat eine Natur, die sich mit allem rasch abfindet. Er will energisch sein, aber wenn es darauf ankommt, ist er es doch nicht." Mehr angebracht wäre bei den Herren, die damals den Kaiser umgaben, gewesen, sich und ihm die Möglichkeiten des Fortbestandes der konstitutionellen Monarchien im Deutschen Reich und an dessen Spitze klar zu machen. Sollte an diese Spitze etwa Kronprinz Wilhelm, ein anderer Prinz von Preußen, oder ein Wittelsbacher – König Ludwig III. – treten? Am 28. Oktober gab Wilhelm II. einen Erlaß heraus, in dem es hieß: „Ich aber trete diesen Beschlüssen der Volksvertretung mit meinen hohen Verbündeten bei, in dem festen Willen, was an mir liegt, an ihrer vollen Auswirkung mitzuarbeiten, überzeugt, daß ich damit dem Wohl des deutschen Volkes diene. Das Kaiseramt ist Dienst am Volk."[50] Der Erlaß des Kaisers wurde nicht veröffentlicht.

Als der Kanzler Wilson versprach, daß der U-Boot-Krieg aufhören werde, antwortete der Präsident am 24. Oktober, daß „die Macht des Königs von Preußen, die Politik des Reiches zu bestimmen und zu lenken, unvermindert" scheine und daß die Regierung der Vereinigten Staaten, wenn sie „mit den militärischen Führern und der monarchischen Autokratie Deutschlands jetzt verhandeln muß, dann nicht Friedensverhandlungen, sondern Unterwerfung fordern müsse". Wilhelm sagte nun zu Niemann, er sehe die einzige Möglichkeit, eine Einheitsfront herzustellen, im folgerichtigen Fortschreiten auf dem Wege parlamentarischer Konzessionen, da dieser Weg nun einmal beschritten sei; bei den Beratungen an diesem Tage willigte er ein, „die militärischen Behörden den Zivilbehörden zu unterstellen." Als er erschöpft nach Spa zurückkam, erhielt er die Nachricht von einer Kanzlerkrise. Ludendorff hatte ein Manifest an die Armee erlassen, in dem er Wilsons Bedingungen für „unannehmbar für uns Soldaten" erklärte. Reichskanzler Prinz Max von Baden drohte nun mit seinem Rücktritt, wenn General Ludendorff nicht entlassen würde.

Bekümmert sagte der Kaiser zu Niemann: „Seit Wochen arbeite ich mit allen Kräften daran, alle Teile des Volkes zu einer Einheitsfront zusammenzuschweißen. Jetzt droht das ganze Gebäude zusammenzustürzen." Er fand es unmöglich, daß Kundgebungen wie die Ludendorffs ohne sein Einverständnis und das Wort des Kanzlers in die Öffentlichkeit gingen. Er versuchte, den Reichskanzler zu bewegen zu bleiben, und sicherte ihm zu, daß jeder solche Eingriff in die Politik in Zukunft unterbleiben würde und daß die Politische Abteilung des Generalstabs aufgelöst werden solle. Ludendorff beklagte sich aber jetzt, daß die Reichsregierung die Heeresleitung nicht decke und bat um Entlassung. Der Kaiser ersetzte ihn durch den 1867 geborenen württembergischen General Wilhelm Groener, der 1914 Chef des Feldeisenbahnwesens gewesen war. Er reiste nach Potsdam zurück und zeigte sich auch in Berlin, indem er im Tiergarten spazieren ging. Als ihn nun Hindenburg bat, nach Spa zu kommen, erklärte sich der Kanzler dagegen. Doch Wilhelm sagte ihm, daß er die Rückkehr ins Feld für seine Pflicht als Oberster Kriegsherr halte, nachdem er fast einen Monat von der schwer ringenden Armee getrennt gewesen sei. Der Kanzler wandte ein, Wilhelm sei zu Hause unentbehrlich. Doch Wilhelm entgegnete, „Wir befinden uns im Kriege," und der Kaiser gehöre zu seinen Soldaten. Er sagte dem Kanzler noch vor der Abreise, die er am 29. Oktober in Potsdam antrat: wenn die Waffenstillstandsnote Wilsons eintreffe, dann müsse sie ja doch im Hauptquartier bei der Armee besprochen werden und der Kanzler zu den Beratungen nach Spa kommen. An diesem 29. Oktober kam es in Wilhelmshaven, als der Befehl zum Auslaufen der Flotte erteilt wurde, zu einem Aufstand.

Wilhelm begab sich zur Armee in Flandern, nachdem er in Spa dem Generalstab nochmals den Befehl gegeben hatte, schleunigst in die Antwerpen-Maas-Stellung zurückzugehen, damit die Truppen endlich aus dem Kampf heraus zur Ruhe kämen. Der Generalstab wandte ein, das brauche Zeit, die Stellung sei noch nicht fertig, das Material müsse erst zurückgebracht werden u. s. w. Doch Kaiser Wilhelm hielt den Befehl aufrecht. Der Rückzug wurde eingeleitet.[51]

In Flandern sah Wilhelm Abordnungen der verschiedenen Divisionen, sprach mit den Leuten, verteilte Dekorationen und wurde überall von Offizieren wie Mannschaften freudig begrüßt. Besonders stürmisch huldigten ihm sächsische Rekruten auf dem Bahnhof, auf dem er wieder den Zug bestieg. Während er an Angehörige der Gardeersatzdivision Dekorationen austeilte, flog, von Abwehrgeschützen und Maschinengewehren heftig beschossen, ein feindliches Bombengeschwader direkt, wie Wilhelm erzählt, „Über uns weg und warf in der Nähe des Sonderzugs Bomben ab". Die höheren Truppenführer meldeten übereinstimmend, der Geist der Truppe in der vorderen Linie sei gut und zuverlässig. Weiter rückwärts sei das nicht im gleichen Maße der Fall. Wenn auch die Urlauber oft einen schlechten Geist von zu Hause mitbrächten, seien doch die jungen Rekruten in den Depots gut.

In Spa erfuhr der Kaiser von der Agitation gegen ihn in der Heimat und, wie er urteilte, von der zunehmenden Schlaffheit und Hilflosigkeit der Regierung, die ohne Initiative und Kraft sich nur noch willenlos treiben lasse. Sie wurde in der Presse spottend „Debattierclub" genannt, Prinz Max als „Revolutionskanzler" bezeichnet. Tatsächlich lag er, wie Wilhelm später erfuhr, über zehn Tage mit Grippe im Bett, und der Vizekanzler Friedrich von Payer, der der Fortschrittlichen Volkspartei angehörte, und der Staatssekretär des Auswärtigen Amtes, Wilhelm Solf, der 1911 Staatssekretär des Reichskolonialamtes geworden war, regierten mit dem andauernd tagenden sogenannten Kriegskabinett das Deutsche Reich. Wilhelm[52] urteilte 1922: „In solch kritischen Zeiten durfte m. E. das gefährdete Staatsschiff nicht von Vertretern des Reichskanzlers gesteuert werden. Vertreter können eben nicht die Autorität haben wie der verantwortliche Regierungschef. Autorität aber war gerade damals von Nöten. Es waren, soweit es mir bekannt ist, nicht einmal starke Vollmachten an den Vizekanzler gegeben worden. Die richtige, d. h. die pflichtgemäße Lösung wäre die wirkliche Ersetzung des Prinzen Max als Reichskanzler und die Berufung einer starken Persönlichkeit an seine Stelle gewesen. Da wir das parlamentarische Regierungssystem hatten, mußten die Parteien den Wechsel im Kanzleramt veranlassen und mir einen Nachfolger des Prinzen präsentieren. Das ist nicht geschehen."

Am 1. November schrieb die Zeitung *Germania*, wenn der Kaiser dem neuen Regime ehrlich zustimme, so könnte diese Tatsache nicht schnell genug bekanntgegeben werden. Erst jetzt wurde der einschlägige Erlaß veröffentlicht, aber nicht seine Ansprache an die Minister. Am 3. November unterzeichnete Österreich–Ungarn den Waffenstillstand mit Italien, bereits am 30. Oktober ergab sich die Türkei. Schon am 1. November schlug der preußische Innenminister Wilhelm Drews in Spa die Abdankung des Kaisers vor, allerdings nicht als eine Forderung oder Empfehlung der Reichsregierung, sondern mehr als einen guten Gedanken. Wilhelm II. setzte ihm auseinander, daß das durchaus kein guter Gedanke sei. Hindenburg und Groener sagten Drews sehr deutlich ihre Meinung. Über den Reichskanzler wurde derart kritisch von Groener gesprochen, daß der Kaiser noch beschwichtigte. Prinz Max selbst hatte am 31. Oktober den Kaiser telegraphisch gebeten zurückzukommen, um über den Waffenstillstand und innere Fragen zu beraten, wobei er bemerkte, daß die Anwesenheit des Kaisers bei der Armee manche Leute argwöhnen ließe, daß er einen militärischen Staatsstreich beabsichtigte. Der Kaiser entgegnete, der Kanzler solle seine ihm doch bekannten wahren Gefühle bekanntgeben. Die Generale hätten seine Anwesenheit an der Front für notwendig erklärt, da seine Abwesenheit bereits verschiedene Offiziere entmutigt habe. Sie befürchteten, er habe die Absicht, die Armee zu verlassen. In Berlin arbeitete A. Joffe, der Botschafter des von Lenin geführten Rußland, auf einen Frieden mit Hilfe eines Umsturzes auch in Deutschland mit großer Umsicht hin. Die Reichsregierung schloß deshalb am 4. November seine Dienststelle.

Am 5. November ließ Wilson wissen, daß der französische General Foch ermächtigt sei, den Vertretern der deutschen Regierung die Bedingungen für den Waffenstillstand bekanntzugeben. Sie sollten es den Alliierten möglich machen, die Frieden zu diktieren. Der sozialdemokratische Mitarbeiter des Kanzlers, Friedrich Ebert, sagte:[53] Die Abdankung des Kaisers sei unumgänglich notwendig, wenn man den Übergang der Massen in das revolutionäre Lager und damit die Revolution selbst verhindern wolle. Er schlage daher aber vor, daß der Kaiser noch heute, nämlich am 6. November, spätestens morgen, also am 7. November freiwillig seine Abdankung erkläre und einen seiner Söhne, vielleicht Prinz Eitel Friedrich oder Oskar, in Vertretung des Kronprinzen mit der Regentschaft betraue. Der Kronprinz selbst sei im gegenwärtigen Augenblick unmöglich. Groener ging am 6. November zu Eberts großem Bedauern auf seinen Vorschlag[54] nicht ein. General Groener sagte im sogenannten Dolchstoßprozeß in München im Dezember 1925, er habe die Vorschläge Eberts am 6. November 1918 leider ablehnen müssen, erstens weil er von Hindenburg den Auftrag mit auf den Weg bekommen hatte, den Kaiser zu stützen, zweitens, weil ihm mitgeteilt worden war, daß sämtliche Söhne des Kaisers sich mit ihrem Vater solidarisch erklärt und zum Ausdruck gebracht hätten, es würde jeder von ihnen eine ihm angetragene Regentschaft ablehnen. „Ob das der Fall war, kann ich nicht sagen."

Am 7. November Umsturz in München – Staatssekretär Scheidemann fordert Abdankung des Kaisers – Die Rheinübergänge in den Händen der Aufständischen – 8. November Abdankung des Herzogs von Braunschweig – Zuverlässigkeit der Truppen? – Hindenburg, Groener und andere in Spa – Wilhelms Erwägung, als Kaiser abzudanken, nicht aber als König von Preußen – Abdankung überhaupt? – Die deutsche Waffenstillstandskommission – Wilhelms Entschluß, in Deutschland die Ordnung wiederherzustellen – Verkündigung einer gar nicht erfolgten Abdankung durch den Reichskanzler, um die Monarchie zu retten – Wilhelms Protest und Dementi – Scheidemanns Republik-Proklamation – Kronprinz Wilhelm an die Soldaten

Da kam es am 7. November in Bayern[55] zu einem Umsturz, der sich auch auf das Reich und den Kaiser auswirkte. Extremisten der äußersten Linken inszenierten gegen den Willen von Sozialdemokraten wie Erhard Auer eine Kundgebung auf der Theresienwiese in München. Der von Arbeitern gewarnte König ließ auf die auch mit schweren Steinen gewalttätigen Demonstranten vor der Residenz nicht schießen. Die Minister erklärten, die Exekutivgewalt der Regierung nicht behaupten zu können, und so reiste der König zusammen mit seiner schwerkranken Gemahlin aus München ab. Das Kriegsministerium verkündete eine Eidesentbindung, ohne den König zu fragen. Kronprinz Rupprecht protestierte am 10. November noch vom Kriegsschauplatz aus. Ludwig III. weigerte sich am 13. November in Schloß Anif bei Salzburg, den Entwurf einer Abdankungsurkunde zu unterzeichnen, entband aber die Beamten, Offiziere und Soldaten des ihm geleisteten Treueides. In welchem Umfang Wilhelm II. von den Vorgängen am 7. November in München wußte, ist nicht festzustellen.

In Berlin stellte am 8. November Staatssekretär Philipp Scheidemann, seit 1916 Vorsitzender der Sozialdemokratischen Partei, der Regierung des Reichskanzlers Prinz Max, der er selbst angehörte, ein Ultimatum, in dem u. a. die Abdankung des Kaisers gefordert wurde. Prinz Max bat Scheidemann, die Sache noch anstehen zu lassen, er würde dem Kaiser unterdessen zureden, zu gehen. Dann bat er telegraphisch Wilhelm II. um seine Entlassung, da er ihn nicht bitten könne abzudanken. An diesem 8. November wurde im Großen Hauptquartier bekannt, daß alle Rheinübergänge in den Händen der Aufständischen seien.

Herzog Ernst August von Braunschweig, der Schwiegersohn des Kaisers, dankte am 8. November nachmittags ab. In Spa sagte Wilhelm II., der die Generale zu sich bestellt hatte und die Erklärung von 39 Regimentskommandeuren erwartete, ob ihre Regimenter zuverlässig seien, zu Niemann: Wenn der Bolschewismus ausbräche, so schiene ihm seine Abdankung erst recht nicht am Platze zu sein. Vielleicht würden sogar die Alliierten einsehen, daß um Europas willen die Recht und Ordnung in Deutschland verkörpernden Kräfte nicht untergehen dürften. Der Kaiser glaubte, daß man mit den Meutereien am Rhein fertig werden könnte. Da wurden dem Kaiser Hindenburg und Groener gemeldet. Doch erschienen noch drei andere Generale und der Staatssekretär von Hintze. Hindenburg trat vor und bat, daß Groener berichten dürfe. Er, Hindenburg, könne seinem König nicht sagen, was gesagt werden müsse. Der Kaiser nickte schweigend. Groener schilderte in einer langen Rede die verzweifelte Lage und erklärte, daß die Armee nicht mehr zuverlässig sei. Der Kaiser bemerkte, daß der Generalstabschef der Heeresgruppe Deutscher Kronprinz, Friedrich Graf von der Schulenburg, etwas sagen wollte und wandte sich ihm zu: „Und Ihre Ansicht, Graf Schulenburg?" Dieser wies darauf hin: Es gäbe „noch zahlreiche verläßliche Verbände, die zur Vertreibung der Meuterer von den Brücken verwendet werden könnten". Groener wandte ein, daß der Befehl, gegen die Heimat vorzugehen, einen furchtbaren Kampf innerhalb der Armee entfesseln werde. Da rief der Kaiser, das wolle er nicht. Worauf es ankomme, sei, den Waffenstillstand abzuschließen und dann das Heer zurückzuführen, um die Ordnung in der Heimat wiederherzustellen. Davon hinge alles ab. Gegenüber „diesem zweifellos einzigen vernünftigen Plan", wie ihn Chamier beurteilt, sagte Groener: „Unter seinen Generalen wird das Heer in Ruhe und Ordnung in die Heimat zurückmarschieren, aber nicht unter der Führung Euerer Majestät." Zornbebend ging der Kaiser auf Groener zu: „Exzellenz, diese Erklärung verlange ich von Ihnen schriftlich. Schwarz auf weiß will ich die Meldung aller kommandierenden Generale haben, daß das Heer nicht mehr hinter seinem Obersten Kriegsherrn steht. Hat das Heer mir nicht den Fahneneid geschworen?" Groener erwiderte: „Fahneneid? Das ist eine Fiktion."

In diesem Augenblick rief der Reichskanzler Prinz Max an und drängte in den Kaiser, daß er abdanken möge; nur das könne den Bürgerkrieg verhüten. Schulenburg bat nun den Kaiser, nichts zu übereilen, und schlug vor, die Militärbehörden in Berlin und ebenso die Armeeführer an der Front um ihre Meinung zu fragen. Während Kronprinz Wilhelm eintrat, meldete die Reichskanzlei telefonisch, es fließe bereits Blut. Das Oberste Heeresleitung berichtete, das treffe nicht zu, die Dinge ständen aber freilich ernst. Da erschien Oberst Heye, der mit Offizieren gesprochen hatte, die von der Front nach Spa berufen worden waren, und meldete, die Armee würde nicht gegen die Heimat kämpfen, aber die Person ihres Kaisers schützen; darauf könne dieser sich verlassen.

Ein Offizier von Schulenburgs Stab, der der Besprechung unaufgefordert beigewohnt hatte, führte nun dem Kronprinzen aus, die Regimentskommandeure seien nicht gefragt worden, ob die Armee dem Kaiser folgen würde, um nach dem Waffenstillstand die Ordnung wieder herzustellen, sondern ob man von der Armee verlangen könne, dem Feind den Rücken zu kehren und nach Berlin zu marschieren, um dem Kaiser die Krone wieder zu erobern.[56]

Der Kaiser[57] erwog in der nun entstehenden Situation, seinem Volke einen Bürgerkrieg zu ersparen. Falls seine Abdankung tatsächlich das einzige Mittel wäre, um Blutvergießen zu verhindern, so wollte er der Kaiserwürde entsagen, nicht aber (in der von seinen Vorgängern ererbten Ausgangsposition) als König von Preußen abdanken und als solcher bei seinen Truppen bleiben; denn die militärischen Führer hätten erklärt, die Offiziere würden im Falle seiner völligen Abdankung in Massen abgehen und das Heer werde dann führerlos auf das Vaterland zurückströmen und es schädigen und gefährden. Wilhelm war in diesem Zusammenhang der Auffassung, ein Regent könne die Geschäfte seines Reiches führen, bis die Dinge sich geklärt hätten.

Er konnte nur mehr mit Schlafmitteln schlafen. Am 8. November sagte er beim „Frühstück", d. h. Mittagessen, wie Ilsemann[58] festhielt: „Ich habe eben ein Telegramm vom Kanzler erhalten, daß die Sozialdemokraten meine Abdankung und den Verzicht des Kronprinzen verlangen. Gleichzeitig bittet er um seine Entlassung und warnt vor der Diktatur. Das ist nun die Folge des schlappen Verhaltens des Prinzen Max, der sich nur treiben ließ, aber nicht gehandelt hat. Erst brockt er mir die Sache ein, nun läßt er mich sitzen. Ich habe geantwortet, daß er im Amte bleiben muß, bis der Waffenstillstand abgeschlossen ist." Die militärische Gewalt in Berlin solle er in die Hand des Generalobersten Alexander von Linsingen legen. „Jetzt heißt es Kampf gegen den Bolschewismus in Europa.

Es ist nicht ausgeschlossen, daß die Engländer mir noch Truppenhilfe anbieten, um den Bolschewismus in Deutschland zu unterdrücken!" Hoffnung und Illusion mischten sich in diese Worte. An der Mittagstafel nahm auch eine für die Situation nun wichtig werdende Persönlichkeit teil: J. B. von Heutsz, ein Adjutant der Königin Wilhelmine der Niederlande, früherer Generalgouverneur von Niederländisch-Indien, der auf Einladung des deutschen Generalstabs zum Besuch der Westfront bereits am 5. November in Spa eingetroffen war.[59]

Am Mittag des 8. November kamen Hindenburg und Groener zum Vortrag. Am Nachmittag erfuhr der Kaiser, daß der Reichstag, nicht jedoch die Konservativen seine Abdankung verlangten. Er lehnte diese Forderung scharf ab. Am Abend sagte er zum Kanzler Prinz Max von Baden am Telefon: „Du hast den Waffenstillstand eingeleitet, nun mußt Du ihn auch unterschreiben. Der Reichstag allein kann mich nicht absetzen, dazu müssen Bundesfürsten und Bundesrat gehört werden, die mich eingesetzt haben. Werdet ihr in Berlin nicht anderen Sinnes, so komme ich nach Abschluß des Waffenstillstandes mit meinen Truppen nach Berlin und schieße die Stadt zusammen, wenn es sein muß!" Im Verlauf des Abends sagte der Kaiser[60], er werde mit den Truppen, die ihm noch treu seien, und wenn es auch nur ein Bataillon sei, in die Heimat gehen und „wenn selbst ich dabei fallen sollte, aber es ist meine Pflicht, die Ordnung wieder herzustellen".

Erzberger, der Urheber der Friedensresolution vom 19. Juli 1917, nun Reichsminister ohne besonderen Geschäftsbereich, der Gesandte Graf Oberndorff und General von Winterfeldt wurden Mitglieder der Waffenstillstandskommission. Am 9. November[61] telephonierte Prinz Max dem Kaiser, daß er zurücktreten solle. Dieser entgegnete: Nein, das werde er nicht tun. Auch Prinz Max könne nicht gehen, er müsse den Waffenstillstand durchführen. Dem Reichskanzler wurde von einem der Herren in Spa telephonisch erwidert, der Entschluß des Kaisers müsse erst reiflich erwogen und formuliert werden. Das verstand die Reichskanzlei dahin, daß Wilhelm im Begriffe stehe, ganz und gar abzudanken.[62] Prinz Max teilte am 9. November um 12 Uhr mittags der Presse eine im Wortlaut von ihm erfundene Abdankung des Kaisers mit, um eine Regentschaft einzusetzen und die Monarchie als Staatsform zu retten. Doch proklamierte Philipp Scheidemann, der die Ausrufung einer von Lenin über seinen Botschafter in Berlin unterstützten kommunistischen Republik fürchtete, bereits um 14 Uhr in Berlin von einem Fenster des Reichstags aus die „Deutsche Republik". Darauf übergab Prinz Max sein Reichskanzleramt Ebert. Karl Liebknecht rief wenig später als Scheidemann vom Portal IV des Schlosses die „Freie Sozialistische Republik" aus.

Nach dem sogenannten Frühstück drangen der Kronprinz und Schulenburg in den Kaiser, er möge doch mit ihnen zu ihrer Heeresgruppe kommen. Wilhelm II. lehnte ab: Das könnte aussehen, als ob er sich fürchtete. Er wolle dableiben und die um sich sammeln, die ihm treu seien. Da meldete sich General von Gontard mit einem Schriftstück in den bebenden Händen. Es war ein Telegramm: „Der

Kaiser hat als Deutscher Kaiser und König von Preußen abgedankt, der Kronprinz auf seine Kronrechte verzichtet. Ebert ist zum Reichskanzler ernannt worden." Wilhelm II. war über diese Erfindung empört, die gleichzeitig auch durch Funkspruch verbreitet wurde. Während an diesem 9. November der Kaiser und die bei ihm weilenden Herren das von Gontard überbrachte Telegramm vernahmen, rief Wilhelm aus, das sei Verrat. Er wolle dementieren.

Sofort begann er, seinen Protest auf Telegrammformulare niederzuschreiben.[63] Er gab Oberstleutnant Alfred Niemann den Auftrag, einige Privattelegramme zu besorgen. Niemann schreibt darüber 1922 nur: „Unchiffriert werden sie schwerlich durchkommen. Nach Erledigung sollen wir in die Villa [wo die Herren zusammen gekommen waren] zurückkehren, man wird das Haus für etwaige Notfälle mit Waffen versehen." Niemann hält weder 1922 noch in seinem späteren Buch „Revolution von oben – Umsturz von unten" fest, was er und Estorff taten, ob sie die Protesttelegramme des Kaisers absandten und an wen. Er schweigt auch über Chiffrierung der Telegramme. Wilhelm II. urteilt[64] 1922: „So wurde mir die Entscheidung über mein Bleiben oder Gehen, über das Niederlegen der Kaiserwürde und die Beibehaltung der preußischen Königskrone kurzweg aus der Hand genommen. Die Armee wurde durch den fälschlichen Glauben, daß ihr König sie im kritischen Zeitpunkt verlassen hätte, aufs schwerste erschüttert. Diese ganze Entwicklung zeigt das staatsgefährliche Spiel, das Scheidemann, der den Kanzler ganz in der Hand hatte, getrieben hat. Er hat seine Ministerkollegen über seine wahren Absichten im Unklaren gelassen, den Prinzen von einer Stufe zur anderen getrieben unter schließlicher Berufung darauf, daß die Führer die Massen nicht mehr in der Hand hätten."

Der Kronprinz und Schulenburg glaubten am 9. November, daß Wilhelm II. seine Stellung noch aufrechterhalten könne, verabschiedeten sich und sagten den Soldaten, die sich um ihren Wagen drängten, der Kaiser habe sich entschlossen, bei ihnen zu bleiben, worauf begeistert Hurra gerufen wurde.

Teil V: Wilhelm im Exil 1918 bis 1941

*Abreise am 10. November 1918 von Spa nach Amerongen – Begrü-
ßung – Eintreffen der Kaiserin – Abdankung und Eidesentbindung
am 28. November 1918 – Verzicht des Kronprinzen – Wilsons 14
Punkte – Wilson behauptet eine Kriegsschuld Wilhelms und fordert
seine Auslieferung*

Als sich in Spa am 9. November die militärischen und zivilen Berater noch
einmal dem Kaiser näherten, fragte er sie: „Was gibt's?" Die Berater versicherten,
selbst den ausgewählten Truppen sei nicht mehr zu trauen. Es hieß, der Bahnhof
sei von meuternden Banden besetzt worden. Die Generale und Sekretäre drangen
gemeinsam in den Kaiser, ins neutrale Ausland zu gehen, auch Hindenburg sagte
das. Die Herren wollten nicht, daß Wilhelm nach Berlin geschleppt und der
revolutionären Regierung ausgeliefert würde, die ihn dann in die Hände der
Alliierten übergeben würden. Natürlich trugen die Herren solche Begründungen
dem Kaiser nicht vor; die Situation in Spa war aber nun so, daß Wilhelm den
Herren sagte, sie könnten sich mit Holland in Verbindung setzen. Doch lehnte er
ab, noch am Abend des 9. November abzureisen; er würde fahren, wenn er von
der Kaiserin gehört hätte. Prinz Eitel Friedrich wurde angerufen; dieser gab den
Bescheid, seine Mutter hielte sich wunderbar aufrecht und hoffte, daß es gut
ginge. Das warf den ohnehin ungern gefaßten Entschluß des Kaisers um: „Meine
Frau hält aus, und man will mich überreden, nach Holland zu gehen! Das tue ich
nicht, das wäre wie ein Kapitän, der sein sinkendes Schiff verläßt." Der Befehl
zur Abreise wurde widerrufen. Niemann[1] bezeugte die nun noch einmal vorge-
brachten Bitten der verschiedenen Herren, der Kaiser möge doch fahren. Der
Weg an die Front und der Weg in die Heimat wären beide versperrt; nur von
Holland aus könne er etwas für die Kaiserin tun. Er dürfe keine Stunde mehr
zögern. Wilhelm entschied: „Wenn es denn sein muß! Aber nicht vor morgen
früh." Er bestieg seinen Schlafwagen. Der Zug fuhr am 10. November um 5 Uhr
morgens ab und passierte nach Aufenthalt am Zollamt Withuis die holländisch-
belgische Grenze bei dem Grenzdorf Eysden. Dort mußte der Zug mit dem
Kaiser einige Stunden warten, bis ein Sonderzug eintraf. In diesem hielt er sich
bis zum nächsten Morgen auf. Während dieser Zeit wurde von den niederländischen Regierungsstellen beschlossen, wohin der Sonderzug fahren sollte. Der in
Maastricht waltende Ortskommandant Major G. van Dijl erlaubte dem Kaiser

und seinem Gefolge die Einreise. Königin Wilhelmine und ihr Ministerium gestatteten, dem Kaiser und seinem Gefolge zu bleiben. Der Außenminister von Karnebeek, der an den Beratungen nicht teilgenommen hatte, da er außenpolitische Probleme vermeiden wollte, tat nun einen der Situation gemäßen Schritt: Er wandte sich an Godard Graf Aldenburg Bentinck, einen holländisch-englischen Reichsgrafen und Ritter des Johanniter-Ordens. Dieser erklärte sich seinem Ordensgelübde getreu bereit, einem anderen Ordensritter in der Not zu helfen. Wilhelm fragte: „Wer ist dieser Bentinck? Ich glaube, ich kenne ihn gar nicht." Beide sahen sich am Nachmittag des 11. November auf dem Bahnhof Maarn zum ersten Mal.

Der Kaiser,[2] in Uniform, einen Stock in der Hand, wurde beim Aussteigen in Maarn vom Gouverneur der Provinz Utrecht, Graf Lynden, und seinem Gastgeber, Godard Graf Aldenburg Bentinck, begrüßt. Sie fuhren nach Schloß Amerongen. Das war ein schönes altes Gebäude, das von einem tiefen Graben umgeben war, über den zwei Brücken führten. Als der Kaiser die Brücke überschritten hatte, sagte er zu Bentinck: „Jetzt müssen Sie mir eine Tasse heißen, guten, echten englischen Tee geben lassen." An der Tafel in Amerongen versammelten sich fast vierzig Personen. Wilhelm schlief in der darauffolgenden Nacht in einem Bett, das von Ludwig XIV. von Frankreich in dem Jahr benutzt worden war, als er die Niederlande eroberte. Die holländische Regierung legte eine starke Schutzwache in das Schloß, Besucher wurden nur mit Ausweisen eingelassen. Am 28. November traf die um ihren Gemahl sehr bekümmerte Kaiserin Auguste Viktoria in Amerongen ein. Von ihr und auch wohl aus Zeitungen und aus anderen Quellen wußte Wilhelm II. sicher, daß jetzt alle im Deutschen Reich regierenden Fürsten in den Strudel des Umsturzes gerissen worden waren. Nicht alle hatten abgedankt, auch nicht der am 7. November seiner Vollzugsgewalt in München beraubte König Ludwig III. von Bayern, der am 13. November in Schloß Anif bei Salzburg nur von dem ihm geleisteten Treueid entband. Großherzog Ernst Ludwig von Hessen und bei Rhein entband weder vom Treueid noch dankte er ab. Aber viele der Fürsten dankten doch ab und entbanden vom Treueid.

In Hinblick auf die Gefahren der Anarchie, Hungersnot und Fremdherrschaft, die die einmarschierenden Truppen der Sieger mitverursachten, stellte der Kaiser noch am Tage der Ankunft der Kaiserin folgende Urkunde[3] aus:

„Ich verzichte hierdurch für alle Zukunft auf die Rechte an der Krone Preußens und die damit verbundenen Rechte an der deutschen Kaiserkrone. Zugleich entbinde ich alle Beamten des Deutschen Reiches und Preußens, sowie alle Offiziere, Unteroffiziere, Mannschaften der Marine, des preußischen Heeres und die Truppen der Bundeskontingente des Treueides, den sie mir als ihrem Kaiser, König und Obersten Befehlshaber geleistet haben. Ich erwarte von ihnen, daß sie bis zur Neuordnung des Deutschen Reiches den Inhabern der tatsächlichen Gewalt in Deutschland helfen, das deutsche Volk gegen die drohenden Gefahren der Anarchie, Hungersnot und Fremdherrschaft zu schützen. Urkundlich unter

Unserer höchsteigenen Unterschrift und beigedrucktem kaiserlichen Insigel gegeben Amerongen, den 28. November 1918, gez. Wilhelm."

Kronprinz Wilhelm urkundete: „Ich verzichte hiermit ausdrücklich und endgültig auf alle Rechte an der Krone Preußens und an der Kaiserkrone, die mir, sei es auf Grund der Thronentsagung Seiner Majestät des Kaisers und Königs, sei es aus einem anderen Rechtsgrunde, zustehen mögen. Gegeben in Wieringen, am 1. Dezember 1918, gez. Wilhelm."

Präsident Wilson hatte schon am 8. Januar 1918 14 Punkte verkündet, durch die u. a. den Mittelmächten die Alleinschuld am Krieg und die Bestrafung u. a. des Kaisers und der militärischen Führer gefordert wurde. Die deutsche Regierung nach 1918 nahm die 14 Punkte an, ebenso die Alliierten, aber mit Ausnahme des Grundsatzes der Freiheit der Meere. An der Spitze der Punkte stand Wilsons Forderung, daß „das deutsche Herrscherhaus" zurückzutreten habe. Dabei ließ er durchblicken, daß dadurch dem deutschen Volke ein besserer Friede gewährt werde. Wilhelm II. überlegte sich zunächst (ebenso wie im Februar 1920 sein Kronprinz), ob er sich nicht am besten selbst stellen sollte, ohne dabei darauf Rücksicht zu nehmen, daß aufgrund der Reichsverfassung bis zur Ausrufung der Republik der Reichskanzler die rechtliche Verantwortung für die Regierungshandlungen trug. Dann aber entschloß er sich, das nicht zu tun; denn er hatte 1914 alles getan, um den Kriegsausbruch zu verhindern, und wollte sich nicht einem Gericht stellen, das mit Sicherheit keine internationale unparteiische Instanz war.

Von einer solchen Instanz[4] erwartete er, daß alle Vorgänge, die zum Weltkrieg führten, bei allen am Krieg beteiligten Staaten nach Öffnung nicht nur der deutschen, sondern auch aller anderen Staatsarchive nachgeprüft würden und aufgrund des Ergebnisses der Prüfung der Quellen das Urteil gefällt würde. „Deutschland kann mit diesem [einem solchen] Verfahren nur einverstanden sein. Wer sich dagegen sträubt, spricht sich selbst das Urteil." Die Liste der Schuldigen, die Wilson und seine Berater aufstellten, enthielt 900 Personen, d. h. alle militärischen Führer, darunter auch den Kronprinzen Rupprecht von Bayern.

Der Artikel 231 des Versailler Friedensvertrages trifft die willkürliche Feststellung, daß Deutschland die Schuld am Krieg trage. Die Regierung der Weimarer Republik, die den Friedensvertrag schloß, erkannte diesen Artikel 231 an. Doch erklärte die Reichsregierung am 29. August 1924 (Huber, Dokumente III, 372): „Die uns durch den Versailler Vertrag unter dem Druck übermächtiger Gewalt auferlegte Feststellung, daß Deutschland den Weltkrieg durch seinen Angriff entfesselt habe, widerspricht den Tatsachen der Geschichte. Die Reichsregierung erklärt daher, daß sie diese Festlegung nicht anerkennt." Die Frage wurde tatsächlich durch Aktenpublikationen zwischen 1919 und 1924 geklärt. Wilhelm II. trug dazu durch seine 1921 veröffentlichten Aktenauszüge in seinen Vergleichenden Geschichtstabellen bei, da er sich durch verschiedene Mitarbeiter der neuen

Veröffentlichungen bediente. Schon 1919 untersagte er auch seinem Sohn, dem Kronprinzen Wilhelm, sich einem Gerichtsverfahren Wilsons zu stellen.

Bekenntnis Gustav Stresemanns und der Deutschen Volkspartei zum monarchischen Gedanken – Auslieferung Wilhelms? – Deutsche Schriften gegen und über Wilhelm – Wilhelm an Mackensen über Juden als Mitschuldige an der Revolution – Deutsche „Viel-Staaterei" – Kapp-Putsch – Das Hausgesetz vom 21. Juni 1920 – Vermögensauseinandersetzung zwischen dem preußischen Staat und dem Haus Hohenzollern

Schon zu Wilhelms 60. Geburtstag am 27. Januar 1919 sandte der spätere deutsche Außenminister Gustav Stresemann[5] ein Glückwunschtelegramm: „Euer Majestät sendet die Deutsche Volkspartei zum sechzigsten Geburtstag ehrfurchtsvolle Glückwünsche. Wir würdigen in Dankbarkeit die Arbeit, die Euer Majestät getreu dem Ausspruch ‚Kaisertum ist Dienst am Deutschen Volke' in mehr als dreißigjähriger Tätigkeit für das Deutsche Reich und das Deutsche Volk geleistet haben. In Erinnerung an die ersten Worte des alten national-liberalen Parteiprogramms, „unverbrüchliche Treue zu Kaiser und Reich", gedenken wir der großen Zeit, die Deutschland und Preußen unter der Hohenzollernherrschaft durchlebt haben. Wir wünschen Euer Majestät von ganzem Herzen einen friedlichen Lebensabend und bitten, davon überzeugt zu sein, daß Millionen Deutscher mit uns auch unter den neuen Verhältnissen und auf neuer Grundlage des staatlichen Lebens stets das Bekenntnis zum monarchischen Gedanken hochhalten und sich gegen jede würdelose Abkehr von den hohen Idealen des deutschen Kaisertums und preußischen Königtums wenden werden."

Im Januar 1920 erhoben die Alliierten formelle Anklage und verlangten Wilhelms Auslieferung. Die Regierung des Königreichs der Niederlande erklärte, sie habe den Friedensvertrag nicht unterzeichnet, und die Ehre verböte es ihr, jemand, der in ihrem Land Zuflucht gesucht habe, auszuliefern. Der Papst bat bereits 1919 die Entente, von einer Auslieferung des Kaisers abzusehen, wie der Gouverneur der Provinz Utrecht, Graf F. C. A. Lynden van Sandenburg, Wilhelm wissen ließ. Die Alliierten wiederholten aber ihre Forderung[6] und beschwerten sich, da sie fürchteten, Wilhelm könne entkommen. Auf Order der Königin wies darauf die holländische Regierung dem Kaiser „einen Wohnsitz in der Provinz Utrecht" an und bestimmte die Insel Wieringen als Aufenthalt für Kronprinz Wilhelm. Die Alliierten ließen darauf verlauten, daß die Verantwortung auf Holland fiele. Sie erhoben nun ihre Forderung nicht mehr, da ihre Durchsetzung aussichtslos war.

Die Räume, die das Kaiserpaar in Amerongen bewohnte, waren mit märkischem Holz getäfelt, Wasser aus dem Rhein füllte den Graben. Wilhelm meinte

bitter: „So haben mich wenigstens meine Bäume und mein Fluß nicht verlassen!"
Er äußerte aber keine bitteren oder vorwurfsvollen Worte. Sein Gastgeber, Godard Graf von Aldenburg Bentinck, erzählte seiner Nichte: „Von jenem Tage an
[dem Tag seines Eintreffens] bis heute ist niemals ein bitteres Wort gegen irgend
jemand, Engländer oder Deutschen, über seine Lippen gekommen, mit der einzigen Ausnahme des Prinzen Max von Baden, von dem er sagte: ,Max von Baden
hat mich hintergangen'."

Der Flügeladjutant Major a. D. von Ilsemann gewann damals das Herz der
Tochter des Gastgebers, verlobte sich mit ihr, ließ das aber Wilhelm nicht wissen,
denn er wollte ihm nicht zumuten, „jeden Tag die Braut seines Adjutanten zu
Tisch zu führen."[7] Sie heirateten am 7. Oktober 1920 in Amerongen.

Zum Geburtstag der Kaiserin am 22. Oktober 1919 kam Prinz August Wil-
helm, einige Tage später (27. Oktober) Prinz Oskar, dessen offenen geraden
Charakter am 6. November 1919 Wilhelm II. der Elisabeth Gräfin Aldenburg
Bentinck rühmte.[8] Wilhelm erinnerte sich damals natürlich an den November des
Vorjahres und meinte zur Gräfin von Aldenburg Bentinck bitter: „Das deutsche
Volk ist das unpolitischste der Welt. Die politisch geschulten Köpfe zu meiner
Zeit konnten schon keine Politik machen, da wollen es jetzt die Sattlermeister,
Maurer u. s. w., die durch die Revolution ans Ruder gekommen sind? Ich habe
englisches Blut und deshalb verstehe ich etwas von der Politik. Nach der Verfas-
sung hätte ich die Macht eines Schoguns in Japan haben müssen, dann wäre eine
einheitliche, zielbewußte Politik möglich gewesen." Mit Bitterkeit klagte er:
„Hinter jedem Siegfried steht ein Hagen. Jedes Volk ist, seitdem es Geschichte
gibt, in Ehren untergegangen, nur Deutschland ist durch Verrat und Gemeinheit
gefallen!"

Durch die Blutopfer des Krieges, das wachsende wirtschaftliche Elend und die
Wohnungsnot wurden viele angetrieben, über die Ursachen dieses Unglücks
nachzudenken. Otto Hammann hatte noch 1918 als „Erinnerungen" sein Buch
„Der neue Kurs" erscheinen lassen, in dem er kritisch aber nicht ohne Verständnis die Regierung des Kaisers gewürdigt hatte. 1919 ließ er in Berlin sein Buch
„Um den Kaiser" erscheinen. Walther Rathenau würdigte 1919 in der in Berlin
erschienenen Schrift „Der Kaiser. Eine Betrachtung" seine geistige Spannkraft
und Spannweite (S. 37), die Konkurrenz der Staaten in Europa (S. 48), an der
Wilhelm freier von Schuld als die meisten gewesen sei, kritisiert aber seine
Instinktlosigkeit (S. 30) und sein Versagen an Augenmaß (S. 32). Wilhelm traf
tief, daß Alfred von Tirpitz in seinen Schriften verschiedene Entscheidungen von
ihm hart kritisierte.[9]

Der sozialdemokratische Politiker und Schriftsteller Karl Kautsky hatte zwar
noch 1914 zwischen der großen Gruppe der die Kriegskredite bewilligenden
Sozialdemokraten und der sehr kleinen, die sie ablehnten, vermittelt, trat aber
nach der Spaltung der Partei zur Unabhängigen Sozialdemokratischen Partei
(USPD) über, war jedoch ein Gegner Sowjetrußlands. In seiner Schrift „Wie der

Weltkrieg entstand" gab er der kaiserliche Regierung einen großen Anteil an der Ursache des Krieges. Das deutsche Volk sei durch die Monarchie und einen unfähigen Kaiser in sein Unglück gestürzt worden.

Bereits 1919 kommentierte das unter abfälligen Kommentaren gegen die kaiserliche Regierung der *Nieuwe Rotterdamsche Courant.*[10] Elisabeth Gräfin Aldenburg Bentinck fürchtete nun, daß ein großer Teil des holländischen Volkes, der bisher an den Kaiser und dessen Unschuld am Krieg glaubte, jetzt anderer Meinung würde und daß die Auslieferungsfrage wieder gefährlichere Formen annehme. Der gestürzte Kaiser war begreiflicherweise über den Umsturz und den seiner Meinung verübten Rechtsbruch an der Verfassung des Deutschen Reiches und an der monarchischen Staatsform empört. Anders als in den für die Öffentlichkeit bestimmten Worten in seinen Büchern griff er in seiner Wut die Tatsache auf, daß sich Juden, wie Kurt Eisner in München, der Sohn eines Berliner Waffenhändlers, zur Revolution entschlossen, und schrieb so am 2. Dezember 1919 in einem privaten Brief an seinen ihm zum Freund gewordenen einstigen Flügeladjutanten, den späteren Heerführer im Weltkrieg, Generalfeldmarschall August von Mackensen: „Die tiefste, gemeinste Schande, die je ein Volk in der Geschichte fertiggebracht, die Deutschen haben sie verübt an sich selbst. Aufgehetzt und verführt durch den ihnen verhaßten Stamm Juda, der Gastrecht bei ihnen genoß! Das war sein Dank! Kein Deutscher vergesse das je, und ruhe nicht bis nicht diese Schmarotzer vom Deutschen Boden vertilgt und ausgerottet sind! Dieser Giftpilz am Deutschen Eichbaum!"[11]

Weite Kreise knüpften damals an die von dem regierenden Kaiser abgelehnte Partei der Antisemiten an, so daß sich bald auch Hitler solche Auffassungen zum Ausgangspunkt für seine judenfeindliche Tätigkeit späterer Jahre wählte. Wilhelm II., der auch mit Juden vorurteilslos zusammengearbeitet hatte, verurteilte später auch Hitlers Judenverfolgung, ließ sich aber 1940 noch einmal zu solchen Gedanken hinreißen. In seiner erregten Phantasie sagte Wilhelm II. am 12. November 1919 zur Gräfin Elisabeth Aldenburg Bentinck: Der Mangel an Nationalgefühl der Deutschen erkläre sich durch die Vielstaaterei. Nach seiner Ansicht, notierte die Gräfin, würde in späteren Zeiten das neue Deutschland ein Staat sein mit einem Führer. Bei einem bolschewistischen Angriff wollte er als Kaiser oder Inhaber des militärischen Kommandos wieder kommen.[12] Vorschnell folgerte er am 13. März 1920 und feierte wie bei einer Siegesnachricht mit Sekt am Abend, als der ostpreußische General-Landschaftsdirektor Wolfgang Kapp mit Hilfe von Freikorps einen Putsch unternahm.

Von 1920 bis 1926 hatte sich Wilhelm II. mit den seit der Revolution in Deutschland entstehenden Rechtsverhältnissen auseinanderzusetzen. Er war bestrebt, der von der Weimarer Verfassung Art. 153 und 155 Abs. 2 geforderten Auflösung der Hausvermögen und Familien-Fideikommisse zuvorzukommen.[13] Deshalb erließ er am 21. Juni 1920 das hier zu würdigende Hausgesetz, also zwei Tage vor dem von der verfassungsgebenden Preußischen Landesversammlung erlassenen und auf den 23. Juni datierten Gesetz über Auflösung der Fideikommisse.

Sämtliche Mitglieder des Hohenzollernhauses stimmten dem Hausgesetz zu. Er erließ es als Oberhaupt der Familie,[14] das sich einleitend mit allen ihm überkommenen Fürstentiteln vorstellt. Das Hausgesetz konnte jedoch nur mit Zustimmung aller volljährigen Prinzen vollzogen werden. Das war auch deshalb unerläßlich, weil es für den auf Bestimmungen der Weimarer Verfassung bezogenen Inhalt keine Rechtssetzungen gab, mit deren Hilfe die neuen Probleme zu lösen gewesen wären. Mit Hinweis auf die Art. 109 und 155 der Weimarer Verfassung änderte der Kaiser unter Anführung der Zustimmung aller von ihm mit Namen genannten volljährigen Prinzen seines Hauses die zur Zeit geltende Hausverfassung in Betreff der Rechtsverhältnisse des Hausvermögens seines königlichen Hauses ab und erließ am 23. Juni 1920 ein 17 Seiten umfassendes Hausgesetz, das der Minister des königlichen Hauses August von Eulenburg ausfertigte.

Ludendorff, Kronprinz Rupprecht von Bayern, Prinz Heinrich von Preußen und Großherzog Ernst Ludwig von Hessen und bei Rhein über Restauration – Die Rechte der Bundesstaaten

Ilsemann[15] sprach am 2. November 1920 in Ludwigshöhe bei München mit Ludendorff, der ihm im Arbeitszimmer seiner Wohnung dort mit Stolz auf seinem Schreibtisch eine Statuette und ein Bild des Kaisers zeigte. Ein Wiederaufbau Deutschlands sei nur durch die ehemaligen Offiziere und jetzigen Studenten möglich. Es gebe nur ein Ziel, die Rückkehr der Hohenzollern auf den Thron. Doch hielt er es für ziemlich ausgeschlossen, daß der Kaiser noch einmal Monarch werde, für den Kronprinzen sei das sehr wohl möglich. Er bedauerte aber, daß die Kaisertochter Viktoria Luise mit ihrem Mann stark auf ein neues Königreich Hannover hinarbeite. Vor Kronprinz Rupprecht und Prinz Max von Baden warnte er Ilsemann. Er, Ludendorff, werde alle Kräfte für die Rückkehr der Monarchie unter den Hohenzollern einsetzen.

Am 4. November 1920 bat Kronprinz Rupprecht Ilsemann nach Schloß Castell. Er ließ sich zunächst über den Kaiser, den Verlauf des 9. November in Spa u. a. erzählen. Nach der von Ilsemann am 9. November 1920 in Amerongen nachträglich angefertigten Niederschrift nahm die Unterhaltung etwa folgenden Gang.

Ilsemann: „Ich habe den Eindruck gewonnen, daß man hier in Bayern politisch weiter ist als im übrigen Deutschland und daß eine Rückkehr der Monarchie täglich möglich ist."

Kronprinz Rupprecht: „Wir sind wohl so weit, aber große Schwierigkeiten müssen noch überwunden werden. Die Bayern wollen zu schnell vorwärts, man muß sie bremsen. Das Militär ist ausgezeichnet, die allgemeine Stimmung wird stets besser. Ich weiß, daß die Entente gegen eine bayerische und anscheinend auch gegen die übrigen deutschen Monarchien nichts einzuwenden hat, aber unter der Bedingung: Verkleinertes Preußen und keine Hohenzollern mehr. Kaiser und Kronprinz sind ganz ausgeschlossen. Eine Regentschaft unter der Kronprinzessin ist auch schwierig, obwohl ich diese kluge Frau für sehr fähig halte. Im Sommer sprach ich lange mit ihr über all diese Fragen, dabei hat sie mir sehr gefallen."

Ilsemann: „Ist es richtig, daß Königliche Hoheit an eine einseitige Wiederherstellung der Monarchie in Bayern denken und daß Eurer Königlichen Hoheit dann auch die deutsche Kaiserkrone angetragen würde?"

Kronprinz Rupprecht: „Letzteres ja, aber von so unmaßgeblicher Seite, daß es sich nicht lohnt darüber zu sprechen. Was Bayern betrifft, so käme doch zunächst zur Zeit mein Vater [König Ludwig III., der am 18. Oktober 1921 starb] in Betracht. Mit Rückkehr der Monarchie nur in Bayern hätte ich mich nur einverstanden erklärt, wenn dadurch das Land vom Bolschewismus befreit worden wäre, um so von dem kranken Deutschland wenigstens einen Teil gesund zu erhalten. Die Gefahr halte ich jetzt aber für beseitigt. Jetzt wollen wir mit der Monarchie warten, bis ganz Deutschland so weit ist. Das Problem bleibt: Wann wird es so weit sein, und verpassen wir selbst nicht eine günstige Gelegenheit? In einzelnen Teilen des Vaterlandes sind fraglos Fortschritte zu verzeichnen, andere aber sind weit zurück. Zentren müssen sich bilden, die allmählich die unsicheren Teile, zu denen hauptsächlich die Großstädte gehören, isolieren und später überschlucken. Hannover wird voraussichtlich wiederkommen, zumal die Engländer diese Monarchie propagieren. Aber nichts darf überstürzt werden, Zeit und Ruhe sind nötig.

Große Krisen sind noch zu überwinden, vor allem in pekuniärer und wirtschaftlicher Beziehung. Mit neuen Hungersnöten ist zu rechnen. Wir dürfen nicht vergessen, daß die Feindmächte uns zu Sklaven gemacht haben; ohne ihre Zustimmung können wir nichts mehr tun, und was wir dagegen unternehmen, muß dem Gesamtwohl Deutschlands schaden. Das nächste große Ereignis wird wohl die Loslösung des Rheinlands sein. Grund: Die Durchführung des Reichsnotopfers. Großindustrielle behaupten, daß sie alles an Amerika verkaufen müßten, wenn sie die geldlichen Forderungen der jetzigen Regierung erfüllen sollen. Rettung kann nur kommen, wenn die Entente zerfällt. Ich habe sichere Nachrichten, daß zwischen England und Frankreich der Riß bereits da ist. Man muß dies aber verschweigen, und ich bitte Sie, auch dem Kaiser hiervon nichts zu sagen; im übrigen können Sie ihn über das, was ich Ihnen gesagt habe orientieren, wie Sie es für zweckmäßig halten. Von Amerika ist große Hilfe nicht zu erwarten. Gewisse Kreise, z. B. die Quäker, helfen rührend; aber Amerika als solches wird sich von Europa und somit auch von Deutschland distanziert halten. Auch Rußlands Unterstützung in wirtschaftlicher Beziehung darf man nicht hoch einschätzen. Das Land ist so gründlich zerstört, daß es auf mindestens zehn Jahre für uns gar nicht in Betracht kommt."

Ilsemann: „Stehen Euere Königliche Hoheit mit dem Prinzen Max von Baden in Verbindung?"

Kronprinz Rupprecht: „Ich sah ihn einmal bei seiner Schwester [Marie, die 1889 den Herzog Friedrich II. von Anhalt heiratete] in Berchtesgaden. Er schreibt an einer Entschuldigungsschrift."

Ilsemann: „Für solche Handlungsweise gibt es doch keine Entschuldigung; kein anständiger Deutscher wird sie anerkennen, jeder verurteilt ihn."

Kronprinz Rupprecht: „Ich halte jeden so lange für anständig, bis er mir das Gegenteil beweist. Dieser Beweis ist für mich beim Prinzen Max nicht erbracht. Er sagte mir, daß er das Abdankungstelegramm erst losgelassen hat, nachdem man ihm mitteilte, der Kaiser habe tatsächlich abgedankt. Ich glaube, Max hat nicht bewußt schlecht gehandelt; er hat in jenen Tagen den Kopf verloren, wie Hindenburg und alle anderen. Zudem nahm er damals Morphium. Eine traurige Rolle aber hat Groener gespielt. Vor seiner Reise am 5. November 1918 nach Berlin trat er restlos für den Kaiser, nach Rückkehr von dort trat er gegen ihn ein. Ich erhielt am 9. November 1918 in meinem Hauptquartier von der Obersten Heeresleitung den Befehl: Wo sich Soldatenräte bilden, ist mit diesen zu paktieren. Ich weigerte mich; aber alle Divisionen waren bereits davon in Kenntnis gesetzt. Ich ging bei der Revolution auch nach Holland, weil ich von dort nach München wollte, um mit dem Alpencorps und einer Ersatzdivision die Ordnung wieder herzustellen, kam aber zu spät. [Ilsemann setzte unter diese Niederschrift: Dies erschien mir etwas unwahrscheinlich.] Der Wiederaufbau Deutschlands kann nur durch die Landbevölkerung und das Kleinbürgertum kommen. Eine Verkleinerung Preußens wird sich aber nicht vermeiden lassen."

Ilsemann sprach auch mit Großherzog Ernst Ludwig von Hessen kurze Zeit allein. Er hält bolschewistische Putsche in diesem Winter nicht für ausgeschlossen. Über den Prinzen Max von Baden denkt er ebenso wie der Kronprinz Rupprecht und meinte, man solle den Kaiser von dessen Unschuld überzeugen. Unter dem Einfluß seiner englischen Verwandtschaft, großer Auslandsreisen und eigener Anlagen wurde der Großherzog zu einem typisch liberal-konstitionellen Landesfürsten, ähnlich wie Großherzog Friedrich I. von Baden oder sein Großonkel Herzog Ernst II. von Sachsen-Coburg und Gotha. Beim Umsturz am 12. November 1918 in Hessen sprach er keinen Thronverzicht aus. Er leitete 1920 die Gründung der „Schule der Weisheit" und die Berufung ihres Leiters, Hermann Graf Keyserling, nach Darmstadt in die Wege. 1924 gründete er das Schloßmuseum.[16] An der Reichspolitik vor 1918 wirkte er mit, kam aber durch seinen Gegensatz zum Wesen und der Politik seines Vetters, des Kaisers nicht sehr zur Geltung. Vergeblich versuchte er, 1916 durch Mittelspersonen einen Friedensfühler nach Rußland auszustrecken. Wilhelm II. in Doorn besuchte er 1929.

Wilhelm II. beklagte 1921 gegenüber Ilsemann als größte Schwäche Deutschlands die „Vielstaaterei". Ein Wahnsinn sei es, daß Bayern, Württemberg und Baden fremdländische diplomatische Vertreter hätten, sogar eigene Kriegsminister u. s. w. Bismarck habe 1871 den großen Fehler begangen, so viele Staaten mit Sonderrechten zu bilden, daß der Deutsche Kaiser nur „primus inter pares" geworden sei, statt alleiniger „primus". In solchen Auffassungen versäumte Wilhelm II. schon während seiner Regierungszeit eine aktive politische Zusammenarbeit mit den deutschen Bundesfürsten und verkannte die tatsächliche Entstehung des Deutschen Reiches.

Heimkehr des Kronprinzen Wilhelm – Wilhelm II. in Doorn – Seine „Vergleichenden Geschichtstabellen von 1878 bis 1914" und sein Buch „Ereignisse und Gestalten aus den Jahren 1878 bis 1918", 1922 – Tod und Beisetzung der Kaiserin Auguste Viktoria 1921

Stresemann wurde am 13. August 1923 deutscher Reichskanzler. Da ihm der Wunsch des Kronprinzen Wilhelm nach Rückkehr aus seiner Verbannung bekannt war, veranlaßte er, daß sein Kabinett am 23. Oktober 1923 einstimmig beschloß, dem Kronprinzen die Heimkehr zu gestatten. Auch der dem Kabinett angehörende sozialdemokratische Minister Sollmann stimmte dafür. Stresemann vertrat gegenüber dem Kronprinzen die Auffassung, er würde es für richtig erachten, wenn Oels von vornherein als Wohnsitz in Betracht gezogen würde, damit den Einwendungen begegnet werden kann, die sich etwa aus einer Wohnsitznahme in Potsdam ergeben würden.[17] Kronprinz Wilhelm traf nach einer langwierigen Reise am 13. November 1923 ein. In verschiedenen Kreisen in Europa entrüstete man sich darüber. Die französische Regierung kündigte aus diesem Grund sogar neue Sanktionen gegen das Deutsche Reich an. Doch die Reichsregierung ließ durch ihren Geschäftsträger in Paris, den späteren Botschafter Leopold von Hoesch, erklären, sie habe bei der Prüfung des Antrags des Kronprinzen, ihm die Rückkehr zu gestatten, keinen Grund rechtlicher oder tatsächlicher Art erkennen können, der es gerechtfertigt hätte, diesem deutschen Staatsbürger die Heimkehr zu seiner Familie zu verwehren.

Stresemann lud den Kronprinzen am 24. Juli 1924 zu einem Diner im Schloß Cecilienhof in Potsdam ein und zog dazu auch Persönlichkeiten des öffentlichen Lebens bei. Die Versailler Verträge und das oft gehässige Verfahren namentlich der Besatzungsmacht Frankreich, das 1923 das Ruhrgebiet besetzte, verursachten, daß nationale Strömungen, die von Hitler völlig unabhängig waren, weite Kreise erfaßten. Die Historiker Dietrich Schäfer, der eine Nationale Bücherei herausgab, Friedrich Meinecke und andere trugen dazu gerade in den Kreisen bei, die mehr nationalliberal waren, aber auch oft mit Selbstverständlichkeit die Wiedererrichtung der konstitutionellen Monarchien im Deutschen Reich wünschten oder forderten. Auch in diesen Kreisen erhoben gerade Monarchisten als Kritiker an der Politik Kaiser Wilhelms II. ihre Stimme. In den Erörterungen über die sich in Deutschland verschlechternde wirtschaftliche Lage, die zu einer Inflation der Mark führte, und über das sich einstellende wirtschaftliche Elend wurde der Ausgang des Krieges und die Regierung des Kaisers immer mehr aufs Korn genommen, nicht nur kritisiert, sondern auch herabgewürdigt. Sie wurde für die Lage verantwortlich gemacht.

Die im Januar 1920 gegen den Kaiser erhobene formelle Anklage der Alliierten führte freilich zu nichts. Als von der Auslieferung nicht mehr die Rede war, erwarb Wilhelm in der Provinz Utrecht das Haus Doorn und zog im Mai dort ein. Dem Ort Amerongen stiftete er beim Wegzug 1920 ein kleines Krankenhaus, das mit den modernsten Einrichtungen versehen war.[18] Wichtiger als die Auseinandersetzungen über das Vermögen seines Hauses und damit verknüpfte Rechtsfragen war ihm eine umfassende Darlegung der politischen Wirklichkeit. Er stellte deshalb zunächst für einen engeren Kreis von Bekannten seine „Vergleichenden Geschichtstabellen von 1878 bis zum Kriegsausbruch 1914" zusammen, die er auch dem Generalfeldmarschall von Hindenburg übersandte. Als dieser ihm dafür dankte, schrieb ihm Wilhelm am 5. April 1921 aus Haus Doorn: „Meine besten, überzeugendsten Quellen habe ich in der nach dem Kriege entstandenen Literatur gerade von Angehörigen der feindlichen Staaten gefunden." Auf Hindenburgs Anregung, der deutschen Presse die inzwischen vervollständigten Tabellen zugänglich zu machen, ließ er sie im Dezember 1921 im Verlag von K. F. Koehler in Leipzig erscheinen. Die Seiten hatten eine Breite von 21 cm, denn Wilhelm II. setzte auf der linken Seite jeweils sechs Rubriken ein: Allgemein - Deutschland - Österreich-Ungarn - Italien - England. Auf der rechten Seite standen die Rubriken: Frankreich - Rußland - Balkanländer - Türkei - Amerika - Japan. In jeder Spalte wurde nach dem Zeitablauf des Jahres unter Angabe der Monate und u. U. der Tage ein Sachverhalt oder der Auszug aus einer Quelle angegeben.

Der Verlag brachte dazu ein Vorwort: „Die ‚Vergleichenden Geschichtstabellen' sind von Seiner Majestät dem Kaiser Wilhelm II. im Jahre 1919 zusammengestellt und nach dem ihm seither zugänglich gewordenen Quellenmaterial vervollständigt worden. Ursprünglich für den persönlichen Gebrauch des Kaisers bestimmt, wurden sie im Jahre 1920 ‚als Handschrift' gedruckt und einem engeren Kreise mitgeteilt. Die niederländische Zeitung *Het Volk*, die auf unbekannte Weise in den Besitz eines Abdrucks gelangt war, veröffentlichte im Frühjahr 1921 die Tabellen. Dadurch kamen sie gegen den Willen des Verfassers in die Presse. Auf vielfache Anregungen hin hat der Kaiser sich jetzt entschlossen, die Tabellen der Öffentlichkeit zu übergeben." Der Verlag betonte, daß der Kaiser „eine übersichtliche Zusammenstellung streng geschichtlicher Tatsachen" liefern wollte, „die es dem Leser ermöglicht, über die politische Entwicklung der Weltlage seit dem Berliner Kongreß 1878 und über die Vorgeschichte des großen

Krieges sich sein eigenes Urteil zu bilden. Den Ertrag seiner Arbeit hat der Kaiser für die Notgemeinschaft der deutschen Wissenschaft bestimmt."

1922 brachte Wilhelm (zu seiner Verteidigung) im selben Verlag sein 309 Seiten starkes Buch „Ereignisse und Gestalten aus den Jahren 1878 bis 1918" heraus, das zunächst in fünf Kapiteln die Kanzler von Bismarck bis Bethmann Hollweg und Wilhelms Tätigkeit sowie die sich ergebenden allgemeinen Ereignisse während dieser Kanzlerschaften behandelt. Dann folgen vier Kapitel: Meine Mitarbeiter auf dem Gebiet der Verwaltung – Wissenschaft und Kunst – Mein Verhältnis zur Kirche – Heer und Flotte. In eigenen Kapiteln behandelt Wilhelm dann den Kriegsausbruch, den Papst und den Frieden, das Kriegsende und die Abdankung, den feindlichen und den neutralen Gerichtshof (als Problem), die Schuldfrage und den Umsturz und Deutschlands Zukunft.

Er widmete das Werk dem Gedächtnis der Kaiserin, „deren Anregung diese Aufzeichnungen ihre Entstehung verdanken". Sie war am 11. April 1921 an einem schweren Herzleiden gestorben und wurde nach einem von ihr lange vor 1918 geäußerten Wunsch in Potsdam beigesetzt. Der Sonderzug von Doorn nach Berlin wurde überall von der Bevölkerung mit außerordentlicher Teilnahme begrüßt. Über die Beisetzung im Antiken Tempel im Park von Sanssouci am 19. April 1921 hielt ihre Tochter Herzogin Viktoria Luise von Braunschweig-Lüneburg fest: „Weit mehr als Zweihunderttausend, fast eine viertel Million, waren zur Beisetzung erschienen. Andächtige Stille lag über der riesigen Menschenmasse, kein lautes Wort, kein Lärm, kein Gedränge."[19]

Wiedervermählung 1922 – Wilhelms naive Ursprünglichkeit

Von großer Bedeutung für Wilhelm sollte der Besuch von Prinzessin Hermine, der Witwe des Prinzen Johann Georg von Schönaich-Carolath, am 9. Juni 1922 in Doorn werden. Sie war die am 17. Dezember 1887 in Greiz geborene Tochter des bis 1902 regierenden Fürsten Heinrich XXII. von Reuß zu Greiz und seiner bereits 1891 verstorbenen Gattin Ida, der Tochter des Fürsten Adolf von Schaumburg-Lippe. Obwohl ihr Vater 1867 zu einer Militärkonvention mit Preußen gezwungen worden war und seine Abneigung gegen das Deutsche Reich immer zur Schau trug, hatte sich Hermine als seit 1902 elternlose Prinzessin in Abwendung von der Haltung des Vaters für den Kaiser begeistert, den sie einmal auf einem Rennen in Breslau, ein anderes Mal gelegentlich einer Festlichkeit sah. Aus ihrer Familie wirkte Prinz Heinrich VII. von Reuß-Köstritz mit großem Erfolg für die Politik Bismarcks als preußischer Gesandter in St. Petersburg, später während des russisch-türkischen Krieges als Botschafter in konstantinopel, von 1878 bis 1894 in Wien.[20] Hermine gehörte der älteren Linie des Hauses Reuß an. Die Söhne beider Linien wurden in Dankbarkeit gegenüber Kaiser Heinrich VI., der ihr an Sachsen verpfändetes Vogteigebiet in Waida, Gera und

Plauen wieder auslöste, stets Heinrich genannt.[21] Die Numerierung war in den beiden Linien verschieden. Die ältere Linie zählte im Prinzip bis Einhundert, die jüngere fing mit der Numerierung mit jedem Jahrhundert von vorn an.

Infolge der geistigen Erkrankung des Bruders Hermines regierte und verwaltete seit 1902 jeweils ein Mitglied der jüngeren Linie Reuß auch das Land der älteren Linie, zunächst Heinrich XIV.

Aus ihrer Ehe mit dem 1873 in Saabor in Schlesien geborenen Prinzen Johann Georg von Schönaich-Carolath-Beuthen, der königlich preußischer Major gewesen und am 7. April 1920 gestorben war, hatte Hermine vier Kinder: den 1907 in Berlin geborenen Prinzen Hans-Georg, der später zum Dr. juris utriusque promovierte, 1939 heiratete und 1943 im Krieg fiel, die Prinzessin Hermine Caroline, den Prinzen Ferdinand und die Prinzessin Henriette, die in Berlin am 25. November 1918 geboren, 1940 den Prinzen Karl Franz Joseph von Preußen heiratete.

Am 9. Juni traf Hermine in Doorn ein und wurde von Dommes vom Bahnhof abgeholt. Ilsemann[22] schreibt: „Selten sah ich den Kaiser derart erregt. Dauernd sah er nach dem Torgebäude, ob das Auto mit dem sehnsüchtig erwarteten Gast noch nicht käme, dann zog er sich seinen Anzug zurecht, fragte nervös nach dem Begrüßungsbukett. Mit einem Kuß und dunkelroten Rosen wurde der neue Gast feierlich wie noch keiner zuvor in Holland empfangen." Wilhelm ließ sie im Haus wohnen und umgab sie mit Aufmerksamkeiten. Ilsemann gegenüber rühmte er Hermine, die charmant sei und einen scharfen Verstand wie ein Mann besitze, sich für alles interessiere, für alles Verständnis habe, selber drei Güter verwalte, in öffentlichen Versammlungen Reden halte und nebenbei fünf (sic!) Kinder erziehe. Am 16. Juni sagte er zu Ilsemann, er habe sich mit ihr verlobt. Dazu ergänzte er am nächsten Tage, die Verlobung solle nicht vor Herbst bekanntgegeben werden, doch werde die Heirat etwa im November stattfinden.

Zur Hochzeit am 5. November 1922 erschien Wilhelm II. in der feldgrauen Uniform des 1. Garderegiments zu Fuß. Um 11.15 Uhr wurde in Arnheim[23] der hausrechtliche Ehekontrakt unterschrieben. Dazu erschienen Kronprinz Wilhelm in Leibhusaren-Uniform, Friedrich von Berg-Markienen, der bis Oktober 1918 Chef des Geheimen Zivilkabinetts gewesen war und nun als Minister des Hauses den Kontrakt vorlas, Karl Graf von der Goltz als Zeuge und Notar Schroot aus Amerongen.

Wilhelm II. und Hermine begaben sich darauf zur kirchlichen Feier im Haus Doorn. An ihr nahmen auch Prinz Heinrich, der Bruder des Kaisers, und seine Schwester Landgräfin Margarete von Hessen sowie seine Söhne Kronprinz Wilhelm, Prinz Eitel Friedrich und Prinz Adalbert teil. Die Tochter Herzogin Viktoria Luise, in der die Leidenszeit der Mutter noch zu wach war, bat den Vater um Verständnis für ihr Fernbleiben und hat es auch gefunden, wie sie selbst schreibt.[24] Schon vor der Heirat hatte Prinzessin Hermine der Herzogin Viktoria Luise geschrieben: „In Pietät und Ehrfurcht werde ich das Andenken der unersetzlichen teuren Kaiserin hochhalten und die durch den Heimgang der edlen Kaiserin doppelt innigen und nötigen Bande zwischen Vater und Kindern respektieren." Sie verzichtete von sich aus auf die Anrede „Mutter" und erleichterte dadurch die Annäherung der Kinder des Kaisers an sie.

Außer ihren Rechten als Prinzessin von Reuß brachte sie aus ihrer ersten Ehe das Gut Saabor (Fürsteneich) an der Oder in Schlesien mit. Durch ihre oft längeren Aufenthalte in Deutschland, auch in Berlin und in München, lernte sie sehr viele Persönlichkeiten aus dem politischen, wirtschaftlichen und kulturellen Leben kennen und brachte ihre Informationen Wilhelm mit.

In den von erblichen Fürsten regierten Staaten, die 1871 durch König Wilhelm I. von Preußen und vor allem Bismarck zu einem Deutschen Reich zusammenzufinden veranlaßt wurden, gab es nach 1918 weite Kreise, die die Wiederherstellung der konstitutionellen Monarchien erstrebten. In Vereinen und verschiedenen Organisationen bemühten sich diese Kreise um ihre Ziele. In München feierte der Nationalverband Deutscher Offiziere seit den zwanziger Jahren bis 1933 den Geburtstag des Kaisers am 27. Januar durch eine große Veranstaltung im Hotel Deutscher Kaiser schräg gegenüber dem Hauptbahnhof. Dazu erschien jeweils ein Prinz von Bayern, aber auch der in München, Prag und Berlin tätige Vertreter des russischen Kaiserhauses, der letzte, noch von Nikolaus II. ernannte General Wassilij von Biskupsky, der seit dem 9. Juni 1921 auch seinen Wohnsitz in München hatte. Auch junge Leute wie der Verfasser dieses Buches, damals Mitglied des Bayerischen Heimat- und Königsbundes, wurden eingeladen.

So blieb Wilhelm II. nicht nur in Berlin, wo Ernst Pfeiffer die Zeitschrift *Der Aufrechte* herausgab, sondern auch anderswo mitten in der Welt christlich-konservativer Tradition ein besonderer Repräsentant der konstitutionellen Monarchie. Auch die Kirchen traten für die monarchische Tradition ein, in München sehr eindeutig Erzbischof Michael Kardinal von Faulhaber, ein Bäckerssohn aus Unterfranken, der wie alle vom König nominierten und vom Papst präkonisierten Bischöfe Bayerns den persönlichen Adel erhielt. Die *Münchner Katholische Kirchenzeitung* der zwanziger Jahre trug wesentlich zu dieser Tradition bei. Bestimmte Zeitschriften forderten offen die Wiederherstellung der Monarchie wie die des von den Nationalsozialisten dann verhafteten und oben erwähnten Ernst Pfeiffer, oder die Zeitschrift *Monarchie und Leben* des Karl Ludwig Frhr. von Guttenberg, der von den Nationalsozialisten 1945 hingerichtet wurde. Er hatte seine Zeitschrift zwar mehrmals umbenannt, aber wurde aber durch seine unverhüllte Forderung, zur konstitutionellen Monarchie und zum Föderalismus zurückzukehren, den Nationalsozialisten unerträglich. Zu seinen Mitarbeitern zählte u. a. Reinhold Schneider, Anton Ritthaler und der Verfasser dieses Buches, den er in Berlin zusammen mit Wilhelm Canaris[25] 1943 noch einmal sprach.

Hindenburg 1926 Reichspräsident – Der Vertrag Preußens mit den Hohenzollern 1926 über das Vermögen – Prinz Heinrich von Preußen – Prinzgemahl Heinrich der Niederlande in Doorn – Wilhelm über Hindenburg – Die veröffentlichten Briefe der Kaisermutter – Bismarcks dritter Band seiner Gedanken und Erinnerungen – Die Kreise für die Wiederherstellung der Monarchie

Der 1926 zum ersten Mal, 1932 zum zweiten Mal zum Reichspräsidenten gewählte Hindenburg erklärte 1933 dem Generalbevollmächtigten des preußischen Königshauses, Wilhelm von Dommes, daß er persönlich sehr für die Regierungsübernahme durch Wilhelm II. sei, aber weder das deutsche Volk noch die ganzen Verhältnisse in der Heimat seien so weit. Reichskanzler Heinrich Brüning, Zentrumspolitiker und überzeugter Katholik, erstrebte für das Deutsche Reich eine Monarchie nach englischem Vorbild. Hindenburg sollte seine Präsidentschaft in eine Regentschaft für einen der Kronprinzensöhne umwandeln und die erforderliche Reichstagsmehrheit dafür sicherstellen. Wilhelm II. brachte sein Recht stets auch durch seine Unterschrift zum Ausdruck. Wie während seiner Regierungszeit setzte er unter seinen Namen die Buchstaben I. R. - d. h. Imperator - Rex, also Kaiser - König. Nur bei seiner Unterschrift unter die Urkunde über seine Abdankung am 28. November 1918 und die Entbindung vom Treueid ließ er seine mit I. R. abgekürzten Herrschertitel weg.

Über das durch das Hausgesetz vom 21. Juni 1920 an die Person Wilhelms II. gebundene Vermögen der Hohenzollern kam am 29. Oktober 1926 ein Vertrag des preußischen Staates mit den Mitgliedern des vormals regierenden preußischen Königshauses zustande. Ihn unterschrieb der „Generalbevollmächtigte der Generalverwaltung des vormals regierenden Preußischen Königshauses". Der Vertrag[26] erlangte Gesetzeskraft und wurde in der preußischen Gesetzessammlung 1926 abgedruckt.

Im Unterschied zu dem im Hausrecht von 1920 festgelegten Eigentum verblieben 1926 dem „Haus" das Palais Kaiser Wilhelm I. mit dem „historischen Eckfenster", von dem aus der alte Kaiser Wilhelm I. die vorbeimarschierende Paradetruppe gegrüßt hatte, das Niederländische Palais in Berlin Unter den Linden, in dem das Hausministerium untergebracht war und sich die Privatwohnung des Kronprinzenpaares befand, ferner das Schloß Montbijou und das Prinz-Albrecht-Palais in der Wilhelmstraße, Reinhardshausen/Erbach, Rheinstein und die Hälfte der Hohenzollernburg bei Sigmaringen. Die andere Hälfte gehört der älteren katholischen Linie der Hohenzollern. Jeder der Kaisersöhne behielt seine Villa in Potsdam.

1926 gingen in Staatsbesitz über die übrigen Schlösser in Berlin, Berlin-Charlottenburg, in Grunewald, in Potsdam, in Oranienburg, in Königsberg und in Oliva, die Marienburg bei Danzig, das Schloß an der Leine in Hannover, Schloß Wilhelmshöhe bei Kassel, Schloß Homburg vor der Höhe und andere – dann die

Kroninsignien, die Schackgalerie in München, die königlichen Opern- und Schauspielhäuser.

Dem Königshaus verblieb ein Landbesitz von etwa 250.000 Morgen meist östlich der Elbe und ein Barvermögen von 15 Millionen RM. An die Stelle des Königs trat nun im Falle des Todes des Kaisers der Prinz von Preußen, der unter seinen Nachkommen die Aufgabe des „Chefs des Hauses Hohenzollern" wahrnimmt. Im Vertrag über die Vermögensauseinandersetzung des vormaligen preußischen Königshauses mit Preußen vom 29. Oktober 1926 § 7, Abs. 1 wurde u. a. bestimmt:[27] „Der Staat stellt dem vormaligen Kronprinzen und seiner Gemahlin sowie ihren Kindern und Enkelkindern auf Lebenszeit den im Neuen Garten bei Potsdam gelegenen Cecilienhof als Wohnsitz zur Verfügung mit dem Rechte der ausschließlichen Benutzung der zum Cecilienhofe bisher bereits abgegrenzten Teile des Neuen Gartens und dem Rechte der Nutzung der gegenwärtig im Besitz des vormaligen Kronprinzen befindlichen Nebengebäude." Kronprinz Wilhelm und Kronprinzessin Cecilie machten von diesem Recht Gebrauch. Der Kronprinz behielt auch Schloß Oels samt Landbesitz.

Die *Vossische Zeitung* schrieb, als der preußische Staat in dem Vertrag vom 29. Oktober 1926 seinem vormals regierenden König Wilhelm II. Schloß und Park zu Homburg vor der Höhe als Wohnsitz für ihn und seine Gemahlin auf Lebenszeit beider zur Verfügung stellte, falls er dort leben wolle:[28] „Das R ist preußische Angelegenheit, das I aber deutsche. Und dieses heute noch angemaßte große I gibt uns das Recht, die preußische Regierung zu fragen, woher sie die Vollmacht nimmt, einem Mann innerhalb des deutschen Reiches Wohnrecht und Wohnsitz einzuräumen, der sich in Nichtachtung der im deutschen Reich zu Recht bestehenden Verfassung und seiner eigenen bei der Abdankung gegebenen Unterschrift als deutscher Kaiser bezeichnet. Sich nicht nur so bezeichnet – auch der spanische König nennt sich König von Jerusalem – , sondern in öffentlichen Kundgebungen, auch in allerletzter Zeit, erklärt, daß Deutschland erst dann wieder hochkommen werde, wenn es sich seinen Kaiser wiederholt habe. Daß andere abgedankte Souveräne ungestört in Deutschland wohnen, spricht gegen, nicht für Wilhelm II. Nie war individuelle Behandlung angebrachter."[29] Das in der *Vossischen Zeitung* gedruckte Vertragsdatum auf den 13. Oktober 1926 trifft nicht zu. Entsprechend flüchtig und willkürlich sind ihre Urteile. Das war der damaligen Zeit entsprechend.

Prinz Heinrich der Niederlande, geboren 1876 als Herzog von Mecklenburg-Schwerin, der 1901 Königin Wilhelmine der Niederlande geheiratet hatte, die 1948 zu Gunsten ihrer Tochter abdankte, besuchte Wilhelm in Gegenwart u. a. des Kronprinzen Wilhelm im Januar 1929 und bekam von ihm zu hören, der 1926 zum Reichspräsidenten gewählte Generalfeldmarschall von Hindenburg habe sich auf seinen Thron gesetzt.[30] Als der holländische Prinzgemahl Wilhelm im Mai 1930 wieder besuchte und behauptete, dieser hätte Hindenburg den Rat, ja den Befehl gegeben, den Youngplan zu unterschreiben, bestritt das Wilhelm II.

Doch sagte ihm Prinz Heinrich: „Du brauchst nicht zu leugnen, Hindenburg hat es mir ja jetzt in Berlin selber gesagt."[31]

Als Wilhelm am 11. Januar 1929 zwei Berichte des Generalleutnants Georg Graf Waldersee las, der 1914 Oberst und Chef des Stabs der 8. Armee in Ostpreußen war, die Generaloberst Max von Prittwitz und Gaffron führte, und außerdem einen Brief des Generals von Scholtz, 1914 kommandierenden Generals des XX. Armeecorps in Ostpreußen, sah er sich die in den Schriftstücken angeführten Ortsnamen auf Karten zur Schlacht von Tannenberg an und glaubte, daß nicht Hindenburg und Ludendorff, sondern Prittwitz und Waldersee der Ruhm des Sieges bei Tannenberg gebühre.[32]

Als das bis zum 22. Juli 1929 befristete Republik-Schutz-Gesetz erlosch, erhielt Wilhelm viele Briefe mit der Aufforderung, nun doch zurückzukommen. Ein katholischer Pfarrer schrieb ihm: „Euer Majestät werden von uns auf den Armen von Doorn bis zum Brandenburger Tor, und von Berlin nach Köln und von dort den Rhein hinauf getragen bis dorthin, wo die deutsche Zunge klingt!" So erfreulich solche Wünsche und Empfindungen für Wilhelm II. auch sein mochten, er wußte doch aus dem, was er seit dem November 1918 erlebte, daß die von ihm erstrebte Rückkehr als regierender Kaiser noch mehr erforderte als die in solchen Schreiben ausgedrückte Mentalität. Die „Soziale Königspartei" in Dresden wandte sich zu Neujahr 1932 an die deutschen Fürstenhäuser und den Adel um finanzielle Unterstützung. Sie brachte die Zeitung *Der Königssozialist, Kampfblatt der deutschen Freiheitsbewegung* heraus. Wilhelm äußerte sich zu Ilsemann[33] über die Geldwünsche dieser „neuen monarchistischen Partei" kritisch.

In seiner (bestimmte Rechtsakte betreffenden) inneren Auseinandersetzung stand Wilhelm zu Hindenburg so kritisch, daß er dessen Geburtstagswunsch 1932 zur Beantwortung seiner Frau überließ: „Ich habe mit diesem Mann abgeschlossen, seit er den Ausweisungsparagraphen angenommen hat." Doch gratulierte er ihm im selben Jahr zu dessen 85. Geburtstag im Oktober, als dies sein Referent im Hausministerium in Berlin Ulrich Frhr. von Sell entscheidend anregte.[34]

Wilhelms Söhne Eitel Friedrich, seit 1927 Oskar, waren Herrenmeister des Johanniterordens und entboten dem Vater auch bei dessen Tagungen die Treue-Grüße des Ordens. Wilhelm II. dankte im Juni 1928: „Es ist Mir eine Freude, daß der Orden inmitten der Stürme, die unser Vaterland durchtoben, seine hohen von Meinen Vorgängern und Mir ihm zugewiesenen Aufgaben in christlichem Glauben und mit fester Zuversicht auf Gottes Hilfe unbeirrt weiterverfolgt. Ich halte mich gern dessen versichert, daß, wenn irgend, so im Johanniterorden die Treue zu Mir und Meinem Hause und zur Monarchie fest verankert bleiben und verbreitet werden."[35]

*Der 70. Geburtstag Wilhelms – Religiöse und politische Bekenntnis-
se gegenüber Max Buchner – Der Fortschritt in Naturwissenschaft
und Technik – Die drei Luftpioniere Köhl, Hünefeld und Fitzmaurice in Doorn – Die Briefe der Kaiserin Friedrich und Wilhelms
Vorwort zu deren deutscher Ausgabe – Die holländische Königsfamilie und Wilhelm*

Im Berliner Dom wurden regelmäßig am Geburtstag des Kaisers, am 27. Januar,
ebenso am 22. Oktober, dem Geburtstag der Kaiserin Auguste Viktoria feierliche
Gottesdienste veranstaltet, wozu viele Leute kamen. Seinen siebzigsten Geburts-
tag beging der Wilhelm 1929 in Doorn in feldgrauer Uniform, in der auch seine
Flügeladjutanten ihren Dienst taten.[36] Da Hermine an den Röteln erkrankt mit
Fieber zu Bette lag, erfüllte Wilhelms Tochter Herzogin Viktoria Luise die
Aufgaben der Hausfrau. Auch Prinz Heinrich, der Bruder Wilhelms II., mußte
wegen Erkrankung zu seinem Bedauern fernbleiben, ebenso Landgraf Friedrich
Karl von Hessen. Die Familie erschien zahlreich: Kronprinz Wilhelm und Kron-
prinzessin Cecilie mit ihren Kindern Wilhelm, Louis Ferdinand, Hubertus,
Friedrich und Alexandrine und Cecilie sowie die Kaisersöhne Eitel Friedrich,
Adalbert, August Wilhelm und Oskar mit ihren Familien. Prinz Waldemar ver-
trat seinen erkrankten Vater Heinrich, weiter kamen Prinzessin Luise Sophie, die
Witwe des berühmten Reiters Prinz Friedrich Leopold von Preußen, der von
Prinz Karl, dem Bruder von Wilhelms Großvater, abstammte, und aus dieser
Linie auch Prinzessin Agathe, die Witwe des Prinzen Friedrich Wilhelm von
Preußen. Von der Linie Hohenzollern-Sigmaringen erschienen Fürst Friedrich
Viktor mit seiner Frau Margarete, einer geborenen Prinzessin von Sachsen. Na-
türlich sprachen auch die Prinzen Hans Georg und Ferdinand von Schönaich-
Carolath persönlich vor. Persönlich gratulierte auch Wilhelms Schwester Köni-
ginwitwe Sophie von Griechenland und deren Sohn, der spätere König Paul.
Der letzte der außer Wilhelm noch lebenden und ehemals regierenden Könige,
König Friedrich August III. von Sachsen, brachte beim Mittagsmahl einen kur-
zen Toast aus. In München brachte Kronprinz Rupprecht bei dem Frühstück der
bayerischen Offiziersverbände an diesem Tag den Trinkspruch aus: „Fern der
Heimat feiert Seine Majestät, der Kaiser Wilhelm II., sein 70. Geburtstagsfest.
Als alte Soldaten gedenken wir seiner am heutigen Tage und gedenken der
Zeiten, in denen unter seinem Oberbefehl Seite an Seite mit ihren Kameraden
bayerische Truppen auf allen Schlachtfeldern des Krieges tapfer kämpften in
treuer todesmutiger Erfüllung ihres Fahneneides. Durch lange Jahre war es Seiner
Majestät vergönnt, dem aufblühenden Reiche die Wohltaten des Friedens zu
erhalten. Wir gedenken jener glücklichen Zeiten, in denen die Kaiserkrone das
Symbol war eines auf in sich freien Bundesstaaten gefügten einigen, kräftigen und
in friedlicher, gedeihlicher Entwicklung befindlichen Reiches. Möchten solche
Zeiten wiederkehren und möge es Seiner Majestät vergönnt sein, in gesegnetem

Alter die Morgenröte eines schöneren Deutschland zu erblicken. In diesem Sinne erhebe ich mein Glas und bitte Sie, mit mir einzustimmen in den Ruf: Seine Majestät der Kaiser Wilhelm II., er lebe hoch!"

Von den bis 1918 regierenden deutschen Fürsten gratulierten außer dem erwähnten König Friedrich August III. von Sachsen und dem Schwiegersohn Wilhelms, Herzog Ernst August von Braunschweig, Wilhelm II. zum 70. Geburtstag persönlich Großherzog Ernst Ludwig von Hessen und bei Rhein und dessen Söhne Erbgroßherzog Georg und Prinz Ludwig, Großherzog Friedrich Franz IV. von Mecklenburg-Schwerin mit seiner Frau, einer Schwester des Herzogs Ernst August von Braunschweig. Viele der bis 1918 regierenden Herren waren bereits verstorben. Generalfeldmarschall von Mackensen kam als Vertreter der preußischen Armee, General Frhr. von Gebsattel als Vertreter der bayerischen Armee, Admiral von Schröder als Vertreter der alten Marine, General von Horn als Vorsitzender des Kyffhäuserbundes. Um 10 Uhr hielt Hofprediger Vogel, Pfarrer an der Friedenskirche in Potsdam, den Gottesdienst, der das vom Kaiser gewünschte Wort aus dem Römerbrief zugrunde legte: „Ich schäme mich des Evangeliums von Christo nicht." Danach nahm Wilhelm die guten Wünsche aller entgegen.

Von der Königinmutter Emma der Niederlande wurde Wilhelm ein herzliches Glückwunschschreiben mit roten Azaleen, vom schwedischen König Gustav V., der noch den regierenden Kaiser persönlich kennen gelernt hatte, und seiner Gemahlin Viktoria, Schwester des 1928 verstorbenen Großherzogs Friedrich II. von Baden, ein Gratulationstelegramm gesandt, ebenso von König Christian X. und Königin Alexandrine von Dänemark, einer geborenen Herzogin von Mecklenburg. Christian hatte im März 1915 versucht, wenigstens zwischen Deutschland und Rußland einen Separatfrieden zu vermitteln. Der Kaiser seinerseits dankte auch dem holländischen Innenminister Kan an diesem Tag für die Gastfreundschaft der Königin Wilhelmine und des holländischen Volkes. Auch in sehr vielen Städten und auch kleineren Orten Deutschlands wurde der 70. Geburtstag Wilhelms mit Kundgebungen gefeiert.

Zu Beginn des Jahres 1929 ließ der (aus einer Münchener Bäckerei und einer aus Niederbayern zugewanderten Gärtnerfamilie stammende) damals 48jährige Professor an der Universität Würzburg, Max Buchner, ein über 200 Seiten umfassendes Buch erscheinen: „Kaiser Wilhelm II., seine Weltanschauung und die deutschen Katholiken." Buchner war damals Inhaber des an das Konkordat Bayerns von 1924 gebundenen Lehrstuhls für Geschichte in Würzburg und gab seit 1924 von München aus die von Johann Joseph von Görres begründeten *Historisch-Politischen Blätter für das katholische Deutschland*, die nun *Gelbe Hefte* genannte Zeitschrift, heraus. Sein Buch wurde in sehr vielen Kreisen beachtet. Es würdigte die Weltanschauung des Kaisers umfassend und mit den erreichbaren wissenschaftlichen Belegen. Buchner wußte, daß Wilhelm als König von Preußen summus episcopus der evangelischen Kirche seines Königreiches war, in dem Friedrich Wilhelm III. 1817 mit Hilfe der von Friedrich Ernst Daniel Schleiermacher präsidierten Synode eine Union der Lutheraner und Reformierten geschaffen hatte. In der „Evangelischen Kirche der altpreußischen Union" war der Grundgedanke, daß die Unterschiede in der Auffassung vom Abendmahl bei Lutheranern und Reformierten nicht der Gemeinschaft des Gottesdienstes und des Abendmahles hinderlich sein dürfen. Da Wilhelm II. durch Hinzpeter calvinistisch erzogen worden war, verwarf er lange Jahre Luthers Übersetzung der Einsetzungsworte der Eucharistie „Das ist mein Leib" und hielt an der calvinistischen Interpretation „das bedeutet..." fest. Als er aber von dem Theologen Reinhold Seeberg erfuhr, daß das von Christus gesprochene Aramäische und auch das Hebräische nicht das Hilfszeitwort für „sein" als eigenes Wort hatte und es für das Wort „bedeuten" im Aramäischen wie im Hebräischen eigene Ausdrücke gab, schrieb er am 3. Juni 1923 nieder: „Damit fällt der ganze Streit zwischen Luther und Calvin im Nichts zusammen! Die ganze Trennung zwischen Reformierten bzw. Calvinisten und Lutheranern ist damit erledigt und hinfällig. Welch eine Erlösung!" Für Wilhelm waren nun Brot und Wein Symbole für die tatsächliche persönliche Anwesenheit Jesu Christi. Er glaubte, beim Genuß erfolgte unsererseits das Gelöbnis, alles zu erneuern. Brot und Wein seien die vom Herrn seinen Jüngern und allen Menschen „gegebenen sichtbaren, greifbaren, irdischen Garantien, daß uns wirklich und tatsächlich unsere Sünden vergeben sind". Wilhelm II. war der Meinung, diese Auffassung könne allen konfessionellen Hader tilgen und einen jeden konfessionellen Unterschied aufheben. Eine Einigung aller christlichen Kirchen könne sich so bewirken lassen.

Wilhelm dankte Buchner am 11. Februar 1929 in einem auf fünf Seiten mit eigener Hand geschriebenen Brief.[37] Er bekannte Buchner, dieser habe seine Weltanschauung richtig charakterisiert. „Für mich ist eben unser Herr Jesus Christus der Centralpunkt, um den sich alles dreht. Unsere Christliche Religion unterscheidet sich eben von allen anderen dadurch, daß wir die Liebe Gottes als ihre Grundlage nehmen. Diese Liebe ist eben Personifiziert und Incarnirt in der Erscheinung des Gottes Sohnes in Menschengestalt auf Erden. Gott in Menschengestalt!... also ist für uns Menschen der Heiland, die aus freiem väterlichen Liebeswillen von Gott-Vater zu seinen Menschenkindern hinübergeschlagene Brücke, die uns den verlorenen Zutritt zum Himmel wieder ermöglicht. Sie ist aber auch die allereinzigste!" Im vorletzten Absatz des Briefes schrieb Wilhelm: „Ich verstehe nicht, wie man nach einer anderen Religion trachten kann. Was ist Buddhismus, Theosophie, Christian Science u. s. w. dagegen? Jammervoller Quark; Ausgeburten Menschlichen Denkens! Bei unserer Religion aber ist nicht der Kopf die Hauptsache, sondern das Herz als irdisches Organ der Seele. Wir Christen fühlen den Heiland bzw. den Vater, aber wir dürfen Ihn nicht diskutiren oder gar definiren wollen. Das ist Gott Lob unserem Geist versagt. Ich weise hierin auf die letzten Vorgänge in Amerika als warnendes Beispiel hin."

Naturwissenschaft und Technik waren für den regierenden Kaiser aber auch für Wilhelm in Doorn immer wieder von großem Interesse. Da Buchner in seinem Buch auf den älteren Rathenau, also Emil Rathenau, zu sprechen kam, bemerkte Wilhelm schon im zweiten Absatz seines Briefes vom 11. Februar 1929 über Emil Rathenau: „Er war – wenn auch Autodidakt – hervorragender Physiker, der zumal auf dem Gebiete der Elektrizität vortrefflich Bescheid wußte. Traten auf diesem Gebiete der Elektrizität Erfinder an mich heran, deren These mir beachtenswert schien, sandte ich sie zu ihm und forderte sein Gutachten ein. Auf diese Weise gelang es mir, die Erfindung eines jungen Mannes, auf den mich Prinz Heinrich, mein Bruder, aufmerksam gemacht hatte, auf dem Gebiet des Funkspruches, bei einer Conferenz mit Rathenau sen., Kraetke, Tirpitz – trotz Ablehnung des Letzeren – zum Studium zu bringen. Der Erfolg war der Bau der Groß-Station Eilvese [bei Neustadt am Rübenber, Niedersachsen], welche die einzige in Europa war, die mit den Vereinigten Staaten von Nordamerika in Verbindung stand, und bei Kriegsausbruch große Dienste leistete. Rathenau's A. E. G. (Allgemeine Elektrizitäts-Gesellschaft) Anlagen habe ich einmal besichtigt und Thee im Directionsgebäude getrunken."

Die im April 1928 erstmals mit einem Flugzeug von Amerika aus über den Nordatlantik nach Westeuropa fliegenden drei Luftfahrtpioniere der Deutschen Lufthansa ehrten Wilhelm, indem sie demonstrativ über Doorn flogen. Es waren der vormalige bayerische Hauptmann Hermann Köhl, Günther Frhr. von Hünefeld, ein Freund des Kronprinzen Wilhelm, und der irische Major James C. Fitzmaurice. Am 6. Juli 1928 trafen die drei Luftfahrtpioniere und nun berühmt gewordenen Ozeanflieger in Doorn ein. Wilhelm hatte ihnen an die Landungsstelle Soesterberg seinen offenen Mercedes, seinen Wagen aus dem Krieg geschickt. Er begrüßte sie schon mittags laut Ilsemann vor seinem Haus.[38] Abends erschienen sie zum Diner in Uniform, die sie sich für diesen Zweck extra aus Deutschland hatten kommen lassen. Fitzmaurice hatte die seine jetzt aus Dublin mitgebracht und saß bei Tisch rechts, Hünefeld links von Wilhelm, Köhl neben Hermine. Nach Tisch hielten erst Köhl, dann Hünefeld sehr packende Vorträge über ihre Erlebnisse, dann stand Wilhelm bis fast Mitternacht noch mit den Fliegern im Gespräch, abwechselnd deutsch und englisch sprechend. Meistens wurde über Flugtechnik und Wetter geredet. Die drei Flieger gefielen auch Ilsemann, schon wegen ihrer außerordentlichen Bescheidenheit sehr gut. Der Flügeladjutant und Referent im Hausministerium, Ulrich Frhr. von Sell, war mit den optimistischen politischen Ansichten Hünefelds nicht einverstanden und glaubte, daß Hünefeld seine Fähigkeiten überschätzte. Dieser sagte, er wolle alles tun, daß spätestens nach dem Tode Hindenburgs die Monarchie in Deutschland wieder eingeführt werde. Er meinte, daß dies die letzte Möglichkeit sei. Hermine sagte ihm beim Abschied: „Nicht wahr, wir bleiben in enger Fühlung, Sie orientieren mich über alle wichtigen Vorgänge!" Er: „Euer Majestät dürfen sich darauf verlassen und jederzeit fest auf mich rechnen." Natürlich wurde Wilhelm 1928 durch Hünefeld in seinen Hoffnungen bestärkt und glaubte, daß dieser irgendwie politisch maßgebenden Einfluß habe. Ilsemann bezweifelte einen solchen wohl mit Grund.[39]

Als Sir Frederick Ponsonby, nachweisbar mindestens seit 1888 Sekretär der Königin Viktoria, in England 1928 die Briefe der Mutter Wilhelms, der Kaiserin Friedrich, auszugsweise herausgab und in einer vervollständigten deutschen Ausgabe als „Briefe der Kaiserin Friedrich, herausgegeben von Sir Frederic Ponsonby" in Berlin 1929 erscheinen ließ, schrieb Wilhelm II. zu dieser deutschen Ausgabe ein Vorwort. Seine Mutter hatte die vielen Briefe, die sie ihrer Mutter, der Königin Viktoria von England geschrieben hatte, von dieser zurückerbeten, weil sie für eine Lebensbeschreibung ihres Mannes, des Kaisers Friedrich III., Material sammelte. Königin Viktoria kam der Bitte ihrer Tochter nach. Wilhelm II. geht darum zunächst auf diese Tatsachen ein. „Ich will nicht weiter untersuchen, auf welche Art und Weise diese Briefe wieder nach England gelangt sind, die noch bis kurz vor ihrem Tode im Besitz meiner Mutter waren." Diese selbst hatte ihrer Mutter für ihre Bitte ausgeführt: „Da ich niemals ein Tagebuch geführt habe, bestehen die einzigen Dokumente unserer dreißigjährigen Ehe in den Briefen an meine liebe Mama und in meiner Korrespondenz mit Fritz [Prinz Friedrich, später Kronprinz bzw. Kaiser Friedrich III.]. Die liebe Mama würde mir einen unendlichen Dienst erweisen, wenn sie gestattete, daß eine diskrete Vertrauensperson unter Sir Th. Martins Leitung Auszüge aus meinen Briefen an sie anfertigte, welche die politischen Ereignisse, Hofangelegenheiten und unser Leben hier u. s. w. betreffen, mit dem Endzweck, daß ich eine Auswahl dieser Auszüge machen und übersetzen lassen kann."

Wilhelms Mutter erhielt aber offenbar nicht Auszüge, sondern die Briefe selbst, die sie in englischer Sprache an ihre Mutter, die Königin Viktoria, geschrieben hatte. Wilhelm stellt sich durch folgende Worte als Sohn und für das Thema der Briefeschreiberin auf den Standpunkt der ganzen Wahrheit und schreibt in seinem Vorwort[40] zur deutschen Ausgabe der Briefe: „Ich will mich auch nicht damit beschäftigen, wie weit mit der Veröffentlichung in England die Absichten der Kaiserin erfüllt worden sind. Die Veröffentlichung liegt vor, und ich wünsche, auf dem Standpunkt des Sohnes ebenso wie der die ganze Wahrheit zum Schluß stets selbst erkennenden Geschichte stehend, daß kein Versteckspiel und keine Verdunkelung mit einem so großen Dokument getrieben werde, wie es im Ganzen und Allem die Briefe meiner Frau Mutter sind. Die deutsche Ausgabe enthält sie in völlig unveränderter Form und vollzählig gegenüber der englischen Veröffentlichung. Es wird ein jeder von selbst die Persönlichkeit und die Schwere der Zeit erfassen, die in dieser nach Inhalt und Bedeutung beispiellosen Sammlung niedergelegt sind.

Meine Frau Mutter, die ‚Princess Royal', wie sie bei sich zu Hause, am Hofe und im englischen Volke genannt wurde, kam nach Deutschland als eine blühende, durch ihre Schönheit alle bestrickende hohe Dame, deren große geistige Begabung und Bedeutung sich sofort überall Geltung verschaffen mußten. Sie kam aus einem Lande, das mit dem Kontinent innerlich nur wenig zu tun hatte, das seit Jahrhunderten ein eigenes Leben geführt und eine eigene Entwicklung gehabt hatte, anders als die Überlieferungen und das Wachstum des Landes war, in das sie einzog. Die Luft großer Staatsmänner, häufiger gedeihend auf des nebligen Inselreichs Boden, als anderswo, die Luft eines in selbständiger Politik erzogenen und seine Söhne immer weiter erziehenden Volkes hatte sie stets umweht. Die ‚Princess Royal‘ war die Tochter einer großen, alles überragenden Königin, die, bedeutender als Katharina von Rußland und glücklicher als die Kaiserin Maria Theresia, im Reichtum des mächtigsten Volkes der Erde, das sich ihr in Verehrung beugte, einem ganzen Zeitalter das Gepräge gab. Von der Königin Victoria von England hat meine Frau Mutter viele Gaben geerbt, und zu dem mütterlichen Erbteil kam noch das väterliche Erbe eines so hochbedeutenden Mannes, wie es der Prinzgemahl [Albert von Sachsen-Coburg und Gotha] war. Die westliche Demokratie, wie sie im reinsten Sinne in der großen Königin und in ihrem Gemahle lebte, mußte von selbst auch in der ‚Princess Royal‘ jungen Seele sein, die alle Fortschrittsideen lebhaft bewegten, so wie ihr starker Intellekt sie feurig aufgenommen hatte. Sie hatte viel gelernt als Kind, sie sprach mehrere Sprachen so gut wie das Englische, sie hatte eine so gewandte Art, sich schriftlich auszudrücken und faßte schon als junges Mädchen politische Probleme ihrer Heimat so glänzend auf, daß ihr Herr Vater, der Prinzgemahl, sie bald als seinen besten Sekretär verwendete. Aus dem freien, ungezwungenen Verkehr mit den großen Familien des Landes, aus der behaglichen Art, wie man damals schon längst in England lebte, kam meine Frau Mutter, glühend vor Liebe zu dem Manne, den sie sich erwählt hatte, glühend vor Tatendrang, dem Lande zu nützen, in das ihr hoher Gemahl sie führte, in die neue preußische Heimat.

Ich habe oft daran gedacht, wenn ich mir die Gefühle meiner Mutter dabei vorstellte, wie einst dem ersten Kurfürsten von Brandenburg[41] zu Mute sein mußte, als er aus einem ganz anderen, südlich sonnigen Lande mit reichen Städten und längst blühenden Kulturen nach dem ernsten strengen Norden hinaufgezogen war. Die neue Kronprinzessin von Preußen richtete sich bald ein, zumal es sich im kargeren, wenn auch nicht wie England reichen Preußen schließlich gleichfalls leben ließ. Anders aber als mit den Äußerlichkeiten eines Hofhaltes, mit der Geselligkeit und den Annehmlichkeiten des täglichen Lebens verhielt es sich mit dem Um und Auf und mit dem Wesen der neuen politischen Atmosphäre, die jetzt der Lebensinhalt der Kronprinzessin sein mußte. Die Preußen waren keine Engländer. Sie hatten eine andere Geschichte, andere Vergangenheit, andere Überlieferungen, ihr Staat war anders gewachsen und geworden als der englische Staat, sie waren Kontinentale. Sie hatten einen anderen Königsbegriff, die Klassenbegriffe und die Klassenunterschiede waren andere als in England.

Die Kronprinzessin sah und mußte sehen, daß das preußische Volk viele Dinge nicht oder noch nicht hatte, die in ihrer Heimat altgewohnt und selbstverständlich waren. Mit Feuereifer ging meine Frau Mutter daran, in der neuen Heimat alles für den Bau eines Volksglückes vorzubereiten, was nach ihrer englischen Erziehung, Überzeugung und Weltanschauung allein das Volksglück ausmachen konnte. Sie liebte meinen Vater abgöttisch, der selbst die westliche Entwicklung der Völker mit Sympathie ansah und fortschrittlichen Neigungen auch für die eigene Heimat aus Überzeugung huldigte, von ihm mit nicht geringerer Leidenschaft, als sie für ihn hatte, auf den Händen getragen. Es ist möglich, daß manches Wort meiner Frau Mutter nicht ohne Einwirkung auf politische Erwägungen meines Herrn Vaters war. Aber durchaus selbständig im Denken und Handeln rasch und bestimmt, ist er, auch in der Zeit seiner Krankheit, zu seinen entscheidenden Entschlüssen zweifellos von selbst gekommen. Da meine Eltern in jeder Beziehung harmonierten, in ihrer Zuneigung zueinander wie in den politischen Überzeugungen, wird es kaum je eine Differenz zwischen ihnen, denen gemeinsamer Liberalismus der Grundton war, gegeben haben. Manches mag meine Frau Mutter vertieft und an englischen Beispielen und Vorbildern ausgebaut haben. Sie waren wohl immer eins, oft freilich auf einer fremden Insel."

Wer das Leben Kaiser Wilhelms II. und all seine Probleme erfassen will, gewinnt aus der Lektüre seines Vorwortes zu der deutschen Ausgabe der Briefe seiner Mutter wichtige Erkenntnisse, er fährt darin fort: „In dieser neuen Heimat der ‚Princess Royal' waren ganz andere Verhältnisse als in England, und für das preußische Volk war es ganz natürlich, daß preußische Männer seine Geschicke lenkten. Sie mußten es so tun, wie es nach ihrer besten Überzeugung aus der Vergangenheit und Gegenwart heraus für Preußens Zukunft am besten war. Meine Frau Mutter blühte auf in dem sonnigen, reichen Glück, in dem sie mit ihm [ihrem Mann] lebte. Solange mein Herr Vater von Gesundheit strahlte, hatten die Gegensätze mit dem herrschenden System nur Kampflust ausgelöst, nicht Bitterkeit oder gar noch mehr. Da kam der furchtbare, in seiner Tragik unerbittliche und unbarmherzige Schlag: Mein Herr Vater war verloren und dem Tode verfallen!

Damit beginnt der große, unendlich gramvolle Leidensweg meiner Frau Mutter, ihr schmerzerfüllter verzweifelter Kampf um Rettung. Um Rettung des angebeteten Mannes und zugleich um ihren Lebensinhalt, um alles, warum sie auf dieser Erde zu sein glaubte. Sie hat nach verhältnismäßig kurzer Zeit klar erkannt, daß meinem Herrn Vater nur [noch] eine kurze Frist zum Leben vom Höchsten beschieden war. Meine Frau Mutter traf wie ein Blitz die Erkenntnis, daß sie als Herrscherin ihre Ideale nicht werde verwirklichen können oder daß sie nur ganz kurze Zeit ihrer Geltendmachung werde dienen können. Mit ihrem ganzen, großen Willen lehnte sie sich gegen ihr Geschick auf."

Die Erhaltung des geliebten Mannes war für sie oberstes Gebot, dazu führt schon etwas vorher Wilhelm II. aus: „Sie will ihn nur im Süden genesen wissen, sie selbst will immer um ihn sein, das natürliche Recht der Frau ist jetzt ihr erstes Gesetz, sie weist die Forderungen, jede Einmischung zurück, die der Staat an die Frage der Erhaltung der Thronerben stellt. Aber im Verzweiflungskampf mit dem Tode, um Gatten und Lebensglück kommt doch die endgültige Erkenntnis: Zu spät! In den schweren Gram gräbt sich zugleich die Verbitterung. Das Lebensglück ist verloren und auch die Lebensarbeit. Meine Frau Mutter war allezeit ein sehr starkes, von menschlichen und geistigen Tiefen her leidenschaftlich bewegtes Temperament, das sich in normalen Tagen selten Zügel anlegte, wenn sie Dinge aussprach. Jetzt hatten ihre Nerven, die sie so übermenschlich vor dem Kranken beherrschte, schwer gelitten. In England immer bereit, aus Überzeugung bereit, die beste Deutsche zu sein, in Deutschland immer mit der Sehnsucht nach jenem anderen, schöneren England sah sie nun überall Feinde, Abneigung gegen sich, ja selbst an Haß glaubte sie. Von dem schweren Zwiespalt, in dem ihre Gesinnungen gegen die Gesinnungen des Fürsten Bismarck standen und umgekehrt, ging vieles auf die einzelnen Gesellschaftszirkel über, auf alle, die mit Bewunderung an dem Fürsten und dem von ihm vollbrachten Werke hingen. Was an sie [Viktoria] herankam, wirkte doppelt schwer. Sie war empfindlich. Alles verwundete sie. Sie war an schnelle Worte gewohnt und schrieb sie nieder." Zweifellos erbte Wilhelm II. das von ihr. So urteilt er am Ende des Vorwortes:

„Sie sah alles düster, alles feindlich, sah Teilnahmslosigkeit und Kälte, wo nur machtloses Schweigen war. Sie sagte scharfe Worte aus ihrem Temperament heraus über alle. In einem der Briefe an meine Frau Großmutter, noch aus der Zeit des Glückes, heißt es: ‚Ich kann nichts dafür, wenn ich bei solchen Gelegenheiten heftig werde und unangenehme Bemerkungen, die ich höre, mit einer Vehemenz zurückgebe, die nicht immer klug ist. Solche Reden rühren einen wilden Trotz in mir auf und bringen mich außer Fassung.‘

Meine Frau Großmutter, erhaben und klug, überlegen und in mütterlicher Güte weise, beschwichtigte und überbrückte, wo sie konnte. Aber das unbarmherzige Schicksal hat an meiner Frau Mutter zum Schluß alles mit Gram überschattet. Die Tragödie war vollendet, als ihr großer und reicher, ruheloser und so unendlich vielseitiger Geist vor der Unmöglichkeit stand zu säen, wie sie sich's einst dachte, und zu ernten, was sie einst erhoffte. Ob man ihr beistimmt, ob man ein anderes Weltbild hat, nie darf man vergessen, daß sie das Schlimmste erfahren hat, das einer Fürstin beschieden sein kann. Darum fällt nichts auf sie zurück von dem, was sie oft zu Unrecht, oft in dem ‚wilden Trotz‘ und ‚außer Fassung‘ schrieb. An Geist und edlem Wollen über den meisten ihrer Zeit, war sie die ärmste, unglücklichste Frau, die jemals eine Krone trug. Mit solchen Erwägungen wird jeder die Briefe der Kaiserin Friedrich lesen müssen. In dem tragischen Schicksal der Kaiserin ist das Schicksal dreier Generationen enthalten, die in drei Monaten einander ablösten. Weil mit den Ereignissen auch Deutschlands Geschick verknüpft ist, bleiben die Briefe meiner Frau Mutter für alle Zeit ein grandioses historisches Dokument. Noch späte Geschlechter werden es erschüttert lesen und dabei Gerechtigkeit üben."

Mit der holländischen Königsfamilie stand Wilhelm II. in sehr guter Verbindung. Im Sommer 1932 besuchte der Prinzgemahl der Königin der Niederlande das Kaiserpaar in Doorn. Mitte Juni 1931 nahmen Wilhelm und Hermine das Mittagsmahl bei der Königin-Mutter auf Schloß Soesdijk ein. Am 19. Juni besuchten beide das Städtische Museum in Amsterdam. Im Sommer erholte sich Wilhelm Jahre hindurch in Bad Zandvort.[42]

Hitler und die Monarchie – Monarchietreue Offiziere und NSDAP – Hermine in Nürnberg – Offiziere, Herzog Carl Eduard von Sachsen-Coburg und Gotha sowie der Kaisersohn August Wilhelm in der NSDAP – Die Harzburger Front – Kronprinz Wilhelm

Der von 1930 bis 1932 amtierende Reichskanzler Heinrich Brüning, der Hindenburgs Präsidentschaft in eine Regentschaft eines der Söhne des Kronprinzen Wilhelm umwandeln wollte, hatte für diesen Gedanken sogar schon einflußreiche Sozialdemokraten gewonnen. Wenn Brüning, der durch seinen Innen- und Reichswehrminister General Groener die halbmilitärischen nationalsozialistischen Verbände verbot, bei Hindenburg und Wilhelm eine Regentschaft durch einen der Kronprinzensöhne durchgesetzt hätte, wäre ein junger Prinz, dem niemand etwas vorwerfen konnte, an die Spitze des Reiches getreten und Hitlers Diktatur und Krieg möglicherweise vermieden worden. Brüning erinnert in späteren Jahren sich:[43] „Der Reichspräsident erklärte, er würde niemals einwilligen, daß jemand außer den Kaiser den Thron besteige. Er betrachte sich als Treuhänder des Kaisers. Er ließ dabei deutlich erkennen, daß er lieber ohne Wiederherstellung der Monarchie aus dem Leben scheiden wolle als diese Treuhänderschaft zu verletzen."

Bei dieser unter vielen Aspekten wichtigen Tatsache ist auch zu fragen, warum Brüning nicht den Kronprinzen Wilhelm, sondern einen seiner Söhne für die Regentschaft vorschlagen wollte. Er wußte sicher, daß den Kronprinzen die Siegermächte politisch als Kriegsverbrecher bezeichnet hatten; er wußte wohl auch, daß Hitler, um unter ihm als Reichspräsident Kanzler zu werden, um ihn warb, und daß der Kronprinz das unter Brünings Kanzlerschaft zustande gekommene Verbot der nationalsozialistischen Kampfverbände ablehnte.

Hitler besuchte den Kronprinzen 1926 in Cecilienhof wahrscheinlich deshalb, weil er damals den Aufstieg Mussolinis unter König Viktor Emanuel III. erlebte und sich vorstellte, daß er in Deutschland unter einer Einheitsmonarchie, in der er nicht mehr dem Widerspruch der Bundesfürsten ausgesetzt wäre, eine ähnliche Stellung wie Mussolini unter Viktor Emanuel III. erringen könne. Kronprinz Wilhelm bekam 1926 zu hören, daß Hitler die Wiedererrichtung der Monarchie als das staatspolitische Ziel seiner Arbeit betrachte. Nach der Erinnerung der Herzogin Viktoria Luise wußte ihr Bruder Kronprinz Wilhelm, daß sich Hitler seit dem Novemberputsch von 1923 sehr nachdrücklich als Monarchist bekannt hatte.[44] Der Kronprinz sagte zu Hitler in kritischer Einschätzung von dessen

Worten: „Es stimmt, daß ich einmal Kaiser werden sollte. Aber jetzt bin ich Privatmann und habe nur Verpflichtungen meinem Hause gegenüber. Wie Sie sehen, trage ich einen Tweedanzug mit Knickerbockern."

Doch gratulierte der Kronprinz dem Hauptmann a. D. Hermann Göring, der im Kriege unter seinem Kommando gestanden hatte, als dieser als Abgeordneter der NSDAP gewählt wurde, zu seinem Eintritt in den Reichstag: „Ihr außerordentliches Talent, Ihr Ausdrucksvermögen und Ihre Körperkraft sind ja gut für Ihren neuen Beruf als Volksvertreter."[45] Aus der Gratulation ist ein ironischer Unterton herauszuhören, den Göring in seiner dem Kronprinzen bekannten Kraftmeier-Naivität nicht wahrzunehmen vermochte.

Für Wilhelm war es eine Genugtuung, als am 17. Mai 1930 der fünfundsiebzigjährige amerikanische Professor Poultney Bigelow mit seiner Frau in Doorn erschien und für die Worte Abbitte leistete, die er während des Krieges gegen Wilhelm II. gerichtet hatte. Er war als Kind eine Zeit lang in Potsdam erzogen worden und hatte mit Wilhelm sogar gespielt.[46]

Durch außenpolitische und wirtschaftliche Schwierigkeiten geriet die Regierung der Weimarer Republik immer mehr in eine schwer zu bewältigende Situation. Sehr verschiedene Kreise schlossen sich Hitler an. Auch kaiser- und königstreue Offiziere in verschiedenen deutschen Ländern waren darunter. Das bewegte auch Hermine. Durch den ihr für Reisen und Empfänge häufig beigegebenen Alexander Frhr. von Senarclens-Grancy wurde sie auch mit SA-Stabschef Ernst Röhm, einem vormaligen königlich bayerischen Hauptmann, bekannt, der selbst wie viele, namentlich frühere Angehörige der alten Armee in der NSDAP Monarchist war.[47] Wilhelm wußte, daß Röhm mit dem Kronprinzen sehr freundschaftliche Beziehungen unterhalten hatte.[48] Der vormals regierende Herzog Karl Eduard von Sachsen-Coburg und Gotha wurde Chef des Nationalsozialistischen Kraftfahrerkorps (NSKK), dessen Angehörige aber meist keine Mitglieder der NSDAP waren und seit 1933/34 Zuwachs durch Personen erhielten, die sich dadurch von einem Eintritt in die NSDAP drückten.

Hermine, die in den zunehmend nationaler werdenden Vorstellungen der Gesellschaft des kaiserlichen Deutschland aufgewachsen war, stand unter den ihr von Personen wie Senarclens-Grancy nun vermittelten Eindrücken, als sie sich vorzustellen begann, daß Hitler das nationale Deutschland unter Kaiser Wilhelm II. herstellen könne. Der zunächst im Stahlhelm tätige Kaisersohn Prinz August Wilhelm („Auwi") trat, fasziniert von dem Gedanken der Volksgemeinschaft bei den Nationalsozialisten, am 1. April 1930 in die NSDAP ein und erhielt als durch seine Herkunft prominenter neuer Parteigenosse die Mitgliedsnummer 24. Wilhelm ärgerte sich darüber sehr, zumal der Sohn den Vater vor diesem Entschluß nicht gefragt und darüber überhaupt nicht informiert hatte. Der Referent des Hausministeriums und Flügeladjutant Major a. D. Ulrich Frhr. von Sell mußte Wilhelm einen Brief entwerfen, in dem sich dieser vorbehielt, weitere Schritte zu unternehmen, wenn aus der Handlungsweise des Prinzen unangenehme Folgen entstehen sollten. Einen sofortigen Wiederaustritt aus der Partei zu verlangen[49] schlug Sell nicht vor, weil das zu viel Staub aufwirbeln würde.

Die fortschreitende Arbeitslosigkeit enttäuschte Ende der zwanziger Jahre viele Arbeiter, die nun mit der NSDAP sympathisierten. Es läßt sich nachweisen, daß in den überwiegend „roten" Gebieten des Reiches nun mehrheitlich „braun" gewählt wurde. Seit 1929 kam dazu auch der Streit um den seit 1924 gültigen Dawes-Plan für die Reparationszahlungen. Danach hatte Deutschland von 1928 an jährlich 2,5 Milliarden Goldmark an die Siegermächte zu zahlen. Dieser Plan erwies sich sehr bald als undurchführbar. 1929 sollte der von dem US-Finanzfachmann Young entworfene Zahlungsplan die Reparationsfrage endgültig regeln. Deutschland hatte danach bis 1988 Verpflichtungen in Höhe von 116 Milliarden. Die Rechtsparteien der Weimarer Republik bekämpften diesen Plan leidenschaftlich.

Unter diesen Zeitumständen entschloß sich Hermine, uneingeladen im Februar 1929 beim Reichsparteitag der NSDAP in Nürnberg zu erscheinen. Im Gespräch mit Adolf Hitler fragte sie ihn, ob er Wilhelm und sie wieder nach Deutschland bringen könne. Hitler verneinte. Trotzdem sah sie nicht nur in Hitler die Zukunft Deutschlands, sondern vertraute in der Sache der Restauration voll auf ihn.[50] Wilhelm, den sie in diesem Sinne beeinflußte, geriet infolge seiner eigenen politischen Erkenntnisse 1932 aber darüber in Konflikte mit ihr.

Der Kronprinz lud Menschen sehr verschiedener Auffassung zu sich ein und pflegte gute Kontakte zur Reichswehr. General Kurt von Schleicher war ein treuer Freund und Berater des Kronprinzen. Sein ehemaliger Stabschef der Heeresgruppe Deutscher Kronprinz, Friedrich Graf von der Schulenburg-Tressow, blieb ihm weiter ergeben, verhielt sich aber auch sehr aufrichtig und offen. Major Louis von Müldner von Müllnheim wurde sein ihm vertrauenswürdiger Adjutant, den er schon zu Reichspräsident Ebert nach Berlin schickte, um dessen Hilfe zur Aufhebung der über ihn verhängten Verbannung zu erwirken. Fast alle Kreise führten damals das Wort national im Munde. Wilhelm selbst benützte zwar nicht das im frühen 19. Jahrhundert geprägte Wort von der preußischen Nation, betonte aber stets das Deutsche und die deutsche Nation. So sagte der Kronprinz zu Wilhelm anläßlich seines Geburtstags am 27. Januar 1931, im vergangenen Jahr habe die nationale Bewegung Fortschritte gemacht, der Kampf gehe weiter, er und seine Brüder kämpften dabei in vorderster Linie. Jeder habe sozusagen seinen Gefechtsstreifen, jeder kämpfe in seinem Rahmen, aber das Endziel sei das gleiche, nämlich „le Roi de Prusse".[51]

Am 27. Juni 1931 unterbreitete der Kronprinz Hindenburg einen Brief voll Sorge über die kommunistisch gesteuerten Umtriebe im Reich und warnte vor der Wühlarbeit der linken Kreise. Seit 1929 prägte ja Stalin immer stärker einen kommunistischen Gesamtstaat. Kronprinz Wilhelm betonte, er habe seine Warnung (vor kommunistischen Tendenzen) seit 1915 deutlich zum Ausdruck gebracht. Darauf versicherte ihm Hindenburg am 11. Juli 1931 das größte Verständnis für sein Anliegen. Der Kronprinz wurde regelmäßiger Gast der politisch sehr tätigen Frau Viktoria von Dirksen, einer geborenen von Laffert, bei der er auch den Reichskanzler Brüning kennenlernte. Frau von Dirksen erstrebte die Wiederherstellung der Monarchie, meinte aber, daß der Weg zu diesem Ziel über Hitler gehen müsse. Sie war Nationalsozialistin und wünschte Hitlers Machtergreifung, von dem sie erwartete, daß er dann den Kronprinzen in das Amt des Kaisers einsetzen und so der Retter der Monarchie würde. Eine trügerische Hoffnung, wie sich herausstellen sollte.

Da bei der Reichstagswahl vom 14. September 1930 die Nationalsozialisten 107, die Deutschnationalen 41 Sitze erhielten, strebten bestimmte Kreise eine gemeinsame Front dieser beiden Parteien an. Als sie am 11. Oktober 1931 in Harzburg erfolgte und auch der Stahlhelm daran teilnahm, blieben die drei politischen Gruppen aber selbständig. Der Kronprinz hatte als Mitglied des Stahlhelm sehr unterstützt, daß die Harzburger Front zustandekam. Zur Gründung sandte er seinen Bruder Prinz Eitel Friedrich als Vertreter des Hauses Hohenzollern. Doch dachte Hitler nicht daran, sich dieser Gemeinschaft unterzuordnen.

Wachstum der NSDAP – Hermine und Hitler – Kronprinz Wilhelm und die Reichspräsidentenwahl 1932 – Verbot der SA – Keine Zusammenarbeit Hitlers mit anderen nationalen Parteien 1932 – Charakteristik Hitlers durch Wilhelm II. – Wilhelm gegen eine Kandidatur des Kronprinzen bei den Reichspräsidentenwahlen 1932

Am 13. April 1932 ließ der Reichswehr- und Innenminister General Groener mit Billigung des Reichskanzlers Brüning die SA, die SS und andere halbmilitärische nationalsozialistische Verbände verbieten. Hitler setzte nun alle ihm erreichbaren nationalen Persönlichkeiten in Bewegung, um Hindenburg zu veranlassen, bei Groener zu intervenieren. Kronprinz Wilhelm schrieb am 14. April 1932 in einem in bestimmten Kreisen vorzeigbaren Brief an Groener und erinnerte daran, daß er für ihn, den seit dem November 1918 von nationalen Kreisen so scharf angegriffenen Mann in vielen Fällen eine Lanze gebrochen habe ebenso wie „für meinen Freund Schleicher". Deshalb sei es für Wilhelm, versicherte dieser, besonders schmerzlich, daß Groener den Erlaß zur Auflösung der SA und der SS unterschrieben habe. In diesen Verbänden sei wunderbares Menschenmaterial vereinigt und genieße dort eine wertvolle Erziehung. Dagegen stellte er das Reichsbanner Schwarz-Rot-Gold und andere Formationen der Linken als sehr problematisch hin. Er bezeichnete Groeners Erlaß als einen schweren Fehler, als eine außerordentliche Gefahr für den inneren Frieden. Groener trat am 13. Mai 1932 als Reichswehrminister und nach Brünings Sturz am 30. Mai 1932 auch als Innenminister zurück. Auf Drängen des Generals von Schleicher hob dann Brünings Nachfolger, Reichskanzler Franz von Papen, am 14. Juni 1932 das SA- und SS-Verbot wieder auf.

Der Kronprinz wandte sich mit Bezug auf seine Korrespondenz mit Groener am 25. September 1932 an Hitler, bat ihn um eine Verständigung mit den anderen Rechtsparteien und ersuchte ihn vor allem, nicht länger den Stahlhelm zu bekämpfen. Hitler antwortete am 28. September 1932 dem Kronprinzen[52] u. a.: „Was ich heute bin, bin ich durch mich, und was ich in der Zukunft sein werde, desgleichen. Ich habe einst meine Arbeit begonnen in der Zeit, da der Generalfeldmarschall [von Hindenburg] von der Bühne seines Wirkens abgetreten war. In diesen dreizehn Jahren Kampf ist mir nie etwas von irgend einer Förderung seitens des Generalfeldmarschalls oder seitens seiner Kreise bekannt geworden." Hitler wehrte sich damit gegen den Reichspräsidenten, der das Kabinett Papen berufen hatte und stützte. „Wenn dieses Kabinett Papen auch nur sechs Monate in Deutschland weiterregiert, wird der Marxismus wieder als restlos saniert angesehen werden können. Ich habe nun nicht dreizehn Jahre gearbeitet, um einen in meinen Augen verbrecherischen Wahnsinn zu unterstützen, sondern um den Wahnsinn aus Deutschland auszurotten." Wenn der Kronprinz zwischen der Regierung Papen und Hitler eine Verständigung erstrebe, um die Bewegung aus ihrer unfruchtbaren Opposition zu erlösen, so lehnte das Hitler ab. Wenn der Kronprinz alles tue, um eine Fehde mit dem Stahlhelm zu vermeiden, sei Hitler bereit, alles zu tun, fürchte aber, daß das daran scheitern werde, daß die Deutschnationale Volkspartei und der Stahlhelm das Kriegsbeil gegen die Nationalsozialisten „ausgegraben haben".

Als Wilhelm diese Schriftstücke am 4. Oktober 1932 eingesehen hatte, teilte er den Herren, die bei ihm Dienst taten, mit, Hitler habe auf einen sehr ernsten Brief des Kronprinzen in „unerhörter Weise" geantwortet. Daraus sei zu erkennen, daß Hitler nur an sich selber denke, daß er „vom Größenwahn befallen und geistig, ähnlich wie Ludendorff, überspannt" sei. Das Wort „Monarchie" habe er überhaupt nicht erwähnt. Wilhelm schloß mit dem Hinweis auf den Führer der Deutschnationalen Volkspartei: Hugenberg müsse diesen Augenblick benutzen, um das Kaiserpanier aufzupflanzen, jetzt oder nie wäre seine Stunde gekommen. Er, Wilhelm, würde jetzt allen Menschen, die bisher für Hitler ihre Stimme abgegeben haben, sagen, daß sie deutschnational wählen müßten.

Während viele nationale Kreise bei der Wahl zum Reichspräsidenten am 13. März 1932 nicht Hindenburg, sondern den Kronprinzen Wilhelm wählen wollten, nominierte Reichskanzler Brüning und die hinter ihm stehenden Parteien Hindenburg, die Deutschnationale Volkspartei und der Stahlhelm schlugen den Stahlhelmführer Duesterberg vor, die NSDAP Hitler. Hermine überzeugte immer mehr Wilhelm II., daß ihn Hitler zu seinem Recht verhelfen werde. Schon im Dezember 1932 notierte Sigurd von Ilsemann, Flügeladjutant Wilhelms, in Doorn höre man seit Monaten nur noch, daß die Nationalsozialisten Wilhelm auf den Thron zurückbringen würden. Viktoria Luise sprach mit ihrem Vater und notierte am 8. März 1932, sie habe den Eindruck, der Papa setze seine ganze Hoffnung auf Hitler, der, wenn er die Wahl zum Reichspräsidenten gewinne, ihn zurückrufen werde; Viktoria Luise fürchtete von dieser Auffassung eine schreckliche Enttäuschung. Weder die Nazis noch sonst jemand werde ihn zurückrufen. Wenn Hindenburg gewählt würde, könne Wilhelm hoffen, daß sich nach dessen Tod die Lage ändern könne. Da bei der ersten Wahl niemand die erforderliche Mehrheit erlangte, wurde eine zweite Reichspräsidentenwahl für den April angesetzt. Hitler suchte nun den Kronprinzen auf und legte ihm nahe, sich als Gegenkandidat gegen Hindenburg aufstellen zu lassen. General Schleicher lud damals den Kronprinzen und Brüning zu sich ein. Brüning bezeugt in seinen Erinnerungen, daß der Kronprinz damals bereits völlig klar sah, daß Hitler ihn nur aufstellen wolle, um die Kandidatur Hindenburgs unmöglich zu machen. Weite Kreise wünschten damals, den Thronanwärter der Hohenzollern zu wählen. In der Wochenzeitschrift *Fridericus* wurde am 20. März ein Artikel veröffentlicht „Unser Reichspräsident Kronprinz Wilhelm“. Unter solchen Eindrücken, nicht weil er den suggestiven Kräften Hitlers unterlag, fragte Kronprinz Wilhelm am 29. März bei seinem Vater an, ob er sich als Kandidat für die Reichspräsidentenwahl zur Verfügung stellen dürfe.

Wilhelm sagte mit großer Entschiedenheit sofort: nein. Noch am 17. April stellte Ilsemann[53] in seinem Tagebuch fest: „Die Anfrage des Kronprinzen hat das Blut des Kaisers und noch mehr das Ihrer Majestät zum Kochen gebracht.“ Wilhelm II.[54] schrieb die in der Anfrage enthaltene Bereitschaft des Sohnes dem Rat der Kronprinzessin Cecilie zu, die er als Russin und Dänin bezeichnete, die nicht für Preußen oder Deutschland fühle. Ihr Ziel sei allein der Thron. Kronprinz Rupprecht von Bayern hatte 1920 die Kronprinzessin Cecilie im Zusammenhang mit einer ihr zu übertragenden Regentschaft im Deutschen Reich als sehr klug und sehr fähig bezeichnet, als er mit Ilsemann sprach.[55]

Wilhelm über die gewissenlosen demagogischen Nazi-Führer – Göring 1931 und 1932 in Doorn – Prinz August Wilhelm – Die Reichskanzler 1932 – Wilhelm lehnt Hoffnungen Hermines auf Hitler ab

Am 17. September 1932 dankte Wilhelm seinem ältesten Sohn für seinen Brief „über die Ereignisse im Vaterlande in den letzten vier Wochen, deren klare, verständige Beurteilung sich ganz mit der meinigen deckt. Es erfüllt mich mit tiefer Betrübnis und Sorge, mit welcher bodenlosen Gewissenlosigkeit die demagogischen Führer der Nazis dabei sind, das in ihrer nationalen Bewegung gesammelte Kapital nationaler Energien sinnlos zu verwirtschaften!“ Über Hitler, der die Zusammenarbeit mit anderen nationalen Parteien verweigerte, schrieb er: „Er ist kein Staatsmann, darum unterliegt er dem Druck der Extremisten in seinem Gefolge… Diesem Augenblick-Demagogentum muß unser Haus eine feste, geschlossene Einheitsfront gegenüberstellen, die sich nach außen hin klar und unmißverständlich dokumentiert; an sie können sich dann die unsicher oder ratlos gewordenen nationalen Elemente aus allen Kreisen ralliieren."

Dieser Brief Wilhelms an den Kronprinzen geriet in die Hände Görings, der auf Veranlassung des Hausministers, Oberst Leopold von Kleist, Wilhelm im Januar 1931[56] besucht hatte. 1931 hatte Göring in Doorn geäußert, daß wohl Wilhelm zurückkehren müsse, aber die anderen deutschen Fürsten nicht mehr auf ihre Throne zurück dürften. Damit war natürlich Wilhelm gar nicht einverstanden. Er trat energisch für seine fürstlichen Kollegen ein und setzte Göring auseinander, daß die Monarchen eine Gilde für sich seien. Nur sie verstünden ihr Handwerk, nur sie könnten das Regierungsamt wieder übernehmen, sie seien dafür geboren und ihr ganzes Leben dazu erzogen[57] worden.

Über den Besuch Görings 1931 in Doorn erzählte Wilhelm Professor Max Buchner: „Zwei Stunden lang habe ich diesem Rindvieh klarzumachen versucht, daß man in Deutschland nur auf der Grundlage des Föderalismus regieren kann."[58] Bei seinem Besuch am 20. und 21. Mai 1932 sprach Göring mit sehr gesetzten Worten, aber ganz im Tone eines Agitators, der Propaganda- und Wahlreden hält und von sich selbst und seiner Partei voll Optimismus überzeugt ist. Vom Zentrum würden die Nazi bedingungslose Unterwerfung verlangen... Der Kaiser wurde zeitweise sehr lebhaft, z. B. als er Göring auseinandersetzte, nur der gelernte Monarch könne das deutsche Volk regieren. Von sich selbst sprach der Kaiser nicht. Am nächsten Tag ging er von sechs bis sieben abends mit Göring spazieren, dabei beklagte Göring offenbar[59], „wie wenig schön" sich Kronprinz Wilhelm und Kronprinzessin Cecilie bei der Präsidentschaftskandidatur benommen hätten. Wie am Vortag bei der Unterhaltung am Holzplatz unter vier Augen sprach Wilhelm ohne Distanz. In der bis Mitternacht dauernden Unterhaltung im Rauchzimmer sagte Wilhelm II.: „Ludendorff ließ mir mal durch Kapitän Luppe sagen, er könne mir die Krone zurückerobern! Ich ließ ihm antworten, die deutsche Kaiserkrone stände hier in Doorn bei mir und ich würde mir dieselbe aufsetzen, wann es mir passe, niemand anders sei dazu berechtigt oder befähigt!" Wilhelm II. wehrte mit solchen Worten ab, daß sich Ludendorff in der Öffentlichkeit als Rückeroberer seiner Kaiserkrone breit mache und dadurch der Restauration der Monarchie schade.

Kleist, der selbst bei den Gesprächen anwesend war, sagte zu Ilsemann[60], der Kaiser habe „sein Examen Göring gegenüber bestanden – und ein solches sei es doch gewesen. Auch von Ihrer Majestät habe der mächtige Herr Göring sehr anerkennend gesprochen... Göring sei mit allem sehr zufrieden. Man dürfe nicht vergessen, daß Göring mit Wissen, ja, im Auftrag von Hitler nach Doorn gekommen sei. Hitler selbst nach Doorn zu bekommen, sei das nächste Ziel..."

Wilhelm hatte seinem Sohn August Wilhelm auf dessen Bitten 1928 nicht erlaubt, in die SA, 1930 keineswegs in die NSDAP einzutreten, am 12. Februar 1932 für sie im Reichstag zu kandidieren. Ironisch hatte er ihn am 3. Mai begrüßt mit den Worten „Ah, guten Tag Herr Volksredner". Der Generalbevollmächtigte des preußischen Königshauses von Dommes schrieb am 5. September 1932, der Prinz kämpfe in der NSDAP mit Leidenschaft für die Krone. „Ob und wieweit er sich durchsetzen kann, muß der Zukunft vorbehalten bleiben."

Am 30. Mai 1932 war das Kabinett Brüning gestürzt worden. Hindenburg hatte am 1. Juni Franz von Papen zum Reichskanzler ernannt, der einige Jahre vor 1932[61] Wilhelm besucht hatte. Am 14. Juni wurde das Verbot von Verbänden wie der SA aufgehoben. Unmittelbar berührte Wilhelm, daß am 20. Juli die preußische Regierung des Sozialdemokraten Braun abgesetzt und Reichskanzler von Papen zum Reichskommissar in Preußen ernannt wurde. Am 31. Juli gewann die NSDAP bei den Reichstagswahlen 13,7 Millionen Stimmen, die Deutschnationale Volkspartei nur 2,2 Millionen. Dagegen konnte die SPD 7,9 Millionen, die KPD 5,4 Millionen Stimmen verbuchen. Am 13. August war Reichspräsident von Hindenburg nicht bereit, Hitler zum Reichskanzler zu ernennen; nur Vizekanzler des Reichskanzlers Franz von Papen zu werden, lehnte Hitler ab. Nachdem am 12. September der Reichstag wieder aufgelöst worden und am 6. November 1932 Reichstagswahlen stattgefunden hatten, wurde die Lage noch problematischer. Die NSDAP erlitt erhebliche Verluste – sie büßte 34 Reichstagsmandate ein. Von den 608 Stimmen im Reichstag gewann sie nur mehr 196.

Als am 17. November 1932 Reichskanzler von Papen zurücktrat, beauftragte Hindenburg am 3. Dezember den bisherigen Reichswehrminister General von Schleicher. Dieser blieb nun Reichswehrminister, wurde aber auch Reichskanzler und Reichskommissar in Preußen.

In seiner Stellungnahme zu all diesen Vorgängen wurde Wilhelm von verschiedenen Persönlichkeiten um ihn beeinflußt. Den Versuch Hitlers, am 13. August an die Macht zu kommen, kritisierte Wilhelm mit Überlegungen, was er hätte tun sollen: Mit 50.000 Nazis auf Berlin marschieren, Hindenburg nach Hause schicken und selbst die von ihm und den Nazis gewünschte Macht übernehmen? Die Reichswehr wäre dem gegenüber machtlos gewesen. Jetzt laufe er Gefahr, daß sich seine Partei spalte und viele zu den Kommunisten überlaufen. „Wenn er statt dessen die Macht ergriffen und die Monarchie auf seine Fahne geschrieben hätte, dann wäre er ein großer Mann!" Wenn Hugenberg die Monarchie als Parole für seine Partei ausgeben würde, hätte er den gewünschten Erfolg: „Alles würde ihm zulaufen." Mit solchen Auffassungen überschätzte Wilhelm die Zugkraft der Forderung nach Wiedererrichtung der Monarchie. Die Wahlen zum Reichspräsidenten und die Reichstagswahlen zeigten, wie wandelbar die Entscheidungen der Wähler bei diesen Wahlen waren. Wilhelm selbst hoffte aber, wieder die Regierung zu übernehmen. Über die Wege dazu entwickelte er sehr situationsbedingte Gedanken. Hofmarschall Leopold Graf Schwerin[62] stellte am 28. September 1932 fest, der Kaiser sei „jetzt ganz anders gegen die Nazis eingestellt".

Hitler am 30. Januar 1933 Reichskanzler – Opposition vor allem in Bayern – Passivität Hindenburgs – Reichstagswahlen am 5. März 1933 – Reichskommissare in den Ländern – Rupprechts Brief am 17. März 1933 an Hindenburg – Die widersprüchlichen Aspekte der Feier in der Garnisonskirche in Potsdam am 21. März 1933 – Rupprechts Protest bei Hindenburg am 10. April und Mitteilung an Wilhelm – Hitler zu Wilhelms Hausminister über die Monarchie – Wilhelms Illusion, zurückgerufen zu werden

Die NSDAP errang durch Konzentration ihres gesamten Propagandaapparates auf Lippe bei den dortigen Landtagswahlen am 15. Januar 1933 einen großen Erfolg. Am 28. Januar wurde Schleicher als Reichskanzler gestürzt. Aufgrund der Mehrheitsverhältnisse im Reichstag beauftragte Hindenburg am 30. Januar Hitler mit der Regierungsbildung. Da dessen Partei nur ein Drittel der Sitze hatte, wurde Franz von Papen Vizekanzler, Alfred Hugenberg Wirtschaftsminister. Der der Deutschnationalen Volkspartei angehörende bayerische Justizminister Gürtner wurde Justizminister.

In Bayern wurde der 30. Januar 1933 von weiten Kreisen als Beginn einer Katastrophe angesehen. Seit Jahren regierte der der Bayerischen Volkspartei angehörende Ministerpräsident Heinrich Held, der Fraktionsvorsitzende seiner Partei war Prälat Professor Georg Wohlmuth. Alle fürchteten, besonders die bayerischen Sozialdemokraten, daß Hitler sehr bald überall eine unbeschränkte politische Macht an sich reißen werde und sich nicht an die am 30. Januar festgelegte Zusammensetzung der Regierung halten würde. Kronprinz Rupprecht[63] sollte nach der Auffassung vieler zur überparteilichen Spitze der bayerischen Regierung werden. Der sozialdemokratische Parteiführer Wilhelm Hoegner vertrat Held gegenüber die Auffassung, daß sich die bayerischen Sozialdemokraten trotz ihrer Einstellung als Republikaner mit einer bayerischen Monarchie als dem kleineren Übel gegenüber dem Nationalsozialismus abfinden würden, weil sie wüßten, daß eine Monarchie an den Grundlagen eines Rechtsstaates festhalten müsse.

Im Hinblick auf die Unentschiedenheit des Ministerpräsidenten Held handelte der Kronprinz schon vor der Erklärung Hoegners und schickte den Chef seiner Hof- und Vermögensverwaltung, Eugen Fürst von Oettingen-Wallerstein, mit einem Brief zu Reichspräsident von Hindenburg. Oettingen-Wallerstein traf am 22. Februar in Berlin ein. In dem Brief hatte Rupprecht geschrieben, daß er sich in dieser schweren Stunde entschlossen habe, den Thron seiner Väter zu besteigen. Oettingen sollte den Brief aber nur je nach Ausgang des Gesprächs mit Hindenburg diesem übergeben. Aus dem Gespräch mit dem damals noch in Berlin amtierenden Gesandten Bayerns, Franz Sperr, wußte der Fürst freilich bereits, daß Hindenburg nicht mehr in der Lage war, das Bedrohliche der Situation zu erfassen und die hintergründigen Absichten Hitlers zu durchschauen, der nach Hindenburgs Tod „der Führer und Reichskanzler" werden wollte. Der nunmehrige Vizekanzler Hitlers, Franz von Papen, lehnte trotz seines Gespräches mit Rupprecht, das er freilich erst 1968 veröffentlichte, eine Königsproklamation in München ab, die Oettingen-Wallerstein mit Hindenburg vereinbaren sollte. Drei andere Reichsminister, die noch aus dem Kabinett Papen stammten, darunter der aus Bayern kommende Justizminister Gürtner, stimmten zwar grundsätzlich zu, empfahlen aber umso dringender abzuwarten.

Hindenburg selbst gab in dem Gespräch mit Oettingen-Wallerstein diesem nichts von der erhofften Bereitschaft zu erkennen, daß er wenigstens von Gewaltmaßnahmen absehe, also etwa von dem Einsatz der Reichswehr in München gegen eine dortige Königsproklamation. Ein Telefonanruf Oettingen-Wallersteins bei Rupprecht über Hindenburgs Einverständnis mit dem geplanten Vorgehen hätte genügt, und Rupprecht hätte gehandelt, wie er mit Oettingen-Wallerstein besprochen hatte. Der Fürst aber behielt aufgrund seines Gesprächs mit dem Reichspräsidenten und den genannten Personen unter diesen Umständen den Brief Rupprechts an Hindenburg in der Tasche. Rupprecht hatte vorsorglich dem von Hitler ernannten neuen Reichswehrminister Blomberg erklärt, daß er eine Trennung Bayerns vom Reich weder erstrebe noch zulasse, machte aber in München kein Hehl aus seinen Ansichten und Absichten. Wenn er nicht als überparteilicher König die Zügel ergriffe, so könne er es doch aufgrund der Vereinbarungen mit den führenden Persönlichkeiten in Bayern als Staatskommissar tun. Held bereitete insofern eine Schwierigkeit, als er mit seinem gesamten Ministerium im Amt bleiben wollte, während Rupprecht natürlich auch Sozialdemokraten zu Ministern machen wollte.

Die Wahlen zum Reichstag am 5. März hatten der NSDAP 44%, der Deutschnationalen Volkspartei 8% der Sitze im Reichstag gebracht. Mit dieser nur knappen Mehrheit brachte Hitler am 24. März das Ermächtigungsgesetz zustande. Es übertrug dem Reichskanzler Hitler die gesetzgebende und ausführende Gewalt, sogar gegen die weiterbestehende Verfassung von Weimar. Schon vorher, nämlich am 9. März, verlangte Hitler von Bayerns Ministerpräsidenten Heinrich Held, er solle Franz von Epp zum Generalstaatskommissar von Bayern ernennen. Epp hatte seit 1921 als Infanterieführer der 7. (in Bayern stehenden) Reichswehrdivision gewirkt und war 1923 als Generalleutnant verabschiedet worden. Später war er der NSDAP beigetreten, wurde SA-Gruppenführer und 1928 Reichstagsabgeordneter.

Ministerpräsident Held und sein Ministerium traten zurück. Epp übernahm durch seine Verordnung am 16. März die gesamten Regierungsgeschäfte und setzte einen kommissarischen Ministerrat ein. Das Amt des Ministerpräsidenten und eines bayerischen Ministers des Äußern übernahm er selbst. Darauf schrieb Kronprinz Rupprecht am 17. März an Hindenburg einen Brief und protestierte am 10. April „gegen diese Vergewaltigung der deutschen Staaten. Ihre Fürsten haben einst durch freiwilligen Zusammenschluß das Reich gegründet, ihre besten

Söhne sind für den Bestand und die Sicherheit des Reiches gefallen".[64] Am 17. März bat er ihn, seinen „ganzen großen Einfluß" dafür einzusetzen, daß umgehend dem Deutschen Reich eine neue Verfassung gegeben werde, „die dem Wesen des deutschen Volkes angepaßt ist und sich aufbaut auf einer vertragsmäßigen Regelung des Verhältnisses zwischen Reich und Ländern im Sinne Bismarcks". In der Einleitung bezog sich Rupprecht auf den „ersten Aufruf" der derzeitigen Reichsregierung „über die Wiedergutmachung der November-Revolution des Jahres 1918" und die nationale Erneuerung, hoffte aber auch „mit dem deutschen Volk" auf eine Zeit, „in der Recht, Wahrheit und Sauberkeit die Grundsätze des Staates bilden". Er hoffe, daß der Reichspräsident sein Lebenswerk durch eine Neuregelung des Verfassungslebens „unseres Vaterlandes auf föderativer Grundlage" krönen würde.

Rupprechts ältester Sohn, Erbprinz Albrecht, überbrachte den Brief Hindenburg. Dieser nahm den verschlossenen Brief aus den Händen Albrechts entgegen und legte ihn ungelesen in die Schublade. Er versicherte lediglich, daß er ihn „mit Interesse lesen" werde. Hindenburg, der sich als Treuhänder des Kaisers auffaßte und deshalb alle Gespräche über die Einsetzung eines Reichsverwesers vermieden hatte, unterließ jetzt jedes sachliche Gespräch mit Albrecht. Er brachte es sogar fertig, den Brief erst zu beantworten, als er sich durch das Ermächtigungsgesetz als Faktor der Gesetzgebung des Reiches hatte ausschalten lassen.

Der Generalbevollmächtigte des preußischen Königshauses, Wilhelm von Dommes, und sein Flügeladjutant, Ulrich Frhr. von Sell, überbrachten dem Kronprinzen Wilhelm die Bitte Wilhelms, der Feier fernzubleiben, die am 21. März 1933, dem Tag von Potsdam, in der Garnisonskirche veranstaltet wurde. Trotzdem nahm er als Ehrengast teil und nahm den Platz direkt hinter dem leeren Sessel ein, der symbolisch für den abwesenden Kaiser reserviert war, wie gesagt wurde. Wilhelm II. hielt im September fest, daß die Deutschen es noch einmal bereuen würden, Hitler erhoben zu haben.

Durch Hindenburgs Wunsch und Vermittlung kam es am 9. Mai 1933 zu einer Unterredung zwischen dem Hausminister Friedrich von Berg-Markienen und Hitler in Anwesenheit des Reichswehrministers Werner von Blomberg. Berg-Markienen gab Wilhelm von Dommes den Inhalt der Unterredung wieder und dieser machte aufgrund dieser Mitteilung am 15. Mai eine Niederschrift. Demnach hatte Hitler ausgeführt, er sehe als Abschluß seiner Arbeit die Monarchie, für ihn gäbe es nur eine deutsche Monarchie; Monarchien in den Bundesstaaten lehnte er ab. Für die Monarchie käme nur das Haus Hohenzollern in Betracht. Der Augenblick für die Wiedererrichtung der Monarchie sei aber noch nicht gekommen. Ihre Wiedererrichtung würde gegenwärtig die nationalsozialistische Aufbauarbeit stören. Hitler oder Blomberg sagte: „Nur die Armee könne nach einem siegreichen Kriege den Kaiser wieder auf den Thron bringen."

Zweifellos wurde die Unterredung Wilhelm durch Dommes bekannt. Als es 1939 zum Krieg kam, scheint sich Wilhelm an deren Schlußsatz erinnert zu haben. Im Mai 1935 erinnerte sich Friedrich von Berg-Markienen zu Ilsemann[65] über die Unterredung vom 9. Mai 1933 mit Hitler und sagte deutlicher als Wilhelm von Dommes, der am 15. Mai 1933 seine Worte vorsichtig notierte: „Meistens habe Hitler ihn [von Berg-Markienen] angeschrieen. Eine Monarchie für das Reich lehne er nicht absolut ab, aber solange er lebe, sei nicht daran zu denken, weil das Volk nur ihn, Hitler, und niemand anderen haben wolle! Außerdem hätten die Monarchen auf Kosten des Volkes doch stets ihre eigene Politik getrieben und vor allem ihre Günstlinge auf wichtige Posten gebracht, das wolle er nicht. Zum Schluß habe Hitler dann noch eine unfreundliche Bemerkung über Wilhelm gemacht."[66] Das wußte dieser noch nicht, als er sich am 2. Juni 1933 die Illusion zurechtlegte: „Wenn sie [die Nazis] nicht mehr ein und aus wissen und nach mir schreien, gemeinsam mit den übrigen Deutschen: Dann ist die Stunde gekommen!"

Bis in seine letzten Jahre maß Wilhelm II. viele Vorgänge in Deutschland an den von ihm kalkulierten Möglichkeiten, wieder selbst zur Regierung zu kommen.

Auflösung und Verbot von monarchistischen Vereinigungen – Hindenburg über Wiedereinsetzung des Kaisers – Die Juden – Verbot von Feiern zum 75. Kaisergeburtstag – Röhm-Putsch 1934 – Hindenburgs Tod – Hakenkreuzfahne als Reichsfahne – Warnung Wilhelms vor dem neuen Heidentum – „Nur unter dem Kaiser und den Bundesfürsten..." – König Georg V. und die Hohenzollern – Wilhelms Gespräche mit ausländischen Journalisten – Sven Hedin in Doorn

Als Hitler den Nationalverband Deutscher Offiziere (NDO) gleichschaltete, war Wilhelm II. sehr traurig, weil nun auch seine „alten Offiziere" zu Hitler schwenken würden: Jetzt habe er niemanden mehr, auf den er sich stützen könne. Natürlich veranlaßte Hitler auch eine sogenannte Selbstauflösung des Bayerischen Heimat- und Königsbundes, der auch über viele junge Mitglieder verfügte.

Als auf dem Reichsparteitag in Nürnberg 1933 in der „alten Stadt der Burggrafen von Hohenzollern" niemand ein Zeichen der Verbundenheit nach Doorn sandte, hielt Wilhelm fest: „Die Führer der nationalsozialistischen Republik unterscheiden sich von den bisherigen dadurch, daß sie noch radikaler sind als die Novembermänner, nur haben sie sich den Mantel Friedrichs des Großen umgehängt. Alles wird von den Leuten ja beseitigt: Die Fürsten, der Adel, die Offiziere, die Stände u. s. w.; aber das wird sich rächen, man wird die einzige Fahne, die sie noch übriggelassen haben, die mit dem Hakenkreuz, noch einmal verfluchen und die Deutschen werden sie eines Tages verbrennen."[67]

Als Wilhelm die nicht zutreffende Mitteilung zugespielt wurde, Hindenburg werde sehr bald als Reichspräsident zurücktreten und einen Reichsverweser einsetzen, wahrscheinlich „den Reichsstatthalter in Kassel, Prinz Philipp von Hessen", sandte Wilhelm seinen Hausminister von Dommes zu Hindenburg nach Neudeck. Dieser erklärte, daß er persönlich sehr für die Regierungsübernahme durch den Kaiser sei, aber weder das deutsche Volk noch die ganzen Verhältnisse in der Heimat seien so weit, daß Wilhelm den Thron wieder besteigen könne. Als Dommes über einen Nachfolger Hindenburgs als Reichspräsidenten bei dem Staatssekretär Lammers, dem Chef der Reichskanzlei, sondierte und auch zur Sprache brachte, daß Hindenburg bei der für ihn veranstalteten Tannenbergfeier Gedenkworte an den Kaiser ausgesprochen habe, die aber in der Presse unterdrückt worden waren, versicherte Lammers, Hitler sei Monarchist aber nicht Legitimist. Das Vorhandensein der Länder im Reich sei für den Reichskanzler der erste Grund, weshalb man noch nicht zu einer Monarchie kommen könne.

Als Dommes am 24. Oktober 1933 ein Gespräch mit Hitler erreichte und dieser indirekt den Vorwurf der Judenfreundlichkeit Wilhelms erhob, wies ihn Dommes darauf hin, daß der Kaiser 1911 zu Admiral Hollmann gesagt habe: „Der Souverain habe die Pflicht, alle in einem Volke vorhandenen Kräfte nutzbar zu machen. Wenn man den Juden Armee und Beamtenlaufbahn[68] verschlösse, so müsse man ihnen ein Ventil geben, durch das sie ihre Intelligenz und ihr Kapital zum Besten des Volkes verwerten könnten; das seien Wissenschaft, Kunst und Wohltätigkeit."

Am 26. November 1933 hatte Wilhelm eine ernste Auseinandersetzung mit dem Kronprinzen. Dieser konnte es nicht fassen, daß Wilhelm auf dem Standpunkt stand, daß man sich dem neuen System restlos feindlich gegenüberstellen müsse, daß man Hitler auch nicht helfen dürfe, sondern daß man abwarten müsse, bis die Nazis kaputt seien, um dann den Thron wieder zu besteigen[69]

Wilhelm beging am 27. Januar 1934 seinen 75. Geburtstag. Aus diesem Anlaß wurde von Anhängern der Wiederherstellung der Monarchie seiner gedacht, wobei solche Veranstaltungen durch Nationalsozialisten gestört wurden. Der Reichsernährungsminister Walther Darré sprach sich gegen die Monarchie unter Vorwürfen gegen Wilhelm II. aus. Eine öffentliche Geburtstagsfeier zu Ehren Wilhelms in Berlin wurde auf Befehl Görings von der Polizei aufgelöst.[70]

Im Berliner Zoo wurde zu Ehren Wilhelms eine Feier versucht; sie wurde aufgelöst. Wilhelm wußte alsbald davon und erfuhr auch, daß die Kaiser-Geburtstags-Feier des Garde-Kavallerie-Clubs verboten und daß die Berliner Bevölkerung gewarnt worden war, am 27. Januar zu flaggen. Wilhelm urteilte: „Damit haben die Nazis die Maske fallen lassen, sie haben gezeigt, daß sie eine sozialistische Partei sind, die sich zum Bauernfang den Mantel Friedrichs des Großen umgehängt hat, worauf auch prompt alle hereingefallen sind!"[71] Dortmunds Polizeipräsident Schepmann verbot dem Nationalverband Deutscher Offiziere eine Feier zum 75. Geburtstag Wilhelms, obwohl der Verbandsführer Major a. D. Heider sein Manuskript mit einem Bekenntnis zu Hitler eingereicht hatte: „An das Tor der deutschen Zukunft wollen wir Kameraden uns als treue Gralshüter dieser deutschen Kaiserkrone stellen in Dankbarkeit und Gefolgstreue zu Hitler, dem Erwecker Deutschlands, in Anhänglichkeit und Verehrung zugleich zu dem letzten Träger der deutschen Kaiserkrone." Wilhelm feierte diesen Geburtstag im Kreise seiner Familie, die vollständig erschienen war. Seine Söhne Prinz Eitel Friedrich und Prinz Oskar waren bereits sehr scharfe Gegner des Nationalsozialismus. August Wilhelm bedauerte, daß sein Vater in einem Brief, der Hitler zu Händen kam, geschrieben hatte, er müsse wieder auf den Thron, und von der Beseitigung der Bundesstaaten und einzelnen Fürstentümern dürfe keine Rede sein.

Hitler erklärte am 30. Januar 1934 vor dem Reichstag, daß die sogenannten Leistungen der früheren Herrscherfamilien in Deutschland fast ausschließlich das egoistische Werk der rücksichtslosen Machtpolitik zu Gunsten ihrer eigenen Dynastien gewesen seien. „Deswegen erhebe ich meine Stimme zum Protest gegen die vor kurzem wieder aufgenommene These, daß Deutschland unter den Erbprinzen glücklicher wäre." Göring attackierte an diesem Tag (dem Jahrestag der Machtergreifung Hitlers) die in den monarchistischen Verbänden zusammengeschlossenen Anhänger der alten Herrscherhäuser. Er stellte den Antrag auf Auflösung aller monarchistischen Verbände. Dies geschah in Zusammenhang mit der „Gleichschaltung" des übrigen Vereinswesens.

Am 3. Februar 1934 ließ Hitler die von Göring vorgeschlagene Auflösung aller monarchistischen Verbände beschließen und diese verbieten. Wilhelm II. schrieb zu dem Bericht von Dommes über diese Vorgänge: „Wie in der Mostrich-Republik! Der Feind steht rechts! Kriegserklärung an das Haus Hohenzollern und das deutsche Kaisertum! Die monarchistischen Kaisertreuen auf eine Linie mit den Bolschewiken gestellt! Nationalbolschewismus angesagt durch einen Pour le mérite-Ritter, der zweimal die Ehre genoß, mein Gast zu sein."[72]

In Hitlers Partei kam es zu Machtkämpfen zwischen Partei und Staat, zwischen den Parteigliederungen der SA und der SS. Einzelne führende Persönlichkeiten in diesen Parteiorganisationen schafften sich rücksichtslos Machtpositionen. Von Doorn aus war es schwer zu überblicken, wie der aus dem Elsaß stammende kriegsverletzte Offizier Adolf Wagner als Gauleiter von Oberbayern, der Stabschef der SA Ernst Röhm und der Chef Politische Polizei Bayerns Heinrich Himmler, der Sohn eines überzeugt katholischen Münchener Oberstudiendirektors, zueinander standen. Der Machtkampf zwischen Röhm und Himmler endete am 30. Juni 1934 damit, daß Röhm vom Exekutionskommando der SS getötet wurde.

Infolge des sogenannten Röhmputsches wurde der Adjutant des Kronprinzen Wilhelm und Referent im Hausministerium, Major Louis Müldner von Müllnheim, vom 1. bis 26. Juli 1934 in das Polizeigefängnis in Berlin-Tempelhof gesteckt, dann für 24 Stunden in das Konzentrationslager Lichtenstein bei Torgau. Vorgeworfen wurde ihm der freundschaftliche Verkehr mit General von Schleicher. Er wurde mit der Mahnung entlassen, er habe sich regierungsfeindlicher Akte und monarchistischer Umtriebe zu enthalten.[73]

Hermine ließ im Sommer 1934 in München den ihr durch Professor Max · Buchner empfohlenen damaligen Studenten der Geschichte, den Verfasser, zu sich ins Hotel Continental kommen und bekam von ihm derart viel über die Nazis und den Röhmputsch offen mitgeteilt, daß sie ihren Begleiter, den Kapitän zur See a. D. Alexander Frhr. von Senarclens-Grancy das Zimmer verlassen ließ. Röhm hatte zu diesem vor dem 3. April 1933 gesagt, daß „wir im Herbst 1933 die Monarchie haben würden". Die sich daran knüpfenden Hoffnungen Hermines erfüllten sich nicht, ihre optimistischen Auffassungen über die NSDAP wurden durch das Gespräch mit dem Verfasser in München wohl sehr beeinträchtigt, so daß sie in Buchners Wohnung 1937 zu dem inzwischen promovierten Verfasser sagte: „Sie haben recht gehabt, Herr Doktor!" Als Hermine im April 1937 ihren alten Freund General von Stephany mit Anti-Nazi-Literatur versorgte und ihm auch entsprechende Zeitungsausschnitte zugänglich machte, sagte dieser zu Ilsemann über die nun gegen die Nazi eingestellte Hermine, „die hohe Frau sei in Wirklichkeit niemals Nazi gewesen; sie habe sich ihrer nur bedient, solange sie das für ihre Zwecke nützlich erachtete".[74] Unter dem Einfluß ihres starken Temperaments wechselte sie ihre Taktik, wie sich noch 1940 zeigen sollte. Als Reichspräsident von Hindenburg am 2. August 1934 starb, war für Hitler die letzte Barriere gefallen. Nun wurde er auch Staatsoberhaupt. Hindenburgs letzte Gedanken und Vorstellungen waren bei seinem kaiserlichen Herrn, wie Hindenburgs Sohn festhielt.[75]

Als am 15. September 1935 auf dem Reichsparteitag in Nürnberg das neue Flaggengesetz verkündet wurde, wodurch die 1933 eingeführte schwarz-weiß-rote Fahne durch die Hakenkreuzfahne ersetzt wurde, sagte Wilhelm zu Ilsemann, jetzt gäbe es für eine Rückkehr keine Hoffnung mehr, nun wolle er in Doorn begraben sein.[76] Er gab mit diesen Worten seinen Kampf für seine Überzeugungen nicht auf. Seine Kraft schöpfte er aus seinem christlichen Glauben, wie er ihn seinem Enkel Prinz Wilhelm Karl von Preußen am 22. März 1937 aus Anlaß von dessen Konfirmation durch ein Telegramm mit Segenswünschen einprägte: „Man leugnet den Herrn als Gottes Sohn und seinen Erlösertod für unsere Sünden. Das Neuheidentum macht sich breit. Laß Dich durch nichts beirren oder in Deinem Glauben wankend machen. Unser Glaube ist der Sieg, der die Welt überwunden hat. Jesus Christus gestern und heute und derselbe in Ewigkeit. Gott mit Dir! Dein treuer Großpapa."

Der gleichgeschalteten evangelischen Kirche unter Reichsbischof Müller stand die Bekennende Kirche entgegen, die von ihrem Zentrum in Berlin-Dahlem aus entwickelt wurde.[77] Zu ihr bekannten sich sehr viele bald überall im evangelischen Deutschland. Doch wurden Pfarrer und Theologiestudenten dieser Richtung bald in Konzentrationslager gesteckt.

Auf ein Huldigungstelegramm der Ortsgruppe München des Nationalverbands Deutscher Offiziere antwortete Wilhelm am 22. November 1933: „Nur unter seinem Kaiser und den deutschen Bundesfürsten kann das Reich auf die Dauer gefestigt werden und zu seiner alten Macht und Herrlichkeit gelangen! Darum vorwärts mit Gott für König und Vaterland, für Kaiser und Reich!"[78] Das Telegramm wurde in der Zeitschrift *Deutsche Treue* am 15. Dezember 1933 veröffentlicht. Das Bekenntnis Wilhelms zum Föderalismus und den legitimen Fürstenhäusern, die diesen verkörperten, veranlaßte Hitler, gegen die Monarchisten verschärft vorzugehen.

In die Möglichkeiten einer besseren Zukunft wies ein anderes Ereignis. König Georg V. von England lud den Herzog Ernst August von Braunschweig und seine Gemahlin, die Kaisertochter Viktoria Luise zu sich ein. Als sie am 8. März 1934 eintrafen, wurden sie zur königlichen Familie in den Buckingham-Palast eingeladen. Als Louis Ferdinands Bruder Hubertus von seiner Afrikareise zurückkehrte, reiste er auch nach London und wurde dort von der Königsfamilie empfangen.

Wilhelm II. bekämpfte 1934 die monarchiefeindlichen Maßnahmen der nationalsozialistischen Regierung, indem er mit ausländischen Journalisten sprach, die sich bei ihm meldeten. Zu ihnen gehörte Randolph Churchill, der Sohn von Winston Churchill. Sell sagte darüber zu Ilsemann:[79] „Der hohe Herr hofft, über England auf den Thron zu kommen; er hat mir gestern über diese Zusammenkunft gesagt: ‚Man muß das Eisen schmieden, solange es warm ist.'" Wilhelm lehnte ab, daß der dreiundzwanzigjährige Journalist eine Sekretärin und einen Photographen mitbringe, um ein Interview zu inszenieren. Auf Churchills Frage, was Wilhelm vom Völkerbund halte, antwortete dieser, daß darüber dessen Landsmann Hamilton die beste Antwort gegeben habe mit der Formulierung: „The league of Nations is a smoking club in a power magazin." Hermine fand, er habe die unglaublichsten Fragen an Wilhelm II. gerichtet und schimpfe auf Hitler. Als Hermine sagte, der – junge – Churchill habe sich doch vor einem Jahr für die Wiedereinführung der Monarchie in Deutschland eingesetzt, antwortete dieser: „Das wohl, aber nur auf absolut demokratischer Grundlage."

Churchill legte über seine Gespräche eine Niederschrift vor, die Sell Wilhelm vorlas. Dieser billigte sie. Churchill fragte nachher nur, ob er noch hineinbringen könne, daß Wilhelm eine so vergnügte Natur sei. Was Churchill Wilhelm über Hitler in den Mund legte, wurde ihm wahrscheinlich von Hermine eingeflüstert. Der Artikel wurde am 11. Juni 1934 in der *Daily Mail* veröffentlicht. Wilhelm meinte, Churchill habe einen ausgezeichneten Artikel über ihn geschrieben, der seine ganze Klugheit und Gewandtheit beweise; er sei eben doch kein Journalist, sondern ein Gentleman. Der junge Churchill hatte auch den von Wilhelm II. verfaßten Artikel über Singapure gelesen, der ihn sehr begeisterte. Wilhelm hatte ihm ein Exemplar für seinen Vater, der früher zweimal bei ihm ein deutsches Manöver mitgemacht habe, mitgegeben, damit es auch die anderen englischen Minister zu lesen bekämen. Vater Churchill dankte Wilhelm für die freundliche

Aufnahme des Sohnes, nahm Stellung zu dem Artikel Wilhelms über Singapure und schickte ihm schließlich noch ein Buch.

Da Baldwin und Churchill aber eben damals Deutschland – freilich das Hitlers – als den einzigen Feind Englands bezeichneten und sagten, die englische Grenze liege am Rhein, empörte sich Wilhelm darüber so, daß er das von dem Engländer Lockart erbetene Gespräch mit ihm, was dieser zum Tod Hindenburgs zu sagen habe und wie er die Lage politisch für die nächste Zukunft in Deutschland beurteile, nicht gewährte.[80] Er nahm auch von dem Plan Abstand, dem Vater Churchill die Regimentsgeschichte der Gardekürassiere zu schicken, was er zunächst beabsichtigt hatte. Bei der politischen Abhängigkeit seines Eigentums in Deutschland von Hitlers Regierung hätte er auch eine Fortsetzung seiner Beziehung zu Churchill nicht riskieren können.

Im Dezember 1936 besuchte Wilhelm der schwedische Erforscher vor allem Zentralasiens Sven Hedin, Schüler des deutschen Geomorphologen Ferdinand Frhr. von Richthofen, des Begründers auch des Instituts für Meereskunde unter Wilhelm II. Er war schon im März 1926 in Doorn gewesen und hatte damals[81] aufgrund seiner vielseitigen Gespräche Wilhelm bewundert. Er schrieb darüber: Ob er, Sven Hedin, von seinen Reisen im allgemeinen, oder von den dortigen jetzigen oder ehemaligen Fürsten des Ostens, ob er von Gemälden, Bauwerken, Ausgrabungen, Geographie oder Archäologie spräche, über alles sei der Wilhelm glänzend orientiert! Solches Wissen habe er – und er sei viel in der Welt herumgekommen – kaum getroffen, Hinzu käme die fabelhafte Liebenswürdigkeit, das sprudelnde Temperament und ein bewundernswerter Humor. 1936, als Sven Hedin für seine Forschungen in Deutschland viel Lob erfahren hatte, schwärmte er für Deutschland. Ilsemann[82] notierte sich, Hedin werde demnächst ein Buch darüber veröffentlichen. „Ein Kapitel darin will er dem Kaiser widmen." Seine Verehrung und Bewunderung für ihn sei durch diesen Besuch noch größer geworden. „Er sprach in höchster Begeisterung vom Kaiser."

Wilhelm 1938 über Restauration – Der Anschluß Österreichs – Die Heiraten der Kaiserenkel Wilhelm und Louis Ferdinand – Wilhelms Verurteilung der Judenverfolgung 1938 und historisch-politische Gespräche – Verbote von Feiern zum 80. Kaisergeburtstag – Ausschließung von Prinzen aus der Wehrmacht – Wilhelm nach der Kapitulation Frankreichs 1940

Wilhelm II. verübelte Mackensen im August 1936, daß dieser seine Ernennung zum Chef des 5. Reiterregiments durch Hitler angenommen hatte.[83] Er sagte auch: Sobald er die Zügel der Regierung wieder selbst ergriffen habe, würde er die Pensionen der Beamten streichen, die bisher besondere Posten bekleidet hätten; den Unterhalt dieser Männer müßten diejenigen Beamten bestreiten, die

Parteimitglieder gewesen waren. Zu seinen Zukunftsplänen gehörten auch Steuererleichterungen.

Auf die Zeit vor der Reichsgründung griffen seine Pläne zurück, als er am 13. August 1936 zu Sell sagte, sofort erneuert werden müsse der Vertrag von Bebenhausen, der seinerzeit das militärische Verhältnis zwischen Preußen und Württemberg geregelt habe, ein gleiches Bündnis müsse dann auch mit Bayern abgeschlossen werden, d. h. Bayern dürfe nicht mehr – wie früher zur Kaiserzeit – ein eigenes Kriegsministerium haben. Die ganze militärische Gewalt müsse vom Kaiser ausgehen. Im übrigen würden die Bundesfürsten – bis auf die der kleineren thüringischen Staaten – natürlich alle wieder auf ihren Thron zurückkehren. Die letzteren müßten verschwinden, ausgenommen die Reuße. Das war Rücksicht auf Hermine. Doch sollten die ältere und die jüngere Linie unter dem ältesten Sohn Prinz Hans Georg von Schönaich-Carolath vereinigt werden, der dann allerdings seinen Namen ändern müsse. Er rühmte von seinem Stiefsohn, er sei ein sehr ordentlicher Mensch und arbeite mit größtem Fleiß an seiner Doktorarbeit über das Haus Reuß und die Kirche, um die sich das Haus Reuß „ungeheure Verdienste" erworben habe. Der Prinz interessierte sich auch später für wissenschaftlich erfaßte neuere Geschichte.

Der gegenüber Wilhelm so kritische Ilsemann notierte sich den Anschluß Österreichs durch Hitler als Heimkehr „in das deutsche Reich". „Ich persönlich sehe in diesem geschichtlichen Ereignis das Ende jeder Möglichkeit zur Rückkehr zum Legitimismus der deutschen Fürsten und eines deutschen Kaiserreiches.[84] Wilhelm II. hielt sich zurück. Der Jubel Ilsemanns über den sogenannten Anschluß von Österreich an Deutschland gipfelte in dem Eintrag in sein Tagebuch am 16. März 1938: „Die uns feindlich gesinnte Welt muß erkennen, daß gegen eine solch gewaltige Volkserhebung nicht anzugehen ist."

Sogar Wilhelm fand Worte der „Anerkennung"[85] gegenüber den Jubel-Worten Ilsemanns. Mit solchen Worten gab Wilhelm II. seine grundsätzlich legitimistisch-föderalistische Einstellung freilich nicht auf; bei seiner eigenen Einstellung seit seiner Jugend gegenüber den Existenzproblemen der Donaumonarchie fielen sie ihm aber auch nicht schwer, wenn er auch in Doorn mehr als 1916/17 die Bemühungen Kaiser Karls, der Kaiserin Zita und ihrer Brüder, die ja königlich belgische Offiziere gewesen waren, um einen rechtzeitigen Friedensschluß kritisch beurteilte.

Als der älteste Kaiserenkel Wilhelm am 3. Juni 1933 in Bonn gegen den Willen des kaiserlichen Großvaters und den seiner Eltern in Bonn Dorothea von Salviati heiratete, hatte er auf alle aus seiner Erstgeburt abzuleitenden Rechte verzichtet. Eine große Freude bereitete deshalb Wilhelm, daß am 4. Mai 1938 sein zweitältester Enkel Prinz Louis Ferdinand in Doorn mit Großfürstin Kyra Kyrillowna von Rußland evangelisch getraut wurde, nachdem beide am 2. Mai in Potsdam standesamtlich geheiratet hatten und ihre Ehe dort nach russisch-orthodoxem Ritus eingesegnet worden war. Louis Ferdinand, damals Oberleutnant der Reserve der Luftwaffe, war als Referent bei der Lufthansa tätig. Kyra war die 1909 in Paris geborene Tochter des Großfürsten Kyrill Wladimirowitsch und seiner Gattin Viktoria Feodorowna, der geschiedenen Großherzogin von Hessen, einer geborenen Prinzessin von Sachsen-Coburg und Gotha. Kyrill war das Oberhaupt des russischen Kaiserhauses, starb freilich schon am 13. Oktober 1938. Sein Nachfolger wurde dessen Sohn Großfürst Wladimir, der 1917 geborene Bruder Kyras. Wladimirs einziges Kind, seine Tochter Maria, heiratete freilich lange nach dem Tode Wilhelms 1976 dessen Urenkel Franz Wilhelm, den Enkel des Prinzen Joachim von Preußen. Wladimir adoptierte Franz Wilhelm von Preußen als Großfürsten von Rußland, da es außer ihm keine anerkannten Mitglieder des Hauses Romanow gab. Franz Wilhelms Sohn, der am 13. März 1981 geborene Sohn Prinz Georg von Preußen und Großfürst von Rußland, ein Ururenkel Wilhelms II., ist also der Prätendent auf den russischen Kaiserthron. Da Wilhelms Enkelin Friederike, die Tochter seiner Tochter Viktoria Luise und des Herzogs Ernst August von Braunschweig und Lüneburg, am 9. Januar 1938 in Athen den Kronprinzen und späteren König Paul der Hellenen heiratete, die Tochter aus dieser Ehe, Sophia, den 1938 geborenen König Juan Carlos von Spanien, ist deren Sohn Felipe, der Kronprinz von Spanien ebenfalls ein Ururenkel Kaiser Wilhelms II.

Als 1938 mit der „Reichskristallnacht" die Judenverfolgung überall einsetzte, urteilte Wilhelm, es sei eine „Schande, was jetzt zu Hause vor sich geht".[86] Die Armee müsse jetzt eingreifen, die alten Offiziere und alle anständigen Deutschen protestieren. Die auswärtigen Staaten müßten ihre Gesandten und Vertretungen abberufen, „dann würden die Nazis schon klein beigeben".

Am 24. November 1938 versammelte Wilhelm alle männlichen Mitglieder seines Hauses um sich, um mit ihnen die Verwaltung seines Vermögens nach seinem Tode zu besprechen. Auch Prinz August Wilhelm war erschienen, der die Vorgänge zu Hause verteidigte. Wilhelm war darüber empört und regte sich darüber mehr auf als über das ganze Vermögensproblem. Er sagte Auwi (August Wilhelm) vor seinen Brüdern die Meinung, wie er Ilsemann erzählte. „Er wagte es, uns zu sagen, daß er mit den Juden-Pogromen zu Hause ganz einverstanden sei und dieses Vorgehen billigt. Als ich ihm sagte, daß jeder anständige Mensch dieses Vorgehen als Gangstertum bezeichne, schien ihm das total gleichgültig zu sein. Er ist eben für unsere Familie ganz verloren, er gehört einfach nicht mehr zu uns." Er verbot dem Sohn, in Deutschland noch einmal offiziell zu reden. Doch erreichte der Kronprinz schließlich eine Erklärung Wilhelms, die dem Prinzen August Wilhelm öffentliche Reden nach wie vor gestattete. Denn der kaiserliche Vater war in der Verfügung über seine wirtschaftlichen Mittel von der Reichsregierung abhängig und hatte zudem keine praktische Möglichkeit, dieses Verbot durchzusetzen.

Als der Verfasser im August 1938 und noch einmal im Sommer 1939 Wilhelm sprach, war er überrascht von dessen Offenheit und Vielseitigkeit, machte aber aus begründeter Sorge darüber keine Notizen, da er vom SS Abschnitt Süd überwacht wurde. Wilhelms Ausführungen über Griechenland und über Polen wurden an einschlägigen Stellen dieses Buches ausgewertet. Bei dem Spaziergang durch die Gartenanlagen von Doorn kam Wilhelm u. a. auf das Schicksal des Pfälzer Kurfürsten Friedrich V. (des „Winterkönigs") zu sprechen, dessen Schicksal er, ohne es zu sagen, auf sich bezog. Friedrich V. war vermählt mit einer Tochter des englischen Königs, aber auch verschwägert mit dem Kurfürsten Georg Wilhelm von Brandenburg und flüchtete nach seiner militärisch-politischen Niederlage in Böhmen über Breslau und Berlin zu seinen oranischen Verwandten in die Niederlande. Er machte den siegreichen Feldzug des Schwedenkönigs Gustav Adolf mit, wurde aber in den Verhandlungen mit ihm sehr enttäuscht und starb 1632 in Mainz. Seine Leiche wurde in die Kurpfälzer Stadt Frankenthal, dann nach Saarbrücken, nach Metz und nach Sedan gebracht. Wilhelm II. erinnerte sich an all das ausführlich.

Bei seinem mehrtägigen Aufenthalt in Doorn erlebte der Verfasser auch die natürliche und zwanglose Umgangsart Wilhelms mit seinen Gästen. Bei Tisch nahm er auf den links neben ihm sitzenden, ihm vieles lebhaft darlegenden Besucher aus Bayern besondere Rücksicht, indem er ihn durch eine Handbewegung anregte, weiter zu essen. An einem Nachmittag, an dem dieser mit Hermine vom Tor des Hauses Doorn aus eine Radfahrt unternahm, begleitete er beide und ließ sich von ihm seinen Aufstieg auf das Fahrrad zeigen.

Im Hinblick auf den bevorstehenden 80. Geburtstag am 27. Januar 1939 verbot das Oberkommando der Wehrmacht schon am 21. Dezember 1938 den Wehrmachtsangehörigen des Heeres, der Marine und der Luftwaffe, sich an Veranstaltungen oder Glückwunschadressen aus Anlaß dieses 80. Geburtstages zu beteiligen. Das Verbot galt auch für Veranstaltungen, wenn diese zeitlich vor oder nach dem 27. Januar lagen. Der Chef des Oberkommandos der Wehrmacht, Generaloberst Keitel, ordnete auch an, die Führer der Offiziersvereine der alten Armee durch die damaligen Traditionstruppenteile in geeigneter Form zu benachrichtigen. An alle im NS-Kyffhäuserbund zusammengeschlossenen Offiziers- und Soldatenvereine erging das Verbot. „Nur bei Angehörigen von Regimentern, bei denen der Kaiser früher eine Chefstelle inne hatte, ist gegen schriftliches Glückwunschgedenken nichts einzuwenden. Die Form muß natürlich den heutigen Verhältnissen angemessen sein."

Zum 80. Geburtstag erschienen in Doorn außer den Familienangehörigen Kronprinz Rupprecht von Bayern, der aus England anreiste, und Generalfeldmarschall von Mackensen, Abordnungen des Johanniterordens in Deutschland und Holland. Rupprechts Kommen war auch dadurch bedingt, daß er durch den Besuch beim Deutschen Kaiser gegen den Vorwurf des bayerischen Separatismus demonstrierte.

Hermine schrieb dem Kaiserenkel Prinz Franz Joseph von Preußen am 8. Dezember 1939: „Der Großpapa ist von einer fabelhaften Frische, nimmt unendlich teil an allem, was geschieht, voll starken Vertrauens in Euch, die Wehrmacht, in die weisen Anordnungen und Pläne des Führers." Der Brief war so gehalten, daß er auch als kontrollierter Feldpostbrief befördert werden konnte. Wilhelm II. schrieb die militärischen Erfolge in Polen und Frankreich am 14. September 1940 auch der Erziehung der inzwischen aufgestiegenen Offiziere, ihrer Ausbildung noch in der alten Armee zu: „Die brillant führenden Generäle dieses Krieges kommen aus Meiner Schule, sie fochten unter Meinem Kommando im Weltkrieg als Leutnants, Hauptmänner oder junge Majore."

Im Mai 1940 rückten in Holland deutsche Truppen ein. Georg VI. von England lud sofort persönlich Wilhelm ein, nach England zu kommen. Doch das war Wilhelm II. aus verschiedenen Gründen nicht möglich. Am 14. Mai 1940 kurz vor 8 Uhr morgens standen die ersten deutschen Soldaten am Torgebäude von Haus Doorn. Sie wurden sofort eingelassen. Der Regimentskommandeur des Infanterieregiments 322 Oberst Neidtholt meldete mit fünf Offizieren seines Stabes Wilhelm, daß die Spitze seines Regiments soeben durch den Ort marschiere und daß ein Generalstabsoffizier mit einer Botschaft Hitlers an Wilhelm unterwegs sei.

Dieser – es war Oberstleutnant von Zitzewitz – teilte mit:
„1. Der ehemalige Kaiser und sein gesamter Hausstand genießt den Schutz der deutschen Wehrmacht in dem gleichen Maße wie jeder andere deutsche Staatsangehörige.
2. Schloß Doorn und seine nähere Umgebung wird von deutschen Truppen nicht belegt und gestört werden.
3. Die Geheime Feldpolizei wird den Schutz und die Sicherheit des Hauses Doorn und der gesamten Hofhaltung bis auf Weiteres übernehmen. Bis zu ihrem Eintreffen wird die Wehrmacht für die Absperrung sorgen."[87]

Die Soldaten wurden nur für einige Zeit mit der Wache beauftragt. An ihre Stelle trat die SS, die den Zugang sperrte und aus Haus Doorn eine Art Internierungslager für Wilhelm machte. Der Militärbefehlshaber von Holland und Belgien berichtet: „Streng untersagt war es, von Kaiser Wilhelm II. in Doorn irgendwie Notiz zu nehmen..."

Zu Beginn des Krieges wurden auch alle wehrfähigen Prinzen der bis 1918 regierenden deutschen Fürstenhäuser eingezogen. Darunter waren auch der Kaisersohn Prinz Oskar und zehn Enkel des Kaisers, nämlich sieben Prinzen von Preußen und drei Prinzen von Braunschweig-Lüneburg, Söhne seiner mit ihm sehr verbundenen Tochter Viktoria Luise. Aber auch Prinzen aus dem von Hitler bekämpften bayerischen Königshaus wurden eingezogen wie Prinz Adalbert von Bayern und sein Sohn Prinz Konstantin.

Da wurde am 23. Mai 1940 Prinz Wilhelm von Preußen, der älteste Sohn des Kronprinzen, bei einem Sturmangriff bei Valenciennes in Nordfrankreich tödlich verwundet und starb drei Tage später. Er war als Reserveoffizier mit dem in Königsberg stationierten Infanterie-Regiment 1 in den Krieg gezogen, hatte den

Polenfeldzug mitgemacht und war dann an der Westfront eingesetzt worden. Obwohl nur in zwei Zeitungen kleine Traueranzeigen veröffentlicht werden durften, fanden sich etwa 50.000 Trauergäste aus allen Schichten der Bevölkerung zur Beisetzung in Potsdam ein und säumten den Weg des Sarges von der Friedenskirche bis zum Antikentempel im Park von Sanssouci. Heerespfarrer Damrath führte u. a. aus: „Es war ihm [dem deutschen Land] 1906 ein Kind geschenkt aus Hohenzollernstamm, aus dem Geschlecht derer, die in der preußischen Geschichte Könige waren von Gottes Gnaden, die nichts anderes sein wollten als erste Diener ihres Staates..." Da am 5. September 1939 schon Prinz Oskar, der Sohn des Kaisersohnes Oskar, im Polenfeldzug gefallen war, sagte der Heerespfarrer auch: „Mit dem starken Glaubenstrost eines Christen gedenkt seiner [des gefallenen Prinzen Wilhelm] in dieser Stunde sein kaiserlicher Großvater, der in diesem gewaltigen Kriege schon den zweiten Enkel dem Vaterland hergibt. Wir sind ergriffen von dem Schmerz, der das königliche Haus und die königliche Familie erfüllt. Wir tragen ihn mit dem Kronprinzenpaar, das in den letzten Jahrzehnten immer wieder erfahren mußte, was der königliche Ahne Friedrich Wilhelm [I.?] in seiner gläubigen Seele barg und in die Worte kleidete: ‚Könige müssen mehr leiden können als andere Menschen'". Reinhold Schneider, der katholische Denker, Schriftsteller und Vorkämpfer für die Wiederherstellung der Monarchien in Deutschland war auch Trauergast und schrieb 1954 in seinem Buch „Verhüllter Tag": „Unter dem Torbogen der Friedenskirche stand das Kronprinzenpaar: Der Sarg wurde an ihm vorbeigetragen, dahinter stand der Feldmarschall von Mackensen in der alten Husarenuniform mit Pelzmütze und dem kurzen Mantel aus Tigerfell, hoch aufgerichtet, eine gespenstische Gestalt. Dann bewegte sich der Zug den langen Weg gegen das Neue Palais: Unwiderrufliches Ende."[88]

General von Falkenhausen bekam den Befehl, dem von der Außenwelt streng abgeschlossenen Wilhelm den Tod seines ältesten Enkels mitzuteilen, sollte aber nicht selbst nach Doorn fahren. Ausdrücklich war angeordnet, daß die Nachricht nur durch einen Herrn des Gefolges, keineswegs Wilhelm selbst mitzuteilen sei. Falkenhausen erzählt: Ich schickte General Streccius, der es nicht verhindern konnte, dem Kaiser beim Verlassen des Schlosses auf dem Korridor zu begegnen und ihm so selbst sein Beileid aussprechen konnte..."[89] Wilhelm II. schrieb seiner Tochter: „Der Junge war äußerst tapfer, ein Vorbild für seine Truppe, ein prächtiger Soldat! Nun ist er mit Oskar beim Herrn, und bei der lieben Mama... Sein für unser Vaterland vergossenes Blut bindet unser Haus noch fester an unser Volk."

Gerade aber das fürchtete Hitler. Er hatte bereits verhindert, daß Prinz Wilhelm als Reserveoffizier in die aktive Offizierslaufbahn übernommen wurde. Die nicht nur in Potsdam, sondern auch in ganz Deutschland starke Anteilnahme am Tod des Hohenzollernprinzen, des ältesten Kaiserenkels, verbreitete sich schnell. Hitler fürchtete nicht ohne Grund eine neue Bewegung für die Wiederherstellung der konstitutionellen Monarchien in den deutschen Ländern. Er verbot sofort den Fronteinsatz vor allem der Hohenzollernprinzen, um es ihnen unmöglich zu machen, sich auszuzeichnen oder durch den Tod auf dem Schlachtfeld aufs Neue öffentliche Anteilnahme hervorzurufen.

Hitler erklärte in seinen sogenannten Tischgesprächen, daß es ein Verdienst der Sozialdemokratie gewesen sei, in der Erscheinung der Fürsten ein Ferment deutscher Zersplitterung beseitigt zu haben, für das (=Ferment) sie sie (=Sozialdemokratie die Fürsten) durch Zahlung von Pensionen belohnt habe.[90]

Als im November 1942 im Bogen des Don westlich von Stalingrad 220.000 Mann deutsche Truppen und einige rumänische Verbände eingeschlossen wurden und die Rote Armee bis zum unteren Donez und auf Rostow vordrang, am 31. Januar 1943 der Hauptteil der Armee unter Generalfeldmarschall Paulus eingeschlossen wurde und sich die Russen im Januar 1943 einen Zugang nach Leningrad erkämpften, das seit 17 Monaten von der Landseite her abgeschlossen war, machte sich Hitler nicht nur militärische, sondern auch politische Sorgen. Schon vor dem Kriege hatte er führende Generale abgesetzt, darunter am 4. Februar 1938 den Oberbefehlshaber des Heeres, Generaloberst Werner Frhr. von Fritsch, der dann im Polenfeldzug am 22. September 1939 den Tod fand. Er fürchtete von ihnen Widerstand gegen seine militärischen und politischen Pläne. Als es Hitler darum gegangen war, die Nachfolge des Reichspräsidenten von Hindenburg anzutreten, er zugleich aber Reichskanzler bleiben wollte, entschieden sich 1934 die von Fritsch nach Bad Nauheim zusammengerufenen Befehlshaber zunächst für Kronprinz Wilhelm und stimmten erst auf das von Hitler veranlaßte Gebot des Reichskriegsministers von Blomberg, die SA einzuschalten, für Hitler.

Die Sorgen des nunmehrigen Führers und Reichskanzlers konzentrierten sich im Sommer 1943 auf die von ihm u. a. als Gefahr angesehene Wiederherstellung der Monarchie. Als der im Weltkrieg, etwa bei St. Quentin durch seine Tapferkeit außerordentlich bekannt gewordene Kaisersohn Eitel Friedrich 1942 starb, verbot Hitler militärische Ehren an seinem Grab.[91] Er schloß durch Geheimbefehl vom 19. Mai 1943 alle Mitglieder der früher regierenden Häuser aus der Wehrmacht aus. Er sprach von der „Fernhaltung international gebundener Männer in Staat, Partei und Wehrmacht". In einem Geheimpapier hieß es, „daß alle Personen, die durch Geburt einem regierenden oder ehemals regierenden Fürstenhaus angehören, ohne weiteres als international gebunden anzusehen sind."[92]

Wenn man Hitlers Maßnahmen gegen die von ihm gefürchtete Wiederherstellung der Monarchie in diesem Zusammenhang überblickt, ist es verständlich, warum er schon bei seinem siegreichen Zug nach Frankreich 1940 mit kritischen Erwartungen die Haltung Wilhelms und seines Hauses dazu in Erwägung zog. Hausminister von Dommes bemühte sich, Wilhelm zu einer Gratulation an Hitler zu veranlassen. Nur der englische Historiker Tyler Whittle vermutet, daß auch Hermine damals in diesem Sinn auf ihren Mann einwirkte. Prinz Friedrich

Wilhelm von Preußen erwähnt 1985 in seinem Buch „Das Haus Hohenzollern 1918 bis 1945" die sonst sehr kritisch charakterisierte Hermine nur in Zusammenhang mit Whittles Behauptung neutral.[93] Wilhelm II. telegraphierte am 17. Juni 1940 nach der Kapitulation Frankreichs an Hitler: „Unter dem tiefgreifenden Eindruck der Waffenstreckung Frankreichs beglückwünsche ich Sie und die gesamte deutsche Wehrmacht zu dem von Gott geschenkten gewaltigen Sieg mit den Worten Kaiser Wilhelms des Großen: Welch eine Wendung durch Gottes Fügung. In allen deutschen Herzen erklingt der Choral von Leuthen, den die Sieger von Leuthen des großen Königs anstimmten: Nun danket alle Gott. Wilhelm I. R." Hitler antwortete: „Euer Majestät danke ich für die anläßlich der Kapitulation Frankreichs der deutschen Wehrmacht und mir persönlich ausgesprochenen Glückwünsche. Ich hoffe, daß dieser Sieg bald eine Krönung findet, die dem Großdeutschen Reich die Möglichkeit der vollen Entfaltung aller Kräfte der deutschen Nation sichert. Adolf Hitler."[94]

Nach dem Kriege schrieb Dommes am 7. August 1947 an Ilsemann: „Das Telegramm vom 17. Juni 1940 habe ich vorgeschlagen und trage dafür die volle Verantwortung." In einem Brief der Vermögensverwaltung des Hauses Brandenburg-Preußen an Ilsemann vom 22. Dezember 1947 hieß es in Bezug auf die Kapitulation Frankreichs 1940 rückblickend. „Von allen Seiten kamen Anfragen: Was sagt der Kaiser dazu? Antwort: Er begleitet die tapfere Truppe mit warmen Wünschen. Weitere Frage: Und hat er für seine alten Soldaten kein Wort der Anerkennung, keinen Gruß? Ein solcher Gruß konnte nur an den Oberbefehlshaber gerichtet werden, gleichgültig ob er Hitler hieß oder anders. Aus diesem Grund hat Wilhelm sich zu dem Telegramm an Hitler entschlossen, sehr ungern, aber geleitet von der Rücksicht auf seine alten Soldaten."[95]

Auseinandersetzung Wilhelms mit den Kulturen und Religionen der Menschheit – 1928 bis 1939 Arbeitsgemeinschaft Wilhelms mit Gelehrten in Doorn

1928 bis 1939 kam auf Initiative Wilhelms eine „Arbeitsgemeinschaft" in Doorn zusammen, in der von ihm gewonnene, z. T. sehr bedeutende Gelehrte etwa drei oder vier Tage lang unter seinem Präsidium Vorträge hielten. Über diese wurden Protokolle angefertigt, die Wilhelm eigenhändig und nach eigenem Ermessen korrigierte. Die Tagungen der Doorner Arbeitsgemeinschaft, zu der für die Jubiläumstagung im Jahr 1937 der bei Wilhelm diensttuende General Graf von Schwerin auf 27 Schreibmaschinenseiten die wichtigsten Daten zusammenstellte, umfaßte im Jahr 1935 folgende Mitglieder, von denen aber nicht alle zu jeder Tagung erschienen:
Wilhelm II. als Präsident
Prof. Friedrich Sarre, Islamist, Berlin

General Graf Schwerin

Geheimrat Leo Frobenius, Frankfurt

Prof. Walter F. Otto, Altphilologe, Königsberg, vorher Frankfurt

Prof. C. Vollgraff, Archäologe, Utrecht,

Prof. Franz M. Th. Boehl, Leiden

Prof. Hermann Lommel, Religionshistoriker, Frankfurt

Prof. Hans Naumann, Germanist, Bonn, vorher Frankfurt

Prof. Karl Reinhardt, Altphilologe, Frankfurt

Dr. Jordan, Archäologe, Bagdad

Dr. A. E. Jensen, Ethnologe, Frankfurt

Franz Altheim, Altphilologe, Frankfurt, der der Doorner Arbeitsgemeinschaft erst seit 1934 angehörte

Prof. Alfred Jeremias; er hatte seit 1927 an den Tagungen teilgenommen, war aber 1935 verstorben. Wilhelm II. rühmte vor der Doorner Arbeitsgemeinschaft ihn als Erforscher der sumerischen Kultur, Religionswissenschaftler und frommen Theologen.

Die Protokolle der Tagungen und der gesamte dazugehörige Briefwechsel liegen im Reichsarchiv Utrecht, Bestand „Ex-Kaiser Wilhelm" Nr. 283-286.[96] Nicht liegen dort und sind in Berlin nicht erhalten geblieben die von der „Generalverwaltung des vormals regierenden preußischen Königshauses" der später verbotenen Zeitschrift *Der Aufrechte* zur Verfügung gestellten Mitteilungen über den Inhalt der Vorträge der Doorner Arbeitsgemeinschaft. (Die Zeitschrift findet sich auch nicht in der Bayerischen Staatsbibliothek in München).

Die Antike, die Kultur und die Religion riefen in Wilhelm immer wieder Fragen wach, zu deren Erörterung und Beantwortung er Persönlichkeiten wie die aufgezählten zu sich einlud. Der Verlag K. F. Koehler in Leipzig brachte 1934 eine wissenschaftliche Untersuchung Wilhelms II., betitelt „Die chinesische Monade, ihre Geschichte und ihre Deutung", heraus.

Zu dem Ausdruck „Monade" ist, wie Wilhelm II. ausführt, allerdings zu bemerken, daß er mit dem Monadenbegriff von Leibniz oder auch dem Monadenbegriff der Bakteriologie nichts zu tun hat. Die „chinesische Monade" ist vielmehr ein Heilszeichen, das gleich dem Hakenkreuz ein Sonnen- und Bewegungssymbol darstellt. Wilhelm untersucht die Frage nach der Herkunft und vor allem auch nach der Bedeutung dieses Symbols. „Die Symbolik ist ja", wie Wilhelm ausführt, „die verschleierte Sprache des vorgeschichtlichen Menschen, der nicht durch lesbare Bild- und Schriftzeichen, sondern nur durch den künstlerischen Formenausdruck religiösgläubiger Phantasie dem strebend bemühten Sinne des hingebend suchenden Forschers seine Gedankenwelt offenbart."

Wilhelm II. bezog sich vor allem auf die chinesische Weltentstehungslehre, ihre zwei Urkräfte: Yang und Yin und das Zeichen auf der Flagge Koreas und konstruierte eine Geschichte der Monade, zu der er auch die Swastika, ein Hakenkreuz-Zeichen, heranzog, das wahrscheinlich im südasiatischen Raum entstanden sei. Es komme um 3300 v. Chr. in Susa vor. Die Swastika sei ein Symbol der Bewegung. Es sei wohl schon in der Bronzezeit vom Süden her über den Kaukasus durch das europäische Rußland vorgedrungen. Es sei ein mit der Sonne zusammenhängendes Kulturgut, sei in den Lunarenraum eingebrochen und habe hier Verbindungen eingegangen, die das Kreuz dann mit dem Mond erscheinen lassen. „Die zweite Ausbreitung des Symbols nach Europa geschieht viel später und auf anderem Wege: es kommt mit dem Christentum über Rom."

Vermählung eines Kaiserenkels mit einer Tochter Hermines – Tod
Professor Max Buchners – Tod und Beisetzung Wilhelms in Doorn

Eine besondere Freude in Doorn bereitete am 1. Oktober 1940 die Vorfeier der Vermählung des Kaiserenkels Prinz Franz Joseph von Preußen mit Prinzessin Henriette von Schönaich-Carolath, der Tochter von Wilhelms Gemahlin Hermine. Zu dieser Vorfeier erschien auch deren ältester Sohn Prinz Hans-Georg von Schönaich-Carolath, der als Angehöriger eines 1918 nichtregierenden Geschlechts nicht aus der Armee nach 1940 entfernt wurde und 1943 fiel.

Als am 8. April 1941 der seines Lehrstuhls für Geschichte an der Universität München entsetzte Professor Max Buchner starb, der ein Sammelpunkt des monarchistischen Widerstands gegen Hitler auch in katholischen Kreisen geworden war, ehrte ihn bei seiner Beisetzung Wilhelm durch einen außerordentlich schönen Kranz.

Wilhelm selbst hatte am 1. März 1941 einen Ohnmachtsanfall erlitten. Seine Söhne waren zu Pfingsten herbeigeeilt, aber wegen scheinbarer Besserung wieder abgereist. Am 29. Mai übermittelte Dommes dem Chef der Reichskanzlei, Reichsminister Lammers, schriftlich den letztwillig verfügten Wunsch Wilhelms, daß gegebenenfalls seine Beisetzung in der jetzigen Zeit in aller Stille in Doorn erfolgen solle.[97] Der nunmehrige Reichskommissar für die Niederlande, Arthur Seyss-Inquart, teilte am 29. Mai im Führerhauptquartier mit, daß Wilhelm schwer erkrankt sei und daß stündlich mit seinem Ableben gerechnet werden könne. Reichsminister Lammers trug Hitler in Gegenwart von Generalfeldmarschall Keitel die Angelegenheit vor. Hitler traf nun entsprechende Entscheidungen.

Wilhelm erlitt offenbar Anfang Juni eine Lungenembolie. Am 3. Juni 1941 freute er sich noch über die Eroberung Kretas: „Unsere herrlichen Truppen!" In seinen letzten Stunden am 4. Juni 1941 richtete er liebevolle Abschiedsworte an Hermine, die mit ihrer Tochter Henriette und Wilhelms Tochter Viktoria Luise an seinem Bett weilte. Friedrich Hartau[98] behauptet, er hätte noch lange aber unverständlich gesprochen, „gelallt", ohne eine Quelle dafür anzugeben. „Sein Ende war friedlich in Gott", wie Hermine in ihrem Dank auf Kondolenzbriefe schrieb.

Die Gemeindeverwaltung von Doorn hatte die Anlage eines Mausoleums im Garten des Hauses Doorn genehmigt, in dem Wilhelm seinem eigenen Wunsch gemäß beigesetzt wurde. Hofprediger D. Doehring segnete den Leichnam ein, ergriff eine goldene Schale, die mit deutscher Erde gefüllt war und schüttete sie über den Sarg des in der Fremde gestorbenen Deutschen Kaisers.

Der alte Generalfeldmarschall August von Mackensen trat vor und streichelte den Sarg seines kaiserlichen Herrn. Auch andere Generale des Ersten Weltkrieges nahmen an dieser Trauerfeier teil. Der Führer des Reichskriegerbundes, General der Infanterie Reinhardt, sowie höhere ausländische Militärs waren auch erschienen. An der Spitze des Trauerzuges schritten Hermine, Kronprinz Wilhelm und dann die engeren Familienangehörigen. Dann folgte Reichsminister Arthur Seyss-Inquart mit einem Kranz Hitlers. Seyss-Inquart wurde von dem deutschen Gesandten Bone und General Rauter begleitet. Ihm folgten Generalfeldmarschall von Mackensen, hinter ihm die Vertreter der drei Wehrmachtsteile, General der Flieger Christiansen, Admiral Densch und Generaloberst Haase für den Oberbefehlshaber des Heeres, Admiral Canaris für den Chef des Oberkommandos der Wehrmacht. Nach der Trauerfeier wurde der Sarg an das Mittelportal von Haus Doorn gebracht. Unter Trommelwirbel präsentierte das Ehrenbataillon. Unter dem Trommelwirbel und der Retraite wurde der Sarg zur Gruft gebracht. Nach Ehrensalven und unter den Klängen des York'schen Marsches verließ das Ehrenbataillon die Trauerstätte. Kränze legten nieder: Seyss-Inquart für Hitler, die Niederländische Reformierte Kirche in Doorn, das Johanniter-Krankenhaus zu Amerongen, die niederländische Marechaussee und die Hausangestellten in Doorn.[99]

Teil VI: Was blieb?

Das zur Geschichte gewordene Bild Kaiser Wilhelms II. weist viele Farben auf, die schon die Zeitgenossen faszinierten oder überraschten. Tiefgreifende Erwägungen und Taten in der sozialen Frage 1889 bis 1917, Rücksichtnahme, Charme, durch die Situation des Augenblicks bedingte Einfälle, übertreibende, gelegentlich harte Worte fallen auf. Selbst Kritiker wie Röhl rühmen sein außerordentlich großes Wissen und sein hervorragendes Gedächtnis, seine Arbeitskraft und seine große Arbeitsleistung. Schnell und sicher erfaßte er die politischen Probleme. Sein am 6. Februar 1890 begonnener Kampf gegen Soldatenmißhandlungen, den er bis 1892 fortsetzte, schrumpfte aber unter dem suggestiven Druck preußischer Generale ebenso zusammen wie sein Kampf um die Einsicht solcher Generale im Weltkrieg.

Die von den Ärzten verursachten Geburtsschäden führten zu gelegentlicher Sprunghaftigkeit und wirklichkeitsfremder Naivität. Keine Liebe der Mutter zum kleinen Kind wirkte dem entgegen. Wilhelm wurde sich oft schnell und immer wieder bewußt, seine oft gut gemeinten Einfälle und Absichten eben doch nicht durchführen zu können, und wandte sich deshalb aber auch überhaupt an Gott, den er seit 1902 auch durch geschichtliche Erkenntnisse schon über die Frühzeit der Menschheit zu erfassen suchte und in seinen täglichen Morgenandachten und seinen Sonntagsgottesdiensten in wachsender christlicher Religiosität anbetete und verehrte.

Wie vor allem Ernst Rudolf Huber (IV, 180) hervorhebt, verstellt die undifferenzierte Kritik, mit der die öffentliche Meinung die Persönlichkeit des Kaisers zu behandeln pflegte, den Blick für die Zusammenhänge. Der Verfasser hat deshalb Wilhelms Worte und Taten immer wieder durch Darstellung der Hof- und Staatsverfassung Preußens und der des Deutschen Reiches einzuordnen versucht und Wilhelms Worte, Besuche und Taten anhand der von Johannes Penzler bis Ende 1905 zusammengestellten „Reden" chronologisch aufgeführt, wenn es auch nicht zu vermeiden war, bestimmte Themata innerhalb dieser Chronologie für sich chronologisch zu behandeln. Bogdan Krieger setzte Penzlers Arbeit für die Zeit von 1906 bis einschließlich 1912 fort. Die zuverlässige Wiedergabe der Worte des Kaisers ist von beiden Autoren bei verschiedenen Gelegenheiten als unlösbares Problem festgestellt worden.

Da die von Wilhelm 1888 angetroffene Gesellschaft bereits aus sehr verschieden denkenden und zum Teil wirtschaftlich außerordentlich schlecht oder außerordentlich gut gestellten Gruppen bestand, sah schon der junge Kaiser 1889 eine Hauptaufgabe darin, die Schulen in Preußen zu reformieren, und forderte 1890, daß auf den höheren Schulen gezeigt werden müsse, „was wahr, was wirklich und was möglich ist". Tief bewegt durch das, was er seit seiner Kindheit über die vor allem durch die Industrialisierung entstandene Not erfahren hatte, begriff er die Notwendigkeit, die soziale Frage, soweit es in seiner Macht war, durch seine Entscheidungen vor allem am 4. Februar 1890 zu lösen. Was er in diesen 1889 und 1890 aufgegriffenen Problemen zu deren Lösung bis 1917 leistete, wurde zu einer bis in unsere Gegenwart nachwirkenden glücklichen geistigen und sozial-politischen Entwicklung Deutschlands. Es war die von Wilhelm II. 1890 auch gegen Bismarck durchgesetzte Fürsorge für die Arbeiter, die Begrenzung ihrer Arbeitszeit, die rechtlich festgelegte Sonntagsruhe und die Einbeziehung der Handwerker und Angestellten in die Gesetzgebung, die weiterbestand. Die Reichsversicherungsordnung von 1911 stabilisierte auf vielen Gebieten die von Wilhelm II. 1890 eingeleiteten Maßnahmen, so daß Deutschland trotz der Er-schütterungen durch die Revolution von 1918 und den Zusammenbruch von 1945 einer der fortschrittlichsten Sozialstaaten blieb.

Die geistige und sozialpolitische Entwicklung Deutschlands nahm schon infol-ge der Widerstände gegen sie mehr Zeit in Anspruch, als die sich ihrer Theorien sicheren Zeitgenossen, die sich gegenseitig bekämpften, in Rechnung stellten oder als die wirtschaftlich notleidenden Kreise hinnehmen wollten. Wilhelm II. selbst versuchte mit Ungeduld, und indem er immer wieder das Wort ergriff, die Entwicklung auf diesen beiden Gebieten zu beschleunigen. Er lehnte die Be-kämpfung der Sozialisten durch Bismarcks Gesetz ab, und da er nicht gewillt war, dem alten Kanzler die Entscheidungen allein zu überlassen, entließ er ihn.

Er durchschaute aber die verschiedenen Persönlichkeiten, die er als Mitarbeiter oder Berater heranzog, häufig nicht und wurde bald mit oder ohne Grund kritisiert, ja verunglimpft. „Die im Bismarck-Kult erstarrte national-liberale Mit-te", wie sie Ernst Rudolf Huber treffend charakterisiert, die Alldeutschen, die Antisemiten, die Hochkonservativen, hohe Beamte in seinem eigenen Dienst trafen sich in einer offenen oder versteckten Polemik gegen Wilhelm. Norddeut-sche Sozialdemokraten, Sozialisten überhaupt, bekämpften in ihm, der in gele-gentlich übersteigerter Weise preußische Militärtradition in der Öffentlichkeit demonstrierte, den Verfechter eines „Militarismus", eines angeblichen Absolutis-mus, ja einen Verfechter der sozial- und kulturpolitischen Reaktion. Die Rechte tadelte an ihm den Förderer uferloser technisch-industrieller Pläne, den Freund der Hochfinanz und – den „Friedenskaiser".

Da der 1871 proklamierte deutsche Nationalstaat der jüngste unter den natio-nalen Machtstaaten in Europa war, suchten ihn die älteren, in ihrem eigenen Interesse zu übergehen oder zurückzusetzen. Da Wilhelm unter diesen Umstän-den die Rüstung der Landtruppen und die Schaffung einer Flotte betrieb und viele Deutsche das für begründet oder gar notwendig hielten, gewann er für diese

Ziele Freunde. Die preußischen Generale aber, die er noch am 6. Februar 1890 für seinen Kampf gegen Soldatenmißhandlungen gewonnen hatte, trieben ihn auf dem Gebiete des Militärstrafrechts in sorgenvolle Überlegungen, inwieweit er darin die Öffentlichkeit und die Mündlichkeit des Verfahrens zulassen durfte und sollte. So dauerte es zehn Jahre, bis ein deutsches Militärstrafrecht zustande kam. Wilhelm II. mußte dabei, wenn auch ungern in Rechnung stellen, daß das in Bayern erarbeitete Militärstrafrecht von 1869 in weitgehender Übereinstimmung mit dem zivilen Strafrecht die Öffentlichkeit und Mündlichkeit des Verfahrens eingeführt hatte und nun weiter galt. So wirkte am deutschen Militärstrafgericht ein von Bayern aus bestellter bayerischer Militärstrafsenat in Berlin mit.

Dagegen sagte seiner nationaldeutschen Auffassung des Rechtslebens und seinem sozialpolitischen Verantwortungsgefühl das seit 1873 im Zusammenwirken mit den übrigen deutschen Staaten erarbeitete Bürgerliche Gesetzbuch sehr zu, das durch seine Unterschrift und die des Reichskanzlers Fürst Chlodwig zu Hohenlohe-Schillingsfürst Rechtskraft erhielt und seit dem 1. Januar 1900 bis zur Gegenwart weiterwirkt.

Wilhelm II. hielt sich im Deutschen Reich und in Preußen an die in Preußen auch durch seinen Eid beschworene Verfassung, schaltete für immer die ihm von seinen dynastischen Vorgängern überlieferten Ansätze zur Vernichtung der Verfassung Preußens aus, betonte aber so laut und oft ungeschickt seine politischen Entscheidungen, daß daraus ein Gerede über sein „persönliches Regiment" entstand. Röhl spricht höchstens für die Zeit von 1897 bis 1900 von einem solchen. Ernst Rudolf Huber (IV, 183) bezeichnet das „persönliche Regiment" Wilhelms als eine bloße Fiktion. Im Kampf gegen einen Umsturz der monarchischen Verfassungen durch eine Revolution der Sozialdemokraten versuchte er vergebens, ein Gesetz gegen den „Umsturz" durchzusetzen. Die zeitweise auftauchenden Staatsstreichpläne waren ein leeres Gedankenspiel (Huber IV, 183, 259f. und 279f.).

Wilhelm stellte durch seine Worte und seine Bevorzugung der Uniform eine Autorität zur Schau, in der auch sein bis etwa zum Jahr 1900 noch wachsendes Selbstbewußtsein Ausdruck fand. Wie seine gelegentliche Nachgiebigkeit gegen seine Ratgeber oder seine militärische Umgebung auch damals beweist, war er aber schon in den neunziger Jahren oft gar nicht so von sich überzeugt, als es schien. Ernst Rudolf Huber meint: „Der ‚Wilhelminismus' war ein Phantom der Zeit, an dem seine Anhänger sich berauschten und seine Gegner sich ereiferten. Die deutsche Wirklichkeit dagegen wurde zunehmend von bürgerlichem Denken, bürgerlichen Interessen, bürgerlichem Fortschrittseifer, bürgerlicher Wirtschaft und Wissenschaft, bürgerlicher Zivilisation beherrscht." (Huber IV, 183)

Die von russischen Revolutionären geförderte Revolution in Deutschland hatte schwere Wirren zur Folge, gegen die Sozialdemokraten wie Friedrich Ebert und Erhard Auer vergeblich die Stimme ihrer politischen Vernunft erhoben. Keiner von beiden wollte die Republik, die Philipp Scheidemann in Angst vor der geschickten Politik des Gesandten des bolschewistischen Rußlands in Berlin von sich aus proklamierte. Keiner der deutschen Fürsten wollte angesichts der an der Reichsgrenze stehenden siegreichen Feindmächte einen Bürgerkrieg um ihrer Rechtsstellung willen. Viele von ihnen entbanden entweder Beamte, Offiziere und Soldaten ihres Landes vom Treueid oder dankten förmlich ab.

Der von dem amerikanischen Präsidenten Wilson 1918 geforderte Rücktritt des Kaisers erfolgte offiziell erst am 28. November 1918 in Amerongen, um Anarchie, Hunger und Fremdherrschaft zu vermeiden. Bereits am 21. Juni 1920 erließ er als König von Preußen ein Hausgesetz. Vor allem aber setzte er sich in den ihm verbleibenden 23 Lebensjahren dafür ein, selbst wieder in föderalistischem Zusammenwirken mit den Bundesfürsten in Deutschland zu regieren. Trotz seiner wirtschaftlichen Abhängigkeit von der Reichsregierung lehnte er offen Hitler ab, wenn er auch in naivem Nationalgefühl die Siege der ja noch unter ihm als Offiziere ausgebildeten Generale bewunderte.

Wilhelm II. war Exponent der von einem auch oft naiven deutschen Nationalgefühl getragenen bürgerlichen Zeit aber auch Repräsentant einer christlich monarchischen Staatradition, war durch sein selbstkritisches Gewissen gebunden und stand über den parlamentarischen Parteien.

Deutschlands außenpolitische Existenz wurde durch den von Woodrow Wilson entscheidend gestalteten Friedensvertrag von 1919 so beschnitten und in einer auch für die damaligen Verhältnisse herausfordernden Weise verändert, daß die von Wilson dem neuen Deutschland auferlegte Staatsform zum Nationalsozialismus führte. Hätten der Kaiser und die Bundesfürsten in dem 1918 besiegten Deutschland weiter regiert, wäre es unmöglich gewesen, daß aufgrund einer fortbestehenden Verfassung von 1871 das Reichsoberhaupt einen in Reichstagswahlen siegenden Adolf Hitler zum Reichskanzler hätte ernennen müssen. Weder Kaiser Wilhelm noch Kronprinz Wilhelm hätten ihn dazu ernannt. Sehr schwer tat sich 1932 Reichspräsident von Hindenburg, die Möglichkeit zu erkennen, auf die Reichskanzler Brüning hinwies, die Monarchie durch eine Regentschaft zu restaurieren.

Wilhelm II. war zweifellos hochbegabt und von einem christlich religiösen Ethos erfüllt. Sein Wissens- und Tatendrang entsprang vielseitigen Interessen, machte ihn aufgeschlossen für die wissenschaftlichen Probleme und technischen Errungenschaften seiner Zeit. Auch in den 23 Jahren seines Exils versuchte er immer wieder zu erkennen, scharte durch Einladung von Gelehrten nicht nur aus Deutschland die Doorner Arbeitsgemeinschaft um sich und rang um die Erkenntnis der frühesten Geschichte, um sich seine religiöse Vorstellungswelt kritisch weiterhin zurechtzuzimmern.

1937 fragte Wilhelm II. den ihn besuchenden Schriftsteller Joachim von Kürenberg (d. i. Reichel): „War denn alles falsch, was ich gemacht habe?"[1] Ein Mensch von heute, der sich in den sehr verschieden zuverlässigen Werken über die Geschichte Wilhelms II. und seiner Zeit orientiert, wird feststellen, daß keineswegs alles falsch war, was er getan hat. Schon aus dem bisher Gesagten geht hervor, daß vieles, was Wilhelm II. 1888 bis 1918 tat, fortwirkt und ein Faktor in der Entwicklung Deutschlands ist.

Beraten durch Friedrich Althoff, damals Vortragenden Rat im preußischen Kultusministerium, machte Wilhelm II. 1891 den Begründer der Bakteriologie Robert Koch, den Entdecker der Tuberkulose und Cholera verursachenden Bazillen, zum Direktor des im Aufbau befindlichen, 1901 eröffneten kgl. preußischen Instituts für Infektionskrankheiten. Schon vor 1901 gingen aus dem im Werden befindlichen Institut auch andere Institute hervor, so das kgl. preußische Institut für experimentelle Therapie in Frankfurt am Main, wo Wilhelm schon damals eine Universität plante. Schon diese frühen Institutsgründungen Wilhelms wirkten bis in die Gegenwart, auch seine Forderung, daß sie unabhängig vom oft überlasteten Lehrbetrieb der Universitäten der Forschung dienen sollten.

Der kgl. sächsische Geheime Kommerzienrat Leopold Koppel gründete 1905 in Hinblick auf die 1906 bevorstehende Silberhochzeit des Kaiserpaares eine Stiftung zunächst zur Förderung wissenschaftlicher Beziehungen Deutschlands mit den USA, Frankreich u. s. w., die der Kaiser seit 1906 sehr förderte und die ein Beispiel für die nächsten Generationen wurde. Wilhelm II. selbst regte 1906 die Gründung der Motor-Luftschiff-Studiengesellschaft mbH. in Berlin an. Zur Erbauung der wissenschaftlichen Institute stellte er Teile der kgl. Domäne in Dahlem zur Verfügung. All das wirkt bis heute weiter, vor allem dadurch, daß er den Fortschritt der wissenschaftlichen Erkenntnisse und die wirtschaftlich-soziale Entwicklung in Deutschland auf einander ergänzende Wege leitete. In Elberfeld ehrte er die umsichtige Tätigkeit von Henry Theodore Böttiger für die Farbenindustrie. Für verarmte Lehrkräfte und deren Hinterbliebene gründete Böllinger die Wilhelm-Stiftung für Gelehrte.

Bei einem Fest der 1810 gegründeten Universität Berlin kündigte Wilhelm II. von der Universität unabhängige Forschungsinstitute an, die aber in enger Fühlung mit Akademie und Universität der Forschung dienen. Demzufolge gründete er am 11. Januar 1911 die Kaiser-Wilhelm-Gesellschaft zur Förderung der Wissenschaften und rief dazu seitdem Kaiser-Wilhelm-Institute für besondere Forschungsziele ins Leben. Durch diese Taten förderte er ein bis heute pulsierendes wissenschaftliches Leben. Der von dem Chemiker Professor Emil Fischer geleitete Verein „Chemische Reichsanstalt" finanzierte die Erbauung der Kaiser-Wilhelm-Institute für physikalische Chemie und für Elektro-Chemie, die der Kaiser am 23. Oktober 1912 einweihte. Chemische Prophylaxe gegen Katastrophen in den Bergwerken erstrebte Wilhelm II. besonders. Leopold Koppel stiftete am 25. Oktober 1911 das Kaiser-Wilhelm-Institut für Chemie und gewann dafür als Direktor Professor Fritz Haber, den Entdecker der Ammoniaksynthese. Wilhelm II. machte 1914 Albert Einstein zum Direktor des Kaiser-Wilhelm-Instituts für Physik in Berlin.

Vor Kriegsbeginn schuf Wilhelm II. acht, während des Krieges vierzehn bis heute fortwirkende Forschungsinstitute. Er wirkte auch dadurch in die Zukunft, daß die Kaiser-Wilhelm-Gesellschaft im Sommer 1914 die großartige kunsthistorische Bibliothek der Henriette Hertz in Rom übernahm. Das am 26. Mai 1914 beschlossene Kaiser-Wilhelm-Institut für deutsche Geschichte ließ er 1917 durch Paul Fridolin Kehr eröffnen. Bis zur Gegenwart trägt die von Kaiser Wilhelm II. gestiftete Kaiser-Wilhelm-Gesellschaft von 1911 reiche Früchte auf allen Gebieten der Forschung, wenn sie auch durch die 1945 problematische Entscheidung treffende Regierung der USA in Max-Planck-Gesellschaft umgenannt wurde, obwohl Max Planck dies ablehnte. Wilhelm II. rief 1914 die „Königliche Universität" in Frankfurt am Main aus vielen Stiftungen ins Leben. Sie entwickelte sich zu einem bedeutenden geistigen Zentrum und erhielt 1932 den Namen „Johann Wolfgang Goethe Universität". Als Haus der politischen Debatte steht heute das 1894 vollendete Reichstagsgebäude in Berlin. Dort wirken heute kulturell weiter das 1898 bis 1903 durch Wilhelm geschaffene Kaiser-Friedrich-Museum, das 1899 bis 1903 erbaute Pergamon-Museum, in München die von ihm in der Prinzregentenstraße erbaute Schackgalerie, als religiöse Stätten der von ihm erbaute Neue Dom in Berlin und die als Zeugnis seiner kirchlichen Bemühungen von ihm errichtete und im Krieg zerbombte Kaiser-Wilhelm-Gedächtniskirche.

Durch Förderung der christlichen Bekenntnisse stabilisierte er in Deutschland den von ihm so oft betonten christlichen Staat, der noch bis 1933 fortwirkte. Das von ihm den Benediktinern übergebene Kloster Maria Laach pflegt im besonderen die Liturgie und die Erforschung der biblischen Handschriften. Nicht ihrem Zweck entfremdet blieben Wilhelms Geschenke in der christlichen Welt Palästinas, so sehr heute dort zwischen Christen, Juden und mohammedanischen Arabern um bestimmte Gebiete gerungen wird. Das vom Kaiser 1898 dem Deutschen Katholischen Palästina-Verein geschenkte Dormition blieb in katholischer Hand. Das von Wilhelm II. auf dem Berg Sion gegründete, 1910 eingeweihte Benediktinerkloster und die 1909 nach von ihm genehmigten Plänen erbaute katholische Mariä Heimgang Kirche existieren bis heute.

Nutzen bis heute bringen der Kaiser-Wilhelm-Kanal (Nord-Ostsee-Kanal), andere Kanäle und die Eisenbahnbauten in Preußen. Deutschland verblieb die von Wilhelm 1890 erworbene Insel Helgoland.

Sein Enkel Prinz Louis Ferdinand von Preußen bemühte sich in den Kreisen, die Widerstand gegen Hitler leisteten, um rechtzeitige gemeinsame Entscheidungen. Er arbeitete auch mit dem von ihm sehr geschätzten Oberbürgermeister von Leipzig, Carl Goerdeler, zusammen, der am 2. Februar 1945 hingerichtet wurde. Louis Ferdinand selbst wurde am 2. August 1944 von zwei Gestapobeamten sieben Stunden lang vernommen, aber wie er selbst später bekannte, dadurch gerettet, „daß meine Freunde vom 20. Juli trotz aller Folterungen meinen Namen nicht preisgegeben haben."[2] Von den über Hitler siegreichen Mächten wollten weder der amerikanische Präsident Franklin D. Roosevelt noch Stalin, daß in

Deutschland die konstitutionellen Monarchien in den Ländern und an seiner Spitze wiederhergestellt würden. Die Siegermächte wollten ein völlig unterworfenes und von ihnen besetztes Deutschland, das schließlich bis zur Wiedervereinigung 1990 in eine Ost- und eine Westhälfte zerfiel.

Prinz Louis Ferdinands gleichnamiger Sohn verunglückte 1977 als Offizier der Bundeswehr bei einer militärischen Übung tödlich und hinterließ den 1976 geborenen Sohn Georg Friedrich. Da Prinz Louis Ferdinand 1994 starb, ist jetzt dieser Chef des Hauses Hohenzollern.

In den Schriften und Büchern über Kaiser Wilhelm II., die seit seiner Regierungszeit entstanden und bis heute verfaßt werden, sind gehässige Verurteilungen, z. T. aufgrund falscher Vorstellungen von der rechtsgültigen Verfassungspraxis schon vor 1888, aber auch sachlich begründete Kritik und Anerkennung zu finden. Manches Wort des Kaisers, wenn es nicht von ihm selber niedergeschrieben wurde, ist aufgrund der gedruckten Veröffentlichungen schwer zu klären. Es entsteht die Frage, was hat er wirklich gesagt? In diesem Buch wurde auch auf dieses Problem einer wissenschaftlich gesicherten Nachweisbarkeit von Kaiserworten eingegangen.

Mein Buch versucht, der erweisbaren Wahrheit über Kaiser Wilhelm II. zu dienen.

Bemerkungen zu den Hinweisen im Text und in den Anmerkungen

Die Reden Kaiser Wilhelms II., die Penzler und Krieger herausgaben, sind ein chronologischer Führer durch sein Leben bis einschließlich 1912. Die rechtlich fixierten Entscheidungen hält Ernst Rudolf Huber in seinem grundlegenden Werk fest: Deutsche Verfassungsgeschichte seit 1789, Band IV: Struktur und Krisen des Kaiserreiches, 1969, worin bis zu diesem Zeitpunkt auch die wissenschaftliche Literatur über das Thema angeführt wird. Die Entscheidungen, Verordnungen und Gesetze selbst, die hier in Frage kommen, sind abgedruckt in: Ernst Rudolf Huber, Dokumente zur deutschen Verfassungsgeschichte seit 1789 Band II, 1964, besonders S. 310 ff. Die von Wilhelm II. ernannten Reichskanzler, Inhaber der Reichsämter und preußischen Minister sind zu finden in: Huber, Verfassungsgeschichte IV: Für die Zeit von 1888 bis 1890 auf S. 201ff. Für die Zeit 1890 bis 1894 S. 264. Für die Zeit 1884 bis 1900 S. 286ff. Für die Zeit 1900 bis 1909 S. 301f. Für die Zeit 1909 bis 1918 S. 328f.

Die in diesem Buch zitierten Kaiserreden werden im Text mit Abkürzungen von Band und Seite wiedergegeben, also z. B. R I 10f.

Hubers Deutsche Verfassungsgeschichte IV wird im Text wiedergegeben als Huber IV 281 75 = Huber IV, S. 281, Anm. 75.

ADB = Allgemeine Deutsche Biographie 1895 - 1912.

NDB = Neue Deutsche Biographie 1953ff.

Die von Wilhelm II. selbst herausgegebenen Bücher und Schriften werden in den Anmerkungen stets nur mit einer abgekürzten Überschrift zitiert.

Reden, Bücher und Schriften des Kaisers Wilhelm II.:

Johannes Penzler (Hg.), Die Reden Kaiser Wilhelms II. in den Jahren 1888 bis 1895, Leipzig o. J. = R I...

Johann Penzler (Hg.), Die Reden Kaiser Wilhelms II. in den Jahren 1896 bis 1900. Leipzig o. J. (1904), II = R II...

Johann Penzler (Hg.), Die Reden Kaiser Wilhelms II. in den Jahren 1901 - Ende 1905. Leipzig 1905, III = R III...

Bogdan Krieger (Hg.), Die Reden Kaiser Wilhelms II. in den Jahren 1906 bis Ende 1912. Leipzig o. J., IV = R IV...

Kaiser Wilhelm II., Vergleichende Geschichtstabellen von 1878 bis zum Kriegsausbruch 1914, Leipzig 1921.

Ders., Ereignisse und Gestalten aus den Jahren 1878 - 1918, Leipzig und Berlin 1922.

Ders., Erinnerungen an Korfu. Dem Andenken weiland Ihrer Majestät der Kaiserin und Königin Auguste Viktoria, der Herrin des Achilleions, deren Anregung diese Schrift ihre Entstehung verdankt. Leipzig und Berlin 1924.

Ders., Aus meinem Leben 1859 - 1888, Berlin 1926.

Ders., Meine Vorfahren, gewidmet meiner Frau, 6. Aufl. 1927.

Das Wesen der Kultur. Vortrag S. M. des Kaisers Wilhelm II. nach einer von Leo Frobenius für Seine Majestät verfaßten Skizze, gedruckt im März 1931.

Ders., Die chinesische Monade, ihre Geschichte und ihre Bedeutung, Leipzig 1934.

Ders., Studien zur Gorgo, Berlin 1936.

Ders., Vergleichende Zeittafeln der Vor- und Frühgeschichte Vorderasiens, Ägyptens und der Mittelmeerländer, Leipzig 1936.

Ders., Das Königtum im alten Mesopotamien, Berlin 1938.

Ders., Ursprung und Anwendung des Baldachins, Amsterdam 1939.

Anmerkungen

Von den in den Anmerkungen genannten Archiven ist nur abgekürzt zitiert: Bay HStA für Bayerisches Hauptstaatsarchiv München.

Teil I: Der Thronerbe zwischen sich widerstreitenden Kräften

(1) Heinz Otto Meisner über Friedrich III. in: NDB V (1960) 487ff.

(2) Aufgrund noch unveröffentlichter Belege John Charles Gerald Röhl in seinem Aufsatz „Wilhelm II. Deutscher Kaiser 1888 - 1918" in dem von A. Schindling und W. Ziegler herausgegebenen Sammelwerk „Die Kaiser der Neuzeit 1519 - 1918", München 1991, S. 418 f.; Wilhelm II., Aus meinem Leben; Werner und Kautsch, Hofgeschichten, 1925. S. 16.

(3) Max Romanowski, Kaiser Wilhelm II. Ein Lebensbild unseres Kaisers in Anekdoten, heiteren und ernsten Szenen und charakteristischen Zügen von seiner frühesten Kindheit bis auf unsere Tage. Breslau 1909, S. 14.

(4) Röhl (wie Anm. 2), 421f.

(5) Siehe Anm. V, 63.

(6) Wilhelm II., Aus meinem Leben, 1926, S. 27.

(7) Röhl (wie Anm. 2), S. 422.

(8) Wilhelm II., Aus meinem Leben, S. 27.

(9) Frederick Ponsonby, Briefe der Kaiserin Friedrich Berlin 1929. Ponsonby, vormals Sekretär der Königin Viktoria, dann Schatzmeister Eduards VII. hatte sie 1928 in England herausgebracht. Zur deutschen Ausgabe schrieb Wilhelm II. ein politisch erklärendes Vorwort, siehe Anm. V, 40 und 42.

(10) Röhl (wie Anm. 2), S. 423.

(11) Wilhelm II., Aus meinem Leben, S. 29.

(12) Wilhelm II., Aus meinem Leben, S. 363.

(13) Wilhelm II., Aus meinem Leben, S. 130f.

(14) Röhl (wie Anm. 2), S. 422f.

(15) Reinhold von Werner (1825 bis 1909), Das Buch von der Deutschen Flotte, 2. vermehrte und fortgeführte Auflage des Buches von der Norddeutschen Flotte, illustriert von Wilhelm Diez, mit technischen Abbildungen von Max Bischoff und Schiffsporträts von H. Pommer 1874, 1880 (3. Aufl) 1884 (4. Aufl.), 1898 (7. Aufl.), 1902 (8. Aufl.).

(16) Wilhelm II., Aus meinem Leben, S. 136.

(17) Wilhelm II., Aus meinem Leben, S. 140f.

(18) In krassem Gegensatz zu Wilhelms autobiographischen Aussagen stehen die von Röhl (wie

Anm. 2), S. 423, hervorgehobenen Beschuldigungen seiner Eltern, besonders seiner Mutter in bezug auf Lernfaulheit ihres Sohnes. Er sei „von Natur ein solcher Bummler und Tagedieb. Er liest ja nie, oder nur dumme Geschichten... Durst nach Belehrung steckt nicht in ihm", klagt die Mutter 1877. Schlimmer als seine Faulheit sei die Gefühllosigkeit, die er an den Tag lege. „Ich fürchte das Herz ist sehr unausgebildet", schrieb die Kronprinzessin. Wilhelm fehlten „Bescheidenheit, Güte, und Wohlwollen, Rücksicht nehmen auf andere, sich selbst vergessen und Demuth", klagte sie und wünschte, „sein Hochmuth, sein Egoismus und seine Herzenskälte" sollten gebrochen werden.

(19) Wilhelm II., Aus meinem Leben, S. 158ff.

(20) Mitteilung eines Herrn Walter Baltes, Witten, an den Verfasser.

(21) Friedrich Hartau, Wilhelm II. in Selbstzeugnissen und Bilddokumenten, Reinbek/Hamburg 1978, S. 23.

(22) Siehe Anm. 18.

(23) Wilhelm II., Aus meinem Leben 173 ff.; König Leopold II. der Belgier heiratete 1853 Maria Henriette, Tochter des Erzherzogs Josephs von Österreich.

(24) Wilhelm II., Aus meinem Leben 224 ff.; Prinz Wilhelm heiratete am 27. Februar 1881 Prinzessin Auguste Viktoria vom Schleswig-Holstein-Sonderburg-Augustenburg.

(25) John Charles Gerald Röhl, Kaiser Wilhelm II. Eine Charakterskizze, in: Kaiser, Hof und Staat. Wilhelm II. und die deutsche Politik. 3. Aufl. 1987, S. 25; Brigitte Hamann, Kronprinz Rudolf, „Majestät ich warne Sie..." Geheime und private Schriften, hg. v. Brigitte Hamann. München - Wien 1979, S. 228 ff; Peter Broucek, Kronprinz Rudolf und k. und k. Oberstleutnant im Generalstab Steininger, in: Mitteilungen des Österreichischen Staatsarchivs 26 (1973) S. 446f. Kronprinz Rudolf von Österreich hatte 1881 Stephanie, Tochter des Königs Leopold II. der Belgier, geheiratet; sie verheiratete sich als Witwe 1900 mit Graf (1917 Fürst) Elemer von Lonyey de Nagy-Lónya und starb 1945. Rudolfs Eltern waren Kaiser Franz Joseph, der 1848 Prinzessin Elisabeth in Bayern geheiratet hatte.

(26) Wilhelm II., Aus meinem Leben, S. 240.

(27) W. Frank, Hofprediger A. Stoecker und die christlich-soziale Bewegung, 2.Aufl. 1935, S. 145.

(28) Hartmut Zelinsky, Kaiser Wilhelm II. und die Werk-Idee Richard Wagners, in: John Ch. G. Röhl, Der Ort des Kaisers Wilhelm II. in der deutschen Geschichte, 1991, S. 306.

(29) Wilhelm II. Vergleichende Geschichtstabellen von 1878 bis zum Kriegsausbruch 1914, Leipzig 1921.

(30) Alexander II. von Rußland, regierte von 1855 bis 1881 (ermordet). Er war in erster Ehe 1841 mit Prinzessin Maria von Hessen vermählt und heiratete 1880 Katharina, Tochter des Fürsten Michael Dolgoruky (1847 bis 1922), die den Namen Fürstin Jurjewsky erhielt.

(31) Wilhelm II., Ereignisse, S. 9.

(32) Sigurd von Ilsemann, Der Kaiser in Holland, Aufzeichnungen des letzten Flügeladjutanten Kaiser Wilhelms II., herausgegeben von Harald von Koenigswald, Bd. I: Amerongen und Doorn 1918 - 1923 (1968); Bd. II: Monarchie und Nationalsozialismus 1924 - 1941 (1968); hier I 60.

(33) Fürst Anton Radziwill, Sohn des Fürsten Friedrich Wilhelm Radziwill, wurde 1866 Flügeladjutant, 1885 Generaladjutant Wilhelms I., 1889 General der Artillerie; vgl. Kurt Jagow, Wilhelm und Elisabeth, die Jugendliebe des alten Kaisers, Leipzig, 1930.

(34) Fürst Alexander von Battenberg wurde 1857 als zweiter Sohn des Prinzen Alexander von Hessen und bei Rhein (Hessen-Darmstadt) aus seiner morganatischen Ehe mit Gräfin Julie von Haucke geboren. Gräfin Haucke war die einstige Hofdame seiner Schwester Marie, die mit Kaiser Alexander II. von Rußland verheiratet war. Fürst Alexander von Battenberg machte 1877 im Hauptquartier des Großfürsten Nikolaus von Rußland den Krieg in Bulgarien gegen die Türken mit. Diese Tatsache und daß er ein Neffe des Kaisers Alexander II. von Rußland war, bewirkten, daß er am 29. April 1879 von der bulgarischen Nationalversammlung einstimmig zum Fürsten gewählt wurde. Er zog am 8. Juli 1879 in Tirnova ein, leistete den Eid auf die neue Verfassung des Fürstentums, schlug aber seine Residenz in Sofia auf. Er empfahl sich aber auch in Großbritannien als Bruder des Prinzen

Ludwig von Battenberg, der in der britischen Marine diente und sich in England naturalisieren ließ. Der Großherzog Ludwig IV. von Hessen und bei Rhein entkräftete Sorgen in London, daß der junge Prinz ein Werkzeug des Zaren werden könnte. Er schrieb am 8. Mai 1879 der Königin Viktoria, deren Tochter Alice er 1862 geheiratet hatte, daß Alexander von Battenberg „im Herzen nicht russisch und nicht geneigt sei, als russische Marionette zu handeln": Egon Caesar Conte Corti, Wenn... Sendung und Schicksal einer Kaiserin. Auf Grund des bisher unveröffentlichten Tagebuchs der Kaiserin Friedrich und ihres zum großen Teil ebenfalls unveröffentlichten Briefwechsels mit ihrer Mutter, der Königin von England. Graz - Wien - Köln 1954, S. 346; Röhl (wie Anm. 2), S. 23.

(35) Wilhelm II., Geschichtstabellen (wie Anm. 28), S. 8.

(36) Kaiser Alexander III. von Rußland, 1866 verheiratet mit Dagmar = Maria Feodorowna, Tochter des Königs Christian IX. von Dänemark, Schwester des Königs Georg I. der Hellenen und der Königin Alexandra von Großbritannien und Irland, der Gemahlin des Königs Eduard VII.

(37) John Charles Gerald Röhl, Deutschland ohne Bismarck. Die Regierungskrise im Zweiten Kaiserreich 1890 bis 1900, Tübingen 1969, S. 31.

(38) Otto Fürst von Bismarck, Gedanken und Erinnerungen. Bd I und II, Stuttgart 1898, Bd. III 1922; hier III, S. 21.

(39) Bismarck (wie Anm. 36), III, 13.

(40) Wilhelm II., Aus meinem Leben, S. 348.

(41) Bismarck (wie Anm. 36), III, 2.

Teil II: Kaiser Wilhelm II. 1888 bis 1900

(1) Bei Zitierung der Editionen der Kaiserreden bis 1905 durch Johann Penzler und ab 1906 durch Bogdan Krieger werden die Kaiserreden in unserem Text als Reden = R mit Abkürzungen von Band und Seite wiedergegeben, hier also R I 10f.; Ernst Johann, Reden des Kaisers, Ansprachen, Predigten und Trinksprüche Wilhelms II., 1966, gibt nur eine Auswahl aus den von Penzler und Krieger herausgegebenen Reden.

(2) Bay HStA, Abt. Geh. Hausarchiv, Presseausschnittsammlung der Prinzessin, später Königin Maria Therese, Band V.

(3) Presseausschnittsammlung Band V (wie Anm. 2).

(4) Wilhelm Deist, Kaiser Wilhelm II. als Oberster Kriegsherr, in: Röhl (Hg.) unter Mitarbeit von Elisabeth Müller-Luckner, Der Ort Kaiser Wilhelms II. in der deutschen Geschichte, München 1991, S. 26 mit Anm. 4.

(5) W. Zorn, in: M. Spindler, Handbuch der bayerischen Geschichte IV (1978), S. 851; Walter Prem, Organisation, Funktion und Bedeutung der Hofstäbe im Königreich Bayern, Diss. masch. München 1987.

(6) John Charles Gerald Röhl, Hof und Hofgesellschaft unter Kaiser Wilhelm II., in: Karl Ferdinand Werner, Hof, Kultur und Politik im 19. Jahrhundert. Akten des 18. Deutsch-französischen Historikerkolloquiums Darmstadt vom 27. bis 30. September 1982, Bonn 1985, S. 237ff., hier: S. 262ff; Rudolf Graf Stillfried-Alcantara, Ceremonial-Buch für den Königlich Preußischen Hof, 1871 - 1878.

(7) Friedrich Koepper, Alfred Krupp und sein Werk, Braunschweig 1904. Die Auflage von 1922 bringt die spätere Zeit, faßt die Zeit bis 1904 knapp zusammen.

(8) Siehe Anm. 6.

(9) Röhl (wie Anm. 6), S. 260.

(10) Röhl (wie Anm. 6), S. 275.

(11) Mathilde Gräfin von Keller, Vierzig Jahre im Dienst der Kaiserin. Ein Kulturbild aus den Jahren 1881 - 1921, Leipzig 1935, S. 51ff.; Fedor von Zobeltitz, Chronik der Gesellschaft unter dem letzten Kaiserreich. Bd. I und II, 1922.

(12) Biographien über viele der hier und im folgenden genannten Persönlichkeiten finden sich häufig in der ADB sowie in der NDB; kurze biographische Angaben im Personenverzeichnis des Buches von Kaiser Wilhelm II., Ereignisse a. a. O., wie in Wilhelm Kosch, Biographisches Staatshandbuch. Lexikon der Politik, Presse und Publizistik, und bei Max Schurz, Biographisches Handbuch der Reichstage, 1965.

(13) John Charles Gerald Röhl, Philipp Eulenburgs politische Korrespondenz, Bd. III., 1983, S. 1994.

(14) Röhl (wie Anm. 6), S. 275.

(15) Wilhelm II., Aus meinem Leben, S. 358f.

(16) K. Haenchen, Revolutionsbriefe. Ungedrucktes aus dem Nachlaß Friedrich Wilhelms IV., Leipzig 1930; Kurt Borrios über Friedrich Wilhelm IV., in: NDB V (1960) S. 563ff.

(17) Röhl (wie Anm. 6), S. 255.

(18) Schema der Personen der Regierungen im Reich und in Preußen bei Huber s. oben in der Einleitung zu den Bemerkungen.

(19) Siehe Anm. 18; Hans Helfritz, Wilhelm II. als Kaiser und König, Zürich 1954.

(20) H. Heinke, Johannes von Miquel 1828 - 1901, in: Männer der deutschen Verwaltung. Köln - Berlin 1963.

(21) Röhl (wie Anm. I, 24), S. 77.

(22) Max Buchner, Kaiser Wilhelm II., seine Weltanschauung und die deutschen Katholiken, 1929, S. 87; Röhl (wie Anm. I, 24), S. 76.

(23) Röhl (wie Anm. I, 36), S. 26f.

(24) Röhl (wie Anm. I, 36), S. 35.

(25) Röhl (wie Anm. I, 36), S. 47.

(26) Röhl (wie Anm. I, 36), S. 48.

(27) Röhl (wie Anm. I, 36), S. 50.

(28) Röhl (wie Anm. I, 36), S. 51.

(29) Wilhelm II., Ereignisse, S. 21.

(30) Wilhelm II., Ereignisse, S. 22.

(32) Wilhelm II., Ereignisse, S. 176 und 182; Buchner (wie Anm. 22), S. 127ff.

(32) Buchner (wie Anm. 22), S. 127.

(33) Buchner (wie Anm. 22), S. 130. Theodor Frhr. von Kramer Klett, Die Politik des Heiligen Stuhles während der letzten vier Pontifikate, in: Gelbe Hefte II (1925), S. 276f.

(34) Hans Rall, Russische und bayerische Einflüsse auf das neugriechische Staatskirchenrecht von 1833, in: Saeculum 1968; ders., Otto von Griechenland, in: Zeitschrift für bayerische Landesgeschichte 44 (1981), Heft 1, S. 367 - 380; Charles A. Frazee, The Orthodox Church und Independent Greece 1821 - 1852, Cambridge 1969, 113ff.

(35) Prinzessin Therese von Bayern, Tochter des späteren Prinzregenten Luitpold von Bayern, lernte bei dem Besuch des russischen Großfürsten Konstantin im Dezember 1862 in München, der vor einigen Jahren den König Otto in Athen besucht hatte, auch Konstantins 1851 geborene Tochter Olga kennen und schloß mir ihr eine in Briefen fortgesetzte Freundschaft. Therese führte ein Tagebuch, in das sie Mitteilungen Olgas eintrug, auch als diese am 27. Oktober 1867 in St. Petersburg den König Georg I. der Hellenen heiratete, so daß wir diese Korrespondenz aus solchen Tagebuch-Niederschriften kennen. Bay HStA Abt. Geheimes Hausarchiv, Nachlaß Therese Nr. 11 - 19; Olga-Briefe (1908 - 1925) Nr. 114. Die Briefe Olgas an Therese sind nicht mehr festzustellen, wohl bei der Bombardierung der Residenz 1943 zugrunde gegangen, wo damals das Geheime Hausarchiv unterge-bracht war, das nur zum Teil evakuiert wurde. Königin Olga erfuhr von ihrem Sohn Kronprinz Konstantin und von ihrer Schwiegertochter Sophie, der Schwester Kaiser Wilhelms II., auch deren Konflikt, als sich Sophie entschloß, in die griechisch-orthodoxe Kirche einzutreten, mit Wilhelm II. und teilte das Therese mit. Der Brief Wilhelms II. an seine Großmutter Königin Viktoria vom 13. Mai 1891 liegt im Public Record Office in London, der Brief Viktorias, der Mutter des Kaisers, an ihre eigene Mutter vom 20. Mai 1891 liegt in den Royal Archives in Schloß Windsor.

(36) E. Feder (Hg.), Bismarcks großes Spiel, Die geheimen Tagebücher des L. Bamberger, (1932), S. 449ff.

(37) Vgl. Anm. 65; H. Rall, Die griechische Welt im Leben König Ludwigs I. von Bayern (1786 bis 1868), König Otto von Griechenland und Ludwigs Wirken 1848 - 1868, Manuskript 1995.

(38) Feder (wie Anm. 38), S. 458.

(39) Viktoria an Frau von Stockmar. Sandringham, Norfolk, 29. März 1891. Archiv auf Schloß Friedrichshof in Kronberg/Taunus/Hessen; die vom Leiter des königlichen Archives in Schloß Windsor vor den amerikanischen Besatzungstruppen in Schloß Friedrichshof geretteten Briefe wurden nach Schloß Windsor gebracht, und im Januar 1952 durch Vermittlung der Königin Mary der Landgräfin Margarethe von Hessen (25. Januar 1872 bis 22. Janaur 1954) zurückgegeben. Margarethe, eine Schwester Wilhelms II., war am 25. Januar 1893 mit Landgraf Friedrich Karl Ludwig von Hessen vermählt worden.

Egon Caesar Conte Corti, Wenn..., Sendung und Schicksal einer Kaiserin. Auf Grund des bisher unveröffentlichten Tagebuches der Kaiserin Friedrich und ihres zum großen Teil ebenfalls unveröffentlichten Briefwechsels mit ihrer Mutter der Königin von England. Graz - Wien - Köln 1954, S. 597. Zu Cortis Buch „Wenn..." schrieb Margarethes Sohn Prinz Wolfgang von Hessen ein Geleitwort mit Hinweisen auf das Schicksal des Archivs in Kronberg. Seine Mutter las vor ihrem Tod noch die ersten beiden Kapitel des Buches, also die SS. 1 - 128, und hieß sie gut.

(40) Königin Viktoria von England an Königin Olga der Hellenen, Grasse, 13. April 1891, Abschrift im Archiv in Kronberg (siehe Anm. 40); Queen letters, 3rd. ser. III/150 im Public Record Office London; Corti (wie Anm. 40), S. 597.

(41) Herzogin Viktoria Luise, Ein Leben als Tochter des Kaisers, Hannover 6. Aufl. 1966, S. 16f. und 231.

(42) Viktoria an die Königin Viktoria. Friedrichshof, 18. April 1897; Corti (wie Anm. 40), S. 624, Anm. 2.

(43) Jost Dülffer, Deutschland als Kaiserreich (1871 - 1918), in: Martin Vogt, Deutsche Geschichte von den Anfängen bis zur Wiedervereinigung, Stuttgart 2. Aufl. 1991, S. 526f.

(44) Siehe Anm. 21 und 22.

(45) Buchner (wie Anm. 22), S. 122ff.

(46) Buchner (wie Anm. 22), S. 124.

(47) Wilhelm II., Ereignisse, S. 182f.

(48) Gesetze über Wahlrechtsreform in Preußen erfolgten am 24. Juni 1890, am 29. Juni 1893 und am 28. Juni 1906 (Huber IV 368ff.).

(49) Röhl (wie Anm. 6), S. 277.

(50) Siehe Anm. 48.

(51) Über Ernst Lieber: Ernst Morsay in NDB XIV (1985), S. 477f.

(52) C. G. Röhl, Philipp Eulenburgs politische Korrespondenz Band I. Von der Reichsgründung zum Neuen Kurs 1866 - 1891, Boppard 1976; Band II. Im Brennpunkt der Regierungskrise 1892 - 1895, Boppard 1979. Band III. Krisen, Krieg und Katastrophen 1895 - 1921, Boppard 1983; hier: II, Nr. 855, S. 1151, Anm. 4.

(53) Röhl (wie Anm. 52), II Nr. 923, S. 1243.

(54) Röhl (wie Anm. 52), II Nr. 799, S. 1073.

(55) Röhl (wie Anm. 52), III Nr. 1088, S. 1468.

(56) Röhl (wie Anm. 52), III Nr. 1092, S. 476.

(57) Röhl (wie Anm. 52), II Nr. 1084, S. 1461.

(58) Röhl (wie Anm. 52), II Nr. 1083, S. 1460.

(59) Röhl (wie Anm. 52), II Nr. 802, S. 1077.

(60) Röhl (wie Anm. 52), III Nr. 1098, S. 1485.

(61) Röhl (wie Anm. 52), III Nr. 1098, S. 1486 und Anm. 1.

(62) Röhl (wie Anm. 36), S. 51.

(63) P. Kapistran Romeis, Prinzessin Anna von Preußen, Freiburg 1926, 2. und 3. Auflage.

(64) Wilhelm II., Ereignisse SS.169 - 191 und 211.

(65) Hugo Wellmes, Von Versailles bis Potsdam... und Hans Bernhardt, Deutschland im Kreuzfeuer großer Mächte, 1988 S. 55; zum Jahr 1892 siehe S. 10; Wellmes und Bernhardt irren über den Ansprechpartner. Graf Lamsdorff war damals nicht Außenminister und überhaupt nicht in einem höheren Amt. Auch der von 1881 bis 1895 als Außenminister tätige Nikolai Karlowitsch Giers war in der bulgarischen Frage (Alexander von Battenberg) gemäßigt. Alexander III. selbst wollte im Grunde den Frieden, so daß die überlieferten Worte überhaupt der Nachprüfung bedürfen.

(66) Maurice Paléologue, Wilhelm II. und Nikolaus II., Bern 1947, S. 13 f., Bernhardt (wie Anm. 65): zum Jahr 1895.

(67) Wilhelm II., Aus meinem Leben, S. 83ff.

(68) Wilhelm II., Gorgo. S. 97; Wilhelm II., Korfu, S. 140.

(69) Über Wilhelm Dörpfeld siehe G. v. Lücken, in: NDB IV (1959), S. 35 f; 100 Jahre deutsche Ausgrabung in Olympia, Ausstellung München 1972, Deutsches Museum, Bibliotheksbau, S. 40 ff.

(70) Wilhelm II., Ereignisse, S. 171.

(71) Buchner (wie Anm. 22), S. 100f; Walther Rathenau, Der Kaiser, eine Betrachtung, 1919.

(72) Friedrich Wichtel, Weltfreimaurerei, Weltrevolution, Weltrepublik. Eine Untersuchung über Ursprung und Endziele des Weltkrieges, München 5. Auflage 1920, SS. 44, 78, 82, 174, 184, 187 und 205.

(73) Conrad Rooster, Der Lügenkreis um die deutsche Kriegsschuld, Offenbach am Main 1976, S. 18; Bernhardt (wie Anm. 65), S. 10.

(74) Wilhelm II., Ereignisse, S. 29ff.

(75) Ernst Rudolf Huber, Dokumente zur deutschen Verfassungsgeschichte II (1964), Nr. 270, S. 413f; Die beiden Erlasse wurden im Reichs- und Staatsanzeiger vom 4. Februar 1890 veröffentlicht: Huber, Deutsche Verfassungsgeschichte IV, S. 1217.

(76) Peter Koch über Lohmann, in: NDB XV (1986), S. 129f.

(77) Röhl (wie Anm. I, 36) zum 20. März 1890.

(78) J. Daniel Chamier, Fabulous Monster, London 1934, deutsch „unter geringfügigen Berichtigungen": Ein Fabeltier unserer Zeit, Zürich - Leipzig - Wien 1938; J. Daniel Chamier, Wilhelm II. Der Deutsche Kaiser. Eine Biographie. Mit einem Geleitwort Seiner Kaiserlichen Hoheit Louis Ferdinand Prinz von Preußen. Übersetzt (und frei gestaltet) von Dorothea von Beseler. München - Berlin 1989.

(79) Dieter Albrecht, Bayern im Reich, Parteien und Verbände, in: Max Spindler (Hrsg.), Handbuch der bayerischen Geschichte Bd. IV/1 (1974), S. 310 ; G. Ekkardt, Reform und Revolution in der bayerischen Arbeiterbewegung 1890 - 1918. Diss. München 1972.

(80) Dietrich von Oertzen, Von Wichern bis Posadowsky. Zur Geschichte der Sozialreform und der christlichen Arbeiterbewegung, Hamburg 1908, S. 138.

(81) Oertzen (wie Anm. 80), S. 118.

(82) So hieß es in der von J. Penzler nicht abgedruckten, also wohl nicht von Wilhelm II. persönlich, sondern nur von seinem Beauftragten wohl nach Rücksprache verfaßten, jedenfalls durch Verlesung gehaltenen Thronrede.

(83) Walther Peter Fuchs, Großherzog Friedrich I. von Baden und die Reichspolitik 1871 - 1907, III. Band: 1890 - 1897, Stuttgart 1980, S. 49, Anm. 1.

(84) Dülffer (wie Anm. 43), S. 515 f.

(85) Hans Graf von Kanitz, Die Festsetzung von Mindestpreisen für das ausländische Getreide 1894, 4. Auflage 1895; Wilhelm Kosch, Biographisches Staats-Handbuch, Lexikon der Politik, Presse und Publizistik, II 1963, S. 629.

(86) Fuchs (wie Anm. 83), III, S. 113.

(87) Röhl, Eulenburg (wie Anm. 52), II. Nr. 593, S. 781.

(88) Fuchs (wie Anm. 83), III, S. 185.

(89) Fuchs (wie Anm. 83), III, S. 1307.

(90) Fuchs (wie Anm. 83), III, S. 376f.

(91) Fuchs (wie Anm. 83), III, S. 455 und 463.

(92) Fuchs (wie Anm. 83), III, S. 642.

(93) Fuchs (wie Anm. 83), III, S. 659.

(94) Bismarck (wie Anm. I, 37), III, S. 83.

(95) Gordon A. Craig, Deutsche Geschichte 1866 - 1945. Vom Norddeutschen Bund bis zum Ende des Dritten Reiches. Übersetzt von Karl Heinz Siber. München 1983, S. 221; Egmont Zechlin, Staatsstreichpläne Bismarcks und Wilhelms II. 1890 - 1894, Stuttgart 1929.

(96) Craig (wie Anm. 95), S. 165.

(97) Friedrich Frhr. Hiller von Gaertringen über Otto Heinrich von Helldorf-Bedra in: NDB VIII (1969), S. 474.

(98) Chamier, Fabeltier (1938) (wie Anm. 78), S. 78ff. und 97.

(99) Röhl (wie Anm. I, 36), S. 59.

(100) Röhl (wie Anm. I, 36), S. 71.

(101) Anton Hochberger, Der bayerische Bauernbund 1893 - 1914. (Schriftenreihe zur Bayerischen Landesgeschichte 99), München 1991, S. 60.

(102) Chamier, Fabeltier (wie Anm. 78), S. 97f. und 120; H. Rall, Der deutsch-russische Rückversicherungsvertrag und seine Nichterneuerung, in: Gelbe Hefte 1934, S. 213 - 230.

(103) Das russische scharfe S („C"), hier mit Ss wiedergegeben, wird sonst nicht von mir hervorgehoben.

(104) Carl Graf Moy, Als Diplomat am Zarenhof. Mit einem Vorwort und einem Lebensbild des Verfassers von Johannes Graf Moy, München 1971, S. 128.

(105) Moy (wie Anm. 104), S. 204.

(106) Craig (wie Anm. 95), S. 270.

(107) A.V.Bl. (Allgemeines Verordnungsblatt), pro 1890, S. 29; Albrecht Kröber, Der Kampf um die Reform des Militärstrafprozesses (1893 - 1898). Diss. Göttingen 1940, Anhang S. 1.

(108) Josef Anker, Die Militärstrafgerichtsordnung für das Deutsche Reich von 1898. Ein Beitrag zum Verhältnis von Reich und Einzelstaaten unter besonderer Berücksichtigung der Sonderstellung Bayerns. Diss. masch. München 1991, S. 262, Anm. 1577.

(109) H. Demeter, Das deutsche Offizierskorps in Gesellschaft und Staat 1650 bis 1945, 2. neu bearbeitete und wesentlich erweiterte Auflage, Frankfurt 1962, S. 297f.; Anker (wie Anm. 108), S. 263, Anm. 1577.

(110) Anker (wie Anm. 108), S. 221.

(111) Anker (wie Anm. 108), S. 232, Anm. 402

(112) Anker (wie Anm. 108), S. 234.

(113) Anker (wie Anm. 108), S. 235.

(114) Anker (wie Anm. 108), S. 236, Anm. 1420.

(115) Anker (wie Anm. 108), S. 239.

(116) Anker (wie Anm. 108), S. 239.

(117) Anker (wie Anm. 108), S. 240.

(118) Anker (wie Anm. 108), S. 262.

(119) Anker (wie Anm. 108), S. 139, Anm. 859; Wilhelm II., Reden I, S. 196f.

(120) Manfred Rauh, Föderalismus und Parlamentarismus im Wilhelminischen Reich, in: Beiträge zur Geschichte des Parlamentarismus und der politischen Parteien, Band 47, Düsseldorf 1973, S. 153; Anker (wie Anm. 108) S. 139, Anm. 857.

(121) Anker (wie Anm. 108), S. 263.

(122) Anker (wie Anm. 108), S. 269.

(123) Anker (wie Anm. 108), S. 271f.

(124) Anker (wie Anm. 108), S. 279.

(125) Anker (wie Anm. 108), S. 280, Anm. 1688; P. Domann, Sozialdemokratie und Kaisertum unter Wilhelm II. Die Auseinandersetzung der Partei mit dem monarchischen System, seinen gesellschafts- und verfassungspolitischen Voraussetzungen, in: Frankfurter Historische Abhandlungen, Band 3, Wiesbaden 1974, S. 177f.

(126) Dieter Albrecht, Von der Reichsgründungszeit bis zum Ende des Ersten Weltkrieges, in: M. Spindler, Handbuch der bayerischen Geschichte IV, 1, 1974, S. 283 - 386, hier S. 309.

(127) Anker (wie Anm. 108), S. 285, Anm. 1720.

(128) Anker (wie Anm. 108), S. 285, Anm. 1721; Bay. HStA MA 2671: Lerchenfeld an Crailsheim 2. Juli 1893.

(129) Anker (wie Anm. 108), S. 363, Anm. 2226. Röhl (wie Anm. 52) II, S. 1382: Holstein an Eulen-burg 15. Oktober 1894.

(130) Anker (wie Anm. 108), S. 368.

(131) Anker (wie Anm. 108), S. 369

(132) Fuchs (wie Anm. 83), III, S. 553 : Bronsart von Schellendorf an Großherzog Friedrich I. von Baden 29. August 1896; Anker (wie Anm. 108), S. 400, Anm. 2477.

(133) Anker (wie Anm. 108), S. 402.

(134) Röhl (wie Anm. 52), III, S. 1676: Eulenburg an Wilhelm II. 5. Mai 1896; Hohenlohe-Schillings-fürst. Denkwürdigkeiten der Reichskanzlerzeit, hg. von Karl Alexander von Müller 1931, S. 218f.; Manfred Rauh, Föderalismus und Parlamentarismus im Wilhelminischen Reich, Düsseldorf 1973, S. 169.

(135) Anker (wie Anm. 108) S. 404.

(136) Bay. HStA MA 77 669.

(137) Ludwig Raschdau, In Weimar als Preußischer Gesandter. Ein Buch der Erinnerungen an deutsche Fürstenhöfe 1894 - 1897, Berlin 1939, S. 42.

(138) Bay. HStA MA 77 751: Lerchenfeld an Crailsheim 27. Mai 1896.

(139) Erich Eyck, Das persönliche Regiment Wilhelms II. Politische Geschichte des Deutschen Kaiserreiches. 1890 - 1914, Zürich 1948, S. 129.

(140) Wilhelm II., Ereignisse, S. 68ff.

(141) Wilhelm II., Ereignisse, S. 70.

(142) Stenographische Berichte der Verhandlungen des Reichstags IX 4, 2. Band 1896, S. 935.

(143) Luise Kundel, Untersuchungen zum Verhältnis der deutschen Liberalen zur Außenpolitik in den neunziger Jahren, Magisterarbeit München 1986, S. 100f.

(144) Wilhelm II., Geschichtstabellen, S. 21.

(145) Wilhelm II., Geschichtstabellen, S. 21f.

(146) Ludwig Schrott, Der Prinzregent. Lebensbild aus Stimmen seiner Zeit, 1962, S. 160.

(147) A. Kraus, Geschichte Bayerns, 1983, S. 586; Werner Gabriel Zimmermann, Bayern und das Deutsche Reich 1918 - 1923, Der bayerische Föderalismus zwischen Revolution und Reaktion, 1953, S. 23, Anm. 35; Ulrich Thilo, Die staatsrechtliche Sonderstellung Bayerns in der Weimarer Verfas-sung, Diss. Bonn 1935, II 20 N (Nr. 38).

(148) Erich Eyck, Bismarck. Leben und Werk, Bd. I, Zürich 1941; Bd. II (1864 - 1871), Zürich 1943; Bd. III (bis 1888), Zürich 1944; hier Bd. III, S. 627.

(149) Ilsemann (wie Anm. I, 31), II, S. 140.

(150) Wilhelm II., Baldachin, S. 42.

(151) Die in Anm. 6 zitierte Abhandlung Röhls (Hof und Hofgesellschaft unter Kaiser Wilhelm II.) druckte dieser in seinem Buch „Kaiser, Hof und Staat. Wilhelm II. und die deutsche Politik" erneut ab, das 1988 in dritter Auflage erschien, und zwar S. 78 - 115 mit Anmerkungen auf S. 220 - 233.; John C. G. Röhl (1982), University of Sussex, Brighton, stützte sich auf systematische Forschungen in den Archiven der Herrscherhäuser und der Staaten. Die von Werner (s. Anm. 6) herausgegebenen Vorträge behandeln den Hof Napoleons I., das Verhältnis von Aristokratie und Monarchie im kulturellen Leben in der Zeit Ludwigs XVIII. und Karls X. von Frankreich und den Hof des Königs

Louis Philipp, des sogenannten Bürgerkönigs von Frankreich. Dabei werden auch die Appartements der französischen Herrscher im 19. Jahrhundert gewürdigt. Zu einem fruchtbaren Vergleich tragen die Vorträge über den Hof des Kaisers Franz Joseph, über Hof und Hofgesellschaft in Bayern in der Prinzregentenzeit, über die Kunstförderung durch den ersten und den letzten Großherzog von Hessen-Darmstadt und das Hoftheater des Herzogs Georg II. von Sachsen-Meiningen bei (Universitätsbibliothek München, Signatur 886-1839). Die von Röhl 1982 besuchte Tagung, die Karl Ferdinand von Werner veranstaltete, war nicht gegen die Bestrebungen der Wiederherstellung von konstitutionellen Monarchien gerichtet. Karl Ferdinand Werner kann am Ende der Tagung 1982 Prinzessin Ludwig von Hessen und bei Rhein danken, die britischer Abkunft ist und den Kreis der Forscher in Schloß Wolfsgarten empfing. Karl Ferdinand Werner war damals Direktor des Deutschen Historischen Instituts Paris.

(152) Röhl (wie Anm. 6), S. 276.

(153) Röhl (wie Anm. 6), S. 283.

(154) Röhl (wie Anm. 6), S. 287.

(155) Röhl (wie Anm. 6), S. 255, Anm. 79.

(156) Rudolph Schmidt-Bückeburg, Das Militärkabinett der preußischen Könige und Deutschen Kaiser, Berlin 1933.

(157) Fuchs (wie Anm. 83), I Nr. 164 S. 189, Anm. 1.

(158) Röhl (wie Anm. 6), S. 258f.

(159) Röhl (wie Anm. I, 36), S. 20.

(160) Wolfgang J. Mommsen, Wandlungen der liberalen Idee im Zeitalter des Imperialismus, in: Karl Holl und Günther List (Hrsg.), Liberalismus und imperialistischer Staat, Der Imperialismus als Problem liberaler Parteien 1890 - 1914, Göttingen 1975, S. 109 - 148, hier 116.

(161) Wolfgang J. Mommsen, Max Weber und die deutsche Politik 1890 - 1920, Tübingen 2. Aufl. 1972, S. 76.

(162) Karl Holl, Krieg und Frieden und die liberalen Parteien in dessen 1980 ediertem Gesamtwerk, S. 72 - 89.

(163) Wilhelm Treue, Deutsche Geschichte, 5. Aufl. 1978, S. 653.

(164) Stenographische Berichte (wie Anm. 142) IX 4, Bd. 5, 1896.

(165) Stenographische Berichte (wie Anm. 142) IX 4, Bd. 2, 1896, S. 935; Harald Rosenbach, Das Deutsche Reich, Großbritannien und der Transvaal (1896 - 1902), Anfänge deutsch-britischer Entfremdung, Göttingen 1993.

(166) Stenographische Berichte (wie Anm. 142) IX 4, Bd. 5, 1896, S. 3264 - 3265.

(167) Hans Ulrich Wehler in seiner Ausgabe von Ludwig Quidde, Caligula, Schriften über Militarismus und Pazifismus, Frankfurt 1977, S. 454; ders., Bismarck und der Imperialismus. Köln - Berlin 1969.

(168) Gustav Schmitt, Der europäische Imperialismus, München 1985, S. 93.

(169) Luise Kundel (wie Anm. 143). S. 88, Anm. 11.

(170) Kölnische Zeitung, abgedruckt bei Schulthess, Europäischer Geschichtskalender, München 1894 (erscheint seit 1890), S. 164.

(171) Schulthess (wie Anm. 170), 1895, S. 123.

(172) Nation, 12 Jg. (1895) Nr. 19, S. 407.

(173) Wilhelm II., Ereignisse, S. 145.

(174) Zur Sammlungsbewegung vgl. Dirk Stegmann, Die Erben Bismarcks, Parteien und Verbände in der Spätphase des wilhelminischen Deutschland. Sammlungspolitik 1897 - 1918, Köln - Berlin 1970, S. 63 - 67.

(175) Wilhelm II., Ereignisse, S. 89f.

(176) Wilhelm II., Ereignisse, S. 98.

(177) Peter Mast, Künstlerische und wissenschaftliche Freiheit im Deutschen Reich 1890 - 1901, 1980, S. 67.

(178) Karl Erich Born über Botho Graf von Eulenburg in NDB IV (1959), S. 680f.

(179) W. Bußmann über Philipp Graf von Eulenburg in NDB IV (1959), S. 681ff.

(180) Mast (wie Anm. 177), S. 67.

(181) Rüdiger vom Bruch, Wissenschaft, Politik und öffentliche Meinung im Wilhelminischen Deutschland 1890 - 1914, Husum 1980, S. 142.

(182) Wilhelm II., Ereignisse, S. 52.

(183) Wolfgang Stribrny, Bismarck und die deutsche Politik nach seiner Entlassung (1890 - 1898), Paderborn 1977, S. 211 und 217f.

(184) Fuchs (wie Anm. 83), III S. 301, 399 und 634.

(185) Stenographische Berichte (wie Anm. 142) VIII, 1, Band 5, 1891, S. 3098.

(186) Stenographische Berichte (wie Anm. 185), S. 3099.

(187) W. Schultze und F. Thimme, Karl Wilhelm Rudolf von Bennigsens. Reden, I: 1911, II: 1922, hier Bd. I, S. 48.

(188) Treue (wie Anm. 163), S. 654ff.

(189) Oertzen (wie Anm. 80), S. 134 ff. und 138.

(190) Wilhelm II., Ereignisse, S. 27.

(191) J. Ch. G. Röhl (wie Anm. 52) III, Nr. 1309, S. 1804ff.

(192) Röhl (wie Anm. 6), S. 285f.

(193) Bernhard von Bülow an Philipp Graf von Eulenburg am 9. Januar 1893, vgl. Röhl (wie Anm. 52) II.

(194) J. Wheeler-Bennett, King George VI., his life and reign, London 1958.

(195) Röhl (wie Anm. I, 36), S. 253.

(196) Denkwürdigkeiten des Generalfeldmarschalls Alfred Graf von Waldersee, hrsg. von H. O. Meisner, Bd. I - III, Stuttgart 1923 - 1925, hier II (1924), S. 386ff.

(197) Röhl (wie Anm. I, 36), S. 200.

(198) Röhl (wie Anm. I, 36), S. 200.

(199) Röhl (wie Anm. I, 36), S. 201.

(200) Röhl (wie Anm. I, 36), S. 253.

(201) Röhl (wie Anm. I, 36), S. 252.

(202) Zechlin (wie Anm. 95).

(203) Röhl (wie Anm. I, 36), S. 247.

(204) John C. G. Röhl (Hrsg.), Philipp Eulenburgs politische Korrespondenz, Band I: Von der Reichsgründung bis zum Neuen Kurs 1866 - 1891, Boppard 1976; Band II: Im Brennpunkt der Regierungskrise 1892 - 1895, Boppard 1979; Band III: Krisen, Krieg und Katastrophen 1895 - 1921, Boppard 1983 (Deutsche Geschichtsquellen des 19. und 20. Jahrhunderts 52/I - III); Wilhelm Schüssler, Kaiser Wilhelm II., Göttingen 3. Aufl. 1970; M. Balfour, Der Kaiser Wilhelm II. und seine Zeit. Deutsche Übersetzung, Berlin 1967; H. St. Chamberlain, Briefe 1882 - 1924 und Briefwechsel mit Kaiser Wilhelm II., München 1928, 2 Bde.; Literatur zur Frage des Persönlichen Regiments 1897 - 1900: John C. G. Röhl, Staatsstreichplan oder Staatsstreichbereitschaft? Bismarcks Politik in der Entlassungskrise, in: Historische Zeitschrift 203, 1966, 610ff. - G. A. Rein, Die Revolution in der Politik Bismarcks, Göttingen 1957 - W. Pöls, Sozialistenfrage und Revolutionsfurcht in ihrem Zusammenhang mit den angeblichen Staatsstreichplänen Bismarcks, in: Historische Studien, 377, Lübeck und Hamburg 1960 - F. Naumann, Demokratie und Kaisertum, Berlin 1904, 3. Auflage, in: F. Naumann, Werke, 5 Bände, Köln und Opladen 1964 - H. Kaelble, Industrielle Interessenpolitik in der Wilhelminischen Gesellschaft, Centralverband deutscher Industrieller, 1895 - 1914, Berlin 1967 - Karl Erich Born, Wirtschafts- und Sozialgeschichte des Deutschen Kaiserreichs 1867/1871 - 1914, Stuttgart 1985; ders., Moderne deutsche Wirtschaftsgeschichte, Staat und Sozialpolitik seit Bismarcks Sturz. Ein Beitrag zur Geschichte der innenpolitischen Entwicklung des Deutschen Reiches 1890 - 1914, Köln 1966; ders., Preußen und Deutschland im Kaiserreich, Festvortrag zur feierlichen Immatrikulationsfeier an der Universität Tübingen am 23. Juni 1947, Tübingen 1967 - E. Eyck, Das

persönliche Regiment Wilhelms II., Zürich 1948 - H. A. Bueck, Der Centralverband deutscher Industrieller, 1876 - 1901, I - III, Berlin 1902 - 1905 - A. S. Jerussalimski, Die Außenpolitik und die Diplomatie des deutschen Imperialismus Ende des 19. Jahrhunderts, Berlin 1954 - E. R. Huber, Das persönliche Regiment Wilhelms II., in: Zeitschrift für Religion und Geistesgeschichte III, 1951, S. 134ff. - E. R. Huber, Verfassungsgeschichte Band III, Stuttgart 1964; ders., Dokumente zur deutschen Verfassungsgeschichte Band II, Stuttgart 1964; ders., Nationalstaat und Verfassungsstaat, Stuttgart 1965 - E. Kehr, Schlachtflottenbau und Parteipolitik 1894 - 1901, Versuch eines Querschnitts durch die innenpolitischen, sozialen und ideologischen Voraussetzungen des deutschen Imperialismus, in: Historische Studien 197, Berlin 1930; ders., Das Primat der Innenpolitik, gesammelte Aufsätze zur preußisch-deutschen Sozialgeschichte im 19. und 20. Jahrhundert, hg. von H. U. Wehler, Berlin 1965 - P. Molt, Der Reichstag vor der improvisierten Revolution, Köln 1963 - R. von Valentini, Kaiser und Kabinettschef, hrsg. von B. Schwertfeger, Oldenburg 1931.

(205) Anker (wie Anm. 108), S. 405; Fuchs (wie Anm. 83), III, S. 647; Karl Alexander von Müller (Hrsg.), Denkwürdigkeiten des Fürsten Chlodwig zu Hohenlohe-Schillingsfürst III, Stuttgart 1931, S. 329; ders., Der dritte deutsche Reichskanzler, Bemerkungen zu den „Denkwürdigkeiten der Reichskanzlerzeit" des Fürsten Chlodwig zu Hohenlohe-Schillingsfürst, Sitzungsbericht der Bayerischen Akademie der Wissenschaften 1932.

(206) Bay HStA MA 77 754.

(207) Bay HStA Abt Kriegsarchiv (=Mkr) 11 136.

(208) § 270 Abs. 1 „Unter welchen Voraussetzungen und in welchen Formen der Ausschluß der Öffentlichkeit aus Gründen der Disziplin zu erfolgen hat (vgl. § 8 des Reichsmilitärgesetzes vom 2. Mai 1874 „Die Vorschriften über die Handhabung der Disziplin im Heer werden vom Kaiser erlassen"), bestimmt der Kaiser."

(209) Anker (wie Anm. 108), S. 406.

(210) Hohenlohe-Schillingsfürst an Großherzog Friedrich I. von Baden am 30. Oktober 1897: Fuchs (wie Anm. 83), III, S. 716; Anker (wie Anm. 108), S. 407f.

(211) Bay HSta MA 77 756/1.

(212) Anker (wie Anm. 108), S: 408.

(213) Lerchenfeld an das bayerische Staatsministerium des Königlichen Hauses und des Äußern am 29. April 1898: Bay HStA MA 77 756/1.

(214) Lerchenfelds Bericht am 4. Mai 1898 nach München: Anker (wie Anm. 108), S. 649.

(215) Anker (wie Anm. 108), S. 651 Anm. 4230. Mkr (wie Anm. 207) 11 138.

(216) Anker (wie Anm. 108), S. 711 (Mkr (wie Anm. 207) 11 138).

(217) Fuchs (wie Anm. 111), IV, S. 152; Anker (wie Anm. 108), S. 711 Anm. 6450.

(218) Mkr (wie Anm. 207) 11 138.

(219) Bay HStA Bayerische Gesandtschaft Berlin 1709, Abschrift.

(220) Anker (wie Anm. 108), S. 711.

(221) Bay HStA MKr (wie Anm. 207) 11 138, Sitzungsprotokoll vom 14. Juni 1899, Abschrift.

(222) Anker (wie Anm. 108), S. 713 Anm. 6463: Goßler an das Bayerische Kriegsministerium am 5. Januar 1900, Mkr (wie Anm. 207) 11 138; Armeeversorgungsblatt Nr. 22 vom 24. Juli 1900, S. 360.

(223) Anker (wie Anm. 108), S. 714 Anm. 4671; Bay HStA MA 77 759, 77 760; Bayerische Gesandtschaft Berlin 1710 und Mkr (wie Anm. 207), 11 146.

(224) Anker (wie Anm. 108), S. 721 und 723.

(225) Mast (wie Anm. 177), S. 108.

(226) Über Althoff siehe Franz Schnabel in NDB II (1953) S. 222ff.

(227) Ernst Rudolf Huber, Deutsche Verfassungsgeschichte seit 1789, IV (1969), S. 960.

(228) Huber (wie Anm. 227), S. 962.

(229) Buchner (wie Anm. 22), S. 143.

(230) Mast (wie Anm. 177), S. 139.

(231) Mast (wie Anm. 177), S. 140.

(231) Mast (wie Anm. 177), S. 152.

(232) Röhl (wie Anm. 52), I, S. 1ff.

(233) Chamier (wie Anm. 78), S. 130f.

(236) Jost Dülffer, Deutschland als Kaiserreich, in: Martin Vogt (Hrsg.), Deutsche Geschichte von den Anfängen bis zur Wiedervereinigung. 2. Aufl. 1991, S. 530f.

(237) Hans Wilderotter, „Unsere Zukunft liegt auf dem Wasser". Das Schiff als Metapher und die Flotte als Symbol der Politik des wilhelminischen Kaiserreichs, in: Der letzte Kaiser Wilhelm II. im Exil. Hrsg. im Auftrage des Deutschen Museums von Hans Wilderotter und Klaus-D. Pohl, 1991, S. 55f.

(238) Das deutsche Kaiserpaar im Heiligen Lande im Herbst 1898, mit Allerhöchster Ermächtigung Seiner Majestät des Kaisers und Königs bearbeitet nach authentischen Berichten und Akten, Berlin 1899, S. 54.

(239) Das deutsche Kaiserpaar (wie Anm. 238),S. 192f.

(240) Das deutsche Kaiserpaar (wie Anm. 238), S. 38 und 219.

(241) In dem Werk Das deutsche Kaiserpaar (wie Anm. 238), S. 221 wird die Rede des Kaisers in indirekter Weise wiedergegeben, in dieser Fassung wird der sachlich anders lautende Ausdruck gebraucht: „...daß wir die zahlreichen kleinen Unterschiede in unserer Konfession..." Er führte im Zusammenhang aus: Es sei etwas Tiefgreifendes und Gewaltiges, an den Stätten zu weilen, wo sich Gottes Liebe zu Menschen offenbart habe. Kritisch bemerkte er, die Zustände im Heiligen Lande und namentlich in Jerusalem mahnten dringend, „daß wir die zahlreichen kleinen Unterschiede in unserer Konfession zurückdrängen und als eine einige, fest geschlossene evangelische Kirche auftreten. Wir müssen vor allem durch das Beispiel wirken und zeigen", daß das Evangelium der Liebe andere Früchte trage, als man hier oft sehe... Die Türken müßten sogar in den Kirchen mit Waffengewalt einschreiten, um die untereinander blutig streitenden Christen auseinander zu bringen.

(242) Das deutsche Kaiserpaar (wie Anm. 238), S. 248f.; der Text ist hier mit dem der Reden (II 121ff.) identisch.

(243) Das deutsche Kaiserpaar (wie Anm. 238), S. 261.

(244) Das deutsche Kaiserpaar (wie Anm. 238), S. 234.

(245) Gotthard Jäschke, Das Osmanische Reich vom Berliner Kongreß bis zu seinem Ende 1878 - 1920, in: Theodor Schieder, Handbuch der europäischen Geschichte VI 1968, S. 541; Chamier (wie Anm. 78) S. 143.

(246) Wilhelm II., Ereignisse S. 75.

(247) Wilhelm II., Ereignisse S. 75.

(248) Theodor Schieder in seinem Handbuch (wie Anm. 245), S. 78ff.

Teil III: Kaiser Wilhelm II. 1900 bis 1914

(1) Oertzen (wie Anm. II, 80), S. 147.

(2) Oertzen (wie Anm. II, 80), S. 183.

(3) Oertzen (wie Anm. II, 80), S. 184f.

(4) Oertzen (wie Anm. II, 80), S. 190.

(5) O. Schatz über Otto Hintze, in: Rheinisch-Westfälische-Wirtschaftsbiographien VI, Münster 1954, S. 60 - 80.

(6) Chamier (wie Anm. II, 78), S. 153.

(7) Bernd Sösemann, Die sogenannte Hunnenrede Wilhelms II., Textkritische und interpretatorische Bemerkungen zur Ansprache des Kaisers vom 27. Juli 1900 in Bremerhaven, in: Historische Zeitschrift 222, 1976, S. 342 - 358; John C. G. Röhl, Kaiser, Hof und Staat, Wilhelm II. und die deutsche Politik, 3. Aufl. 1987, darin: Kaiser Wilhelm II., eine Charakterskizze, S. 17f., 20ff. und 207, Anm. 31; Fuchs (wie Anm. 83), III, S. 257 Anm. 2; Chamier (wie Anm. II, 78), S. 153.

(8) Hans-Michael Körner, „Na warte Wittelsbach", Kaiser Wilhelm II. und das Königreich Bayern, in: Der letzte Kaiser Wilhelm II. im Exil, hrsg. von Hans Wilderotter und Klaus - D. Pohl, 1991, S. 31.

(9) Siehe S. 411 mit Anm. II, 79.

(10) Wilhelm II. ernannte Bernhard Frhr. von Bülow 1899 zum Grafen und 1905 zum Fürsten. Über ihn siehe Ludwig Zimmermann NDB II (1955), S. 729ff.

(11) Friedrich von Holstein, Politics and Diplomacy in the era of Bismarck and Wilhelm II., by Norman Rich, Cambridge University Press, I - II, 1965, (ausführlich besprochen von J. C. G. Röhl in: The Historical Journal IX, 1966, Cambridge, S. 379 - 388); Norman Rich und M.H. Fisher, deutsch von Werner Frauendienst, F. von Holstein, Geheime Papiere, I - IV, 1956.

(12) Der Aufrechte 1930, S. 179.

(13) Karsten Hecht, Der Münchener Hardenprozeß - ein politisches Verfahren vor dem Hintergrund der Ressentiments in Bayern gegenüber dem Wilhelminismus in Preußen und dem Reich, Magisterarbeit München 1991.

(14) Er war vermählt mit Luise Margarete Tochter des Prinzen Friedrich Karl von Preußen. Der Aufrechte 1930, S. 179; Hellmuth Rogger über Harden in NDB VII 1966, S. 647ff.

(15) Chamier (wie Anm. II, 78), S. 137f.

(16) Chamier (wie Anm. II, 78), S. 160.

(17) Chamier (wie Anm. II, 78), S. 160.

(18) Chamier (wie Anm. II, 78), S. 161.

(19) Chamier (wie Anm. II, 78), S. 167.

(20) Wilhelm II., Ereignisse S. 88f.

(21) Theodor Schieder, Europa im Zeitalter der Nationalstaaten und der europäischen Weltpolitik bis zum 1. Weltkrieg, 1870 bis 1914, in: Theodor Schieder, Handbuch der europäischen Geschichte Bd. 6, 1968, S. 161f.

(22) Theodor Schieder, (wie Anm. 21), S. 125.

(23) Hartau (wie Anm. I, 17), S. 71.

(24) Wilhelm II., Ereignisse S. 91.

(25) W. P. Fuchs (wie Anm. II, 83) III, S. 22 Anm. 4; Huber IV, S. 433ff.

(26) W. P. Fuchs (wie Anm. II, 83) IV, S. 646 Anm. 5.

(27) Mündliche Mitteilung des Prinzen Louis Ferdinand von Preußen an den Verfasser, München 1986.

(28) Wilhelm II., Ereignisse S. 163.

(29) Wilhelm II., Ereignisse S. 163f.

(30) Oertzen (wie Anm. II, 80), S. 182f.

(31) Alexander Tille, Reden des Freiherrn Carl Ferdinand von Stumm-Halberg (1836 bis 1901), historisch-kritische Gesamtausgabe, 1906.

(32) Mitteilung des ADAC vom 1. Oktober 1991 (Poststempel) an den Verfasser.

(33) Wilhelm II., Ereignisse S. 165.

(34) Der russische Wort dafür enthält das Adjektiv grosnyi; dieses bedeutet sowohl „schrecklich", „furchtbar", wie aber auch bloß „streng".

(35) Wilhelm II., Ereignisse S. 183 - 186.

(36) Wilhelm II., Ereignisse S. 185.

(37) Noch im Exil beschäftigte sich Wilhelm II. mit Hammurabi, vgl. S. 544; bis 1936 machte er sich Vergleichende Zeittafeln der Vor- und Frühgeschichte Vorderasiens, Ägyptens und der Mittelmeerländer, die 1936 im Verlag K. F. Koehler, Leipzig, herausgebracht wurden.

(38) Vincent Scheil OP, Délégation en Perse, Mémoires publiées sous la direction de M. Ch. Morgan, Paris 1902.

(39) Wilhelm II., Ereignisse 26f.

(40) Über Herzog Ernst I. den Frommen von Sachsen-Gotha-Altenburg siehe Ulrich Heß in NDB IV (1957), 622 f.

(41) Unter Gigantenkampf ist der Kampf dieser mit den Göttern zu verstehen. So kämpfen auf der rechten Seite mehrere Gottheiten, darunter Kybele auf einem Löwen mit einem stierförmigen Ungeheuer; Zeus erlegt drei Gegner mit Blitzen, Athene packt am Schopf den Sohn der Erdgöttin Gea namens Alkyoneus (siehe Anm. 44).

(42) C. Humann, Der Pergamon-Altar, entdeckt, beschrieben und gezeichnet, hg. E. Schulte 1963; A. von Falis, Der Altar von Pergamon, 1912.

(43) Die damalige Anordnung und Aufstellung aller Kunstwerke des Kaiser-Friedrich-Museums in fünfzig Sälen ergibt sich aus Karl Baedeker, Berlin und Umgebung, Handbuch für Reisende, Leipzig 1908, S. 92 - 116.

(44) Karl Baedeker, Berlin und Umgebung, Handbuch für Reisende, Leipzig 1908, S. 15, 168 und 170.

(45) Baedeker (wie Anm. 44), S. 136ff.

(46) Helmut Schmidbauer, Herzog Ludwig V. von Bayern (1315 bis 1361), Anmerkungen zu einer Biographie, in: Zeitschrift für bayerische Landesgeschichte 55, 1992, Heft 1 (Hans Rall zum 80. Geburtstag), S. 77ff.

(47) Alfred Grunow, Der Kaiser und die Kaiserstadt (Berlinische Reminiszenzen 27), o. J. (nach 1968), S. 13.

(48) Wilhelm II., Meine Vorfahren S. 52.

(49) Ludwig Schrott, Der Prinzregent. Ein Lebensbild aus Stimmen seiner Zeit, 1962, S 202.

(50) Leonhard Lenk über Ludwig Ganghofer (1855 Kaufbeuren - 1920 Tegernsee) in NDB XIII (1982), S. 128ff. und 138ff.

(51) Renate Kühne-Lindenbad über die Familie Krupp in NDB XIII (1982), S. 128ff. und 138ff.

(52) Otto Graf Stolberg-Wernigerode, Wilhelm II., Lübeck 1932, S. 22.

(53) H. St. Chamberlain, Briefe 1882 - 1924 und Briefwechsel mit Kaiser Wilhelm II. I - II. München 1928.

(54) Richard Viscount Burdon Haldane, Erinnerungen aus meinem Leben; übersetzt und hg. von Herbert von Hindenburg. Stuttgart - Berlin - Leipzig 1930, S. 215. Haldane war 1928 gestorben. 1911 brachte er in Berlin heraus: Deutschland und Großbritannien, übersetzt von Rudolf Eisler.

(55) Günther Stökl, Russische Geschichte von den Anfängen bis zur Gegenwart. 3. Aufl. 1973, S. 595f.; Irene Neander, Grundzüge der russischen Geschichte, 1970, S. 199f.

(56) Theodor Schieder, Europa im Zeitalter der Nationalstaaten und der europäischen Weltpolitik bis zum 1. Weltkrieg 1878 - 1918, in: Th. Schieder, Handbuch (wie Anm. 21), S. 125; Briefe Wilhelms II. an den Zaren 1894 - 1914, hg. und eingeleitet von Walter Goetz, übersetzt von Theodor Behrmann. 1920.

(57) Schieder (wie Anm. 56), S. 125, vgl. Brockhaus Enzyklopädie XI, 1970a, 67.

(58) Wilhelm II., Ereignisse, S. 268.

(59) Stökl (wie Anm. 55), S. 618.

(60) Anton Ritthaler, Kaiser Wilhelm II. Herrscher in einer Zeitenwende, 1968, S. 36f.

(61) Gustav Dierks, Die Marokkofrage und die Konferenz von Algeciras, Berlin 1906.

(62) Chamier (wie Anm. II, 78), SS. 191 - 194, 201 und 385.

(63) Chamier (wie Anm. II, 78), SS. 195, 197 und 385.

(64) Erick Eyck, Das persönliche Regiment Wilhelms II. Politische Geschichte des deutschen Kaiserreiches 1890/1914, Zürich 1948.

(65) Craig (wie Anm. II, 95), S. 189.

(66) Craig (wie Anm. II, 95), S. 226 und 246f.

(67) Craig (wie Anm. II, 95), S. 274.

(68) Craig (wie Anm. II, 95), S. 275.

(69) Beryl J. Williams, The strategic background to the anglorussian entente of August 1907, in: The Historical Journal IX (1966), hg. von F. H. Hinsley, S. 360ff.

(70) Eyck (wie Anm. 64), S. 452.

419

(71) Wilhelm II., Geschichtstabellen, S. 40.

(72) Die Kinder des Herzogs Alexander von Württemberg mit der Gräfin Rhédey wurden 1863 durch Entscheidung des Königs Wilhelm I. von Württemberg Herzoge von Teck. Alexander, Sohn des 1837 geborenen Herzogs Franz, heiratete 1866 eine Tochter des Herzogs von Cambridge und lebte in London.

(73) Heinrich Potthoff in NDB XIV (1984), S. 61ff.

(74) Oertzen (wie Anm. II, 80), S. 218.

(75) Oertzen (wie Anm. II, 80), S. 221.

(76) Wilhelm II., Ereignisse, S. 95.

(77) Chamier (wie Anm. II, 78), S. 206.

(78) Eyck (wie Anm. 64), S. 492 f.

(79) James P. Fitzpatrick, South African Memories. London 1932, S. 154.

(80) J. Lepsius, A. Mendelsohn Bartholdy; F. Thimme, Die Große Politik der Europäischen Kabinette. Sammlung der diplomatischen Akten des Auswärtigen Amtes 1871 - 1914, 40 Bände, Berlin 1922 - 1927, Nr. 8250.

(81) Die Große Politik (wie Anm. 80), Nr. 8252.

(82) Wilhelm II., Ereignisse, S. 98.

(83) Eyck (wie Anm. 64), S. 497.

(84) Eyck (wie Anm. 64), S. 494f.

(85) Wilhelm II., Ereignisse, S. 99.

(86) Chamier (wie Anm. II, 78), S. 253.

(87) Fritz Fischer, Exzesse der Autokratie, Das Hale-Interview Wilhelms II. vom 19. Juli 1908, in: W. Alff (Hg.), Deutschlands Sonderung von Europa 1862 - 1945, 1984, SS. 53 - 78.

(88) Chamier (wie Anm. II, 78), S. 251.

(89) Wilhelm II., Ereignisse, S. 81ff.

(90) Wilhelm II., Ereignisse, S. 101.

(91) Eyck (wie Anm. 64), S. 534.

(92) Eyck (wie Anm. 64), S. 535.

(93) Wilhelm II., Ereignisse, S. 105 ff.

(94) Chamier (wie Anm. II, 78) (1989), S. 257.

(95) Röhl (wie Anm. I, 2), S. 437.

(96) Da Ludwig 1906 die Bildung fester Wahlkreise mit durchsetzte, erklärte August Bebel am 21. Januar 1906 in einer Berliner Wahlversammlung und am 14. Februar im Reichstag: „Wenn wir eine Reichsverfassung hätten, nach der der Kaiser vom Volk gewählt würde, und in der die Vorschrift enthalten wäre, der Kaiser muß aus einem der regierenden Fürstenhäuser gewählt werden – ich gebe Ihnen mein Wort, Prinz Ludwig hätte die größte Aussicht, deutscher Kaiser zu werden. Ich glaube, meine Parteigenossen, so wenig sie monarchisch gesinnt sind, stimmten einzig für ihn." A. Beckenbauer, Ludwig III. von Bayern 1845 - 1921, 1987, S. 96f.

(97) Huber IV, S. 1254; P. Barthel, Handbuch der Gewerkschaftskongresse. 1916. S. 434.

(98) Wilhelm II., Ereignisse, S. 164.

(99) Rudolf Vierhaus und Bernhard vom Brocke (Hg.), Forschung im Spannungsfeld von Politik und Gesellschaft. Geschichte und Struktur der Kaiser-Wilhelm-/Max-Planck-Gesellschaft. Aus Anlaß ihres 75jährigen Bestehens. Stuttgart 1986, S. 98ff.

(100) Vierhaus (wie Anm. 99), S. 144.

(101) Vierhaus (wie Anm. 99), S. 120ff.

(102) Vierhaus (wie Anm. 99), S. 134.

(103) Vierhaus (wie Anm. 99), S. 138.

(104) Vierhaus (wie Anm. 99), S. 137.

(105) Vierhaus (wie Anm. 99), S. 137.

(106) Vierhaus (wie Anm. 99), S. 30.

(107) Der Präsident der Kaiser-Wilhelm-Gesellschaft zur Förderung der Wissenschaften Harnack nahm nach 1918 keine Einladung Wilhelms II. nach Doorn an, berichtete ihm aber jährlich ein- bis zweimal über die Entwicklung der Gesellschaft und gratulierte ihm immer zum Geburtstag (27. Januar). Wilhelm II. antwortete mit einem Danktelegramm, von dem Harnack regelmäßig in den Senatssitzungen Mitteilung machte. Siehe Vierhaus (wie Anm. 99), S. 283

(108) Über Beckmann siehe Georg Lockemann in NDB I (1953), S. 725f.

(109) Über Haber siehe Erna und Johannes Jaenicke in NDB VII (1966), S. 386 ff. Den Kaiser störte nicht, daß Haber Jude war, der erst 1893 in die evangelische Kirche eintrat.

(110) Über Correns: Otto Renner in NDB III (1957), S. 368. Wassermann war 1913 Leiter eines Instituts für experimentelle Therapie, die Immunitätslehre vertretend.

(111) Vierhaus (wie Anm. 99), S. 154.

(112) Vierhaus (wie Anm. 99), S. 146

(113) Florenz Deuchler über Henriette Hertz in NDB VIII (1968), S. 714f.

(114) Vierhaus (wie Anm. 99), S. 531, Anm. 35.

(115) Erna und Johannes Jaenicke über Haber in NDB VII (1965), S. 387.

(116) Vierhaus (wie Anm. 99), S. 47.

(117) Vierhaus (wie Anm. 99), S. 526.

(118) Wilhelm II., Geschichtstabellen, S. 45.

(119) Hermann Teske über Wilhelm Leopold Colmar Freiherr von der Goltz-Pascha in NDB VI (1964), S. 629 - 632.

(120) Wilhelm II., Ereignisse, S. 121.

(121) Chamier (wie Anm. II, 78), SS. 270 - 275, 385.

(122) Eyck (wie Anm. 64), S. 565.

(123) Wilhelm II., Geschichtstabellen, S. 46f.

(124) Eyck (wie Anm. 64), S. 556f.

(125) Hermann Stegemanns Geschichte des Krieges I, 1917, S. 31f., wo der Januar 1911 als der beste Zeitpunkt angenommen wird. Vgl. über den Krieg 1914 bis 1918 Stegemann II (1917), III (1919), IV (1921).

(126) Chamier (wie Anm. II, 78), S. 277.

(127) Chamier (wie Anm. II, 78), S. 283.

(128) Röhl (wie Anm. I, 2), S. 438f.

(129) Michael Epkenhaus, Die Wilhelminische Flottenrüstung 1908 - 1914, Weltmachtstreben, industrieller Fortschritt, soziale Integration, München 1991, SS. 328, 322f., 325 ff., 334, 362 und 364.

(130) „König", vgl. S. 321.

(131) Ihr Vater Herzog Robert von Parma regierte von 1854 bis zu seiner Entthronung 1859 und war u. a. der Vater der späteren Kaiserin Zita von Österreich.

(132) Eyck (wie Anm. 64), S. 631f.; Große Politik (wie Anm. 80), Bd. 33, S. 164.

(133) Österreich-Ungarns Außenpolitik von der bosnischen Krise 1908 bis zum Kriegsausbruch 1914, diplomatische Aktenstücke des k. u. k. Ministeriums des Äußern, ausgewählt von Ludwig Bittner, Alfred Francis Pribram, Heinrich Srbik und Hans Übersberger, bearbeitet von Ludwig Bittner und Hans Übersberger, Wien und Leipzig 1930, IV, SS. 707, 711, 727, 747.

(134) Ludwig Heilbrunn, Die Gründung der Universität Frankfurt a. M., Frankfurt 1915, über das Stiftungskapital 1913/14 siehe S. 197; Paul Kluke, Die Stiftungsuniversität in Frankfurt am Main 1914 - 1932, Frankfurt am Main 1972; Notker Hammerstein, Johann Wolfgang Goethe-Universität, Band I 1914-1956, Frankfurt 1989.

(135) Große Politik (wie Anm. 80), Bd. XIV, S. 603; Chamier (wie Anm. II, 78), S. 21.

Teil IV: Der Erste Weltkrieg 1914 bis 1918

(1) Wilhelm II., Ereignisse, S. 209.

(2) Siehe Anm. III, 80; III, 125; III, 381; Wilhelm II., Ereignisse, S. 210; ders., Geschichtstabellen, S. 56ff.

(3) Stegemann (wie Anm. III, 125), I, S. 52.

(4) Hartau (wie Anm. I, 20), S. 78.

(5) Friedrich Frhr. Hiller von Gaertringen über Falkenhayn in NDB V (1961), SS. 11 - 15.

(6) Hartmut Zelinsky bei Röhl (wie Anm. I, 27), S. 301ff.

(7) Hartmut Zelinsky bei Röhl (wie Anm. I, 27), S. 297ff., besonders S. 302ff.

(8) Wichtel (wie Anm. II, 72), S. 211.

(9) Wichtel (wie Anm. II, 72), S. 203ff.

(10) Über Ferdinand von Bulgarien, siehe Georg Stadtmüller in NDB V (1961), SS. 88ff.

(11) Kronprinz Rupprecht von Bayern, Mein Kriegstagebuch, hg. v. Eugen von Frauenholz, Bd. I - III. München 1928. Hier besonders Bd. III, S.69 ff.

(12) Leopold Prinz von Bayern 1846 - 1930, Aus den Lebenserinnerungen, hg. von Hans Michael und Ingrid Körner. Regensburg 1983, S. 302 ff. Vgl. H. Rall., Rezension in Zeitschrift für bayerische Landesgeschichte 50 (1987), S. 846f.

(13) Gerhard Grimm über Ferdinand von Rumänien in NDB V (1961), S. 94f.

(14) Gotthold Rhode, Die Staaten Südosteuropas vom Wiener Kongreß bis zum Ausgang des I. Weltkrieges, in: Theodor Schieder, Handbuch der europäischen Geschichte. Bd. IV, 1969, S. 547ff.

(15) Rhode (wie Anm. 14), S. 595.

(16) Chamier (wie Anm. II, 78), S. 348 Anm. 2.

(17) Erich Feigl, Kaiserin Zita, Legende und Wahrheit. Nach Gesprächen und Dokumenten herausgegeben von Erich Feigl mit einem Vorwort von Joszef Kardinal Mindszenty. 2. Aufl. 1977, S. 268.

(18) Feigl (wie Anm. 17), S. 267.

(19) Über Graf Ottokar Czernin von und zu Chudenitz: Johann Christoph Allmayer-Beck in NDB III (1957), S. 458ff.

(20) Chamier (wie Anm. II, 78), S. 348f.

(21) Klaus Eppstein über Erzberger in NDB IV (1959), S. 638ff.

(22) Ernst Deuerlein in NDB VIII (1969), S. 702ff.

(23) Chamier (wie Anm. II, 78), S. 335.

(24) Wilhelm II., Ereignisse, S. 113f.; Huber IV, S. 368ff.

(25) Wilhelm II., Ereignisse, S. 117f.

(26) E. Kern. Geschichte des Gerichtsverfassungsrechts. München - Berlin 1954, SS. 143 - 145.

(27) Wichtel (wie Anm. II, 72), S. 206.

(28) Wilhelm Ernst, Die antideutsche Propaganda durch das Schweizer Gebiet im Weltkrieg, speziell die Propaganda in Bayern, in: Münchner Historische Abhandlungen, 2. Reihe, Kriegs- und Heeresgeschichte, hg. von Eugen von Frauenholz. 3. Heft 1933, S. 1 - 30, besonders SS. 8ff. und 20.

(29) Wilhelm II., Ereignisse, S: 271.

(30) Johann Klier, Von der Kriegspredigt zum Friedensapppell. Erzbischof Michael von Faulhaber und der Erste Weltkrieg. Ein Beitrag zur Geschichte der deutschen katholischen Militärseelsorge. Miscellanea Bavarica Monacensia. Bd. 154. München 1991, S. 33.

(31) Klier (wie Anm. 30), S. 210.

(32) Klier (wie Anm. 30), S. 153 Anm. 1.

(33) Buchner (wie Anm. II, 22), S. 191.

(34) Buchner (wie Anm. II, 22), S. 103.

(35) Hermann Stegemann (wie Anm. III, 125), IV, 1921, S. 317f.

(36) Walter Goetz (Hg.), Theodor Behrmann (Übersetzung), Briefe Wilhelms II. an den Zaren 1894 - 1914. Berlin 1920, S. 185f; Hartau (wie Anm. I, 17), S. 117f.

(37) Niemann hatte 1914 an der Westfront, 1915 in Serbien und Ostgalizien gekämpft, kam 1915 ins Große Hauptquartier und war im März 1917 Stellvertreter des Militärbevollmächtigten in Konstantinopel geworden. Er stand seit November 1917 wieder im Großen Hauptquartier. Alfred Niemann, Revolution von oben – Umsturz von unten. Entwicklung und Staatsumwälzung in Deutschland 1914 - 1918. Berlin 1927; ders., Kaiser und Revolution. Die entscheidenden Ereignisse im Großen Hauptquartier. Berlin 1922.

(38) Karl Rosner, Der König, Weg und Wende. Stuttgart 1923.

(39) Wilhelm II., Ereignisse, S. 234.

(40) Wilhelm II., Ereignisse, S. 235.

(41) Georg Stadtmüller in NDB V 1961), S. 88 ff., über König Ferdinand der Bulgaren (vorher Prinz von Sachsen-Coburg und Gotha).

(42) Alfred Niemann, Kaiser und Revolution, 1922, S. 80; über Niemann siehe Anm. 37.

(43) Graf K. Hertling (Hg.), Ein Jahr in der Reichskanzlei, 1919, S. 18.

(44) Chamier (wie Anm. II, 78), S. 359.

(45) Siehe Anm. I, 31, Sigurd von Ilsemann, Der Kaiser in Holland, Aufzeichnungen des letzten Flügeladjutanten Kaiser Wilhelms II., hg. v. Harald von Koenigswald.

(46) Ilsemann (wie Anm. I, 31), I, S. 22.

(47) Prinz Maximilian von Baden, Erinnerungen und Dokumente. 1927, S. 473f.

(48) Ilsemann (wie Anm. I, 31), I, S. 23f.

(49) Kronprinz Wilhelm oder sein ältester, 1906 geborener Sohn Wilhelm?

(50) Prinz Maximilian von Baden (wie Anm. 47), S. 525.

(51) Wilhelm II., Ereignisse, S. 238.

(52) Wilhelm III, Ereignisse, S. 239.

(53) Ilsemann (wie Anm. I, 31), I, S. 311.

(54) Ilsemann (wie Anm. I, 31), I, S. 311.

(55) Albert Schwarz, Die Zeit von 1918 - 1923, in: M. Spindler, Handbuch der bayerischen Geschichte IV (1974), S. 387ff; vgl. Kronprinz Rupprecht (wie Anm. 11), III, S. 370ff.

(56) Karl Rosner (Hg.), Erinnerungen des Kronprinzen Wilhelm. Aus den Aufzeichnungen, Dokumenten, Tagebüchern und Gesprächen. Stuttgart und Berlin 1922, S. 283.

(57) Wilhelm II., Ereignisse, S. 243.

(58) Ilsemann (wie Anm. I, 31), I, S. 35.

(59) Jan Bank, Der Weg des Kaisers ins Exil. In: Der letzte Kaiser Wilhelm II. im Exil, hg. im Auftrag des Deutschen Historischen Museums von Hans Wilderotter und Klaus-D. Pohl, Berlin 1991, 367), S. 105.

(60) Ilsemann (wie Anm. I, 31), I, S. 35.

(61) Am Morgen des 9. November fragte Kaiserin Auguste Viktoria telegraphisch in Spa an, wie es stehe, und wurde beruhigt.

(62) Maximilian von Baden (wie Anm. 47), S. 646f.

(63) Alfred Niemann, Kaiser und Revolution (wie Anm. 37), S. 140.

(64) Wilhelm II., Ereignisse, S. 244.

Teil V: Wilhelm im Exil 1918 bis 1941

(1) Über Niemann siehe oben Anm. IV, 37

(2) Bank (wie Anm. IV, 59), S. 105ff.

(3) Ernst Rudolf Huber, Dokumente zur deutschen Verfassungsgeschichte II (1964), S. 512f. laut Reichsanzeiger Nr. 283 vom 30. November 1918 und Reichsanzeiger Nr. 285 vom 6. Dezember 1918. Über die Hohenzollern seit 1918 siehe Friedrich Wilhelm Prinz von Preußen, Das Haus Hohenzollern 1918 - 1945. München 1985.

(4) Wilhelm II., Ereignisse, S. 251.

(5) Friedrich Wilhelm (wie Anm. 3), S. 45.

(6) Chamier (wie Anm. II, 78), S. 379.

(7) Ilsemann (wie Anm. I, 31), I, S. 8f.

(8) Ilsemann (wie Anm. I, 31), I, S. 121.

(9) Alfred von Tirpitz, Erinnerungen. Leipzig 1919, S. 135ff.; ders., Der Aufbau der deutschen Weltmacht, Stuttgart 1924; ders., Deutsche Ohnmachtspolitik im Weltkriege, Hamburg 1926; ders., Politische Dokumente. Stuttgart I (1924), II (1926).

(10) Ilsemann (wie Anm. I, 31), I, S. 123.

(11) Röhl (wie Anm. I, 24), S. 22.

(12) Ilsemann (wie Anm. I, 31), I, SS. 148 und 159.

(13) Friedrich Wilhelm (wie Anm. 3), S. 31.

(14) Friedrich Wilhelm (wie Anm. 3), S. 22.

(15) Sigurd von Ilsemann, Der Kaiser in Holland. Aufzeichnungen des letzten Flügeladjudanten des Kaisers Wilhelm II., hg. von Harald von Koenigswald, Bd. I. Amerongen und Doorn 1918 - 1923, 1968, S. 162ff.

(16) Über Keyserling siehe Ludwig Clemm in NDB IV (1959), S. 613f.

(17) Klaus W. Jonas, Der Kronprinz Wilhelm. 1962, S. 191.

(18) Chamier (wie Anm. II, 78), S. 380.

(19) Herzogin Viktoria Luise (von Braunschweig), Ein Leben als Tochter des Kaisers. 1965 (6. Aufl. 1966), S. 236.

(20) Über Prinz Heinrich VII. von Reuß-Köstritz siehe Heinrich Heffter in NDB VIII (1969), S. 387f.

(21) B. Schmidt, Die Reußen, Genealogie des Gesamthauses Reuß. Schleiz 1903; Hänsel, Reußische Genealogie.

(22) Ilsemann (wie Anm. I, 31), I, S. 218.

(23) Ilsemann (wie Anm. I, 31), I, S. 329. Karl Graf von der Goltz hatte 1894 in Zypendal bei Arnheim die im Haag geborene Baronin Alwina Brantsen van de Zyp geheiratet.

(24) Herzogin Viktoria Luise (wie Anm. 19), S. 242.

(25) Wilhelm Canaris: 1. Januar 1887 Apfelbeck bei Dortmund - 9. April 1945 KZ Flossenbürg.

(26) Friedrich Wilhelm (wie Anm. 3), S. 26; das Gesetz vom 29. Oktober 1926 genehmigte die Auseinandersetzungsverträge vom 12. Oktober 1925 bzw. 6. Oktober 1926; vgl. E. R. Huber, Dokumente (wie Anm. 3), III (1966), S. 385 Anm. 2.

(27) Preußische Gesetzessammlung 1926, Nr. 46 vom 30. Oktober 1926, 274; Friedrich Wilhelm (wie Anm. 3), S. 360.

(28) Friedrich Wilhelm (wie Anm. 3), S. 28.

(29) Friedrich Wilhelm (wie Anm. 3), S. 72f.

(30) Ilsemann (wie Anm. I, 31), II, S. 113.

(31) Ilsemann (wie Anm. I, 31), II, S. 142.

(32) Ilsemann (wie Anm. I, 31), II, S. 111.

(33) Ilsemann (wie Anm. I, 31), II, S. 179.

(34) Ilsemann (wie Anm. I, 31), II, S. 206.

(35) Friedrich Wilhelm (wie Anm. 3), S. 243.

(36) Ilsemann (wie Anm. I, 31), II, S. 113ff; Berichte in der in Berlin erscheinenden, später 1938 von Hitler verbotenen Zeitung Der Aufrechte, ein Kämpfer für christlich-deutsche Erneuerung, hg. von Ernst Pfeiffer Nr. 4 (5. Februar 1929), S. 26 ff. und Nr. 5 (15. Februar 1929), S. 34 ff. In der Zeitschrift Nr. 18 vom 25. Juni 1929, S. 140 f. werden die deutschen Fürsten nach 1918 aufgeführt.

(37) Hans Rall, Zur persönlichen Religiosität Kaiser Wilhelms II. Das religiöse Glaubensbekenntnis des siebzigjährigen Deutschen Kaisers und Königs von Preußen Wilhelm II. 1929 an den katholi-

schen Geschichtsprofessor Dr. Max Buchner. Kritische Miscelle, in: Zeitschrift für Kirchengeschichte 95 (1984), S. 382 - 394.

(38) Ilsemann (wie Anm. I, 31), II, S. 103.

(39) Ilsemann (wie Anm. I, 31), II, S. 104.

(40) *Der Aufrechte*, Nr. 6, 25. Februar 1929, S. 43; Die Briefe der Kaiserin Friedrich, hg. von Sir Frederic Ponsonby, Berlin 1929.

(41) Kurfürst Friedrich Wilhelm war in den Niederlanden aufgewachsen, wie Wilhelm II. (Meine Vorfahren, S. 51) wußte.

(42) *Der Aufrechte*, Nr. 18, 25. Juni 1931, S. 138.

(43) Friedrich Wilhelm (wie Anm. 3), S. 55.

(44) Friedrich Wilhelm (wie Anm. 3), S. 60.

(45) Friedrich Wilhelm (wie Anm. 3), S. 200.

(46) *Der Aufrechte*, Nr. 16, 5. Juni 1930, S. 122.

(47) Friedrich Wilhelm (wie Anm. 3), S. 111.

(48) Friedrich Wilhelm (wie Anm. 3), S. 216.

(49) Friedrich Wilhelm (wie Anm. 3), S. 159.

(50) Friedrich Wilhelm (wie Anm. 3), SS. 109, 111.

(51) Friedrich Wilhelm (wie Anm. 3), S. 201.

(52) Friedrich Wilhelm (wie Anm. 3), S. 105ff.

(53) Ilsemann (wie Anm. I, 31), II, S. 188.

(54) Friedrich Wilhelm (wie Anm. 3), S. 92.

(55) Ilsemann (wie Anm. 15), S. 188.

(56) Friedrich Wilhelm (wie Anm. 3), S. 63.

(57) Friedrich Wilhelm (wie Anm. 3), S. 63.

(58) Hans Rall, Bayerns Königshaus in der NS-Zeit, in: Das Erzbistum München und Freising in der Zeit der nationalsozialistischen Herrschaft, hg. von Georg Schwaiger 1984, S. 172, Anm. 22.

(59) Friedrich Wilhelm (wie Anm. 3), S. 194; Ilsemann (wie Anm. I, 31), II, S. 194.

(60) Friedrich Wilhelm (wie Anm. 3), S. 65.

(61) Ilsemann (wie Anm. I, 31), I, S. 196.

(62) Friedrich Wilhelm (wie Anm. 3), S. 100.

(63) Kurt Sendtner, Rupprecht von Wittelsbach, Kronprinz von Bayern, 1954, SS. 551ff.

(64) Sendtner (wie Anm. 63), S. 557.

(65) Friedrich Wilhelm (wie Anm. 3), S. 120f.

(66) Friedrich Wilhelm (wie Anm. 3), S. 121 f.

(67) Friedrich Wilhelm (wie Anm. 3), S. 123.

(68) In Bayern wurden Juden auch Offiziere und Beamte.

(69) Friedrich Wilhelm (wie Anm. 3), S. 129.

(70) Friedrich Wilhelm (wie Anm. 3), S. 213.

(71) Friedrich Wilhelm (wie Anm. 3), S. 132; vgl. S. 123.

(72) Friedrich Wilhelm (wie Anm. 3), S. 135.

(73) Friedrich Wilhelm (wie Anm. 3), S. 141.

(74) Friedrich Wilhelm (wie Anm. 3), S. 116.

(75) Dr. Anton Ritthaler, München zum Verfasser; Ilsemann (wie Anm. I, 31), II, S. 269.

(76) Friedrich Wilhelm (wie Anm. 3), S. 142.

(77) Friedrich Wilhelm (wie Anm. 3), S. 143.

(78) Friedrich Wilhelm (wie Anm. 3), S. 139.

(79) Ilsemann (wie Anm. I, 31), II, S. 261.

(80) Ilsemann (wie Anm. I, 31), II, S. 269.

(81) Ilsemann (wie Anm. I, 31), II, S. 35.

(82) Ilsemann (wie anm. I, 31), II, S. 292.

(83) Ilsemann (wie Anm. I, 31), II, S. 290.
(84) Ilsemann (wie Anm. I, 31), II, S. 206.
(85) Ilsemann (wie Anm. I, 31), II, S. 301.
(86) Friedrich Wilhelm (wie Anm. 3), S. 185.
(87) Friedrich Wilhelm (wie Anm. 3), S. 146.
(88) Friedrich Wilhelm (wie Anm. 3), S. 262.
(89) Friedrich Wilhelm (wie Anm. 3), S. 150.
(90) Friedrich Wilhelm (wie Anm. 3), S. 263.
(91) Herzogin Viktoria Luise (wie Anm. 19), S. 302f.
(92) Friedrich Wilhelm (wie Anm. 3), S. 263 f.
(93) Friedrich Wilhelm (wie Anm. 3), S. 370, Anm. 182.
(94) Friedrich Wilhelm (wie Anm. 3), S. 149.
(95) Friedrich Wilhelm (wie Anm. 3), S. 149.
(96) Hans Wilderotter, Zur politischen Mythologie des Exils. Wilhelm II., Leo Frobenius und die „Doorner Arbeits-Gemeinschaft", in: Der letzte Kaiser Wilhelm im Exil, hg. im Auftrag des Deutschen Historischen Museums von Hans Wilderotter und Klaus-D. Pohl, Berlin 1991, S. 141 Anm. 6.
(97) Friedrich Wilhelm (wie Anm. 3), S. 150.
(98) Hartau (wie Anm. I, 17), S. 130.
(99) Jan Bank, Der Weg des Kaisers ins Exil, in: Der letzte Kaiser (wie Anm. IV, 59), S. 112.

Teil VI: Was blieb?

(1) Ilsemann (wie Anm. I, 31) II, S. 297.
(2) Friedrich Wilhelm (wie Anm. V, 3) S. 290

Anhang

I. Das Deutsche Reich 1871–1914

Die Einwohnerzahlen basieren auf der Volkszählung vom 1. Dezember 1905, zitiert nach: Gothaischer Genealogischer Hofkalender nebst diplomatisch-statistischem Jahrbuch 1911. Gotha 1911 (148. Jg.).

1. Die Bundesstaaten des Deutschen Reiches

	Einwohner
Anhalt, Herzogtum (Dessau)	328.029
Baden, Großherzogtum (Karlsruhe)	2.010.728
Bayern, Königreich (München)	6.524.372
Braunschweig, Herzogtum (Braunschweig)	485.958
Bremen, Freie Hansestadt	263.440
Elsaß-Lothringen, Reichsland (Straßburg)	1.814.564
Hamburg, Freie und Hansestadt	874.878
Hessen, Großherzogtum (Darmstadt)	1.209.175
Lippe, Fürstentum (Detmold)	145.577
Lübeck, Freie und Hansestadt	105.857
Mecklenburg-Schwerin, Großherzogtum (Schwerin)	625.045
Mecklenburg-Strelitz, Großherzogtum (Strelitz)	103.451
Oldenburg, Großherzogtum (Oldenburg)	438.856
Preußen, Königreich (Berlin)	37.293.535
Reuß Älterer Linie, Fürstentum (Greiz)	70.603
Reuß Jüngerer Linie, Fürstentum (Gera)	144.584
Sachsen, Königreich (Dresden)	4.508.601
Sachsen-Altenburg, Herzogtum (Altenburg)	206.508
Sachsen-Coburg und Gotha, Herzogtum (Coburg)	242.432
Sachsen-Meiningen, Herzogtum (Meiningen)	288.916
Sachsen-Weimar-Eisenach, Großherzogtum (Weimar)	388.095
Schaumburg-Lippe, Fürstentum (Bückeburg)	44.992
Schwarzburg-Rudolstadt, Fürstentum (Rudolstadt)	96.835
Schwarzburg-Sondershausen, Fürstentum (Sonderhausen)	85.152
Waldeck, Fürstentum (Arolsen)	59.127
Württemberg, Königreich (Stuttgart)	2.302.179
Summe	60.661.489

2. Die Provinzen des Königreichs Preußen

	Einwohner
Berlin	2.040.148
Brandenburg (Potsdam)	3.531.906
Hannover (Hannover)	2.759.516
Hessen-Nassau (Kassel)	2.070.052
Hohenzollern (Sigmaringen)	68.282
Ostpreußen (Königsberg)	2.030.176
Pommern (Stettin)	1.684.345
Posen (Posen)	1.986.345
Rheinland (Koblenz)	6.436.337
Sachsen (Magdeburg)	2.979.249
Schlesien (Breslau)	4.942.675
Schleswig-Holstein (Schleswig)	1.504.248
Westfalen (Münster)	3.618.090
Westpreußen (Danzig)	1.641.874
Summe	37.293.535

3. Die Deutschen Kolonien

	Einheimische	Deutsche
Deutsch-Neu-Guinea	419.000	1.066
Deutsch-Ostafrika (Tanganjika)	10.000.000	3.387
Deutsch-Südwestafrika (Namibia)	183.000	11.791
Kamerun	3.000.000	1.127
Kiautschou	165.224	3.896
Samoa	37.000	468
Togo	1.000.000	330

Die unter der Rubrik »Einheimische« stehenden Einwohnerzahlen sind mit Ausnahme des chinesischen Pachtgebietes Kiautschou (Tsingtau) geschätzt und haben größtenteils fiktiven Charakter. Zu Deutsch-Neu-Guinea (Kaiser-Wilhelms-Land) zählen auch das Bismarck-Archipel sowie die Pazifik-Inselgruppen Marshall-Inseln, Karolinen und Marianen.

II. Die Reichstagswahlen 1871 bis 1918

	1871	1874	1877	1878	1881	1884	1887	1890	1893	1898	1903	1907	1912
Zentrum	63	91	93	94	100	99	98	106	96	102	100	105	91
Sozialdemokraten	2	9	12	9	12	24	11	35	44	56	81	43	110
(Süd-)Deutsche Volkspartei	1	1	4	3	9	7	–	10	11	8	6	7	
Deutsche Fortschrittspartei	46	49	35	26	60								
Freisinnige Volkspartei									→24	29	21	28	→42
Freisinnige Vereinigung									→13	12	9	14	
Liberale Vereinigung					→46	→67	32	66					
Liberale Reichspartei	30	3	13	10									
Nationalliberale Partei	125	155	128	99	→47	51	99	42	53	46	51	54	45
Freikonservative Reichspartei	37	33	38	57	28	28	41	20	28	23	21	24	14
Deutsch-Konservative Partei	57	22	40	59	50	78	80	73	76	56	54	60	43
Elsaß-Lothringer	–	15	15	15	15	15	15	10	8	10	9	7	9
Polen	13	14	14	14	18	16	13	16	19	14	16	20	18
Welfen	7	4	4	10	10	11	4	11	7	9	6	1	5
Dänen	1	1	1	1	2	1	1	1	1	1	1	1	1
Sonstige							1	5	16	13	11	16	3

Im Unterschied zu den Wahlen in Preußen galt bei den Reichstagswahlen das allgemeine und direkte Wahlrecht für Männer ab dem 25. Lebensjahr. Es galt das absolute Mehrheitswahlrecht in Einer-Wahlkreisen (wie z. B. gegenwärtig in Frankreich). Erhielt ein Kandidat im ersten Wahlgang nicht die absolute Mehrheit, erfolgte daraufhin eine Stichwahl. Das relativ hohe Alter der Wahlberechtigung, weitere Wahlberechtigungserfordernisse sowie vor allem der Ausschluß der Frauen und die Wahlkreiseinteilung lassen aus der heutigen Sicht des Proportionalwahlsystems den Reichstagswahlen keinen hohen demokratischen Standard zukommen. Weiter ist anzumerken, daß der Reichstag keinen Einfluß auf die Reichsregierung (Wahl, Mißtrauensvotum etc.) hatte. Trotzdem sollte vermerkt werden, daß damals im ausgehenden 19. Jahrhundert das allgemeine Wahlrecht (nach dem Prinzip one man – one vote) eher die Seltenheit als die Regel war. In Österreich galt erst seit 1907 das allgemeine Wahlrecht. In England, dem »Mutterland der Demokratie«, waren nicht nur die Frauen ausgeschlossen, sondern die Wahlberechtigung hing auch von einem gewissen Besitz bzw. Mietleistung ab, so daß dort – im Gegensatz zum Deutschen Reich und zu Österreich ab 1907 – von vornherein Minderbegüterte kein Wahlrecht besaßen. Die Wahlperiode des Reichstages dauerte normalerweise fünf Jahre, er hatte 397 Sitze.

Nicht zuletzt hat das allgemeine Wahlrecht relativ bald zur Bildung von Parteien geführt, die in ihrer Grundstruktur bis heute gelten.

Das *Zentrum* war die katholische Partei und existierte in dieser Form und Bedeutung bis 1933. Eine Wiederbegründung nach 1945 hatte keinen Erfolg, weil die Unionsparteien ihre Funktion übernahmen.

Die *Sozialdemokraten* konnten trotz des für sie ungünstigen Wahlsystems bis 1918 ständig an Bedeutung gewinnen. Nach 1918 kam es zur Spaltung: Es entstand eine relativ bedeutende KPD.

Bei den *Liberalen* gab es zwei Richtungen: Links- und Rechtsliberale. Die parteipolitische Spaltung des Liberalismus blieb auch in der Weimarer Republik bestehen. Erst nach 1945 gelang es, mit der FDP *eine* liberale Partei zu etablieren. Während die Rechtsliberalen in der Nationalliberalen Partei anfänglich sogar die stärkste politische Kraft in der Wilhelminischen Zeit waren, waren die Linksliberalen durch verschiedene Strömungen und Spaltungen gekennzeichnet, die erst knapp vor 1914 eine Einigung erfuhren.

Neben den Nationalliberalen waren die *Konservativen Parteien* die zweite politisch bestimmende Kraft der Bismarck-Ära. Nach 1918 entstand aus ihr die Deutschnationale Volkspartei. Nach 1945 fanden die Konservativen ihre politische Heimat weitestgehend in den Unionsparteien.

Neben den weltanschaulich orientierten Parteien gab es auch in geringer Zahl Abgeordnete, die Minderheiten bzw. lokale Interessen vertraten. Es waren dies die *Elsaß-Lothringer* (sie konnten erst ab 1874 wählen), die *Polen* (in den preußischen Provinzen Posen und Westpreußen) und die *Dänen* (in dem damals noch zu Deutschland gehörenden Nordschleswig). Die *Welfen* betonten die Eigenständigkeit Hannovers, das als selbständiges Königreich 1866 Preußen einverleibt wurde. Nach 1918 entstand aus ihnen die Deutsch-hannoverische Partei.

Stammtafel I: Die Hohenzollern (Übersicht)

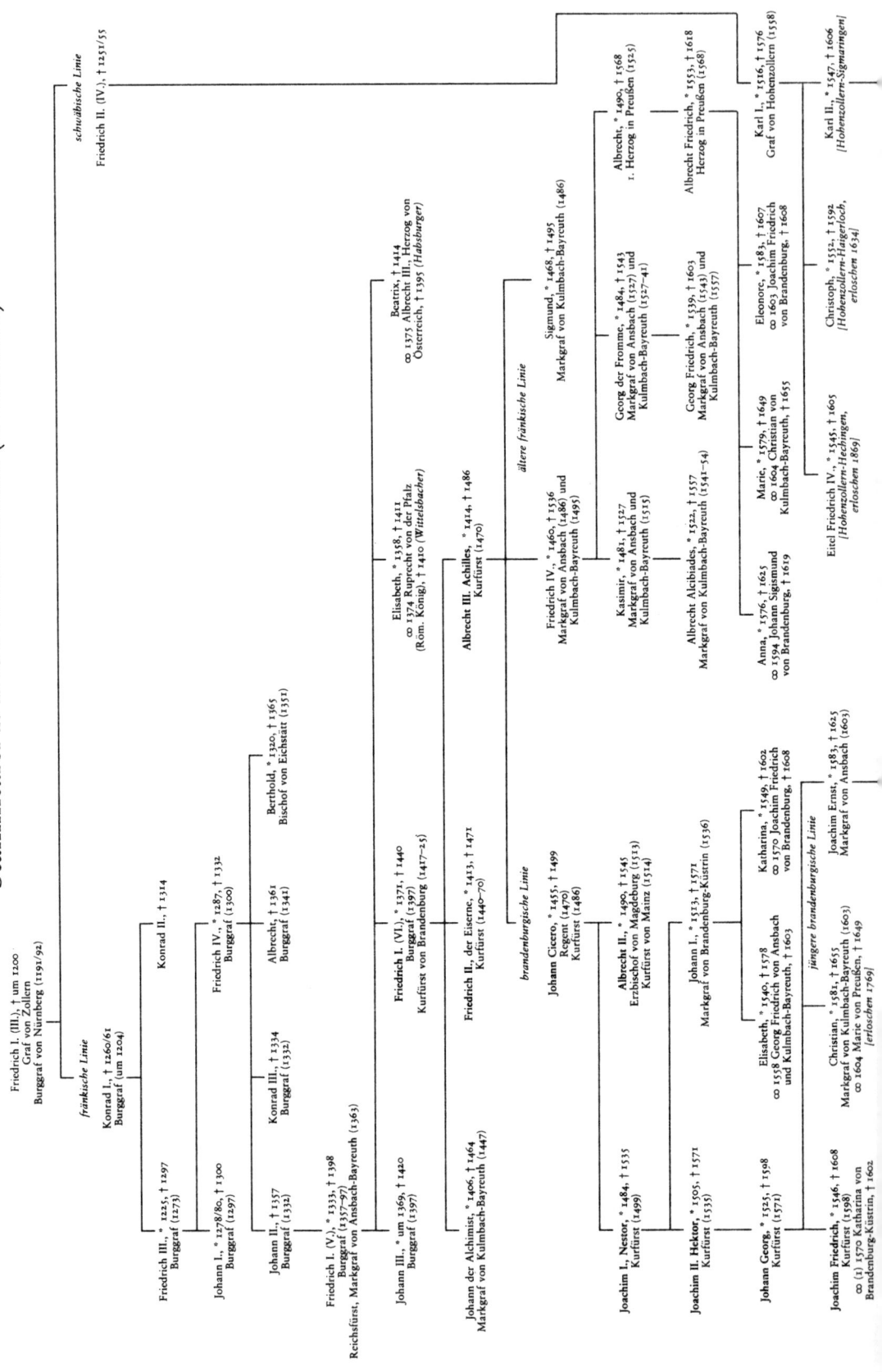

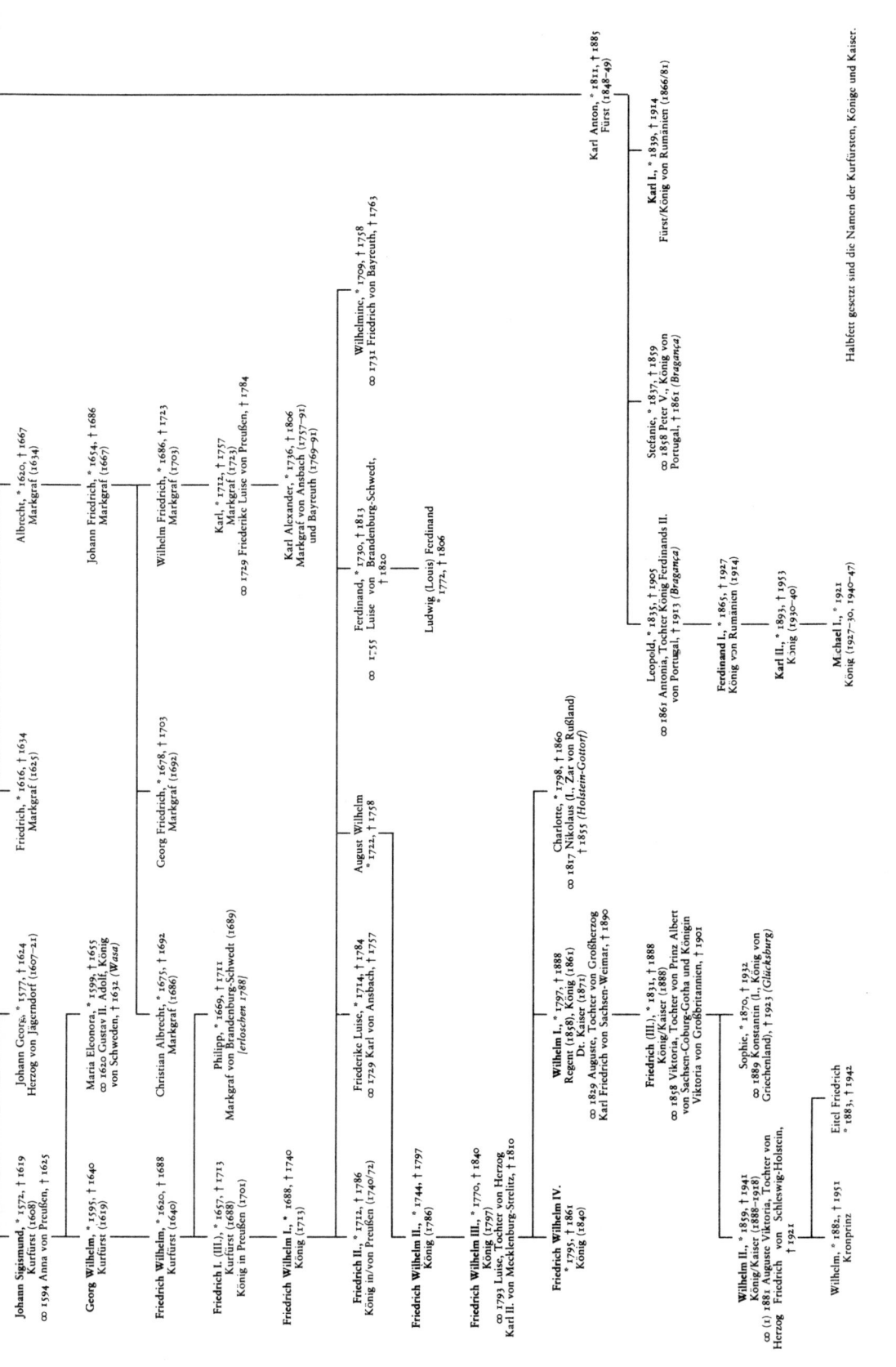

Johann Sigismund, * 1572, † 1619
Kurfürst (1608)
∞ 1594 Anna von Preußen, † 1625

Johann Georg, * 1577, † 1624
Herzog von Jägerndorf (1607–21)

Friedrich, * 1616, † 1634
Markgraf (1625)

Albrecht, * 1620, † 1667
Markgraf (1634)

Georg Wilhelm, * 1595, † 1640
Kurfürst (1619)

Maria Eleonora, * 1599, † 1655
∞ 1620 Gustav II. Adolf, König
von Schweden, † 1632 (*Wasa*)

Johann Friedrich, * 1654, † 1686
Markgraf (1667)

Friedrich Wilhelm, * 1620, † 1688
Kurfürst (1640)

Christian Albrecht, * 1675, † 1692
Markgraf (1686)

Georg Friedrich, * 1678, † 1703
Markgraf (1692)

Wilhelm Friedrich, * 1686, † 1723
Markgraf (1703)

Friedrich I. (III.), * 1657, † 1713
Kurfürst (1688)
König in Preußen (1701)

Philipp, * 1669, † 1711
Markgraf von Brandenburg-Schwedt (1689)
(*erloschen 1788*)

Karl, * 1712, † 1757
Markgraf (1723)
∞ 1729 Friederike Luise von Preußen, † 1784

Friedrich Wilhelm I., * 1688, † 1740
König (1713)

Karl Alexander, * 1736, † 1806
Markgraf von Ansbach (1757–91)
und Bayreuth (1769–91)

Wilhelmine, * 1709, † 1758
∞ 1731 Friedrich von Bayreuth, † 1763

Friedrich II., * 1712, † 1786
König in/von Preußen (1740/72)

Friederike Luise, * 1714, † 1784
∞ 1729 Karl von Ansbach, † 1757

August Wilhelm
* 1722, † 1758

Ferdinand, * 1730, † 1813
∞ 1755 Luise von Brandenburg-Schwedt,
† 1820

Ludwig (Louis) Ferdinand
* 1772, † 1806

Friedrich Wilhelm II., * 1744, † 1797
König (1786)

Friedrich Wilhelm III., * 1770, † 1840
König (1797)
∞ 1793 Luise, Tochter von Herzog
Karl II. von Mecklenburg-Strelitz, † 1810

Charlotte, * 1798, † 1860
∞ 1817 Nikolaus (I., Zar von Rußland)
† 1855 (*Holstein-Gottorf*)

Karl Anton, * 1811, † 1885
Fürst (1848–49)

Wilhelm I., * 1797, † 1888
Regent (1858), König (1861)
∞ 1829 Auguste, Tochter von Großherzog
Karl Friedrich von Sachsen-Weimar, † 1890

Karl I., * 1839, † 1914
Fürst/König von Rumänien (1866/81)

Stefanie, * 1837, † 1859
∞ 1858 Peter V., König von
Portugal, † 1861 (*Bragança*)

Friedrich (III.), * 1831, † 1888
König/Kaiser (1888)
∞ 1858 Viktoria, Tochter von Prinz Albert
von Sachsen-Coburg-Gotha und Königin
Viktoria von Großbritannien, † 1901

Leopold, * 1835, † 1905
∞ 1861 Antonia, Tochter König Ferdinands II.
von Portugal, † 1913 (*Bragança*)

Sophie, * 1870, † 1932
∞ 1889 Konstantin (I., König von
Griechenland), † 1923 (*Glücksburg*)

Ferdinand I., * 1865, † 1927
König von Rumänien (1914)

Wilhelm II., * 1859, † 1941
König/Kaiser (1888–1918)
∞ (1) 1881 Auguste Viktoria, Tochter von
Herzog Friedrich von Schleswig-Holstein,
† 1921

Eitel Friedrich
* 1883, † 1942

Karl II., * 1893, † 1953
König (1930–40)

Wilhelm, * 1882, † 1951
Kronprinz

Michael I., * 1921
König (1927–30, 1940–47)

Halbfett gesetzt sind die Namen der Kurfürsten, Könige und Kaiser.

Stammtafel II: Wilhelm II. und seine Verwandtschaft mit dem russischen und schwedischen Herrscherhaus

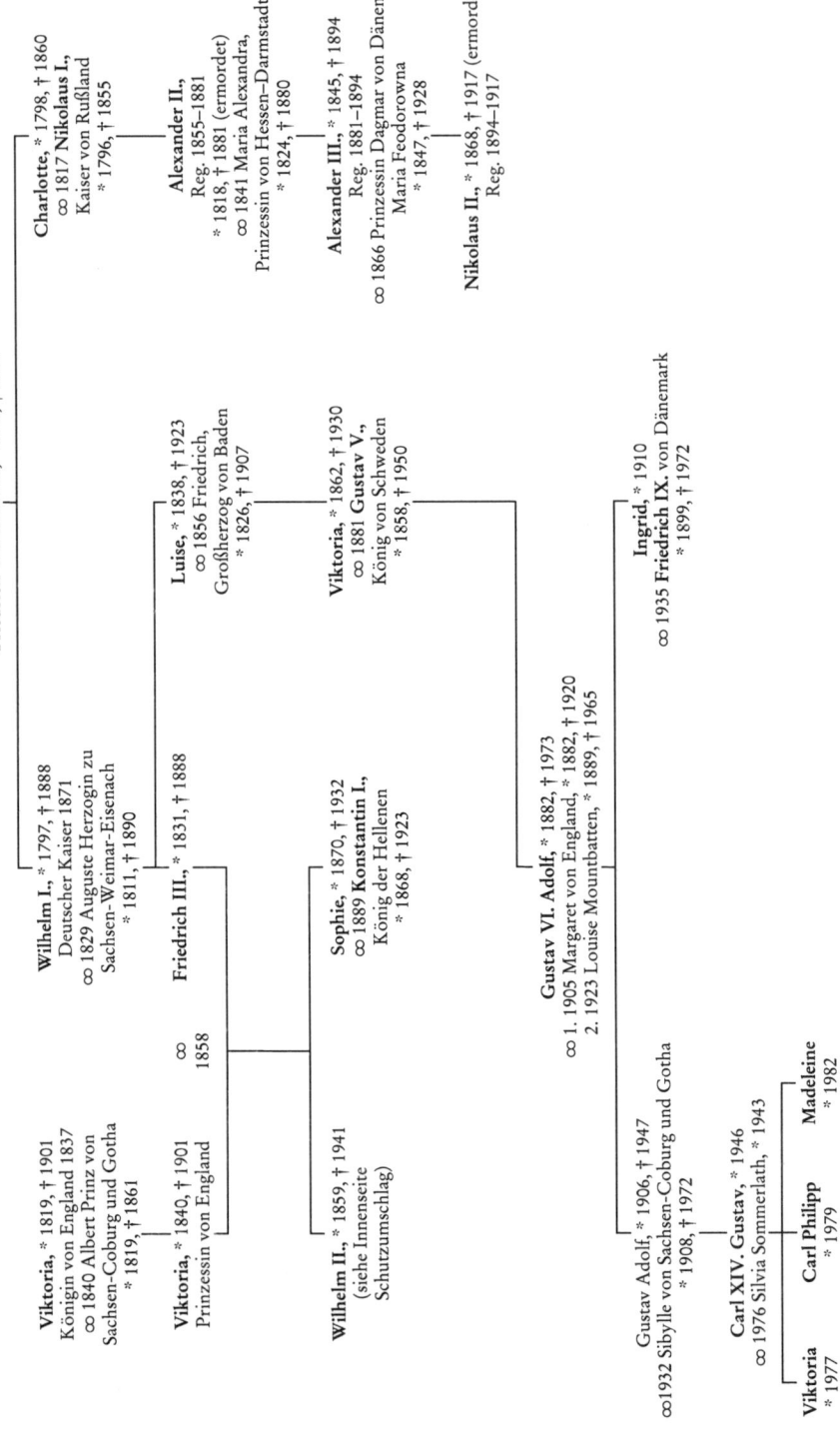

Friedrich **Wilhelm III.**, *1770, † 1840

Charlotte, * 1798, † 1860
∞ 1817 **Nikolaus I.,**
Kaiser von Rußland
* 1796, † 1855

Alexander II.,
Reg. 1855–1881
* 1818, † 1881 (ermordet)
∞ 1841 Maria Alexandra,
Prinzessin von Hessen–Darmstadt
* 1824, † 1880

Alexander III., * 1845, † 1894
Reg. 1881–1894
∞ 1866 Prinzessin Dagmar von Dänemark
Maria Feodorowna
* 1847, † 1928

Nikolaus II., * 1868, † 1917 (ermordet)
Reg. 1894–1917

Wilhelm I., * 1797, † 1888
Deutscher Kaiser 1871
∞ 1829 Auguste Herzogin zu
Sachsen-Weimar-Eisenach
* 1811, † 1890

Luise, * 1838, † 1923
∞ 1856 Friedrich,
Großherzog von Baden
* 1826, † 1907

Viktoria, * 1862, † 1930
∞ 1881 **Gustav V.,**
König von Schweden
* 1858, † 1950

Ingrid, * 1910
∞ 1935 **Friedrich IX.** von Dänemark
* 1899, † 1972

Friedrich III., * 1831, † 1888

∞
1858

Sophie, * 1870, † 1932
∞ 1889 **Konstantin I.,**
König der Hellenen
* 1868, † 1923

Gustav VI. Adolf, * 1882, † 1973
∞ 1. 1905 Margaret von England, * 1882, † 1920
2. 1923 Louise Mountbatten, * 1889, † 1965

Viktoria, * 1819, † 1901
Königin von England 1837
∞ 1840 Albert Prinz von
Sachsen-Coburg und Gotha
* 1819, † 1861

Viktoria, * 1840, † 1901
Prinzessin von England

Wilhelm II., * 1859, † 1941
(siehe Innenseite
Schutzumschlag)

Gustav Adolf, * 1906, † 1947
∞1932 Sibylle von Sachsen-Coburg und Gotha
* 1908, † 1972

Carl XIV. Gustav, * 1946
∞ 1976 Silvia Sommerlath, * 1943

Viktoria
* 1977

Carl Philipp
* 1979

Madeleine
* 1982

Personenregister

Die Lebensdaten werden unmittelbar nach dem Namen, Regierungsdaten nach der Funktionsbezeichnung in Klammer angeführt. MdR = Mitglied des Reichstags, MdL = Mitglied eines Landtags, ansonsten werden die allgemein üblichen Abkürzungen verwendet.

Abdul Asis (1878–1943), marokk. Sultan (1894–1908) 244, 293

Abdul Hamid II. (1842–1918), türk. Sultan (1876–1909) 183f., 190–193, 292

Achenbach, Heinrich von (1829–1899), preuß. Minister 32, 76, 162f.

Adalbert (1884–1948), Prinz von Preußen, Sohn Wilhelms II. 304, 358, 363

Adalbert (1886–1970), Prinz von Bayern, Historiker 391

Adickes, Franz, Oberbürgermeister von Frankfurt 328

Adolf (1883–1936), Fürst von Schaumburg-Lippe (1911–1915) 215, 357

Adolf (1859–1916), Prinz von Schaumburg-Lippe 78

Adolf Friedrich V. (1848–1914), Großherzog von Mecklenburg-Strelitz (1904–1914) 264

Agathe (geb. 1888), Frau Prinz Friedrich Wilhelms von Preußen, Prinzessin von Hohenlohe-Schillingsfürst 79, 363

Albedyll, Emil von (1824–1897), preuß. General 153

Albert (1828–1902), König von Sachsen (1873–1902) 40, 62, 128, 134, 167

Albert I. (1875–1934), König der Belgier (1909–1934) 324

Albert (1819–1861), Prinzgemahl (Prince Consort) Königin Viktorias, Prinz von Sachsen-Coburg und Gotha 24, 368

Albert (1886–1918), Prinz von Sachsen-Weimar-Eisenach 322

Albrecht I. der Bär (1100–1170), Markgraf von Brandenburg (1134–1170) 229

Albrecht III., gen. Achilles (1414–1486), Kurfürst von Brandenburg (1470–1486) 229

Albrecht Kardinal von Brandenburg (1490–1545), Kurfürst von Mainz (1514–1545) 304

Albrecht, Prinz von Preußen (1835–1906), Regent in Braunschweig (1885–1906) 68, 79, 162, 216

Albrecht (1905–1983), Erbrpinz von Bayern 381

Aldenburg Bentick, Elisabeth Gräfin, verehel. Ilsemann 350f.

Aldenburg Bentinck, Godard Graf 347, 350

Alexander I. (1777–1825), Kaiser von Rußland (1804–1825) 128f., 220, 331

Alexander II. (1818–1881), Kaiser von Rußland (1855–1881) 20, 33f., 81

Alexander III. (1845–1894), Kaiser von Rußland (1881–1894) 35–38, 63f., 81f., 127–130, 208

Alexander I. (1888–1934), König von Jugoslawien (1921–1934) 299, 308

Alexander (1893–1920), König der Hellenen (1917–1920) 322

Alexander von Battenberg (1857–1893), Fürst von Bulgarien (1879–1886) 35f., 69

Alexander, Prinz von Lippe 215

Alexandra (1870–1891), Frau Großfürst Pauls, Prinzessin von Griechenland 64

Alexandra (geb. 1888), Frau Erbprinz Ernst Wilhelms von Hohenlohe-Langenburg, Prinzessin von Sachsen-Coburg und Gotha 224

Alexandrine (1879–1952), Frau König Christians X. von Dänemark, Herzogin von Mecklenburg-Schwerin 364

Alexandrine (1915–1980), Prinzessin von Preußen, Tochter Kronprinz Wilhelms 363

Alfons XIII. (1886–1941), König von Spanien (1902–1931) 244–246, 249

Alfred (1844–1900), Herzog von Sachsen-Co-

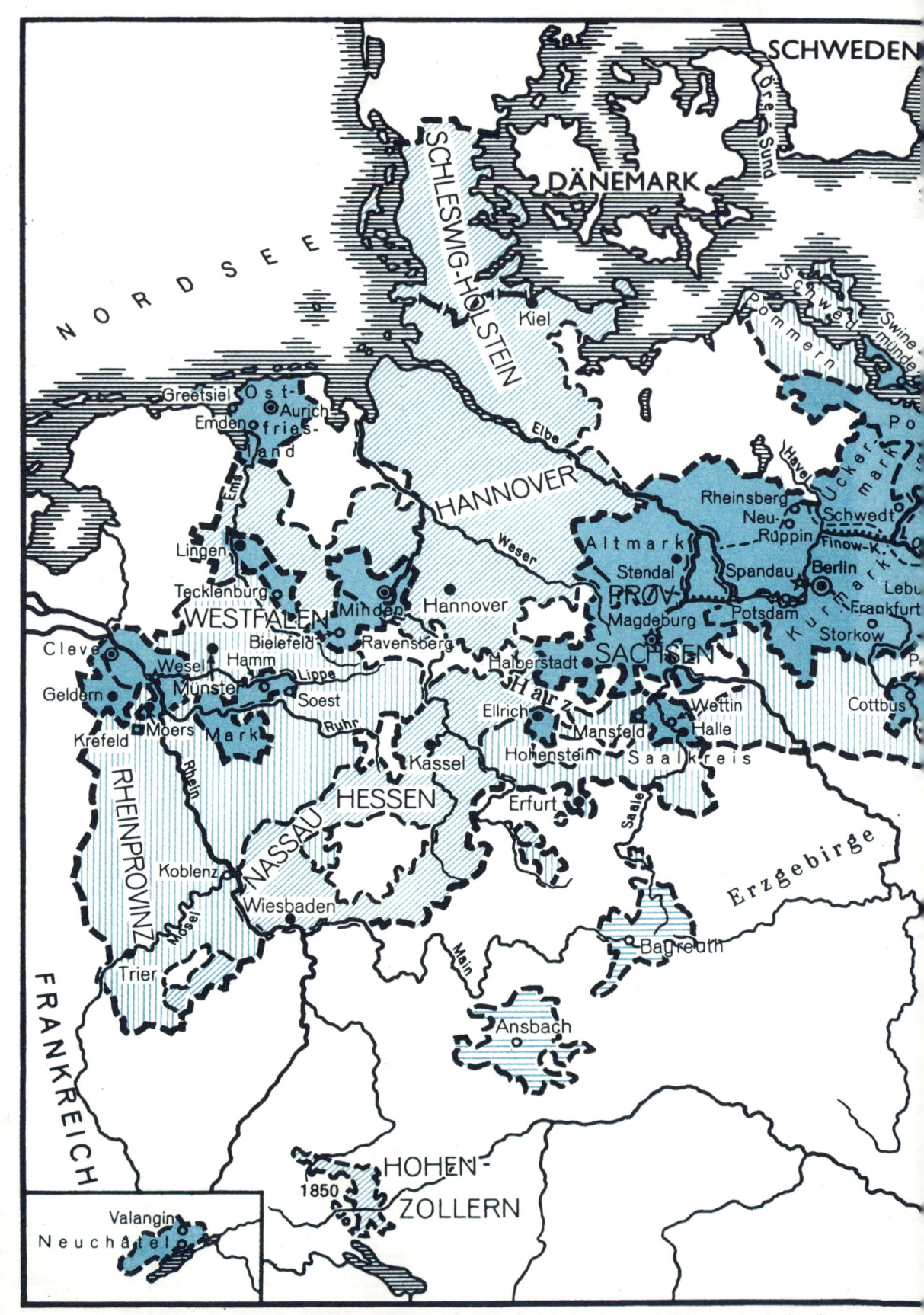

SCHWEDEN

DÄNEMARK

NORDSEE

SCHLESWIG-HOLSTEIN

Öre-Sund

Kiel

Elbe

Greetsiel
Emden
Ost-
fries-
land
Aurich

Ems

Lingen

HANNOVER

Weser

Rheinsberg
Neu-
Ruppin
Schwedt
Finow-K.

Pommern

Ucker-mark

Po

Schwed

Swine-münde

Havel

Altmark
Stendal
Spandau
Berlin
Potsdam
Magdeburg
Storkow
Frankfurt
Lebu

PROV.

Kur-mark

Tecklenburg
Minden
Hannover
WESTFALEN
Bielefeld
Ravensberg
Hamm
Lippe
Soest
Ruhr

Cleve
Wesel
Münster
Geldern
Moers
Mark
Krefeld

Halberstadt
Harz
Ellrich
Hohenstein
Mansfeld
Wettin
Halle
Saalkreis
Cottbus
SACHSEN

Kassel

RHEINPROVINZ

HESSEN

NASSAU

Koblenz
Wiesbaden

Mosel

Rhein

Trier

Erfurt

Saale

Main

Erzgebirge

Bayreuth

Ansbach

FRANKREICH

HOHEN-
ZOLLERN

1850

Valangin
Neuchâtel